Peggy Seagrave und Sterling Seagrave

HERRSCHER IM REICH DER AUFGEHENDEN SONNE

Peggy Seagrave und Sterling Seagrave

HERRSCHER IM REICH DER AUFGEHENDEN SONNE

Die geheime Geschichte des japanischen Kaiserhauses

Aus dem Amerikanischen
von Udo Rennert

Limes

Die Originalausgabe erscheint 1999 unter dem Titel
The Yamato Dynasty: The Secret History of Japan's Imperial Family
bei Transworld, London

Die Deutsche Bibliothek-CIP-Einheitsaufnahme

Seagrave, Peggy / Seagrave, Sterling:
Herrscher im Reich der aufgehenden Sonne :
die geheime Geschichte des japanischen Kaiserhauses /
Peggy Seagrave und Sterling Seagrave.
Aus dem Amerikan. von Udo Rennert. – München : Limes, 1999
Einheitssacht.: The Yamato Dynasty <dt.>
ISBN 3-8090-3018-X

1 2 3 4 02 01 00 99

Satz: Filmsatz Schröter GmbH, München
Druck und Bindung: Graphischer Großbetrieb Pößneck

ISBN 3-8090-3018-X

Für
Airie und Cornelius Voute
Silke und Claus Terheggen

Inhalt

Die wichtigsten Personen

Akihito, Kaiser. Gegenwärtiger japanischer Kaiser, 125. Kaiser der Dynastie. Sohn von Kaiser Hirohito und Kaiserin Nagako.

Asaka Yasuhiko, Prinz. Onkel von Kaiser Hirohito, heiratete eine der vier Töchter des Meiji-Kaisers Mutsuhito. Maßgeblich verantwortlich für das Massaker von Nanking (Nanjing), ohne daß er je zur Rechenschaft gezogen wurde.

Chichibu, Prinz. Sohn von Kaiser Yoshihito und Kaiserin Sadako, Bruder von Kaiser Hirohito, Prinz Takamatsu und Prinz Mikasa.

Fellers, General Bonner. Adjutant MacArthurs, lebenslanger Interessenvertreter Herbert Hoovers. Stiftete japanische Kriegsverbrecher zu Falschaussagen an, um Kaiser Hirohito zu entlasten.

Grew, Joseph. Langjähriger US-Botschafter in Japan, Werkzeug Herbert Hoovers. Stand in engem Kontakt mit der ultrarechten amerikanischen und japanischen Hochfinanz.

Haruko, Kaiserin. Frau des Meiji-Kaisers Mutsuhito und Adoptivmutter von Mutsuhitos Sohn Yoshihito, des späteren Taishô-Kaisers. Wurde die erste volkstümliche, moderne Kaiserin Japans.

Higashikuni Naruhiko, Prinz. Lebemann und Onkel von Kaiser Hirohito. Heiratete eine der vier Töchter Kaiser Mutsuhitos. Nach dem Ende des Zweiten Weltkriegs Ministerpräsident.

Hirohito, Kaiser. Umstrittener 124. Kaiser der Shôwa-Zeit, Sohn von Kaiser Yoshihito und Kaiserin Sadako. Regierte von 1926 bis 1989.

Hoover, Herbert. Ehemaliger US-Präsident. Arbeitete heimlich mit Fellers, Grew und anderen zusammen, um Hirohito zu entlasten und Japan zu einem Verbündeten gegen den Kommunismus zu machen.

Itô Hirobumi. Brillanter Impressario, Vertrauter Kaiser Mutsuhitos, in den Jahren 1880 bis 1910 Japans größter Mann, einer der Autoren der Meiji-Verfassung. Schuf ein demokratisches Image seines Landes, wurde jedoch von Yamagata ausmanövriert.

Kishi Nobusuke. Listiger Drahtzieher, Ministerpräsident. Unterstützte die Zusammenarbeit zwischen der Armee und Gangstersyndikaten, entging einer Bestrafung als Kriegsverbrecher, war nach dem Kriege maßgeblich am Aufbau des Korruptionsapparats der Liberal-Demokratischen Partei LDP beteiligt.

Kodama Yoshio. Unterweltpate, im Krieg Admiral, Kriegsverbrecher. Führte in den eroberten Ländern Plünderungen durch, finanzierte die LDP und trat schließlich in die Dienste der CIA.

Konoe, Prinz. Brillanter, aber unberechenbarer Führer. Versuchte wiederholt, den Krieg zu beenden. Stieß nach Kriegsende die Leute MacArthurs vor den Kopf und wurde wahrscheinlich ermordet, um ihn als Zeugen auszuschalten.

Lamont, Thomas. Stand an der Spitze der Morgan-Bank. Setzte sich in den zwanziger und dreißiger Jahren für umfangreiche Kredite an Japan ein, bereitete nach dem Krieg die Bühne für ein Bündnis zwischen der japanischen und der amerikanischen Hochfinanz vor.

MacArthur, Douglas, General. Oberbefehlshaber der alliierten Truppen im Pazifischen Krieg, später der Besatzungstruppen in Japan. 1951 von Präsident Truman wegen Ungehorsams im Koreakrieg entlassen.

Michiko, Kaiserin. Tochter eines vermögenden Geschäftsmannes, Frau von Kaiser Akihito, Mutter von Kronprinz Naruhito. Zielscheibe bösartigen Klatsches.

Mikasa, Prinz. Gelehrter Sohn von Kaiser Yoshihito, jüngster Bruder Hirohitos. War der einzige kaiserliche Prinz, der sich gegen die japanischen Kriegsgreuel stellte.

Mutsuhito, Kaiser. Meiji-Kaiser, 122. Kaiser der Dynastie, Sohn des ermordeten Kômei-Kaisers. War politisch nicht ambitioniert.

Nagako, Kaiserin. Frau Hirohitos, Mutter Akihitos. Ihre Hochzeit wurde arrangiert, um die kaiserliche Familie den Einmischungen General Yamagatas zu entziehen.

Naruhito, Kronprinz. Sohn Akihitos, heiratete Ôwada Masako, ist jedoch nach sechs Jahren Ehe noch kinderlos. Von jüngeren Japanern nicht besonders hoch geachtet.

Ôkubo Toshimichi, »der Despot«. Gemeinsam mit Saigô und Kido einer der drei Helden der Meiji-Restauration. Der verschlagene Tyrann manövrierte seine Rivalen aus und wurde ermordet.

Sadako, Kaiserin. Frau des Taishô-Kaisers Yoshihito, Mutter Hirohitos, möglicherweise Christin. Den Augen der Öffentlichkeit verborgen, übte sie ein halbes Jahrhundert lang großen politischen Einfluß aus.

Saigô Takamori, »das Schwert«. Einer der drei Helden der Meiji-Restauration. Wurde durch Hofintrigen kaltgestellt und starb einen heroischen Tod an der Spitze eines Samurai-Aufstandes.

Takamatsu, Prinz. Bruder Hirohitos. Bereits 1942 überzeugt, daß Japan den Krieg verlieren würde, setzte sich heimlich für Frieden ein und drängte Hirohito vergeblich zur Abdankung.

Takeda Tsuneyoshi, Prinz. Vetter von Hirohito, Enkel Mutsuhitos. Als Finanzgenie beaufsichtigte er die Zusammentragung und sichere Aufbewahrung der japanischen Kriegsbeute.

Tanaka Kakuei. Skandalumwitterter Meister der LDP-Geldpolitik, Ministerpräsident. Etablierte neue Methoden zur Korruption der japanischen Nachkriegsbürokratie.

Terasaki Hidenari, genannt »Terry«. Japanischer Diplomat und Pazifist mit amerikanischer Universitätsbildung. Versuchte Pearl Harbor zu verhindern, diente später als wichtigster Verbindungsmann zwischen Hirohito und MacArthur.

Vining, Elizabeth Gray. Amerikanische Quäkerin und Erzieherin von Kronprinz Akihito, der wir zahlreiche intime Einblicke in das Leben im Kaiserpalast verdanken.

Yamagata Aritomo. In den Jahren 1880 bis 1920 Japans mächtigster Politiker und Militär. Machte das Land zu einem Polizeistaat. Der Meiji-Kaiser ging ihm nach Möglichkeit aus dem Weg.

Yoshihito, Kaiser. Taishô-Kaiser, 123. Kaiser der Dynastie, Sohn Mutsuhitos und seiner Konkubine Yanagiwara Naruko, einer Hofdame. Yamagata stellte ihn in der Öffentlichkeit als Trunkenbold dar, was nicht der Wahrheit entsprach.

Vorbemerkung

Das Tor zum Himmel

Das vorliegende Buch über das japanische Kaiserhaus ist die erste kollektive Biographie der – männlichen und weiblichen – Mitglieder der japanischen Kaiserfamilie und erstreckt sich über fünf Generationen seit der Meiji-Restauration im neunzehnten Jahrhundert bis heute. Als wir einen japanischen Gelehrten fragten, was dieses Buch seiner Meinung nach enthalten sollte, sagte er: »Alles! Das hat bisher gefehlt.« Na ja, vielleicht nicht gerade alles.

Die meisten Bücher zu diesem Thema haben sich auf die Person Hirohitos und auf die Frage konzentriert, ob er für den Krieg im Pazifik verantwortlich war oder nicht, ohne näher auf die Kaiserin, die Brüder Hirohitos und andere Personen einzugehen. Dies ist ein Versuch, sie alle zu porträtieren, ihre Persönlichkeiten, Ziele, Schwächen, Leistungen, Fehlschläge und verhängnisvollen Beziehungen als Monarchen einer höchst eigenwilligen Nation, die einen Aufstieg, einen Niedergang und einen erneuten Aufstieg zu außergewöhnlicher Weltmacht erlebt hat. Es ist die erste Biographie, welche die vor kurzem in einem Lagerhaus wiederentdeckten Tagebücher von Hirohitos Bruder, Prinz Takamatsu, in ihrer ersten japanischen Auflage ein dreizehnbändiges Werk, auswerten kann. Und wir konnten die 1996 erschienenen Memoiren der Prinzessin Chichibu heranziehen, der Frau eines weiteren Bruders, der von manchen als Alternativkaiser betrachtet wurde und während des Zweiten Weltkriegs ein geheimes Leben führte, das hier enthüllt wird. Fragmente der Tagebücher Hirohitos sind ebenfalls aufgetaucht, doch die Beamten im Palastamt haben versucht, sie zu unterdrücken. Wir haben nach Möglichkeit japanische Quellen und Gewährsleute herangezogen.

Beim Sammeln unseres Materials haben wir interessante Entdekkungen gemacht. In der Vergangenheit haben die Historiker den japanischen Prinzessinnen keine Beachtung geschenkt, so daß wir bislang nichts über das verborgene Netz von Christen in der Umgebung des

Thrones gewußt haben – in dessen Mittelpunkt Hirohitos Mutter, Kaiserin Sadako stand – und nichts von ihrer maßgeblichen Rolle nach dem Zweiten Weltkrieg, als die kaiserliche Familie vor einer Verfolgung wegen der im Krieg vom japanischen Militär begangenen Verbrechen verschont wurde. Diese Entdeckung zog weitere Entdekkungen nach sich.

Zwar läßt sich eine vollständige und umfassende Geschichte Japans oder seiner kaiserlichen Familie unmöglich in einem einzigen Werk unterbringen, doch spiegelt das vorliegende Buch vieles von dem wider, was uns während der vergangenen Jahrzehnte, in denen übrigens auch sechs unserer Bücher in Japan erschienen sind – eines wurde sogar zu einer großen Kabuki-Theateraufführung umgearbeitet –, fasziniert hat. Der Name Yamato kommt aus dem Flußtal in der Nähe Kyotos, dem ersten Sitz des Kaiserhauses, nachdem es in vorgeschichtlicher Zeit von Kyûshû hierher verlegt wurde. Japaner bezeichnen sich manchmal auch als »Yamato-Menschen«. Sie behaupten, eine einzige Dynastie habe »seit unendlichen Zeiten ununterbrochen regiert« – die älteste Regierungsdynastie der Welt. Sie mag regiert haben, aber geherrscht hat sie nur selten, deshalb gilt unsere Aufmerksamkeit nicht minder den starken Männern hinter dem Thron, und hier darf sich der Leser auf einige ernüchternde Überraschungen gefaßt machen. Der Haupteingang zum Palast in Kyoto wird als Tor zum Himmel bezeichnet – die erste von zahlreichen Täuschungen.

Sterling und Peggy Seagrave, 1998

Prolog

Der Kaiser und der Shogun

Am 27. September 1945, kurz vor zehn Uhr morgens, surrte ein kastanienbraunes Rolls-Royce-Kabriolett mit geschlossenem Verdeck aus dem Sakurada-Tor des Kaiserpalasts in Tokyo und überquerte die Brücke über den breiten Schloßgraben, gefolgt von drei schwarzen Mercedes-Limousinen. Die japanischen Fußgänger wußten, wer in dem Wagen saß, blieben stehen und machten eine tiefe Verbeugung. Kastanienbraun war eine Farbe, die den Automobilen des Kaisers vorbehalten war. Kaiser Hirohito befand sich auf dem Weg zu einer ersten schicksalsschweren Begegnung mit Japans neuem »Shogun«, General Douglas MacArthur.[1] Hirohito gegenüber saßen auf Klappsitzen – kein Untergebener des Kaisers durfte dessen Sitz mit ihm teilen – sein oberster Ratgeber Marquis Kido und ein vertrauenswürdiger Englischdolmetscher.[2] In den drei Begleitfahrzeugen saßen weitere Angehörige von Hirohitos innerem Rat. Der Leibarzt des Kaisers begleitete ihn normalerweise auf allen seinen Wegen, doch diesmal gab es dafür noch einen besonderen Grund: Hirohito litt unter einer tiefen Depression, die durch eine Gelbsucht noch verschlimmert wurde. Seit der Kapitulation Japans im vergangenen Monat schlief der Kaiser schlecht, und heute zitterten seine Hände stärker als gewöhnlich. Wie anders wirkte er als vor vier Jahren, als er vor Wut gezittert hatte. Damals, im September 1941, drei Monate vor dem Angriff auf Pearl Harbor, war Hirohito ausführlich über die Pläne des Oberkommandos der drei Waffengattungen informiert worden, einen Überraschungsschlag gegen den US-Marinestützpunkt auf Hawaii zu führen und Südostasien in einem Blitzkrieg zu erobern. Der Kaiser hatte den Stabschef der Armee, General Sugiyama gefragt, wie lange das Ganze dauern werde. Vorsichtig hatte der General erwidert, die Eroberung Südostasiens werde nicht mehr als drei Monate in Anspruch nehmen. (Letztlich dauerte sie drei Monate und eine Woche.) Aber er gab keine Schätzung im Hinblick auf die Unterwerfung Amerikas ab. Gereizt verwies Hirohito darauf, daß General Sugiyama 1937, als der Krieg gegen Japan begann, gesagt hatte, dieser werde innerhalb eines Monats beendet sein, und trotzdem habe er sich vier Jahre lang hingezogen, und sein Ende sei im Herbst 1941 noch nicht abzusehen. Sugiyama rechtfertigte sich, China sei ein riesiges Land. »Wenn Sie das chinesische Hinterland als riesig bezeichnen, würden Sie dann den Pazifik nicht noch riesiger nennen?«[3] Der General wand sich vor Verlegenheit und atmete heftig ein. Hirohito konnte nur durch die wiederholte Versicherung beruhigt werden, daß eine diplomatische Einigung mit Amerika ganz oben auf der Tagesordnung stehe, sobald Japan militärisch die Oberhand gewonnen habe. In diesem Punkt logen die Minister, denn sowohl die kaiserliche Armee als auch die Marine hatten sich damals auf einen totalen Krieg festgelegt, ohne die Absicht aufzuhören, solange sie siegreich waren. Einzig ein in letzter Minute erfolgtes weitgehendes Zugeständnis der Amerikaner, zum Beispiel die Aufhebung des Ölembargos gegen Japan, hätte den Lauf der Ereignisse aufhalten können, und alle wußten, daß dies unwahrscheinlich war. Schon längst war eine formelle Kriegserklärung vorbereitet worden, bei der man sich darauf geeinigt hatte, daß sie in Washington »aufgrund einer höchst unglücklichen Verzögerung der englischen Übersetzung in letzter Minute« erst nach dem Überfall auf Pearl Harbor ausgehändigt werde. Später wurde behauptet, daß General Tôjô Hideki, der Ministerpräsident, die Kriegserklärung gegen Kaiser Hirohitos Widerstreben durchgesetzt habe. Doch wie wir zeigen werden, war das eine bewußte Verdrehung der Wahrheit.

Die Stimmung in allen vier Wagen war gedrückt. Was draußen von Tokyo zu sehen war, machte sie nicht besser. Das Marineministerium war nur noch ein Schutthaufen. Überall sah man Bombenkrater und ausgebrannte Automobile. Während des Krieges im Pazifik waren anderthalb Millionen japanische Soldat gefallen. Etwa acht Millionen japanische Zivilisten waren getötet oder verletzt, zweieinhalb Millionen Wohnungen in Japan schwer beschädigt oder völlig zerstört worden. Beim größten Bombenangriff mit B-29-Bombern, bei dem 1700 Brandbomben auf Tokyo abgeworfen wurden, fanden an einem einzigen Tag hunderttausend Menschen den Tod, und 125000 Wohnungen und Häuser wurden dem Erdboden gleichgemacht. Obwohl der

Krieg jetzt vorbei war, stand zu befürchten, daß bis zu zehn Millionen Japaner Hungers sterben würden. Die Einwohnerzahl Tokyos war von 6,75 auf etwa drei Millionen zurückgegangen, von denen viele zwischen den Trümmern in behelfsmäßigen Hütten hausten. Ôsaka und andere Großstädte waren voll von verkrüppelten Veteranen, heimatlosen Kindern, verzweifelten Frauen und vagabundierenden Männern. In Tokyo wurden täglich ganze Leichenberge mit Lastwagen in die Krematorien abgefahren. Des Nachts sammelten sich die Obdachlosen in der Untergrundbahn, um dort zu schlafen. Andere schliefen im Freien im Ueno-Park. Viele starben an Unterernährung, und es gab eine Tuberkuloseepidemie.[4]

Während der Fahrt des Konvois zum Anwesen der US-Botschaft gab es keine Eskorte durch die Militärpolizei, um die Strecke freizuhalten. MacArthur hatte bewußt darauf verzichtet, weil er seinen Besucher zusätzlich in Verlegenheit bringen wollte. Als die Ampel an der Toranomon-Kreuzung auf Rot umsprang, mußte der Rolls-Royce des Kaisers ebenso anhalten wie alle übrigen Fahrzeuge auch. Niemand in den drei schwarzen Begleitfahrzeugen konnte sich erinnern, so etwas schon einmal erlebt zu haben.

MacArthur befand sich erst seit einem Monat in Japan. Er war Ende August, zwei Wochen nach der japanischen Kapitulation, von den Philippinen aus auf dem Luftwaffenstützpunkt Atsugi gelandet. Zu diesem Zeitpunkt befanden sich nicht mehr als sechstausend amerikanische GIs auf der japanischen Hauptinsel, um die Kontrolle im Großraum Tokyo zu übernehmen, wo sich nach wie vor zwei Millionen japanische Soldaten in voller Bewaffnung aufhielten. Der im Radio gesendete Aufruf des Kaisers an alle Japaner, die Waffen niederzulegen, war befolgt worden. Aber man mußte stets darauf gefaßt sein, daß die Kämpfe wiederaufflammten. Bluffen war das Gebot der Stunde, mehr als allen Beteiligten bewußt war.

In den ersten Wochen war MacArthur mehrfach gedrängt worden, den Kaiser zu einem privaten Treffen zu bitten, um bestimmte heikle Fragen zu klären. Doch MacArthur zog es vor zu warten. Konservative Politiker in Washington wie der ehemalige Präsident Herbert Clark Hoover waren zu dem Schluß gelangt, daß für die künftigen Sicherheitsinteressen der USA in Südostasien alles darauf ankam, sich die inoffizielle Mitarbeit der kaiserlichen Familie und der großen Finanzleute in Japan zu sicheren, in der Öffentlichkeit jedoch jeden Eindruck von Konzessionen an Hirohito zu vermeiden, dessen Image im Westen nicht besser war als das von General Tôjô Hideki. Hirohitos Name stand an der Spitze oder doch sehr weit oben auf allen Listen der mutmaßlichen Kriegsverbrecher, die von alliierten Militärgerichten abgeurteilt werden sollten. Durch Mittelsmänner ließ MacArthur den Kaiser wissen, die Initiative müsse von ihm ausgehen und Hirohito müsse um ein Gespräch mit ihm nachsuchen. Die Geheimverhandlungen wurden auf amerikanischer Seite von MacArthurs Militärsekretär, dem ehemaligen Chef der psychologischen Kriegführung, Brigadegeneral Bonner Fellers, geführt, der in Japan über außergewöhnliche private Kanäle verfügte.[5]

Nachdem seine Angehörigen und Berater ihn davon überzeugt hatten, daß ein solches Gespräch für die Erhaltung der Dynastie von ausschlaggebender Bedeutung sei, ließ Hirohito über den japanischen Außenminister Yoshida Shigeru ein Gespräch für den 27. September 1945 vereinbaren. Wegen des heiklen Charakters dieses Zusammentreffens sollte es privat in den Wohnräumen des US-Generals in der Botschaft und nicht im Besatzungshauptquartier im alten Gebäude der Dai-Ichi-Bank gegenüber dem Kaiserpalast stattfinden.

Trotz der ungewöhnlichen Geheimhaltung, von der dieses Gespräch in Japan wie in den Vereinigten Staaten noch immer umgeben ist, sind die äußeren Umstände allgemein bekannt.[6] Nachdem sie das Ôkura-Museum passiert hatte, bog die Fahrzeugkolonne in die Einfahrt der Botschaft ein und fuhr bis zum Haus des Botschafters, wo MacArthur mit seiner Frau und seinem Sohn wohnte. General Fellers, der zusammen mit weiteren Offizieren der US-Armee unter dem Säulengang vor dem Eingang wartete, trat vor, um die Insassen des Rolls-Royce zu begrüßen, nachdem dieser zum Stehen gekommen war. Als Hirohito und Marquis Kido dem Wagen entstiegen, sahen die Amerikaner etwas amüsiert, daß der Kaiser keine militärische Uniform trug, sondern eine Diplomatengarderobe aus den dreißiger Jahren, einen offiziellen schwarzen Frack mit Klappenkragen, gestreifter Krawatte und gestreiften Hosen. In der Hand hielt er einen seidenen Zylinder, den er jetzt sorgfältig aufsetzte, als befolgte er die Anweisungen seiner Kammerdiener. Mit seiner Körpergröße von 1,57 Metern wirkte Hirohito klein und gebrechlich neben den Amerikanern. Auch sein Schnurrbart und seine Brille konnten seine Zartheit nicht verdecken. General Fellers salutierte, dann lächelte er herzlich, um dem Kaiser aus der Verlegenheit zu helfen, griff nach dessen Hand, um sie zu schütteln, und sagte: »Welcome, Sir!« Hirohito reagierte unsicher, indem er seine Hand General Fellers entgegenstreckte, eine unübliche Geste, mit der er die meisten seiner Landsleute verblüfft hätte. Nicht einmal sein höchster Ratgeber, Marquis Kido, hatte jemals dem Kaiser die Hand gegeben. Während Fellers den Kaiser in das Gebäude führte, versuchte Kido, neben diesem zu bleiben; er wurde jedoch von einem anderen amerikanischen Offizier freundlich, aber bestimmt gebeten, zu einer Seite weiterzugehen. Nur der Dolmetscher Hirohitos durfte ihm folgen. Die übrigen Begleiter des Kaisers wurden zusammen mit Kido in ein Konferenzzimmer komplimentiert, wo sie mit Fellers und anderen eigene Gespräche führen sollten.

In den letzten Minuten vor dem Eintreffen des japanischen Kaisers und seiner Begleiter hatte MacArthur in dem üppig mit Teppichen ausgelegten Empfangszimmer nervös die Möbel verrückt. Vor einen Kamin hatte er einen hohen Lehnstuhl neben ein großes Sofa gestellt. Wie er seinem persönlichen Arzt Dr. Roger Egeberg erklärte, war dieser Stuhl für den Fall gedacht, daß der Kaiser einen Dolmetscher mitbrachte. Allerdings benötige Hirohito seiner Meinung nach keinen Dolmetscher, weil er in jungen Jahren in den Vereinigten Staaten zur Schule gegangen sei und gut Englisch spreche.[7] (Diese verblüffende Bemerkung, die Dr. Egeberg damals schriftlich festhielt, verrät, wie wenig MacArthur wirklich über den japanischen Kaiser, seinen Feind der vergangenen vier Jahre, wußte; möglicherweise dachte MacArthur an Hirohitos jüngeren Bruder, Prinz Chichibu, der in England studiert hatte und ein gepflegtes Englisch sprach.)

Als MacArthur die Ankunft des erwarteten Gasts gemeldet wurde, ging er zur Tür, um Hirohito zu empfangen, redete ihn mit »Eure Majestät« an, wobei er ihm die Hand gab und sein Gesicht einen sachlichen Ausdruck annahm. Im Gegensatz zu der offiziellen Kleidung des Kaisers hatte sich der General bewußt dafür entschieden, eine leichte

Khakiuniform zu tragen, ohne Schirmmütze und ohne Orden oder sonstige Rangabzeichen und mit offenem Hemdkragen. Ein sorgfältig instruierter US-Fotograf hielt sich bereit und machte entsprechend einer vorherigen Absprache drei offizielle Fotos von General MacArthur und Kaiser Hirohito.[8] Dieser nahm eine steife Habtachtstellung ein, das Gesicht ohne Ausdruck, die Arme dicht an den Körper angelegt, während der neben ihm wie ein Riese wirkende MacArthur locker dastand, die Beine gespreizt und die Arme in die Seiten gestemmt. Das war eine der Lieblingsposen MacArthurs. Er liebte Selbstinszenierungen und hatte während des Krieges wiederholt vor Pressefotografen posiert, war vor den verschiedensten Pazifikinseln barfuß und mit hochgekrempelten Hosenbeinen ans Ufer gewatet, während sein Lieblingsfotograf ununterbrochen den Auslöser betätigte, um ihn richtig ins Bild zu bekommen.

Als die beiden Gäste zum Kamin geführt wurden, wählte Hirohito den Stuhl als Sitzplatz, so daß MacArthur und der Dolmetscher auf dem Sofa zu sitzen kamen. Das brachte MacArthur ziemlich aus dem Konzept. Er wollte rauchen, also beugte er sich vor und bot dem Kaiser eine amerikanische Zigarette an. Nun war Hirohito zwar Nichtraucher, aber er wollte sich um keinen Preis eine Blöße geben, deshalb nahm er an; seine Hand zitterte, als der General ihm Feuer gab. Er rauchte die Zigarette bis zum Ende ohne zu inhalieren, während MacArthur aus seiner Maiskolbenpfeife paffte, was den beiden Männern Zeit gab, ihre Gedanken zu ordnen.[9] Eine japanische Dienerin brachte Kaffee statt der traditionellen Kanne mit heißem grünen Tee, doch der Kaiser rührte ihn nicht an. Später gab es Spekulationen, man habe Hirohito gewarnt, nichts von dem Angebotenen anzunehmen, weil es vergiftet sein könnte, doch es spricht mehr dafür, daß er einfach zu angespannt war, um eine Tasse in die Hand zu nehmen.

MacArthur, damals fünfundsechzig Jahre alt, eröffnete das Gespräch mit der Bemerkung, daß er Hirohitos Vater noch persönlich gekannt habe, der ihn 1906, am Ende des Russisch-Japanischen Krieges, empfangen hatte. Während des vierzigminütigen Gesprächs machte sich der Dolmetscher des Kaisers gelegentlich Notizen. Er hatte den Auftrag, alles, was der Kaiser spontan äußerte, auf eine Weise ins Englische zu übersetzen, daß keine Nuance falsch ausgelegt werden konnte und alles mit den zuvor festgelegten politischen Richtlinien übereinstimmte. Eine Abschrift seiner Notizen ging an das US-Außenministerium, eine zweite wurde in den persönlichen Akten des Kaisers abgeheftet. Obwohl MacArthur und Hirohito sich darauf geeinigt hatten, daß ihr Gespräch absolut vertraulich behandelt werden sollte, zitierte ihn MacArthur später in seinen Memoiren mit folgenden Worten: »Ich trage die alleinige Verantwortung für alles, was geschehen ist, für alle Vorfälle, die sich im Zusammenhang mit der japanischen Kriegführung ereignet haben. Außerdem trage ich die unmittelbare und alleinige Verantwortung für jede Maßnahme, die im Namen Japans von jedem einzelnen Kommandeur, jedem Soldaten und jedem Politiker ergriffen wurde. Was mein eigenes Leben betrifft, so nehme ich jedes Urteil an, das Sie über mich fällen mögen. Ich allein trage die Verantwortung.«[10] MacArthur zog aus diesen Worten den Schluß, die Bereitschaft des Kaisers, die Verantwortung für alle Untaten der Japaner im Krieg zu übernehmen, habe ihn zweifellos zum »ersten Gentleman Japans« gemacht. Im Dezember 1975 veröffentlichte eine japanische Zeitschrift einen Text, von dem sie behauptete, es seien die Notizen, die der Dolmetscher damals gemacht habe. Die beiden Versionen stimmen nicht miteinander überein. Die Notizen des Dolmetschers enthielten keine Andeutung einer Verantwortungserklärung seitens Hirohitos. Die Japaner wären sehr erleichtert gewesen, wenn Hirohito wenigstens einen Teil der Verantwortung für den Krieg auf sich genommen hätte, und waren tief enttäuscht, daß er das nicht tat. Es ist mehr als unwahrscheinlich, daß eine Erklärung von so großer historischer Tragweite nicht schriftlich festgehalten worden wäre. Was Hirohito nun tatsächlich zu MacArthur gesagt hat, bleibt ein Geheimnis; sich auf die Erinnerung des Generals zu verlassen, wäre angesichts seines lückenhaften Gedächtnisses im Hinblick auf die Schul- und Studienzeit des Kaisers ein riskantes Unterfangen. Doch wie wir noch sehen werden, war dies nicht das erste Mal, daß MacArthur oder andere Hirohito etwas in den Mund legten.

Zehn Minuten nachdem das Gespräch offiziell beendet war, verließen MacArthur und der Kaiser das Kaminzimmer mit einem zufriedenen Ausdruck im Gesicht. Der General wurde den Begleitern des Kaisers vorgestellt und begleitete diesen anschließend zum Wagen. Auf der Rückfahrt zum Kaiserpalast machte der Kaiser einen erleichterten Eindruck und sprach mehr als gewöhnlich. Er hatte in dieser Nacht auch einen besseren Schlaf. Jetzt war er sicher, daß er weder eine Verhaftung noch einen Prozeß wegen der japanischen Kriegsverbrechen zu befürchten brauchte.

Was war es, was die beiden Männer kurz nach diesem gnadenlosen Krieg und den Schrecken von Hiroshima und Nagasaki so zufrieden aussehen ließ?

Zwei Menschen hatten die Möglichkeit, die Unterredung zu belauschen. Das waren die Frau des Generals, Jean MacArthur, und Dr. Egeberg, der sich – mit Wissen MacArthurs – hinter den roten Samtvorhängen im Empfangszimmer versteckt hatte. Doch beide erklärten später, sie hätten nur vereinzelte Sätze ohne Zusammenhang verstanden.

Wir können auf eine andere Weise den Lauscher hinter dem Vorhang spielen. Wenn wir die bislang erwähnten Einzelheiten lesen, ist das etwa so, als würden wir diesen historischen Wendepunkt nur mit einem Auge sehen. Doch heute wissen wir, was damals sonst noch alles vor sich ging. Es ist eine erstaunliche und zutiefst verwirrende Geschichte.

Die Hauptsorge des Generals an diesem Tag bestand verständlicherweise darin, seinen öffentlichen Erfolg als Statthalter der Vereinigten Staaten in Japan zu sichern, was ihm, wie er hoffte, bei den Präsidentschaftswahlen 1948 zugute kommen würde, bei denen er sich als Kandidat der Republikaner aufstellen lassen wollte. Seit den frühen dreißiger Jahren war es der Traum MacArthurs, eines Tages Präsident der USA zu werden, und von diesem Traum wurden viele seiner Handlungen geprägt.

Die liberalen Politiker in Washington, vor allem die Demokraten und Anhänger der New-Deal-Politik Franklin Delano Roosevelts, wollten die politische Struktur Japans dauerhaft in Richtung Demokratie verändern. MacArthur war ein Konservativer und in keiner Hinsicht liberal zu nennen, mußte sich jedoch zumindest nach außen hin an die Weisungen aus Washington halten. Er und sein engster Beraterkreis einschließlich Herbert Hoover waren der Meinung, sein

Erfolg im besetzten Japan hänge davon ab, ob es ihm gelinge, Hirohito zu manipulieren. Die Art und Weise seines Vorgehens mußte absolut geheimgehalten werden, vor allem wegen der dabei notwendigen Kompromisse. Er mußte zunächst den Kaiser mit der Drohung einschüchtern, daß man ihn anklagen, verurteilen und erhängen oder erschießen würde, und ihm dann das Angebot machen, ihn vor diesem Schicksal zu bewahren, wenn Hirohito heimlich mit ihm zusammenarbeitete. Nach dem Prinzip von Zuckerbrot und Peitsche und durch Erpressung konnte er von Hirohito Insiderinformationen über Japans Finanzkreise und andere wichtige Machtkonstellationen bekommen, so daß er Schlüsselfiguren unter Druck setzen, politische Geschäfte machen und die Machtstruktur im Nachkriegsjapan so umgestalten konnte, wie es den Absichten seiner konservativen Hintermänner in Politik und Wirtschaft und nicht der amerikanischen Liberalen diente.

Während der ersten Wochen nach der Kapitulation wurden bereits große Anstrengungen unternommen, um den Kaiser von der unmittelbaren Verantwortung für den Überfall auf Pearl Harbor zu entlasten und General Tôjô die alleinige Schuld daran zu geben. Das war schon lange vor Kriegsende in geheimen Gesprächen in der Schweiz zwischen konservativen amerikanischen und japanischen Abgesandten beschlossen worden. Um Hirohito zu retten, mußte alle Welt davon überzeugt werden, daß der Kaiser »eine Geisel Tôjôs und der Militaristen« gewesen war, den »Alleinverantwortlichen für den Krieg«.[11]

Im Sinne dieser Strategie erklärte Hirohito zwei Tage vor dem Gespräch mit MacArthur in schriftlichen Antworten auf die Fragen eines Korrespondenten der *New York Times*, Tôjô sei verantwortlich für das Versäumnis der Regierung gewesen, der Regierung in Washington die Kriegserklärung rechtzeitig vor dem Angriff auf Pearl Harbor zu übermitteln. Das entsprach nicht der Wahrheit; die Verzögerung war eine List, auf die sich der Kaiser und seine Militärs bereits im September, mehrere Monate vor dem Angriff, verständigt hatten.

Zu keinem Zeitpunkt während der letzten vierundvierzig Jahre seines Lebens übernahm Hirohito öffentlich Verantwortung für den Krieg, weder dafür, daß Japan ihn begonnen hatte (was die Amerikaner verärgerte), noch dafür, daß sein Land ihn verloren hatte (was die

Japaner verärgerte). Marquis Kido war so bekümmert über die Weigerung Hirohitos, irgendeine Verantwortung zu übernehmen, daß er dem Kaiser unter vier Augen den Rat gab, lieber zurückzutreten als seinen Vorfahren Schande zu machen. Hirohito trauerte zwar über die Tragödie, die seinem Land widerfahren war, fühlte sich jedoch in keiner Weise für das Versagen seiner Militärkommandeure rechenschaftspflichtig, die ihm wiederholt einen Sieg zugesichert und ihn dabei nur hinters Licht geführt hatten. Obwohl die endgültige Entscheidung, den Krieg zwei Jahre lang weiterzuführen, bei Hirohito gelegen hatte, sah er diese nicht als seinen, sondern als deren Fehler an.[12]

Die Rettung des japanischen Tennô mußte über mehrere Jahre hingezogen werden. Wenn er zu schnell entlastet würde, hätten die Amerikaner kein Druckmittel mehr in der Hand. Immer wenn er widerspenstig, ausweichend oder zögernd wurde, winkte MacArthur mit neuen Forderungen der amerikanischen Abgeordneten, der Alliierten oder – was am wirkungsvollsten war – des Kremls nach einer strafrechtlichen Verfolgung des Kaisers. Natürlich mußten solche Erpressungsmanöver höchst umsichtig und subtil durchgeführt werden, doch MacArthur hatte eine lange Erfahrung darin, sich unbestimmt oder vieldeutig auszudrücken.

Hirohito sagte nach dem Verlassen der amerikanischen Botschaft zu Marquis Kido, MacArthur habe ihm gegenüber erklärt: »Ich bin überzeugt, Majestät kennen die Leute und die wichtigen Männer in der politischen Welt [Japans], deshalb würde ich gern ab heute in verschiedenen Angelegenheiten Ihren Rat einholen.«

In diesem Buch werden wir neue Belege für das umfangreiche Täuschungsmanöver beibringen, das nun folgte. Wir schildern, wer daran beteiligt war, wie wichtige Zeugen einschließlich General Tôjô selbst von MacArthurs Mitarbeitern gezwungen wurden, vor dem internationalen Kriegsverbrechertribunal falsche Aussagen zu machen und Meineide zu leisten. Mindestens einer der Generäle, die mit dem Tod bestraft wurden, war bei dem Verbrechen, für das er gehängt wurde, gar nicht anwesend, wurde jedoch gezwungen, den Kopf für Hirohitos Onkel, Prinz Asaka, hinzuhalten, den Schlächter von Nanking (Nanjing), der niemals bestraft wurde. Doch das war noch nicht alles. Sehr bald geriet die Angelegenheit völlig außer Kontrolle.[13]

MacArthur und seine engsten Berater, glaubten, es genüge, wenn sie den Kaiser selbst als Geisel hielten. Das war ein Irrtum. Die wirkliche Macht in Japan blieb im Schatten. Der General hätte dem Kaiser die Daumenschrauben bis zur Schmerzgrenze anziehen können, doch die wahren Machthaber hätten nichts davon gespürt. Sie warteten hinter den Kulissen und versuchten herauszubekommen, was MacArthur wirklich wollte. Die heimliche Reinwaschung Hirohitos war mit einem ständigen Kuhhandel verbunden, auf den sich die japanischen Unterhändler hervorragend verstanden. Nachdem sie sich einmal darauf eingelassen hatten, zusammen mit MacArthur und seinen engsten Mitarbeitern Zeugen zu Falschaussagen zu zwingen, um den Kaiser zu retten, erpreßten sie ihrerseits MacArthur, um wieder andere zu schützen. Das führte zur Entlastung zunächst der kaiserlichen Familie und dann der gesamten finanziellen und industriellen Elite Japans (einer Gruppe, an deren gerichtlicher Verfolgung und Bestrafung den Alliierten besonders gelegen war). Alle großen japanischen Banken und *zaibatsu* (Mischkonzerne), die den Krieg finanziert hatten und eigentlich entflochten werden sollten, kamen ungeschoren davon. Sie wurden von Reparationszahlungen mit dem Argument befreit, daß Japan »bankrott« sei. Während Deutschland im Lauf der Jahre rund dreißig Milliarden Dollar an Reparationen und Wiedergutmachungsgeldern bezahlte, waren es im Fall Japans lächerliche zwei Milliarden. Noch heute zahlt Deutschland für die Wiedergutmachung von Naziverbrechen, während Japan sich stur stellt und erklärt, alle Verbindlichkeiten seien spätestens 1951 erloschen. Statt die Demokratisierung Japans und das Aufkommen alternativer Parteien zu fördern, behinderte MacArthur oppositionelle Gruppen, schritt gegen Arbeiterproteste ein und ließ grundsätzlich alle Demonstranten ins Gefängnis stecken. Als nächstes wurden alle rechtskräftig verurteilten Kriegsverbrecher freigelassen, die im Sugamo-Gefängnis einsaßen, darunter auch wichtige Figuren aus der Unterwelt, die sich an der Ausplünderung von einem Dutzend eroberter Länder beteiligt und Güter im Wert von mehreren Milliarden Dollar geraubt hatten. Und schließlich gab es eine Amnestie für die 22 000 Männer, die wegen ihrer Rolle und ihres Verhaltens während des Krieges von Amerika auf eine schwarze Liste gesetzt worden waren. Möglicherweise entsprach es nicht den ursprünglichen Absichten MacArthurs, alle diese Menschen ungeschoren davonkommen zu lassen, doch als die Ratgeber des Kaisers erst einmal erkannt hatten, was der General eigentlich wollte, war es für sie ein leichtes, Schritt für Schritt daraus eigene Vorteile zu ziehen. Erpressungen sind immer eine zweischneidige Angelegenheit.

Die meisten Japaner erfuhren von dem privaten Treffen zwischen ihrem Kaiser und MacArthur erst, als letzterer auf einer Veröffentlichung des Fotos in allen wichtigen Zeitungen Japans bestand. Das löste einigen Tumult aus, weil der Kaiser in seiner offiziellen Kleidung neben dem leger angezogenen Amerikaner eine lächerliche Figur abgab. Bislang war es nur sorgfältig ausgesuchten Fotografen und nur aus der Entfernung mit einem Teleobjektiv gestattet, Aufnahmen des Kaisers zu machen, wobei nur der obere Teil seines Körpers abgebildet sein durfte, so daß niemand sehen konnte, wie klein er in Wirklichkeit war.[14] Viele Japaner glaubten noch immer, wenn sie dem Kaiser direkt ins Gesicht blickten, würden sie von den Göttern geblendet. Das Foto Hirohitos neben MacArthur und seine Veröffentlichung waren eine politische Meisterleistung. Wie die Zukunft zeigen sollte, waren freilich auch die Japaner keine politischen Anfänger.

Als sich die Übergangsregierung in Tokyo der Veröffentlichung des Fotos widersetzte, zeigte MacArthur seine Muskeln, indem er sämtliche in Japan bestehenden Beschränkungen des Verlagswesens aufhob. Danach folgte eine Direktive über staatsbürgerliche Rechte, mit der praktisch alle inneren japanischen Sicherheitsorgane einschließlich dem japanischen Gegenstück zum FBI für ungesetzlich erklärt wurden. Prinz Higashikuni, ein weiterer Onkel des Kaisers, der an der Spitze der Übergangsregierung stand, trat aus Protest zurück. MacArthur hatte den japanischen Politikern allerdings nur demonstrieren wollen, was passieren *konnte*, wenn man ihn provozierte. Echte bürgerliche Freiheiten waren das letzte, was er unterstützen würde, weil das in Japan einen politischen Wandel bewirkt hätte. In seinen Augen war jeder, der links von der extremen Rechten stand, ein Kommunist.

Wir können nur Vermutungen darüber anstellen, welche Auswirkungen es in Japan, den USA und Europa gehabt hätte, wenn die breite Öffentlichkeit erfahren hätte, worin der wahre Charakter des Gesprächs zwischen Hirohito und MacArthur bestand.

Es gehört zu den Allgemeinplätzen über Asien, daß hier die Dinge nur selten das sind, als was sie erscheinen. Niemand ist mehr damit beschäftigt, die Außenwelt zu täuschen, als die Japaner. Deshalb kann es kaum wundernehmen, daß MacArthur und seine Berater sich in dem Glauben wiegten, sie hätten die Fäden in der Hand, während in Wirklichkeit sie es waren, die manipuliert wurden. Dieser Irrtum rührte aus ihrer Faszination über die Ähnlichkeiten zwischen Japan und dem Westen, während sie besser auf die Unterschiede geachtet hätten. Die Unterschiede waren gefährlich. Die Ähnlichkeiten waren entwaffnend, beruhigend und verführerisch. Hierfür ist die Organisation der Quäker ein gutes Beispiel.

Beginnen wir bei General Bonner Fellers. Er war nicht einfach der Empfangschef am Eingang der Botschaft. Fellers war ein ungewöhnlicher Offizier der US-Armee mit interessanten Verbindungen. Über Kontakte seiner Familie stand er mit einem japanischen Diplomaten in Verbindung, Terasaki Hidenari, der in einer der drei schwarzen Mercedes-Limousinen mitgefahren war, die den Kaiser begleitet hatten.[15] Fellers war ebenso wie Terasaki Geheimdienstoffizier. »Terry« Terasaki bekleidete zur Zeit des Überfalls auf Pearl Harbor den hohen Posten des Ersten Sekretärs der japanischen Botschaft in Washington. Er und seine amerikanische Frau sowie ihre gemeinsame Tochter wurden interniert, gegen andere Diplomaten ausgetauscht und verbrachten die Kriegsjahre unter elenden Bedingungen in Japan. Jetzt war Terasaki ins kaiserliche Palastamt versetzt worden, das alle praktischen Angelegenheiten für den Kaiser und seine Familie erledigte. Seine Aufgabe bestand im wesentlichen darin, als Hirohitos persönlicher Verbindungsmann zu General Fellers und General MacArthur aufzutreten.

Terry war bestens geeignet für diese Rolle. Er mochte Amerika und kannte es gut. Bonner Fellers war ein Vetter von Terrys Frau, Gwen Harold, die von einer langen Ahnenreihe von Quäkern abstammte. Bonner Fellers hatte ein Quäkercollege in Indiana besucht, wo er sich mit japanischen Austauschstudenten anfreundete, die ihrerseits aus Quäkerfamilien stammten. Zwei von ihnen, Watanabe Yuri und Kawai Michiko, wurden führende Pädagogen in Japan und hatten Verbindungen zum Kaiserpalast.[16] Nach dem Krieg waren sie Fellers bei seinem Geheimauftrag behilflich. Kurzum, Fellers und Terasaki gehörten zu einem Netz von Quäkern oder deren Sympathisanten, das von Herbert Hoover bis tief in den Kaiserpalast hinein in die persönliche Umgebung von Hirohitos Mutter, Kaiserinwitwe Sadako, und anderen Mitgliedern der kaiserlichen Familie reichte. Mehrere Japaner in der herrschenden Hierarchie, die selbst Buddhisten oder Shintoisten waren, hatten christliche Frauen. Demnach befand sich im Zentrum eines aggressiven, kriegerischen buddhistisch-shintoistischen Staates in den wechselvollen zwanziger, dreißiger und vierziger Jahren ein Kern von Christen, von denen viele dem Quäkertum und einem gewissen Pazifismus anhingen. Sie waren in der Zwischenkriegszeit in den Vereinigten Staaten und England sehr einflußreich. Ihre Macht reichte zwar nicht aus, um den Krieg zu verhindern, aber sie hatten einen wesentlichen Anteil an den Versuchen, ihn aufzuhalten. Einige dieser Palastbeamten nutzten ihre Verbindungen zu Schweizer, englischen und amerikanischen Quäkern, um über die Schweiz geheime Friedensfühler nach London und Washington auszustrecken. Nach dem Krieg intervenierten sie in jeder ihnen möglichen Weise, um die Angehörigen der Kaiserfamilie vor einer Demütigung und einer Verfolgung als Kriegsverbrecher zu bewahren. Das mochte in mancher Hinsicht verständlich sein, hatte aber auch seine Schattenseite. Dasselbe Netz wurde in zynischer Weise von Fellers und anderen dazu benutzt, um MacArthurs persönliche Ziele sowie die seiner konservativen Förderer zu verwirklichen.

Auf der Seite der Alliierten war dieses gewissermaßen christliche Netz ein Fadenspiel von Machtverbindungen. Eine seiner führenden Persönlichkeiten war der amerikanische Staatssekretär Joseph Grew, vor dem Krieg US-Botschafter in Japan. Grew unterhielt langjährige Beziehungen zu General Fellers und zum ehemaligen US-Präsidenten Herbert Hoover. Grews Ehefrau Alice Perry Grew war eine Nachfahrin von Korvettenkapitän Matthew Perry, der Japan um die Mitte des neunzehnten Jahrhunderts für den westlichen Handel geöffnet hatte.[17] Als Kind war Alice in Tokyo zur Schule gegangen, hatte fließend Japanisch gelernt und war eng mit adligen japanischen Mädchen befreundet, von denen eine später Kaiserin und Mutter von Hirohito wurde. Auf diese Weise hatten Alice und Joseph Grew einen einzigartigen Zugang zu Adelskreisen in Japan. Eine von Grews Quäkercousinen, Jane Norton Grew, war mit Jack Morgan verheiratet, dem Sohn von J. Pierpont Morgan, dessen Bankenimperium in Japan als »Morgan-*zaibatsu*« (Morgan-Konzern) bekannt war.[18] Das machte Grew zu einem angeheirateten Mitglied der Familie Morgan. Die Morgan-Bank gewährte Japan in den zwanziger und dreißiger Jahren enorme Kredite und finanzierte einen Teil der Investitionen amerikanischer Großunternehmen wie General Electric in Japan. Dadurch fand er in der japanischen Finanzwelt eine äußerst freundliche Aufnahme. Während seiner Zeit als US-Botschafter in Tokyo in den dreißiger Jahren schloß Grew nähere Bekanntschaft mit Japanern und Japanerinnen, die für ihn ebenso angenehm war wie die Freundschaft mit den Kindern alteingesessener, vermögender Familien in Boston, der Saltonstalls, Peabodys und Cabots, in seiner Kindheit und Jugend. Unter ihnen befanden sich so viele Christen und Quäker, daß Grew fast das Gefühl haben konnte, unter den Puritanern Neuenglands zu leben. Das Japan, das er zu sehen bekam, war sauber, adrett und ordentlich. Die Männer der japanischen Finanzelite, die er kennenlernte, waren so ungezwungen, elegant und von so ausgesuchten Manieren, daß er die tiefreichende institutionelle Korruptheit, die im japanischen System fest verwurzelt ist, nicht sah oder nicht sehen wollte.[19]

Im Mittelpunkt der kaiserlichen Familie stand während der ersten Hälfte des zwanzigsten Jahrhunderts Kaiserin Sadako, die Mutter Hirohitos.[20] Die zierliche Frau von großer Charakterstärke war von den Jahren nach 1920 bis zu ihrem Tod Anfang der fünfziger Jahre eine unsichtbare Kraft in allen kaiserlichen Angelegenheiten. Die Mutter eines Kaisers hatte Einflußmöglichkeiten, die kaum überschätzt werden können. Obwohl sie eine Fujiwara war, zu einer der »Fünf Großen Familien« gehörte, aus denen seit Jahrhunderten die Bräute von Kaisern hervorgegangen waren, hatten ihre Eltern sie auf dem Land von Quäkern großziehen lassen. Wie es hieß, las sie täglich in der Bibel, und es spricht manches dafür, daß sie praktizierende Christin war, auch wenn das Palastamt über diesen Punkt nichts nach außen dringen ließ. Dreißig Jahre lang umgab sich die Kaiserinwitwe mit japanischen Quäkern und anderen Christen, nahm sie in ihr Gefolge auf und sorgte diskret dafür, daß sie auf hohe Posten im Palastamt und in der Regierungsbürokratie berufen wurden. Die Tatsache, daß es in den oberen Schichten der japanischen Gesellschaft eine überraschend große Zahl von Christen wie Sadako gab, änderte nichts daran, daß sie zuerst und vor allem Japaner und der eigenen Gesellschaft am stärksten verbunden waren.

Das Netz bestand überwiegend aus Müttern, Ehefrauen, Schwestern und Töchtern, ohne von japanischen Männern zur Kenntnis genommen zu werden; diese Frauen waren altruistischen und pazifistischen Werten zu einer Zeit verpflichtet, in der Japan zunehmend gewalttätig und militaristisch wurde.

Die Yamato-Dynastie wurde im ersten nachchristlichen Jahrhundert durch Himiko, eine Priesterin mit außergewöhnlichen Kräften, begründet, deren Hof sich im Tal des Yamato-Flusses befand.[21] In chinesischen Hofchroniken aus jener Zeit ist festgehalten, daß Japan damals von einer Kaiserin regiert wurde. Man nahm an, daß sie von einer Ahnenreihe von Priesterinnen und Priestern abstammte, die sechshundert Jahre weit zurückreichte. Diese vorgeschichtlichen Wurzeln der Dynastie befanden sich auf der warmen südlichen Insel Kyûshû. Der Legende nach rief die Sonnengöttin Amaterasu dort zuerst die kaiserliche Linie ins Leben, die angeblich »ungebrochen« 2500 Jahre lang bis zu Kaiser Akihito und Kronprinz Naruhito führt.

Das Yamato-Volk unter der Herrschaft Himikos war nicht identisch mit den Ureinwohnern Japans. Diese waren die primitiveren Ainu, deren Ursprünge bis heute unbekannt sind. Die Yamato-Menschen waren spätere Einwanderer. Frühe Einwanderer aus China brachten zuerst den Naßreisanbau in die Flachlandregionen von Kyûshû, danach besiedelten kriegerischere Einwanderer aus Korea die gebirgige Nordküste. Im Verlauf jahrhundertelanger Auseinandersetzungen vermischten sich die beiden Einwandererkulturen, und ihre mächtigsten Clans entwickelten eine feudale Hackordnung. Auf der Suche nach besserem Ackerland wanderten sie allmählich weiter nach Osten auf die Nachbarinsel Honshû, hinauf zum großen Biwa-See und in die weite fruchtbare Ebene in der Umgebung des heutigen Kyoto und

Ôsaka, drängten die Ainu zurück und übernahmen deren Land. Dort am Yamato bildete sich die Dynastie im ersten Jahrhundert n. Chr. um Himiko, die Anführerin des stärksten Clans.

Auf Himiko folgte eine Linie von Kaisern, die gleichzeitig als Hohepriester des Shinto (»Weg der Gottheiten«) fungierten. Doch die Frauen hatten nach wie vor großen Einfluß, führten zeitweilig die Regentschaft für minderjährige Kaiser oder wurden im Interesse der Machterweiterung mit den Söhnen verbündeter Fürstenhäuser verheiratet. Das endete im zwölften Jahrhundert, als die Shogune oder Heerführer rivalisierender Samurai-Clans eine Militärdiktatur, das Shogunat, errichteten. Danach lag auf der Kaiserfamilie lange Zeit ein dunkler Schatten. Bis ins neunzehnte Jahrhundert wurde die tatsächliche Herrschaft in Japan von einem Shogun ausgeübt, und der Kaiser hatte nur repräsentative Aufgaben.

Das Überleben der kaiserlichen Dynastie war oftmals in Gefahr. Die größten Bedrohungen kamen von den eigenen Verwandten des Kaisers, die Mittel und Wege fanden, den Thron zu unterwerfen und den Kaiser zu einer Marionette zu machen. Infolgedessen hatte die kaiserliche Familie in Japan während des größten Teils ihrer Geschichte mehr spirituellen Einfluß als weltliche Macht. Es gab Zeiten, da der japanische Kaiser sogar Nudeln auf der Straße verkaufte. Viele wurden in buddhistische Klöster gesteckt, andere auf abgelegene Inseln verbannt und einige einfach ermordet.

Die Kaiser waren häufig völlig machtlos und dienten mit ihrer angeblich göttlichen Natur als Deckmantel für die Tyrannei der unsichtbaren Männer hinter dem Thron. Kein Gruppenbild der kaiserlichen Familie Japans läßt sich ohne eine knappe Skizzierung dieser anderen Gesichter im Hintergrund entwerfen. Von der Zeit Himikos bis zur Meiji-Restauration 1868 errangen fünf große Familien eine außerordentliche Macht über den Thron – die Geschlechter Soga, Fujiwara, Minamoto, Ashikaga und Tokugawa. Die Soga und die Fujiwara waren reiche adlige Häuser, die ihre Töchter mit dem Kaiser verheirateten und anschließend generationenlang als Regenten für die Nachkommen indirekt die Regierung führten. Sie heuerten Samurai-Krieger an, um ihre Interessen zu wahren, und diese Söldnerarmeen wuchsen sich im Lauf der Zeit zu mächtigen Militärorganisationen aus. Die drei übrigen Familien – Minamoto, Ashikaga und Tokugawa – waren Clans von Samurai-Kriegern, die sich seit dem zwölften Jahrhundert zu Diktatoren aufgeschwungen hatten und Japan in den folgenden achthundert Jahren beherrschten, indem sie die kaiserliche Familie in der Regel mit Verachtung behandelten, sofern sie sie nicht überhaupt ignorierten. Die Shogune wurden derselben Manipulation unterworfen. Die beiden ersten Shogune in jeder Epoche waren zumeist schlaue Kraftnaturen, die mit Gewalt und Verrat regierten. Doch nach ihnen kamen Schwächlinge, die von den eigenen Regenten, Ehefrauen und Ratgebern als Marionetten benutzt wurden.

Das Fürstenhaus Soga perfektionierte im fünften Jahrhundert die Methode, den Kaiser als Strohmann zu benutzen, der die Aufmerksamkeit von ihnen ablenkte, so daß sie im verborgenen schalten und walten konnten. Drei Jahrhunderte lang wehrten die Soga alle Rivalen ab, bis sie von den Fujiwara gestürzt und ausgerottet wurden. Auch wenn die Fujiwara einen anderen Stil bevorzugten, bedienten sie sich zur Sicherung ihrer Macht doch derselben Mittel wie ihre Vorgänger. Um ihre Manipulationen, ihre Korruptheit und ihre Morde zu kaschieren, hielten sie an der kaiserlichen Familie aus kosmetischen Gründen fest. Als Himmelssöhne konnten die Kaiser als rein und heilig hingestellt werden. Niemand wagte es, einen Kaiser zu kritisieren, weil dies einem Sakrileg gleichgekommen wäre, das mit Enthauptung bestraft werden konnte. Aus demselben Grund wagte es niemand, die Ratgeber des Kaisers zu kritisieren. Das ermöglichte es den Männern hinter dem Thron, hemmungslos der Korruption zu frönen, ohne irgendeinen Widerstand befürchten zu müssen. Die einzige Gefahr, die ihnen drohen konnte, ging von Rivalen am Hof aus, die durch Intrigen, Bestechung oder Giftanschläge die Oberhand zu gewinnen suchten; zu manchen Zeiten schleusten sie vielleicht auch ihre Töchter in die kaiserlichen Schlafgemächer.

Die Fujiwara-Familie bediente sich aller denkbaren Mittel, um jedem neuen Kaiser das Heft zu entwinden, so daß im Lauf der Jahrhunderte das Kaiserhaus in Passivität versank. Es war ein außerordentlich geschickter Schachzug, den Kaiser in eine Lage zu bringen, in der er alle Vorteile eines Herrschers genoß, ohne zugleich auch dessen Befugnisse zu besitzen. Um dieser Verlockung zu widerstehen, hätte es einer fast übermenschlichen moralischen Festigkeit bedurft, die bei den wenigsten Kaisern vorhanden war. Die meisten von ihnen schwelgten im Luxus, verfügten über Hunderte von Bettgespielinnen und soviel erlesenen Speisen, Getränken und Unterhaltung, wie es ihnen gefiel. Die japanischen Kaiser hatten zwar weiterhin viel Macht, doch machten sie in den seltensten Fällen davon Gebrauch, ohne ihr Vorgehen zuvor mit dem jeweiligen starken Mann hinter den Kulissen abzustimmen.

Während der acht Jahrhunderte unter den Shogunen blieb vielen Japanern verborgen, daß es noch immer einen Kaiser gab, und nur ein kleiner Kreis von Hofadligen glaubte noch an sein göttliches Wesen. Als der letzte Shogun 1868 gestürzt wurde, brachten die neuen starken Männer in Japan den damaligen Himmelssohn, einen Jungen von fünfzehn Jahren, unter ihre Kontrolle und verkündeten, das ganze Land habe sich »der Herrschaft durch den göttlichen Kaiser unterworfen«. Das war nichts als ein Bluff. Selbst heute herrscht in Japan ein eklatanter Mangel an Glaubwürdigkeit. In einer japanischen Fassung von Andersens Märchen »Des Kaisers neue Kleider« würden der Schneider, das Kind und die Bauern allesamt hingerichtet: der Schneider, weil er die Wahrheit ans Licht gebracht, das Kind, weil es die Wahrheit ausgesprochen hat, und die Bauern, weil sie die Wahrheit mit eigenen Augen gesehen haben.

Die Meiji-Restauration von 1868 war keine Revolution.[22] Japan hat eine echte soziale Revolution erst noch vor sich, auch wenn die ersten Schritte dazu gerade getan werden. Während des Meiji-Putsches wurde die Macht von einer skrupellosen Clique hinter der Bühne auf eine andere übertragen, und der Kindkaiser mußte von Kyoto in den Palast des Shoguns in Tokyo umziehen. Tokyo hieß zu diesem Zeitpunkt noch Edo und wurde erst jetzt in Tokyo (»östliche Hauptstadt«) umbenannt. Die neuen Machthaber sorgten dafür, daß der Kaiser nach außen als der Herrscher erschien, tatsächlich jedoch Staffage war. Nicht anders als unter den Soga- und Fujiwara-Geschlechtern blieb die Macht bis auf den heutigen Tag in den Händen unsichtbarer Männer hinter dem Thron, die an der Spitze rivalisierender Cliquen stehen.

Keine andere königliche oder kaiserliche Familie der Erde wird so sehr bewacht. Die Abgeschirmtheit ist unvermeidlich, da die Mitglieder dieser Familie von den tatsächlichen Machthabern Japans in gewissem Sinne als Geiseln gehalten werden. Wer den Kaiser beherrscht und manipuliert, der beherrscht und manipuliert das Volk. Diese Isolierung verhindert, daß andere Machtgruppen ihren Einfluß geltend machen.

Von Zeit zu Zeit haben Liberale oder andere »Abweichler« versucht, den Kaiser von den wahren Machthabern abzusondern, um auf diese Weise die Möglichkeit zu haben, die Regierung zu kritisieren, ohne damit zugleich Kritik am Kaiser zu üben. Doch die Strategen der Meiji-Ära, die das moderne politische System Japans konzipierten, haben diese Möglichkeit vorhergesehen und den Kaiser mit jeder Entscheidung und jedem Aspekt des Regimes gleichgesetzt. Es war eine Meiji-Restauration, eine Meiji-Regierung, der kaiserliche Wille, ein kaiserliches Dekret, die kaiserliche Armee, eine Entscheidung des Throns, »eine seit undenklichen Zeiten ungebrochene Dynastie«.

Aufgrund dieser Mystifizierung ist außerhalb Japans nur Hirohito bekannt. Dagegen weiß man kaum etwas über seinen Vater und seine Mutter, seine Brüder und Onkel oder die übrigen Mitglieder der Familie. Dank der wachsenden wissenschaftlichen Beschäftigung mit dem japanischen Kaiserhaus sowie der in jüngster Zeit erfolgten Entdeckung und Veröffentlichung der Tagebücher und Memoiren von Angehörigen der kaiserlichen Familie ist es uns heute möglich, viele kleine Puzzleteile zu einem Gesamtporträt aller fünf Generationen – vier Kaiser und eines Kronprinzen – in der Neuzeit zusammenzusetzen.

Selbst Mutsuhito, der Meiji-Kaiser, bleibt im dunkeln; seine wahre Persönlichkeit wurde hinter einem Scheinbild verborgen. Für die Öffentlichkeit wurde Mutsuhito wie eine Opernfigur ausstaffiert. Privat war er ein träger und seinen Lüsten frönender Mann, der Frauen, Pferde und Blumen liebte und bis in die späte Nacht hinein mit seinen Günstlingen trank.[23] Seine Beaufsichtigung war schwierig. Da er immer wieder Probleme machte, beschlossen seine Minister, seinen Kindern und Enkeln gegenüber anders vorzugehen. Große Mühe wurde darauf verwendet, sie willfährig und von ihren persönlichen Ratgebern und Kammerdienern vollkommen abhängig zu machen.

Das Personal des Palastamts schwoll auf über zehntausend Bedienstete an.[24]

Es gelang ihnen nicht, den Sohn und Thronerben des Meiji-Kaisers, den späteren Taishô-Kaiser Yoshihito in ihrem Sinne zu formen. Die meisten Historiker gehen über den Taishô-Tennô hinweg. Sofern sie ihn überhaupt erwähnen, haben sie nur Negatives über ihn zu sagen. Er war ihnen zu zart, zu dumm, zu eitel, zu grob, zu lüstern, zu trunksüchtig, zu verrückt, die Parodie eines Kaisers.[25] Zwischen Sohn und Vater wurden falsche Gegensätze konstruiert – falsch, weil das Bild Mutsuhitos auf seine Weise ebenso überzogen war wie in anderer Hinsicht das Bild seines Sohnes. Bei näherer Betrachtung zeigt Yoshihito ein überraschend anderes Bild. Seine Karikatur als ein verrückter Wüstling war weitgehend die Erfindung General Yamagatas, der das Land zu einem Polizeistaat machte und für Japans extremen Militarismus verantwortlich war. Yamagata glorifizierte den Thron als Institution, während er gleichzeitig die Person des Kaisers herabsetzte. Durch gezielte Indiskretionen an die Presse ruinierte er den Ruf des jungen Kaisers. Die skrupellose Kampagne Yamagatas brachte ihn in unmittelbaren Konflikt mit Kaiserin Sadako. Hinter den Kulissen agierend, gelang es ihr und ihren Verbündeten, in einer Auseinandersetzung um die Wahl einer Braut für Kronprinz Hirohito den alten General zu demütigen. Yamagata konnte seinen Plan, die Tochter eines ihm verbündeten Hauses zur Braut des Kaisers zu machen, nicht durchsetzen. Trotzdem sollte sein rücksichtsloser, zynischer Stil Japan für den Rest des zwanzigsten Jahrhunderts vergiften.

In den zwanziger Jahren war der Mythos des Kaisertums zu einem Dogma geworden. Die Gedankenpolizei durchdrang alle gesellschaftlichen Ebenen, bespitzelte Nachbarn und Familienangehörige.[26] Bereits das Hochziehen einer Augenbraue konnte den Tod bedeuten; Kritiker des Regimes wurden nach den strengen neuen Gesetzen ins Gefängnis geworfen oder hingerichtet. In dieser Schreckensatmosphäre – asiatisch in den Methoden, aber mit starken Anklängen an die europäische Inquisition – traten die Militaristen auf den Plan, die in Zusammenarbeit mit den Cliquen der Großindustrie und der Hochfinanz Japan unter ihre Herrschaft brachten.

Hirohito wurde in der Absicht erzogen, daß er anders würde als sein Vater und sein Großvater. Damit Hirohito weder die Passivität des Meiji-Kaisers noch die Dreistigkeit des Taishô-Kaisers entwikkelte, sorgte das Palastamt für ein Übermaß an Aufsicht über den künftigen Kaiser, was diesen in lebenslanger Abhängigkeit von seinen Ratgebern hielt und eigene Entscheidungsprozesse erschwerte. Das hatte im Zweiten Weltkrieg tragische Folgen, als Hirohito vergeblich darauf wartete, daß Japan wieder die Oberhand gewann, damit er aus einer vorteilhaften Position um Frieden bitten könnte. Er regierte länger als alle anderen Kaiser in der japanischen Geschichte.[27] Er war zugleich der umstrittenste japanische Kaiser. Unser Porträt stützt sich auf jüngste japanische Erkenntnisse und neue Entdeckungen.

Kaiser Akihitos Widerstand gegen ähnliche Manipulationsversuche brachte ihn dazu, eine Frau außerhalb der adligen Familien zu heiraten und den Kontakt zur breiten Bevölkerung zu suchen. Kronprinz Naruhito hat diesen erfrischenden Stil übernommen und mit Masako die unabhängigste Prinzessin seit Sadako in den Palast geholt.

Sie haben ihre Feinde. Japanische Traditionalisten behindern und demütigen Kaiserin Michiko und Kronprinzessin Masako, damit sie keine Machtstellung vergleichbar der von Hirohitos Mutter aufbauen können. Beide Frauen waren das Ziel bösartiger Verleumdungen. Es kann zwar noch immer gefährlich sein, den Kaiser zu kritisieren, doch die Kaiserin und die Kronprinzessin gelten in dieser Hinsicht als Freiwild.

Wie die jüngsten Skandale gezeigt haben, ist nicht der Shintoismus, sondern das Geld die Staatsreligion Japans. In den zwanziger Jahren wurde das vielversprechende anglo-japanische diplomatische Bündnis durch ein ausgedehntes Netz privater Finanzbündnisse zwischen den Vereinigten Staaten und Japan ersetzt. Auf den Rat Thomas Lamonts von der Morgan-Bank vergab Amerika enorme Privatkredite und tätigte Investitionen in Japan. Als die ökonomische Seifenblase platzte – zuerst in Japan und dann 1929 beim großen Börsenkrach an der Wall Street –, zeigte sich, daß ein Großteil des bisherigen Booms in Japan auf nicht abgesicherten Filzgeschäften beruht hatte. In den Vereinigten Staaten hatte dies tiefgreifende Reformen im Bank- und Finanzwesen sowie radikale Sozialprogramme für die notleidende Bevölkerung zur Folge. In Japan geschah nichts dergleichen. Statt dessen wurde alles getan, um die Finanzelite aus dem selbstverschuldeten Schlamassel herauszuholen. Es wurde nichts unternommen, um die Verzweiflung der Bevölkerung zu lindern, und Hunderttausende junger Mädchen wurden von ihren Eltern, die nicht mehr wußten, wovon sie sich ernähren sollten, an Bordelle verkauft.[28] Statt das System zu reformieren, ließen die japanischen Machtcliquen Kritiker und Reformer verhaften und hinrichten. Heute, siebzig Jahre danach, hat dieselbe Finanzkorruption dem Land seine bislang schlimmste Wirtschaftskrise beschert.

In den dreißiger Jahren wurden Männer, die das Land möglicherweise aus seiner wirtschaftlichen Misere hätten retten können, behindert, entmutigt oder umgebracht. Der Aufstand der Jungoffiziere von 1936 brachte einen Zwist ans Tageslicht, der auch im Japan von heute noch virulent ist. Rebellische junge Offiziere forderten die Reform eines Systems, das ausschließlich die Elite begünstigte. Wider Erwarten hatten sie Kaiser Hirohito gegen sich, der befürchtete, jede Änderung des Status quo bedeute das Ende seiner Herrschaft. Als die Reformbewegung zusammenbrach, stand den Militaristen und den Führern großer Mischkonzerne, die ganz Asien zu einer japanischen Kolonie machen wollten, nichts mehr im Weg. Es gab kein Gegengewicht mehr zu den Militaristen, und Japan begann einen Eroberungs- und Plünderungszug, aus dem es sich aus eigener Kraft nicht mehr zurückziehen konnte.

Wir wissen eine Menge über diese Eroberung, aber erstaunlich wenig über die Plünderungen. In den Jahren vor und während des Zweiten Weltkriegs wurden Millionen Menschen von den Japanern getötet und Milliardenwerte gestohlen, doch die Beute verschwand scheinbar spurlos. Eines der großen Rätsel des Zweiten Weltkriegs ist die Frage, was mit dem milliardenschweren Beutegut geschehen ist, das die japanische Armee sich in einem Dutzend Länder angeeignet hatte. Bei dem Versuch der Aufklärung dieser Frage stößt man auch auf die kaiserliche Familie, weshalb die Antwort einen wesentlichen Teil dieser Biographie ausmacht.

Nach der Schlacht um die Midway-Inseln im Juni 1942 erkannten einige kaiserliche Prinzen, daß der Krieg für Japan nicht gut ausgehen werde, und widmeten sich für den Rest des Krieges der Aufgabe, die Beute besonders geschickt zu verstecken, um Japan vor einer Katastrophe zu schützen. Diese systematische Kampagne der Plünderung und der Verwahrung des Geraubten unter der Codebezeichnung »Goldene Lilie« unterstand unmittelbar Hirohitos Bruder Chichibu.[29] Bisher hatte man angenommen, er habe den Krieg aus gesundheitlichen Gründen nicht in der Armee verbracht, sondern sich auf einem Landgut am Fuß des Fujisan unter der Pflege seiner Frau von seiner Tuberkulose erholt.

In Wirklichkeit reiste er durch den ganzen von Japan besetzten Teil Chinas und Südostasiens und überwachte das Einsammeln des Raubguts, das zunächst nach Manila und von dort weiter nach Japan verfrachtet wurde. Vom Frühjahr 1943 bis zum Frühsommer 1945 hielt er sich auf den Philippinen auf, wo er das Verstecken der Beute in Bunkern, in den Gewölben unter alten spanischen Kirchen und in ausgedehnten Tunnelkomplexen beaufsichtigte.[30] Im Rahmen der Operation Goldene Lilie raubten die Japaner Bargeld, Edelmetalle, Edelsteine, Schmuck, Kunstschätze und religiöse Artefakte aus China, darunter mehr als ein Dutzend Buddhafiguren aus reinem Gold, von denen jede mehr als eine Tonne wiegt.[31] Nach Aussagen von Japanern, die an der Operation beteiligt waren, wurden, als es praktisch nicht mehr möglich war, die Beute nach Japan zu bringen, Gold und Wertgegenstände im Wert von hundert Milliarden Dollar an über zweihundert Stellen auf den Philippinen versteckt. Wir verfügen über bestätigte Berichte von Augenzeugen und Beteiligten, darunter japanische Staatsangehörige und Mitglieder des persönlichen Gefolges von Prinz Chichibu.

Angesichts der Invasion der japanischen Mutterinseln durch die Alliierten und der völligen Zerstörung des japanischen Erbes ließ Kaiser Hirohito sich nach langem Zaudern dazu bewegen, für eine baldige Kapitulation einzutreten. Das war eine bittere Pille, doch sie ermöglichte es Japan, den Krieg zu überleben und den Löwenanteil seiner Produktionsstätten ebenso zu retten wie die Kriegsbeute im Wert von mehreren Milliarden Dollar, die dazu beitragen würde, das Land wirtschaftlich wieder auf die Beine zu stellen. Seit Kriegsende wurde das an verschiedenen Stellen auf den Philippinen versteckte

Gold von Suchtrupps aus Japan und anderen Ländern geborgen. Diese Bergungen wurden durch die Aussagen Dritter bestätigt. Ein Gericht in der Schweiz enthüllte 1997, daß eine der erwähnten massivgoldenen Buddhafiguren sich heute in einem Banktresor unter dem Zürcher Flughafen Kloten befindet zusammen mit einer großen Menge an Goldbarren, die vom philippinischen Expräsidenten Ferdinand Marcos geborgen wurden und im Verzeichnis seines Familienvermögens aufgeführt sind. 1997 wurde eine Gruppe von Reportern der japanischen Fernsehgesellschaft Asahi, die auf den Philippinen nach dem Raubgut forschte, zu einem unterirdischen Gewölbe auf Luzon geführt, wo sie 1800 Goldbarren im Wert von hundertfünfzig Millionen Dollar filmten (und Proben entnahmen), das aus Sumatra, Kambodscha und Birma gestohlen worden war. Es handelte sich um Goldgegenstände, die im besetzten Malaya zu Barren umgeschmolzen, entsprechend den Richtlinien der Operation Goldene Lilie markiert und danach auf als Lazarettschiffe getarnten Frachtern nach Manila befördert wurden.[32] Das in China geraubte Gold gelangte auf dem Umweg über Korea nach Japan und wurde in unterirdischen Gewölben in den Bergen in der Nähe von Nagano, dem Austragungsort der Olympischen Winterspiele 1998, versteckt. Goldbarren, die sich zum Zeitpunkt der Kapitulation noch auf Schiffen vor der japanischen Küste befanden, wurden in der Bucht von Tokyo und an anderen küstennahen Stellen versenkt und nach dem Krieg zum Teil wieder geborgen.[33]

Als die amerikanische Besatzung 1952 endete, erlebte das »bankrotte« Japan dank Prinz Chichibus und der Operation »Goldene Lilie« sein eigenes »Wirtschaftswunder« und wurde zur zweitgrößten Wirtschaftsmacht der Welt hinter den USA. Reparationszahlungen wurden vermieden, die kaiserliche Familie entging einer Bestrafung, und die japanische Finanzelite übernahm wieder die Kontrolle, als hätte es nie einen Krieg gegeben. Die Kriegsbeute stellte eine riesige schwarze Kasse dar, die von den Nachkriegspolitikern dazu benutzt wurde, die Bürokratie Japans zu korrumpieren, wodurch das Land am Ende des Jahrhunderts trotz seines Reichtums erneut an den Rand eines wirtschaftlichen Zusammenbruchs gebracht wurde.[34]

Während es zahlreiche Untersuchungen über den Verbleib der von den Nationalsozialisten geraubten Wertgegenstände gab, hat es nie eine formelle Untersuchung der Ausplünderung Asiens durch die Japaner gegeben, noch wurde Japan jemals gezwungen, über die Plünderungen Rechenschaft abzulegen. Deren Wert überstieg den des Nazi-Raubguts um ein Vielfaches. Die Enthüllung dieses Beutezugs der Japaner wirft ein neues Licht auf die Geschichte.

Kaiser Akihito, während des Krieges noch ein Kind, hat damit begonnen, die kaiserliche Familie mehr auf die Bedürfnisse des japanischen Volkes auszurichten als auf die der informellen Machtelite. Er hat praktisch die Nabelschnur zum Himmel durchschnitten. Doch er und seine Angehörigen sind noch immer Gefangene des Mythos, der vor vielen Jahrzehnten während der Meiji-Restauration verbreitet wurde. Heute wird die kaiserliche Familie in Japan nicht mehr von Meiji-Oligarchen oder Hirohito-Militaristen manipuliert, sondern ist die äußere Fassade für Finanzmanipulatoren, die das Land ausnehmen wie eine Weihnachtsgans.

Angst hat in Japan jahrelang eine große Rolle gespielt. Neun Zehntel der Bevölkerung sind von der Elite durch eine unsichtbare Wand getrennt. Das geduldig leidende japanische Volk hat inzwischen entdeckt, daß selbst seine Meritokratie korrupt war. Es gibt Anzeichen dafür, daß die seit langem erwartete soziale Revolution eingesetzt hat. Die kleinen Leute stimmen mit ihrem Geld ab, indem sie es nicht mehr ausgeben. Statt es auf ein Konto bei einer japanischen Bank einzuzahlen, legen sie es im Ausland an. Das Staatsschiff jedoch wird gleich einem riesigen Supertanker sehr viel Zeit benötigen, bis es seine Fahrt gebremst und den Kurs geändern hat.

Somit ist dieses Familienbild ein Doppelporträt; es zeigt die Menschen auf dem Thron und diejenigen, die unsichtbar dahinter stehen. Was unter den Soga und den Fujiwara galt, das gilt auch heute noch: Die wirkliche Macht in Tokyo liegt in den Händen von verborgenen Finanzcliquen, bürokratischen Fraktionen, politischen Königsmachern und von Gangsterbossen, deren Rolle kaum bekannt ist und von den wenigsten durchschaut wird. Sie bleiben im Hintergrund, weil sie gelernt haben, daß »alles Unheil aus dem Mund kommt« und sobald man aufhöre, unsichtbar zu sein, dies der erste Schritt zur Niederlage sei.

Die öffentliche Rolle der kaiserlichen Familie gleicht dem Spiel einer Kabuki-Truppe. Deren stark stilisiertes Bühnenspiel entfaltet sich zwischen prächtig kostümierten und geschminkten Spielern, in deren Mittelpunkt eine merkwürdige Figur steht, die von Kopf bis Fuß in Schwarz gekleidet ist. Gegenüber dieser düsteren Figur, die für alle deutlich zu sehen ist, verhalten sich Schauspieler und Publikum so, als wäre sie gar nicht da. Sie ist aufgrund der Tradition völlig unsichtbar und existiert deshalb nicht. Sie ist Inspizient und Kulissenschieber und verändert das Bühnenbild, während das Stück seinen Lauf nimmt. Sie ist der *kuroko*, der Mann hinter dem schwarzen Schleier. Sie stammt aus dem alten japanischen Puppentheater, bei dem das Publikum den Puppenspieler und seine Helfer deutlich sehen konnte. Die Position der japanischen Kaiserfamilie erschließt sich uns erst, wenn wir die Rolle des *kuroko* verstehen. In dem Geschehen an der Spitze in Tokyo wirken viele verschleierte Spieler mit. Der Kaiser und seine Familie sind von ihnen umgeben.

I

Der Kaiser wird neu erfunden

Der zukünftige Meiji-Kaiser Mutsuhito war im Juli 1853 gerade acht Monate alt, als vier große schwarze Schiffe der nordamerikanischen Kriegsmarine vor der Einfahrt der heutigen Bucht von Tokyo aufkreuzten.[1] Zwei der mit schweren Geschützen bestückten Kriegsschiffe waren Dampfschiffe, aus deren Schornsteinen dicker, schwarzer Rauch quoll, der die Zuschauer in Angst und Schrekken versetzte. Kommandant des Geschwaders war Korvettenkapitän Matthew Calbraith Perry, der einen Brief vom Präsidenten der Vereinigten Staaten an den Tokugawa-Shogun überbrachte, in dem Japan aufgefordert wurde, mit den Vereinigten Staaten Handels- und diplomatische Beziehungen aufzunehmen. Jahrhundertelang war Japan für Ausländer verschlossen geblieben. Die Shogune hatten westlichen Händlern mißtraut und christliche Missionare als Umstürzler angesehen, die ihre Anhänger zur Opposition gegen das Militärregime aufhetzten. Alle Leute aus dem Westen waren des Landes verwiesen worden bis auf einige wenige holländische Kaufleute, die auf einer künstlich aufgeschütteten Insel im Hafen von Nagasaki eingepfercht wohnten. Jeder Kontakt zur Welt außerhalb Japans war verboten, und westliche Schiffe wurden von japanischen Häfen abgewiesen. Kapitän Perry ließ sich jedoch nicht abweisen und forderte, daß sein Brief von einem offiziellen Vertreter des Shoguns entgegengenommen würde. Nach sechs Tagen angespannter Konfrontation willigten die Japaner ein, und Perry händigte seinen Brief aus, erklärte, er erwarte eine positive Antwort im kommenden Jahr, wenn er mit einem größeren Geschwader zurückkehren werde. Um seinen Worten Nachdruck zu verleihen, ließ er die beiden Dampfschiffe in voller Fahrt durch die Bucht auf die Hauptstadt des Shoguns zufahren. Die Menschen am Kai befürchteten, beschossen zu werden, und stoben in Panik auseinander. Perry hatte seinen Spaß gehabt, die Schiffe drehten ab, und das Geschwader verließ die Bucht wieder.[2]

Zurück blieb ein Japan in einer Krise, die fünfzehn Jahre später mit dem Sturz des Shoguns, der Restauration des alten Kaisertums nach acht Jahrhunderten in der Versenkung und einem noch nicht volljährigen Kaiser auf dem Thron ihren Höhepunkt erreichen sollte.[3] Auf die Meiji-Restauration folgten weitere einschneidende Änderungen, und innerhalb weniger Jahrzehnte mauserte Japan sich zu einer wirtschaftlichen Großmacht, die heute weltweit den zweiten Platz hinter den Vereinigten Staaten einnimmt. Doch in Japan verschleiert eine wirkungsvolle Mythologie die realen Vorgänge. Nach einer großartigen öffentlichen Inszenierung der Restauration des Kaisertums verbarg der neue Staat den Kaiser und die kaiserliche Familie wieder hinter dem Chrysanthemenvorhang der Rituale, des Hofprotokolls und der Mystifizierung. Ein Enkel des Meiji-Kaisers äußerte einmal, sie lebten wie »Vögel in einem goldenen Käfig«. Japan mag sich aus einer jahrhundertealten feudalen Samurai-Herrschaft befreit haben und in vielerlei Hinsicht ein moderner Staat sein, doch die Söhne und Töchter des Himmels bleiben Gefangene der Vergangenheit.

Das Bewahren von Geiseln über große Zeiträume hinweg hat in Asien eine lange Tradition.[4] Was für ein genialer Einfall, die Götter selbst in Gefangenschaft zu halten! Das ist mehr als nur eine Metapher. Acht Jahrhunderte lang wurden die japanischen Kaiser von Militärregimes als Geiseln gehalten, und widerspenstige Kaiser wurden brutal behandelt. Beim Sturz des Shoguns 1868 spielten Pläne, sich des Kaisers zu bemächtigen, eine wesentliche Rolle. Nachdem der junge Meiji-Kaiser auf dem Thron saß, war er faktisch ein politischer Gefangener. Damit sollte jeder Gegenputsch durch rivalisierende Machtgruppen verhindert werden. Aber es gab auch noch andere wichtige Gründe.

An der Oberfläche wirkt Japan wie eine passive Gesellschaft, in der Werte wie Loyalität und Übereinstimmung einen besonders hohen Rang einnehmen. Doch unter der Oberfläche ist es ein machtbesessenes Land. Verrat und Betrug, die in der japanischen Geschichte immer wieder eine Rolle spielten, haben Loyalität gerade deshalb zu einer bewunderten Tugend gemacht, weil sie etwas so Seltenes und Schönes ist. Ebenso wird Übereinstimmung idealisiert. Als Himmelssohn, der unmittelbar von den mythischen Göttern herabgestiegen ist, und als oberster Priester und Verkörperung übernatürlicher Eigenschaften in der nationalen Religion des Shintoismus stellt der Kaiser eine Ikone göttlicher Reinheit dar. In der Vergangenheit haben japanische Machthaber, die den Kaiser als Geisel hielten, behauptet, ihr Amt sei vom Thron, das heißt von den Göttern, abgeleitet. Jeder, der ihre Regierung in Frage stellte, war nicht nur ein Verräter, sondern beging zudem eine Blasphemie und hatte eine furchtbare Strafe verdient. Daraus erwuchsen eine mythische Tradition und eine Doppelmoral, wodurch die meisten Japaner bis auf den heutigen Tag zu Unterwürfigkeit und Stummheit gezwungen sind.

Angesichts ihres Götterstatus ist es erstaunlich, wie schlecht man die Kaiser immer wieder in ihrer über 2500 Jahre währenden Geschichte behandelt hat. Während einige in Luxus lebten, wurden andere verraten, vergiftet, entthront, in die Verbannung geschickt oder in den Selbstmord getrieben.[5] Diejenigen, die das Spiel mitspielten, waren von Kämmerern und Hofdamen umgeben, die Spitzeldienste für die wahren Machthaber leisteten. Unter solchen Umständen war es gefährlich, ein Gott und kein gewöhnlicher Sterblicher zu sein. Als Götter waren die Kaiser magische Personen, doch tatsächlich waren sie machtlos, da alle Macht in den Händen der Regenten oder Shogune lag. Daran hat sich bis heute nichts geändert.

Als der Meiji-Kaiser ein Kind war, stand seine Zukunft noch völlig in den Sternen. Er war nicht der Sohn einer Kaiserin, sondern das Kind von Kaiser Kômeis Lieblingskonkubine Nakayama Yoshiko, der Tochter eines Hofadligen.[6] Er wurde am 3. November 1852 in dem Haus geboren, in dem seine Mutter ihre Kindheit verbracht hatte, eines von vielen herrschaftlichen Häusern, die in der Nähe der kaiserlichen Palastanlagen in Kyoto gebaut worden waren. Als Vorsichtsmaßnahme erhielt das Kind sein erstes Bad im Brunnen der Göttlichen Hilfe. Sie nannten ihn Sashi no Miya (*miya* ist eines der drei japanischen Worte für Prinz). Im Jahre 1860, als er drei Jahre alt war, adoptierte die Kaiserin ihn als den offiziellen Erben und gab ihm den Namen Mutsuhito Shinnô (Prinz Mutsuhito). »Meiji« bedeutet »aufgeklärte Herrschaft« und war eine Regierungsdevise, die als Zusatz zu seinem Namen hinzukam. Zu seinen Lebzeiten hieß er Mutsuhito oder Meiji-Tennô. (Weil es verwirrend ist, den einen Kaiser nach seiner Regierungsdevise – Meiji – und den anderen nach seinem Namen – Hirohito – zu bezeichnen, werden wir nach Möglichkeit die Namen der jeweiligen Person wählen und die Regierungsdevisen in den entsprechenden Zusammenhängen nennen.)

Von den sechs Kindern Kaiser Kômeis – zwei Jungen und vier Mädchen – war Mutsuhito das einzige, das älter als vier Jahre alt wurde.[7] Die Säuglingssterblichkeit innerhalb des japanischen Adels war nach Jahrhunderten der Inzucht durch politische Heiraten relativ hoch, der abgeschottete Adel hatte im Lauf der Zeit nur noch eine geringe natürliche Widerstandskraft gegenüber Infektionen oder endemischen Krankheiten wie Meningitis. Kômei war eines von fünfzehn Kindern, von denen nur drei das Erwachsenenalter erreichten.

An einem Hof mit starker Rivalität unter den Höflingen mußte man auch mit der Ermordung der eigenen Kinder rechnen. Deshalb lebte Prinz Mutsuhito in den ersten fünf Lebensjahren von seinen Eltern getrennt im Hause seines Großvaters mütterlicherseits, Fürst Nakayama, von allen potentiellen Intrigen abgeschirmt.[8] Tag und Nacht befanden sich zwei Ammen in seiner Nähe, da kaiserliche Säuglinge alle zwei Stunden gestillt werden mußten. 1854, als Mutsuhito zwei Jahre alt war, brannte der Kaiserpalast in Kyoto ab, so daß der Kaiser eine Zeitlang auf dem Anwesen Nakayamas lebte und seinen Sohn liebenlernte.

Körperlich zart und effeminiert, war Mutsuhito ein eigensinniges Kind, das immer wieder Wutanfälle bekam, sein Spielzeug zerbrach und seine adligen Spielgefährten schlug, die sich nicht dagegen wehren durften.[9] Kleine japanische Jungen sind selten diszipliniert. Mutsuhito behielt seine Wutanfälle auch als erwachsener Mann bei. Um aus dem kleinen Jungen einen Mann zu machen, schenkte Nakayama ihm ein hölzernes Pferdchen und ein Bambusschwert und ermunterte ihn, Samurai zu spielen. So entwickelte der Knabe eine Liebe zu Pferden und Schwertern – nicht als Waffen, sondern als Spielzeuge und Schätze.[10] Da sein Ziehvater ihn viel an der frischen Luft spielen ließ, war er bei gesundem Appetit und wurde kräftiger, jedoch nie wirklich robust. Aus Nakayamas Tagebuch wissen wir, daß er seinen Enkel wie seinen Augapfel hütete und sich um jeden blauen Fleck Sorgen machte. Im Alter von fünf Jahren kam der Kronprinz in den wiederaufgebauten Kaiserpalast und wohnte dort in einem neuen Pavillon mit weißgekalkten Wänden und einem schwarzen Ziegeldach mit einem Teich davor, in dem sich Karpfen tummelten, einem Garten mit immergrünen Pflanzen, Pflaumenbäumen mit herabhängenden Zweigen und Bambusstauden mit schwarzen Stengeln. Dort brachte sein Vater ihm die Poesie nahe, während Gelehrte ihm in verschiedenen Fächern Unterricht erteilten. Geschichte und Geographie mochte er am liebsten. Viele seiner Fragen betrafen die Ausländer, die seit der Ankunft der schwarzen Schiffe von Kapitän Perry in Japan immer häufiger zu sehen waren. Er bekam sie auf den Straßen Kyotos bei den seltenen Gelegenheiten zu Gesicht, wenn er den Palast verlassen durfte, um die sich verfärbenden Herbstblätter oder die Kirschblüte zu sehen. Diese Ausflüge unternahm er in einer schwarzlackierten Kutsche, die von zwei weißen Ochsen gezogen wurde.[11] Der Kronprinz wurde durch Bambusrouleaus, durch die er ins Freie spähen konnte, vor den Blicken der Passanten geschützt.

Im Palast war Mutsuhito von fast dreihundert Frauen umgeben.[12] Sie wachten darüber, wer ihn besuchte, was er tun und was er nicht tun durfte, welche Kleidung er trug, was er zu essen bekam und wann er zu Bett ging. Diese Hofdamen waren aus den Familien von Adligen bereits ausgesucht worden, als sie noch kleine Mädchen waren, und die meisten von ihnen verbrachten ihr ganzes Leben im Palast. Die adligen Eltern boten ihre Töchter nur zu gerne an, denn ein Familienmitglied in den inneren Gemächern des Kaisers erhöhte ihren Einfluß am Hof. Alle sprachen eine archaische Form des Japanischen, das sogenannte *gosho kotoba* (»Hofsprache«), das für die übrigen Japaner unverständlich ist. Eine strenge Hierarchie verlieh den adligen Damen höheren Ranges große Macht. Sie konnten einen Kaiser abschirmen, zum großen Verdruß seiner Minister. Unter ihnen waren im Lauf der Jahrhunderte Personen von außergewöhnlichen Geistesgaben wie Shikibu Murasaki im elften Jahrhundert, die einen meisterhaften höfischen Roman *Genji monogatari (Die Geschichte des Prinzen Genji)* verfaßt hat. Daneben gab es aber auch viele, die dumm oder intrigant waren. Den Hofdamen oblag es, den Kaiser zu bedienen, zu unterhalten und dafür zu sorgen, daß er viele Erben hatte, falls der Kaiserin in diesem Punkt kein Erfolg beschieden war. Diese Frauen hatten ihren eigenen Nachrichtendienst, der in alle Winkel Japans reichte. Das war der Grund, warum der Kaiser die Nachrichten über Ereignisse außerhalb Kyotos oder über Verschwörungen häufig von ihnen erfuhr.

Das Essen wurde von Hofdamen aufgetragen, die aus hygienischen Gründen Baumwollmasken vor dem Mund trugen.[13] Wenn sie sich niederknieten, um sich vor dem Kaiser zu verbeugen, durften sie die Fußmatten nur mit dem Handrücken berühren, um diese nicht zu verunreinigen. Sie durften keine eigenen Strümpfe tragen, und wenn sie Kleidungsstücke für die kaiserliche Familie nähten, durften sie den Faden nicht mit dem eigenen Speichel anfeuchten. Der Kronprinz aß mit Eßstäbchen, die einen Zoll länger als die aller anderen waren mit Ausnahme des Kaisers, dessen Eßstäbchen neun Zoll maßen. Wie in Japan üblich, war die Präsentation der Speisen das Wichtigste bei den Mahlzeiten, so daß die Augen häufig mehr zu essen hatten als der Magen.[14] Gelegentlich versuchte Mutsuhito auch westliche Speisen, aß jedoch an Fleisch kaum etwas anderes als Hühnchen.

Kaiser Kômei teilte das Interesse seines Sohnes an ausländischen Dingen nicht. Er machte kein Hehl aus seiner tiefen Abneigung gegen alle Fremden. In einem seiner Gedichte hat er geschrieben: »Mein Körper mag unter der kalten, klaren Welle eines dunklen Brunnens vergehen, doch kein fremder Fuß soll das Wasser mit seiner Gegenwart verunreinigen.«[15] Der Kaiser, der bei der Mission Perrys das dreißigste Lebensjahr noch nicht erreicht hatte, kritisierte das Shogunat mit bitteren Worten, weil es sich gegen den Westen nicht zur Wehr gesetzt habe. Das entsprach nicht ganz der Wahrheit. Seit vielen Jahren waren Schiffe europäischer Handelsnationen bei Erkundungsfahrten abgedrängt oder sogar beschossen worden. Russische Schiffe mußten umkehren, in manchen Fällen landete ihre Mannschaft im Gefängnis. Im Jahre 1846, als zwei amerikanische Segelschiffe unter dem Befehl von Korvettenkapitän James Biddle in den Hafen von Tokyo einlaufen wollten, wurden sie abgefangen und wieder ins freie Meer hinausgeschleppt. Im allgemeinen wurden ausländische Seeleute jedoch höflich behandelt, mit Nahrungsmitteln und Wasser versorgt und erst dann mit mehr oder weniger Nachdruck und unter Hinweis auf die gesetzlichen Bestimmungen gebeten, ihre Reise fortzusetzen. Später, als die ersten Dampfschiffe aufkamen, wurden die japanischen Häfen als Kohlestationen wichtig, aber auch als Schlechtwetterzuflucht für Walfänger und als potentieller Markt für Erzeugnisse der industriellen Revolution. Für die Vereinigten Staaten gewann der Pazifik zunehmend an Bedeutung, weshalb Kapitän Perry den Auftrag erhalten hatte, Japan notfalls mit Gewalt zu öffnen.

Solange Japan sich gegenüber dem Ausland verschloß, wurden nicht einmal bei Hungersnöten Lebensmittel importiert.[16] Viele Japaner befürworteten einen Handel mit dem Ausland, ausländische Ideen und ausländische Technik. Eine Öffnung Japans für die Welt bedeutete in ihren Augen eine Öffnung der Welt für Japan im Hinblick auf Produktionstechnik, Bildungswesen, Wissenschaft und Medizin und die Erlangung natürlicher Ressourcen aus anderen Ländern, die es auf den japanischen Inseln nicht gab. Andere widersprachen vehement. Japan hatte viele Gesichter; es konnte freundlich, feindselig, menschlich, brutal, aufgeklärt oder barbarisch sein. Auf jeden Japaner, der für eine Öffnung des Landes war, kam ein Fanatiker, der bereit gewesen wäre, ihm dafür den Kopf abzuschlagen.

Die Samurai-Heere des Shoguns waren auf eine ernsthafte militärische Auseinandersetzung nicht vorbereitet. Englands schneller Triumph über China im Ersten Opiumkrieg hatte deutlich gemacht, daß eine Niederlage eine Demütigung nach sich ziehen würde, die Japan nicht mit derselben Ergebenheit hinnehmen wollte, wie China es getan hatte. Die beste Strategie schien darin zu bestehen, einen Krieg zu vermeiden, indem man auf den Handel einging. So erhielt Kapitän Perry, als er einige Monate später zurückkehrte, eine positive Antwort. Ohne die Zustimmung von Kaiser Kômei einzuholen – ein Ausdruck seiner Bedeutungslosigkeit –, unterzeichnete das Shogunat einen Vertrag mit Amerika, dem ähnliche Verträge mit Großbritannien, Rußland, Deutschland, Holland und Frankreich folgten. Die Vertragspartner unterlagen nicht dem japanischen Gesetz und erhielten die Erlaubnis, Waren zu günstigen Preisen nach Japan einzuführen. Nach Jahrhunderten der Abschottung nach außen wurde das Eindringen der Fremden von vielen Japanern als traumatisch empfunden. Ihre aufdringliche Kleidung und ihr Verhalten als Westler waren beleidigend. Ein Beamter klagte: »Länger als zehn Jahre befand sich unser Land in einem Zustand unbeschreiblicher Verwirrung.«[17]

Die Schwäche der Regierung des Shoguns, einst eine mächtige Militärdiktatur, trat für manche seit langem zutage, wurde jetzt jedoch durch die einseitigen Verträge für alle offensichtlich. Das Shogunat war eingeführt worden, um den Interessen der feudalen Militärkaste, den Samurai, zu dienen. Die tyrannischen Shogune wurden in ihrem Verhalten zunehmend dekadent. In der ersten Hälfte des neunzehnten Jahrhunderts litt Japan unter dem degeneriertesten Shogun seiner Geschichte, Ienari, ein »erschöpfter Lüstling«, der sich einen Harem von neunhundert Frauen hielt und mindestens fünfundfünfzig Kinder in die Welt setzte.[18] Seine Minister waren für ihre Korruptheit berüchtigt, führten ihrem Herrn und Meister kleine Jungen und Mädchen zu und organisierten ihre Bestechungen und Betrügereien über Hofdamen in den Schlafgemächern des Shoguns. Die Korruption breitete sich in Japan aus. In den Großstädten kam es zu einer Welle der Vergnügungssucht, und die Bordelle hatten Hochkonjunktur.

Das Problem, vor dem die meisten Japaner Mitte des neunzehnten Jahrhunderts standen, war die wirtschaftliche Sicherung des Überlebens. Die meisten Gefolgsleute des Shoguns hatten ihre Feudalgüter heruntergewirtschaftet. Einige brachten ihr Vermögen mit einem aufwendigen Lebensstil durch. Nur durch harte Arbeit konnten einige ihre großen Gutswirtschaften fern der Hauptstadt bewahren und von der Zentralregierung vergleichsweise unabhängig bleiben. Trotzdem wurden die Herren der größten Güter vom Shogun dazu verpflichtet, in der Hauptstadt einen verschwenderischen Haushalt zu führen, was einen ruinösen Aufwand bedeutete. Aber auch kleinere Lehen waren verschuldet. Das Aufkommen einer Geldwirtschaft verführte die Menschen dazu, sich bis über die Ohren zu verschulden, und der Wohlstand verlagerte sich von der grundbesitzenden Oberschicht auf die geldverleihenden Emporkömmlinge. Kaufleute und Bankiers wurden reich, lebten jedoch ständig in der Gefahr, dem räuberischen Regime zum Opfer zu fallen. Zahlreich waren die Schreckensgeschichten wie die des reichen Kaga-Kaufmanns, der im Gefängnis starb, während seine Söhne und Geschäftsführer gekreuzigt wurden und das gesamte Vermögen eingezogen wurde.

Diese Machenschaften nahmen mit einer von vielen großen Hungersnöten, 1832 bis 1837, ihr Ende. Wie bei früheren Hungersnöten wurden zuerst die Pferde, Hunde und Katzen gegessen, dann verhungerten zahlreiche Menschen. In Dörfern mit vierzig bis fünfzig Familien überlebte kein einziger, die Toten blieben unbestattet, und es gab die üblichen Berichte von Kannibalismus. Es folgten die Pest samt Unruhen in den Städten. Als in einer Provinz fünfzigtausend dem Hungertod nahe Bauern die Anwesen der einheimischen Oberschicht überfielen, ließ der Shogun 562 Hungerrebellen kreuzigen. In den Städten warteten unterdessen die Spitzel der Regierung in den Dämpfen der öffentlichen Badehäuser darauf, daß einer der Besucher auch nur die leiseste Kritik an der Regierung äußerte, um den Betreffenden sofort zu verhaften.[19] Als Ienari 1841 im Alter von neunundsechzig Jahren starb, vertrieben reformistische Minister tausend Frauen und Männer aus dem Palast des Shoguns und erließen eine Reihe von Gesetzen gegen Luxus und Verschwendung, um die Gesellschaft insgesamt zur Sparsamkeit anzuhalten. Diese Maßnahmen waren so drastisch, daß die Wirtschaft abgewürgt wurde. Die Reformen kamen zu spät, und mächtige geheime Bündnisse konspirierten bereits, um das Regime zu stürzen.

Die Feinde des Shoguns waren sich uneins darüber, was sie tun sollten. Die tatkräftigsten Verschwörer waren Samurai-Clans, die frühere Machtkämpfe verloren hatten. Unter ihnen hofften die Konservativen, die bestehende Militärregierung zu erhalten, deren Führung jedoch auszuwechseln. Die Radikaleren wollten das Militärregime beenden und Japan »modernisieren«, indem sie den Kaiser aus seiner Abgeschiedenheit befreiten und zur Galionsfigur einer neuartigen Regierung machten, die von einer Koalition aus stärkeren Clans getragen würde. Je mehr Anhänger den Radikalen zuströmten, desto wichtiger wurde der Kaiser als Kristallisationspunkt.[20] Unzufriedene Lehnsherren und Vasallen wählten für sich den Kampfruf *sonnô jôi* (»Verehrt den Kaiser, verjagt die Barbaren!«). Völlig unerwartet sah sich Kaiser Kômei plötzlich in einer stärkeren politischen Position als jeder seiner Vorfahren seit Generationen.[21] Um das Shogunat wirtschaftlich zu schwächen, töteten Hitzköpfe Ausländer und steckten deren Geschäfte und Gesandtschaften in Brand. Der empörte Westen forderte riesige Wiedergutmachungssummen, die aus der Schatulle des Shoguns bezahlt werden mußten.

Die bedeutendsten Gruppen unter den Verschwörern waren die Clans der Chôshû und der Satsuma. Das Territorium von Chôshû lag am südwestlichen Ende der Hauptinsel Honshû, gegenüber von Korea, der Mandschurei und Sibirien. Satsuma – heute die Präfektur Kagoshima – lag südlich davon und blickte nach Taiwan, Südchina, Indien und Südostasien. Als zweitgrößtes der Lehensgüter Japans lag Satsuma, weitab auf der südlichen Insel Kyûshû mit dem belebten Hafen von Kagoshima als Hauptstadt. Satsuma, eine gebirgige Region mit einer zerklüfteten Küste, brachte einige der wildesten Krieger und ehrgeizigsten Unternehmer Japans hervor, eine aggressive Mischung aus Gier und Patriotismus. Satsuma verdankte seinen Reichtum einem seit langem betriebenen, verbotenen Handel mit China und dem Westen, während Japan offiziell für den Außenhandel gesperrt war. Ein Teil des Schleichhandels wurde direkt betrieben, ein Teil im Bündnis mit chinesischen Piraten und ein Teil über die Ryûkyû-Inseln, deren König dem *daimyô* (Clanfürst) von Satsuma tributpflichtig war. Zuckerrohr aus den Tropen war ihr bedeutendstes Importgut. Während das übrige Japan einen wirtschaftlichen Niedergang erlebte, gab der *daimyô*, Fürst Shimazu, sein Geld mit vollen Händen aus, vergrößerte seine Armee und verbesserte deren Bewaffnung mit der heimlichen Unterstützung westlicher Händler, zumeist britischer Kaufleute oder amerikanischer Abenteurer, die ihren Sitz an der chinesischen Küste hatten. Als Shimazu mit seinen Mitteln am Ende war, zahlte er einfach nicht mehr. Seine Gläubiger waren machtlos. Der Clan machte weiter wie bisher.

Satsumas heimliche Pläne bestanden darin, das Shogunat durch ein neues Regime zu ersetzen, in dessen Zentrum der Thron stand und in dem Satsuma-Parteigänger hinter den Kulissen als informelle Regenten wirkten. Unmittelbar gegenüber der Stadt Kyûshû, auf der anderen Seite der Straße von Shimonoseki, auf der Westseite der japanischen Hauptinsel Honshû, lag das rivalisierende Lehen Chôshû mit Hagi als Hauptstadt. Es war nur halb so groß wie Satsuma, doch sein fruchtbares Ackerland brachte ihm einen vergleichbaren Reichtum und ernährte eines der größten Samurai-Kontingente in Japan.

Chôshû war im sechzehnten Jahrhundert Aufmarschgebiet für die Invasion Koreas, und sein *daimyô* Mori unterhielt eine schwarze Kasse, deren Grundstock bei jenem Feldzug gelegt worden war.[22] Da Chôshû die Straße von Shimonoseki und die Zufahrt zur japanischen Inlandsee kontrollierte, erhob es Steuern auf den Küstenhandel mit dem Handelszentrum Ôsaka. Während der vergangenen harten Jahre hatte *daimyô* Mori für sich und seine Leute gesorgt, indem er die Bildung von Kaufmannsgilden anregte und den Bauern, den einheimischen Händlern und den niederen Samurai billige Kredite verschaffte. Im Unterschied zu Satsuma, das vom Außenhandel profitierte, war der Herr von Chôshû isolationistisch und wollte alle Ausländer aus Japan vertreiben. Das führte zum Streit zwischen den beiden großen Clans.

Der aufgestaute Haß brach sich im März 1860 Bahn, als der oberste Ratgeber des Shoguns Ii Naosuke vor dessen Palast in Edo von zwanzig Samurai ermordet wurde.[25] Nachdem sie seine Leibwächter am Sakurada-Tor entwaffnet hatten, zerrten die Mörder den Ratgeber aus seiner Kutsche, warfen ihn in den Schnee und schlugen ihm den Kopf ab. Die Ermordung des mächtigsten Mannes in Japan nach dem Shogun war ein Bestandteil der Satsuma-Verschwörung in der Absicht, die Krise auf die Spitze zu treiben. Doch der amtierende Shogun, ein junger Mann von sechzehn Jahren, griff zu verzweifelten Gegenmaßnahmen, mit denen niemand gerechnet hatte. Nach jahrhundertelangen Brüskierungen der japanischen Kaiser durch die Shogune begab sich der junge Shogun nach Kyoto, um Kaiser Kômei einen Höflichkeitsbesuch abzustatten. Bei dieser Gelegenheit versprach er ihm, alle Ausländer aus dem Land zu verjagen und sich mit den Adligen und den Clanführern über eine Neuorganisation der Regierung zu beraten. Kaiser Kômei war so überrascht und erfreut, daß er seinerseits dem Shogun seine Schwester zur Frau gab und auf diese Weise die beiden Familien miteinander verband.

Dieses unerwartete Bündnis zwischen dem machtlosen Kaiser und dem verhaßten Shogun traf die Verschwörer völlig unvorbereitet. Ohne sich die Folgen seines Schrittes klarzumachen, hatte Kaiser Kômei sich selbst das Urteil gesprochen. Unter den Verschwörern befanden sich einige Hofadlige, die entschlossen waren, auf Kosten des

Kaisers die Macht an sich zu reißen. Kômei selbst war entbehrlich, denn er hatte einen Nachkommen, den man als neuen Himmelssohn einsetzen konnte. Im folgenden wurden die Ereignisse von einer Politik der rohen Gewalt diktiert.[24]

Im August 1864 schickte Chôshû seine Truppen gegen Kyoto aus, die das Hamaguri-Tor des kaiserlichen Palasts in der Absicht stürmten, Kaiser Kômei aus der Hand »korrupter Elemente« zu »retten« und ihn so lange als Geisel zu halten, bis der Shogun alle Ausländer aus dem Land vertrieben hätte.[25] Die Kugeln pfiffen um die niedrigen Palastdächer, durchschlugen die dünnen Schiebewände und gaben dem elfjährigen Kronprinzen Mutsuhito einen ersten scharfen Vorgeschmack von Kämpfen, die nicht mit Spielzeugschwertern ausgetragen wurden. Während der Schießerei fiel der Kronprinz in Ohnmacht, allerdings weniger vor Angst als vor Aufregung.[26] Als der Kampf endete, war Chôshû unter furchtbaren Verlusten zurückgeschlagen worden. Überall sah man nur noch rauchende Trümmer. Achtzehn der vornehmen Herrenhäuser rund um den kaiserlichen Park waren bis auf die Grundmauern niedergebrannt, ebenso vierundvierzig der großen Pavillons der *daimyô*. Dahinter, in der Stadt selbst, waren viele kleine Häuser niedergebrannt, außerdem Shinto-Schreine, buddhistische Tempel, Volkstheater und die Hütten der Armen.

Die Krieger Satsumas hatten sich für kurze Zeit auf die Seite des Bündnisses zwischen Kaiser und Shogun gegen Chôshû geschlagen. Da die Clans tödliche Rivalen waren, mußte Satsuma einen verfrühten Sieg Chôshûs verhindern, selbst wenn dies bedeutete, eine Auswechslung des Regimes zu verschieben. Diese Niederlage brachte Chôshû in große Verlegenheit. Der Shogun befahl *daimyô* Mori zur Bestrafung an seinen Hof, doch Mori hielt es für klüger, dem Befehl nicht nachzukommen. Daraufhin sah sich der junge Shogun gezwungen, eine Strafexpedition gegen das unbotmäßige Chôshû zu führen. Die Vorbereitungen dazu nahmen mehrere Monate in Anspruch, und in der Zwischenzeit wurden hinter den Kulissen Intrigen gesponnen. Beide Seiten bemühten sich, alles an westlichen Feuerwaffen zu kaufen, was sie bekommen konnten.

Außer den wenigen ausländischen Händlern in Nagasaki, die bei allen ihren Schritten von den Spitzeln des Shoguns beobachtet wurden, war der größte Waffenschieber in Japan der Satsuma-Clan. Um die Streitmacht der Shoguns besiegen zu können, kam unter geheimer Vermittlung anderer Clans ein Handel zustande: Satsuma lieferte Chôshû die benötigten Schnellfeuerwaffen gegen umfangreiche Geldzahlungen und eine große Menge Reis. Westliche Agenten in Shanghai sandten Gewehre und Kanonen auf Schiffen nach Japan und unterwiesen die Soldaten der Chôshû-Armee in deren Gebrauch. Chôshû und Satsuma wurden überredet, ihre Rivalität vorübergehend aufzugeben und ihre Streitkräfte zusammenzuschließen, um sich auf den Sturz des Regimes zu konzentrieren. Hofadlige in strategisch günstigen Positionen schlossen sich der Verschwörung an und erwarteten als Gegenleistung eine führende Rolle in der neuen Regierung. Es kam zu einem geheimen Bündnis von dreiundzwanzig Vasallen des Shoguns, angeführt von Satsuma, Chôshû, Hizen und Tosa. Später sollten sie sich gegenseitig nach Strich und Faden übers Ohr hauen, doch der Pakt selbst hielt gerade lange genug.

Ein gebildeter junger Samurai, der in die Verschwörung eingeweiht war, schrieb eine Botschaft an den Geschäftsträger der britischen Botschaft, in der er den dramatischen Umschwung erläuterte: »Bislang gab es in unseren Provinzen eine große Zahl dummer und unwissender Menschen, die noch den törichten alten Vorstellungen anhingen. Sie bemerkten nicht den täglichen Fortschritt der westlichen Staaten [...] und glichen dem Frosch in der Tiefe des Brunnens. Doch in der letzten Zeit haben sie dazugelernt [...] Nachdem sich die Augen und Ohren der Dummen dergestalt geöffnet haben, hat sich die Frage einer Öffnung des Landes für Ausländer geklärt, [...] und es bestehen kaum noch Meinungsverschiedenheiten in dieser Angelegenheit.«[27]

Nunmehr war das Schicksal des Shoguns besiegelt. Schwerbewaffnete Männer aus Chôshû und Satsuma gingen rund um Ôsaka und Kyoto in Stellung. Im Juni 1866, als das Heer des Shoguns sich in Marsch setzte, um den *daimyô* von Chôshû zu bestrafen, geriet es in einen Hinterhalt und wurde mühelos besiegt. Die Demütigung war für den jungen Shogun zuviel. Sein Mut war gebrochen; einen Monat später war er tot. Seine Witwe, die Schwester von Kaiser Kômei, ließ sich das Haupthaar abrasieren und ging in ein buddhistisches Kloster.[28]

Als das Land in ein noch tieferes Chaos zu versinken drohte, bestürzte der Kaiser die Rebellen erneut, indem er sich allen Plänen einer gewaltsamen Beseitigung des Shogunats widersetzte. Und damit war sein Schicksal besiegelt. Im Dezember 1866 wurde der erst sechsunddreißig Jahre alte Kômei plötzlich von den Pocken befallen und starb zwei Wochen später unter großen Qualen.[29] Viele glaubten, seine Gegner, die den Weg für ein neues Regime mit seinem Sohn als neuem Kaiser freimachen wollten, hätten ihn mit einem Taschentuch ermordet, das zuvor mit dem Virus infiziert wurde. Japanische Historiker halten Iwakura Tomomi für den Mann, der diesen Mord höchstwahrscheinlich bewerkstelligt hat. Als die neue Regierung gebildet wurde, erhielt Iwakura das Amt des Vizepräsidenten des nunmehr regierenden Staatsrats.[30]

Mutsuhito war vierzehn Jahre alt, als sein Vater starb, und er erbte von ihm die Angst. An einem Hof, der von einem Geist des Intrigantentums durchtränkt war, mußte er ständig um sein Leben fürchten. Nachdem die Gerüchte von einem Giftanschlag auf seinen Vater aufgekommen waren, fürchtete er sich, überhaupt noch etwas zu essen oder zu trinken. Er wurde von Alpträumen gequält. Sein Großvater notierte über ihn: »Er hat eigenartige Visionen [...] Jede Nacht erscheint ihm ein Affe und peinigt ihn.«[31] Seine Mutter schrieb in einem Brief: »In dieser Zeit, in der unser Land so weit heruntergekommen ist, [...] wimmelt es am Hof von lauter Teufeln, und [wir sind so sehr] in Furcht und Schrecken, daß mich der Kummer übermannt. Wenn [mein Sohn] nicht ein ganz besonders kluger Kaiser ist, wird er niemals imstande sein, die Probleme innerhalb und außerhalb [des Landes] zu lösen [...] Ich weiß nicht, was ich tun kann, außer zu beten.«[32]

Monate vergingen, bis sein Schicksal entschieden war. Ein neuer Tokugawa-Shogun trat im November 1867 zurück. Seine Generäle waren geschlagen, und das Regime zerfiel. Am 2. Januar 1868 besetzten Truppen der *daimyô* von Satsuma, Tosa, Hiroshima, Echizen und Owari unter dem Kommando von Saigô Takamori, Ôkubo Toshimichi und Iwakura Tomomi die Tore zum Kaiserpalast. Indem sie nur noch die Adligen und Räte passieren ließen, die für die Abschaffung des Shogunats waren, gelang es ihnen, durch die Person des Kindkaisers die Meiji-Restauration auszurufen. In einer großartigen Erklärung hieß es, das ganze Land habe sich nunmehr »der Regierung durch den Kaiser unterworfen«.

Das war keineswegs der Fall, wie der Botschafter Großbritanniens in Japan, Sir Harry Parkes, zwei Monate später entdeckte, als er sich darauf vorbereitete, mit dem neuen Tennô in der ersten Audienz zusammenzutreffen, die jemals einem Mann aus dem Westen vom japanischen Kaiser gewährt wurde.[33]

Alle Details waren für Parkes, seinen französischen und seinen holländischen Amtskollegen schon vorher geregelt worden. Dem britischen Dolmetscher wurde versichert, zwar habe der junge Kaiser noch nie zuvor mit jemandem aus dem Westen gesprochen, er habe jedoch eine Rede vorbereitet.[34] Als die britische Abordnung sich dem Palast in Kyoto näherte, eskortiert von britischen Dragonern, Satsuma- und Higo-Kriegern, sahen sie sich plötzlich zwei Samurai gegenüber, die mit gezogenem Schwert aus einem Seitenweg auf sie losgingen. Neun britische Dragoner wurden verwundet, bevor einer der Angreifer enthauptet und der andere gefangengenommen wurde.[35] Es gab offizielle Entschuldigungen, und die Audienz mit dem Kaiser mußte um drei Tage verschoben werden. Als sie dann stattfand, gab es weitere Überraschungen.

Nachdem sie einen Saal auf dem Palastgelände betreten hatten, wurden Parkes und sein Dolmetscher Mitford zum jungen Kaiser geleitet, der auf einem Podest unter einem Baldachin saß. Eine etwas niedrigere Sitzgelegenheit stand für den Botschafter bereit. Kaiser Mutsuhito machte einen befremdlichen Eindruck. »Sein Gesicht war weiß«, notierte Mitford, »möglicherweise geschminkt, sein Mund unschön geformt, medizinisch würde man ihn prognathisch nennen, doch der allgemeine Körperbau war gut. Seine Augenbrauen waren abrasiert und einen Zoll höher ausgemalt. Seine Kleidung bestand aus einem langen schwarzen Umhang, der lose über seinem Rücken herabhing, einem weißen Überkleid oder Mantel und weiten, tiefroten Hosen.«[36] Seine Wangen waren rot geschminkt, seine Lippen rot und golden und seine Zähne waren in der traditionellen japanischen höfischen Manier schwarz gefärbt.[37] Er war noch weit entfernt von dem eleganten, bärtigen Monarchen späterer Jahre.

Flüsternd erkundigte sich Mutsuhito nach dem Befinden Königin Viktorias, entschuldigte sich noch einmal für den mörderischen Überfall vor drei Tagen und begann den ersten Satz seiner vorbereiteten Ansprache stockend vorzulesen, doch dann verhedderte er sich. Ein junger Adjutant namens Itô Hirobumi, von dem noch die Rede sein wird, half über den peinlichen Augenblick hinweg, indem er die englische Übersetzung der Ansprache vorlas. In seiner Antwort rühmte der britische Botschafter den Kaiser und die von ihm eingesetzte starke Regierung sowie die Übernahme des internationalen Rechtssystems und dankte ihm für den freundlichen Empfang. Alles in allem war es eine erfolgreiche Audienz. Auf die Dauer verzichtete der Kaiser zwar auf sein Make-up im Gesicht, doch an der politischen Maskerade hielt er fest.

Andere Nationen hatten es leichter als die Japaner selbst, den neuen Monarchen anzuerkennen. Nach acht Jahrhunderten Militärherrschaft wußten viele Japaner nicht einmal, daß es überhaupt noch einen Kaiser gab. In ihrem Bewußtsein gab es nur die Regierung des Shoguns. Außerhalb von Kyoto wußte kaum jemand, daß das Kaiserhaus noch existierte, deshalb war es notwendig, den Kaiser dem Volk wieder nahezubringen und ihn erneut zu einer Ikone zu machen.[38] Die Drahtzieher hinter dem neuen Regime inszenierten eine regelrechte Werbekampagne. Je unsichtbarer die neuen Machthaber bleiben wollten, desto deutlicher mußten sie den Kaiser herausstreichen. Damit er zu einer wirkungsvollen Galionsfigur werden konnte, mußte man ihn zur Schau stellen. Dazu bedurfte es einer gewissen Fälschung. Nachdem man den Kaiser aus der Versenkung geholt hatte, wurde er in den Worten von Carol Gluck »in eine Aura symbolischer Bedeutung gehüllt«, die er seit über siebenhundert Jahren nicht mehr gehabt hatte.[39]

Im April 1868 wagte sich der mittlerweile fünfzehn Jahre alte Mutsuhito zum erstenmal vor die Tore Kyotos; er bestieg eine Sänfte und wurden nach Ôsaka getragen, wo er zum erstenmal das blaue Meer und die saftig grünen Steilufer der japanischen Küste zu Gesicht bekam.[40] Er besichtigte sechs neue Dampfschiffe, die reichen *daimyô* gehörten, inspizierte Truppen und machte sich einen schönen Tag. Der Öffentlichkeit sagte man, der Kaiser habe Tokyo an der Spitze seiner Armee verlassen, um einige hartnäckige Rebellen im Osten zu unterwerfen; damit wollte man ihn als militärischen Führer darstellen.[41] Sein nächster Ausflug sollte ein dauerhafter Umzug in den Verwaltungssitz des Shoguns werden, dessen Hauptstadt Edo jetzt in Tokyo (»östliche Hauptstadt«) umbenannt wurde. Kyoto hatte seit 794 als kaiserliche Hauptstadt gedient und war als Sitz der neuen Regierung nicht mehr geeignet. Die neuen heimlichen Machthaber wollten sich vor den Intrigen des alten Adels schützen und nach außen hin sichtbar machen, daß der Kaiser den Platz des Shoguns eingenommen hatte. Das große Schloß der Tokugawa-Shogune in Edo wurde als neue Residenz der kaiserlichen Familie hergerichtet. Dieser Wechsel des Regierungssitzes wurde als »kaiserliche Entscheidung«[42] deklariert. Doch Mutsuhito hatte in dieser Sache nichts zu sagen; er hatte lediglich der Entscheidung anderer seinen Segen gegeben.

Der Umzug der kaiserlichen Familie begann am 4. November 1868 und nahm zweiundzwanzig Tage in Anspruch.[43] Eine Prozession aus tausend Soldaten, 2300 Bediensteten und tausend Wagen bewegte sich mit einer Geschwindigkeit von achtzehn Kilometern pro Stunde täglich auf der alten Tokaido-Straße, die sich am Rand der kiefernbewachsenen Berge entlang der pazifischen Küste nach Norden windet. Angeführt wurde der Zug von Prinz Arisugawa zu Pferd, einem Mitglied der kaiserlichen Familie, der tatsächlich an der Unterwerfung von Aufständischen beteiligt war. An jeder der Zwischenstationen warfen sich die dort ansässigen Einwohner nieder und preßten die Stirn auf den Boden. Mutsuhito brachte den größten Teil der Reise damit zu, in seiner Sänfte Sake zu schlürfen und die Szenerie hinter feinen Seidenvorhängen zu beobachten. Sein Ratgeber Kido Takayoshi hatte es für wichtig erachtet, daß der Kaiser »seine« Untertanen endlich zu sehen bekam. Während Mutsuhito selbst hinter dem Vorhang nicht gesehen werden konnte, sah er Reisbauern, Lastenträger, Fischer, Ladenbesitzer und Bauersfrauen, einen echten Querschnitt der einfachen Bevölkerung und ihrer Lebensweise. Es war das erste Mal in einer zweitausendjährigen Geschichte, daß ein Kaiser die Berge nach Ostjapan überquerte. Obwohl der eigentliche Grund für den Umzug ein anderer war, ließen die Behörden verlauten, daß der Kaiser den aufrichtigen Wunsch hege, dem Schauplatz des Kampfes gegen die Aufständischen näher zu sein.

Sechs Monate später kehrte er für kurze Zeit nach Kyoto zurück, um dort zu heiraten. Seine Braut, Prinzessin Haruko, war wegen ihrer unebenmäßigen Gesichtszüge auf den ersten Blick keine Schönheit, doch ihre Persönlichkeit fanden alle, die ihr begegneten, hinreißend.[44] Mit ihren achtzehn Jahren war sie zwei Jahre älter als der Tennô, aber sie war so zierlich, daß sie wie ein Mädchen wirkte. Ihr Vater war Fürst Ichijô Tadaka aus einer der fünf Regentenfamilien, deren Stammbaum tausend Jahre zurückreichte. Ihre Mutter war eine Fujiwara.

Die Verlegung des Hofs nach Edo war von zweifacher tiefreichender Bedeutung: als Bruch mit der Vergangenheit, und weil der Kaiser für alle sichtbar seinen Wohnsitz im großen Schloß der Shogune nahm.[45] Auch wenn der Kaiser in Wirklichkeit nur Staffage war, beglaubigte ihn das als Herrscher. Einer seiner ersten hochstehenden Besucher in Tokyo war Prinz Alfred, Herzog von Edinburgh, der 1869 als Kapitän der Royal Navy an Bord der HMS »Galatea« eintraf.[46] Wie die britische Gesandtschaft mitteilte, waren die Menschen »völlig aus dem Häuschen«, da Herzog Alfred der erste Prinz aus dem Ausland war, der Japan einen Besuch abstattete. Er wurde in dem westlich hergerichteten Hama Goten (Hama-Palast) untergebracht, wo eigens aus Hongkong beschaffte schwere viktorianische Möbel einen befremdlichen Kontrast zur exquisiten japanischen Architektur bildeten. Der Besuch des Herzogs warf heikle Probleme auf. Jeder, der zum Kaiser vorgelassen wurde, mußte sich zuvor einem Shinto-Ritual unterziehen, um von bösen Einflüssen gereinigt zu werden.[47] Andererseits wäre es ungehörig gewesen zu unterstellen, daß der Herzog einer solchen Reinigung überhaupt bedürfe. Deshalb nahmen Shinto-Priester in weißen Gewändern und schwarzen Kopfbedeckungen außerhalb des Palasts Aufstellung und wedelten mit ihren Zauberstäben in die Richtung des Herzogs, ohne daß dieser etwas davon bemerkte. Diesmal übernahm der Mikado die moderne Etikette und verzichtete auf die alten Sitten, einschließlich der geschminkten Lippen und der geschwärzten Zähne. Bei früheren Audienzen hatten Diplomaten dagegen protestiert, stehen zu müssen, während der Kaiser saß, so daß Mutsuhito von nun an auf das Sitzen verzichtete. Es wäre keinesfalls angemessen gewesen, den Gesandten in Gegenwart des Kaisers einen Sessel anzubieten, doch beim Herzog von Edinburgh, der von königlichem Geblüt und damit dem Kaiser ebenbürtig war, sah die Sache anders aus.

Als der königliche Gast mit seinen Begleitern den Audienzsaal betrat, erwartete ihn Mutsuhito in dem leuchtendweißen Gewand eines Shinto-Priesters und mit einem schwarzlackierten Hut mit einem hohen Fähnchen – 1869 war er noch nicht der europäisierte Monarch wie auf späteren Fotografien, dennoch war der Unterschied gegenüber der ersten Audienz mit Harry Parkes deutlich. Nach dem Austausch der offiziellen Begrüßungsformeln lud Mutsuhito seinen Gast zu einem Spaziergang im Garten ein. Bevor der Besuch endete, übergab der Herzog dem Kaiser eine brillantenbesetzte Tabaksdose.[48] Es war die erste einer Reihe freundlicher Begegnungen im Lauf der Jahre mit Angehörigen des britischen Königs- und des deutschen Kaiserhauses. Harry Parkes räumte ein, daß es »eine spürbare Verbesserung« der Beziehungen gab. Mit siebzehn Jahren machte der Meiji-Kaiser noch einen unbeholfenen und unerfahrenen Eindruck. Doch ohne das höfische Make-up sah man sein dunkelhäutiges, männliches Gesicht mit einem eindringlichen Blick unter den buschigen Brauen. Sein langes schwarzes Haar war nach viktorianischer Mode mit einer Pomade aus Kamillenöl eingefettet. Sein Gesicht war nur leicht gepudert, um die dunkle Haut etwas aufzuhellen. Mit einer Körpergröße von 1,67 Metern war er für japanische Verhältnisse nicht klein. Personen, die ihn aus der Nähe beobachten konnten, stellten fest, daß er sich mit einer gewissen Fahrigkeit oder Unschlüssigkeit bewegte, die Jahrzehnte später bei seinem Enkel Hirohito noch ausgeprägter sein sollte. Trotz seiner Göttlichkeit hatte der Tennô eine Reihe kleiner körperlicher Mängel, die ihn menschlich und sympathisch machten. Noch als Erwachsener wurde er von Alpträumen heimgesucht, litt unter der Angst zu ertrinken und hegte eine Abneigung gegen Schiffe und das Meer.

Der Meiji-Kaiser wurde mit der Zeit zu einer internationalen Berühmtheit, ohne daß das Ausland etwas Näheres über ihn erfuhr. Abgesehen von einigen Truppeninspektionen und eher seltenen Audienzen mit Diplomaten führte Mutsuhito ein Leben kultivierter Inaktivität und Zurückgezogenheit.[49] Den größten Teil seiner Zeit verbrachte er damit, Sake zu schlürfen, Kämpfen von Sumô-Ringern zuzuschauen oder seinen Rennstall zu besichtigen. Wenn er sich also nicht um Regierungsgeschäfte kümmerte, wer dann?

Seit jeher haben die heimlichen Machthaber Japans sich selbst und ihre Ambitionen verborgen. Alles andere wäre ungeschickt und gefährlich, denn jede Enthüllung ihres skrupellosen Treibens würde ihr Vorhaben gefährden. Nachdem sie lange vom politischen Entscheidungsprozeß ausgeschlossen gewesen war, verhielt sich die Koalition von Verschwörern, die Mutsuhito zum Kaiser gemacht hatte, besonders aggressiv. Dennoch legten sie größten Wert darauf, im Hintergrund zu operieren, während nach außen hin die Regierung in den Händen des Kaisers lag. Die »Restauration« der Monarchie war nicht ihr Ziel, sie täuschten es nur vor; genauer gesagt, sie etablierten lediglich eine bestimmte Form der repräsentativen Regierung für den Thron, behielten die eigentliche Regierungsgewalt dagegen für sich. Mutsuhito wurde Oberhaupt des Staates, aber nicht der Regierung. Das war an sich schon ein historischer Wandel, denn jahrhundertelang hatte man den japanischen Kaisern nicht einmal eine repräsentative Rolle zugestanden. Während des Meiji-Staatsstreichs wurde die reale Macht von einer Gruppe von Drahtziehern auf eine andere übertragen, von den Parteigängern des Shoguns auf eine gesichtslose Clique neuer Oligarchen. Die japanische Bevölkerung wurde an dieser Regierung in keiner Weise beteiligt. Der Thron hatte einzig und allein die Aufgabe, der Regierung eine Aura göttlicher Legitimität zu verleihen. So wurde auch die Tatsache verschleiert, daß die Mitglieder der neuen regierenden Koalition einander weiterhin hintergingen und gegenseitig zu vernichten suchten. Die Täuschung gelang so perfekt, daß die meisten Japaner daran glaubten. Selbst im Staatsrat und unter den heimlichen Machthabern wurde die Vorstellung, Japan werde von seinem Kaiser regiert, zum Evangelium. Sie in Frage zu stellen wäre Selbstmord gewesen, und bis in die ersten Jahrzehnte des zwanzigsten Jahrhunderts hielten der Kaiser selbst und die wahren Herrschenden an dieser Legende fest.

Das war nicht immer so. Die Anführer des Meiji-Staatsstreichs waren hohe Beamte der Clans von Satsuma, Chôshû, Hizen und Tosa. Besonders berühmt waren die Drei Großen Helden Japans: Kido Takayoshi (»die Feder«), Saigô Takamori (»das Schwert«) und Ôkubo Toshimichi (»der Despot«).[50] Sie stammten alle aus Samurai-Familien, waren jedoch charakterlich und in ihren Begabungen sehr unterschiedlich.

Kido war der jüngste und charismatischste, wurde 1833 als Sohn eines wohlhabenden Arztes in Chôshû geboren.[51] Seine große rednerische und schriftstellerische Begabung trug ihm den Beinamen »die Feder« ein. Nach einer hervorragenden Ausbildung wurde er in die Hauptstadt des Shoguns geschickt, um für Chôshû Augen und Ohren offenzuhalten. Er war jedoch kein guter Spitzel, weil er so sehr in Gedanken war, daß er häufig von den Ereignissen überrascht wurde. Einmal konnte er sein Leben nur durch Flucht retten, unterstützt von einer ebenso klugen wie treuen Geisha Ikumatsu. Ein Theaterstück, das auf diesem Ereignis beruhte, wurde noch zu seinen Lebzeiten ein großer Bühnenerfolg. Er war so populär, daß seine Rivalen nach Mitteln und Wegen suchten, ihn auszuschalten.

Saigô, »das Schwert«, war ein Hüne mit einem großen Herzen, der mit neunzig Kilogramm Körpergewicht und einer Größe von 1,80 Metern die meisten Japaner neben sich klein erscheinen ließ. Er war in Satsuma als Sohn einer Familie geboren worden, deren Männer die Leibgarde des Lehensherrn Shimazu gestellt hatten, und alles, was er tat, hatte heroisches Format. Seine tragische Schwäche war seine Aufrichtigkeit, was ihn anfällig für Manipulationen durch Männer machte, die weniger Skrupel hatten, wie beispielsweise Ôkubo Toshimichi, der demselben Clan angehörte wie er. Saigô stand an der Spitze der Truppen, die sich der Tore zum Kaiserpalast in Kyoto bemächtigt und den Regierungswechsel herbeigeführt hatten. In der neuen Regierung erhielt er das Kriegsministerium und war bei den Samurai äußerst beliebt.

Der dritte Held, Ôkubo, »der Despot«, zog die Fäden im Hintergrund. Er war der Sohn eines Satsuma-Beamten und von eher schwächlicher Konstitution, konnte jedoch wie sein Vater gut mit Zahlen umgehen und war ein Organisationsgenie.[52] Er begann seine Karriere als Assistent in den Clanarchiven und hatte dort Zugang zu geheimen Informationen über alle führenden Männer Japans und ihre Feinde. Er wurde zum Steuereinnehmer ernannt. Ôkubo entwickelte sich zu einem brillanten, wenngleich skrupellosen Autokraten, der seine Macht durch Einschüchterung und Erpressung absicherte. In der Bevölkerung war er zwar völlig unbeliebt, doch das machte ihn um so gefährlicher.

Diese drei außergewöhnlichen Männer hatten alle eine westlich orientierte Bildung genossen und waren bestens darauf vorbereitet, die Herausforderung zu meistern, vor der Japan stand.[53] Doch wie alle Revolutionäre erfahren müssen, genügt es für die Konsolidierung der Macht und Einsetzung einer Regierung nicht, lediglich die alte Garde zu ermorden und die Macht zu übernehmen. Die Revolution frißt ihre Kinder.

Nach der Restauration überließ der neue Staatsrat[54] die praktischen Fragen weitgehend diesen drei Männern – die Unterdrückung des Widerstands, die Erringung der Kontrolle über die Staatsfinanzen und die Ausarbeitung einer neuen Form der Zentralregierung, die Japan eine ähnlich starke militärische und wirtschaftliche Stellung wie die der westlichen Länder verschaffen sollte. Mutsuhito wurde dabei kaum gefragt. Seine Aufgabe beschränkte sich darauf, kaiserliche Verordnungen zu erlassen, durch die sie per Dekret regierten. Über ein Jahrzehnt sollte vergehen, bevor Japan eine Verfassung erhielt. Nachdem sie kleinere bewaffnete Aufstände niedergeschlagen hatten, machten die drei sich daran, ihre militärische und polizeiliche Kontrolle zu festigen. Danach kam die Ordnung der Staatsfinanzen, angefangen mit der Einziehung des ausgedehnten Grundbesitzes der Tokugawa-Familie, die im Lauf der Jahrhunderte die unmittelbare oder mittelbare Herrschaft über den größten Teil des Bodens und des Reichtums Japans errungen hatte. Ein Teil dieser Güter wurde sogleich den regierenden Familien von Satsuma, Chôshû, Hizen, Tosa und kleineren Bündnispartnern als Belohnung für ihre Unterstützung des Staatsstreichs übergeben.

Kido übernahm den Aufbau neuer Herrschaftsstrukturen, schuf anstelle der alten erblichen Lehen ein neues System von Präfekturen und Gouverneuren und ersetzte die früheren Seilschaften durch Leute seines Vertrauens. Saigô wurde zum General befördert und war zuständig für die Reorganisation der Streitkräfte; er ersetzte die bisherigen Privatarmeen aus erblichen Samurai durch ein stehendes Heer mit allgemeiner Wehrpflicht. Ôkubo kümmerte sich als neuer Finanzminister um die Bezahlung der Verwaltung und der Armee und legte den Grundstein zu einem Privatvermögen der kaiserlichen Familie, um sie für die Schmeicheleien von Intriganten und Verschwörern vollkommen unempfänglich zu machen.[55]

Gleichzeitig waren diese drei Männer damit beschäftigt, den Kaiser neu zu erfinden. Der romantische Kido war der Meinung, der Meiji-Kaiser müsse ein Muster an Weisheit und Moral sein, ein aufgeklärter und leutseliger Monarch, der mit den Problemen des menschlichen Lebens vertraut sei. Saigô, der großherzige Samurai, stellte sich den Kaiser als eine Reinkarnation des altjapanischen Kriegers und Philosophen auf dem Königsthron vor, einen Mann hoch zu Roß, der sein Land an der Spitze einer Armee, die ihn vergötterte, durch militärische Macht und kriegerische Eroberungen zu Frieden und Wohlstand führte. Für Ôkubo, den Drahtzieher, hatte der Kaiser die Aufgabe, so auszusehen, zu essen, zu trinken und sich zu kleiden wie ein westlicher Monarch und das eigentliche Regierungsgeschäft einer Handvoll hochbegabter Bürokraten wie ihm selbst zu überlassen, die etwas von politischen Tagesgeschäft verstanden und davon, wie man Leute zusammenstaucht und ihnen das Geld aus der Tasche zieht.

Trotz der grundsätzlichen Meinungsverschiedenheiten, die zwischen ihnen bestanden, waren sich alle drei darin einig, daß Japan ausschließlich durch die Elite regiert werden mußte. Da gewöhnliche Japaner ohnehin noch nie in der Regierung vertreten gewesen waren, stand diese Frage auch nicht zur Debatte. Wenn diese Männer von Demokratie sprachen, dann meinten sie damit eine Pseudodemokratie, mit der die Außenwelt beeindruckt werden, die jedoch den Interessen der Elite dienen sollte. Da sie keine konkrete Vorstellung hatten, wie sie vorzugehen hatten, und sich gegenseitig zutiefst mißtrauten, richteten sie eine Reihe staatlicher Organe ein, die in rascher Folge kamen und gingen, und der stets sichtbare Kaiser verhinderte, daß die Öffentlichkeit von den Machtkämpfen hinter den Kulissen etwas mitbekam. Die Galionsfigur des Tennô reichte jedoch nicht aus. Da die Meiji-Restauration durch rohe Gewalt und anschließende Täuschungsmanöver zustande gekommen war, mußte sie durch die Schaffung politischer und administrativer Organisationen verstärkt werden, die durch den neuen Mythos der einzigartigen und göttlichen kaiserlichen Tradition zusammengehalten werden sollten. Es war das große Zeitalter des Nationalismus, und von allen patriotischen Japanern wurde erwartet, daß sie sich hinter das nationale Programm und den Aufbau eines starken Staates stellten.

Unterdessen mußte Mutsuhito vor sich selbst geschützt werden. Sein Privatleben war ein schwindelerregender Wirbel aus schönen Frauen, festlichen Gelagen und nachmittäglichen Ausritten. Obwohl er verheiratet war, hatte er dreihundert Hofdamen und fünf Hauptkonkubinen. Nachdem er sein einundzwanzigstes Lebensjahr erreicht hatte, brachte er seine Tage damit zu, Go zu spielen, Gedichte zu schreiben und mit Freunden *kemari*, eine Art japanischer Fußball, zu spielen, wobei es nicht darum ging, möglichst viele Tore zu schießen, sondern den Ball möglichst lange in der Luft zu halten – ein sprechendes Symbol für die japanische Lebenshaltung. Beim Essen floß französischer Wein in Strömen. Der Nachtisch bestand darin, daß er die Reihen seiner Nebenfrauen abschritt und vor der Dame seiner Wahl ein Taschentuch fallen ließ. Aus diesen Begegnungen gingen fünfzehn Kinder hervor; Kaiserin Haruko blieb kinderlos. Seine Trinkgelage waren überaus beliebt und endeten häufig, wie die des berühmten Heian-Hofes tausend Jahre früher, in Saufgelagen mit den Hofdamen.[56] Jeder Gast erhielt seinen Wein entsprechend seinem Rang eingeschenkt. Bevor er das Glas ansetzte, mußte er ein Gedicht aufsagen oder ein Lied singen. Bei Trinkspielen mußte der Verlierer einen »Niederlagenbecher« leeren. Mehr als einmal kam Mutsuhito danach nicht mehr auf die Beine und mußte in sein Schlafgemach getragen werden. Den Kater am nächsten Morgen linderte er in den Gärten des Kaiserpalasts, wo er eine besondere Blume züchtete, die japanische Iris (Iris kaempferi). Seine Ratgeber verfolgten all dies mit wachsender Besorgnis und unternahmen energische Schritte, um die Dinge wieder ins Lot zu bringen.

Ohne Vorankündigung wurde die gesamte Palastverwaltung einer neuen Organisation, dem Palastamt, unterstellt, das in eine »Innere«

und eine »Äußere erhabene Kammer« aufgeteilt war.[57] Die Äußere Kammer war zuständig für das Protokoll, Audienzen, das Auftreten des Hofes in der Öffentlichkeit, die Finanzverwaltung einschließlich der kaiserlichen Güter und das öffentliche Bild oder die »transzendentale Würde« des Kaisers. Die Innere Kammer war verantwortlich für die alltäglichen Abläufe, das Personal, die Erzieher, Diener, Hilfskräfte, persönlichen Diener, Kämmerer und Hofdamen und kümmerte sich um das Wohlergehen des Kaisers und seiner Angehörigen. Darüber hinaus mußte sie dafür sorgen, daß die persönliche Meinung des Kaisers und alle möglichen Umstände seines Lebens nicht an die Öffentlichkeit drangen. Jahrhunderte früher hatten die Shogune in Kyoto Vertrauensleute postiert, die den Kaiser und die Höflinge im Auge behalten sollten. Das neue Palastamt vereinigte alle diese Funktionen unter der Aufsicht konservativer Kämmerer.

Sogleich erhob sich ein lautes Jammern bei den Hofdamen. Sie waren die traditionellen Mittlerinnen zwischen dem Kaiser und der Außenwelt. Dieses Privileg, das sie erst durch generationenlanges Bemühen erworben hatten, durfte man ihnen nicht ohne weiteres entziehen. Doch der Staatsrat warf ihnen vor, sie hätten Mutsuhito in seiner frivolen Lebensweise, seinen Trinkgelagen, seinen Ausschweifungen und seinem mangelnden Interesse an den Aufgaben der Regierung noch bestärkt. Die Hofdamen waren so unklug, General Saigô eine Audienz zu verweigern, worauf dieser ergrimmt einen neuen Verantwortlichen für die Innere Kammer ernannte, der auf seine Anweisung alle dreihundert Hofdamen entließ, Samurai als persönliche Bedienstete des Kaisers einstellte und ein neues Regime männlicher Selbstzucht einführte.[58] Japaner sind nachsichtig gegenüber Betrunkenen, doch Selbstbeherrschung gehört zu den Kardinaltugenden. Mutsuhito konnte schlecht gegen die Maßnahme protestieren. Außerdem bewunderte er Saigô und hatte großen Respekt vor ihm.

Doch der starke Einfluß, den General Saigô auf den Kaiser ausübte, nahm eine eigenartige Wendung. Im Spätherbst 1871 machte sich der Vizepräsident des Staatsrates, Iwakura Tomomi – der Mann, der möglicherweise für den Tod von Mutsuhitos Vater verantwortlich war –, in Begleitung von vierzig Beamten, darunter Kido und Ôkubo, auf eine zweijährige Reise nach Europa und in die Vereinigten Staaten auf, um sich mit westlichen Regierungsformen und industriellen Methoden vertraut zu machen.[59] Sie hatten eine lange und komplizierte Einkaufsliste dabei. Um den Vorsprung des Westens aufzuholen, brauchte Japan mehr als nur ein modernes Heer und eine moderne Kriegsflotte. Es benötigte technische Anlagen, Fabriken, Kenntnisse der Vermarktung, Finanzsysteme und neue Formen staatlicher Verwaltung, die ein modernes Gepräge hatten und dennoch den Status quo bewahrten.

Während ihrer Abwesenheit konnte Saigô ungestört mit dem Kaiser über das reden, was ihm zu schaffen machte. Es hatte eingehende Debatten darüber gegeben, wie man das Militär reorganisieren sollte. In Gesprächen hatte Saigô die Notwendigkeit eines modernen Heeres auf der Grundlage einer allgemeinen Wehrpflicht eingesehen, doch er konnte sich nicht dazu durchringen, die traditionellen Samurai-Truppen einfach abzuschaffen. Zehntausende Angehörige dieses Kriegeradels würden ohne Einkommen sein, verarmen und eine Gefahr für die neue Ordnung darstellen. Samurai waren mehr als nur Soldaten. Ihr Ehrenkodex *bushidô* (»Weg des Kriegers«) hatte das japanische Leben seit tausend Jahren geprägt. Der Bruch mit dieser Tradition könnte sich als verhängnisvoller Fehler herausstellen. Viele Samurai waren bereits voller Groll und rebellisch. Die Lösung des Problems sah Saigô in Korea.[60]

Die beiden Länder hatten eine lange Geschichte gegenseitiger Einmischungen und Interventionen. Korea hatte sich mehrfach geweigert, die neue Meiji-Regierung anzuerkennen, eine Beleidigung, die Gegenmaßnahmen erforderte. Saigô überzeugte den Kaiser, daß eine Invasion in Korea die erlittene Schmach tilgen und gleichzeitig vielen Samurai die Möglichkeit geben werde, etwas Sinnvolles zu tun und für eine würdige Sache in den Tod zu gehen. Nach dem Ende der Kämpfe werde sich die Zahl der Samurai verringert haben. Man könnte ihnen Stellungen im eroberten Korea geben und damit den Ferndienst des neuen Heeres aus Wehrpflichtigen verringern. Saigô machte den Vorschlag, als Sonderbotschafter nach Korea zu gehen, angeblich, um die augenblicklichen Meinungsverschiedenheiten beizulegen; tatsächlich würde er sich jedoch dort so skandalös aufführen, daß er damit seine eigene Ermordung provozierte, was dann schließlich eine japanische Kriegserklärung rechtfertigen werde. Nichts könne ihm eine größere Genugtuung bereiten, als sein Leben für seinen Kaiser und sein Land zu opfern. Er wandte seine ganze Überredungskunst auf, bis der Kaiser nachgab und Saigôs geheimen Plan am 18. August 1873 billigte, kurz bevor Kido und Ôkubo mit der Iwakura-Mission nach Japan zurückkehrten.

Als sie in das Vorhaben eingeweiht wurden, waren sie schockiert, stellten sich einhellig gegen Saigô und beschworen den Kaiser, seine Zustimmung zurückzuziehen, was dieser denn auch tat. Saigô war gedemütigt, zog sich aus dem Staatsrat zurück und kehrte in sein Elternhaus in Satsuma zurück. Nicht, daß seine Gegner etwas gegen militärische Abenteuer oder eine Eroberung Koreas gehabt hätten. Doch jeder dieser Männer hatte seine eigenen Vorstellungen, mit welchen Mitteln Japan zu einer Großmacht entwickelt werden könnte. Außerdem bot die Koreafrage eine günstige Gelegenheit, Saigô loszuwerden.

An dessen Sturz war vor allem Ôkubo interessiert. Preußens starker Mann, Otto von Bismarck, der den Deutschen Kaiser manipulierte, hatte ihn beeindruckt. Ôkubo sah sich als Japans »Eisernen Kanzler«. Er nutzte die Kabinettsumbildung nach Saigôs Rücktritt, um vom Finanzministerium ins Innenministerium zu wechseln, wo ihm nunmehr die gesamte Polizei und Geheimpolizei des Landes unterstand. Die Armee mochte das Land beherrschen, doch die Geheimpolizei hatte die Armee in der Hand. Ôkubo war nicht mehr an einer Teilung der Macht interessiert. Skrupellos beleidigte er sogar den liebenswürdigen Kido, der ebenfalls aus dem Staatsrat ausschied, aber weiterhin am Hof blieb und seine Rolle als die eines Stachels im Fleisch Ôkubos sah.

Damit hätte die Sache entschieden sein und Ôkubo hinter dem Thron als heimlicher Diktator regieren können, wenn Saigô nicht Saigô gewesen wäre.

Nachdem er in Ungnade gefallen war, wurde Saigô zu einer Symbolfigur für die Samurai. Er eröffnete eine private Militärakademie in Kagoshima, an der sich zwanzigtausend Samurai einschrieben. Für die staatlichen Spitzel sah es so aus, als würde hier eine Privatarmee aufgestellt. In den Augen Ôkubos waren Samurai großtuerische Schläger und Unruhestifter. Im Frühjahr 1876 entzog er ihnen das Recht, Schwerter zu tragen, womit er eine Reihe kleinerer Aufstände provozierte. Man nahm an, daß Saigô dahinterstand. Dann schaffte Ôkubo die erblichen Unterhaltszahlungen ab, von denen die meisten Samurai-Familien lebten. Das brachte das Faß zum Überlaufen. Ende Januar 1877, während Saigô sich auf einem Jagdausflug in den Bergen befand, schickte Ôkubo Mörder nach Kagoshima aus. Die Schüler Saigôs entdeckten die Verschwörung, stürmten ergrimmt das Arsenal und bewaffneten sich. Saigô kehrte eilends zurück und willigte ein, den Aufstand anzuführen.[61] In einer letzten Demonstration feudalen Glanzes marschierte sein Heer aus Samurai-Kriegern mit wehenden Fahnen auf die Hauptstadt, wo sie ihre Beschwerden vorbringen wollten. Ein neues nationales Heer aus sechzigtausend Wehrpflichtigen unter der Führung von General Yamagata Aritomo von Chôshû, dem Nachfolger Saigôs im Amt des Kriegsministers, stellte sich ihnen entgegen.

Wenige Wochen nach Ausbruch der Kämpfe zog sich Kido eine mysteriöse Meningitis zu – »Hirnfieber«, wie sie damals genannt wurde – und starb kurz vor seinem vierundvierzigsten Geburtstag.[62]

Der Bürgerkrieg währte sechs Monate lang. Im Spätfrühling wurden Saigô und seine Samurai zurückgeschlagen. Im September kehrte er mit ein paar hundert Mann nach Kagoshima zurück, um sich zum letztenmal auf der Kuppe eines Hügels vor der Stadt zum Kampf zu stellen. Am 24. September griffen die Truppen General Yamagatas an. Saigô wurde tödlich verwundet. Aufgrund einer vorherigen Absprache gab ihm einer seiner Leute den Gnadenstoß, indem er ihm den Kopf abschlug. Der Kopf wurde gewaschen und an General Yamagata geschickt, der ihn in die Hände nahm und sagte: »Ach, Euer Gesicht blickt so düster. Wegen Euch habe ich ein halbes Jahr lang keine Ruhe gefunden [...] Ihr wart einer der größten Helden unseres Landes [...] Was für ein Jammer, daß Ihr so enden mußtet.«[63]

Saigô hatte eine entscheidende Rolle beim Meiji-Staatsstreich gespielt, mit dem für Japan ein neues Zeitalter eingeläutet worden war. Doch hinter den Kulissen ging der Kampf um persönliche Vorteile gnadenlos weiter. Heute ist Saigô für viele Japaner das Symbol einer heroischen Vergangenheit, für andere der Vertreter eines krampfhaften Nationalismus. Der Kaiser ehrte die Familie Saigôs mit einem Adelsbrief.[64] In den nachgelassenen Papieren des Generals fand man dieses Gedicht:

> Nicht des Winters Kälte
> läßt mein Herz erschauern,
> sondern das kalte Herz der Menschen.[65]

Nachdem Kido und Saigô tot waren, blieb nur noch einer der Drei Großen Helden übrig. Am Morgen des 14. Mai 1878, als Ôkubos Kutsche sich auf dem Weg zum kaiserlichen Palast befand, wurde das Gefährt von sechs Samurai mit gezogenem Schwert angehalten. Sie zerrten Ôkubo aus dem Wagen und schlugen ihm mit ihren Schwertern die abwehrend erhobenen Hände ab und spalteten ihm den Schädel. Danach hieben sie den Körper in Stücke.[66] Die Mörder kamen von Satsuma, dem Lehnsgut, auf dem Saigô sowie Ôkubo geboren worden waren. Der Meiji-Kaiser, der den Ball seiner Pflicht gemäß in der Luft halten mußte, erhob den Geist Ôkubos sogleich in den höchsten Rang und dessen Söhne in den Adelsstand.

Nach dem Tod der drei Helden wurde ihr Platz von einer neuen Generation starker Männer eingenommen. Einer von ihnen sollte der beste Freund und Trinkkumpan des Kaisers werden.

2
Bismarcks Schnurrbart

»Itô ist mein Trinkkumpan!« erklärte Kaiser Mutsuhito eines Tages.[1] In der ersten Zeit der Meiji-Restauration konnte der Mikado noch solche herzlichen Bekenntnisse von sich geben, ohne diejenigen, die für sein überirdisches Image verantwortlich waren, in helle Aufregung zu versetzen. Das sollte sich allerdings bald ändern und der Kaiser deutlicher in die Region über den Wolken versetzt oder, wie die Japaner sagen, »lebend entrückt« werden. Auch das Regime hinter dem Thron verbarg sich noch besser. Die Nachfolger der drei Helden waren wachsamer und suchten nach Mitteln und Wegen, rivalisierende Oligarchen und gefährliche Liberale abzuwehren. Die neue Generation von »Räten« hießen die *genrô*; neun *genrô* bildeten ein informelles beratendes Organ, den Ältestenrat (auch Rat der Älteren Staatsmänner), für den Tennô. Es gehört zur modernen Mythologie Japans, daß die *genrô* auf das Wohl der Gesamtheit bedachte Männer waren, die das nationale über ihr eigenes Interesse gestellt und eine demokratische, konstitutionelle Regierung geschaffen hätten. Bei genauerem Hinsehen gilt dies für die *genrô* ebensowenig wie es für die Drei Großen Helden gegolten hatte.[2]

Die beiden führenden Männer unter den *genrô* waren Itô Hirobumi, der Vertraute Mutsuhitos, und General Yamagata Aritomo, dem der Kopf General Saigôs überbracht worden war. Mutsuhitos persönliche Beziehungen zu den beiden Männern sind aufschlußreich. Itô sorgte endgültig dafür, daß der Kaiser glorifiziert wurde, und Yamagata sperrte ihn wieder in einen goldenen Käfig. Sie waren gnadenlose Rivalen, die alles taten, was sie konnten, um sich gegenseitig auszustechen und die absolute Herrschaft für sich und ihre Cliquen zu sichern. Selbst wenn es so aussah, als arbeiteten sie zusammen, hintergingen sie sich heimlich. So ließ das von ihnen geschaffene Regierungssystem Manipulationen durch Machtgruppen einen weiten Spielraum. Es gab keine Gewaltenteilung, Volksbefragungen waren nicht vorgesehen, und die meisten Bürger waren vom politischen Prozeß ausgeschlossen. Für diesen grundlegenden Fehler des Systems hat Japan einen furchtbaren Preis bezahlt, behoben wurde er bis heute nicht.

Von den beiden Männern war Itô der anziehendere.[3] Er war das andere Ich des Kaisers, ein robuster, egozentrischer Mann von großer Intelligenz und Lebhaftigkeit mit ausgeprägtem sexuellem Drang. Als junger *sonnô-jôi*-Rebell war er an dem Brandanschlag auf die britische Gesandtschaft 1862 beteiligt – *sonnô jôi* (»Verehrt den Kaiser, vertreibt die Barbaren!«) war die Parole der Partei gegen das Shogunat, die maßgeblich für dessen Sturz verantwortlich war. Später reiste er viel ins Ausland, unternahm immer wieder Reisen nach Amerika und Europa und hörte aufmerksam zu, was der preußische Ministerpräsident und deutsche Reichskanzler Otto von Bismarck zu sagen hatte. Zurück in Tokyo wurde er der Sprecher und Vertraute des Kaisers. Mutsuhito erfuhr die Welt durch ihn. Itôs Genie als Verhandlungsführer und Verwaltungsfachmann machte ihn zu einer der treibenden Kräfte des modernen Asiens. Es war in der Hauptsache Itô, der die neue Regierung Japans schuf und sie anschließend mit einer Verfassung legitimierte, die modern und demokratisch zu sein schien.

Der Einfluß Itôs auf den neuen Kaiser beruhte wohl auf Seelenverwandtschaft. Er war nur elf Jahre älter, und er und Mutsuhito waren einander verbunden, als wären sie Brüder. Itô war ein anregender Gefährte und blieb bis spät in der Nacht im Schlafzimmer des Kaisers; beide in Nachtkimonos gekleidet, tranken sie dort literweise Rotwein.[4] Mutsuhito versammelte häufig seine Lieblinge um sich, um über den Aufstieg und Niedergang westlicher Staaten, das Auf und Ab von Dynastien oder den Verlauf von Schlachten, die den Gang der Weltgeschichte geändert hatten, zu sprechen. Itô verstieß als einziger gegen die Palastregeln. Stets hatte er eine Zigarre im Mund. Als ein Diener ihn darauf aufmerksam machte, daß das Rauchen auf den Korridoren nicht erlaubt sei, erklärte Itô, nur bei billigen Zigarren falle die Asche ab, während sie noch glühe, und paffte ungerührt weiter. (Später erhielt er vom Kaiser die Erlaubnis, in den Gängen und Hallen zu rauchen.)[5] Er war ein Genußmensch, dessen Freude an Rotwein und Zigarren nur noch von der an Frauen übertroffen wurde.[6] Als junger

Rebell entging er einmal den Häschern des Shoguns, indem er sich in einer Latrinengrube versteckte, während seine Konkubine auf der Öffnung hockte. Für diese mutige Tat heiratete er sie. Seine Kneipen- und Bordellbesuche trafen bei ihr auf Verständnis. Aus einer Gruppe hübscher Mädchen suchte er ein adrettes aus und drängte die anderen zum Aufbruch. Wenn er dann betrunken war, grölte er sein Lieblingslied: »Betrunken lag mein Haupt im Schoß einer Schönheit; nüchtern greife ich nach der Macht, um das Land zu regieren.«[7]

Gleich vielen seiner Landsleute war Itô barsch zu Untergebenen und freundlich gegenüber Personen, die über ihm standen. Das galt beispielsweise für die Familie Mori, die Chôshû-*daimyô*, die für seine Ausbildung aufgekommen war und seine Karriere unterstützte. Als er noch ein Kind war, wurden er und seine Eltern – arme Bauersleute – von einem kinderlosen Samurai aufgenommen, der ihn adoptierte. Der Knabe zeigte so außergewöhnliche Fähigkeiten, daß man ihn auf eine Chôshû-Akademie schickte, die von dem berühmten Dissidenten Yoshida Shôin geleitet wurde. Nach seiner Beteiligung an dem Brandanschlag auf die britische Gesandtschaft wurden Itô und zwei weitere junge Samurai von einem schottischen Händler namens Thomas Blake Grover, der eine Faktorei in Nagasaki besaß und Verbindungen zu Jardine-Matheson hatte, aus dem Land geschleust und nach England gebracht.[8] Grover wollte die Radikalen bei ihrem Versuch, den Shogun zu stürzen, unterstützen und hielt Itô für äußerst intelligent. In England lernten Itô und seine beiden Kameraden alles, was sie konnten, über westliches Recht und moderne Waffentechnik.

Wieder in Japan, war Itô 1864 am Zustandekommen des Geheimvertrags zwischen Chôshû und Satsuma beteiligt, der schließlich zum Sturz des Shoguns führte. Danach wurde er der Englischdolmetscher des jungen Meiji-Kaisers, was ihm zu persönlichem Einfluß im Palast verhalf. 1871 schloß er sich der Iwakura-Mission nach Europa und in die Vereinigten Staaten an. Während dieser Reise gelangte Itô zu der Überzeugung, daß Ôkubo, »der Despot«, am besten erfaßt hatte, was getan werden mußte, um Japan eine wirksame Regierung zu geben. Itô wurde zu einem der tatkräftigsten Vertrauensleute Ôkubos und übernahm nach dessen Ermordung 1878 das Amt des Innenministers, wo er die Polizei und die Ämterpatronage unter sich hatte.[9]

Was Itô so viel anziehender und menschlicher machte als Ôkubo, war seine Schwäche für Alkohol. In seiner Jugend soll er täglich viele Liter Sake getrunken haben. Er blieb bis nachts um vier Uhr auf den Beinen, stand jedoch pünktlich um acht Uhr wieder auf. In späteren Jahren warnten ihn die Ärzte vor dem Genuß von Whisky, also trank er kistenweise Rotwein. Das trug ihm nicht nur die Zuneigung des Kaisers ein, es unterschied ihn auch von Rivalen wie General Yamagata, der ängstlich darauf bedacht war, nicht durch Alkoholgenuß die Kontrolle über sich zu verlieren.

Ein Kämmerer im kaiserlichen Palast sagte im Rückblick: »Ich war tief beeindruckt, wie weitgehend der Kaiser in vielen Dingen mit den Vorschlägen Itôs einverstanden war.«[10] Itô konnte sich bei einem Bankett mit gerötetem Gesicht erheben und zum Entsetzen der anwesenden Adligen ein dreifaches Hoch auf den Tennô ausbringen. Ihre Freundschaft währte ein ganzes Leben lang. 1905 beobachtete der britische Botschafter Sir Claude MacDonald bei einem Bankett: »Die kaiserlichen Prinzen […] behandelten [Mutsuhito] mit ausgesprochener Ehrerbietung, während […] Itô […] anscheinend völlig von gleich zu gleich mit ihm sprach und Witze riß, die bei diesem direkten Abkömmling der Sonne ein dröhnendes Gelächter auslösten. Es war für mich eine große Offenbarung, die mich zudem sehr angenehm berührte, denn für einen Mikado wirkt er sehr menschlich.«[11] Diese Vertrautheit war eine Seltenheit am Hof, und sie weckte starke Eifersucht; in der Vergangenheit hatte es so etwas nie gegeben. Der spartanische Yamagata, der sich nie gehenließ oder betrank, äußerte unverhohlen Zweifel, ob der Kaiser gut beraten sei, einem einzelnen Individuum so viel Vertrauen zu schenken; er deutete an, daß der Kaiser durch gewissenlose Gefährten auf Abwege geraten könnte. Am Ende war es jedoch Yamagata und nicht Itô, der sich als die Schlange entpuppte.

Den *genrô* ging es in erster Linie nicht um den Staat, sondern um die Absicherung ihrer persönlichen Macht. Der Staatsstreich von 1868 war keine Revolution von unten. Die Macht wurde lediglich von einer Elitegruppe auf eine andere übertragen, auch wenn die Herrschaft anschließend zwischen den einzelnen Cliquen wechselte. Anfangs wurde eine Koalition aus den Clans Satsuma, Chôshû, Hizen und

Tosa gebildet, doch Hizen und Tosa wurden bald aus den meisten Spitzenpositionen und Pfründen hinausgedrängt. Satsuma errang die Oberhand, verlor jedoch die Führung nach dem unseligen Zwist zwischen Ôkubo und Saigô. Weil sonst niemand da war, füllte Chôshû das Machtvakuum aus und verteidigte diese Position hartnäckig bis zum Ende des Zweiten Weltkriegs, als die meisten der von den Alliierten zum Tode verurteilten und hingerichteten japanischen Kriegsverbrecher Chôshû-Leute waren.

Auch Itô und Yamagata stammten aus Chôshû. Sie waren entgegengesetzte Charaktere – der eine brillant extrovertiert, der andere brillant und in sich gekehrt –, doch beide dominierend. Ihre Sorge galt zunächst der Entwaffnung der Feinde ihres Clans und dann der Abdrängung rivalisierender *genrô* und anderer Politiker. Beide Männer verachteten politische Parteien, in denen sie staatszersetzende Krankheitserreger sahen. Westliche Vorstellungen von einer Regierung, die den »Volkswillen« zum Ausdruck bringt, waren in ihren Augen eine politische Lüge. Unter ihrem Einfluß bekehrte sich der Kaiser nach und nach zu dieser elitären Auffassung, die im neunzehnten Jahrhundert auch in anderen Teilen der Welt gang und gäbe war. Die größte Gefahr drohte von ehemaligen Mitgliedern der Koalition – rivalisierenden Oligarchen, die von Pfründen, Ämterpatronage und Einfluß ausgeschlossen worden waren. Vor allem die Anführer des Hizen- und des Tosa-Clans waren erbost darüber, daß man sie ausgeschaltet hatte. Der Führer von Hizen war so aufgebracht, daß er 1874 eine Privatarmee aufstellte und zwei Monate lang gegen die Regierung kämpfte, bevor er getötet wurde. Auf diese Weise schrumpfte die ursprüngliche Koalition, die den Staatsstreich inszeniert hatte, auf eine kleine Gruppe zusammen. Andere Herausforderungen waren politischer und nicht militärischer Art. Statt zusammenzuarbeiten, bauten die *genrô* ihre persönlichen Machtpositionen aus, stellten Seilschaften zusammen und versuchten sich gegenseitig auszumanövrieren.

Gefährlich waren auch die ehemaligen Samurai, die bei der Verteilung der Beute leer ausgegangen waren. Diese Männer schlossen sich politischen Parteien an, die eine Verfassung und eine parlamentarische Regierung forderten. Sie taten dies allerdings nur zur Wahrung ihrer eigenen Interessen und nicht etwa im Namen der breiten

Bevölkerung. Die neuen Politiker waren bestrebt, den Staatsrat zu schwächen und die Herrschaft des Ältestenrats einzudämmen. Einer der führenden Agitatoren war Itagaki Taisuke, ein Oligarch von Tosa, den Itô und Yamagata von der Macht ausgeschlossen hatten. Er wehrte sich, indem er gemeinsam mit anderen unzufriedenen Samurai die öffentliche Patriotische Partei gründete und den Kaiser um ein nationales Parlament ersuchte.[12] Kaum luden Itô und Yamagata ihn ein, wieder in die Regierung einzutreten, kehrte Itagaki seiner Partei den Rücken, worauf Itô und Yamagata sich erneut gegen ihn stellten. Daraufhin trat Itagaki zurück, gründete die Liberale Partei ländlicher Grundbesitzer und stellte erneut Forderungen nach einem Parlament. Die heutige Liberal-Demokratische Partei geht auf die Liberale Partei Itagakis zurück.

Derselbe Weg wurde von Ôkuma Shigenobu eingeschlagen, einem Oligarchen des Hizen-Clans, der bei einer der Scheinreformen Itôs 1880 aus seinem Amt als Finanzminister gedrängt worden war.[13] Tatsächlich ging es in der Auseinandersetzung zwischen den beiden Männern um die Aufteilung des ausgedehnten Grundbesitzes der Tokugawa-Shogune, die nach dem Staatsstreich von 1868 eingezogen worden waren. Sobald Ôkuma zurückgetreten war, hob Itô die Reform wieder auf. Im Jahr darauf gründete Ôkuma die Konstitutionelle Fortschrittspartei, deren Mitglieder sich überwiegend aus fahrenden Geschäftsleuten aus den Städten rekrutierten, und trat abermals für die Bildung eines Parlaments ein.

Ôkuma und Itagaki waren äußerst beliebte und charismatische Persönlichkeiten. Sie machten sich den Wunsch der japanischen Öffentlichkeit nach politischer Mitsprache und die Forderungen vieler Gruppen aus Wirtschaft und Hochfinanz nach politischen Einflußmöglichkeiten zunutze und gründeten Parteien auf der Basis entgegengesetzter Interessen der ländlichen und der städtischen Bevölkerung. Es war nicht mehr möglich, Ôkuma oder Itagaki einfach ermorden zu lassen, um ihre Lobby auszuschalten. Sie waren so populär, daß ihre Ermordung wahrscheinlich einen Volksaufstand ausgelöst hätte.

Itô überlistete Ôkuma und Itagaki, indem er den Kaiser dazu brachte, ein Edikt zu erlassen, das zwar den Entwurf einer Verfassung und die Schaffung einer gesetzgebenden Versammlung vorsah, mit dieser Aufgabe jedoch Itô betraute, der ihr ärgster Feind war. Die Vorarbeiten zu einem Verfassungsentwurf würden Zeit in Anspruch nehmen. Itôs Verfassung sollte sich modern und demokratisch anhören, doch bis zu ihrer Fertigstellung würde Itô genügend Zeit haben, die Regierung so zu organisieren, daß das Volk dabei nicht mitzureden hatte. Mit seiner Verfassung würde die Doppelzüngigkeit institutionalisiert und das demokratische Baby bereits in der Wiege erstickt werden.

Auch wenn Itô – wie Yamagata – von einer Demokratie westlichen Zuschnitts eine geringe Meinung hatte, war er sich doch bewußt, daß Japan gegenüber den »zerrüttenden« westlichen Einflüssen auf die Dauer nicht immun bleiben konnte. Japanische Studenten und Intellektuelle beschäftigten sich begeistert mit Ideen aus Frankreich, England und den Vereinigten Staaten wie soziale Demokratie, politischer Pluralismus, Bodenreform, Arbeiterorganisationen, Gedanken- und Meinungsfreiheit und freie Marktwirtschaft. Viele Japaner wollten ein Recht auf Teilhabe an ihrer Regierung. Die *genrô* als Vertreter konservativer Grundbesitzer und der städtischen Banken- und Finanzwelt konnten lediglich dem preußischen Regierungssystem, das weniger liberal war, etwas abgewinnen. In den Jahren 1882/83 verbrachten Itô und andere Mitglieder einer Kommission mehrere Monate in Berlin, wo sie Staats- und Verfassungsrechtler wie Rudolf von Gneist und Lorenz von Stein hörten, die sie überzeugten, daß die Verfassung und die politischen Verfahren Preußens für Japan das brauchbarste Modell darstellten. Itô und Ôkubo führten längere Gespräche mit Bismarck, der einen tiefen Eindruck auf sie machte.[14] Itô war vom »Eisernen Kanzler« so eingenommen, daß er begann, sich wie Bismarck zu kleiden, wie dieser aufzutreten und sich sogar einen Schnauzbart wachsen ließ, wie der deutsche Reichskanzler ihn trug.

Begriffe wie Menschen- und bürgerliche Freiheitsrechte als politische Konzepte hatte es in Japan nie gegeben, dafür jedoch den Begriff der Pflicht. Japan hatte nie eine soziale Revolution erlebt, und auch seine neuen Führer strebten diese nicht an. Trotz periodisch unternommener Ansätze zu einer Reform (einschließlich der Gewährung des begrenzten und bald wieder aufgehobenen Rechts von Frauen, Besitztum zu erben) befand sich das vorhandene Vermögen in der Hand einer kleinen Schicht und wechselte nur unter Schwierigkeiten den Besitzer. Die Vorstellung, Meiji-Japan habe sich quasi über Nacht zu einem modernen Staat gemausert, ist reine Propaganda. Kein Land ist so konservativ, politisch so unbeweglich und sozial so schwerfällig wie Japan, und selbst wenn es keine Alternative hat, als einen Fußbreit nachzugeben, ist es noch immer ein sehr schmaler Fuß. Innerhalb einer einzigen Generation hat Japan sich militärisch zu einer Weltmacht aufgeschwungen, begleitet von einer erstaunlichen industriellen und finanziellen Entwicklung. Doch politisch flüchtete es sich in ein rigides preußisches System, bei dem allein die Fassade demokratisch war.[15] Bismarck hatte dafür gesorgt, daß keine der politischen Institutionen Preußens seine autokratische Regierung ernsthaft in Frage stellen konnte. Das Japan Itôs sollte ähnlich modern aussehen; seine politische Struktur würde eine demokratische Fassade aufweisen, doch die Fenster und Türen würden mit Brettern vernagelt sein. Es sollte eine gewählte Versammlung geben, in der die Politiker Dampf ablassen konnten, doch sie würden von einer Exekutive beherrscht werden, die einzig dem Kaiser verantwortlich war, der wegen seiner Göttlichkeit von niemandem kritisiert werden durfte. Der Kaiser wiederum sollte die Entscheidungen einem Gremium von Beratern überlassen, das von der dominierenden Clique beherrscht würde. Der Anführer dieser Clique sollte den Kaiser in ähnlicher Weise lenken können, wie Bismarck den Deutschen Kaiser lenkte.

Es gab keine Meinungsverschiedenheiten mit dem konservativen Mutsuhito.[16] Noch während der Arbeit an der Verfassung empfahl Itô dem Kaiser, Dekrete zu erlassen, mit denen die zentrale Idee der höchsten Loyalität gegenüber dem Kaiser gesetzlich verankert werden sollte.[17] Eines davon, der kaiserliche »Erlaß die Erziehung betreffend« war ein strenger Moralkodex, der eine ganze Generation von Japanern zu wahren Gläubigen machte. Darin wurden alle Untertanen aufgefordert, von Kindesbeinen an »gegenüber den Eltern pietätvoll, gegenüber den Geschwistern liebevoll zu sein, [...] sich in Bescheidenheit und Mäßigung zu üben, [...] das allgemeine Wohl und die öffentlichen Interessen zu fördern; stets die Verfassung zu achten und die Gesetze einzuhalten; sich in Notlagen mutig dem Staat zur

Verfügung zu stellen.«[18] Die geringfügigste Abweichung von diesem Kodex bedeutete eine persönliche Illoyalität gegenüber dem Kaiser, eine selbstmörderische Blasphemie. Angesichts der Tatsache, daß während der vorangegangenen acht Jahrhunderte viele Japaner nicht einmal mehr wußten, daß es einen Kaiser gab, war dies ein außerordentlicher Umschwung. Doch das neue Dogma des Kaisertums schien so mächtig, war mit der Androhung so drakonischer Strafen verbunden und wurde der Bevölkerung so nachdrücklich zur Pflicht gemacht, daß zum Ausgang des neunzehnten Jahrhunderts die meisten Japaner glaubten, es habe während der ganzen 2500 Jahre einer ununterbrochenen Herrschaft der Yamato-Dynastie gegolten.

Verfassungen sind dazu da, an die Stelle von Undurchsichtigkeit Transparenz zu setzen. Itô strebte das Gegenteil an. Sein Verfassungswerk stellte keinen gesetzlichen Rahmen für zukünftige Regierungsorgane dar, sondern lieferte lediglich die Legitimation für Organe, die bereits vorhanden waren. Außergesetzliche Machtinstrumente, die nicht gerechtfertigt werden konnten, wie der Staatsrat, wurden den Blicken der Öffentlichkeit entzogen. In Anlehnung an britische Verhältnisse wurde der Staatsrat kurioserweise in »geheimer Kronrat« umbenannt und von der Regierung säuberlich unterschieden, während der Führer der jeweils stärksten Clique als höchster geheimer Ratgeber des Kaisers den Titel eines Großsiegelbewahrers trug. Die Oberaufsicht über die Streitkräfte, die General Yamagata auf keinen Fall einer zivilen Instanz übertragen wollte, wurde ebenfalls gesondert behandelt. Ein kaiserliches Dekret bestimmte, daß Japans Militär allein dem Kaiser persönlich verantwortlich war, unter Umgehung der Regierungsbürokratie und der künftigen Legislative. Auf diese Weise wurden sowohl der Geheime Kronrat als auch das Militär zu autonomen, über dem Gesetz stehenden Institutionen. Das war eine Entscheidung, die der Thron noch bereuen sollte, da das Militär zu einer Art Staat im Staate wurde und praktisch keiner der nachfolgenden Kaiser es wagte, das Oberkommando einfach in Frage zu stellen. Solange Yamagata an der Spitze der Streitkräfte stand, war dies kein Problem, da er über eine außergewöhnliche Selbstdisziplin verfügte, doch seine militärischen Erben sollten sich ihrer Macht hemmungslos bedienen.

Das zahnlose Parlament und die Meiji-Verfassung stärkten nicht das Volk, sondern dienten dem Zweck, jede Einflußmöglichkeit der politischen Parteien zu verhindern.[19] Andererseits hatte die Möglichkeit der Parteiführer, Gesetze durchzubringen, die ihre eigenen Interessengruppen bevorzugten, staatliche Geldzuwendungen zur Folge, die die Wirtschaft Japans in eine Schieflage brachten. Die neuen Politiker konnten Beamte und Richter zwar nicht nach Belieben einsetzen und entlassen, jedoch konnten sie für ihre Beförderung sorgen und ihnen indirekt üppige Belohnungen zukommen lassen. Das wurde zum Kennzeichen der japanischen Politik und trug zur institutionalisierten Korruption bei, die das System durchdringt. Die herrschende Bürokratie boykottierte alles, wovon diese Machtcliquen nicht profitierten. Die raffinierteste Täuschung der Bürokraten bestand darin zu bestreiten, daß sie überhaupt Macht ausübten. Wie die Shinto-Priester vollzogen sie lediglich »die richtigen Rituale und Zeremonien zur Aufrechterhaltung der natürlichen Ordnung, [...] angetrieben von dem selbstlosen Bedürfnis, dem Kaiser und dadurch der Nation zu dienen zum Nutzen der ganzen japanischen Familie«.[20]

Obwohl die Verfassung Itôs nur dazu gedacht war, einem autoritären Regime ein demokratisches Mäntelchen umzuhängen, unterstellte sie zumindest die Existenz von bislang in Japan unerhörten Menschenrechten, bevor sie diese für jeden unerreichbar machte. Ein Parlament, und mochte es noch so machtlos sein, war eine aufgeklärte und fortschrittliche Institution. Man konnte darin einen Schritt in die richtige Richtung sehen, und eines Tages würde es dem japanischen Volk vielleicht gelingen, eine Volksversammlung zu schaffen, die wirklich seine Interessen vertrat. In gewissem Sinne war die Demokratie Japans ebensowenig eine Vortäuschung falscher Tatsachen wie Bismarcks Schnurrbart im Gesicht Itôs. Weder der Schnurrbart noch die Demokratie waren falsch. Sie waren lediglich japanisch.

Ebenso wie seine Vorgänger war Itô von der Vorstellung besessen, den Kaiser neu zu erfinden. Er war der Meinung, wenn Japan den Respekt des Auslands erringen wolle, benötige es einen wahrhaft herrlichen Kaiser. Nach einem japanischen Biographen war er »völlig vernarrt« in Zeremonien und Pomp.[21] Überall auf der Welt entdeckte er Beweise für die menschliche Sehnsucht nach dem Majestätischen. Er machte dort weiter, wo Ôkubo und Kido aufgehört hatten. Kido hatte die Erziehung des Kaisers übernommen und sich darum gekümmert, daß gelehrte Männer ihn in Konfuzianismus, westlichem politischem Denken und in deutscher Sprache unterrichteten.[22] Ôkubo wiederum hätte fast einen Anfall bekommen, als er erfuhr, daß der Kaiser bei der Einweihung der ersten Eisenbahnstrecke in Japan – einer dreißig Kilometer langen Verbindung zwischen Tokyo und der Auslandsniederlassung in Yokohama – die traditionelle Hofkleidung trug.[23] Ôkubo legte größten Wert auf das äußere Erscheinungsbild und trug selbst ausschließlich westliche Kleidung. Er war zu Lebzeiten Abraham Lincolns aufgewachsen, trug einen dunklen Geschäftsanzug mit Zylinder und war der erste Japaner, der am Hof mit einem westlichen Haarschnitt auftrat. Er ließ sich ein herrschaftliches Haus im Pariser Stil Napoleons III. bauen, stopfte es mit französischen Möbeln voll und fuhr täglich in einer großen britischen Kutsche zu seinem Amtssitz.[24] Er bestand darauf, daß der Kaiser gänzlich auf japanische Kleidung verzichtete, ausgenommen bei Shinto-Zeremonien, während denen Ausländer ihn nicht zu Gesicht bekamen. Außerdem sorgte er dafür, daß Mutsuhitos langes schwarzes Haar geschoren wurde, und brachte ihn dazu, einen Schnurrbart samt Spitzbart im Stil des viktorianischen Königshauses zu tragen. An gewöhnlichen Tagen mußte der Kaiser als Oberbefehlshaber der Truppen die Uniform eines österreichischen Feldmarschalls, bei Inspektionen der Marine eine Admiralsuniform tragen. Für die Zeit nach getaner Arbeit verschrieb er ihm einen Frack. (Im privaten Kreis zog Mutsuhito noch immer ein dunkles Überkleid mit weiten roten Hosen vor.) Nur wenn es ums Reiten ging, mußte Ôkubo klein beigeben. Er brachte den Kaiser zeitlebens nicht dazu, in der aufrechten Haltung eines modernen Generalmajors auf seinem Pferd zu sitzen. Mutsuhito hing lässig über dem Sattelknopf wie ein Warlord.

Trotz dieser willkürlich ausgewählten westlichen Kleidungsstücke, die er bereitwillig zur Schau trug, war Mutsuhito im Grunde seines Herzens ein konservativer Japaner. Der größte Teil des Kaiserpalasts war mit westlichen Möbeln eingerichtet, doch seine privaten Gemächer waren im traditionellen japanischen Stil gehalten. Er liebte es, auf die Rückseite der Umschläge, die Botschaften in Regierungsangelegenheiten enthielten, kurze *waka*-Gedichte zu schreiben. Wenn er zu seinem Privatvergnügen las, vertiefte er sich immer wieder gern in den chinesischen Klassiker *San-kuo chih (Geschichte der drei Reiche)* mit seinen zahlreichen politischen Intrigen. Er akzeptierte für Japan die Notwendigkeit, mit dem Westen zu konkurrieren, bestand jedoch auf der Wahrung von Traditionen, überkommenen Zeremonien und Ritualen. Als er einmal zu einer Party ging, die von einem der Prinzen gegeben wurde, war er so entsetzt, japanische Männer und Frauen in europäischer Abendkleidung beim Gesellschaftstanz anzutreffen, daß er ausrief: »Was ist das?«, und den Saal wieder verließ.[25]

Kido überredete 1876 den Kaiser dazu, eine ausgedehnte Reise durch den Norden des Landes zu unternehmen und sich dem Volk zu zeigen. Acht Wochen lang reiste der Tennô durch zahlreiche Präfekturen in einer Sänfte oder einer Kutsche, besuchte Schreine, inspizierte Truppen, schmückte die Gräber von Gelehrten und begegnete Scharen einfacher Leute, die sich in den Straßen drängten und sich in Verehrung vor ihm zu Boden warfen. Mutsuhito staunte über die Landschaft, übernachtete in Hotels, besuchte Handelsmessen, Gestüte, Seidenspinnereien, Papierfabriken und Eisengießereien und lieh einheimischen Beamten sein Ohr. Seine Leibwächter erlegten für ihn Enten und schossen auf Krähenschwärme. Er ließ unterwegs anhalten, um Fischern zuzusehen, die ihre Netze am Strand einholten, und schien »hocherfreut, die Dinge einfach so zu sehen, wie sie sind«.[26] Seine Kämmerer registrierten bekümmert, daß der Kaiser es vorzog, alle diese Dinge in der Sänfte liegend zu tun, und es war keine leichte Aufgabe, ihn dazu zu bewegen, zu Fuß zu gehen oder ein Pferd zu besteigen. Beim Besuch von Theateraufführungen konsumierte er soviel Sake, daß sie befürchteten, »der Kaiser könnte in seinem Vergnügen zu weit gehen«.[27] Clara Whitney, die Tochter eines amerikanischen Professors, sah ihn einmal in einer französischen Militäruniform. »Sein Hut war mit einer üppigen Straußenfeder geschmückt [...] Sein Gesicht war [...] sehr anziehend [...] Doch er wirkte sehr müde, als hätte er den Wunsch, daß die Menschen ihn nicht die ganze Zeit so anstarrten.«[28]

Während längerer Perioden entzog sich der Kaiser den Blicken der Öffentlichkeit und blieb in seinem Palast.[29] Der Bevölkerung hatte man gesagt, er sei ein pflichtbewußter, arbeitsamer Monarch, der über ein gutes Gedächtnis verfüge. Seine Lehrer waren anderer Meinung. Einer von ihnen hatte in seinem Tagebuch geschrieben: »Gegenwärtig ist die Gelehrsamkeit des Herrschers noch nicht sehr umfangreich und seine Gutwilligkeit noch nicht voll ausgebildet.«[30] An guten Tagen stand er um sechs Uhr morgens auf, nahm sein Frühstück ein und besuchte seine Angehörigen. Um neun Uhr untersuchten ihn die Hofärzte und rieten ihm dringend, öfter zu reiten oder im Garten spazierenzugehen. Danach saß er mit seinen Beratern zusammen bis zum Mittagessen, zu dem er *sushi* und *sashimi* aß und grünen Tee trank. Anschließend arbeitete er bis sechs Uhr nachmittags in seinem Amtszimmer. Das Abendessen war üppig: Hühnersuppe, Gemüse, gegrillter Fisch und Rotwein.[31] Er muß gewußt haben, daß er nur benutzt wurde, doch seine Minister taten so, als hätte er tatsächlich etwas zu entscheiden; sie informierten ihn und erbaten seine Zustimmung. Zuweilen mochte er es bedauert haben, daß er die Abgeschiedenheit Kyotos aufgegeben hatte, doch es spricht nichts dafür, daß er sich seiner Glorifizierung widersetzt hätte.

Er wurde ständig von Itô angehalten, großartig aufzutreten, der zeitlebens eine Schwäche für den Ruhm hatte und sich schmückte wie ein Kind. Itô liebte es, sich in Schale zu werfen und herumzustolzieren, also wünschte er sich vom Kaiser dasselbe. Später, als er Generalgouverneur von Korea wurde, entwarf Itô eine Uniform mit Quasten an den Epauletten und goldenen Litzen und nahm darin die Ehrenbezeigung der Palastwache entgegen.[32] In seiner übertriebenen Eitelkeit pflegte er seine Verdienste so lange herauszustreichen, bis seine Zuhörer das Gähnen nicht mehr unterdrücken konnten.[33] Er war überzeugt, die Rettung Japans ruhe allein auf seinen Schultern und alle anderen Menschen seien Dummköpfe. Seine fast brutale Offenheit ließ ihn ohne Arg erscheinen im Vergleich zu Männern wie Yamagata, der seine Gefühle stets verbarg. Itô verfaßte Gedichte unter dem Pseudonym »Frühlingsfeld«, eine Anspielung auf seine Zeugungskraft. Eines von ihnen lautete: »Bei der Arbeit in meinem prächtigen Haus, zu der ich drei Becher Wein leere, habe ich alle Großen Helden der Nation zu meinen Freunden.« Er bewunderte die Drei Großen Helden Saigô, Kido und Ôkubo so sehr, daß er vor seiner am Meer gelegenen Villa einen Schrein mit einer Tafel errichten ließ, auf der diese Männer gepriesen wurden, weil sie dem Militarismus vergangener Zeiten ein Ende bereitet hätten. »An wen wird der Mantel übergeben?« stand dort. »Nach langem Warten [...] hat unser Fürst Itô [...] die Grenzen einer zivilisierten Regierung erweitert.«[34]

Liberale und andere Personen außerhalb der Machtclique bemühten sich nach Kräften, den Kaiser von den *genrô* zu trennen und den Thron über die Politik zu stellen, um so die Möglichkeit zu schaffen, die Regierung zu kritisieren, zu schwächen und auszuwechseln, wenn auch nicht unbedingt zu stürzen. Doch Itô hatte das vorhergesehen und Mutsuhito mit jedem Aspekt der Regierung identifiziert.[35]

Um die politische Opposition zu schwächen, waren Itô und Yamagata fortwährend bemüht, die tüchtigeren Oppositionsführer herauszusuchen und zu bestechen oder ihnen einen Staatsposten oder – wenn beides nicht half – die Erhebung in den Adelsstand anzubieten. Das war der Grundgedanke hinter dem neuen Adelssystem, durch das die *genrô* selbst und viele andere in hohe Ränge erhoben wurden; Itô und Yamagata waren beide zu Fürsten gemacht worden. Und die Zugehörigkeit zum Adel band eine Person ein für allemal an den Thron. Itô selbst hat allem Anschein nach nie Geldgeschenke angenommen, aber verteilte solche sehr wohl; Geschenke anderer Art, die nicht unbedingt als Bestechung gedacht waren, nahm er an. Yamagata verstand sich bestens auf Bestechung.[36] Beide Männer wurden vermögend.

Nicht alle ließen sich einschüchtern oder hinters Licht führen. Ein japanischer Politiker beklagte sich: »Es gibt Menschen, die ständig die Worte ›Loyalität‹ und ›Patriotismus‹ im Munde führen und sich selbst als die einzigen Hüter dieser Tugenden anpreisen, während sie sich in Wirklichkeit hinter dem Thron verbergen und aus diesem sicheren Hinterhalt ihre politischen Gegner beschießen. Der Thron ist ihr Hinterhalt. Kaiserliche Dekrete sind ihre Kugeln.«[37]

Vor der Meiji-Restauration zeigten sich japanische Kaiserinnen nie der Öffentlichkeit. Doch Itô brachte Kaiserin Haruko dazu, eine öffentliche Persönlichkeit zu werden. Jeder war beeindruckt von ihrem Auftreten, ihrem Schwung und ihrer Klugheit. Sie war eine vollendete Dichterin.[38] Sie war zum Teil deshalb Kaiserin geworden, weil ihr Vater während des Machtkampfs 1868/69 Chôshû unterstützt hatte. Bald nach ihrer Hochzeit kamen fünf junge Mädchen, die man für eine höhere Schulbildung samt Studium in den Vereinigten Staaten ausgewählt hatte, zu einer Audienz zu ihr. Es war Harukos erster Empfang von Töchtern der Samurai. Die damals siebenjährige Tsuda Ume schrieb später, sie und die anderen Mädchen hätten sich vor einem schweren Schirm auf die Knie niedergelassen, »durch den wir nichts erkennen konnten, selbst wenn wir gewagt hätten, unsere gesenkten Köpfe zu heben, hinter dem jedoch, wie wir wußten, die heilige Hoheit saß«. Haruko schenkte jedem Mädchen ein rotes Seidentuch und ein Stück Hofkuchen, ein Allheilmittel gegen die verschiedensten Krankheiten.[39]

Einige Jahre später begann der Schirm sich zu heben. Auf einer Gartenparty für Diplomaten bekam Clara Whitney Haruko aus nächster Nähe zu sehen und schwärmte: »Sie war klein, ach so klein, zierlich mit hocharistokratischen Zügen und einer ausgesprochen vollen Unterlippe. Sie war sehr stark gepudert [...] und trug ihr Haar in dieser eigenartigen flachen Hofmode mit einem langen, gut geölten Zopf, der über ihren Rücken fiel.«[40] Als Prinz Albert Viktor und Prinz Georg 1881 aus England nach Japan kamen, waren sie im Kaiserpalast zu Gast. Mutsuhito empfing sie »in dunkelblauer Tunika mit schweren Goldborten [...] Obwohl noch keine dreißig Jahre alt, wirkte er im Gesicht älter [...] Die Kaiserin versuchte, in heiterem und herzlichem Ton ein Gespräch anzuknüpfen. Eddy [Prinz Albert] bat sie, zwei Wallabys [kleine Känguruhs] als Geschenk anzunehmen, die wir [...] aus Australien mitgebracht hatten [...] Die Kaiserin schien sich darüber sehr zu freuen.«[41]

Zu dieser Zeit hatte sie damit aufgehört, ihre Zähne zu schwärzen. Was immer sie trug, ihre Erscheinung war vornehm, selbst in Kleidern und Schmuckstücken, die Itô für sie ausgesucht hatte.[42] Eines ihrer Kleider, mit Zobel verbrämt, hatte zwanzigtausend Dollar gekostet. Wie sich die Frau eines britischen Diplomaten erinnerte, »waren ihre dunklen Augen voller Leben und Klugheit [...] Ihr Kleid aus rosafarbenem Brokat trug nur ein einziges Schmuckstück – einen prachtvollen einzelnen Saphir, der zu einer Brosche gearbeitet worden war.«[43]

Auch die Japaner selbst waren sehr angetan von ihrer modernen

Kaiserin. Eine junge Adlige schrieb: »Für uns sah sie schön aus in [...] ihrem westlichen Kostüm, mit ihrem Hut, der mit einer großen weißen Straußenfeder und einem Schleier verziert war, ihre Hände überzogen von langen weißen Glacéhandschuhen [...] Manchmal rauchte sie ihre goldene Pfeife, die ihr ehrerbietig von einer jungen Hofdame gereicht wurde, die sie jedesmal aus einer goldlackierten Tabaksdose nachfüllte. Immer, wenn sie die Pfeife entgegennahm, hob sie ihren Schleier, um sie zum Mund zu führen.«[44] Rauchen war damals in Japan unter Männern und Frauen sehr verbreitet.

Die Bildung Harukos entsprach der traditionellen Etikette. Sie lernte, Gedichte zu schreiben, richtig zu gehen und sich zu kleiden und unsichtbar zu bleiben. In der Vergangenheit war eine Kaiserin nur im Hinblick auf ihren politischen Einfluß von Bedeutung; es spielte keine Rolle (höchstens für ihre Eltern), ob sie Kinder zur Welt brachte, da jedes Kind, das den Kaiser zum Vater hatte, die Dynastie fortsetzen konnte. Nachdem sie anfangs im verborgenen geblieben war, übernahm Haruko zunehmend öffentliche Aufgaben und spielte eine immer aktivere Rolle bei Wohltätigkeitsveranstaltungen und im Bildungswesen. Itô, den Frauen schon immer faszinierten, hatte an der Veränderung der Kaiserin maßgeblichen Anteil. Sie übernahm die Rolle einer modernen Monarchin mit Begeisterung und Aplomb und war darin überraschend offen und herzlich.

Als das Japanische Rote Kreuz 1886 zum Internationalen Roten Kreuz zugelassen wurde – ein weiteres äußeres Zeichen, daß Japan von der internationalen Gemeinschaft akzeptiert wurde –, übernahm Haruko die Schirmherrschaft. Sie begründete eine Tradition freiwilliger wohltätiger Arbeit von Frauen aus der Oberschicht.[45]

Clara Whitney sprach die Meinung vieler aus, als sie schwärmte: »Die Kaiserin ist überaus intelligent und so sehr darauf bedacht, Tugendhaftigkeit und gute Taten zu fördern, daß sie alle Aufzeichnungen von guten Taten und Eigenschaften unter ihren Untertanen gesammelt [...] und in drei Bänden veröffentlicht hat, die als Anreiz für große Anstrengungen dienen sollen [...] Es gilt als ein Fehler Seiner Majestät, des Mikado, daß er ihr keine Staatsangelegenheiten anvertraut, da sie durchaus in der Lage wäre, solche Dinge zu verstehen und ihm darin Hilfestellung zu leisten.«[46] Die Eltern der Autorin hatten

Freunde in der amerikanischen Gesandtschaft, die in den Klatsch unter Diplomaten eingeweiht waren.

Während dieser Jahre einer beispiellosen öffentlichen Rolle verließen der Kaiser und die Kaiserin häufig den Palast, um bei führenden Adligen und bevorzugten Ministern zu Gast zu sein. Sie kamen in Begleitung einer großen Schar von Prinzen und Kämmerern. Ein Abend im herrschaftlichen Haus westlicher Bauart der Matsukata-Familie begann mit einem Spaziergang durch den Garten und einer Kahnpartie auf dem Teich, gefolgt von Darbietungen von Satsuma-Musik und -Tanz, und endete mit einer üppigen Tafel in westlichem Stil. In seiner Würdigung der Einladung übergab der Kaiser seinem Gastgeber eine Vase, ein Rollbild oder eine Kalligraphie, einen Satz silberner Sake-Tassen mit dem kaiserlichen Wappen und tausend Yen in bar für die Aufwendungen.[47]

Itô ersuchte Kaiserin Haruko, den Vorsitz der 1885 eröffneten Adelsschule für Mädchen zu übernehmen. Eine der ersten Lehrerinnen dieser Schule war Tsuda Ume, die nach Beendigung des Colleges in den USA nach Japan zurückgekehrt war. Ihr Vater war Christ, und sie wurde Quäkerin wie viele einflußreiche Japanerinnen in jenen Jahrzehnten. Der revolutionäre Lehrplan dieser Schule, bei dem fortschrittliche Frauencolleges in den Vereinigten Staaten Pate gestanden hatten, sah Fremdsprachen, Mathematik, Naturwissenschaften, Ethik, japanisches und westliches Benehmen sowie Gymnastik vor. Trotz dieses modernen Fächerkanons war das weitere Schicksal ihrer Schülerinnen nach Beendigung der Schule für Tsuda deprimierend. Sie wollte sie zu weiblichen Führungspersönlichkeiten heranbilden. Obwohl durch Geburt begünstigt, waren sie zu einem Dasein als rechtlose Dienerinnen von Vätern, Ehemännern und gefürchteten Schwiegermüttern verurteilt. Die Idee, japanischen Mädchen eine qualifizierte Bildung zu ermöglichen, von der Pädagogen und Missionare des neunzehnten Jahrhunderts beflügelt wurden, ging über die höhere Töchterschule hinweg wie eine Welle über einen Felsen – eine reine Illusion.

Japan sehnte sich danach, modern zu sein, fürchtete jedoch die Auswirkungen auf die Tradition. In Berlin hatte der Deutsche Kaiser gegenüber Itô die Meinung vertreten, ohne das Christentum werde

Japan niemals ein wirklich zivilisiertes Land werden. Itôs Interesse am Christentum, mochte es auch noch so abstrakt sein, rief seine Kritiker auf den Plan. Sie verdächtigten ihn, er dränge den Kaiser zu einem Übertritt zu dieser Religion – ein Vorwurf, den er vehement bestritt. Doch Itô war so beunruhigt, daß er Tsuda Ume darum bat, aus dem Haus seiner Familie, in dem sie seit ihrer Rückkehr aus den USA gewohnt hatte, auszuziehen. Er hielt es für besser, wenn sich »in seinem Haus keine Christin aufhielt«.[48]

Im Jahr 1894, als das Kaiserpaar einen Jubiläumshochzeitstag feierte, schrieb eine Amerikanerin bedauernd: »Es gibt einem einen Stich [...] zu erfahren, daß er den fünfundzwanzigsten Jahrestag seiner Hochzeit mit der Kaiserin begeht, indem er eine neue Konkubine in seinen Harem aufnimmt.«[49] Das entsprach nicht der Wahrheit. Mutsuhito zeugte nach diesem Tag zwar noch zwei Töchter, doch beide wurden von der Hofdame Sachiko zur Welt gebracht, die seit vielen Jahren eine offizielle Konkubine war und ihm insgesamt acht Kinder gebar. Es gehörte zu seinen Pflichten, zumindest einen überlebenden und nach Möglichkeit körperlich kräftigen Thronerben zu zeugen, doch das gelang ihm nur mit Müh und Not. Kaiserin Haruko selbst brachte keine Kinder zur Welt. Von den fünf offiziellen Konkubinen schenkte die Hofdame Mitsuko am 18. September 1873 dem ersten Sohn des Meiji-Kaisers das Leben, doch dieser starb noch am selben Tag. Hofdame Mitsuko starb vier Tage später. Hofdame Natsuko wurde am 13. November 1873 von einer Tochter entbunden, die nur wenige Stunden am Leben blieb. Die Mutter starb einen Tag später. Hofdame Naruko schenkte drei Kindern das Leben, einer Tochter 1875, die ein Jahr später starb, einem Sohn 1877, der wenige Monate nach seiner Geburt starb, und einem weiteren Sohn 1879, der überlebte und der nächste Kaiser – Yoshihito – wurde. Hofdame Kotoko gebar 1881 ein Mädchen, das an Meningitis starb, und 1883 ein zweites Mädchen, das ihr erstes Lebensjahr nicht überlebte. Hofdame Sachiko verlor zwei Jungen und zwei Mädchen durch Meningitis. Ihre vier folgenden Töchter überlebten und heirateten, wie wir noch sehen werden, die vier bedeutendsten Prinzen in Japan. Insgesamt betrachtet ist es eine traurige Aufzählung.[50]

Nachdem ein Knabe und vier Mädchen überlebt hatten, wurden sie von Kaiserin Haruko formell adoptiert. Das bedeutete nicht, daß diese sich der Kinder persönlich angenommen hätte; adlige Damen gaben ihre Kinder in die Obhut von Ammen und Erzieherinnen.

Was das Privatleben Harukos mit dem Kaiser angeht, so fehlen uns nähere Informationen, aber es gibt keinen Hinweis auf Zwistigkeiten zwischen ihnen. Bei diplomatischen Empfängen, wo sie von geübten Augen beobachtet werden konnten, bezeugten sich beide gegenseitig Zuneigung und Respekt. Professor Stephen Large schreibt, »obwohl sie keine Kinder bekam, soll er ihre Gemächer fast täglich besucht haben, und es herrschte ein kameradschaftliches Verhältnis zwischen ihnen«.[51]

Während also Itô als Liebhaber von Glanz und Pracht den Thron glorifizierte und sich darum kümmerte, daß das japanische Kaiserpaar als moderne Monarchen von internationalem Format anerkannt wurden, vertrat sein Rivale Yamagata die Ansicht, Kaiser und Kaiserin stünden zu sehr im Rampenlicht der Öffentlichkeit.

Itôs verhängnisvoller Nachteil war seine Unfähigkeit, Verantwortung auch nur an seine nächsten Stellvertreter zu delegieren. Deshalb waren seinen Bemühungen, eine eigene Hausmacht aufzubauen und sich zu schützen, enge Grenzen gesetzt. Demgegenüber war Yamagata so sehr in sich gekehrt, daß er keine Rede halten konnte, ohne vom Lampenfieber gelähmt zu sein. Dafür wußte er, wie man politische Verbindungen aufbaut. Während Itô alle Hände voll zu tun hatte, den Kaiser und die Kaiserin in der Öffentlichkeit zur Geltung zu bringen, eine Verfassung zu erarbeiten und staatliche Behörden einzurichten, war Yamagata damit beschäftigt, sein unsichtbares Netz zu knüpfen, in das er die Armee, die Polizei und Geheimpolizei und selbst die Unterwelt einbezog. Als neuer Ministerpräsident und einer der beiden mächtigsten *genrô* regierte Yamagata das Land ab 1889 als der neue starke Mann nach Itô.

»Yamagata ist mein Soldat«, erklärte der Kaiser.[52] Um die Wahrheit zu sagen, er hatte Angst vor Yamagata wie jeder andere auch. Wenn der General in den Palast kam, zog Mutsuhito seine beste Uniform an. Ihre Zusammenkünfte waren steif. Gegenüber dem lebhaften Itô, der keiner Vergnügung aus dem Wege ging, war Yamagata asketisch, farblos und ohne Sinn für Humor.[53] Sein Wesen war von einer trockenen Nüchternheit geprägt.« Als geborener Geheimpolizist war er völlig unfähig, etwas anderes zu akzeptieren als eine autoritäre Regierung. Sein asketisches Gesicht mit stark hervortretenden Wangenknochen und einem Schnauzbart wirkte wie das eines buddhistischen Eremiten. Er war die japanische Version eines preußischen Übermenschen ohne eine einzige der Leidenschaften Itôs. Yamagata verachtete die Freuden des Fleisches und besaß eine außerordentliche Kontrolle über sich selbst und seine Umgebung. Während Itô mit dem Kaiser seine feuchtfröhlichen Abende verbrachte, dehnte Yamagata systematisch seinen Einfluß aus. Seine einzige Schwachstelle war ein Reizmagen. Er war ein treuer Ehemann und verbrachte seine freie Zeit mit der Gestaltung seines prachtvollen Gartens. Wäre er neben seiner Rücksichtslosigkeit charismatisch gewesen, so hätte er vielleicht zu einem Shogun getaugt, aber er war ein farbloser Mann von eisiger Strenge, beständig, geduldig und rational. Ehe er eine Fehleinschätzung oder einen Fehler zugab, zog er sich lieber zurück und nahm die Fäden zu einem späteren Zeitpunkt wieder auf.[54] Diese Fähigkeit, sich unsichtbar zu machen, ließ ihn fehlerlos erscheinen, während er in Wirklichkeit nur berechnend und ausweichend war. Da er ein hundertfünfzigprozentiger Patriot war, schienen seine Ränke und Manipulationen der besten aller Sachen zu dienen. Er formte den modernen Polizeistaat und den modernen Militärapparat Japans, während er sich gleichzeitig durch die Vergabe von Stellen und Bestechungsgeldern eine loyale Hausmacht aufbaute. Er hatte die idealisierten Wertvorstellungen eines Samurais, die er in Japan wieder zur Geltung bringen wollte.

Seine Angehörigen in Chôshû waren verarmte niedere Samurai. Als kleiner Junge war er überall herumgeschubst worden und hatte keine Schule besuchen dürfen.[55] Er war ein reiner Autodidakt. Da er nichts anderes zu tun hatte, trieb er sich in der Nähe des Polizeipräsidiums herum und spielte die Rolle eines Laufburschen und Spitzels. Das meiste von dem, was er konnte, schnappte er hier auf; hier wurden seine Werte geformt und sein späterer Werdegang zum japanischen Großinquisitor vorbestimmt.[56] Nachdem seine Eltern beide gestorben waren, nahm ihn seine Großmutter bei sich auf. Wie Yamagata selbst erzählte, war sie ihm so verbunden, daß sie sich ertränkte, um ihm bei seinem beruflichen Fortkommen nicht im Wege zu stehen.[57] Im Jahr 1863 erhielt er das Kommando über die versuchsweise – und erfolglos – aufgestellte irreguläre Miliz Chôshûs aus Bauernsöhnen, Straßenpöbel und rauflustigen Straßenhändlern, die mit westlichen Feuerwaffen ausgerüstet wurde. Am Vorabend des Sturzes des Shoguns war er einer von vielen jungen Männern, die ausgeschickt wurden, um die wechselvolle Lage zu erkunden. In Kyoto lernte er die Helden Saigô und Ôkubo kennen. Nach dem Staatsstreich reisten er und Saigôs jüngerer Bruder ins Ausland und besuchten England, Frankreich, Belgien, Holland, Preußen und Rußland. Ebenso wie andere Japaner war er tief beeindruckt vom preußischen soldatischen Geist.[58] Nach seiner Rückkehr wurde er Stellvertreter General Saigôs und wirkte mit bei der Aufstellung eines Heeres aus Wehrpflichtigen. In dem Vakuum nach Saigôs verbittertem Rücktritt übernahm Yamagata seinen Platz als Armeechef. Das wurde zum Muster für seine Laufbahn: Er übernahm die Posten, von denen Saigô, Ôkubo, Itô und andere abtraten, und ersetzte die von ihnen in Ämter Berufenen im Lauf der Zeit durch eigene Anhänger, bis seine Position schließlich unangreifbar war. Er verfuhr dabei so unauffällig, daß seine Gegenwart kaum wahrgenommen wurde, bis er sich nach allen Seiten abgesichert hatte.

In seinem Amt als neuer Oberbefehlshaber des Heeres brachte er das Militär auf Vordermann. Als es 1878 zu einer kleineren Meuterei innerhalb der kaiserlichen Garde kam, gab Yamagata die Schuld daran nicht der wahren Ursache, nämlich der schlechten Bezahlung, sondern der Ausbreitung zersetzender liberaler Ideen aus dem Westen. Loyale Japaner streikten nicht wegen schlechter Bezahlung. Um das klarzustellen, wurden mehrere Offiziere und fast fünfzig Mann von einem Hinrichtungskommando erschossen. Yamagata warnte alle Soldaten davor, sich jemals irgendeiner politischen Organisation anzuschließen oder irgendwelche politischen Ideen zu äußern, sofern sie nicht ultranationalistisch waren. Damit die Lektion nicht vergessen wurde, rief er die erste Militärpolizei Japans ins Leben, die *kempeitai*, deren Spitzel in allen Rängen vertreten waren und ausgesucht wurden, weil sie sich besonders eifrig gezeigt hatten.

Als neuer Innenminister nach Itô ersetzte Yamagata dessen Chefs der nationalen Polizei durch seine eigenen Leute. An die Spitze der Polizei von Tokyo berief er Mishima Michitsune, der bald überall als »Chef der Teufel« bekannt war.[59] Japaner waren leicht einzuschüchtern, weil sie seit Jahrhunderten dazu angehalten worden waren, sich gegenseitig zu bespitzeln und ständig ein Auge auf ihre Nachbarn und selbst die eigenen Angehörigen zu haben. Im dreizehnten Jahrhundert hatten die Shogune das Gonin-Gumi-System (Fünf-Familien-System) eingeführt, bei dem jeweils ein Mitglied eines jeden Haushalts für das Denken und Verhalten der ganzen Familie verantwortlich war. Für jeweils fünf Haushalte war wiederum eine Person verantwortlich, unter diesen wiederum jede fünfte für alle übrigen und so weiter. Auf diese Weise wurden Tausende Bürger zu Geiseln des Staates gemacht, um die Unterwerfung der gesamten Gesellschaft zu garantieren. Yamagata baute seine eigenen Seilschaften nach demselben Prinzip auf, so daß hohe Polizeichefs und Gangsterbosse ihm gleichermaßen persönliche Loyalität schuldeten. Yamagatas Loyalität galt wiederum der abstrakten Idee des Throns, keinem konkreten Inhaber desselben. Der Thron und nicht eine individuelle Persönlichkeit verkörperte für Yamagata Japan.

Der Polizeistaat Yamagatas hatte alles unter seiner Kontrolle. Öffentliche Zusammenkünfte waren nur unter strengsten Auflagen erlaubt, so daß es keinerlei Forum für politische Diskussionen gab.[60] Staatliche Beamte und Angestellte durften überhaupt nicht an politischen Versammlungen teilnehmen. Journalisten wurden durch Zensur geknebelt. Damit Vereinsmeier sich betätigen konnten, ermutigte Yamagata die Gründung der unterschiedlichsten patriotischen Vereine, die ihre tiefe Loyalität gegenüber dem Thron oder einen ergebenen Gehorsam gegenüber Höherstehenden zum Ausdruck brachten. Obwohl er ein Gesetz unterstützte, mit dem Geheimgesellschaften verboten werden sollten, förderte Yamagata Geheimorganisationen, paramilitärische Gruppen und Gangsterbanden, solange sie nationalchauvinistisch waren. Hinter harmlosen Gruppen wie der Gesellschaft Patriotischer Frauen steckte eine paramilitärische Organisation, der Genyôsha-Bund (Bund des Schwarzen Stroms), dessen Gründer Tôyama Mitsuru, ein Anhänger General Saigôs, nach seiner Entlassung aus dem Gefängnis wegen seiner Beteiligung am Aufstand des

Generals seine Loyalität auf Yamagata übertrug.[61] Tôyama wurde Japans führender Mittelsmann zur Unterwelt, der den Ehrgeiz von Männern befriedigen sollte, die von Eroberungen und Plünderungen auf dem asiatischen Festland träumten, und Yamagata eine endlose Zahl von Schlägern und Mördern zuführte. Zu dem von Yamagata gespannten Netz gehörte auch die Yamaguchi Gumi (Yamaguchi-Gruppe), Gangster mit Sitz in der Präfektur Yamaguchi, der neuen Bezeichnung für Chôshû. Er setzte Gangsterbanden ein, um politische Aktivisten und Arbeiterführer zu schikanieren, die Demonstrationen veranstalteten. Später benutzte er sie dazu, Korea und die Mandschurei noch vor der Invasion durch die kaiserliche Armee weichzukochen.

Solange Yamagata lebte, hielt er diese Gangsterbanden an der Kandare und den japanischen Militärapparat auf Linie, weil seine größte Sorge der Innenpolitik galt. Seine Feinde waren politische Parteien und andere Gruppen, die mehr Freiheit oder ein Stück vom Kuchen der Macht für sich forderten.[62] Yamagata war im Hinblick auf eine Teilung der Macht nicht großzügiger als Itô.

»Wo man hinsieht, herrscht Unaufrichtigkeit«, sagte er, »und alle werden von dem Wunsch getrieben, Geld zu machen. Männer ohne Selbstdisziplin sind schamlos, prahlerisch und eingebildet und widersetzen sich ohne Hemmungen den Staatsdienern. Darüber hinaus wird das unjapanische Wort ›Freiheit‹ ohne jedes Verständnis vom Grundprinzip der Freiheit im Munde geführt. Respekt und Liebe gegenüber Vorgesetzten und Freundlichkeit gegenüber anderen sind verschwunden, blinde Begeisterung für Mode und Gedankenlosigkeit sind jetzt im Schwange.«[63] Geschriebene Gesetze seien leicht zu umgehen, meinte er, und ein schwacher Ersatz für den Sinn gemeinschaftlicher Verantwortung von Bauern und Grundherren auf den großen Landgütern, die er in einem idealen Licht sah. In früheren Jahrhunderten hätten die meisten Samurai diese Tradition vernachlässigt, außer der vorbildlichen Familie der Mori von Chôshû. In diesen Tagen fühlten sich die Hochstehenden nicht mehr für die Niedriegstehenden verantwortlich, und letztere zeigten keinen Respekt mehr. Statt dies als eine gesellschaftliche Entwicklung in Japan aufzufassen, sah Yamagata darin einen Virus aus dem Westen.

Ähnlich verärgert war er über den Einfluß der westlichen Modeströmungen. Japaner trugen jetzt Bowler, und Japanerinnen zogen zum ersten Mal Schlüpfer an. Seit dem Bau mehrstöckiger Häuser im westlichen Stil hatte es etliche Feuersbrünste gegeben, bei denen Frauen in einem der oberen Stockwerke von den Flammen eingeschlossen worden waren. Statt aus dem Fenster zu steigen und die Feuerleiter herunterzuklettern, was ihre Scham den Blicken der Untenstehenden preisgegeben hätte, hatten einige Frauen lieber den Tod in den Flammen gesucht.[64] Praktischer denkende Frauen beschlossen, künftig Unterhosen zu tragen. Für Yamagata waren solche Neuerungen symptomatisch für eine Krankheit, die die Tradition zerstören und die Macht der großen Familien einschränken würde.

Als oberster Ratgeber in Militärfragen machte sich Yamagata als nächstes daran, die Armee für künftige Eroberungen auf dem Festland auf sieben Divisionen zu erweitern. Er nahm sich den Aufbau des preußischen Heereskommandos des Generalfeldmarschalls Graf Helmuth von Moltke zum Vorbild. In Tokyo wurde eine Generalstabsakademie gegründet, und Berlin erhielt das Ersuchen, einen Instrukteur zur Verfügung zu stellen. Als die Wahl auf Major Klemens Wilhelm Jakob Meckel[65] fiel, zögerte dieser zunächst, da er nicht ohne Moselwein leben könne. Wenn er ihn nicht zum Essen tränke, könne er nachts nicht schlafen. Zum Glück war sein Weinhändler bereit, einige tausend Kisten nach Japan zu expedieren. Meckel, ein großgewachsener Mann mit Backenbart und Träger des Eisernen Kreuzes aus dem Deutsch-Französischen Krieg, stellte Moselwein sogar noch über die deutsche Oper als eine der Notwendigkeiten des Lebens (nach seinem Ausscheiden aus dem aktiven Dienst komponierte er selbst eine Oper). Vier Jahre jünger als Yamagata, war er ein freundlicher, ausgeglichener Mann mit einem phänomenalen Gedächtnis, das ihm als Dozent für Militärgeschichte gute Dienste leistete, dafür jedoch seine Intuition stark beeinträchtigte. Im März 1885 traf er in Tokyo ein und erhielt als Residenz ein Massivhaus aus roten Mauerziegeln nach dem Vorbild wilhelminischer Häuser in den Berliner Vororten sowie ein Pferd und eine Kutsche zu seiner Verfügung. Er hatte die zweifache Aufgabe eines Dozenten an der Generalstabsakademie und eines Beraters des Generalstabs. Die Japaner waren beeindruckt von seinen Vorlesungen und seinem Weinverbrauch. Im Dienst war er ein strenger Zuchtmeister, doch nach Dienstschluß zog er sich Zivilkleidung an und verlor seine Strenge. Die Preußen waren in Tokyo beliebt. Die Japaner sahen in den preußischen Junkern ihre Doppelgänger – eine grobschlächtige westliche Form der Samurai. Die Deutschen hatten die Japaner bei der Formulierung ihrer Verfassung unterstützt, unter den Kämmerern im Palast befand sich ein Deutscher, an der medizinischen Fakultät der Universität Tokyo arbeiteten deutsche Ärzte, und einer der Leibärzte der kaiserlichen Familie war ebenfalls Deutscher. Bis zur Ankunft Meckels waren die einzigen Dozenten an der Generalstabsakademie Japaner, die in Frankreich und Deutschland studiert hatten und wenig von Massentaktik und Logistik verstanden. Meckel, dessen Vorträge von einem Dolmetscher übersetzt wurden, verblüffte sie mit seinem enzyklopädischen Wissen über Taktik, Logistik, Militärgeschichte und -organisation. Seine Kriegskarten und Schlachtpläne aus dem Deutsch-Französischen Krieg faszinierten die Zuhörer. Samurai kämpften nie in Gruppen, sondern stets als einzelne Ritter, die von Pagen und Fußsoldaten mit Piken unterstützt wurden, oder manchmal als kleine, höchst bewegliche Einheiten aus Reitern und Bogenschützen. Die neuen, dem Industriezeitalter angepaßten Methoden der Deutschen imponierten den japanischen Offizieren, die begierig alles übernahmen. Bei den Vorlesungen Meckels waren führende Männer aus dem Kriegsministerium und dem Generalstab, der kaiserlichen Garde und der Tokyoter Garnison anwesend.

Die japanische Armee, wie Meckel sie sich vorstellte, sollte in Korea, der Mandschurei, in Sibirien und China eingesetzt werden. Er sprach über Landungspunkte, über die Stellungen, die besetzt werden mußten, Transport und Nachschub. Seine Zuhörer begannen eigene Kriegsspiele zu entwickeln. Im ausgehenden neunzehnten Jahrhundert war ein Kolonialreich das Kennzeichen jeder zivilisierten Nation, und Yamagata mit seiner neuen Armee aus Wehrpflichtigen verschaffte Japan das Instrument dazu. Bismarck hatte ihnen gesagt: »Wenn große Länder ihren Vorteil suchen, sprechen sie von internationalem Recht, solange es ihnen zweckmäßig erscheint, und sie wenden Gewalt an, wenn es das nicht mehr tut.«[66]

Meckel war nur für drei Jahre in Japan. Als er das Land wieder verließ, stellte er fest, daß auf der kaiserlichen Dankesurkunde das persönliche Siegel des Kaisers fehlte. Er ließ die Urkunde zurückgehen und verlangte das Siegel sowie eine Aufnahme in den Orden der Aufgehenden Sonne. Beides wurde ihm bewilligt, doch mit seiner Forderung hatte er die Japaner vor den Kopf gestoßen.[67] Sehr bald sollten seine Schüler sagen, Japan sei bereits eine kriegerische Nation gewesen, als es von Deutschland noch gar nichts wußte.[68]

Nach der Abreise Meckels kam es in Japan zu einer verhängnisvollen Entwicklung. Im Jahre 1891 befand sich der russische Kronprinz Nikolaus auf der letzten Etappe einer großen Asienreise in Kyoto in einer Rikscha, als ein Polizist ihn zunächst grüßte und dann sein Schwert zog und ihn angriff. Zwar entkam der spätere Zar dem Überfall mit einigen unbedeutenden Blessuren am Hals, doch die japanische Regierung war zutiefst bestürzt. Ein Prinz und zwei Ärzte begaben sich eilends nach Kyoto, und am nächsten Tag traf auch der Meiji-Kaiser selbst ein. Gegen den Rat seiner Kämmerer nahm Mutsuhito eine Einladung Nikolaus' zu einem Essen an Bord eines russischen Kriegsschiffes an. Das Essen verlief ohne Zwischenfall, doch die eigentlichen Krisen sollten erst noch kommen.

Japan war gerüstet für ein militärisches Abenteuer. Seine Regierung war bereit, es hatte die entsprechende Industrie, eine eigene Flotte und ein eigenes Heer. Die Entscheidung des Zaren, eine transsibirische Eisenbahn zu bauen, ließ befürchten, Rußland strebe einen eisfreien Hafen in der Mandschurei oder in Korea an.

Yamagata vertrat den Standpunkt, Japan müsse nicht nur seine Landesgrenzen, sondern darüber hinaus einen wesentlich größeren Macht- und Einflußbereich verteidigen; dazu gehörten beispielsweise Korea und die Mandschurei.[69] Die Sicherheit Japans hing entscheidend davon ab, daß beide Regionen nicht unter die Herrschaft eines Drittlandes fielen. Deshalb wäre Japan möglicherweise gezwungen, Korea zu schlucken. Der Zugang zu seinen Eisenerz- und Kohlevorkommen sollte den neuen Industrien Japans zugute kommen.

Im Vergleich zu Rußland stellte China keine ernsthafte Bedrohung für Japan dar, doch durch die Tatsache, daß es ebenfalls ein Interesse an Korea hatte, kam es zu Spannungen. Auf Anweisung Yamagatas sorgten Geheimagenten des Genyôsha-Bundes und einer weiteren Organisation, des »Schwarzen-Drachen-Bundes«, für genügend Unruhe in Korea, so daß japanische Truppen ausgeschickt werden mußten, um die Ruhe wiederherzustellen. Als Korea China um Hilfe bat, versenkte Japan ein chinesisches Truppentransportschiff, vertrieb die Chinesen aus Korea und besetzte obendrein den Süden der Mandschurei. Um einen Waffenstillstand zu erreichen, war China gezwungen, die Insel Formosa (Taiwan) an Japan abzutreten.

Dieser unerwartete militärische Erfolg verblüffte den Westen. Das Deutsche Reich, Rußland und Frankreich verlangten von Japan, die Südmandschurei zurückzugeben, um eine »Destabilisierung« des Fernen Ostens zu vermeiden. Da Japan keine Verbündeten hatte, mußte es sich dieser Forderung beugen. Daraufhin schloß England, das mit der Einmischung seiner europäischen Rivalen nicht einverstanden war, 1902 einen Vertrag mit Japan, in dem es ihm seine militärische Unterstützung für den Fall zusagte, daß es von mehr als einer fremden Macht angegriffen würde. Zu seiner großen Überraschung hatte Japan zum erstenmal einen Freund und Verbündeten – und einen mächtigen Verbündeten dazu.[70]

Als sich die Gespräche zwischen Japan und Rußland über Rechte an der Mandschurei und Korea 1904 zerschlugen, führte Japan in der Mandschurei einen Überraschungsangriff aus und fügte der russischen Flotte in Port Arthur beträchtliche Schäden zu.[71] Anderthalb Jahre lang tobte der Krieg. Die Japaner kämpften getreu den Lehren Meckels und ließen ihre Infanterie in enger Formation durch die russischen Stacheldrahtverhaue und feindliches Artillerie- und Maschinengewehrfeuer vorrücken. Die Japaner verloren sechzigtausend Mann. Yamagata drängte auf einen Waffenstillstand, während Zar Nikolaus seine Ostseeflotte nach Asien schickte. Sie wurde in der Seeschlacht von Tsushima fast vollständig vernichtet.

Nach dem Russisch-Japanischen Krieg hatte Japan die Herrschaft über Korea und die Südmandschurei errungen. Yamagata war der Held des Tages. Präsident Theodore Roosevelt machte das Angebot, als Gegenleistung für einen Geheimvertrag als Vermittler bei Friedensgesprächen aufzutreten. Japan könne Korea annektieren, wenn die USA die Philippinen bekämen.

Itô wurde als japanischer Generalgouverneur nach Korea geschickt.[72] Er war durch Einschüchterung dazu gezwungen worden. Nachdem er sich anfänglich allen Plänen von Invasionen in Korea und der Mandschurei widersetzt hatte, erschien Tôyama, der Boß des Genyôsha-Bundes, mit drei stämmigen Schlägern vor seinem Haus und brüllte: »Ich weiß nicht, ob es gleich eine Schlägerei geben wird oder nicht.«[73] Nach der offiziellen Geschichte der Geheimgesellschaft hatte Tôyamas Gespräch mit Itô an diesem Tag »die Entscheidung für den Krieg« zur Folge.

Die Zeiten Itôs waren vorbei. Jetzt gehörte Japan Yamagata. Ein halbes Jahrhundert zuvor war Itô der richtige Mann am richtigen Platz zur richtigen Zeit gewesen. Seine Chôshû-Herren hatten ihm den Auftrag erteilt, den Kaiser in Szene zu setzen, die Regierungsorgane des neuen Japans ins Leben zu rufen und ihnen eine moderne und demokratische Fassade zu geben. Er hatte all das getan und noch mehr. Dank Itôs dramaturgischem Talent wirkte der neue Staat dynamisch, und die kaiserliche Familie hatte die Bewunderung der eigenen Bevölkerung gewonnen und internationales Format errungen. Doch gleichzeitig hatte sein propagandistisches Talent dafür gesorgt, daß die Intrigen Yamagatas und anderer, die nur auf ihre persönliche Macht bedacht waren, nicht sichtbar wurden. Sie verachteten Itôs Intellektualismus, seine westlichen Ideen, seine endlosen Selbstbeweihräucherungen, seine großartig ausgehandelten Lösungen. In ihren Augen hatte Japan keine echten Freunde in der Welt, nur Feinde. Sie wollten die Uhren zurückdrehen. Sie sorgten dafür, daß Itô als Generalgouverneur nach Korea geschickt wurde, wo er zahlreiche Angriffspunkte böte.

Als alter Mann hatte Itô seine Kraft, aber auch seinen Sinn für Humor verloren. Im Umgang mit koreanischen Beamten war er anmaßend.[74] Yamagata schickte Uchida, den Boß der Geheimgesellschaft »Schwarzer Drachen«, mit Itô nach Korea, begleitet von einer großen Zahl von Schlägern.[75] Finanziert aus einem geheimen Armeefonds, ermordeten die Gangster Uchidas in den nächsten drei Jahren achtzehntausend Koreaner unter dem Vorwand, Aufständische zu bekämpfen. Angewidert von Yamagatas brutaler Einmischung, trat Itô 1909 von seinem Amt als Generalgouverneur zurück. Doch sein

Feind hatte seine langgehegte Absicht erreicht: Itô wurde allgemein als Unterdrücker Koreas angesehen.

Auf einer Reise in die Mandschurei in diesem Winter, wo er zur Entspannung des Verhältnisses mit Rußland beitragen wollte, traf Itô an einem kalten, stürmischen Morgen unter Schneewolken in Harbin (Charbin) ein. Bevor er den Zug verließ, zog er einen Mantel an und trat dann auf den Perron, um den russischen Finanzminister zu begrüßen. Hinter ihm krachten Schüsse, Itô brach zusammen. Yamagatas Sicherheitsleute hatten fünfzehn bewaffnete Koreaner auf den Bahnsteig gelassen. Als man Itô die Identität des jungen Mörders mitteilte, waren seine letzten Worte: »So ein Idiot!«[76]

In Japan wurde der Mord an Itô dazu benutzt, die Bevölkerung gegen Korea aufzuhetzen und auf dessen Annexion vorzubereiten.[77] Itôs Leiche wurde nach Tokyo überführt, wo er ein Staatsbegräbnis erhielt.

Dem Kaiser ging der Tod seines besten Freundes sehr nahe. Mit seiner Gesundheit ging es ebenfalls bergab.[78] Fünf Jahre zuvor hatten die Ärzte bei ihm Diabetes, Anzeichen für eine Unterfunktion der Nieren und eine Harnvergiftung festgestellt. Nach manchen japanischen Quellen hatte er außerdem Krebs. Böse Zungen schrieben seinen schlechten Gesundheitszustand seinen Trinkgewohnheiten zu, aber daran wollte er nichts ändern. Sein Gang wurde unsicher. Nach 1906 verließ er den Palast nur noch selten, und möglicherweise traf ihn 1908 ein Schlaganfall. Die Ermordung Itôs hat womöglich das ihre dazugetan.

»Ich bin jetzt allein«, sagte der Meiji-Kaiser. »Fürst Itô war der einzige, mit dem ich Staatsangelegenheiten von gleich zu gleich erörtern konnte.«[79] Seine Kämmerer konnten seinen von Tag zu Tag fortschreitenden Verfall beobachten. Im Juli 1912, während einer Abschlußfeier an der Universität Tokyo, klagte der Meiji-Kaiser plötzlich über Müdigkeit und Atemnot. Achtzehn Tage später starb er in seinem Schlafzimmer im Palast. Einmal sagte er zu einem Bediensteten des Palastamts: »Sie alle haben die vorteilhafte Möglichkeit, Ihren Dienst zu quittieren, doch Wir, Wir haben diese Möglichkeit nicht.«[80]

3
Der tragische Prinz

Der einzige überlebende Sohn des Meiji-Kaisers, Yoshihito, wurde unter der Regierungsdevise Taishô – »große Gerechtigkeit« – zu Japans »tragischem Prinzen«.[1] Sein wahres Schicksal ist durch Entstellungen und Übertreibungen verdeckt worden. Über ihn wurde in der Literatur fast nur gehöhnt und gespottet, als ginge es darum, ihn aus der Geschichte zu tilgen. Die meisten Historiker konzentrieren sich auf Hirohito oder Mutsuhito und gehen über Yoshihito schnell hinweg, falls sie ihn überhaupt erwähnen. Alles, was über ihn gesagt wird, ist negativ.[2] Er sei nicht groß genug, zu zart, dumm, eitel, selbstsüchtig, roh, ausschweifend, trunksüchtig und geisteskrank, eher die Parodie eines Kaisers. Es werden falsche Vergleiche zwischen ihm und seinem Vater gezogen – falsch, weil das Bild des Meiji-Kaisers auf seine Weise ebenso übertrieben ist wie das seines Sohnes. Auf die Glorifizierung des Meiji-Tennô wurde so viel Mühe verwendet, daß jeder seiner Nachfolger klein erscheinen mußte; ihre Schwächen wurden zwangsläufig vergrößert, während man die des Meiji-Kaisers verdeckte. Bei näherem Hinsehen stellt man fest, daß der wirkliche Yoshihito mit seinem Image wenig zu tun hatte.

Schon als Kind schien er den Anforderungen nicht zu genügen. Bei einem Besuch der Adelsschule 1886 notierte eine der Lehrerinnen: »Der arme kleine Kerl machte einen sehr verwirrten Eindruck [...] Ich fürchte, er wird es nicht sehr weit bringen, nach allem, was man hört.«[3] Fünfzig Jahre früher hatte man dasselbe von Mutsuhito gesagt; seine Mutter hatte befürchtet, er schaffe die Schule nicht, und man hatte ihn ein verweichlichtes Kind genannt. Wir können zwar solchen Beurteilungen nicht weiter nachgehen, geben aber zu bedenken, daß sich Ansichten und Meinungen über die Fähigkeiten, Wutanfälle und Trinkgewohnheiten des Meiji-Kaisers noch jahrzehntelang hielten, obwohl Itô und andere sich nach Kräften bemühten, Informationen darüber zu unterdrücken.

Yoshihitos Problem war medizinischer Art und begann bereits mit seiner Geburt am 31. August 1879. Seine Mutter, die kaiserliche Konkubine Naruko, war vierundzwanzig Jahre alt. Als älteste Tochter eines Hofadligen hatte sie seit ihrem dreizehnten Lebensjahr im Palast gelebt; damals war sie in den Haushalt der ehemaligen Kaiserin Eishô, der Witwe von Kaiser Kômei, eingetreten.[4] Diese war von ihr so eingenommen, daß Naruko im Jahr darauf zur kaiserlichen Konkubine bestimmt wurde. Ihre Aufgabe bestand darin, Kinder zur Welt zu bringen, doch ihre beiden ersten Kinder starben, der Junge an »Wasser im Gehirn«, das Mädchen an »Hirnfieber«.[5] In beiden Fällen war Meningitis (Gehirnhautentzündung) die Todesursache. Ende des neunzehnten Jahrhunderts wußte man noch nicht viel darüber. In Japan war sie endemisch und führte bei Säuglingen fast immer zum Tod. Erst mit der Erfindung von Antibiotika im zwanzigsten Jahrhundert war es möglich, diese Krankheit wirksam zu bekämpfen. Als Naruko mit ihrem dritten Kind, Yoshihito, schwanger war, sagte eine Hofdame über sie, sie befinde sich in einem »hysterischen Zustand« und fürchte um ihr Kind.[6] Bei der Geburt hielt man den Jungen zunächst für tot, doch nachdem die Hebammen ihn kräftig bearbeitet hatten, begann er zu schreien. Mit drei Wochen war Yoshihito an Meningitis erkrankt, die er sich im Geburtskanal oder durch seine Windeln zugezogen hatte.[7]

Alle waren überrascht, als der Säugling wieder gesund wurde. Um ihn in einer anderen Umgebung aufwachsen zu lassen, wurde er in das herrschaftliche Haus seines Urgroßvaters, des Fürsten Nakayama, gebracht. Nakayama hatte bereits Mutsuhito als Kleinkind aufgezogen und war inzwischen siebzig Jahre alt, aber noch immer rüstig. Bei ihm blieb Yoshihito bis zu seinem siebten Lebensjahr.[8] Nach japanischen Quellen war er als Kind leicht zu entmutigen und bekam täglich Heul- und Wutanfälle, doch dasselbe hatte man auch von seinem Vater gesagt. Der große Unterschied war Yoshihitos explosive Energie. Heute würde man ein solches Kind als hyperaktiv bezeichnen, mit einer kurzen Aufmerksamkeitsspanne, unermüdlicher Energie und geringem Schlafbedürfnis. Als er älter wurde, nahm Yoshihitos Ruhelosigkeit noch zu. Dr. Erwin Baelz, der deutsche Hausarzt der kaiserlichen Familie, machte die Meningitis dafür verantwortlich.[9]

Yoshihito war jedoch nicht mehr kränklich. Vielen, die ihn als Kind erlebten, fiel später sein fröhliches, überschäumendes Temperament auf. Eine Verwandte, Prinzessin Nashimoto, beobachtete: »Im Unterschied zum Meiji-Kaiser war der Taishô-Kaiser ein freundlicher, unbeschwerter Mensch.«[10] Später erinnerte sich Kaiser Hirohito ebenfalls daran, daß sein Vater auffallend glücklich war. Bôjô, der Diener des Kindes Yoshihito, sagte von ihm, er sei weder überheblich noch arrogant gewesen, sondern liebenswürdig und höflich. Mutsuhitos kinderlose Kaiserin Haruko empfand große Zuneigung zu ihrem Adoptivsohn; ein Diplomat berichtete: »Wie man hört, besucht er sie ziemlich regelmäßig.«[11]

Er war der erste Kronprinz, dem man beibrachte, sich selbst anzukleiden und seine Schnürsenkel selbst zu binden.[12] Nachdem die Erziehung des Meiji-Kaisers so viele Schwierigkeiten bereitet hatte und seine Umgebung ständig seine Wutanfälle und seine Trägheit erdulden mußte, war die Toleranz gegenüber Yoshihitos Charakterschwächen auf Null gesunken. Wenn ihm auch das Zeug zu einem großen Dichter und Denker fehlte, so konnten ihn seine Erzieher sich wenigstens körperlich austoben lassen. Spiele im Freien waren genau das richtige für ein hyperaktives Kind, und dabei wurde der Kronprinz gesund und kräftig.

Er wuchs gemeinsam mit einer kleinen Gruppe adliger Spielgefährten im Aoyama-Palast auf, seinem ersten Wohnsitz als Kronprinz. Als er acht Jahre alt war, schickte man ihn auf die Adelsschule, deren hohe Anforderungen sein intellektuelles Interesse anstacheln sollten. Zwei Jahre später schrieb Lady Fraser, die Frau des britischen Botschafters: »Die Erziehung [des Kronprinzen] ist der bemerkenswerteste Tribut an europäische Ideen, den dieses Land bislang entrichtet hat. Der kleine Prinz ist zehn Jahre alt und [wirkt] sehr grazil [...] Er hat ein schönes, blasses Gesicht und durchdringende schwarze Augen [...] Seine Leute sagen, er sei gesund und stark, halte sich gern im Freien auf und sei bereits geübt im Stockfechten [*kendô*]. Der Prinz nimmt kalte Bäder, ißt Fleisch und wird keine Frauen in seiner Nähe haben, die ihn bedienen.«[13]

Er hatte Schwierigkeiten, Lesen und Schreiben zu lernen.[14] Er konnte nicht stillsitzen, und das rein mechanische Auswendiglernen, das für die Beherrschung einer ideographischen Sprache unerläßlich ist, fiel ihm schwer. Ein ganzes Jahr lang war er durch Krankheit am Schulbesuch verhindert. Im Winter war es im Palast eiskalt; es gab keine Heizung außer den Küchenherden, und Yoshihito litt häufig unter Bronchitis, gegen die ihm auch kalte Duschen nicht halfen.[15] Mit vierzehn Jahren beendete er schließlich die Grundschule, und nach einem Jahr Mittelschule erhielt er Privatunterricht im Palast. Auf dem Programm standen die wichtigsten chinesischen Klassiker, japanische Literatur und Geschichte, Weltgeschichte und -politik, Ökonomie, Grundkenntnisse in Französisch und andere Fächer. Seine Fähigkeit, *kana* zu schreiben, eine von den meisten Japanern verwendete vereinfachte Schrift, wurde besser, und er verfaßte seine ersten *waka*-Gedichte.[16]

Seine lückenhaften Kenntnisse blieben auch Außenstehenden nicht verborgen. Als der britische Botschafter in Tokyo, Sir Claude MacDonald, ihn 1912 kennenlernte, schrieb er: »Geistig gilt [er] allgemein als etwas zurückgeblieben, und das ist zweifellos auch die Meinung eines zufälligen Beobachters, der sich einige Minuten mit ihm unterhalten hat.«[17]

Der Meiji-Tennô tat wenig, um seinen Sohn anzuspornen; das Verhältnis zwischen den beiden war reserviert und förmlich. Ein Diener sagte, jedesmal wenn der Sohn seinen Vater besuchte und sich tief verbeugte, habe der Vater lediglich genickt und kein einziges Wort gesagt. »Der Meiji-Kaiser war kein Mann von vielen Worten«, setzte er hinzu, doch die meisten Kinder aus adligen Familien wurden von ihren Vätern völlig ignoriert.[18] Eine der Töchter Mutsuhitos rief einmal aus: »So unglaublich es klingt, ich habe meinen Vater am Abend vor meiner Hochzeit zum erstenmal in meinem Leben gesehen. Er hat mich nicht einmal erkannt. Er hat mich gefragt, wer ich sei und woher ich komme!«[19]

Der Kronprinz und seine Spielgefährten verbrachten ihre Freizeit mit Bogenschießen, Fußball, *kendô* oder Kahnfahrten auf den Schloßteichen. Manchmal sah der Tennô ihnen aus der Ferne zu. Fischen war Yoshihitos Lieblingssport, wenn er die Sommermonate in der kaiserlichen Villa am Meer in Hayama verbrachte.[20] Im Gegensatz zu seinem Vater, der das Meer haßte, gab er seine Liebe zu Strand und

Meer an seine Söhne und Enkel weiter, von denen einige Meeresbiologen wurden.

Seine Kameraden waren die Söhne der Iwakura- und Saigô-Familien. Sie blieben Tag und Nacht zusammen, wohnten im selben Palast und gingen auf dieselben Landsitze. Weder von ihnen noch von den Dienern wurde er mit besonderer Ehrerbietung behandelt. Alle schliefen in denselben Räumen, und wenn sie des Nachts froren, standen sie auf und nahmen sich die für Yoshihito bestimmten Extradecken. In einem dunklen Badehaus versuchten sie sich gegenseitig mit Gruselgeschichten angst zu machen. Wenn sie von Yoshihito bei einem Vorhaben im Haus nicht gestört werden wollten, hängten sie einen großen *daikon* (Rettich) vor die Tür. Der Kronprinz verabscheute die phallische Rübe und kehrte vor der Tür wieder um.[21]

Einer seiner nüchternen Erzieher war Major Tachibana, der Sport und Fechten unterrichtete. Er versah die Enden der *kendô*-Stöcke, der Übungsschwerter aus Bambus, mit Bleigewichten, so daß die Schüler »jedesmal Sterne sahen, wenn er uns traf«. Er triezte den Kronprinzen und seine Kameraden mit einer speziellen Methode des Schwimmunterrichts. Nur mit einem roten Lendenschurz bekleidet, wurden die Jungen ein Stück weit vom Land weg aufs Meer hinaus gerudert, wo der Major sie der Reihe nach über Bord warf. Das wurde so lange wiederholt, bis der japsend nach Luft schnappende Prinz gelernt hatte, einige Meter aus eigener Kraft zu schwimmen. Diese Übung wurde einen ganzen Sommer lang zweimal täglich absolviert. Für die Jungen war der Major »praktisch ein Halbgott«.[22] Dem können wir entnehmen, daß Yoshihito in Wirklichkeit sicher nicht der Schwächling war, zu dem man ihn später gemacht hat. Ein kränkelnder einziger Thronerbe wäre zweifellos nicht so grob behandelt worden. In jedem Fall ist der Gegensatz zu dem extrem passiven Leben Mutsuhitos erstaunlich.

Neugierig auf das Leben außerhalb und unruhig im Palast unter so vielen Kammerdienern und Wächtern, die immer in der Nähe waren und ihn überallhin begleiteten, schlüpfte Yoshihito gelegentlich aus der Villa in Hayama und ging irgendwohin, häufig zum alten Bauernhof der Familie Uematsu.[23] Er betrat dort einfach das Wohnzimmer und machte es sich gemütlich. Immer wenn sie ihn kommen sahen, kochten sie eine Kanne Tee, stellten Plätzchen auf den Tisch und kümmerten sich um ihn.

Man konnte Yoshihito häufig auf dem Land oder am Meer sehen, denn er verabscheute Tokyo und verließ den Kaiserpalast so oft er die Gelegenheit dazu hatte. Im Jahr 1902, als er dreiundzwanzig Jahre alt war, sah die Lehrerin Tsuda Ume den Kronprinzen am Strand und bemerkte über seine ungezwungenen Manieren: »Er verbeugte sich höchst liebenswürdig vor uns und schien guter Dinge zu sein. Er war einfach gekleidet und hatte nur wenige Begleiter in seiner Nähe. Er durchwandert die ganze Gegend am Strand [...] und spricht mit der Dorfbevölkerung, und er ist hier recht beliebt.«[24] Er unterbrach seinen Spaziergang, um Fischer bei der Arbeit zu beobachten, und nicht selten kaufte er ihnen den ganzen Fang Brassen ab.[25]

Yoshihito fühlte sich durch das Hofprotokoll eingeengt. Dr. Baelz notierte in seinem Tagebuch: »Ich wurde aufgefordert, den Kronprinzen zu untersuchen [...] in den letzten vierzehn Tagen war bei ihm ein rascher und starker Gewichtsverlust zu beobachten. Das läßt auf eine latente Tuberkulose irgendwelcher Organe schließen. Sein Gesicht ist viel zu schmal, doch die Brust- und Schultermuskulatur ist die eines Ringers [...] Infolge der Nachwirkungen einer Meningitis, an der er in früher Kindheit gelitten hat, ist der Kronprinz krankhaft nervös und leidet unter Konzentrationsschwäche. Diese Störungen haben inzwischen die Form einer Reiselust angenommen. Vor allem hat er gegenüber Tokyo eine Abneigung entwickelt.«[26] Dr. Baelz war nicht entgangen, daß das ursprünglich gesundheitliche Problem mittlerweile eher ein politisches geworden war.

Im Jahre 1906, nach dem Sieg Japans im Krieg über Rußland, ließ Yoshihito den Akasaka-Palast in europäischem Rokokostil zu seiner neuen Residenz umbauen. Der Palast, ein riesiges zweistöckiges Gebäude aus rosa Marmor, sah aus wie »eine Mischung aus [...] Versailles und Buckingham-Palast.«[27] Die Zimmer waren mit Möbeln im Stil Louis XV. möbliert. Der Meiji-Kaiser bezeichnete es als das »französische Haus« seines Sohnes. Yoshihito folgte lediglich einer Mode, die schon früher von Ôkubo und anderen eingeführt wurde, die sich auf dem Gebiet des Bauens und Wohnens Frankreich und in der Rüstungstechnik Deutschland zum Vorbild genommen hatten.

In seinen zwanziger Jahren ließ Yoshihito sich einen Schnauzbart stehen, den er im Stil des von ihm bewunderten Kaisers Wilhelm II. wichste. (Das war ein Punkt von vielen, die später dazu benutzt wurden, Yoshihito lächerlich zu machen, denn während des Ersten Weltkriegs und danach wurde der Deutsche Kaiser von der französischen, britischen und amerikanischen Propaganda verspottet.) Es gibt interessante Parallelen zwischen Wilhelm II. und Yoshihito. Der Kaiser kam mit einem verkrüppelten linken Arm zur Welt, und manche Historiker haben versucht, aus dieser Tatsache sein Verhalten zu erklären, denn trotz dieser körperlichen Mißbildung mußte er dem Bild eines tapferen preußischen Soldaten entsprechen. Er erschien jedoch vielen als ebenso prahlerisch wie unentschlossen. Auch der Taishô-Tennô litt unter einem Geburtsfehler, der allerdings unsichtbar war.

Seine Bewunderung für den Deutschen Kaiser war nicht erstaunlich. Viele prominente Männer in Tokyo sahen in Preußen das spirituelle Gegenstück zu Japan im Westen. Der Kronprinz wurde von seinen Lehrern dazu angehalten, sich mit Preußen zu identifizieren und den Kaiser als einen kraftvollen und klugen Herrscher zu bewundern. Das war insbesondere die Meinung Yamagatas, des damaligen starken Mannes in Japan.

Um seine Unruhe zu dämpfen, wurde der Kronprinz auf Reisen durch Japan geschickt, wo er Fabriken, Schulen, landwirtschaftliche Betriebe und Bergwerke besichtigte. Sein Vater, schwermütig und zurückgezogen, verließ den Palast nur noch selten, so daß Yoshihito in den Jahren von 1902 bis 1912 die japanischen Inseln bereiste und sogar Korea einen Besuch abstattete, Reisen, die in der japanischen Presse ein breites Echo fanden. Nach ihren Berichten benahm er sich dabei ganz natürlich und machte einen guten Eindruck. Er war anscheinend froh, den kaiserlichen Käfig verlassen zu können, und genoß die Ortswechsel. In Tokyo besuchte er häufig die Kaserne des Konoe-Regiments, dem er seit seiner militärischen Ausbildung verbunden war, und aß und trank dort gemeinsam mit Offizieren und Mannschaften. »Dieses Essen«, sagte er, »ist gut genug für Soldaten, und ich bin ebenfalls Soldat«.[28] Es war zum Teil diese Bereitschaft, sich unter das Volk zu mischen, die dazu führte, daß seine elitären Gefährten ihn schmähten und verspotteten.

Wie Kawahara Toshiaki, ein Journalist und Verfasser mehrerer Bücher über die Familie, geschrieben hat, »mußte es ihm zutiefst zuwider sein, mit [Mutsuhito] verglichen zu werden, der eine Legende war«. Mindestens in einem Punkt übertraf er seinen Vater bei weitem. Er zeugte vier weitgehend gesunde Söhne, die alle von seiner Frau Sadako geboren wurden, alle ein reifes Alter erreichten und ein erfülltes Leben führten und zu ihrem Vater eine starke Zuneigung empfanden. Ungeachtet all dessen, was man bei ihm an Schwächen gefunden hat, sicherte er jedenfalls die kaiserliche Thronfolge. Das lag nicht zuletzt an einer glücklichen Brautwahl.

Nach einem neuen Gesetz, das Itô entworfen hatte, mußte der Kaiser oder Kronprinz eine Frau aus einem Zweig der kaiserlichen Familie oder aus den Fünf Großen Familien des Fujiwara-Clans (Konoe, Ichijô, Kujô, Nijô oder Takatsukasa) wählen – Kaiser Kômei hatte eine Kujô, Mutsuhito eine Ichijô geheiratet. Andernfalls mußte die Braut aus einer der Seika-Familien stammen, der nächsten Schicht des alten Adels, oder – als letzte Möglichkeit – aus einer fürstlichen Familie des neugeschaffenen Meiji-Hochadels.[29] Nachdem eine Reihe von Kandidatinnen in Erwägung gezogen worden war, fiel die Wahl auf Prinzessin Sadako. Sie wurde als Tochter des Fürsten Kujô Michitaka am 25. Juni 1884 in Tokyo geboren. Ihre Tante väterlicherseits war Kaiserinwitwe Eishô.[30] Yoshihito und seine Braut waren formal Cousin und Cousine, doch bestanden zwischen ihnen keine engen Blutsbande, was die Chancen auf einen gesunden Nachwuchs erhöhte.

Dem traditionellen Brauch folgend, hatte man Sadako als Kleinkind von zu Hause weggegeben, so daß sie nicht allein umgeben von Kindern anderer Adliger aufwuchs. Die Ôkawara-Familie, die ausersehen wurde, sie aufzuziehen, besaß eine Seidenraupenzucht im Dorf Kôenji in der Präfektur Gumma im Nordwesten Tokyos. Sadako wuchs in ländlicher Umgebung auf dem Hofgut auf und wurde von der Frau des Seidenraupenzüchters großgezogen, die zufällig Quäkerin war wie viele andere Seidenraupenzüchter in dieser Gegend.[31]

Im sechzehnten Jahrhundert wurde in Japan das Christentum durch katholische Priester eingeführt, die auf portugiesischen Handelsschiffen, die Nagasaki anliefen, hierhergekommen waren. Auf der südlichen Insel Kyûshû entfaltete sich eine starke christliche Gemeinde aus Bauern, Fischern und Angehörigen reicher Familien des herrschenden Satsuma-Clans. Da er davon überzeugt war, daß diese japanischen Christen mit den Portugiesen gemeinsame Sache machten, verbot der Tokugawa-Shogun 1639 das Christentum, vertrieb die portugiesischen Händler und untersagte fortan allen Ausländern die Niederlassung außerhalb der sichelförmigen, künstlich aufgeschütteten Insel im Hafen von Nagasaki. Jeder, der gegen das Verbot des Shoguns verstieß, wurde gekreuzigt. Die meisten Christen verheimlichten ihren Glauben und lernten, sich unsichtbar zu machen. Shintoismus, Buddhismus und Konfuzianismus hatten in Japan seit Jahrhunderten nebeneinander bestanden, doch das Christentum galt bei den Herrschenden als fremd und zersetzend. Nach dem Sturz des letzten Tokugawa-Shoguns 1868 erlaubten die neuen Machthaber Japans dem Land, sich allmählich der äußeren Welt und westlichen Ideen zu öffnen. In den letzten Jahrzehnten des neunzehnten Jahrhunderts kamen erneut Missionare ins Land. Die unauffälligste unter den christlichen Sekten war die der Quäker, die keine Kirchen, keine Prediger und keine Gottesdienste hatten. Ihr stilles Wirken sprach die Japaner an, die eine Periode des extremen Nationalismus durchlebten. Militante Japaner griffen hemmungslos jeden an, den sie eines mangelnden Patriotismus oder gar einer Sympathie mit dem Ausland verdächtigten. So bauten die Quäker nach und nach eine starke und fast unsichtbare Gemeinde in Japan auf, der auch viele Intellektuelle und einflußreiche Mitglieder des Adels angehörten. Unter Japanern war es wichtig, zuerst als Japaner und dann erst als Christ wahrgenommen zu werden; umgekehrt war es lediglich in der Gesellschaft von Ausländern.

Mit sechs Jahren wurde Sadako wieder nach Tokyo zurückgebracht und auf die Adelsschule für Mädchen geschickt. Sieben Jahre später wurde sie als Dreizehnjährige zur Braut für den achtzehnjährigen Yoshihito auserwählt. Sadako verbrachte die zwei Jahre bis zur Hochzeit mit dem Erlernen der Hofetikette. Viele Jahre später sagte ihre Schwiegertochter, Prinzessin Chichibu: »Ich habe gehört, daß die Kaiserin [Sadako] eine strenge Ausbildung von [...] Hofdamen erhielt, die lange Zeit am Hof gedient hatten.« Die Ausbildung begann damit, wie man richtig zu gehen hatte. »Es galt als unschicklich, beim Gehen die Schuhe zu zeigen. Man mußte sich anmutig bewegen, mit Eleganz. Und man mußte lernen, wie man die althergebrachten zeremoniellen Gewänder anlegte und wie man sich darin betrug. Und wenn es erforderlich war, in Bereitschaft zu stehen, mußte man absolut bewegungslos bleiben, egal wie lange.«[32] Die amerikanische Lehrerin von Kronprinz Akihito, Elizabeth Vining, eine Quäkerin, die in späteren Jahren Kaiserin Sadako sehr nahestand, schrieb in einem ihrer Bücher über die japanische Kaiserfamilie, man habe Sadako als Braut gewählt »wegen ihrer hohen Intelligenz und ihres lauteren Charakters, obwohl frühe Fotografien [...] erkennen lassen, daß sie auch ein sehr angenehmes Erscheinungsbild bot«.[33] Yoshihito bekam Sadako weder persönlich noch auf einer Fotografie zu Gesicht. Auf einer Aufnahme aus dem Jahr 1912, als sie achtundzwanzig Jahre alt war, wirkt sie wesentlich ausgeglichener als ihre beiden Vorgängerinnen, Kaiserinwitwe Eishô oder Kaiserin Haruko. Ihr ovales Gesicht hatte wohlgeformte Züge, dunkle Augenbrauen und abstehende Ohren, die geschickt durch eine Hochfrisur kaschiert wurden – hübsch, aber keine auffallende Schönheit.

Vor seiner Hochzeit erkrankte Yoshihito erneut an Bronchitis und verlor Gewicht. Sein Vater, den sonst nichts aus der Ruhe brachte, machte sich Sorgen um die Gesundheit seines Sohnes, hauptsächlich wegen der möglicherweise gefährdeten Thronfolge. Schließlich wurde der Bräutigam für gesund erklärt.[34] Dr. Baelz teilte mit, Itô und die übrigen Mitglieder des Geheimen Rats hätten es für unschicklich gehalten, wenn Yoshihito »vor seiner Hochzeit eine andere Frau berührt hätte«. Er ging also »unberührt« in die Ehe, wurde dennoch später als angeblicher Schürzenjäger verspottet. Allem Anschein nach führte er eine glückliche Ehe.

Im Mai 1900 wurde die Ehe geschlossen, und einem Bericht der Frau des belgischen Botschafters verdanken wir das wenige, was wir über die Shinto-Zeremonie wissen. »Ihre Hochzeit fand um acht Uhr morgens im kaiserlichen Schrein auf dem Palastgelände statt. Braut und Bräutigam waren beide in traditionelle Hofgewänder gekleidet, doch nur Japaner waren anwesend, und nur zwei Personen, die nicht zur kaiserlichen Familie gehörten, verfolgten die eigentliche Zeremonie hinter dem Vorgang des Allerheiligsten. [Danach] legten sie westliche Hofkleidung und westlichen Schmuck an und stellten sich dem Kaiser und der Kaiserin vor.« Später, am Nachmittag, begaben sich die diplomatischen Corps zum Palast, um dem Kaiser, der Kaiserin und den Neuvermählten ihre Aufwartung zu machen. »Die Braut«, schrieb die Belgierin, »wirkt voller Leben und Kraft, und sie hat ein liebenswürdiges und intelligentes Gesicht.«[35]

Nach den Flitterwochen bekam Dr. Baelz den Kronprinzen und die Prinzessin häufig zu Gesicht. »Der Prinz sieht gut und kräftig aus. Er ist wesentlich lebhafter und energischer als bisher. Die Prinzessin hat etwas sehr Anziehendes an sich.«[36] Sadako und Yoshihito kamen sehr gut miteinander aus. Sie verteidigte ihn in jeder Lage loyal und entschieden, vor allem gegen den intriganten Yamagata. Sie sprach stets liebevoll und mit Hochachtung von ihm und sagte, er empfinde von Natur aus ein starkes Verantwortungsgefühl, und in allem, was er tue, sei er sehr ernsthaft.[37]

Sadako stellte außerdem unter Beweis, daß sie ihrer Hauptaufgabe, der Produktion männlicher Erben, gerecht wurde. Ein Jahr nach ihrer Hochzeit, am 29. April 1901, gebar sie Michi (Hirohito, den späteren Shôwa-Kaiser). Wieder ein Jahr später, am 25. Juni 1902, kam Atsu zur Welt (Yasuhito, Prinz Chichibu). Anderthalb Jahre darauf, am 3. Januar 1905, wurde sie von Teru (Nobuhito, Prinz Takamatsu) entbunden. Wiederum zehn Jahre später, am 2. Dezember 1915, kam Sumi (Takahito, Prinz Mikasa) zur Welt. Seit Generationen hatte keine Kaiserin mehr so viele männliche Erben geboren.[38]

Wie es der Brauch wollte, wurden die Kinder den Eltern weggenommen. Dr. Baelz wurde mitgeteilt, in früherer Zeit wollte man auf diese Weise verhindern, daß Vater und Sohn sich zum Sturz des Shoguns verbündeten. »Der Sohn des Kronprinzen wurde in die Obhut eines alten Admirals gegeben [...] Die arme Kronprinzessin wurde gezwungen, sich von ihrem Baby zu trennen, was sie viele Tränen kostete. Jetzt können die Eltern ihr Kind nur noch zweimal im Monat für kurze Zeit sehen. Die Gründe, die man hierfür vorgebracht hat, sind völlig haltlos. Wie es heißt, sind die Hofdamen der Prinzessin allesamt alte Jungfern, die von Kindern überhaupt nichts verstehen.«[39] Im Jahre 1902, nachdem den Eltern auch das zweite Kind weggenommen wurde, nannte Baelz Sadako in seinem Tagebuch »die unglückliche japanische Prinzessin«[40]. Drei Jahre später, im März 1905, schrieb er, »[Sadako und Yoshihito] haben jetzt die Erlaubnis, ihre Kinder bei sich in ihrem Haus zu haben.« Die traditionelle Vorschrift, durch die sie ihrer Kinder beraubt wurden, war endlich abgeschafft worden. Das war nicht zuletzt Sadakos Hartnäckigkeit zuzuschreiben, eine ihrer Eigenschaften, mit denen sie die Kämmerer am Hof zur Verzweiflung bringen konnte.

Danach hatten die kaiserlichen Eltern und ihre Kinder untereinander wesentlich mehr Kontakt als es in den Jahrhunderten zuvor üblich war, eine ungewöhnliche Nähe und Vertrautheit. Sadako und Yoshihito, ein bescheidener junger Mann, verbrachten viel Zeit mit ihren ersten drei Jungen und spielten mit ihnen Fangen und andere Spiele im Freien, welche die Kinder viel zum Lachen brachten.[41] Hier war gegenüber den Gepflogenheiten unter dem Meiji-Kaiser ein tiefgreifender Wandel geschehen. Yoshihito zeigte seine Söhne stolz Dr. Baelz, der in sein Tagebuch eintrug: »Seine väterliche Freude an diesen Kleinen ist höchst anrührend.«[42] Sein Ältester, Hirohito, erinnerte sich, daß sein Vater, solange er noch Kronprinz war, »sehr fröhlich und lebhaft war [... Doch] nachdem er den Thron bestiegen hatte, wurde alles sehr streng und reglementiert«.[43]

Ein ungelöstes Rätsel um die Familie bleibt. Kawahara behauptete 1996, bei ihrer letzten Geburt habe Sadako Zwillinge zur Welt gebracht. Nach der Shinto-Lehre sind Zwillinge unrein. Für die Frau des Kaisers wäre die Geburt von Zwillingen ein verhängnisvolles Omen. Kawahara erklärte, das Palastamt habe einen der beiden Zwillinge, ein Mädchen, aus dem Palast geschafft und bis ans Lebensende in einem Nonnenkloster untergebracht; dort habe er noch mit ihr ein Gespräch geführt, bevor sie starb.[44]

Als der Meiji-Kaiser 1912 starb, wurde Yoshihito zum Taishô-Kaiser ausgerufen. In den Jahren davor war er häufig für seinen Vater eingesprungen und hatte informell die Rolle eines Regenten übernommen, während Mutsuhito körperlich zunehmend verfiel und immer unnahbarer wurde. Deshalb gibt es keinen Grund anzunehmen, das Jahr 1912 habe für Yoshihito im Hinblick auf seine Aktivitäten oder Befugnisse eine Zäsur bedeutet. Er hatte seine neuen Pflichten bereits vorher wahrgenommen. Doch vier Jahre später registrierte Sadako eine starke Veränderung an ihrem Ehemann. Er wirkte verschlossen, deprimiert und erschöpft, und von da an ging es schnell mit ihm bergab.[45] Sein Verhalten wurde unberechenbar, verwirrend, absonderlich. Bei Paraden oder während einer Truppeninspektion konnte es passieren, daß er, obwohl ein ausgezeichneter Reiter, vom Pferd stürzte oder Soldaten ungeduldig mit seiner Reitgerte schlug. Es wird berichtet, daß er bei einer Gelegenheit von seinem Pferd absprang und einen Fußsoldaten umarmte. Nach einer anderen Geschichte sollte er vor dem japanischen Unterhaus eine vorbereitete Rede halten und rollte statt dessen den Text der Rede zu einer Art Fernrohr zusammen, durch das er die Abgeordneten betrachtete, womit er große Bestürzung hervorrief.[46]

Die Wahrheit über diese dramatische Verschlechterung seines Gesundheitszustandes bleibt ein Staatsgeheimnis. Die meisten Quellen stimmen jedoch darin überein, daß er sich bald nach seiner Geburt eine Meningitis zuzog, die seine Gesundheit in seinem späteren Leben beeinträchtigen sollte. Wie war es möglich, daß eine Meningitis im Säuglingsalter in späteren Jahren bei einem erwachsenen, kräftigen Mann einen derartigen körperlichen Verfall zur Folge hatte?

Bei einer Meningitis kann sich die Gehirnhaut und das Rückenmark durch verschiedene Erreger entzünden. Bei seiner Geburt hatte Yoshihito eine bakterielle neonatale Meningitis. In solchen Fällen beträgt die Sterblichkeit der Neugeborenen bis zu achtzig Prozent, und die Überlebenden können lebenslange Beeinträchtigungen davontragen. Bakterien befallen die mittlere von drei Schutzhüllen des Gehirns und Rückenmarks und können unterschiedliche Schädigungen hervorrufen. Hierzu gehören unter anderem die an Yoshihito beobachtete Hyperaktivität und Konzentrationsschwäche. Es kann sein, daß diese Schädigungen des Gehirns jahrelang äußerlich unerkannt bleiben, in Phasen großer Belastung jedoch plötzlich in Form von auffälligen Verhaltensweisen zutage treten, die eine Ähnlichkeit mit den äußeren Anzeichen von Schwachsinn zeigen.[47] In den ersten Jahren unseres Jahrhunderts wußte man noch wenig über die möglichen Spätschäden dieser Krankheit.

Yoshihito war als Kronprinz gut zurechtgekommen, in mancher

Hinsicht sogar besser als sein Vater, doch als er den Thron bestieg, nahm die Belastung, der er ausgesetzt war, aus verschiedenen Gründen zu; die meisten hatten mit dem verleumderischen Einfluß Yamagatas zu tun. Er reagierte darauf mit Kettenrauchen, höherem Alkoholkonsum und, wie manche behaupten, einem Bedürfnis nach Frauen.[48] Das waren Verhaltensweisen, die seinem Vater eine gewisse Berühmtheit eingetragen hatten. Aufgrund der veränderten Bedingungen im Zusammenhang mit dem Machtverfall Itôs und des Aufstiegs von Yamagata wurden dieselben Verhaltensweisen dem Sohn jedoch als Schwäche ausgelegt. Die strahlenden Helden der Meiji-Restauration hatten den Ausschweifungen Mutsuhitos Vorschub geleistet, weil sie seine Rückendeckung benötigten, um ihre Macht als legitim erscheinen zu lassen, und seiner Billigung ihrer mörderischen Machtkämpfe gegen Rivalen und untereinander. Als Yoshihito Kaiser wurde, waren diese Männer alle nicht mehr am Leben, und der humorlose, puritanische Yamagata gab jetzt den Ton an. Eine Jugend unter dem strengen, soldatischen Einfluß Yamagatas glich einer Jugend in einem Polizeistaat und war das Gegenteil dessen, was Yoshihito für sich erstrebte. Niemand wagte es, sich über Yamagata lustig zu machen, dafür war die Jagd auf Yoshihito freigegeben. Das stellte die Verhältnisse auf den Kopf, denn Yoshihito war ein Sohn des Himmels, während Yamagata nach den Maßstäben des japanischen Adels nur ein Emporkömmling aus den Reisfeldern war, der noch immer »Entenfüße« hatte (Spreizfüße, wie sie für Reisbauern typisch waren, die Naßreis anbauten).

Manche Kritiker stellten Yoshihito als trunksüchtigen Lüstling dar, ähnlich dem verkommenen Shogun Ienari, und behaupteten, er habe sich seinen Schwachsinn selbst zuzuschreiben. Wie so oft, ist an diesen Gerüchten ein Körnchen Wahrheit. Nehmen wir das Geschlechtsleben von Vater und Sohn. Der Politiker Hara Kei notierte in seinem Tagebuch, daß Yoshihito manches an sich hatte, das die Menschen befremdete, darunter auch seine Affären. Angeblich nahm Yoshihito jede Hofdame, die ihm gerade gefiel, zu sich ins Bett. In der Vergangenheit war es bei den japanischen Kaisern durchaus üblich, viele Bettpartnerinnen zu haben. Wir haben bereits erwähnt, daß der Meiji-Kaiser neben Kaiserin Haruko fünf offizielle Konkubinen und dreihundert Hofdamen zur Verfügung hatte. Von ihm und Itô wurde jahrelang behauptet, sie hätten ihre Trinkgelage mit verschiedenen Kurtisanen abgerundet. Doch der traditionelle Brauch, dem Kaiser Konkubinen zur Seite zu geben, endete mit Mutsuhito. Hier wird mit zweierlei Maß gemessen. Wenn sich niemand über die sexuellen Ausschweifungen Mutsuhitos lustig machte, wieso waren dann die Begierden Yoshihitos exzessiv? Als Yoshihito einmal Yamagata darum bat, ihm eine Frau zuzuführen, antwortete der General kurz und bündig: »Eure Majestät, das ist nicht möglich.«[49] Die Quelle dieser Geschichte ist allerdings Yamagata selbst.

Was Yoshihitos vermeintlichen Alkoholismus angeht, so gehört das Trinken so sehr zur japanischen männlichen Kultur, daß sich schwer sagen läßt, inwieweit er hier über das Maß des Üblichen hinausging. Von Kido wissen wir, daß der Meiji-Kaiser ein ungewöhnlich starker Trinker war und seine Ratgeber mehrfach die Befürchtung aussprachen, er könne zu weit gehen und an Alkoholvergiftung sterben. Nach ihrer Hochzeit gelang es Sadako, Yoshihito in diesem Punkt Grenzen zu setzen.[50] Man erzählte von ihm, er habe sich in den Anrichteraum des Palasts geschlichen, um dort einen Becher Sake zu trinken, und habe die Diener gemahnt, seiner Frau nichts zu verraten. Der Meiji-Kaiser hatte in Itô einen Gefährten, der mit ihm zusammen jeden Tag literweise Sake und Rotwein trank, doch Yoshihito konnte mit Yamagata nicht einmal einen einzigen Becher Sake leeren.

In der Veränderung, die durch den Niedergang Itôs und den Aufstieg Yamagatas herbeigeführt wurde, liegt wahrscheinlich die Erklärung für Yoshihitos Abrutschen.

Yamagata war ein Machtmensch. Es diente seinen Interessen, den Thron als solchen zu glorifizieren und den Monarchen als Person herabzusetzen. Alle Welt sollte glauben, der neue Taishô-Kaiser sei unfähig, trunksüchtig und degeneriert. Ein Mann, der seine politischen Ziele mit Hilfe gedungener Mörder verwirklicht, hat erst recht keine Skrupel, Rufmord zu betreiben. Die Japaner waren mittlerweile von der neuen Vorstellung einer Göttlichkeit des Kaisers so durchdrungen, daß sie nicht mehr auf den Gedanken kamen, den Meiji-Tennô oder später Hirohito in Frage zu stellen. Deshalb ist es unwahrscheinlich, daß es in der Bevölkerung verleumderische Gerüchte um

Kaiser Yoshihito gab, sofern sie nicht von Yamagata und seinen Leuten gezielt ausgestreut wurden.

Als Yoshihito den Thron bestieg, erhöhte Yamagata den Druck auf ihn so lange, bis Yoshihito der Belastung nicht mehr gewachsen war. Er verabscheute das Hofprotokoll, brach lieber aus den Konventionen aus, ging eigene Wege und tat Unerwartetes und Protokollwidriges. Als leichter Exzentriker, aber gleichzeitig bescheidener junger Mann mit einer Liebe zum Volk war er das Gegenteil dessen, was Yamagata auf dem Thron sehen wollte: unberechenbar, widerborstig, unbeugsam. Er leistete Yamagata Widerstand und war hartnäckig genug, sich auch dann noch zur Wehr zu setzen, wenn jeder andere eingeschüchtert gewesen wäre und klein beigegeben hätte. Deshalb erwies es sich für Yamagata als notwendig, hinter dem Rücken des Kaisers das Gerücht zu verbreiten, er sei schwachsinnig und unfähig, verkommen, trunksüchtig, ausschweifend und gesundheitlich ruiniert. Nur Yamagata konnte sich eine solche systematische Majestätsbeleidigung erlauben, denn er kontrollierte die Streitkräfte, die Polizei und die Geheimpolizei sowie die Unterwelt. Die japanischen Gangster sind seit jeher eingefleischte Patrioten, insofern wären sie die ersten gewesen, die gegen solche Verleumdungen vorgegangen wären. Ein anderer als Yamagata hätte Selbstmord begangen. Die Kampagne, den Taishô-Kaiser lächerlich zu machen, hatte tatsächlich Erfolg, und die über ihn verbreiteten Lügen blieben hängen, so daß bis heute sein Bild in der Öffentlichkeit von diesen Verleumdungen bestimmt ist.

Die Herrschaft Yamagatas war jedoch nicht vollkommen, und viele versuchten dagegen anzugehen, darunter auch Kaiserin Sadako. Mehrere Fraktionen kämpften gegen seine Polizei, seine Gangstersyndikate und seine Parteigänger in den Streitkräften. Unter denjenigen, die sich gegen ihn verbündet hatten, war der große Satsuma-Clan, der gezwungen worden war, sich Chôshû zu unterwerfen. Es gab ranghohe Beamte im Kaiserpalast, die sich dem Herrschaftsanspruch des Chôshû-Clans widersetzten. Ihr Erfolg hing davon ab, in wieweit der Thron – der Taishô-Kaiser – in der Lage war, sich Yamagatas Intrigen und Manipulationen zu widersetzen. Der gegenwärtige Großsiegelbewahrer General Ôyama Iwao, ein Mann des Satsuma-Clans, war ein starker Prellbock zwischen Yamagata und dem Kaiser. Ein Cousin des berühmten Generals Saigô und stark am Westen orientiert, hatte er im Jahr 1880 als Vorgänger Yamagatas das Amt des Kriegsministers inne und bekleidete damit in der Armee und der staatlichen Verwaltung den höheren Rang. Seine hochintelligente und attraktive Frau, eine Christin, die das Vassar College in New York besucht hatte, gehörte zum inneren Kreis von Kaiserinwitwe Haruko und Kaiserin Sadako, die alle Gegnerinnen Yamagatas waren. Im Spätherbst 1916 starb General Ôyama an Altersschwäche, und ihm folgte ein Mann Yamagatas im Amt des Großsiegelbewahrers, Baron Matsukata. Er gehörte zum Satsuma-Clan, stellte sich jedoch bei allen Auseinandersetzungen um die Macht auf die Seite Yamagatas. Jetzt war Yoshihito dem Druck Yamagatas ungeschützt ausgesetzt. Das war eigentliche Grund für die plötzliche und scheinbar unerklärliche Veränderung des Gesundheitszustandes des Kaisers.

Das Verhalten Yoshihitos war nicht immer verrückt und manchmal einfach nur verwirrend zwanglos für einen Kaiser. Wenn die Minister und Räte zu einer Besprechung mit ihm zusammenkamen, holte er gelegentlich eine Handvoll Zigaretten aus einer Schachtel und sagte: »Ich danke Ihnen für Ihre Bemühungen. Jetzt wollen wir erst einmal eine rauchen.« Es war seine Wesensart, Spannungen mit entwaffnenden Gesten abzubauen. Wenn ihm danach war, fing er plötzlich an, zu singen oder Gedichte aufzusagen. Es machte ihm Spaß, zuzuhören und zuzusehen, wenn seine kaiserlichen Garden im Garten Marschmusik spielten oder sich mit Tauziehen vergnügten. Zur Zeit Itôs hätte dies ein allgemeines Gelächter ausgelöst, doch unter Yamagata war es ein Zeichen für Geisteskrankheit.

Dem Kaiser entging nicht, was hinter seinem Rücken über ihn getuschelt wurde, doch er war dagegen machtlos. September 1918 war er äußerst verschlossen, depressiv und passiv geworden. Der Eröffnung des Unterhauses im Dezember konnte er wegen Erschöpfung nicht beiwohnen. Die Nerven, die sein Kreuz entlang zu den Beinen verliefen, begannen zu schmerzen. In den letzten sieben Jahren seines Lebens hielt seine Depression fast ununterbrochen an, ähnlich wie bei seinem Vater. Ende 1919 erlitt er einen völligen Zusammenbruch, der durch einen Schlaganfall verschlimmert wurde. Sein Sprechvermögen war beeinträchtigt, sein Gedächtnis versagte, und er konnte nur noch mit schleppenden Schritten gehen.[51] Kaiserin Sadako ließ ihn in die Villa am Meer bringen, die er so liebte, und blieb ständig an seiner Seite. Abgesehen von unregelmäßigen, kurzen Besuchen in Tokyo blieben sie in den Landhäusern in Hayama, Numazu oder Nikkô. Später sollten die Leute sagen, er habe seit jeher eine schlechte Gesundheit gehabt und sei schon immer ein Schwächling gewesen, doch alles, was wir über seine Kindheit und Jugend wissen, spricht gegen diese Behauptungen.

Nachdem er sieben Jahre lang regiert hatte, zog sich der Taishô-Kaiser 1919 aus den Regierungsgeschäften zurück, und sein ältester Sohn, der achtzehnjährige Kronprinz Hirohito, übernahm die Pflichten des Vaters und wurde drei Jahre später als Regent eingesetzt. Im Dezember 1925 erlitt Yoshihito einen weiteren Schlaganfall und brach in seiner Toilette zusammen. Ein Kämmerer hörte, wie er niederstürzte, und fand ihn auf dem Boden liegend. Im Dezember des Folgejahres traf ihn ein letzter Schlaganfall, er zog sich eine Lungenentzündung zu und starb im Bett in seinem geliebten Hayama im Alter von siebenundvierzig Jahren.[52]

Als der Taishô-Kaiser starb, war es Zeit für eine neue Allianz der Drahtzieher hinter dem Thron. Von den ursprünglichen *genrô*, die seit den siebziger Jahren des vorigen Jahrhunderts untereinander zerstritten waren, war allein Yamagata übriggeblieben mit seinem Schützling Fürst Saionji, einem *genrô* der zweiten Generation. Doch Kaiserinwitwe Sadako konnte sie überlisten. Sie war noch immer eine junge Frau und überlebte ihren Mann um fünfundzwanzig Jahre, durch die bittere Zeit des Zweiten Weltkriegs und der Besatzung der Alliierten. Während dieser Jahrzehnte übte sie einen einzigartigen Einfluß aus. Dieser war seit dem Tod der Kaiserinwitwe Haruko 1914, durch den Sadako zur rangältesten kaiserlichen Frau wurde, noch gestiegen. Damals fielen wegen der Krankheit ihres Mannes Entscheidungen über Familienangelegenheiten zunehmend in ihre Zuständigkeit. Ministerpräsidenten, geheime Räte und Minister des Palastamts hatten es plötzlich mit einer Person zu tun, die sich nicht durch Geschenke, Alkohol oder Geishas beschwatzen ließ. Sadako war eine mutige Frau, intelligent und von starkem Charakter. Als Kaiserin und dann als Kaiserinwitwe war sie vier Jahrzehnte lang eine umsichtige, wichtige Kraft in Angelegenheiten des Kaiserpalasts. Das war in der Hauptsache auf zwei Faktoren zurückzuführen. Auf der sichtbaren Ebene war sie die Mutter Hirohitos, die Mutter eines der am längsten in Japan regierenden Monarchen. Niemand außer Yamagata wagte es, sich mit ihr anzulegen, und am Ende mußte er den Preis dafür bezahlen. Auf der unsichtbaren Ebene war sie zwar eine Frau aus einer der Fünf Familien, dem Fujiwara-Clan, wurde jedoch von Quäkern erzogen und umgab sich am Hof mit Quäkern und anderen Christen, wodurch sie die Machtverhältnisse am Hof dauerhaft veränderte. Das Entscheidende war nicht ihr Christentum, sondern die Tatsache, daß Sadako den Kreis ihres Einflusses um Personen erweiterte, die außerhalb der Tradition des Shintoismus und Buddhismus standen und daß sie damit eine andere Denkweise und ein völlig anderes Geflecht von Machtbeziehungen einführte.

Im neunzehnten Jahrhundert mußte jedes japanische Mädchen, das das Glück hatte, eine Bildung zu erhalten, darauf bedacht sein, eine »Verunreinigung« durch christliche Denkhaltungen zu vermeiden. Bismarck hatte gegenüber Itô erklärt, Japan werde nie eine große Nation werden, wenn es sich nicht zum Christentum bekehre. Obwohl Itô darauf achtete, sich gegenüber Kritikern nicht als Anhänger des Christentums zu erkennen zu geben, wurden seine Frau und seine Tochter von einer japanischen Quäkerin erzogen.[53] Später schickte er seine Tochter auf eine Missionsschule kanadischer Protestanten in Tokyo.[54] Itô ermutigte insgeheim den Meiji-Kaiser, 1873 ein Dekret über religiöse Toleranz zu erlassen, das dem jahrhundertelangen Verbot des Christentums ein Ende setzte. Danach breitete sich das Christentum in Japan schnell aus, gefördert durch eine neue, hauptsächlich protestantische Welle, die sich durch die Kanäle von Handel, Handwerk, Industrie, Bank- und Bildungswesen und Auslandsreisen fortbewegte. Auch wenn es noch immer relativ wenige christliche Konvertiten in Japan gibt – nur ein halbes Prozent der Bevölkerung von 1945 –, gehören viele von ihnen der Elite an. Ihr Reichtum verschafft ihnen einen größeren Einfluß, als ihre Zahl vermuten läßt.[55]

Als Sadako mit sechs Jahren auf die Adelsschule für Mädchen geschickt wurde, befanden sich im Lehrkörper auch Quäkerinnen und andere Christinnen. Zwar war es ihnen untersagt, im Unterricht christliche Lehren zu verbreiten, doch übten sie einen indirekten Einfluß aus und erzählten Geschichten vorbildlicher christlicher Frauen im Westen wie Johanna von Orléans und der Mutter George Washingtons.[56] Viele Klassenkameradinnen Sadakos, die zu ihren lebenslangen Freundinnen und Vertrauten wurden, waren Christinnen. Insbesondere die Freundschaft Sadakos mit Nabeshima Nobuko führte zu einer erstaunlichen Vielfalt christlicher Verbindungen innerhalb der japanischen Regierung und Machtstruktur. Hierzu gehörten Diplomaten der oberen und mittleren Ebene im Außenministerium, in japanischen Botschaften in England und den Vereinigten Staaten und eine enge Verbindung zu Alice Perry Grew, der Nichte von Korvettenkapitän Perry und der Frau des langjährigen amerikanischen Botschafters in Japan, Joseph Grew. Dieses Verbindungsnetz Sadakos umfaßte auch bedeutende ausländische Bankiers und westliche Unternehmen, die von direkten Beziehungen zum kaiserlichen Palast profitierten.

Es kann kaum ein Zweifel daran bestehen, welchem Glauben Sadako selbst anhing, auch wenn viel Diskretion geübt werden mußte, während der Yamagatas Militärclique ihre Machtpositionen ausbaute.[57] Sadako las häufig im Neuen Testament. Seit den siebziger Jahren des vorigen Jahrhunderts gab es eine *kana*-Übersetzung.[58] Bis zum Krieg im Pazifik wurden in Japan jährlich 145 000 Bibeln verkauft.[59] Sadakos jüngster Sohn, Prinz Mikasa, hatte einen Lehrstuhl an einer christlichen Universität in Tokyo. Für ihren zweiten Sohn wählte sie persönlich eine Quäkerin als Braut aus. Viele Menschen aus ihrem inneren Kreis waren Christen. Seit der Zeit nach 1930 standen an der Spitze des Palastamts Christen, die von ihr persönlich ausgesucht worden waren. Und nach ihrem Ableben herrschte große Bestürzung, als das Palastamt verpflichtet war, ihre Wünsche nach einer, wie es zurückhaltend umschrieben wurde, privaten »nichtshintoistischen« Bestattungszeremonie neben dem traditionellen Shinto-Ritual zu erfüllen. Ihr zweiter Sohn, Prinz Chichibu, verbat sich für seine Beerdigung jegliches Shinto-Ritual.

Sadako und Yamagata waren zwei völlig verschiedene Menschen, und sie steuerten auf eine Kollision zu, aus der Sadako als Siegerin hervorgehen sollte.

4
Der Vogel im goldenen Käfig

Von den vier Söhnen Sadakos war der Erstgeborene körperlich am unscheinbarsten. Mit einer Körpergröße von 1,63 Metern entsprach Hirohito dem japanischen Durchschnitt, war aber gebrechlich, kurzsichtig, hatte Hängeschultern und bewegte sich unbeholfen. Frühzeitig entwickelten sich bei ihm Anzeichen für eine Rückgratverkrümmung (Skoliose), die eine hängende Schulter zur Folge hatte, und er behielt zeitlebens eine nach vorne gebeugte Haltung.[1] Als Kind bewegte er sich unsicher wie ein Jungvogel, der vorzeitig aus dem Nest geworfen wurde. Sein jüngerer Bruder Chichibu sagte, wenn er hingefallen sei, wisse er nicht, wie er wieder auf die Beine kommen solle. Die Erzieher hinderten ihn daran, etwas Gefährliches zu tun, beispielsweise von einem Schemel zu springen. War er zu Boden gefallen, kam ihm sofort jemand zu Hilfe. Wenn er versuchte, es anderen Kindern gleichzutun, die von einer niedrigen Gartenmauer sprangen, standen seine Wächter bereit, um ihn aufzufangen.[2] Das bildete einen deutlichen Kontrast zu der robusten Erziehung, die man seinem Vater, dem Taishô-Kaiser, hatte angedeihen lassen.

Bei jeder neuen Generation kehrte das Palastamt die Erziehungsmethoden der vorherigen um, da das Ergebnis jedesmal problematisch war; Mutsuhito war zu verhätschelt, Yoshihito zu freizügig behandelt worden. Nachdem sie sich so große Mühe gegeben hatten, das japanische Volk wieder von der göttlichen Natur des Kaisers zu überzeugen, waren sie vom Meiji-Kaiser auf die eine und vom Taishô-Kaiser auf die andere Weise enttäuscht und versuchten nun, bei Hirohito die richtige Kombination anzuwenden. Um die rebellische Gleichgültigkeit Mutsuhitos und die gegen die Konventionen verstoßende Art Yoshihitos zu vermeiden, stellte das Palastamt Hirohito beständig unter Aufsicht und machte ihn ein Leben lang abhängig von Mentoren, Beratern und Staatsräten, die ihn in allen Angelegenheiten anleiteten. Das brachte Yamagata und seinen Schützling, Fürst

Saionji, zu der Überzeugung, daß sie mit diesem Kaiser weniger Schwierigkeiten haben würden, und vermittelte den Eindruck einer Übereinstimmung, der in Japan eine so große Rolle spielt. Die Übereinstimmung war nur eine Illusion, da dies eine Schwächung des Himmelssohns bedeutete; sobald es auf ihn ankam, wußte er nicht mehr, was er tun sollte.

Das Ziel bestand darin, einen Kaiser zu schaffen, der den Anschein erweckte, als sei er an den kollektiv getroffenen Entscheidungen beteiligt, ohne daß er sich jedoch übermäßig einmischte, weil er damit diese oder jene Machtclique provozieren würde, was unabsehbare Folgen haben konnte. Es war eine äußerst heikle Angelegenheit. Als Fürst Saionji der oberste geheime Rat des Kaisers wurde, sorgte er dafür, daß Hirohito diese Lektion niemals vergaß. Sein ganzes Leben lang war der Fürst darauf bedacht, die Ambivalenz des Thrones zu erhalten. Das bedeutet nicht, daß Hirohito über militärische und andere wichtige Entscheidungen nicht informiert worden wäre, wie nachträglich vielfach behauptet wurde. Doch die Kämmerer des Palastamts hatten alle Hände voll zu tun, die Zwiespältigkeit seiner Rolle bei Entscheidungen aufrechtzuerhalten. In den wenigen Gelegenheiten, in denen Hirohito unseres Wissens selbständig entschied, zum Beispiel bei der Niederschlagung des Aufstandes der Jungoffiziere von 1936, war er auffällig gereizt.

Die vereinten Bemühungen des Palastamts zeitigten beeindrukkende Resultate. Abgesehen von ein oder zwei aufschlußreichen Fehltritten zeigte Hirohito kein Interesse an außerehelichen Affären, nahm nur kleine Mengen Alkohol zu sich und bekam nur selten einen Wutanfall. Er war erstaunlich diszipliniert und selbstbeherrscht. Allen Ärger, den er über das eigenmächtige Vorgehen seiner Minister, Generäle und seiner Brüder empfinden mochte, schluckte er herunter. Er vermied es sorgfältig, etwas im Zorn zu sagen, und zeigte nur selten seine innersten Empfindungen. Seine wenigen Gefühlsausbrüche als erwachsener Mann blieben privaten Zusammenkünften mit seinen Brüdern vorbehalten, wenn sie sich gegenseitig Vorwürfe machten und es allenthalben Tränen gab. Die ständige Beaufsichtigung machte ihn übertrieben gehemmt, und wie schon sein Vater entwickelte er ein lebenslanges Bedürfnis, seinen Hütern zu entwischen, und sei es nur für einen Tag. »Ich bin wie ein Vogel im goldenen Käfig«, sagte er häufig voller Wehmut.

Er wurde elf Monate nach der Hochzeit seiner Eltern geboren, am Abend des 29. April 1901 um 22.10 Uhr, während sein Vater sich in der Villa am Meer in Hayama aufhielt. Es gab keine gesundheitlichen Probleme. Bevor der Säugling drei Monate alt war, wurde er in die Obhut der Familie von Comte Kawamura gegeben, während seine Mutter bittere Tränen vergoß.[3] Sein Vater und sein Großvater waren sich darüber einig, daß der sechzig Jahre alte Kawamura – ein Satsuma-Mitglied des Geheimen Rats – der richtige Mann war, um den Thronerben zu hüten. Als Hirohitos Bruder Prinz Chichibu ein Jahr später geboren wurde, kam er ebenfalls in die Familie Kawamura, so daß es aufschlußreich ist, die beiden Knaben in ihrer Kindheit und später miteinander zu vergleichen. Als im Ruhestand lebender Admiral war Kawamura einer der Männer im Geheimen Rat, die in grundsätzlicher Opposition zur Chôshû-Clique Yamagatas standen. Das kaiserliche Ehepaar vertraute darauf, daß Kawamura die Jungen vor dem Zugriff Yamagatas schützen würde.[4]

Angesichts der hohen Sterblichkeit unter den kaiserlichen Prinzen war diese Überantwortung von nationaler Bedeutung. Kawamura hatte drei Ammen damit betraut, die Jungen alle zweieinviertel Stunden zu stillen, während er ihren Bewegungen folgte wie ein Schatten. Seine Frau, seine Tochter und seine Nichten unterstützten ihn.

Damals schenkte die wohlhabende Shimazu-Familie von Satsuma der Erziehung ihrer Kinder besondere Aufmerksamkeit und hatte eine englische Gouvernante eingestellt, Ethel Howard, die früher die Kinder Kaiser Wilhelms II. betreut hatte.[5] Kawamura befragte sie über ihre Prinzipien und Methoden und fühlte sich von ihrer humanistischen Weltsicht angesprochen, ihrem Eintreten für ein unabhängiges Denken, Dankbarkeit und Mitgefühl.[6] Von ihren Methoden ließ er sich in der Erziehung der beiden Knaben leiten.

Dank der großen Verbreitung von Zeitungen weckte die Erziehung Hirohitos und Chichibus in Japan großes Interesse, und Kawamura gab Interviews. »Kinder – vor allem in Familien der oberen Gesellschaftsschichten – haben ihre Vorlieben und Abneigungen im Hinblick auf das Essen. Wir haben besonderen Wert darauf gelegt, daß die beiden Prinzen diese schlechte Gewohnheit gar nicht erst annehmen. Deshalb haben sie sich immer wieder beschwert und waren verdrossen. Das ist ganz normal bei Kindern in diesem Alter.«[7] Als man Hirohito Essen brachte, das er nicht mochte, warf er seine Eßstäbchen hin und rief: »Das esse ich nicht.« Der alte Mann blickte ihn ganz ruhig an und sagte: »Wenn du es nicht magst, mußt du es nicht essen. Aber ein anderes Essen wirst du nicht bekommen.« Mit diesen Worten winkte er der Bedienung, den Teller wegzubringen. Nach einem verblüfften Schweigen schluchzte der Prinz: »Ich esse es, ich esse es.« Kawamura wandte das Gesicht ab, weil ihm die Tränen kamen. Wie er sagte, beklagte sich der Prinz nie wieder über das Essen.[8]

Eines Tages verlor Kawamura die Geduld angesichts der ständigen Weigerung der Jungen, sich seinen Weisungen zu fügen. Er baute sich vor ihnen auf und sagte feierlich: »Ich bin jetzt lange genug bei Ihren Kaiserlichen Hoheiten geblieben. Ich werde Euch jetzt allein lassen.«[9] Hirohito begann zu weinen. Allein gelassen zu werden war eine harte Strafe. Angst war ein weiteres Mittel zur Disziplinierung. Einer ihrer Aufseher löste bei den Kindern Alpträume aus. Wie Hirohito seinem Bruder erzählte, erwachte er aus diesen Träumen stets mit der rechten Hand fest auf die linke Brust gepreßt.[10]

Schließlich hatten Belohnungen und Strafen die gewünschte Wirkung, und soweit aus den Quellen hervorgeht, lernte Hirohito seine Bedürfnisse, Vorlieben und Abneigungen zu unterdrücken und das zu tun, was man von ihm erwartete. Nach Aussage seines Dieners hielt er selbst beim Versteckspielen mit seinen Brüdern und seinen Freunden »immer streng die Regeln ein, ohne jemals zu einem Trick oder einer List zu greifen«[11].

Die Jungen wurden angehalten, Samurai zu spielen, und hierfür besaß Hirohito ein Schaukelpferd mit richtiger Mähne, das er Schneeweiß nannte. Ein Kinderfoto zeigt ihn in einem litzenbesetzten weißen Anzug und mit Reithandschuhen, wie er sich hoch zu Roß in die Brust wirft.[12] In späteren Jahren gab er seinem Lieblingspferd in der Wirklichkeit denselben Namen, doch das Palastamt wandelte den Namen aus Gründen der göttlichen Würde in die englische Bezeichnung »White Snow« um.

Wenn man an Hirohitos koboldhaftes Äußeres und seine gnomenhafte Haltung als alter Mann denkt, sollte man nicht glauben, daß er ein so hübsches Kind war. Sein Diener Kanroji schilderte seine breite, intelligente Stirn und seine klaren, ruhigen Augen unter dichten Augenbrauen. Chichibus Gesicht war breiter und eckiger, mit einem Blick und einem Mund, aus denen hervorging, daß er einen eigenen Willen hatte. Chichibu erinnerte sich, daß er auf seinem Schaukelpferd herumtollte und Hirohito jedesmal zu ihm gelaufen kam und schrie: »Gefährlich, gefährlich«. Wenn Chichibu lieber mit Hirohitos Spielsachen spielen wollte, gab dieser sie ihm, da er gemerkt hatte, daß sein Bruder dann sehr schnell das Interesse daran verlor. Seine Erzieher ermutigten ihn in dieser Gewohnheit, die in Japan als »Gewinnen durch Verlieren« bekannt ist, ein Prinzip, das in Hirohitos späterem Leben noch einmal eine besondere Rolle spielen sollte.[13] Hirohito wäre in seiner Großzügigkeit fast so weit gegangen, seine Ansprüche auf den Thron an Chichibu abzutreten, und es gab viele, die sich genau das gewünscht hätten.

Nach Kawamuras Tod wurden die beiden Jungen ihren Eltern im Aoyama-Palast zurückgegeben, wo man inzwischen einen Kindergarten mit fünf anderen Jungen eingerichtet hatte, allesamt Söhne von Adligen. Die Räumlichkeiten bestanden aus drei Zimmern, die durch Schiebetüren voneinander getrennt waren, mit Tatamis auf dem Fußboden und Kissen, die an die Stützbalken gebunden waren, so daß die Kinder sich nicht verletzen konnten.[14] Einmal im Monat machten sie einen Tagesausflug. Hirohito wollte am liebsten in den Zoo – ein erstes Anzeichen seines Interesses an Biologie.[15]

Mit sieben Jahren kam er in die Adelsschule; ein Jahr später folgte ihm Chichibu dorthin und wieder ein Jahr später sein zweiter Bruder, Prinz Takamatsu. Der Präfekt der Schüler war der dicke Ishii Kunji mit dem Spitznamen »Klotz«. Er trank gerne Sake, doch sein Verantwortungsgefühl hinderte ihn daran, Alkohol zu trinken, solange der Kronprinz die Schule besuchte. Als der Junge die Schule verließ, erklärte »Klotz«: »Ich muß zehn Jahre nachholen, in denen ich nichts getrunken habe.«[16] Einige Schüler wohnten in einem Wohnheim, doch die drei Prinzen kamen täglich zu Fuß vom Aoyama-Palast. Für den Leiter der Schule, General Nogi, war es schmerzlich, wenn er dem Kronprinzen zusah, wie er sich den Mantel zuknöpfte oder seine

Schnürsenkel band, weil er ungeschickt mit seinen Händen hantierte und zudem kurzsichtig war.[17] Er durfte keine Brille tragen, da die Beamten im Palastamt einen physischen Defekt des Kronprinzen um keinen Preis anerkennen wollten.[18] Viele Probleme Hirohitos hatten solche simplen Hintergründe. Seine Muskeln und seine Nerven ließen sich nicht koordinieren. Sein unsicherer Gang war durch diese Ataxie bedingt, eine Krankheit, die schon bei seinem Großvater in Kindesjahren aufgetreten war.[19] Wie zu erwarten, hatte Hirohito Probleme bei gymnastischen Übungen. Jahre später, als er anfing, Golf zu spielen, landete der Ball beim ersten Drive im Unterholz. Die ständigen Frustrationen machten ihn grüblerisch und sogar kauzig. Als Erwachsener verbarg er seine Unbeholfenheit. Gegen Ende der vierziger Jahre war er sieben Zentimeter kleiner als in seiner Jugend.

General Nogi war rauh, aber herzlich. Er war ein Pedant in Sachen Reinlichkeit und wusch jeden Abend seine Unterwäsche. Außerdem gab er Fechtunterricht. Die älteren Jungen bekamen richtige Schwerter, mit denen sie Schweine töten sollten.[20] In alter Zeit wurden junge Samurai ausgebildet, indem man sie auf die Leichen hingerichteter Verbrecher einschlagen ließ.

Nogis eigentliche Passionen waren Skilaufen und Bergsteigen. Er war einer der Sponsoren der ersten japanischen Antarktisexpedition. Zu seiner Freude war der zweite der Brüder, Chichibu, im Unterschied zum tapsigen Hirohito ein begeisterter Sportler, der ebenfalls Spaß am Skifahren und Bergsteigen hatte.[21] Das ermöglichte es Chichibu, an Freizeitveranstaltungen mit anderen teilzunehmen, die normalerweise einem Prinzen verwehrt waren. Er war außerdem ein guter Ruderer und ruderte an der Meeresküste in Hayama, während sein älterer Bruder den Strand abging, um Meeresgetier zu suchen.

Es gab nur einen einzigen Sport, den Hirohito wirklich mochte – Sumô.[22] Schon als Junge lernte er, wie man den Gegner aus dem Ring drängt. Der Sumô-Sport hat viel damit zu tun, aufrecht zu bleiben und mit den Füßen fest auf dem Boden zu stehen. Es wurde seine lebenslange Passion. Eine der wenigen veröffentlichten Fotografien, auf denen Hirohito breit grinst, wurde aufgenommen, als er neun Jahre alt war, und zeigt ihn im Ringkampf mit einem Erzieher.

Die beiden Prinzen schliefen im selben Zimmer, waren Tag und

Nacht zusammen bis zum Tod ihres Großvaters Mutsuhito, mit dem Hirohito Kronprinz wurde und von diesem Tag an allein im Tôgû-Palast wohnte.[23] Diese Isolierung wurde besonders schmerzhaft für Hirohito, dem es aufgrund seines ernsten Wesens ohnedies schwerfiel, Freundschaften zu knüpfen. Chichibu spricht in seinen Memoiren mit Zuneigung von seinem Bruder und erinnert sich noch an Bruchstücke von Unterhaltungen zwischen ihnen: »Mein Bruder: Ich hätte es gern einfach, aber unsere Stellung macht es schwierig. Ich: Das stimmt. Wir können nicht tun, was wir wollen. Mein Bruder: Nicht mal die Adligen können es. Ich: Adliger zu sein würde nichts ändern. Wir müßten Samurai sein.«[24]

Im Unterschied zu dem überaus schüchternen Hirohito war Chichibu selbstbewußt und extravertiert, stets gut gelaunt und hatte etwas Mitreißendes an sich. Er war der Lieblingsenkel seines Großvaters. Es hatte immer wieder Gerüchte gegeben, Mutsuhito oder Yoshihito oder diese oder jene Machtclique hätten lieber Chichibu auf dem Thron gesehen. Solche Gerüchte kamen in den zwanziger, den dreißiger und den vierziger Jahren auf. Immer wenn es eine Krise gab, wurde gemunkelt, unter Prinz Chichibu käme alles wieder ins Lot. Er war auch der Liebling seiner Mutter. In Familienquellen heißt es, sie habe ihn »über alles geliebt«.[25]

Für die Brüder wurde eine eigene höhere Schule geschaffen, die sogenannte Lernanstalt für den Kronprinzen unter der Aufsicht des berühmten Admirals Tôgô von Satsuma, des Helden der Seeschlacht von Tsushima, in der er die russische Ostseeflotte fast vollständig vernichtet hatte. Die Anstalt befand sich in einem im westlichen Stil errichteten Holzgebäude auf dem Gelände des Takanawa-Palasts. An den Wänden hingen Landkarten, es gab ein Labor und naturkundliche Objekte für den Anschauungsunterricht. Der einzige Schmuck der Räume waren von Hirohito selbst gezogene Topfblumen. Sieben Jahre lang lernten und lebten er und fünf andere Jungen dort mit einem ähnlichen Tagesablauf wie in einem englischen Internat. Der Tag begann um sechs Uhr morgens; nach dem Frühstück folgte ein flotter Spaziergang von zwanzig Minuten. Um acht Uhr begann der Unterricht. Nach dem Mittagessen und den Hausaufgaben war der Nachmittag ausgefüllt mit Baseball, Tennis, Gymnastik, Reiten und Fechten. Nach dem Abendessen machten die Jungen noch einmal einen kurzen Spaziergang vor der Abendfreizeit und dem Zubettgehen.[26] In seiner freien Zeit führte Hirohito ein Tagebuch, das er in der sechsten Klasse begonnen hatte und auf billige Schulnotizblöcke schrieb. Mit Ausnahme einiger kurzer Fragmente werden sie bis auf den heutigen Tag vom Palastamt unter Verschluß gehalten.[27] Da er keine Begabung für Musik, Kunst, Handwerk und Schreiben hatte, wurde diesen Fächern eine geringere Bedeutung beigemessen. Es waren ohnedies keine »männlichen« Fächer, und es wurden Anstrengungen unternommen, Hirohito einen militärischen Schliff zu geben. Hirohito war in sich gekehrt, ernst und übertrieben penibel.[28] Seine Erzieher, denen Yamagata im Nacken saß, erteilten dem Kronprinzen eingehenden Unterricht im Reiten und in Militärwissenschaft sowie in Französisch. Die meisten japanischen Kinder auf höheren Schulen lernten Englisch, doch Französisch war noch immer die internationale Sprache der Diplomatie und des Adels. Später lernte Hirohito auch etwas Englisch, aber diese Sprache beherrschte er nie fließend.

Während Hirohito heranwuchs, machten sich seine Eltern und seine Erzieher zunehmend Sorgen wegen seiner Körperhaltung und seiner Kurzsichtigkeit. Die Bäume auf der Südseite des Palasts wurden gefällt, so daß er das Meer sehen konnte, und er wurde angehalten, konzentriert auf das Wasser zu blicken, um seine Augenmuskeln zu kräftigen. Seine Sehkraft ließ jedoch nach. Die Ärzte rieten dringend zu einer Brille, doch das Palastamt war nach wie vor strikt dagegen. Wie konnte der Himmelssohn eine Brille tragen? Man besorgte ihm wenigstens eine Sehhilfe für den Privatgebrauch. Alle Brüder außer Takamatsu benötigten irgendwann in ihrem Leben eine Brille. Um Hirohitos Haltung zu korrigieren, wurde ein besonderer Stuhl angefertigt, auf dem er aufrecht sitzen konnte, die Unterarme flach auf den Armlehnen, die Brust nach vorn geschoben. Wenn er lesen wollte, mußte er das Buch auf einen erhöhten Buchständer legen. Seit Generationen war kein japanischer Kronprinz mehr einer solch methodischen und konsequenten Kontrolle unterworfen.[29]

Ironischerweise stellten sich alle Befürchtungen über die schwächliche Körperverfassung Hirohitos am Ende als unbegründet heraus. Ausgerechnet Chichibu, der weitaus gesünder wirkte, seine Bewegungen besser koordinieren konnte, einen athletischen Körperbau hatte und sich anmutig bewegte, verbrachte trotz einer abenteuerlichen Karriere die letzten Jahre seines Lebens als kranker Mann und erlag noch vor seinem einundfünfzigsten Geburtstag einer Tuberkulose. Hirohito erreichte das stolze Alter von siebenundachtzig Jahren und war bis in seine letzten Lebensmonate gesund und munter.[30]

Er wurde auf die große Einsamkeit des Throns vorbereitet. Jeden Samstag besuchte er seine Eltern im kaiserlichen Palast. Einmal in der Woche kamen seine Brüder zu Besuch. Während der übrigen Zeit hatte er nur die Gesellschaft von Kammerdienern, Adjutanten, Bediensteten und Militärs. Zu den wenigen Dingen, die er sich als Luxus gönnte, gehörten gelegentliche Filmvorführungen.[31]

Am 3. November 1916, nachdem sich der Gesundheitszustand seines Vaters rapide verschlechtert hatte, wurde Hirohito offiziell zum Kronprinzen erklärt, der sich auf die Thronfolge vorbereitete. Sogleich schossen die Spekulationen darüber ins Kraut, wer seine Braut sein würde. Wie es in der Dynastie seit Generationen üblich war, wurde er in dieser Angelegenheit nicht gefragt. Mehrere Personen, die in Frage kamen, wurden in der Presse abgebildet. Es waren über ein Dutzend Kandidatinnen. Kaiserin Sadako hatte ihre regelmäßigen Besuche in der Adelsschule für Mädchen dazu benutzt, sich nach potentiellen zukünftigen Bräuten für ihre Söhne umzusehen. Nach einer ersten Vorauswahl durch den Geheimen Rat blieben nur noch drei Mädchen übrig. Bei der Suche nach einer geeigneten Partnerin für den Kaiser werden bis auf den heutigen Tag jedesmal die Spannungslinien in der Umgebung des Thrones sichtbar. Eine der drei jungen Frauen war Yamagatas erste Wahl, die Favoritin von Chôshû. Die beiden anderen, die von Sadako und Yoshihito in die engere Wahl gezogen wurden, standen in Verbindung mit den drei Feinden des Chôshû-Clans – Aizu, Hizen und Satsuma.[32] Der lautlose Kampf darum, auf welche der drei jungen Frauen am Ende die Wahl fiele, dauerte fünf Jahre und wurde selbst für japanische Verhältnisse ungewöhnlich bösartig geführt; in seinem Verlauf kam es zu zotigen Indiskretionen an die Presse, niederträchtigen Unterstellungen, Verleumdungen und sogar Drohungen mit rituellem Selbstmord. Es wurde der entscheidende Machtkampf zwischen Kaiserin Sadako und Yamagata.

Als Japans gegenwärtiger starker Mann, dessen Verbindungen sich über das Militär, die Polizei und Geheimpolizei, den Hof, die Geschäftswelt, den Beamtenapparat und selbst die Unterwelt erstreckten, verfügte Yamagata noch als älterer Mann, der bereits halb im Ruhestand lebte, über beispiellose Einflußmöglichkeiten. Seine Macht ließ sich unter anderem daran ermessen, daß es ihm »nicht gestattet« war, sich aus dem aktiven Dienst zurückzuziehen. Diese Umschreibung bedeutete, daß niemand ihn ohne weiteres loswerden konnte. Seine Macht über den Palast und die Regierung wurde durch seine Leute gesichert, die er im Lauf der Jahrzehnte in einflußreiche Positionen gehievt hatte. Unter dem Meiji-Kaiser war Yamagata gezwungen, Itô den Vortritt zu lassen, dem großen Impresario der Restauration. Nach Itôs gewaltsamem Tod wurde Yamagatas Macht über den Taishô-Kaiser durch das unberechenbare Naturell und den hartnäckigen Widerstand Yoshihitos gegen alle Manipulierungsversuche gedämpft; hinzu kamen noch die Machenschaften von Parteigängern von Satsuma und anderen Feinden von Chôshû. Japan hat eine alte Tradition der Mächtigen, regierende Kaiser zu neutralisieren, zu isolieren, zu quälen, zu entfernen oder zu ermorden, oft ergänzt dadurch, daß man sie durch willfährige junge Nachkommen wie Hirohito ersetzte. Als es Yamagata dann schließlich gelungen war, Yoshihito zu zermürben, kam alles darauf an, sich die Macht über den neuen Tennô zu sichern, indem dieser mit einem Mädchen verheiratet würde, das die »richtigen« Loyalitätsbande hatte. Wenn Yamagatas Kandidatin die nächste Kaiserin wurde, würde die Militärclique von Chôshû den Zugang zum Palast und damit den Thron selbst beherrschen. Aus den gleichen Gründen war es für seine Gegner wichtig, ihn an diesem Vorhaben zu hindern und statt dessen eine eigene Kandidatin durchzusetzen.

Die Kandidatin Yamagatas war Prinzessin Ichijô Tokiko.[33] Schon der Meiji-Kaiser hatte eine Ichijô geheiratet.

Natürlich hatten auch die Eltern Hirohitos einen Einfluß darauf, wen ihr Sohn heiraten würde, doch die Notwendigkeit, ein Einvernehmen vorzutäuschen, neutralisierte diesen Einfluß und machte Intrigen unvermeidlich. Die Kaiserin brauchte möglichst viele Verbündete, und deshalb wurden zwei Kandidatinnen nominiert. Die erste Wahl war Prinzessin Masako, die Tochter von Prinz Nashimoto. Das

Mädchen war Sadakos Liebling und die Nichte ihrer engsten Freundin seit Kindheitstagen, ihrer christlichen Klassenkameradin Nabeshima Nobuko.[34] Ihre Eltern stammten aus dem Aizu- und dem Hizen-Clan, die einen unversöhnlichen Haß gegen Chôshû hegten.[35] Nach dem Grundsatz, der Feind meines Feindes ist mein Freund, waren sie sehr gute Freunde des Satsuma-Clans.

Ihre Ersatzkandidatin war Prinzessin Nagako, die älteste Tochter von Kuni no Miya Kunihiko.[36] Leonard Mosley schreibt in seiner Biographie Hirohitos, der Vater Nagakos sei »einer der liebenswertesten Schlawiner des japanischen Adels« gewesen, der insgesamt achtzehn Kinder in die Welt gesetzt hatte, neun mit seiner Frau und neun mit Konkubinen. Tatsächlich handelte es sich nicht um ihren Vater, sondern ihren Großvater. Ihr Vater hatte einen guten Ruf zu verlieren, wie wir noch sehen werden. Im Jahr 1916, als sie als Kandidatin für die nächste Kaiserin in die engere Wahl gezogen wurde, war Nagako erst vierzehn Jahre alt. Ihren ersten Besuch im Palast hatte sie mit neun Jahren absolviert, als sie ihre Mutter bei einem Kondolenzbesuch nach dem Tod des Meiji-Kaisers begleitete. An diesem Tag hatte das Mädchen nur eine Verbeugung gemacht und war dabei rot geworden, ohne ein Wort herauszubringen. Trotzdem hinterließ sie einen bleibenden Eindruck bei Kaiserin Haruko, die um eine Fotografie von ihr bat. Während der letzten Lebensjahre Harukos entwickelte sich eine herzliche Freundschaft zwischen ihr und der jungen Prinzessin. So war es auch Haruko, die gegenüber Sadako als erste die Idee zur Sprache brachte, daß dieses Mädchen eines Tages eine gute Braut abgebe.[37]

Tatsächlich hatte Nagako, ein attraktives, ernsthaftes Mädchen, zahlreiche japanische Christen unter ihren Freundinnen und Freunden, was den Verbindungen Sadakos zugute kommen würde. Was ihre religiösen Überzeugungen angeht, so können wir darüber so wenig Gesichertes aussagen wie über die von Sadako selbst, denn die Mitglieder der kaiserlichen Familie werden niemals als Christen bezeichnet. Jede Andeutung, der Kaiser oder einer seiner unmittelbaren Angehörigen könnte Christ oder auch nur ein halber Christ sein, riefe unweigerlich buddhistische oder shintoistische Anhänger auf den Plan.

Das Spektrum der öffentlichen Meinung spaltete sich in zwei Lager; die Anhänger des einen waren für eine Öffnung des Hofes gegenüber der Außenwelt und die des anderen für eine Abkapselung.[38] Yamagata manipulierte geschickt beide Gruppen, um auf diese Weise den Einfluß Kaiserin Sadakos auf den Hof und die Zukunft der kaiserlichen Familie zu verringern.

Doch Kaiserin Sadako war ebenfalls eine große Strategin. Sie hatte über viele Jahre ihre Stellung am Hof ausgebaut. Ihre Freunde schilderten sie als »bezaubernd, lebhaft und mit sanfter Stimme«, doch stets wach und konzentriert. Wenn sie Fragen stellte, befanden sich ihre in den Schoß gelegten Finger fortwährend in Bewegung. Keinem, der sich im Palast aufhielt, konnte ihre Kraft und die von ihr ausgehende Wirkung entgehen. Die Organisation des Palastamts wurde nach und nach durch ihre Parteigänger infiltriert. Sadako ließ sich nicht durch die Kämmerer einschüchtern, noch ließ sie zu, daß diese über jedes Detail ihres Lebens bestimmten. (Sie unternahmen sogar den Versuch, über den Verlauf und die Dauer ihrer Privataudienzen zu entscheiden.)

Wie ein Beobachter schrieb, war Sadako »eine kluge und nachdenkliche Frau und eine wunderbare Menschenkennerin. Es war verständlich, daß viele unserer führenden Persönlichkeiten, vor allem Comte Makino und Baron Shidehara, sich um eine Möglichkeit bemühten, mit ihr ein Gespräch zu führen.«[39]

Nicht alle hegten Bewunderung für sie. Ministerpräsident Hara, ein Parteigänger Yamagatas, beklagte sich bitter über die Probleme, die er durch Kaiser Yoshihitos »Geschäftsunfähigkeit« und Kaiserin Sadakos zunehmenden Einfluß hatte. Hara gehörte zwar nicht selbst dem Chôshû-Clan an, hatte jedoch eine Frau dieses Clans geheiratet und sich danach auf die Seite Yamagatas geschlagen. Hara wurde über die Kaiserin und ihre christlichen Verbündeten so wütend, daß er fauchte: »In letzter Zeit ist es so weit gekommen, daß alles nur noch über die Kaiserin läuft, und ich bin tief besorgt über die Mißbräuche, zu denen das in Zukunft führen kann.«[40]

Bevor eine Entscheidung darüber getroffen werden konnte, welche Kandidatin die Braut Hirohitos werden sollte, mußte die Adelsschule für Mädchen ausführliche Berichte über den Bildungsstand der beiden erstellen. Der Minister des Palastamts stattete ihren Familien wiederholt Besuche ab, um sich über alle Einzelheiten in ihrem Leben zu informieren. Und die Palastärzte inspizierten jeden Zoll ihres Körpers. Sie konnten nichts Negatives feststellen.[40]

Bis zum Jahr 1917 hatte Yamagata genügend Unterstützung mobilisiert, um die Entscheidung für Prinzessin Masako, die erste Wahl der Kaiserin, zu kippen. Da seine Kandidatin aus einer der Fünf Großen Familien, dem Fujiwara-Clan, stammte, machte er als Einwand geltend, daß Masako aus keiner der fünf Familien stammte. Das war zwar nur eine Formalie, aber es war einfacher, die Zustimmung anderer für eine Formalie zu gewinnen als für die eigentlichen Motive. Masako wurde statt dessen mit dem Kronprinzen von Korea verheiratet, um auf diese Weise die Erbitterung Koreas gegenüber Japan etwas abzumildern.[42]

Yamagata war aus mehreren Gründen auch nicht mit Prinzessin Nagako einverstanden, vor allem weil sie Sadakos Wahl war, aber auch weil ihre Mutter der feindlichen Shimazu-Familie des Satsuma-Clans angehörte und schließlich weil ihr Großvater väterlicherseits ein erbitterter Feind von Chôshû gewesen war und in der Meiji-Restauration die falsche Seite unterstützt hatte.[43] 1875 wurde er amnestiert, und acht Jahre später wurde seine Familie, Kuni, in die kaiserliche Familie aufgenommen. Wenn Yamagata keinen anderen Grund fand, der einer Eheschließung mit dem Kaiser entgegenstand, würde er die bittere Pille schlucken müssen.

Im Januar 1918, als Yamagata für kurze Zeit von Tokyo abwesend war, trafen Sadako und Yoshihito mit Nagakos Eltern ein privates Verlobungsabkommen. Bevor Yamagata zurückgekehrt war, wurde die Verlobung mit Hirohito öffentlich bekanntgegeben. Dieses eine Mal fand sich der General völlig überrumpelt. Als er erfuhr, was geschehen war, geriet er außer sich. Er verdoppelte seine Anstrengungen, einen Vorwand zu finden, um die junge Frau als künftige Kaiserin unmöglich zu machen. Die Verlobung sei hinter seinem Rücken arrangiert worden. Man habe ihn weder »über die Verhandlungen unterrichtet« noch ihm die Möglichkeit gegeben, »seine Einwände vorzutragen«, bevor die Verlobung bekanntgegeben wurde.[44] Vorläufig bezeichnete er die Verlobung als »inoffiziell«.

Da sie jetzt Hirohitos Verlobte war, brachte Nagako die beiden folgenden Jahre damit zu, Unterricht in der Hofetikette und allen protokollarischen Fragen zu nehmen.[45] Während dieser Zeit kam sie mehrmals in Gesellschaft mit Hirohito zusammen, doch konnte man dies kaum als eine Werbung bezeichnen.

In der Zwischenzeit war Yamagata zum Gegenangriff übergegangen und übte mit allen Mitteln Druck auf Yoshihito aus, um ihn zu einer Auflösung der Verlobung zu bewegen. Dieser hielt dem Druck bis November 1919 stand, als er seinen ersten schweren Schlaganfall erlitt.[46] Hirohito, der zu diesem Zeitpunkt achtzehn Jahre alt war, übernahm für ihn die repräsentativen Amtspflichten.

Der Schlaganfall des Taishô-Kaisers bot Yamagata die Gelegenheit, auf die er lange gewartet hatte. Niemand konnte wissen, wie lange Yoshihito als Kranker noch am Leben bleiben würde. Fürst Saionji, Yamagata und Ministerpräsident Hara setzten alle Hebel in Bewegung, damit der Kaiser offiziell abdanken und Hirohito zum Regenten ernannt würde. Statt den körperlichen Verfall des Tennô vor der Öffentlichkeit sorgfältig zu verbergen, wie er es noch im Fall des Meiji-Kaisers getan hatte, sorgte Yamagata dafür, daß die Presse regelmäßig Berichte über den sich verschlechternden Gesundheitszustand Yoshihitos brachte. Als nächstes einigten sich Yamagata und Hara auf eine Aufteilung der Macht: »Politik ist die Sache der Regierung, und der Hof ist die Sache der *genrô*.«[47] Der Ministerpräsident traf die täglichen politischen Entscheidungen, während Yamagata und Saionji die am Hof einzuschlagende Strategie festlegten und Hirohito durch Baron Nakamura, den Minister des Palastamts, manipulierten. Um bei Ministerpräsident Hara keine Zweifel darüber aufkommen zu lassen, daß die Mitglieder der kaiserlichen Familie für ihn tabu waren, warnte Yamagata ihn, den Palast nicht zu oft zu besuchen.[48]

Nachdem Hirohito zum Regenten ausgerufen war, kam es für Yamagata darauf an, mit allen Mitteln zu versuchen, die bevorstehende Hochzeit doch noch zu verhindern. Die einzige Möglichkeit hierzu bestand darin, etwas Negatives über Nagako oder ihre Familie herauszufinden. Yamagata ließ alle seine Verbindungen spielen, und siehe da, es fand sich etwas. Zum Jahresende 1920 berichtete die japanische Presse aufgeregt von einer »schweren Hofaffäre« – einem Kampf

»zwischen ein paar Dutzend einflußreichen Männern im Palast und in den höchsten Rängen der Bürokratie«.[49] Der Journalist Morgan Young bezeichnete ihn als einen »schmutzigen Krieg auf den Stufen des Throns«.[50]

Yamagata glaubte einen katastrophalen genetischen Defekt in der Familie Nagakos – dem Shimazu- und Satsuma-Zweig – entdeckt zu haben. Yamagatas Hausarzt Dr. Hirai hatte in einer medizinischen Fachzeitschrift den Artikel eines Spezialisten auf dem Gebiet der Erblichkeit von Körpermerkmalen gelesen, in dem es um Farbenblindheit in der Shimazu-Familie ging.[51] Auf der Grundlage dieses Artikels erklärte Yamagata, die Vorfahren Nagakos seien farbenblind gewesen, ein klarer Hinweis auf genetische Mängel in ihrer Ahnenreihe.[52] Er sagte es nicht direkt, ließ jedoch durchblicken, daß die Himmelssöhne schon genug Probleme hätten.

Ohne Rücksprache mit dem Kaiser, der Kaiserin oder dem Kronprinzen schickte Yamagata Botschafter zu Nagakos Vater, die an den Patriotismus von Prinz Kuni appellierten und ihn aufforderten, die Verlobung seiner Tochter mit dem künftigen Kaiser wegen der zu erwartenden genetischen Gefahren für die kaiserliche Linie zu lösen. Unterstützt von Ministerpräsident Hara und Baron Nakamura, ließ Yamagata dem Prinzen sagen, alles menschenmögliche müsse getan werden, um die Reinheit der kaiserlichen Blutlinie zu schützen. Um Prinz Kuni vor unnötigen finanziellen Härten infolge einer Änderung seiner Pläne zu bewahren, hatte Yamagata auch einige Adlige von Chôshû mitgeschickt, die dem Prinzen eine großzügige finanzielle Unterstützung zusagten, falls das Verlöbnis gelöst werde.[53]

Voller Ingrimm verfaßte Prinz Kuni ein langes formelles Schreiben an Kaiserin Sadako: »Ich [...] habe alle möglichen Schritte unternommen, um die Frage der Farbenblindheit in unserer Familie überprüfen zu lassen, bevor ich auf das kaiserliche Angebot einging, und bin zu dem Schluß gelangt, daß dieses Merkmal praktisch bedeutungslos war. [...] Es gibt nur zwei Situationen, die es in meinen Augen erheischen würden, die Verlobung meiner Tochter mit dem Kronprinzen zu lösen: Wenn Eure Majestäten der Kaiser und die Kaiserin oder der Kronprinz selbst es so für besser hielten oder wenn ich überzeugt wäre, daß die Hochzeit die kaiserliche Linie unvermeidlich schwächen würde. In der Anlage finden Ihre Majestät eine vollständige Zusammenstellung aller wissenschaftlichen Befunde über die Natur der Farbenblindheit in unserer Familie und ihre Erblichkeit. Ich [...] bitte Ihre Majestät, die Angelegenheit zu überprüfen und mich mit Ihrem kaiserlichen Rat zu beehren.«[54]

Nun stellte sich heraus, daß in dem als Beweis angeführten medizinischen Artikel gar nicht von »Farbenblindheit«, sondern nur von einer leichten Form der »Farbenfehlsichtigkeit« die Rede war. Yamagato hatte die Sache aufgebauscht.[55]

Während er auf eine Antwort Kaiserin Sadakos wartete, drohte Prinz Kuni, über dem ganzen schmutzigen Schauspiel auf höchst dramatische Weise den Vorhang niedergehen zu lassen. In einem Brief an den Prinzen Fushimi, der ebenfalls gegen die Heirat war, resümierte er nüchtern die Lage: »Es war das Kaiserhaus selbst, das um die Hand meiner Tochter angehalten hat. Wenn die Verbindung gelöst werden soll, dann sollte dies durch das Kaiserhaus geschehen. Und ich möchte hinzufügen, daß ich, wenn es soweit kommen sollte, gezwungen wäre, auf die Beleidigung für mich und meine Familie zu antworten, indem ich zuerst Nagako töte und mir dann selbst den Tod gebe.« Und er fragte: »Wird diese Idee von Ihren Majestäten dem Kaiser und der Kaiserin gebilligt? Oder macht hier jemand viel Geschrei, um uns zu belästigen?«[56]

Die Nachricht von Prinz Kunis Warnung verbreitete sich rasch. Ministerpräsident Hara äußerte, er sei empört über Prinz Kunis »erstaunlich ungehobeltes Benehmen«.[57]

Als die Nachricht die Gangster der Genyôsha-Gesellschaft erreichte, wirkte sie wie eine Bombe. Zur allgemeinen Überraschung wandten sich die Schläger Tôyama Mitsurus gegen Yamagata, der jahrzehntelang ihr Schutzherr und Mitverschwörer gewesen war. Überall in Japan verteilten die Mitglieder der Gesellschaft Flugblätter, auf denen in groben Zügen die Machenschaften Yamagatas hinter den Kulissen enthüllt wurden. Nach einer Quelle war es Hirohitos Ethiklehrer, der den Zorn Tôyamas entfachte, indem er ihm gegenüber erklärte, Yamagata zeige »Respektlosigkeit« gegenüber dem Thron. Tôyama bezahlte Studententrupps dafür, auf den Straßen Sprechchöre anzustimmen wie »Tod für Yamagata« und »Nakamura beleidigt den Kaiser«. Die prächtige Villa samt dem Garten Yamagatas mußten von bewaffneten Wachen geschützt werden. Möglicherweise hatte dabei auch der Satsuma-Clan die Hand im Spiel und forderte gewisse Privatschulden dieser paramilitärischen Organisationen ein.[58]

Die meisten Beobachter zeigten sich überrascht, daß der Konflikt sich auf diese Weise Bahn brach. Eine japanische Quelle behauptete sogar, Yamagata habe Prinzessin Nagako »gemocht« und habe es »sehr bedauert«, als ihn die Nachricht von ihrem genetischen Defekt erreichte.[59] Was für ein Unglück, daß der Vater der jungen Frau so geschmacklos war, seinen Plan bekanntzugeben, seine Tochter und sich selbst rituell zu entleiben, um die Schande zu tilgen. Die Fanatiker des »reinen Blutes« (wie Yamagata) unterlagen den Fanatikern der »Schande«. In einer Gesellschaft, in der das strafwürdigste Verbrechen darin besteht, sich erwischen zu lassen, haben Fanatiker der Schande einen gewissen Vorteil. Prinz Kunis Warnung, er werde erst seine Tochter und dann sich selbst töten, lieferte den Gegnern der Chôshû-Fraktion genau das, was sie zur Mobilisierung der Bevölkerung brauchten. Der Journalist Morgan Young war perplex: »Es ist unbegreiflich, warum Yamagata in all seiner Machtfülle überhaupt zugelassen hat, daß es zu diesem Kampf kam.«[60] Er hatte den Hinweis übersehen, den Yamagata selbst gegeben hatte. Im Dezember 1920 hatte der General dem Prinzen Kuni seinen Kummer über das Verlöbnis mitgeteilt. Der Brief hatte eine Länge von dreieinhalb Metern, doch der Kern des Streits wurde mit wenigen Pinselstrichen benannt: »Tatsache ist, daß die Verlobung sozusagen hinter unserem Rücken vollzogen wurde. Hätte man uns von den Vorgesprächen unterrichtet, hätten wir die Möglichkeit gehabt, unsere unmaßgebliche Ansicht vorher zu äußern.«[61]

Nur an seine Rache denkend, war Yamagata diesmal zu weit gegangen. Ein Makel dieser Größe war selbst für den alten Obergauner zuviel. Sein Verbündeter, Baron Nakamura, Minister des Palastamts, mußte die Schuld für den Schnitzer seines Meisters auf sich nehmen und wurde in Ungnade entlassen. Das kostete Yamagata seinen ranghöchsten Vertrauten im Palast, ein großer Sieg für die Verbündeten gegen Chôshû. Sie streuten noch Salz in die Wunde, indem sie dafür sorgten, daß der Comte Makino von Satsuma der Nachfolger des Barons wurde.

Einer der langjährigsten Feinde Yamagatas, der Parteiführer Ôkuma, erklärte: »Was Fürst Yamagata angeht, so wird er nicht umhin können, von allen öffentlichen Ämtern, die er bekleidet, zurückzutreten, ganz zu schweigen von seinem Verhalten als *genrô*, für das er sich gegenüber dem Kaiser und der Nation entschuldigen muß. Anders wäre die Nation, die gegenüber seiner Haltung einen starken Groll empfindet, unmöglich versöhnlich zu stimmen.«[62] (Der aufrechte Ôkuma pflegte gelegentlich zu sagen, er trage zwar viele Narben an seinem Körper, aber keine auf dem Rücken.[63])

Am 10. Februar 1921 brachten die japanischen Zeitungen eine Verlautbarung des Palasts, daß sich an den Hochzeitsvorbereitungen für Kronprinz Hirohito nichts ändern werde.[64] Bald darauf schrieb Yamagata einen Brief an den Thron, der mit der üblichen Untertreibung begann: »Ich bin nur ein Soldat.«[65] Darin ersuchte er darum, von allen seinen öffentlichen Ämtern entbunden zu werden, und bat um die Erlaubnis, seinen Hofrang, seine Fürstenwürde und alle seine Auszeichnungen zurückzugeben. Kaiserin Sadako ließ ihn monatelang schmoren. Ende Mai 1921 hatte Yamagata eine formelle Audienz bei dem geschwächten Taishô-Tennô, der ihm ohne Regung eine schriftliche Botschaft überreichte, mit der sein Rücktrittsgesuch abgelehnt wurde.[66] Seine Rolle in der Affäre wurde entschuldigt, seine Ämter und Auszeichnungen und seine Loyalität wurden offiziell bestätigt. Die Kaiserin und der Kaiser, die er demütigen und vernichten wollte, hatten ihn überlistet und ihm danach verziehen – der endgültige Schlag. Es war Yamagatas letzter Besuch im Palast.

Nachdem sein öffentlicher Ruf wiederhergestellt, seine persönliche Niederlage jedoch vollkommen war, starb Yamagata im Winter darauf.[67] Auf die Dauer konnte allerdings niemand die Militarisierung Japans abwenden, die er nach 1890 in die Wege geleitet hatte, doch im Verlauf der kommenden drei Jahrzehnte blieben Sadako und ihr aufgeklärterer Kreis die dominierende Kraft im Palast, und sie sollte noch erleben, wie die höchsten Chôshû-Generäle nach 1945 hingerichtet wurden.

5
Aus dem Käfig heraus

Während der Kaiserhof in die Auseinandersetzung um die Verlobung Hirohitos verwickelt war, tobte in Europa der blutigste Krieg der Geschichte, der das Mächteverhältnis auf der Welt radikal verändern sollte. Aus dem Ersten Weltkrieg gingen die Vereinigten Staaten – die erst gegen Ende der Kämpfe die Arena betraten, doch als Waffenhändler und Geldgeber enorm profitierten – wirtschaftlich und politisch so gestärkt hervor, daß sie die globale Diplomatie auf eine Weise beeinflussen konnten, wie dies bislang allein England möglich gewesen war. Diese Machtverschiebung hatte weitreichende und kaum erkannte Auswirkungen auf Japan, weil sie die wichtigen Verbindungen zerstörte, die seit langem zwischen Tokyo und London bestanden hatten.

England hatte während des Meiji-Staatsstreichs eine bedeutende Rolle im Hintergrund gespielt und 1868 als erstes Land die Legitimität des neuen Kaisers und der Restaurationsregierung anerkannt. Britische Kaufleute hatten die jungen Radikalen und die Clans unterstützt, die sich verschworen hatten, den Shogun zu stürzen. Es gab geheime Waffenverkäufe, geheime Bündnisse und geheime Kredite. Im Lauf der folgenden Jahrzehnte hatten viele Angehörige der britischen Königsfamilie Tokyo einen Besuch abgestattet, darunter der Herzog von Edinburgh 1869, die Prinzen Albert und Georg 1881, der Herzog von Connaught 1890 und sein Sohn, Prinz Arthur, der 1906 dem Meiji-Kaiser den Hosenbandorden überreichte.[1] Auch aus Rußland und Deutschland waren kaiserliche Besucher gekommen, doch nicht in solcher Zahl, und ihre Besuche waren überschattet von Streitigkeiten um Einflußzonen in Nordasien. Zu Beginn des zwanzigsten Jahrhunderts war England darauf bedacht, die Ziele verschiedener Mächte, darunter Frankreich, Deutschland und Rußland, in Asien zu vereiteln. In diesen Auseinandersetzungen suchte England einen starken Verbündeten in Ostasien, und das Ergebnis war das anglo-japanische Bündnis von 1902. Dieses Bündnis war für den internationalen Rang Japans von großer Bedeutung und vermittelte der japanischen Bevölkerung den Eindruck, daß England der einzige wirkliche Freund Japans auf der Welt war. Damit lag sie wohl richtig.

Mit dem Westen gleichzuziehen war eines der Hauptziele der Meiji-Ära. Im neunzehnten Jahrhundert hatten die westlichen Großmächte eine Kanonenbootdiplomatie betrieben, um sich in Teilen Asiens durch Unterwerfung vorteilhafte Schürfrechte und Handelskonzessionen zu sichern, und die übrigen westlichen Länder beeilten sich, ähnliche Privilegien für sich zu fordern. Asien wurde zu einem Flickenteppich europäischer Kolonien und Einflußsphären, an dem sich auch die USA ihren Anteil sicherten, als sie 1898 von Spanien die Philippinen eroberten. Japan war entschlossen, nicht dasselbe Schicksal zu erleiden.

Kein asiatisches Land wurde vom Westen ernstgenommen, bis Japan zu Beginn des zwanzigsten Jahrhunderts seinen Aufstieg als Militärmacht demonstrierte. Seine Diplomaten mußten in Verhandlungen Verträge abschließen, um Tokyo zu einem gleichberechtigten Partner in dem vom Westen sogenannten »Großen Spiel« zu machen. Das vordringliche außenpolitische Ziel für Japan bestand darin, Mitglied einer der mächtigen Koalitionen zu werden, um sich vor räuberischen Staaten wie Rußland zu schützen und bei der Verfolgung seiner Handels- und territorialen Bestrebungen auf dem asiatischen Festland diplomatische und wirtschaftliche Unterstützung zu finden. England kam aufgrund seiner Haltung beim Sturz des Shogunats sowie der Ähnlichkeiten zwischen den beiden Inselstaaten, ihrer königlichen Familien und ihres Traditionsbewußtseins als Verbündeter am ehesten in Frage.

Auch für England gab es Gründe für ein Bündnis mit Japan, vor allem weil es wachsende Schwierigkeiten hatte, sein ausgedehntes Kolonialreich allein zu verteidigen. Das Bündnis zwischen England und Japan verpflichtete Tokyo und London, sich bei der Wahrung ihrer jeweiligen Interessen in Nordasien gegenseitig zu unterstützen. Im Rahmen des Bündnisvertrags griff England Japan während der schwierigen Periode des Russisch-Japanischen Krieges 1904 bis 1905 finanziell unter die Arme und sorgte dafür, daß sich keine anderen

Länder in den Konflikt einmischten. Als die Japaner 1905 die russische Flotte vernichteten, jubelte England.[2] Nicht nur Englands Rivalen im Großen Spiel war eine Lektion erteilt worden – der größte Teil der japanischen Flotte stammte von britischen Werften. Als Japan in der Folgezeit Kredite benötigte, wurden diese von britischen Finanziers aufgebracht, gelegentlich unter amerikanischer Beteiligung.[3] Japan ging zum Goldstandard über, und dreihundert ausgebildete Japaner wurden mit der Aufgabe betraut, in Japan ein gesundes Bank- und Finanzwesen aufzubauen. Das Bündnis wurde nach dem Russisch-Japanischen Krieg und ein zweites Mal 1911, nach der Annexion Koreas durch Japan, erneuert, was deutlich machte, daß England beide Unternehmungen billigte.

Der Erste Weltkrieg bot Japan eine Chance, sein internationales Prestige noch weiter zu erhöhen. Weitgehend aufgrund des Bündnisses mit England trat Japan an der Seite der Alliierten in den Krieg ein. Seine Flotte patrouillierte im Indischen Ozean und beschützte Australien und Neuseeland. Tokyo entsandte einen Kreuzer und vierzehn Zerstörer ins Mittelmeer, die dort alliierten Schiffen Geleitschutz geben sollten. Japanische Schiffe geleiteten den großen Schiffskonvoi mit Truppen aus Australien und Neuseeland, die nach Europa gebracht werden sollten. Japanische Schiffe und Matrosen trugen zur Aufrechterhaltung der Ordnung in Singapur, Hongkong und Shanghai bei, während die britischen Truppenkontingente in Europa gebunden waren. Japanische Truppen besetzten deutsche Kolonien im Pazifik und den deutschen Flottenstützpunkt in Tsingtao (Qingdao).

Nach dem Ersten Weltkrieg wurde dieses Bündnis von den Vereinigten Staaten in Frage gestellt. Washington behauptete, England sei hintergangen worden, weil Japan keine Soldaten für den Bodenkrieg in Europa geschickt habe, und wies darauf hin, statt dessen hätten japanische Unternehmen die Verwicklung Englands in den europäischen Krieg dazu genutzt, die britischen Märkte in ganz Ost- und Südostasien zu durchdringen. Hatten die Briten im neunzehnten Jahrhundert bei allem, was in Asien geschah, ihre Finger im Spiel gehabt, so mischten jetzt im zwanzigsten Jahrhundert die Amerikaner überall mit.

Aufgrund umfangreicher Kriegskredite und ebenso umfangreicher

Exporte an Rüstungs- und Agrargütern waren die Vereinigten Staaten durch den Krieg zur größten Gläubigernation der Welt geworden. Fast alle Staaten mit Ausnahme Japans waren zu Schuldnerländern der USA geworden. Ein erschöpftes, demoralisiertes und dem Bankrott nahes England mußte sich zwischen amerikanischem und japanischem Wohlwollen entscheiden. England hatte seine hohen Kriegskredite zum größten Teil bei der amerikanischen Morgan-Bank aufgenommen, die ihrerseits vor allem in Japan neue Investitionsmöglichkeiten suchte.

Washington hatte erkannt, daß das britische Weltreich in Asien ins Wanken geriet und sich dort in Zukunft große kommerzielle Chancen für amerikanische Unternehmen eröffneten. England versuchte, die USA als dritten Partner in seinem Bündnis mit Japan zu gewinnen, was historische Folgen haben sollte. Doch Amerika und Japan waren inzwischen die beiden größten Seemächte der Welt. Amerika sah in Japan seinen schärfsten zukünftigen Rivalen im Pazifik und war entschlossen, unter Einsatz all seiner Macht- und Einflußmöglichkeiten England dazu zu bringen, sein Bündnis mit Japan aufzukündigen.

Diese Lage erforderte auf seiten Japans einen außergewöhnlichen diplomatischen Schritt. Im Jahr 1921 wurde beschlossen, Kronprinz Hirohito auf eine Goodwilltour nach England und mehr oder weniger nebenbei auch in andere westeuropäische Länder zu schicken. London sollte das Hauptziel des Besuchs sein in der Hoffnung, auf diese Weise die britische Regierung zu ermutigen, sich dem von den USA ausgeübten Druck zu widersetzen.

Kein japanischer Kaiser oder Kronprinz war jemals weiter gereist als bis zum benachbarten Korea, dem Hirohitos Vater 1907, als er noch Kronprinz war, einen kurzen Besuch abgestattet hatte. Zwar hatte es in den achtziger Jahren des vorigen Jahrhunderts Pläne für eine Europareise des Meiji-Kaisers gegeben, doch diese wurden von den Konservativen am Hof vereitelt, denen der bloße Gedanke, ein Himmelssohn könnte durch die Berührung mit fremden Kulturen befleckt werden, einen Schauder über den Rücken jagte.[4] Jedenfalls hatten die Reisen des Meiji-Kaisers durch Japan gezeigt, daß er mit diesem Unternehmen nicht glücklich war und seine Langeweile und Unruhe nicht unterdrücken konnte. In Europa wäre es ihm sicherlich nicht anders ergangen. Der Taishô-Kaiser wiederum wurde zwar in die Vereinigten Staaten eingeladen, doch die Ärzte waren wegen seines Gesundheitszustands gegen diese Reise.[5] Im Gegensatz zu seinem Vater wäre der extravertierte Yoshihito vermutlich ein liebenswürdiger Gast gewesen. Doch damals wollte Japan seine wichtigen wirtschaftlichen und militärischen Verbindungen nicht durch eine deutliche Annäherung an die USA aufs Spiel setzen.

Der Besuch Hirohitos in London stieß auf den Widerstand der ultranationalistischen »Kontrollfraktion« in der Armee, deren Einfluß in Tokyo zunahm und die geheime Bündnisse mit Banken- und Industriecliquen schmiedete. Der Aufstieg dieser Ultranationalisten isolierte die Fraktion der Anglophilen im japanischen Außenministerium gerade zu einem Zeitpunkt, da ihr Einfluß wichtig gewesen wäre, um die Allianz aufrechtzuerhalten. Unter ihnen waren die Diplomaten Yoshida Shigeru und Matsudaira Tsuneo. Sie hatten beide in London gedient und feste Freundschaften mit hohen britischen Regierungsbeamten und führenden Mitgliedern der britischen Gesellschaft geschlossen, die ebenfalls für eine dauerhafte Freundschaft zwischen beiden Ländern eintraten.

Hirohitos Reise sollte sechs Monate dauern.[6] Neben England, Schottland und Frankreich würde er Belgien, die Niederlande, Italien und den Vatikan besuchen. Eine Einladung in letzter Minute von den Vereinigten Staaten wurde nicht angenommen, um eindeutig zu demonstrieren, daß Japan stärker an einem Bündnis mit England interessiert war.

Der Kronprinz fuhr am 3. März 1921 in Yokohama an Bord des Kreuzers »Katori« ab, eskortiert von dem Kreuzer »Kashima« – beides in England gebaute Schiffe – und begleitet von einem Gefolge von Kammerdienern, anderen Bediensteten, Offizieren, Lehrern und Dolmetschern. Mit ihm kam auch sein sechsundfünfzig Jahre alter Cousin, Prinz Kanin Kotohito, ein auffallend gutaussehender Mann mit Schnurrbart, sportlich und gut angezogen. Prinz Kanins Erscheinungsbild war so unjapanisch, daß er in Frankreich oft für einen Pariser gehalten wurde. Außerdem reiste Hirohitos fünfundsechzigjähriger politischer Ratgeber mit, der in den USA ausgebildete Comte

Chinda Sutemi, der zwischen 1916 und 1920 in London Botschafter gewesen war und an den Versailler Friedensverhandlungen teilgenommen hatte. Der Chefadjutant des Kronprinzen war der dreiundfünfzig Jahre alte Nara Takeji, den Kaiserin Sadako persönlich ausgesucht hatte.[7] Ferner wurde Hirohito von Comte Makino begleitet, dem obersten zivilen Berater des Throns bis Ende 1935. Er war ein großgewachsener, schlanker, nervöser, schmallippiger Mann von neunundfünfzig Jahren und sprach ausgezeichnet Englisch; er hatte acht unglückliche Jahre als Schüler in den Vereinigten Staaten zugebracht. Auch er war bei den Versailler Friedensverhandlungen dabei. Schließlich gehörte noch Okamura Yasuji zur Entourage des Kronprinzen, ein Vertreter der »Kontrollfraktion« der Armee und einer aus ihrem intrigantesten Trio, das sich »die drei Krähen« nannte.[8]

In jedem Besuchshafen ging Hirohito in Begleitung seiner Leibwächter an Land, die stets zwei schußsichere Westen in Griffweite hatten. Trotz der Warnungen eines Shinto-Priesters verlief die Reise ohne Zwischenfälle. Nach einem Höflichkeitsbesuch auf Okinawa gab es nur noch in britischen Häfen Zwischenaufenthalte – Hongkong, Singapur, Colombo, Aden, Suez, Port Said, Malta und Gibraltar. Dank des anglo-japanischen Bündnisses wurde der Kronprinz jedesmal herzlich empfangen, mit einundzwanzig Salutschüssen und formellen Begrüßungszeremonien.[9] Hirohito verbrachte die Tage damit, in einem Schwimmbassin auf Deck zu schwimmen, und wurde als ausgezeichneter Schwimmer beurteilt. Er spielte Golf, wobei er den Ball vom Abschlag in den Indischen Ozean beförderte und sich so auf die britischen Fairways vorbereitete. Seine Höflinge waren entsetzt bei dem Gedanken, er könnte sich im Buckingham-Palast oder im Elysée-Palast einen Fauxpas leisten, und deshalb wurde er täglich mit den Feinheiten der britischen Etikette und den Geheimnissen französischer Weine und Käsesorten vertraut gemacht. Stunden wurden an Tischen zugebracht, die mit weißen Leinentischtüchern, Silberbesteck und Kristallgläsern gedeckt waren und an denen das Tischprotokoll erläutert und Hirohito beigebracht wurde, wie man in England und auf dem europäischen Kontinent Messer und Gabel handhabte.

Während eines Aufenthalts in Malta sah er seine erste Oper, Verdis *Otello*. Außerdem besuchte er einen Friedhof, auf dem siebenundsiebzig japanische Matrosen begraben worden waren, nachdem ihre Fregatte, die im Ersten Weltkrieg einem Konvoi Geleitschutz gegeben hatte, versenkt worden war.

Unterwegs gab es plötzlich Panik wegen der Garderobe.[10] Yoshida, der Erste Sekretär der Botschaft in London, bestellte einen Schneider von der Savile Row und erteilte ihm den Auftrag, nach Gibraltar zu reisen und dort dem Kronprinzen von Kopf bis Fuß Maß zu nehmen. Anschließend fuhr der Schneider auf schnellstem Wege nach London zurück, um das Zuschneiden und Nähen einer kompletten Garderobe zu beaufsichtigen, die fertig sein sollte, wenn die »Katori« in Portsmouth einlief. Niemand hatte daran gedacht, daß auch eine Galauniform der britischen Armee erforderlich sein würde. Diese wurde nachträglich angefertigt, so daß Hirohito zu einem Ehrenfeldmarschall der britischen Armee ernannt werden konnte. (Die Ehre wurde 1941 zurückgenommen, als Japan in die britischen Kolonien in Asien einfiel.)

Auf der Reise ließ Hirohito seine kurzgeschorenen Haare wachsen. Er mußte sich darauf vorbereiten, im britischen Unterhaus, bei Empfängen und Abendgesellschaften zu erscheinen, britische Bankhäuser, die Universitäten in Oxford, Cambridge und Edinburgh zu besuchen und zu Landsitzen, Schlössern, Golfplätzen und Forellenbächen zu fahren. Unterwegs sollte er zum Ritter des Hosenbandordens geschlagen werden.

Seine Französischkenntnisse waren recht gut, und sein Englisch besserte sich, doch als die »Katori« am 9. Mai 1921 in den Hafen von Portsmouth einlief, wo Hirohito an Land vom Prinzen von Wales begrüßt wurde, war er zu schüchtern, um Englisch zu sprechen. Das barg Vorteile, weil der offizielle Dolmetscher dadurch die Möglichkeit hatte, nicht alles zu übersetzen, was der Kronprinz sagte. Die königliche Gesellschaft nahm den Zug nach London, wo sie an der Victoria Station von König Georg V. begrüßt und in Pferdekutschen zum Buckingham-Palast gefahren wurde. Auf ihrer Fahrt jubelten ihnen Scharen von Londoner Bürgern zu.

Drei Tage lang war Hirohito Gast der Windsors im Palast. Der erste Abend begann mit einem Galabankett in einem Glanz, wie man ihn seit der Zeit vor dem Weltkrieg nicht mehr erlebt hatte. 128 Personen saßen zu Tisch. In seinem Toast erinnerte König Georg an seinen Besuch in Japan gemeinsam mit seinem Bruder Albert 1881, als sie von Kaiser Mutsuhito und Kaiserin Haruko liebenswürdig empfangen worden waren.

Der japanische Marineattaché in London, Admiral Takeshita Isamu, der während der Reise als einer der Dolmetscher fungierte, berichtete, Hirohitos Erwiderungsworte seien gesetzt und kraftvoll gewesen und hätten den geräumigen Saal gefüllt.[11] »Er mischte sich ungezwungen unter die Gäste, seine britischen Gastgeber ebenso wie uns Japaner, ständig ein liebenswürdiges Lächeln auf den Lippen. Kaum jemand in Japan hätte sich vorstellen können, wie persönlich er war. Gleichgültig, welchen Titel oder welche Stellung sein Gesprächspartner hatte, der Kronprinz verlor nie die Contenance und war nie um Worte verlegen. Man mußte unwillkürlich daran denken, daß in seinen Adern schließlich 2500 Jahre kaiserliches Blut flossen.«[12]

Yoshida bezeichnete Hirohitos Empfang als »außergewöhnlich«. Dem Kronprinzen sei auf allen Ebenen der britischen Gesellschaft, ob hoch oder niedrig, »respektvolle Zuneigung« entgegengebracht worden, was er »seinen angeborenen schönen Eigenschaften, [seiner] einfachen und natürlichen Unbefangenheit [und seiner] Tugend der Bescheidenheit« zuschrieb. Wie er sich ausdrückte, begrüßte Hirohito die Windsors, als wäre es »eine Familienzusammenkunft«.[13]

Die Ungezwungenheit der Windsors in Gesellschaft – verglichen mit der förmlichen japanischen Etikette – war etwas, auf das der Kronprinz oder seine Umgebung in keiner Weise vorbereitet waren. Sie waren völlig perplex, als König Georg zur Frühstückszeit in Hirohitos Suite geschlendert kam und lediglich Hosen, ein offenes Hemd, Hosenträger und Pantoffel trug und dem Kronprinzen auf die Schulter klopfte.

»Ich hoffe, junger Mann«, sagte er, »daß jedermann Ihnen alles gibt, was Sie benötigen, während Sie hier sind. Wenn Ihnen irgend etwas fehlt, sagen Sie es einfach. Ich werde nie vergessen, wie Ihr Großvater mich und meinen Bruder aufgenommen hat, als wir in Yokohama waren. Ich habe mir seit langem gewünscht, seine Freundlichkeit zu erwidern.« Kichernd fügte er hinzu: »Auch wenn es hier keine Geishas gibt – leider. Ihre Majestät würde es nie erlauben.«[14]

Hirohito war gerührt. Er habe sich damals sehr wohl gefühlt, weil König Georg mit ihm sprach, als wäre er sein Sohn. Viele freundliche Gespräche sollten folgen, die ihm ein Verständnis der englischen Politik aus erster Hand vermittelten. Ihm entging auch nicht die offensichtliche Verehrung der britischen Bevölkerung für ihren Monarchen.

Lord Curzon, der Außenminister, gab auf der Terrasse des Carlton ein Mittagessen für den Kronprinzen, gefolgt von einer Aufführung der Ballerina Pawlowa (die von den Japanern als »Tänzerin aus Frankreich« apostrophiert wurde). Curzon pries später Hirohitos »Intelligenz, Freundlichkeit, würdige Haltung und Beflissenheit«, während Premierminister Lloyd George Japan als einen »treuen Verbündeten« bezeichnete.[15] Alle diese Veranstaltungen verliefen in einer Herzlichkeit und einer Lautstärke, die dem gesellschaftlichen Leben der Japaner, zumindest innerhalb der Aristokratie, völlig fremd waren. Trotz der gekränkten Empfindlichkeiten einiger Personen aus seinem Gefolge fühlte sich Hirohito sichtlich wohl, und er wurde überall, wo er hinkam, freundlich willkommen geheißen.

Nach dem dritten Tag im Buckingham-Palast endete der königliche Besuch, und die Japaner bezogen Chesterfield House als Gäste der britischen Regierung. Es folgten eine Reihe gesellschaftlicher und formeller Veranstaltungen, umrahmt von Besichtigungen, und Hirohito trug seine neue Uniform eines britischen Ehrenfeldmarschalls zu Sandhurst, Aldershot und Camberley. Bei einem Besuch in Oxford wohnte er einer Regatta bei, und in Cambridge besichtigte er die Bibliothek und erhielt den Titel eines Ehrendoktors der Rechte. In London saß er eine Stunde lang dem Maler Augustus John Modell zu einem Porträt, das sich heute im kaiserlichen Palast in Kyoto befindet. Dem Maler fiel auf, daß Hirohito eine widerspenstige Haarsträhne hatte, die sein Diener immer wieder anzudrücken versuchte.[16]

Am 19. Mai nahm er den Zug nach Edinburgh in den Norden, wo er einen weiteren Ehrendoktortitel erhielt und im Holyrood-Palast untergebracht war, bevor er sich als Gast des Herzogs von Atholl nach Blair Castle in den Highlands begab. In winzigen schottischen Weilern, deren Einwohner noch nie einen Gentleman aus Japan zu Gesicht bekommen hatten, wurde Hirohito – wie sein offizieller Tagebuchschreiber vermerkte – von »reizenden Landmädchen« begrüßt, die ihn mit Blumengirlanden schmückten. Es war ein gelungener Streich, der den Japanern eine ungewohnte Kostprobe vom schönen Leben auf dem Land gab, weit entfernt vom zeremoniellen Pflichtprogramm in London.

Blair Castle war ein ausgedehnter Landsitz. Es war genügend Zeit, um die Täler entlang zu wandern und zu fischen. Miles Lampson, der an der Organisation der Rundreise für das Außenministerium beteiligt war, schilderte später, daß einer der Höhepunkte des Ausflugs nach Schottland gekommen war, »als wir den Kronprinzen in die edle Kunst des Ausschnüffelns von Lachsen einführten«.[17] Auf einem Bankett am Abend vor Hirohitos Abreise taten sich Angehörige hoher britischer und schottischer Familien der Umgebung ungezwungen mit ihren Dienern, den Schäfern und Pächterfamilien des Landguts samt Kind und Kegel zusammen. Bei Strömen von Wein und Whisky und zum Pfeifen schottischer Dudelsäcke tranken, sangen und tanzten Arm und Reich zusammen, bis schließlich zum Höhepunkt des Abends die Musikanten des Herzogs auf ihren Sackpfeifen die japanische Nationalhymne *kimigayo* spielten.

Obwohl Hirohito selbst nicht mittanzte, schien er den Abend zu genießen. Der Anblick des Herzogs, der mit einer Bäuerin tanzte, und der Herzogin, die von einem Bauern im Takt herumgeschwenkt wurde, bewegte einen aus seinem Gefolge zu dem Ausruf: »Eine echte Demokratie ohne Klassenunterschiede.« Für einen Vogel im goldenen Käfig war das eine erfrischende Abwechslung gegenüber dem kaiserlichen japanischen Protokoll, und Hirohito sprach begeistert davon, »wie nett es wäre, wenn die [japanische] kaiserliche Familie so etwas fertigbrächte, um in unmittelbare Berührung mit dem Volk zu kommen«. Bei einer Besichtigung der Werften in Glasgow stellte der Kronprinz verblüfft fest, daß die Arbeiter sich nicht vor ihm verbeugten, dafür jedoch darauf bestanden, ihm die Hand zu drücken. Als der Besuch in Schottland seinem Ende zuging, verabschiedete der Herzog von Atholl Hirohito mit einem stattlichen Vorrat an Single Malt, der ihm die Heimreise angenehm machen sollte.

Obwohl das zukünftige Geschick des anglo-japanischen Bündnisses noch immer nicht entschieden war, wurde der Besuch als ein großer Erfolg bewertet. Zum erstenmal war ein Mitglied des japanischen Kaiserhauses zu einer Zelebrität der internationalen Presse geworden. Die *Times* in London nannte Hirohito einen »bescheidenen und liebenswürdigen Prinzen« und fuhr fort: »Das größte Kapital des Prinzen ist [...] seine auffallende Ähnlichkeit im Äußeren wie im Charakter mit seinem Großvater, dem großen [Meiji-]Kaiser. Von dieser Ähnlichkeit war in den vergangenen zwei bis drei Jahren immer wieder die Rede, als der Kronprinz wegen des schlechten Gesundheitszustandes des [Taishô-]Kaisers mehrfach seine Rolle beim Empfang ausländischer Botschafter und bei anderen Anlässen am Hof übernahm. Wie es heißt, waren viele Würdenträger am Kaiserhof zu Tränen gerührt über die verblüffende Ähnlichkeit im Äußeren wie im Gebaren zwischen dem Kronprinzen und seinem Großvater.«[18]

Selbst seine Ratgeber waren überrascht. Hirohito machte einen so gelassenen Eindruck, daß es sogar Gerüchte gab, in Wirklichkeit handle es sich um ein Double.[19] Als der Prinz von Wales (der spätere König Eduard VIII.) von diesen Gerüchten erfuhr, witzelte er gegenüber Hirohito, daß er sich zum erstenmal »in der Gesellschaft eines Geistes« befinde.

Japanische Zeitungen und Zeitschriften versorgten ihre Leser ständig mit neuen Nachrichten von der Reise des Kronprinzen.[20] Eine Frauenzeitschrift brachte eine Sondernummer mit minutiösen Einzelheiten von Hirohitos gesellschaftlichen Verpflichtungen, Beiträgen von japanischen Würdenträgern in seinem Gefolge, Karten und zahlreichen Fotos. Der japanischen Bevölkerung wurde feierlich versichert, ihr Kronprinz habe das Programm mit Würde und Gelassenheit absolviert.

Eines der kleinen Geheimnisse, von denen Hirohitos Europareise umgeben war, bleibt bis heute unaufgeklärt. Ein westlicher Biograph schrieb: »In Japan halten sich hartnäckig Gerüchte, [Hirohito] habe sich während der Reise mindestens für vierundzwanzig Stunden dem offiziellen Programm entzogen und die von britischen Geishas angebotenen Dienstleistungen ausprobiert.«[21] Das sei auf Veranlassung des Prinzen von Wales geschehen, während Hirohito sich im

Buckingham-Palast aufhielt. Im wesentlichen geht es um die Behauptung, daß eines Nachts, als die Begleiter Hirohitos im Tiefschlaf lagen, Prinz Edward den Kronprinzen vor ihrer Nase verschwinden ließ und in eines der exklusiveren Londoner Bordelle entführte.[22] Das erscheint angesichts der übertriebenen Sicherheitsmaßnahmen der Japaner höchst unwahrscheinlich und geht wohl eher auf das irrige Bild Prinz Edwards als eines Bonvivants in der britischen Bevölkerung zurück.

Falls Hirohito ein solches Erlebnis hatte, dann weit eher während des privaten Teils seiner Reise in Paris, als er sich in Begleitung seiner lebenslustigen Onkel, der Prinzen Higashikuni, Asaka und Kitashirakawa befand.

Abgesehen von einem großen Mittagessen im Elysée-Palast, das vom französischen Präsidenten gegeben wurde, und einem entsprechenden Bankett in der japanischen Botschaft hatte die Reise nach Frankreich privaten Charakter. Hirohito besichtigte Versailles. Als er eine Fahrt mit der Pariser Metro machte, wurde er von einem Schaffner zurechtgewiesen, weil er versucht hatte, sich in einen bereits vollbesetzten Waggon zu zwängen. Er habe ordentlich die Leviten gelesen bekommen, erinnerte er sich Jahre später schuldbewußt. Anders als in England, wo er aufgrund seiner mangelhaften Sprachkenntnisse auf Dolmetscher angewiesen war, verstand er hier die Landessprache ziemlich gut, so auch die Rüge des französischen Schaffners. Als er die Metro verließ, steckte er seine Fahrkarte ein und bewahrte sie bis zu seinem Tod im Jahr 1989 auf.

Einen Großteil seiner Zeit in Frankreich verbrachte er in Gesellschaft seiner drei Onkel. Die Prinzen Asaka und Higashikuni waren Halbbrüder, Kitashirakawa war ein Cousin. Cliquenbildungen in Japan beruhen häufig auf demselben Geburtsjahr, dem Besuch derselben Schule und so weiter, doch dieses Trio war glücklicher als die meisten anderen. Sie waren alle im selben Jahr geboren, hatten gemeinsam die Adelsschule besucht, waren anschließend auf die Militärakademie in Tokyo gegangen, hatten gemeinsam ihr Offizierspatent in der kaiserlichen Armee erhalten, und jeder von ihnen war mit einer Tochter des Meiji-Kaisers verheiratet. Als Mitgift hatten die drei Prinzessinnen ein großes Geldvermögen und einen ausgedehnten Grundbesitz in die Ehe mitgebracht. Asaka und Kitashirakawa ließen sich herrschaftliche Häuser in Takanawa bauen, dem südlichsten Stadtteil Tokyos, von wo man einen Blick auf die Bucht von Tokyo hat. Higashikuni ließ sich einen Palast im Stil des Art deco außerhalb Yokohamas errichten.[23]

Ursprünglich waren sie ein Quartett gewesen. Prinz Takeda Tsunehisa hatte die vierte der überlebenden Töchter Mutsuhitos geheiratet, war jedoch 1919 gestorben. Sein Sohn sollte ein Liebling der übrigen drei Prinzen werden und im Zweiten Weltkrieg eine wichtige Rolle spielen.

Das Trio war 1920 nach Paris gekommen. Higashikuni war angeblich mit dem Taishô-Kaiser in Streit geraten und wurde ins Ausland geschickt, weil der Kaiser ihn nicht mehr in Tokyo sehen wollte, und seine beiden Gefährten waren mit ihm gegangen. Sie gaben sich als Militärattachés an der japanischen Botschaft und als Studenten an der französischen Militärakademie Saint Cyr aus, doch in Wirklichkeit machten sie sich lediglich eine schöne Zeit. Statt einer Militäruniform trugen diese gutaussehenden jungen Männer Melonen, Schnurrbärte und Anzüge, wie sie in Paris gerade Mode waren. Sie hatten keine finanziellen Probleme, und alle drei besaßen motorisierte Bugatti-Sportzweisitzer oder Tourenwagen. Prinzessin Fusako, die Frau Kitashirakawas, war mit ihnen gekommen. Sie wohnten in einem gemieteten Herrenhaus mit Blick auf den Bois de Boulogne. Prinzessin Fusako stattete es verschwenderisch mit Möbeln aus und füllte ihre Schränke mit Kleidern nach der neuesten Pariser Mode. Sie fanden schnell Zutritt zu den Bällen und Galaabenden der oberen Zehntausend und ließen auch die Bars und Nachtklubs nicht aus. Prinz Asakas Frau erwartete ihr viertes Kind und war widerwillig in Japan zurückgeblieben. Prinz Higashikuni und seine Frau hatten kein inniges Verhältnis zueinander, und sie war froh, in Tokyo bleiben zu können. In Paris hielt er sich mehrere höchst attraktive europäische Geliebte, amüsierte sich mit ihnen beim Absinth und füllte regelmäßig die Klatschspalten der Zeitungen mit Skandalgeschichten.

Die Prinzen Higashikuni, Asaka und Kitashirakawa führten den Kronprinzen zu einem Abendessen ins La Perouse aus, wo dieser – zum Entsetzen seiner Adjutanten – Schnecken aß.[24] Auf diese Weise in einem Pariser Restaurant essen zu gehen war für ihn der Höhepunkt seiner Reise. Eines Abends ging er angeblich mit Higashikuni in das damals wohl berühmteste Bordell in der Stadt der Liebe, Die Sphinx, woran sich Gerüchte knüpfen, die bis heute nicht verstummt sind. Bislang ist allerdings in französischen Archiven kein eindeutiger Beleg dafür aufgetaucht; die Unterlagen in Saint Cyr wurden im Zweiten Weltkrieg durch amerikanische Bomben vernichtet.

Es gab zahlreiche kleinere Vergnügungen. In Amsterdam schlenderte Hirohito durch die Säle des Rijksmuseums, stand lange vor Rembrandt-Gemälden und besichtigte eine Diamantenschleiferei. In Italien aß er Fettuccini mit König Viktor Emanuel und hatte eine Unterredung mit dem Papst. Von Rom nahm er den Zug nach Neapel, besuchte die Ruinen von Pompeji, überzeugte sich davon, daß der Vesuv sich nicht mit dem Fujisan messen konnte, und ging anschließend wieder an Bord der »Katori« für die zweimonatige Heimreise. Ministerpräsident Hara schrieb in sein Tagebuch: »Die Reise war ein enormer Erfolg, und die kaiserliche Familie und Japan werden in der Zukunft davon profitieren.«[25]

Die Reise hatte allerdings nicht den Erfolg gebracht, den man sich von ihr versprochen hatte. Unter wachsendem Druck der Vereinigten Staaten knickte die britische Regierung schließlich ein und erklärte sich im Juni 1921, während Hirohito noch in Europa weilte, bereit, das anglo-japanische Bündnis nicht zu erneuern. Viele Briten äußerten gravierende Bedenken, und Japan war konsterniert. Winston Churchill bemerkte später, die Beendigung des Bündnisses habe »in Japan einen tiefen Eindruck hinterlassen und wurde als Zurückweisung einer asiatischen Macht durch die westliche Welt empfunden. Damit wurden viele Verbindungen aufgegeben, die sich später als äußerst wichtig für den Frieden hätten erweisen können.«[26] Plötzlich war für Japan nicht nur Rußland, inzwischen die Sowjetunion, ein bedrohlicher Feind, sondern auch England wurde als eine verräterische Macht wahrgenommen. Daß Amerika eine Fortsetzung des Bündnisses hintertrieben hatte, wurde in den nächsten anderthalb Jahrzehnten zwar heruntergespielt, doch es war die erste in einer ganzen Reihe unseliger Entwicklungen, die schließlich zum Pazifischen Krieg führten. Tokyo wurde isoliert und war bis zum Abschluß des Dreimächteabkommens mit Deutschland und Italien im September 1940 ohne Verbündete.

Weniger offensichtlich war die Wirkung, die diese Abkehr auf den Einfluß zahlreicher kosmopolitischer, england- und amerikafreundlicher Angehöriger der Elite, aber auch Tausender von Japanern hatte, die das westliche Ausland aufgrund von Studienaufenthalten oder Reisen kannten. Das Bündnis mit England hatte eine wesentliche Unterstützung ihrer Bemühungen bedeutet, Japan weltoffener und weniger fremdenfeindlich zu machen. Es hatte Japan zu weltweitem Ansehen verholfen und in der Außenpolitik die Position derjenigen gestärkt, die dafür eintraten, Konflikte durch Verhandlungen statt durch den Einsatz von Gewalt zu lösen. Eine weitere Brüskierung hatte Japan bei den Friedensverhandlungen in Versailles hinnehmen müssen, als eine Klausel, mit der sich die beteiligten Mächte zu einer rassischen Gleichstellung verpflichten sollten, nach massiven Interventionen nationaler Chauvinisten aus den Vereinigten Staaten und Australien, die vor der »gelben Gefahr« warnten, abgelehnt wurde.

In Tokyo wurde die Position der »Kontrollfraktion« in der Armee schlagartig gestärkt, und noch vor Hirohitos Rückkehr wurden die ersten energischen Schritte in die Wege geleitet, um sich auf einen Krieg gegen den Westen vorzubereiten. Zum Kreis der drei Prinzen Higashikuni, Asaka und Kitashirakawa zählten einige der intrigantesten Armeeoffiziere. Zwei der »drei Krähen« dienten bereits als Militärattachés in europäischen Hauptstädten, und nachdem die dritte Krähe zu ihnen gestoßen war – Okamura aus Hirohitos Reisegefolge –, trafen sie sich heimlich in Baden-Baden, um den Tag vorzubereiten, an dem sie nach Japan zurückkehren, ihren Beitrag zum Aufstieg der Armee zur absoluten Macht leisten und einen totalen Krieg gegen den Westen führen würden. Unter Mitwirkung der japanischen *zaibatsu* (Mischkonzerne) wurden auf den amerikanischen Philippinen, in Niederländisch-Indien und andernorts als Industrieanlagen getarnte geheime Militäreinrichtungen aufgebaut, darunter unterirdische Anlagen, die als Bergwerke firmierten, Allwetterflugpisten auf abgelegenen Plantagen und U-Boot-Bunker samt Feuerstellungen an den Steilküsten Südchinas. Erst in jüngster Zeit wurden Belege dafür gefunden, daß diese Entwicklung bereits 1921 mit der Kündigung des anglo-japanischen Vertrags, zwei Jahrzehnte vor Pearl Harbor, eingesetzt hat.

Trotz des diplomatischen Rückschlags gab die Europareise dem Kronprinzen Auftrieb, wie sein Bruder Chichibu bestätigte: »Anscheinend sind einige Leute der Meinung, daß sich [Hirohito] allein schon deshalb, weil er unter eingeengten Verhältnissen aufgewachsen ist, mit seinem Käfigdasein ausgesöhnt hat. Dieser Ansicht bin ich nicht [… Seine] Empfindungen gehen deutlich aus einem Brief hervor, den ich von ihm erhalten habe: ›England gab mir zum erstenmal die Erfahrung persönlicher Freiheit.‹ […] Ich bin überzeugt, daß [er] mit seinem reglementierten Leben im kaiserlichen Palast höchst unzufrieden war.« Hirohito hatte seinem Bruder geschrieben: »Ich habe die Freiheit als Mensch zum erstenmal in England erfahren.« Immer wieder kehrte er zu dem Bild eines gefangenen Vogels zurück. »Bis zu diesem Zeitpunkt war mein Leben wie das eines Vogels in einem Käfig.« Diese Reise nach Europa habe »dem Vogel ermöglicht, zu fliegen«.[27] Später sagte er zu seinem Adjutanten, General Honjô Shigeru: »Ich habe meine Freiheit genossen, als ich auf die Reise nach Europa ging. Die einzige Zeit, in der ich glücklich bin, ist, wenn ich die Möglichkeit habe, ein ähnliches Gefühl der Freiheit zu empfinden.«[28]

Chichibu erlebte dieselbe Freiheit, als er drei Jahre später ins Ausland ging. Doch für den dritten Bruder, Prinz Takamatsu, war das Leben noch eingeschränkter, wie er seinem Tagebuch anvertraute: »Ich kann nie die Freiheit haben, nach der ich mich sehne.«[29] Der Altersunterschied zwischen Hirohito und Chichibu betrug nur vierzehn Monate. Ihre gegenseitige Bindung war weit enger als die zu Takamatsu, der fast zweieinhalb Jahre jünger als Chichibu war. Takamatsu vertrug sich nie besonders gut mit Hirohito. Dieser kritisierte Takamatsu in späteren Jahren »wegen seines Mangels an Respekt vor der Autorität« und weil er »Schwierigkeiten« machte.

Hirohito und Chichibu führten beide Tagebuch, doch die Beamten im Palastamt verhinderten, daß etwas davon an die Öffentlichkeit drang. Deshalb wissen wir nur wenig über ihre persönlichen Ansichten, es sei denn durch Dritte – Ratgeber, Gefährten, Umstehende oder aus den zurückhaltenden Memoiren Prinzessin Chichibus, die Anfang der neunziger Jahre erschienen sind. Im Fall von Prinz Takamatsu wurden die Tagebücher dagegen in den neunziger Jahren in einem Lagerhaus entdeckt und von seiner Witwe ungeachtet der Proteste des Palastamts auf japanisch veröffentlicht. Dort finden wir ein bemerkenswertes Selbstporträt des dritten Prinzen, eines jungen Mannes voller Zorn, Trotz und Selbstzweifeln. Im Alter von sechzehn Jahren, während Hirohito sich im Ausland befand, schrieb er: »Als ich einen Militäradjutanten fragte, warum er mir auf Schritt und Tritt folge, sagte er, Direktor Suzuki habe ihm befohlen, mich zu begleiten, auch auf dem Weg ins Klassenzimmer. Darauf begann ich zu weinen. Da der Unterricht gleich anfangen würde, mußte ich mich zusammennehmen. Anscheinend folgen sie mir in der Schule überallhin. Warum traut man mir nicht zu, daß ich allein gehen kann? Wenn die Adjutanten hier sind, müssen sie den Anweisungen des Direktors Folge leisten. Auf die Dauer bleibt mir nichts anderes übrig, als einfach das zu tun, was ich gern tun möchte, ohne mich um sie zu kümmern. Ich selbst kann ihnen keine Befehle erteilen. Es ist wirklich schrecklich. Von jetzt an werde ich kein Mitgefühl mit ihnen haben.«[30]

Auf einem eigenen Blatt in seinem Tagebuch aus dem Jahr 1929 schrieb Prinz Takamatsu: »Ich kann nicht verstehen, warum es für einen Angehörigen der kaiserlichen Familie unbedingt erforderlich ist, beim Militär zu dienen. Warum ist überhaupt eine kaiserliche Familie nötig? Ich werde den Gedanken nicht los, daß man keine kaiserliche Familie braucht. Da Japan ein Land ist, das von einer ›seit undenklichen Zeiten ununterbrochenen Linie von Kaisern‹ regiert wird, ist vielleicht ein Kronprinz nötig, um die Thronfolge zu sichern, und ich kann nicht bestreiten, daß es wünschenswert ist, jemanden in Reserve zu haben, aber das heißt ja nicht, daß es unendlich viele solche ›Ersatzleute‹ geben muß. Niemand hat die Zahl wissenschaftlich berechnet, denke ich. Einer oder zwei dürften wohl genügen. Wenn man darüber nachdenkt, ist das der einzige Grund, warum ich die Stellung einer kaiserlichen Persönlichkeit bekleiden muß. Ich will damit nicht sagen, daß ich als Mitglied der kaiserlichen Familie wertlos bin, aber ich glaube nicht, daß es ausreicht, lediglich als Ersatzmann zu leben. Die ganze Existenz, die ganze Pflicht des Ersatzmanns besteht darin, einfach nur dazusein und nichts Schlimmes anzustellen. Ferner gehört es zu den Pflichten des Ersatzmanns, viele Tugenden und Kenntnisse zu haben. Man könnte also sagen, daß die kaiserliche Familie eine rein innerliche und keine tätige Sache ist. In mancher Hinsicht sehe ich das ein, aber zur Zeit wird die augenblickliche Sachlage in der Erziehung der kaiserlichen Familie nicht berücksichtigt. Zumindest hat man ihren Angehörigen nicht die Möglichkeit gegeben, selbst [etwas] herauszufinden.« Über den »Ersatzmann« schrieb er noch, »kein anderer Beruf ist so lächerlich«.[31]

Diese Fragmente sind typisch für die Bekenntnisse und Gefühlsäußerungen in Takamatsus Tagebüchern, die ihn als einen intelligenten, mitfühlenden und differenzierten Menschen ausweisen, der unter der erstickenden Atmosphäre am kaiserlichen Hof und der harten Reglementierung litt, der noch der geringste Aspekt seines Lebens von Hofschranzen unterworfen wurde, die alle seine Regungen beobachteten und meldeten. Überhaupt war der japanische Polizeistaat, der sich entwickelte, nirgends neurotischer als dort, wo es um seine kaiserlichen Geiseln ging. Takamatsu muß schmerzlich eifersüchtig auf die relative Freiheit gewesen sein, die seine älteren Brüder genossen, während er nur »eine Küchenschabe [war], die in den Bergen lebte«[32]. Doch Takamatsu sollte bald feststellen, daß selbst Hirohitos Freiheit eine Illusion war.

Als Hirohito nach Tokyo zurückkehrte, war die Veränderung an ihm nicht zu übersehen. Die japanische Presse prophezeite, er werde »alle Vorsicht fahrenlassen«, um das kaiserliche Haus dem Volk näherzubringen. Fast wäre er wirklich so weit gegangen. Er begann, Pferderennen zu besuchen, und abends ging er in die gepflegten Nachtklubs der japanischen Aristokratie. Er aß Schinken und Eier zum Frühstück, naschte Pralinen und spielte Golf in Knickerbocker. Er behielt für den Rest seines Lebens eine Vorliebe für westliche Kleidung. Nach seiner Rückkehr trug er überhaupt keine japanische Kleidung mehr außer zu zeremoniellen Anlässen und ließ seine Privaträume im Palast im europäischen Stil einrichten.[33]

Im November 1921 wurde er zum Prinzregenten ausgerufen, und einen Monat später beschloß er, im Akasaka-Palast aus Anlaß seiner Rückkehr eine Party zu geben, zu der er alle seine alten Schulkameraden einlud. Es war die richtige Gelegenheit, den mitgebrachten schottischen Whisky zu trinken. Er eröffnete die Festivität mit den Worten: »Für die nächsten beiden Stunden vergeßt bitte, daß ich der Kronprinz bin. Wir wollen keine Umstände machen.« Seine jungen Kameraden ließen ihn hochleben und begannen zu feiern. Sie spielten die Schallplatten, die er aus London und Paris mitgebracht hatte, sprachen den Getränken ordentlich zu und waren sehr bald auch dem Kronprinzen gegenüber ganz ungezwungen. Die Kämmerer waren erschrocken und entsetzt. Später erhielt er einen scharfen Verweis durch Fürst Saionji, solche Veranstaltungen ohne alle Förmlichkeit dürften nie wieder stattfinden.[34]

Dafür konnte er sechs Monate später die Rolle eines herzlichen kaiserlichen Gastgebers spielen, als im April 1922 der Prinz von Wales im Rahmen einer Weltreise auf dem Kreuzer »Renown« zu einem Staatsbesuch in Japan eintraf. Er wurde als offizieller Gast begrüßt. Hirohito schlug ein Golfspiel vor, und sie gingen beide in Knickerbocker auf das Grün. Hirohito gelang es erst nach mehreren wilden Schwüngen, den Ball zu treffen. Um seinen Gastgeber vor einem Gesichtsverlust zu bewahren, schlug Prinz Edward, wie er später sagte, »einen katastrophalen Hook«.[35] Nach Beendigung des offiziellen Teils seines Besuchs unternahmen seine Gastgeber mit ihm eine Reise durch Japan; von Yokohama aus in westlicher Richtung nach Kyoto, Nara und Kagoshima, von wo er seine Weltreise fortsetzte. Überall, wo er hinkam, sorgte sein unkonventionelles Auftreten unter den Japanern für Aufsehen. Doch die Lakaien im Palastamt waren davon nicht sehr erbaut.[36]

Ihre Befürchtungen angesichts der lockeren Sitten bei Hirohito erhielten neue Nahrung, als aus Paris die Nachricht von einer furchtbaren Tragödie eintraf. Am 1. April 1923 erlitten Prinz Asaka, Prinzessin Fusako und ihr Mann, Prinz Kitashirakawa, einen schweren Autounfall. Sie befanden sich auf einem Tagesauflug nach Calvados in Kitashirakawas Bugatti, dessen Verdeck heruntergelassen war. Der Prinz bestand darauf, selbst zu fahren, während sein französischer Chauffeur, Victor Daliat, auf dem Beifahrersitz Platz nahm. Prinz Asaka und Prinzessin Fusako saßen zusammen mit ihrer Hofdame Elisabeth Sauvy, der Enkeltochter des französischen Generals Tisseyre, auf dem Rücksitz. Um halb fünf Uhr nachmittags, nach einem ausgedehnten feuchtfröhlichen Mittagessen in Deauville, fuhren sie mit hoher Geschwindigkeit auf einer zweispurigen, auf beiden Seiten mit riesigen Platanen bestandenen Landstraße in der Normandie, in der Nähe des Dörfchens Farrière-la-Campagne, etwa 145 Kilometer westlich von Paris. Prinz Kitashirakawa zeigte vergnügt auf den Tachometer, dessen Nadel auf hundertzwanzig Stundenkilometern stand – in jedem Fall ein hohes Tempo auf einer so schmalen Straße. Vor ihnen fuhr ein langsamerer Wagen, und der Prinz startete ein Überholmanöver, bei dem er das Lenkrad etwas zu heftig nach links bewegte. Der Wagen krachte mit voller Geschwindigkeit an eine Platane und überschlug sich anschließend. Der Fahrer und der neben ihm sitzende Chauffeur waren auf der Stelle tot. Prinz Asaka wurde aus dem Wagen geschleudert, trug jedoch nur einen komplizierten Bruch seines linken Beins und einen Kieferbruch davon. Prinzessin Fusako wurde schwer verletzt: Beide Beine waren gebrochen, eine Kniescheibe zerschmettert, und der Kopf hatte eine tiefe Wunde. Bei Mademoiselle Sauvy war das rechte Knie gebrochen, außerdem stand sie unter Schock. Der Fahrer des überholten Wagens hielt sofort an und zog sie aus dem Wagen.[37]

Drei Wochen lang lag der Leichnam Prinz Kitashirakawas aufgebahrt in der japanischen Botschaft in Paris, umgeben von Kränzen und Shinto-Gaben in Form von Karpfen, Reis, Geflügel, Gemüse und Wasser. Dann wurde er zur Einäscherung nach Japan überführt. Prinzessin Fusako und Prinz Asaka blieben über ein Jahr lang in einem Pariser Krankenhaus. Seine Frau, Prinzessin Nobuko, reiste nach Frankreich, um sich um ihn zu kümmern. Als sie sich so weit erholt hatten, daß sie wieder reisen konnten, begleiteten sie und Prinz Higashikuni die beiden zurück nach Japan. Damit war der Vorhang vor den kaiserlichen Eskapaden gefallen.

6
Der Geist Yamagatas

Im Spätsommer 1923 waren Hirohito und Nagako mit Vorbereitungen für ihre Hochzeit beschäftigt, deren Termin für den November angesetzt war.[1] Es gab mehr zu feiern als eine Hochzeit, denn es war zugleich auch das Ende der seit sieben Jahren anhaltenden internen Kämpfe am Hof gegen eine Clique, die versuchte, die Hochzeit zu hintertreiben und die Herrschaft von Chôshû aufrechtzuerhalten. Yamagata war schließlich von der politischen Bühne abgetreten – jedenfalls schien es so. Doch am 1. September 1923 hob Yamagatas Geist noch einmal das Haupt, als das verheerende Erdbeben von Kantô ausbrach.[2] Zwar blieben Hirohito und seine Verlobte selbst unverletzt, aber Tokyo wurde vollständig in Schutt und Asche gelegt. Nach dieser Katastrophe mußte die Hochzeit natürlich verschoben werden.

An diesem Samstag waren die Büros und Geschäfte kurz vor Mittag im Begriff, für das Wochenende zu schließen. Das neue Hotel Imperial, von Frank Lloyd Wright erdbebensicher entworfen, bereitete sich auf eine Galaeröffnung vor. In den Urlaubsorten am Meer und in der Ginza, dem Amüsierviertel Tokyos, sammelten sich die Menschen. Fünfundachtzig Kilometer südlich von Tokyo riß die Erdoberfläche plötzlich entlang dem Sagami-Bucht-Graben auf, und fünf Minuten lang schüttelten heftige Erdstöße die große Kantô-Ebene wie einen schmutzigen Teppich und zerstörten zahlreiche Gebäude in Tokyo und Yokohama. Den Erdstößen folgte eine über zehn Meter hohe Tsunami, die an die Küste schlug. Danach kam eine riesige gelbe Wolke aus Staubpartikeln, die sich aus Tausenden von eingestürzten Gebäuden erhob. Zehntausende von Häusern, die aus Holz und Papier gebaut waren, damit sie gewöhnlichen Erdbeben durch ihre Elastizität widerstehen konnten, brachen unter der Wucht dieser gewaltigen Naturkatastrophe zusammen und gingen in Flammen auf, als Öfen und Herde umstürzten und überall Strohmatten und Wandschirme aus Reispapier Feuer fingen. Als die Brände sich ausbreiteten, wurde die Stadt Tokyo von einer gewaltigen Feuersbrunst heimgesucht. Mehr als das Erdbeben selbst war es das Feuer, das verheerende Zerstörungen anrichtete und viele Quadratkilometer dicht bevölkerter Wohnungen verbrannte, während die Bewohner in wilder Panik vor den Feuerwänden davonliefen, alle in Richtung auf die Ufer des Sumida. Hinter ihnen folgte das Feuer, das Holzbrücken in Brand setzte und Zehntausende Menschen buchstäblich röstete, die dicht an dicht entlang der Flußufer kauerten. Über ihnen zuckten große Flammenschweife. Tausende flüchteten sich in das Wasser der Bucht von Tokyo, wo sie von einem neuen Flammenmeer verschluckt wurden, als sich hunderttausend Tonnen Treibstoff aus geborstenen Tanks des Marinestützpunkts Yokosuka ins Wasser ergossen. Feuerstürme rasten auch durch die Nacht. Bis zum Sonntag morgen waren über dreihunderttausend Gebäude vom Erdboden verschwunden, und zwei Drittel der Stadt war nur noch glimmende Asche. Auf das Hauptbeben folgten ständige Nachbeben. Am Montag morgen begannen benommene Überlebende die Trümmer nach den Überresten von Verwandten zu durchsuchen. Von anderthalb Millionen Einwohnern der Stadt waren hundertvierzigtausend umgekommen. Die Sachschäden beliefen sich auf zwei Prozent des gesamten japanischen Nationalvermögens. Zwei Millionen Menschen waren obdachlos.[3]

Als das Erdbeben einsetzte, befand sich Hirohito bei der Arbeit im Kaiserpalast in der Innenstadt. Wie es heißt, blieb er vollkommen ruhig und war der einzige, der nicht aus Angst, die Mauern des Palasts könnten einstürzen, ins Freie rannte. Sein Kämmerer Kanroji blieb bei ihm. Während einige Anbauten des Palasts durch den anschließenden Feuersturm zerstört wurden, blieb der Kaiserpalast selbst hinter dem breiten Burggraben einer der wenigen Orte, an dem man vor dem Inferno sicher war.[4]

In der Regel machten sich die Japaner nach einem Erdbeben ziemlich schnell an die Wiederaufbauarbeiten. Diesmal gab es eine Welle der Straßengewalt, die zwei Wochen lang anhielt. Die Größenordnung der Katastrophe erschöpfte sehr schnell die Vorräte an Lebensmitteln und Trinkwasser, und die vorhandenen Notunterkünfte genügten bei weitem nicht. Die Bemühungen der Behörden, das Feuer zu bekämpfen, waren unzureichend und müssen zum Teil als sträfliche Vernachlässigung bezeichnet werden. Um der Schande zu entgehen, richtete die Obrigkeit den Volkszorn gegen koreanische und chinesische Bewohner der Stadt sowie gegen Japaner, die der politischen Linken zugehörten. Gerüchte wurden ausgestreut, die Koreaner hätten Feuer gelegt, Häuser geplündert, japanische Frauen vergewaltigt und Menschen umgebracht.[5] Es war eine selten günstige Gelegenheit für die extreme Rechte, Gewalt gegen Immigranten und Linke zu provozieren. Wie in der Vergangenheit benutzten Polizei und Geheimpolizei die Medien, um die Gerüchte zu bekräftigen. Eine Tokyoter Zeitung berichtete, die Regierung habe die Tötung von Koreanern befohlen, und behauptete, Koreaner und Sozialisten hätten sich zu einem Aufstand in Japan verschworen. Das Kriegsrecht wurde verhängt und die Armee mobil gemacht. Angeblich stand eine Invasion aus Korea bevor; als Vorsichtsmaßnahme müßten alle Koreaner getötet werden. Paramilitärische Gruppen, die von Yamagata mit Vorliebe eingesetzt worden waren, beherrschten die Straßen. Der Mob mißhandelte oder tötete alle, die verdächtigt wurden, Koreaner, Chinesen oder Sozialisten zu sein. Mit Rückendeckung durch die Armee und Polizei durchsuchten die selbsternannten Gesetzeshüter die Armenviertel und ermordeten Tausende, deren bloße Armut vermuten ließ, daß sie der Linken angehörten. Menschen, die koreanisch aussahen oder Japanisch mit Akzent sprachen, wurden mit Keulen oder Lanzen umgebracht. Damals lebten in Japan achtzigtausend Koreaner. Die an ihnen begangenen Greuel sind dokumentiert.[6]

Als während des Feuersturms ein bekannter Sozialist versuchte, eine Menge auf das von einem Graben umgebene Gelände des kaiserlichen Palasts in Sicherheit zu führen, wurde er von der Geheimpolizei verhaftet und auf der Stelle erwürgt. Seine Frau und sein kleiner Sohn kamen auf dieselbe grausame Weise um. Etwa tausenddreihundert »bekannte sozialistische Unruhestifter« wurden ins Gefängnis gesperrt.[7]

Schließlich gebot die Regierung der Terrorherrschaft Einhalt, beharrte jedoch darauf, Koreaner hätten die Unruhen und das Morden provoziert.

Nachdem die Ordnung wiederhergestellt war, suchte Hirohito die zerstörte Stadt auf. In Armeeuniform ritt er durch die Ginza, durch

Trümmerviertel und durch den Ueno-Park, wo die Tiere des Zoos unversehrt überlebt hatten. Er forderte die Obdachlosen auf, im Park Zuflucht zu suchen, und gab den Erdbebenopfern Geld. In kaiserlichen Dekreten brachte er sein Mitgefühl zum Ausdruck und verlegte den Hochzeitstermin. Seine zukünftige Schwägerin und ihre Angehörigen, deren Residenz ebenfalls zerstört worden war, richteten sich vorübergehend in einem Abwasserrohr wohnlich ein, bis ihr Haus wiederaufgebaut war.[8] Nicht nur in der Hauptstadt war die Lage schwierig, denn die Kantô-Ebene ist die größte landwirtschaftliche Region Japans, und viele Bauernhöfe hatten Schäden davongetragen; Lagerhäuser waren eingestürzt und abgebrannt. In diesem Winter ernährten sich selbst die oberen Zehntausend von Tapioka und Bohnen aus der Dose, die von den Vereinigten Staaten gespendet worden waren.[9]

Von Amerika kamen allerdings nicht nur Büchsenbohnen. Jack Morgan stand für ein Kreditpaket in Höhe von hundertfünfzig Millionen Dollar für den Wiederaufbau der zerstörten Häuser gerade und kaufte sich damit ein Stück von Japans Zukunft. Die Morgan-Bank hatte sich bereits ein knappes halbes Jahrhundert zuvor während der Meiji-Restauration in Japan engagiert, als die Bank von John Pierpont Morgan, Jacks Vater, gegründet wurde.

Morgan konnte mühelos große Kredite organisieren. Die Vereinigten Staaten waren aus dem Ersten Weltkrieg mit einer großen Menge an überschüssigem Kapital hervorgegangen, das aus Kriegsgewinnen stammte. Insbesondere die Morgan-Bank war einer der Nutznießer des Krieges, da sie zum wichtigsten Einkaufsagenten für die britische Armee und Marine und für die französische Regierung wurde. Während des Krieges wickelte Morgan geschäftliche Transaktionen im Wert von drei Milliarden Dollar ab; das brachte ihm dreißig Millionen Dollar an Provisionen und Gebühren ein, was damals ein riesiger Gewinn war. Außerdem gab es einen anglo-französischen Kredit in Höhe von fünfhundert Millionen Dollar, für den Morgan stolze sechs Prozent Zinsen verlangte, während er großzügig auf alle sonstigen Gebühren verzichtete. Noch vor Kriegsende hatte Morgan Kredite in einer Gesamthöhe von anderthalb Milliarden Dollar aufgebracht.[10] Mit dieser Machtposition und dem Niedergang der britischen Vorherrschaft im internationalen Finanzwesen wurde die Morgan-Bank das einflußreichste Bankhaus der Welt, der führende Auslandskreditgeber Amerikas und der Guru der Wall Street. Diese gewaltige wirtschaftliche Macht führte dazu, daß die Morgan-Bank die Arena der Außenpolitik betrat und praktisch zum verlängerten Arm der US-Regierung wurde. Als die Bank im Weltmaßstab agierte, richtete sie ihre Aufmerksamkeit auf Asien und entsandte Thomas Lamont, der die Lage vor Ort sondieren sollte.[11]

Lamont, der sein Examen an der Harvard-Universität gemacht hatte, war innerhalb kurzer Zeit zum Vizepräsidenten von Bankers Trust aufgestiegen, wo Jack Morgan auf ihn aufmerksam wurde. Im Jahr 1911 wurde er der jüngste Partner in der Morgan-Bank. Während des Ersten Weltkriegs arrangierte er die Finanzierung und den Einkauf amerikanischer Nachschubgüter für England und Frankreich. Nach dem Krieg war er an den Verhandlungen über die deutschen Reparationszahlungen beteiligt. Lamont hatte ein natürliches Talent zum Diplomaten und schaffte es, sich allen Seiten angenehm zu machen. Allerdings unterliefen ihm auch gravierende Fehler. Das zeigte sich nirgends deutlicher als in seiner Einschätzung Japans.

Im Jahr 1920 schickte Jack Morgan mit dem Einverständnis von Handelsminister Herbert Hoover und des US-Außenministeriums Lamont nach Asien, um nach potentiellen Kunden und Anlagemöglichkeiten Ausschau zu halten. China befand sich in Aufruhr, war unter Warlords aufgeteilt, von Streiks gelähmt, und in den Straßen der großen Städte protestierten die Studenten gegen den Vertrag von Versailles, der offenbar Japan die Kontrolle über die bislang deutsche Einflußsphäre in China zugesprochen hatte. Lamont war abgestoßen von China und den Chinesen, angewidert von ihrer unverhohlenen Korruptheit und den Bestechungsgeldern, die von allen – vom Bettler bis zum Warlord – verlangt wurden.[12] »Die Chinesen«, sagte er, »sind nie eine Nation geworden […] Die Korruption wird beklagt […] und trotzdem fast überall praktiziert, und obendrein in schamloser Weise.« Er gelangte zu dem Schluß, daß die politische Instabilität und die gewohnheitsmäßige Korruption China zu einem hohen Investitionsrisiko machten, und empfahl der Morgan-Bank, an China keine Kredite zu vergeben.[13]

Japan war eine andere Sache. Während die Chinesen in den Augen

Lamonts schlampig, ungewaschen und degeneriert waren, erschienen ihm die Japaner sauber, energisch, effizient und geradeheraus. Er hielt Japan für das England Asiens. Ebenso wie die Vereinigten Staaten hatte Japan während des Ersten Weltkriegs eine wirtschaftliche Blüte erlebt und verfügte über beträchtliche Goldreserven. Die USA waren der größte Abnehmer japanischer Erzeugnisse, und Japan wurde seinerseits zu einem bedeutenden Markt für US-Exporte. Während seines Besuchs war Lamont Gast der Spitzen der japanischen Finanzwelt – von Mitsui, Mitsubishi und Iwasaki. Er war beeindruckt von ihren prächtigen Häusern und Gärten und gelangte zu der Überzeugung, er habe es mit gastfreundlichen Liberalen zu tun, die darauf aus waren, ihr Land neuen Einflüssen zu öffnen. Er war von der äußerlichen Sauberkeit und Gelassenheit Japans eingenommen und glaubte, hinter dieser Fassade müsse es ebenso ordentlich und aufgeräumt zugehen.[14] Was ihm darüber entging, war die konsequent verborgene »strukturelle Korruption« des Landes.

»Die Korruption in Japan«, schreibt Karel van Wolferen, »wird durch ihre systematische Anwendung legitimiert. Sie ist so umfassend organisiert und so sehr zu einem Bestandteil der außerlegalen Mittel und Wege des japanischen Systems geworden, daß die meisten Bürger oder dort ansässige Ausländer sie nicht als das erkennen, was sie ist, sondern sie als einen ›Teil des Systems‹ akzeptieren.«[15] Korrupte Japaner brauchten ihre Hand nicht wegen ein paar Münzen aufzuhalten wie die rohen Chinesen.

Während der Meiji-Restauration kam es zu einer engen Verflechtung der wirtschaftlichen Oligarchen, der japanischen politischen Machthaber und der von ihnen geschaffenen staatlichen Bürokratie. Um dem Land zu einer starken industriellen Basis zu verhelfen, investierten die *genrô* in den Jahren nach 1870 das riesige konfiszierte Vermögen der Tokugawa-Shogune in die Gründung von Fabriken, Eisenbahn- und Handelsunternehmungen. Diese wurden anschließend sehr selektiv privatisiert. Damit das nationale Anlagevermögen und der dadurch erzeugte Reichtum in den richtigen Händen verblieben, wurden diese Unternehmungen und Industriebetriebe zu vier Mischkonzernen oder *zaibatsu* zusammengeschlossen, an deren Spitze Verwandte oder enge Freunde der *genrô* standen. Jeder *zaibatsu* war ein selbständiges kommerzielles Imperium mit eigenen Bergwerken, Fabriken, Banken, Versicherungsgesellschaften, Ozeanflotten und Exportagenturen. Als Vorbild diente ihnen das seit langem bestehende Familienunternehmen Mitsui, von dem das Militärregime der Tokugawa-Shogune finanziert wurde und das den Machtwechsel überlebt hatte, indem es sich auf die Seite des Meiji-Regimes geschlagen hatte. Die vier neuen *zaibatsu* waren Mitsubishi, Sumitomo, Yasuda und Iwasaki. Von den ersten Meiji-*genrô* war Itô eng mit Mitsubishi verbunden, Inoue mit Mitsui, Ôkuma mit Iwasaki und Yamagata mit Sumitomo (sein Schützling Fürst Saionji war der Bruder des Chefs von Sumitomo). Früh im zwanzigsten Jahrhundert entwickelte sich eine zweite Schicht mit solchen emporgekommenen *zaibatsu* wie Nissan, das bei der Finanzierung des Aufstiegs der Militaristen eine führende Rolle spielen sollte.

Was die starken Männer in der Politik, die Mischkonzerne und die Bürokratie aneinander band, waren Verflechtungen auf der Grundlage von Verwandtschaft, Eheschließungen, Verbindungen aus der Schulzeit, Bestechungsgelder und manipulierte Angebote bei Ausschreibungen, von denen sie enorme materielle Vorteile hatten, während sie gleichzeitig Japan zu einer modernen Industriegesellschaft machten. Das kam einem Spiegelbild der amerikanischen reichen Elite, der Lamont selbst angehörte, so nahe, daß er die Korruption nicht wahrnahm oder ihr keine Beachtung schenkte, weil sie so reibungslos funktionierte.[16] (Das Schauspiel von Unternehmensführern und Ministern, die öffentlich Krokodilstränen vergießen, während sie ihre Schande gestehen, ist ein sorgfältig inszeniertes Schmierentheater im Japan von heute.) Noch keine japanische Regierung hat wirksame Maßnahmen ergriffen, um die Großfinanziers des Landes zu zügeln oder das Finanzwesen von Grund auf zu reformieren – schon allein deshalb nicht, weil das einem kollektiven Selbstmord gleichkäme.

Lamont verbrachte die nächsten Jahre mit dem Versuch, einen größeren Geschäftskredit für Japan unterzubringen. Die Bank von Japan wollte dreißig Millionen Dollar für den Bau der südmandschurischen Eisenbahn. Für amerikanische Industrielle war dieses Projekt jedoch unattraktiv. Sie wollten ihr Geld in Japan selbst investieren und nicht in japanische Unternehmungen auf dem asiatischen Festland, die amerikanischen Unternehmungen Konkurrenz machten. Nach dem großen Erdbeben in der Kantô-Ebene wurden jedoch Wiederaufbaukredite benötigt, und das war für die amerikanischen Investoren genau das richtige. Die Morgan-Bank machte ein Angebot über einen Kredit in Höhe von hundertfünfzig Millionen Dollar in Form einer Anleihe mit dreißigjähriger Laufzeit und einer Rendite von sechseinhalb Prozent. Ein weiterer Kredit in Höhe von fünfundzwanzig Millionen Pfund Sterling wurde von Morgan Grefell in London offeriert. Lamont zeigte sich zufrieden, daß die japanische Regierung ein »Dauerkunde« Morgans werde – allerdings wurde sie das nicht in der Form, wie Lamont erwartet hatte.[17]

Der letzte Nachhall des Kantô-Erdbebens erfolgte Ende Dezember 1923, als ein Schuß auf Hirohito abgegeben wurde, während er in einer Autokolonne durch Toranomon fuhr. Die Kugel verfehlte ihn zwar, verwundete jedoch einen Kämmerer. Die Waffe war von Nanba Daisuke abgefeuert worden, dem Sohn eines konservativen Parlamentsabgeordneten der Chôshû-Fraktion. Doch vor dem Hintergrund der Polarisierung der Politik in Japan hielt die Geheimpolizei es für zweckmäßig, Berichte herauszugeben, daß es sich um einen Kommunisten handle.[18] Bevor diese Frage geklärt werden konnte, wurde er hingerichtet. Später gab es Spekulationen, der Attentäter sei von Japans Ultrarechten mit dem Ziel angestiftet worden, die kaiserliche Familie durch Einschüchterung zu einem Leben in vollkommener Zurückgezogenheit zu zwingen; das hätte es ihnen einfacher gemacht, jeden Zugang zum Thron zu kontrollieren und ungestört ihre Herrschaft auszuüben. Seit seiner Rückkehr aus Europa hatte Hirohito erkennen lassen, daß er ein offeneres Verhältnis zwischen der japanischen Bevölkerung und dem Thron anstrebe. Das beunruhigte seine Hüter, und die Parteigänger Yamagatas an der Spitze der Geheimpolizei benutzten das Attentat als Vorwand für eine Verstärkung der Sicherheitskräfte in der Umgebung Hirohitos, was ihn von der Öffentlichkeit noch stärker absonderte. Wie sein jüngster Bruder, Prinz Mikasa, äußerte, änderte sich das Leben Hirohitos »nach dem Toranomon-Zwischenfall vollkommen«[19]. Es war das frühe Ende eines Versuchs, volkstümlich zu sein.

In anderer Hinsicht wurde sein Leben angenehmer. Am 26. Januar 1924 wurden er und Nagako schließlich getraut. Eine große Menschenmenge hatte sich vor dem Palast eingefunden, um *»banzai!«* (»langes Leben«) zu rufen. Nach Aussage seines Kämmerers Kanroji sahen die Menschen in der Hochzeit »ein strahlendes und hoffnungsträchtiges Ereignis in einer ansonsten düsteren und pessimistischen Zeit«. Die Shinto-Zeremonie, zu der Braut und Bräutigam traditionelle Gewänder trugen, wurde im Familienheiligtum im Palast abgehalten. Hirohito blickte lange in den heiligen Bronzespiegel vor ihm und verkündete seinen 123 kaiserlichen Vorgängern, daß er sich eine Frau nehme.[20] Im hellen Sonnenschein waren siebenhundert Gäste anwesend, Prinzen und Prinzessinnen, Hof- und Staatsbeamte, in traditionellen Kleidern oder Militäruniformen. Es gab eine bunte Gruppe von Hofdamen im Kimono; andere waren westlich gekleidet. Ausländer waren zu der Feier nicht eingeladen worden. Unter den Gästen befand sich auch Tôyama, der Pate der Genyôsha-Gesellschaft, der führende Mann der ultrarechten Nationalisten in Japan.[21] Als das Paar in den Akasaka-Palast fuhr und dabei Straßen passierte, die auf beiden Seiten von Soldaten bewacht wurden, brachen Schulkinder das vorgeschriebene Schweigen und ließen Braut und Bräutigam hochleben. Ein nationaler Feiertag wurde ausgerufen, und zur Hebung der allgemeinen Stimmung wurden öffentliche Lustbarkeiten und Maskenzüge veranstaltet.

Unter den Hochzeitsgeschenken waren mehrere »Kopfkissenbücher«. Die Braut war mit Sicherheit noch unberührt; was Hirohito anging, so behaupten manche, sein Vater habe, als er sechzehn Jahre alt wurde, eine Geisha zu ihm geschickt. Möglicherweise hatte ihn sein Onkel Higashikuni in die »Sphinx« in Paris geführt. Eine Gesellschaft, die besonderen Wert auf eine fundierte Unterweisung ihrer Kinder legte, sparte ausgerechnet das Thema Sexualität aus. Eine anständige Familie besorgte »Kopfkissenbücher« oder »Brautbücher«, die erotische Schilderungen enthielten, so daß Neuvermählte auf diesem Gebiet »in derselben Weise dazulernen konnten, wie sie lernten, einen Garten anzulegen«.[22] Es vergingen einige Jahre bis Hirohito und Nagako einen Jungen in die Welt setzten. Ihr erstes Kind wurde am 6. Dezember 1925 geboren und war ein Mädchen. Im Jahr darauf erlitt Kaiser Yoshihito seinen zweiten Schlaganfall und zog sich eine Lungenentzündung zu. Hirohito bestieg den Thron. Da er noch keinen männlichen Erben gezeugt hatte, blieb Prinz Chichibu der nächste in der kaiserlichen Linie. Im Februar 1927 war der Palast freudig erregt bei der Nachricht, daß Nagako erneut schwanger war. Auch dieses Kind, das im September 1927 zur Welt kam, war ein Mädchen, Prinz Takamatsu schrieb damals in sein Tagebuch: »Eine Prinzessin [...] So ein Mist! Was für eine Schande, daß es kein Junge war.«[23] Sobald es einen männlichen Erben gab, würde der Druck auf »Ersatzleute« wie ihn etwas abnehmen.

Umsichtig machte Kaiserinwitwe Sadako sich daran, eine zweite Hochzeit zu arrangieren, diesmal für ihren Lieblingssohn.

Prinz Chichibu war eine eindrucksvolle Gestalt, hochgewachsen und schlank. Er stieg auf Berge, spielte Tennis, sprach fließend Französisch und Englisch und hatte im Ausland studiert, bevor er eine militärische Laufbahn einschlug.[24] Anders als Hirohito führte er nicht das Dasein eines Vogels im goldenen Käfig. Idealistische Kameraden im Offizierskorps konnten mit ihm reden, und er konnte sagen, was er dachte, sofern er dafür gesorgt hatte, daß kein Unbefugter mithörte. Er schien ernsthaft bekümmert über das Schicksal der armen Bauern und der Unterdrückten. Ebenso wie sein Vater Yoshihito bestand Chichibu darauf, nicht anders behandelt zu werden als die anderen Offiziere, und lehnte besondere Privilegien ab. Seine Kameraden sagten bewundernd von ihm, er sei »ein starker Trinker [gewesen], der nie betrunken war«.[25] Geheimpolizisten behielten ihn rund um die Uhr im Auge. Viele junge Offiziere im Heer und in der Marine waren der Meinung, Chichibu wäre ein wesentlich besserer Kaiser als Hirohito, also wurde er ihr Fürsprecher. Obwohl Chichibu von seinem Naturell her nicht zu Verschwörungen neigte, trat er doch leidenschaftlich für eine Reform ein, und manches spricht dafür, daß er während der mörderischen dreißiger Jahre mindestens zwei gewalttätige Anschläge gegen die regierende Machtclique unterstützte.

Es ist unwahrscheinlich, daß er sich jemals als einen ernsthaften Thronanwärter sah. Er hatte keine Lust auf ein solches Leben, weder das Stehvermögen noch das innere Engagement. Er war im Gegensatz zu Hirohito von seiner Mutter extrem verwöhnt worden.[26] Er zog es vor, der liebenswürdige und einnehmende Prinz zu bleiben, der alle Vorrechte eines potentiellen Thronerben genoß, ohne das Amt jedoch anzutreten.

Im Frühjahr 1929, noch im Rang eines Leutnants der Infanterie, verließ Chichibu Japan für einen Auslandsaufenthalt, befreit von allen offiziellen Pflichten. Sechzehn Monate lang nahm er Unterricht bei einem englischen Lehrer, kletterte in den Schweizer Alpen, spielte Tennis und Golf, ritt aus, ging ins Kino, machte Einkäufe, tanzte, besuchte Abendgesellschaften und spielte vergnügt die Rolle eines gutbetuchten Playboys, wenn auch unter den wachsamen Augen seiner Diener.[27] Anschließend ließ er sich als Student am Magdalen College in Oxford nieder, wo er zu einer vertrauten Erscheinung wurde, stets mit einem Packen Bücher unterm Arm und in der legeren Sportkleidung, die damals bei den Studenten beliebt war. Er wollte mindestens ein Jahr in Oxford verbringen und neuere britische Geschichte, Politik und Wirtschaft studieren, doch bereits nach zwei Monaten wurde er wegen der tödlichen Krankheit seines Vaters nach Hause zurückgerufen. Er verließ England in der festen Zuversicht, nach ein paar Monaten zurückzukehren, doch darauf sollte er zehn lange Jahre warten müssen.

Die Heimreise in Begleitung seines Leibwächters Baron Hayashi erfolgte über die Vereinigten Staaten, weil es die kürzeste Strecke war. Drei Tage nach der Abfahrt traf auf dem Schiff ein Telegramm ein, das den Tod seines Vaters mitteilte. In New York wurde der Prinz vom japanischen Botschafter in Washington, Matsudaira Tsuneo, empfangen. Der fröhliche, mondgesichtige, pummelige Golfenthusiast entführte Chichibu nach Washington zu einem kurzen Zwischenaufenthalt, bevor dieser mit dem Zug nach Kalifornien weiterfuhr. Präsident Calvin Coolidge lud ihn zu einem dreißigminütigen Gespräch ins Weiße Haus ein. Wegen seiner Trauer gab es keine offiziellen gesellschaftlichen Empfänge. Sein Aufenthalt bei der Familie des Botschafters war entspannt. Die Frau Matsudairas, Nabeshima Nobuku, war die beste Freundin seiner Mutter, und ihre Nichte war Sadakos erste Kandidatin für eine Heirat mit Hirohito gewesen. Im Vergleich zu den meisten japanischen Aristokraten, die sich noch immer wie »Frösche im Brunnen« verhielten, waren die Matsudairas kosmopolitisch und aufgeklärt. Vor Washington waren sie an der Botschaft in London und gehörten zu jener Kerngruppe japanischer Diplomaten, die dafür eintraten, Konflikte auf dem Verhandlungsweg zu lösen. Ihre Kinder, darunter ihre siebzehnjährige älteste Tochter Setsuko, besuchten die Sidwell Friends School der Quäker, eine der besten Privatschulen der Stadt. Da Setsuko noch eine besondere Rolle in der kaiserlichen Familie spielen wird, wollen wir an dieser Stelle innehalten und das glückliche Leben betrachten, das sie auf das Ersuchen anderer eines Tages aufgeben sollte.[28]

Die Sidwell Friends School war bei Diplomaten beliebt; sie ließen ihre Beziehungen spielen, um ihre Kinder dort unterzubringen. Charles Lindbergh hatte diese Schule ebenso besucht wie zahlreiche weitere berühmte Amerikaner. Hier nahm Setsukos Englisch einen getragenen südlichen Akzent an. Sie gewann Tennisturniere, lernte Tanzen und fiel selbst unter den exotischen Gesichtern im Diplomatenviertel noch auf. Ein Freund der Familie aus dem US-Außenministerium, Joseph Grew, der es nur selten fertigbrachte, etwas in zwei Worten zu äußern, was man auch mit zwanzig sagen konnte, schilderte sie als »wirklich reizend«.[29]

Zwischen Setsuko und der jungen Kaiserin Nagako bestand ein ebenso großer Unterschied wie zwischen Chichibu und Hirohito. Geboren in Walton-on-Thames, wo ihr Vater den Posten des Dritten Botschaftssekretärs in London bekleidete, wurde Setsuko für den Rest ihres Lebens zu einer Anglophilen. Sie zeigte sich von Prinz Chichibus hohem Rang nur mäßig beeindruckt. Einige Jahre zuvor waren sie sich in Tokyo begegnet, als Kaiserin Sadako die Familie vor ihrer Versetzung nach Washington in den kaiserlichen Palast eingeladen hatte. Der Prinz hatte damals kein Wort mit ihr gesprochen. Setsuko erinnerte sich etwas sarkastisch: »Mein erster Eindruck von Seiner Hoheit, dem Prinzen, war das Funkeln seiner Brillengläser und seine schöne, große Gestalt.«[30]

Bei ihrer zweiten Begegnung, in Washington, sprach er dann mit ihr, befragte sie über die Schule und die Sportarten, die sie betrieb. Durch die Zeit, die er im Ausland verbracht hatte, schien er gereifter, aber sie war nicht unbedingt hingerissen. Kurz vor ihrem Abschluß an der Sidwell Friends School machte sie sich Gedanken darüber, welches amerikanische College sie danach besuchen würde. Hochzeiten widerfuhren nur älteren Mädchen, und wahre Liebe gab es nur in Hollywood. Sie war realistisch.

Der Prinz verließ Washington am nächsten Tag mit dem Zug und traf Mitte Januar in Yokohama ein. Einige Monate später, nachdem Hirohitos zweite Tochter geboren war, schickte Kaiserinwitwe Sadako einen geheimen Emissär zur Botschaft in Washington, ihren Freund Comte Kabayama[31], der seine Bildung in den USA empfangen hatte. Sein Auftrag lautete, den Botschafter Matsudaira und seine Frau dazu zu bewegen, der Vermählung von Setsuko mit Prinz Chichibu zuzustimmen.

Matsudaira war ein außergewöhnlicher Mann mit einer heroischen Familiengeschichte.[32] Er war der vierte Sohn eines berühmten Rebellen, Matsudaira Katamori, dem ehemaligen *daimyô* des Aizu-Clans, einem der Anführer einer alternativen politischen Bewegung Mitte des neunzehnten Jahrhunderts, die für ein Bündnis zwischen Kaiser und Shogun eintrat. Am Anfang des großen Machtspiels halfen Krieger des Aizu-Clans Satsuma-Kämpfern, den Angriff des Chôshû-Clans auf den kaiserlichen Palast in Kyoto zurückzuschlagen, den Mutsuhito mit elf Jahren miterlebt hatte. Das trug der Matsudaira-Familie den unauslöschlichen Haß von Chôshû ein. Als der Shogun geschlagen war, zog sich der *daimyô* auf seine Hochburg Wakamatsu in Aizu zurück, wohin ihm seine Feinde, die Anhänger der Restauration, folgten. Nach einer langen und schweren Belagerung wurde die Burg gestürmt, und Matsudaira sah sich unter Anklage wegen Verrats gestellt. Obwohl auf der Seite der Verlierer, hatte er persönlich stets loyal zum Kaiser gestanden, so daß nach kurzer Zeit seine Familienehre wiederhergestellt war, der Aizu-Clan amnestiert wurde und die Matsudairas wieder ihren Platz unter der privilegierten Elite Japans einnahmen.

Unmittelbar nach seinem Studienabschluß an der Universität Tokyo trat Setsukos Vater in den Dienst des Außenministeriums und begann eine steile Karriere. Nachdem er als junger Diplomat in China tätig war, kehrte er nach Tokyo zurück und übernahm die Leitung der England- und Amerikaabteilung im Außenministerium und wurde zum Botschafter in Washington ernannt. Er sollte am Ende zum obersten Beamten im Außenamt befördert und während des Zweiten Weltkriegs Minister des Palastamts werden.

Die Matsudairas waren über den Heiratsantrag Prinz Chichibus zutiefst bestürzt.[33] Bei allem Prestige, das mit einer solchen Hochzeit verbunden war, brachte sie für die Braut gravierende Einschränkungen mit sich. Die Atmosphäre in der Botschaft war bedrückt. Setsuko erfuhr nichts davon. Während ihr Leben weiterging wie bisher, führten ihre Eltern mit Kabayama lange Gespräche bis tief in die Nacht. Unverrichteter Dinge kehrte der Comte nach Tokyo zurück. Setsuko war überrascht, als er einige Wochen später mit unbewegtem Gesicht erneut in der Botschaft auftauchte. Abermals gab es ein langes nächtliches Gespräch. Am nächsten Tag ließ Kabayama sie rufen und sagte ihr, er sei im Auftrag der Kaiserinwitwe als Brautwerber für Prinz Chichibu gekommen. »Ich war sprachlos. Ich konnte keinen klaren Gedanken fassen und saß nur stocksteif und angespannt da.« Ihre Eltern hatten bereits alle Gründe vorgebracht, die gegen diese Verbindung sprachen – den fehlenden Adelstitel der Familie, das Familienstigma als Gegner der Restauration, den Mangel an Selbstbeherrschung bei ihrer Tochter und vieles andere. Doch Kabayamas erneuter Vorstoß machte sie in ihrer Ablehnung wankend. Sie überließen die Entscheidung Setsuko. Diese brachte ihre eigenen Einwände vor. Dann zog sie sich in ihr Zimmer zurück, lehnte jede Nahrung ab und weinte drei Tage lang.

Sie war unglücklich, weil sie wußte, was eine Heirat für eine Frau in Japan bedeutete. Sie würde eine privilegierte Position in ihrer Familie aufgeben, um ein untergeordnetes Mitglied der Familie ihres Mannes zu werden. Selbst unter günstigsten Umständen war das eine bedrückende Aussicht. Es kam noch hinzu, daß ihr Leben als Angehörige des Kaiserhauses unter der Kontrolle des Palastamts und seiner Kämmerer, die sich in alles einmischten, stünde. Die Hofetikette war erstickend und würde ihrer Unabhängigkeit ein Ende setzen und sie von der eigenen Familie isolieren. Ihre Eltern könnten mit ihr nur noch in gestelzten Wendungen reden. Die Palastregeln würden sie vollkommen von jedem Verkehr mit ihren persönlichen Freundinnen und Freunden abschneiden. Sie würde »über den Wolken« leben müssen, ohne jede Möglichkeit, mit normalen Menschen in Berührung zu kommen. Setsuko hatte ihre Träume von einem freien Leben als aufgeklärte Frau von Welt. Wie hätte sie diese Träume aufgeben sollen, um zu einer Geisel zu werden?

Als sie nach drei Tagen und Nächten vom Weinen erschöpft war, willigte sie ein. Wenn das ihr Schicksal sein sollte, war es sinnlos, dagegen anzukämpfen. Comte Kabayama reiste zurück nach Tokyo.

Es gab unzählige Formalitäten. Da Setsuko keinen Adelstitel hatte, wurde sie von ihrem Onkel adoptiert, einem Vicomte. Nach der Abschlußprüfung an der Sidwell Friends School absolvierte sie in Tokyo einen Schnellkursus in Hofetikette unter der persönlichen Aufsicht der Kaiserinwitwe. Normalerweise nahm diese Unterweisung zwei Jahre in Anspruch. Setsuko mußte es in drei Monaten schaffen. Als Vorgeschmack auf das, was noch kommen würde, verbot man ihr, Jazzplatten oder andere Gegenstände aus dem Westen in den Palast mitzubringen.[34]

An ihrem Hochzeitstag[35], dem 28. September 1928, ein Datum, das von Zahlenmystikern als glücklich beurteilt wurde, weckte man sie in aller Frühe, denn der Prozeß des Frisierens und Ankleidens nahm sehr viel Zeit in Anspruch. Eine dickflüssige Pomade aus Kamillenöl wurde ihr ins Haar gekämmt, das in Herzform mit einem langen Zopf bis hinab zur Hüfte frisiert wurde. Dann kam die Garderobiere. Sie war Setsuko behilflich, über einen purpurroten seidenen Unterkimono einen plissierten purpurnen Hosenrock anzuziehen, der »für einen Riesen gemacht zu sein schien, so daß meine Füße an die Stelle kamen, wo die Knie des Riesen gewesen wären, und ich das Übrige wie eine Schleppe hinter mir herzog«. Alles in allem trug sie Gewänder in zwölf Schichten mit einem Gesamtgewicht von sechzehn Kilogramm auf dem Leib.

Zur Hochzeitszeremonie wurde sie in einer von Pferden gezogenen Staatskarosse in kaiserlichem Kastanienbraun gefahren. Massen von Menschen säumten ihren Weg, die kleine Fähnchen mit dem nationalen Symbol der aufgehenden Sonne schwenkten, eine Demonstration, die vom Palastamt organisiert worden war. Jede spontane Reaktion war bereits im Vorfeld verhindert worden. Vor dem Kashikodokoro-Heiligtum auf dem Palastgelände wurde sie von Prinz Chichibu erwartet, und sie tauschten Verbeugungen aus. Sie wurde zu einem Umkleidezimmer geführt, wo man ihr eine dreizackige Krone aufs Haar setzte und einen Fächer aus Zedernholz als Symbol der Bescheidenheit in die Hand drückte. Flöten und Mundorgeln kündigten den Beginn der Shinto-Zeremonie an, und ein Priester intonierte ein Gebet zu den Göttern. In der Hand ein Zepter, ging Chichibu der Braut voran und nahm einen Sitz zur Rechten vor dem Altar ein, während Setsuko zu seiner Linken saß. In der alten Hofsprache verkündete Chichibu den Göttern: »Zu dieser glückverheißenden Zeit an diesem glückverheißenden Tag vollziehen wir diese Hochzeitszeremonie vor Euch. Wir geloben feierlich, daß wir von nun an und für immer in gegenseitiger Liebe und Verbundenheit zusammenleben werden.«

Nachdem sie vom geweihten grünen Tee genommen hatten, erhoben sich Chichibu und Setsuko wieder, um zu gehen, und die Stille wurde von einer Kanone durchbrochen, die einundzwanzig Salutschüsse abfeuerte. Eine Prozession von Wachen mit kaiserlichen Bannern schritt der Kutsche voran, die aus dem Tor hinaus über die Nijû-Brücke über den Burggraben fuhr. Kavalleriesten zu Pferde in Helmen mit weißen Federbüschen bahnten den Weg zu Chichibus Wohnsitz im Akasaka-Palast, während die Menschenmengen beiderseits der Straße *»banzai!«* riefen. Dort wurden sie von Chichibus vier Tanten empfangen, den Töchtern des Meiji-Kaisers – den Prinzessinnen Asaka, Higashikuni, Takeda und der vor kurzem verwitweten und von schlimmen Narben entstellten Prinzessin Kitashirakawa. Es folgte ein Festessen, Fotos wurden gemacht, dann zog sich Setsuko in ihr neues Boudoir zurück, wo man sie entkleidete und ihr die Pomade aus dem Haar wusch, »eine schreckliche Prozedur«, da sie Seifenlauge und Benzin in die Augen bekam. Mit geübten Handgriffen wurde ihr Haar nach westlicher Mode gekämmt, und sie zog ein europäisches Kleid an. Von der Schulter diagonal über den Körper trug sie die Schärpe des Ordens der Heiligen Krone Erster Klasse, die mit einer Brillantbrosche gehalten wurde. Ein mit Diamanten besetztes Diadem wurde in ihr Haar gesteckt, und dann war es noch einmal Zeit für die Fotografen. Chichibu stellte sich neben sie vor die Kamera. Er trug die Galauniform eines Infanterieleutnants, in der Hand hielt er einen Federhut.

Sie kehrten zum Kaiserpalast zurück, um Hirohito und Nagako ihre Aufwartung zu machen. Dann fuhren sie zum Palast der Kaiserinwitwe, wo sie von Sadako herzlich begrüßt wurden. Es war Abend, als sie zum Akasaka-Palast zurückkehrten, wo Setsuko sich in einen schwarzen Kimono umkleidete, der mit Meereswellen und goldenen und silbernen Kranichen bestickt war. Chichibus jüngster Bruder, der dreizehn Jahre alte Sumi (Prinz Mikasa), ein Schüler der Kadettenanstalt, kam, um seine Aufwartung zu machen. Draußen hatte sich eine riesige Menschenmenge versammelt, und einer plötzlichen Eingebung folgend, ging Chichibu hinaus, um den Menschen zu danken. Daß ein Mitglied der kaiserlichen Familie sie persönlich anredete, hatte es bisher noch nie gegeben. Die Menge war zunächst völlig sprachlos, doch dann brach sie in donnernden Applaus und eine Welle von *banzai*-Rufen aus.

Einige Wochen später trat der sechsundzwanzig Jahre alte Prinz Chichibu in die Militärakademie ein. Für die nächsten drei Jahre saß er abends bis nach Mitternacht über seinen Hausaufgaben. Wenn Setsuko versuchte, ihn abzulenken, erklärte er: »Es gibt eine Menge meiner Klassenkameraden, die dieselbe Arbeit wie ich in engen Wohnungen machen müssen, wo sich zudem ein Kleinkind die Seele aus dem Leib schreit. Hier arbeite ich in einer ruhigen, gewohnten Umgebung und habe überhaupt keinen Grund, mich zu beklagen.«

Zur Entspannung und Abwechslung fuhren sie nach Mitternacht auf den oberen Gängen des Akasaka-Palasts Rollschuh. Anfangs dachten die Diener, es donnere. An den Wochenenden spielten sie Tennis auf den Spielplätzen des Palasts, und für Regentage ließen sie einen Squashraum einrichten. Zwar hatte man Setsuko untersagt, Jazzplatten mitzubringen, doch der Prinz hatte seine eigene Sammlung und konnte außerdem zu der Musik tanzen.[36]

Setsukos Befürchtungen über ihre Schwiegermutter erwiesen sich als unbegründet. Die Kaiserinwitwe überhäufte sie mit Geschenken und entwarf Kleider für sie. Die Chichibus besuchten sie häufig, um Filme vorzuführen wie *Merry Widow, Tom Sawyer* oder *Marokko* mit Marlene Dietrich. Die Kaiserinwitwe ihrerseits kam zum amerikanischen Lunch und nachmittags zum britischen Tee. Die Kaiserinwitwe hatte zu keiner der Frauen ihrer drei anderen Söhne eine ähnlich enge

Bindung. Das Protokoll verhinderte eine Annäherung zu Hirohito und Nagako. Im Lauf der Zeit lebten sich die Brüder auseinander. Alle informellen Kontakte zwischen ihnen kamen praktisch zum Erliegen. Setsuko war überrascht, wie selten Chichibu und Hirohito Gelegenheit zu einer freundlichen Unterhaltung hatten.[37]

Später erfuhr Setsuko, daß die Kaiserinwitwe insgeheim den Wunsch hegte, daß diese Heirat England, Amerika und Japan einander näherbringe.[38] Die Kaiserinwitwe »machte sich Sorgen um die Zukunft Japans als Weltmacht und seine Beziehungen zu anderen Ländern«. Sie hoffte, bedeutende Besucher aus dem Ausland würden Prinz und Prinzessin Chichibu als repräsentativ für das neue Japan ansehen. Die Chichibus waren weltoffen, informiert, kosmopolitisch und gebildet und schätzten Zwanglosigkeit. Leider waren sie und ihresgleichen gegenüber den »Fröschen im Brunnen« noch immer weit in der Minderzahl.

Trotz seiner erfolgreich verlaufenen Englandreise verhielt Hirohito sich unter Ausländern wieder gehemmt und reserviert. Er und Nagako lebten ein asketisches Privatleben, in dem es praktisch keine Freunde gab und zu dem selbst Familienangehörige kaum Zutritt hatten. Ein Kaiserlicher Familienklub, den die Kaiserinwitwe ins Leben gerufen hatte und bei dessen Veranstaltungen zunächst ein Gastredner einen Vortrag hielt und anschließend getrunken und getanzt werden konnte, wurde von Hirohito und Nagako nie besucht. Der Kaiser trank nur selten Alkohol. Kaiserin Nagako mußte ihrerseits alle Einschränkungen erdulden, die den japanischen Kaiserinnen in der Vergangenheit auferlegt wurden. Wie die Japaner sagen, genießen die Japanerinnen Freiheit nur bis zum siebten und nach dem sechzigsten Lebensjahr.

Angestellte des Palasts schilderten die Ehe Hirohitos mit Nagako als ein Zusammenleben »zugewandter Vertrautheit« und »schön mitanzusehen«.[39] Im Sommer verlebten sie einen kurzen Urlaub im Palast am Meer, doch bei ihren Spaziergängen am Strand folgte ihnen stets ein Schwarm von Kämmerern. In Tokyo verbrachten sie ihre Mußestunden mit Lesen oder Spaziergängen im Garten. Der Rasen war von Blumen und Bäumen gesäumt. Hirohito kannte sie alle. Sie blieben an Teichen stehen, um wilde Enten, Kraniche und Schwäne zu füttern, die geflogen kamen, um sie zu begrüßen. Ein schwarzer

Schwan schlug jedesmal mit den Flügeln und zischte, um seine Rivalen zu vertreiben. Nagako liebte Musik, spielte Klavier, sang und hörte mit ihrem Mann zusammen Schallplattenaufnahmen. Sie spielte gern Tischtennis, eine Sportart, für die er zu unbeholfen war, aber er sah ihr stets dabei zu. Wenn Nagako nicht da war, sahen die Schwäne und die Kämmerer den Kaiser mit einem Golfschläger in der Hand allein über den Golfplatz gehen.[40]

Da Hirohito ein leidenschaftlicher Meeresbiologe war, baute man für ihn im Palast ein hundertfünfzig Quadratmeter großes Laboratorium, dessen Aufsicht seinem alten Biologielehrer anvertraut wurde. Im Sommer half ihm Nagako am Strand, winzige Meerestiere aus den Pfützen einzusammeln, die nach der Flut stehengeblieben waren. In einem weißen Kimono ging sie langsam den Strand entlang und reichte dem Kaiser gelegentlich einen Kescher oder hielt ihm ein Präparatenröhrchen hin.[41] An verschneiten Wintertagen brachten der Kaiser und einer der jüngeren Kämmerer eine Stunde oder zwei damit zu, die flachen Abhänge des Palastgeländes auf Skiern zu befahren. Statt eines Vogels im goldenen Käfig gab es jetzt zwei.

Als die Töchter zur Welt kamen, wurden sie zu einer Quelle des reinen Glücks.[42] Aus den Palastteichen holte Hirohito Kaulquappen für die Mädchen, damit sie sich diese genauer ansehen konnten. Besonders gern spielten sie zusammen Verstecken. Der Kaiser wurde häufig vom Spiel so sehr absorbiert, daß die Kämmerer ihn daran erinnern mußten, daß Arbeit auf ihn wartete. Sie sorgten dafür, daß keine Fotos von der Familie in der Presse erschienen.

Die Töchter wuchsen in Räumlichkeiten auf, die durch einen langen Gang mit der Wohnung ihrer Eltern verbunden waren, eine Verbesserung gegenüber der vollständigen Isolation der Kinder japanischer Kaiser in der Vergangenheit. Kaiserin Nagako besuchte das Kinderzimmer, um sie zu stillen, ihnen Schlaflieder zu singen und ihnen sogar die Windeln zu wechseln, was überall Aufsehen erregte. Ihre Bemühungen wurden von den Mitarbeitern des Palastamts nicht besonders geschätzt, die keine Einmischung in ihre Zuständigkeiten wünschten. Ihrer Meinung nach förderte dies bei den Kindern ein anmaßendes und ungezogenes Verhalten.[43]

Nachdem sie etwas über drei Jahren verheiratet waren, zog sich ihre sechs Monate alte zweite Tochter, Prinzessin Sachiko, »eine unerklärliche Krankheit« zu (nach manchen Quellen eine Lungenentzündung) und starb sechs Tage darauf.[44] Im Frühjahr 1929 wurde Nagako abermals schwanger, und im September kam eine weitere Tochter auf die Welt. Nach einem ihrer japanischen Biographen wurde der Kaiserin kurz nach dieser Geburt von einer Hofdame gesagt, sie stehe unter »Yamagatas Fluch« und werde nie einen Sohn gebären.[45] Im März 1931, als die ganze Nation erneut auf das zweifache Sirenensignal aus dem Kaiserpalast wartete – einmal bei einem Mädchen, zweimal bei einem Jungen –, ertönte die Sirene wieder nur einmal zur Ankunft der vierten Tochter, Prinzessin Atsuko.

In früherer Zeit hätte man das Problem in der Weise gelöst, daß der Kaiser den Sohn einer Verwandten adoptiert oder mit einer offiziellen Konkubine ein Kind gezeugt hätte. Hirohito war seit mehr als hundertfünfzig Jahren der erste männliche Thronerbe, der von einer Kaiserin und nicht von einer Konkubine geboren worden war.[46] Wie japanische Gewährsleute behaupten, wurde hinter Hirohitos Rücken entschieden, das Problem mit Hilfe einer Konkubinc zu lösen. Comte Tanaka Koken, »der eifrigste Wortführer der ›Nebenfraubewegung‹, redete sich den Mund fusselig bei dem Versuch, alle Leute, die seiner Meinung nach Einfluß auf den Kaiser hatten, von seinem Argument zu überzeugen«.[47] Tanaka war über achtzig Jahre alt, war Direktor der Adelsschule und Minister des Palastamts gewesen und wußte, wie der Hase lief. Angeblich hatte er drei besonders hübsche junge Frauen ausgesucht und von jeder eine Mappe mit Foto angelegt, die er einem Kämmerer übergab mit dem Ersuchen, sie dem Kaiser persönlich vorzulegen. Nach dieser Quelle lehnte Hirohito das Ansinnen rundheraus ab. Dem Vernehmen nach hatte er zu Nagako gesagt, ihm sei es gleichgültig, wenn der Thron an einen seiner Brüder oder deren Nachkommen fallen sollte. Während des Jahrzehnts von 1921 bis 1931 war in Hirohito eine tiefgreifende Änderung vor sich gegangen, die sich auch in seinem Äußeren niederschlug, von einem aufstrebenden jungen Mann zu einem geistesabwesenden Professor, eine Rolle, die ihn unberührt von allen Intrigen, allem Blutvergießen und allem Aufruhr, die noch kommen sollten, erscheinen ließ.

Außerhalb des Palasts nahmen die Dinge eine zunehmend bedrohliche Wendung. Zehn Jahre waren vergangen, seit Hirohito die Pflichten seines Vaters übernommen hatte, Jahre, in denen sich Mensch und Natur gegen Japan verschworen zu haben schienen. Die furchtbaren Verwüstungen des Kantô-Erdbebens waren nichts im Vergleich zu dem, was noch kommen sollte. Japans großes Experiment einer Öffnung zum Westen erlitt schwere Rückschläge. Die rassisch begründete Zurückweisung in Versailles und die Beendigung des anglo-japanischen Bündnisses entmutigte progressive Japaner, schürte die Befürchtungen der Konservativen und gab Wasser auf die Mühlen der extremen Rechten. Uralte Verfolgungsängste verstärkten sich, und die Gesellschaft betrat »das dunkle Tal«, wie manche Japaner es nannten. Diplomatisches Versagen und eine wachsende Wirtschaftskrise hatten Verschwörungen im eigenen Land und Intrigen in der Armee auf dem asiatischen Festland zur Folge. Vom Westen abgelehnt, fühlte Japan sich ins Abseits gedrängt und sah für sich nur noch die Möglichkeit eines militärischen Alleingangs. Rußland, die neue Sowjetunion, konnte als die unmittelbarste Bedrohung aufgefaßt werden, doch England und die USA wurden als unzuverlässige Freunde und wahrscheinliche künftige Feinde angesehen. Tokyo wurde herausfordernd und aggressiv und sah nur noch sich selbst. Nachdem die Armee bereits Korea erobert hatte, richtete sie ihr Augenmerk auf die Mandschurei und Nordchina.

Japaner, die für freundschaftliche Beziehungen mit dem Westen eintraten, wurden in den Hintergrund gedrängt. Bereits vor dem Ersten Weltkrieg war in der amerikanischen Presse immer wieder die »Gelbe Gefahr« heraufbeschworen und Befürchtungen einer Invasion Kaliforniens durch die Japaner geschürt worden.[48] Weiße Politiker, Gewerkschaftsführer und Journalisten nährten diese Hysterie. Im Jahr 1924 hatten die USA ihre Gesetze zur Einwanderungsbeschränkung verschärft und die Einwanderung von Japanern vollständig untersagt. Inzwischen formierte sich eine Lobby für China, die dieses Land »retten« wollte, indem sie es mit dem amerikanischen Evangelismus verknüpfte. Die Möglichkeit, Millionen heidnischer Chinesen zum Christentum zu bekehren, wurde in amerikanischen Zeitschriften und Zeitungen propagiert, während dieselbe Presse gleichzeitig vor der Gefahr eines japanischen Angriffs warnte. So lächerlich beide Vorstellungen schienen, vernebelten sie doch den Lesern die Köpfe.

Japaner mögen in ihrem alltäglichen Leben ständig darauf bedacht sein, nicht das Gesicht zu verlieren, doch zu einer Schadensbegrenzung in internationalen Beziehungen haben sie erstaunlich wenig Talent. Ein ungeschickter Umgang mit dem Image Japans in der Welt führte in den zwanziger Jahren im Ausland allgemein zu einer negativen Berichterstattung über dieses Land. Fortgesetzte Einschüchterungsversuche seitens Japan halfen wenig. Die Kampagne, China durch Drohungen oder den Vorwand, das Land »vor Rußland zu retten«[49], dazu zu bringen, ein »Protektorat« Japans zu werden, löste besonders in Washington Empörung aus. Die Chinalobby in den USA startete daraufhin einen neuen Propagandafeldzug, in dem die Chinesen als die Guten und die Japaner als die Bösen hingestellt wurden. Vergessen war Washingtons Unterstützung der japanischen Eroberung Koreas als Gegenleistung dafür, daß Tokyo die Annexion der Philippinen durch die USA anerkannte.

Industriell schien Japan in den zwanziger Jahren einen Aufschwung zu erleben, doch das war eine Illusion. Von dem Boom profitierte nur die Elite – dank ihrer exklusiven Kontrolle über das Produktivvermögen und einer sorgfältig kultivierten Korruption auf allen Regierungsebenen. Den Bauern auf dem Land ging es ebenso schlecht wie denen, die auf Arbeitssuche in die Städte abwanderten und dort die Zahl der Arbeitslosen noch erhöhten, während sie gleichzeitig die Zahl der in der Landwirtschaft benötigten Arbeitskräfte verringerten.[50] Zur Zeit der Meiji-Restauration hatte die Bevölkerung Japans dreißig Millionen Einwohner betragen; bis 1930 waren es fünfundsechzig Millionen. Die Arbeitgeber manipulierten die Arbeiter mit Methoden, die noch aus der Feudalzeit stammten. Jedes Unternehmen behauptete von sich, eine große Familie zu sein mit einem fürsorglichen »Vater«, der stets am besten wußte, was für alle gut war, und der sich als Gegenleistung für die Treue zum Unternehmen um jeden einzelnen kümmern würde. Auf einer Insel in der Nähe Nagasakis besaß Mitsubishi ein riesiges Kohlebergwerk, in dem Strafgefangene, Gesetzesbrecher, enteignete Bauern und Leiharbeiter aus Korea und der Mandschurei praktisch wie Sklaven lebten. Proteste der Gewerkschaften und Bemühungen, soziale Bewegungen zu organisieren, wurden brutal unterdrückt. Die Linke bekam in Japan keinen Boden unter die Füße. In den Universitäten erregten einige Marxisten Aufmerksamkeit, doch die meisten von ihnen stammten aus wohlhabenden Familien und überwanden ihre Verblendung schnell wieder. Die Kommunistische Partei Japans wurde 1922 gegründet, verfiel jedoch in den folgenden zehn Jahren infolge von inneren Zwistigkeiten.[51]

In einer scheinbar außerordentlich demokratischen Geste wurde 1925 in Japan das allgemeine Männerwahlrecht eingeführt, so daß auch Bauern, Pächter und Fabrikarbeiter das Stimmrecht erhielten. Doch der japanische Staat hatte seit jeher die Angewohnheit, mit der anderen Hand wieder zu nehmen, was er mit der einen gegeben hatte. Im selben Jahr wurde auch ein Gesetz zur Wahrung des inneren Friedens verabschiedet, das jeden mit der Todesstrafe bedrohte, der den Kaiser in irgendeiner Weise, direkt oder indirekt, kritisierte, womit gleichzeitig auch jede Kritik an seiner Regierung ausgeschlossen wurde.[52] Das machte nicht nur den Kaiser selbst, sondern auch die Drahtzieher hinter dem Thron unangreifbar, weil diese ja angeblich nur die Weisungen des Kaisers ausführten. Das Gesetz hinderte *de facto* Kandidaten der Linken daran, einen Sitz im Parlament zu erringen, weil sie sofort verhaftet wurden, sobald sie Kritik am Kaisertum oder der Regierung übten.[53]

Drei Jahre später, 1928, wurde das Gesetz verschärft. Von nun an galt es als Kapitalverbrechen, sich gegen Privateigentum oder die Regierungspolitik auszusprechen.[54] Jeder, der davon redete oder auch nur daran dachte, das System zu ändern, konnte zu lebenslanger Haft oder gar zum Tode verurteilt werden. Als Vorsichtsmaßnahme gegen die Ausbreitung gefährlicher Gedanken waren in solchen Fällen Verhandlungen vor einem Schwurgericht ausgeschlossen. Bildungsminister Hatoyama, der die Schwurgerichte am liebsten ganz abgeschafft hätte, war einer der Hauptbefürworter dieser drakonischen Maßnahmen. Er wollte jeden Lehrer von der Schule verbannen, der »gefährliche Gedanken« hegte. Er betrieb die Entlassung eines Juraprofessors an der Universität Kyoto, weil dieser sich dagegen ausgesprochen hatte, daß den Frauen in Japan ein minderer sozialer und rechtlicher

Status zugewiesen wurde als den Männern und weil er den Standpunkt Tolstois vertreten hatte, daß die Gesellschaft für ein Verbrechen ebenso verantwortlich sei wie der individuelle Täter. Hatoyama definierte Freiheit als »die Freiheit, das zu tun, was man tun sollte, und nicht das, was man nicht tun sollte«.[55] Später wurde Hatoyama zum Rücktritt gezwungen; man beschuldigte ihn, gemeinsam mit seiner Frau »Bestechungsgelder genommen und gegeben und Ehrentitel verkauft, Steuern hinterzogen und falsche Angaben über seinen Aktienbesitz gemacht« zu haben.[56] (Hatoyama verschwand allerdings nicht endgültig von der politischen Bühne Japans. Nach dem Ende der Besatzungszeit wurde er 1954 Ministerpräsident.)

Bevor Hatoyama in diese peinliche Situation kam, sorgten er und seine Kabinettskollegen für die öffentliche Vergöttlichung des Kaisers. Im November 1928 fand in Kyoto die formelle Thronbesteigung Hirohitos statt. Vier Tage später wurde er als der unmittelbare Nachfahre der Sonnengöttin Amaterasu in den Rang eines Gottes erhoben. Die Zeremonie, eine Erfindung des ausgehenden neunzehnten Jahrhunderts auf der Grundlage eines Shinto-Mythos, sollte den Japanern ins Gedächtnis rufen, daß Hirohito ein echter Gott und die Schattenfiguren hinter dem Thron wie Hatoyama seine Hohenpriester waren.

Die Vergöttlichung des Kaisers konnte die zunehmende innenpolitische Krise Japans nicht dämpfen. Die Probleme ließen sich nicht dadurch lösen, daß man die Menschen hinrichtete, die den Finger auf die Wunde legten. Die Elite klagte darüber, daß die Gesellschaft zu bürgerlich, der Handel zu mächtig und die Jugend zu vulgär würde. Taxigirls und Tanzsäle machten Teezeremonien und Geishas Konkurrenz. In den Nachtklubs der Ginza trugen die Mädchen kurze Röcke und Bubikopffrisuren, und auf der Bühne gab es Vorführungen von Tanzgruppen. Doch die eigentliche Krise reichte viel tiefer.[57] Zwei Jahre vor dem großen Börsenkrach in den USA 1929 wurde Tokyo von Panik ergriffen. Die japanische Bankenkrise von 1927 ging genau wie ihre Nachfolgerin Ende der neunziger Jahre in erster Linie auf die systembedingte Korruption und Filzokratie zurück. Die größten japanischen Banken vergaben enorme Kredite an Unternehmen, die von denselben Männern oder ihren Verwandten und Freunden geführt wurden. Andere mächtige Familien taten dasselbe und erzeugten damit den falschen Eindruck einer guten Wirtschaftskonjunktur. Die Banken sicherten diese Kredite nicht ab, weil es bei solchen Scheingeschäften nur verwirrend wäre, auf Sicherheiten zu bestehen.[58] Sodann versäumten es die Banken, das eigene Geschäftsgebaren zu überprüfen. Durch so viel leichtes Geld und mangelnde Aufsicht expandierten die Unternehmen unaufhörlich. Als die Zeit verging, ohne daß die Zinsen für die Kredite bedient wurden, gerieten die Banken in eine Liquiditätskrise und begannen auszubluten. Um den Zusammenbruch der Banken 1927 zu verhindern, vergab die Regierung Notkredite in einem Volumen von zwei Milliarden Yen, aber nur zum Stopfen der Löcher bei den Privilegierten, den eigentlichen Urhebern der Krise. Von 1422 Banken in Japan vor der Krise mußten über achthundert schließen.[59] (Siebzig Jahre später sind die grundlegenden Funktionsprinzipien der japanischen Banken noch immer dieselben.)

Als 1929 die Börsen an der Wall Street ihren katastrophalen Einbruch erlebten, gingen nahezu die Hälfte der kleinen und mittleren Betriebe in Japan bankrott. Von 1929 bis 1931 fielen die Exporterlöse um dreiundvierzig Prozent. Die Preise für landwirtschaftliche Erzeugnisse sanken um die Hälfte, was die meisten Bauernhöfe lahmlegte.[60]

Seit einem Jahrzehnt war es mit der Landwirtschaft in Japan bergab gegangen. Die meisten Bauern hatten ihr Gut nur zur Pacht und mußten den größten Teil ihrer Erzeugnisse Gutsbesitzern und Steuereinnehmern abliefern. Eine Bodenreform war ebenso überfällig wie unwahrscheinlich. Viele Bauern mußten ihr Einkommen durch Seidenraupenzucht aufbessern. Die Reisbauern bezogen bis zur Hälfte ihres Erlöses aus der Seidenraupenzucht. Der Seidenhandel war vom amerikanischen Markt für Seide abhängig, so daß der Zusammenbruch dieses Marktes 1929 auch für die japanischen Bauern eine Katastrophe bedeutete. Nachdem sie ihre Pacht und ihre Steuern nicht mehr bezahlen konnten, wurden sie von ihrem Land vertrieben, und ein Jahr später waren viele Japaner am Verhungern.[61] Die Bewohner ganzer Dörfer starben den Hungertod, und die Arbeiter in den Städten lebten am Rand des Existenzminimums. Verzweifelte Familien verkauften ihre zum Teil nicht einmal zwölf Jahre alten Töchter an Bordelle. Aus Dokumenten des Innenministeriums geht hervor, daß allein im Jahr 1934 in sechs Präfekturen Nordostjapans sechzigtausend Mädchen in die Sklaverei verkauft wurden. Die Glücklicheren unter ihnen kamen in Geisha-Schulen unter, doch die meisten gingen in Bordelle oder wurden Sklavinnen von Restaurantbesitzern, die sie zur Prostitution zwangen. In den dreißiger Jahren wurden in ganz Japan jährlich zweihunderttausend Mädchen verkauft.[62]

Nachdem sie das eigene Land so vollständig heruntergewirtschaftet hatte, wandte sich die herrschende Elite erneut an Tom Lamont und die Morgan-Bank. Lamont traf während der Bankenkrise von 1927 in Japan ein, um festzustellen, wie er seinen Freunden behilflich sein könnte. Bei diesem Aufenthalt kam er auch mit Kaiser Hirohito zusammen, der ihm den Orden der Aufgehenden Sonne verlieh.[63] Nach New York zurückgekehrt, machte Lamont sich an die Arbeit. Bis 1931 hatte die Morgan-Bank neue festverzinsliche Wertpapiere in Höhe von 263 Millionen Dollar für japanische Kreditnehmer aufgelegt. Den ersten Krediten der Bank für den Wiederaufbau nach dem Kantô-Erdbeben folgte 1930 ein Kredit für Tokyo zur Refinanzierung seiner Schulden und im Juni 1931 ein Bürgschaftskredit an das japanische Stromversorgungsunternehmen auf Formosa (Taiwan). Morgan strukturierte außerdem einen Bankkredit von fünfundzwanzig Millionen Dollar an die Yokohama-Shôkin-Bank in Yokohama um, der dem Zweck diente, den Yen wieder zu stabilisieren, damit Tokyo möglichst bald zum Goldstandard zurückkehren könnte.[64]

Während nationalistische Ultras darauf beharrten, die Weltwirtschaftskrise sei ein Komplott westlicher Rassisten, wurde durch die japanische Bankenkrise mit einem Schlag die versteckte Korruption innerhalb der herrschenden Elite Japans enthüllt. Statt nach Mitteln und Wegen zu suchen, das Bankensystem zu reformieren und die notleidende Landwirtschaft wieder auf die Beine zu bringen, waren die Machtcliquen in der Hauptsache damit beschäftigt, Kritiker verhaften und erschießen zu lassen und sich untereinander zu streiten.

Es gab inzwischen drei große Gruppen, die miteinander »Reise nach Jerusalem« spielten. Die Ultranationalisten und ihre Verbündeten im Militär wollten unter Japans lästigen Politikern eine Säuberung veranstalten und die großen Mischkonzerne verstaatlichen, so daß alles von einer einzigen eisernen Faust dirigiert würde. Gleichzeitig wollten sie durch militärische Eroberung ein Kolonialreich aufbauen, wie es die meisten europäischen Länder in den vergangenen Jahrhunderten vorexerziert hatten.

Die Linke, soweit es eine gab, wollte eine soziale Revolution, um die verarmten Bauern und Fabrikarbeiter aus ihrer Not zu retten, sowie ein Ende des falschen kaiserlichen Herrschaftssystems und der Machtelite, die sich hinter dem Thron verbarg.

In der Mitte stand eine dritte Gruppe, die gebildete Elite, die durch Familienbande mit dem Reichtum verbunden war und das bestehende System unangetastet lassen wollte. Ihr Schwachpunkt war ihre Weigerung, das System zu reformieren, weil auch sie vom bestehenden Zustand profitierten. Die Bereitschaft, Opfer zu bringen, hatte bei der japanischen Elite noch nie hoch im Kurs gestanden. Sie glaubte, die Wirtschaftskrise durch die Mithilfe Englands und Amerikas und die Investition der nationalen Mittel in unterentwickelte Regionen Japans wie Nord-Hokkaidô und die neuen Kolonien auf dem Festland, Korea und die Südmandschurei, überwinden zu können.[65] Sie fürchtete das Militär und seine reaktionären Verbündeten, doch noch mehr die zahlenmäßig äußerst schwache Linke. Zu dieser mittleren Gruppe gehörten die Kaiserinwitwe Sadako und Prinz und Prinzessin Chichibu.

Diese drei Gruppen befanden sich auf Kollisionskurs. Alle drei behaupteten von sich, das korrupte System Japans reformieren zu wollen, doch zunächst einmal wollte jede Gruppe die beiden anderen ausschalten. Während sie gegeneinander intrigierten, blieb das System wie es war, und die Krise verschärfte sich zunehmend.[66]

In einem Land, in dem Demokratie als abweichendes Verhalten galt, wurden Mord und Terror in den dreißiger Jahren zu einem Nationalsport.

7
Der Schattenkaiser

Unmittelbar nach der Hochzeit Prinz Chichibus bereitete sich der dritte kaiserliche Bruder, Prinz Takamatsu, auf eine aktivere Rolle vor. Nach seinem Abschluß als Leutnant 1925 an der Marineakademie verbrachte er die nächsten drei Jahre an der Torpedo-, Luftfahrt- und der Artillerieschule. Er brannte darauf, es in seinem Leben – innerhalb der von den Hütern des Throns gesetzten Schranken – zu etwas zu bringen.[1] Nachdem er jahrelang seine Brüder um ihre Auslandsreisen beneidet hatte, erhielt er die Erlaubnis, im Frühjahr 1930 auf eine vierzehnmonatige Auslandsreise nach England und in andere europäische Länder, in die Vereinigten Staaten und nach Kanada zu gehen. Die einzige Bedingung war, daß er zuvor heirate. Die Reise sollte eine Belohnung dafür sein, daß er dic Hochzeit über sich ergehen ließ. Wir können nur vermuten, was angesichts dieser Wendung der Dinge in ihm vorging, da einzelne Bände und Abschnitte seiner vor kurzem entdeckten Tagebücher verschollen sind. Wir wissen aus dem Tagebucheintrag bald nach seinem achtzehnten Geburtstag, daß er quälende Zweifel an seiner sexuellen Veranlagung hatte. Wäre er nicht der Bruder des Kaisers gewesen, hätte er weniger Probleme gehabt. Wie der hervorragende Japankenner Ian Buruma schreibt, wurde männliche Homosexualität in Japan nie als Krankheit oder strafwürdige Abweichung betrachtet, solange die gesellschaftlichen Regeln – das Eingehen einer Ehe – beachtet wurden: »Jahrhundertelang wurde Homosexualität nicht einfach nur geduldet, sondern als eine reinere Form der Liebe sogar propagiert [...] Sie war Bestandteil der Kriegertradition: Homosexuelle Liebe machte Männer zu guten Soldaten, jedenfalls hoffte man es.«[2]

In den zwanziger Jahren mußten die Windsors, an denen sich die kaiserliche Familie in Tokyo ein Vorbild nehmen wollte, mit dem »offenen Geheimnis« der homosexuellen Affären Prinz Georges, des jüngsten Sohnes von Königin Maria und König Georg V., fertig werden. Der Prinz sah blendend aus, war stets gut angezogen und redegewandt. Ebenso wie Prinz Takamatsu, dem hübschesten der kaiserlichen Brüder, war George Marineoffizier. Der größte Unterschied bestand darin, daß George in der Reihe der potentiellen Thronfolger so weit hinten stand, daß er in seinem Verhalten keine Konventionen einhalten mußte. Seine Affäre mit dem Bühnenautor Noel Coward war allgemein bekannt, und die beiden wurden häufig in Homosexuellenklubs gesehen. König Georg reagierte darauf mit den Worten: »Solche Männer erschießen sich.«[3]

Uns ist nicht bekannt, ob Kaiserinwitwe Sadako etwas von den sexuellen Neigungen ihres Sohnes wußte; es ist jedoch unwahrscheinlich, daß sie ihr entgingen. Die junge Frau, die von ihr als Takamatsus Braut ausgesucht wurde, war die schönste königliche Prinzessin jener Generation. Mit ihren neunzehn Jahren war Prinzessin Kikuko sechs Jahre jünger als Takamatsu. Ebenso wie dieser kleidete sie sich stets nach der neuesten Mode. Ein Foto, das bald nach ihrer Hochzeit im Februar 1930 aufgenommen wurde, zeigte sie im koketten Stil der »neuen Frau«, mit einem ärmellosen, hüftlangen Futteralkleid, langen weißen Handschuhen und Straußenfedern im kurzgeschnittenen Haar. Ihrer Wahl als Braut Takamatsus gingen die üblichen Intrigen voraus. So wurde beispielsweise behauptet, in ihrer Familie habe es schon Fälle von Geisteskrankheit gegeben.[4] Ihre Wutausbrüche waren berüchtigt.[5] Mütterlicherseits stammte Kikuko von der Familie Arisugawa ab, einem der Fürstenhäuser, deren Mitglieder des öfteren Angehörige des Kaiserhauses heirateten.[6] Väterlicherseits war sie eine Nachfahrin der Tokugawa-Shogune. Ein naiver New Yorker Journalist schrieb später, es sei »eine Liebesheirat« gewesen. Die beiden kannten sich von Kindesbeinen an, hieß es in seinem Artikel, und »es galt schon damals als ausgemacht, daß sie sich eines Tages heiraten würden«.[7]

Zwei Monate nach der Hochzeit machten sich die beiden auf die Weltreise. Zwar firmierte sie als Hochzeitsreise, doch da Takamatsu kaiserlicher Prinz und inzwischen Kapitän der kaiserlichen Marine war, gab es bei jedem Aufenthalt offizielle Verpflichtungen. Im Juni trafen sie in England ein. Prinz Takamatsu fühlte sich etwas mulmig, als er die jubelnde Menschenmenge beiderseits der Straße zum

Buckingham-Palast sah, doch Kikuko war ganz in ihrem Element. Bei einem Staatsbankett am selben Abend, zu dem sie ein Kleid aus Silberschuppen trug, stand die Prinzessin »im Mittelpunkt aller Blicke«.[8] Im Namen des Kaisers verlieh Prinz Takamatsu König Georg den Orden der Aufgehenden Sonne.[9] Das alles diente dem Zweck, ein möglichst positives Licht auf ein neues Flottenabkommen zu werfen, das gerade in London abgeschlossen worden war und die Flottenstärken der beiden Signatarmächte auf eine bestimmte Proportion festlegte. Obwohl dieser Vertrag Japan gegenüber großzügiger war als der vorhergehende Flottenvertrag mit den USA, löste er in Tokyo eine erbitterte Opposition aus. Takamatsu gehörte zu den Gemäßigten und war strikt gegen einen weiteren Flottenausbau. Er hoffte, das neue Abkommen würde das Wettrüsten zwischen Japan und dem Westen »zum gemeinsamen Wohl der ganzen Welt« beenden.[10] Takamatsu zählte zu den hartnäckigsten Kritikern der Kriegspartei in Japan.

Anschließend verbrachte das Paar sechs Wochen in Paris, bevor es *inkognito* nach England zurückkehrte, um den dortigen Herbst zu genießen; wie schon Hirohito vor ihnen hielten sie sich auch einige Zeit in Schottland auf. Über den Winter besuchten sie Lissabon, Sevilla, Rom, Athen und Ankara, bevor sie nach New York aufbrachen. Als die »Aquitania« in den Hudson einlief, kamen Schwärme von Reportern an Bord, und Takamatsu gab im Salon des Schiffes ein leutseliges Interview. Die *New York Times* informierte ihre Leser: »Der Prinz spricht zwar Englisch, doch wie er halb entschuldigend erklärte, fällt ihm der Gebrauch dieser Sprache in einer Unterhaltung sehr schwer, so daß er sich eines Dolmetschers bediente. Er hatte keine offizielle Botschaft für Amerika [Er sagte:] ›Ich hoffe darauf, alle die Dinge zu Gesicht zu bekommen, welche die Größe Amerikas ausmachen, und viele seiner Prominenten kennenzulernen […] Seit langem habe ich mich durch die Lektüre und das Studium von Büchern mit Amerika beschäftigt.« Das Paar fahre gern Ski, schrieb das Blatt, und die Prinzessin singe gern und begleite sich am Klavier. Beide könnten zwar tanzen, unterließen dies jedoch in der Öffentlichkeit. Takamatsu wurde als »schlanker, lächelnder junger Mann« beschrieben und Kikuko als »zierliche und prickelnde Schönheit«. Die Leibdiener des Prinzen waren beunruhigt über die vielen Fragen der Reporter zum Privatleben des Paares.[11]

Tom Lamont und die Morgan-Bank hatten eine Konfettiparade organisiert. Fünfzigtausend Menschen jubelten dem Autokonvoi auf der Fifth Avenue zu, dem eine Reitereskorte mit tänzelnden Pferden voranritt. Als die beiden nach Washington kamen, wurden sie an der Union Station von Präsident Hoover begrüßt. Bei einem Staatsbankett im Weißen Haus am selben Abend war erneut Tom Lamont bei ihnen, einer der wichtigsten politischen und finanziellen Hintermänner des Präsidenten. Am nächsten Abend gab der japanische Botschafter im Mayflower Hotel einen Empfang für zweitausend Gäste, gefolgt von einem Bankett für einen ausgewählten Kreis von fünfzig Personen, zu dem auch Hoovers Stabschef der Armee geladen war, General Douglas MacArthur, der Ende des Zweiten Weltkriegs noch eine wichtige Rolle für die Zukunft der kaiserlichen Familie spielen sollte.[12]

Hirohito dankte Hoover in einem Telegramm für den herzlichen Empfang, den dieser seinem Bruder bereitet hatte.[13] Hoover telegrafierte zurück und sagte, die Jungvermählten »haben vollständig unsere Herzen erobert«.[14] Von den Vereinigten Staaten aus traten Prinz und Prinzessin Takamatsu an Bord des Dampfers »Chichibu Maru« die Heimreise an und erreichten im Juni 1931 Tokyo.

Zwölf Monate später, im Juni 1932, wurde Joseph Grew, den Hoover (mit Unterstützung Lamonts) zum neuen Botschafter in Japan ausersehen hatte, in Tokyo ein bemerkenswert herzlicher Empfang bereitet.[15] Seit Korvettenkapitän Perrys berühmter Zurschaustellung amerikanischer Seemacht 1853 in der Bucht von Tokyo hatten spätere Generationen der Perry-Familie in Japan ein außerordentliches Ansehen genossen. Die Vertreterin der gegenwärtigen Generation war Grews Frau Alice Perry Grew. Sie war die hübsche Urgroßnichte des Korvettenkapitäns, sprach fließend Japanisch und kannte von Hirohitos Mutter abwärts alle bedeutenden Leute.[16] Ihr Vater Thomas Sergeant Perry war ein Wissenschaftler aus Boston. Ihre Mutter war eine Cabot, kam also aus einer der angesehensten Familien Bostons. In den letzten drei Jahren des neunzehnten Jahrhunderts hatte die Familie Perry in Tokyo gelebt, wo Alices Vater an der Keiô-Universität, der ersten Privatuniversität Japans, einen Lehrstuhl für englische Literatur bekleidete.[17] Viele spätere Führer Japans studierten damals an dieser Universität. Alice verkehrte mit jungen Japanerinnen, die auf die Adelsschule für Mädchen gingen. Ihre beste Freundin war eine ernste japanische Christin namens Nabeshima Nobuko, die Alice mit einem anderen Mädchen bekanntmachte, der späteren Kaiserin Sadako und Mutter von Kaiser Hirohito. Die Tochter Nobukos wurde später Prinzessin Chichibu. Auf diese Weise hatte Joseph Grew durch die jugendlichen Freundschaftsbande seiner Frau unmittelbare Kontakte zur kaiserlichen Familie.

Auch die Familie Grew hatte seit langem Verbindungen zu Asien. Sie waren Bankiers aus Boston, die sich an der Finanzierung der Opiumklipper von Russell & Company beteiligten und mit den großen amerikanischen Kaufmannsfamilien der Forbes, Delano und Roosevelt verbunden waren. Der Reichtum und die Tüchtigkeit dieser Familien standen nicht in Frage. Ein Junge wie Joseph Grew mußte es nur seinen Vorfahren gleichtun. Er besuchte die Groton School in Groton, Massachusetts, und die Harvard-Universität in Princeton, wo er mit Franklin Roosevelt zusammen studierte. Nach seinem Universitätsabschluß 1902 schickten seine Eltern ihn auf eine Weltreise. Grew jagte Steinböcke im Pamir, Bären in Kaschmir und Tiger in China, machte kurz Zwischenstation in Japan und kehrte mit zweiundzwanzig Gepäckstücken und einem japanischen Diener namens Suzuki nach Boston zurück.[18] Auf der Reise hatte er eine Vorliebe für exotische Gegenden entwickelt, und so bemühte er sich um eine Tätigkeit im Außenministerium. Die Familie ließ ihre Beziehungen spielen. Auf einer Party lernte er Alice kennen.

»Was mich dazu bewogen hat, sie zu fragen, ob sie meine Frau werden wolle, war die Vorstellung, sie in einem farbenprächtigen Kimono zu Hause am Herd stehen zu sehen.«[19] Suzuki spielte den Liebesboten, brachte Blumen und Briefchen zu Alice und plauderte fröhlich auf japanisch mit ihr. Grew hatte zwar auf der Vorbereitungsschule zum College europäische Sprachen gepaukt, war jedoch durch eine Krankheit schwerhörig geworden und lernte nie Japanisch. Er konnte seinen Gesprächspartner nur hören, wenn dieser die Stimme erhob; das erweckte den Eindruck, er sei in sich gekehrt.

Vor seiner Hochzeit hatte man Grew eine Stelle als Konsulatssekretär an der US-Bootschaft in Ägypten angeboten. Zu jener Zeit war eine diplomatische Tätigkeit noch kein Staatsdienst, sondern eine informelle Angelegenheit. Freunde des Präsidenten, politische Spendengeber und stellenlose Politiker erhielten Posten in einem Konsulat oder einer Gesandtschaft im Ausland, wo sie von Sekretären und Attachés unterstützt wurden. Viele Diplomaten waren wohlhabende Amateure, die junge, finanziell unabhängige Männer wie Grew mitnahmen. Das Anfangsgehalt betrug nicht mehr als sechshundert Dollar im Jahr, doch Geld spielte keine Rolle. 1905 heiratete Grew Alice, und sie unternahmen eine Schiffsreise auf dem Nil. In den folgenden Jahren nutzte er die Beziehungen seiner Familie zu Präsident Theodore Roosevelt dazu, sich eine bessere Anstellung zu verschaffen. Von Ägypten gingen sie erst nach Mexiko und dann nach Rußland, bevor Grew 1908 einen begehrten Posten in der Botschaft in Berlin erhielten. In jenen unbeschwerten Tagen vor dem Ersten Weltkrieg war das Berliner Nachtleben äußerst elegant. Die Grews lebten auf großem Fuß mit Automobilen, Dienern, Wein und Kammermusik. Unter der Woche war Grew täglich meistens nur wenige Stunden in der Kanzlei der Botschaft. Sein Tag begann mit zwei Stunden Klavierspiel, danach schlenderte er durch den Tiergarten zu seinem Arbeitsplatz. Die Abende waren ausgefüllt mit Gesellschaften.

Die oberen Zehntausend in Berlin blieben ebenso unter sich wie die Mitglieder der feinen Gesellschaft in Boston, und die Diplomatie wurde beim Mittagessen, Nachmittagstee, Abendessen und beim Tanzen betrieben. Grews Taubheit verhinderte, daß er mitbekam, was außerhalb eines kleinen Kreises von Adligen vor sich ging. Er mied die Gesellschaft von Politikern, Künstlern und Intellektuellen, und schon gar keinen Kontakt hatte er zu dem Mann auf der Straße.[20] Statt dessen pflegte er den Umgang mit einem oder zwei Journalisten, von denen er sich erzählen ließ, was die kleinen Leute so redeten. Aber er war ein guter Organisator mit Liebe zum Detail. Als Erster Sekretär übernahm er es, die Corn-flakes für den Botschafter zu besorgen. Er hatte ein phantastisches Gedächtnis und trieb seine Leute unablässig zur Arbeit an.

In der besseren Berliner Gesellschaft kannte er alle Namen, wußte, was jeder trank, welche Spiele er spielte und mit wem er verkehrte. Doch als 1914 der Erste Weltkrieg ausbrach, war er völlig überrascht. Grew liebte Deutschland, und er war ein bedingungsloser Anwalt der deutschen Sache. Seine Briefe nach Hause und seine Berichte an das State Department waren voll des Lobes für die deutsche Regierung, das deutsche Militär und die Nation, und somit war er verblüfft über die knappen Entgegnungen seiner Familie, die ihm klarmachten, daß er nicht informiert war. Es traf ihn schwer, als er einsehen mußte, daß er die deutsche Propaganda völlig kritiklos geschluckt hatte. Er glaubte immer noch wie viele Deutsche, Rußland, England und Frankreich hätten den Krieg geplant, weil sie Deutschland seinen Erfolg und seinen Reichtum neideten.[21] Washington sah das anders.

Amerika war zwar militärisch noch nicht in den Krieg verwickelt, jedoch finanziell engagiert, indem es den Alliierten Kredite gab, Nahrungsmittel und sonstige Verbrauchsgüter und Kriegsmaterial verkaufte, während es gleichzeitig die leidenden Menschen Europas ungeachtet ihrer Nationalität unterstützte, eine Mischung aus Nützlichkeitsdenken und Mildtätigkeit, die dem puritanischen Wesen der USA entsprach. Eine der Aufgaben Grews in der Botschaft war die Aufsicht über Hoovers Hilfsprogramme in Deutschland. Der zukünftige Präsident war ein »bescheidener Millionär«[21], ein Quäker, der sein Vermögen als Bergbauingenieur in Asien gemacht hatte und sich jetzt darauf beschränken konnte, seinen Reichtum zu mehren und überall in der Welt gute Arbeit zu leisten.

Als die Vereinigten Staaten im April 1917 in den Krieg eintraten, verließen Grew und die übrigen Mitarbeiter der Botschaft so schnell wie möglich Berlin.[23] Wieder zurück in Amerika, versuchte er, sein deutschenfreundliches Image zu korrigieren, indem er auf eine Verkaufstour für US-Kriegsanleihen ging und innerhalb von elf Tagen vor vierundzwanzigtausend Menschen sprach. Jetzt schilderte er die Deutschen als zügellose Barbaren und internationale Verbrecher.

Das Ende des Ersten Weltkriegs führte Grew nach Versailles, wo er erneut mit Hoover zu tun hatte und sich den reichen amerikanischen Konservativen in dessen Umgebung anschloß.[24] Die beiden Männer bemühten sich um einflußreiche japanische Delegierte wie Fürst Saionji und Comte Makino, die höchsten kaiserlichen Ratgeber. In den zwanziger Jahren wurde Grew für einige Zeit nach London versetzt, wo er Botschafter Matsudaira kennenlernte, dessen Frau Nobuko die Schulfreundin seiner Frau Alice war.

Wieder zurück in den Vereinigten Staaten, unterstützte Grew den Republikaner Hoover bei dessen Präsidentschaftswahlkampf 1928 und sammelte Spenden in den Finanzkreisen von Boston, Philadelphia und New York. Hoover war US-Präsident, als es im Oktober darauf zum großen Börsenkrach an der Wall Street kam, und die Demokraten gaben ihm die Schuld daran. Obwohl er nur für eine Amtszeit Präsident war und 1932 gegen Franklin D. Roosevelt verlor, traf Hoover Personalentscheidungen, die nachhaltige Auswirkungen auf die Zukunft Japans haben sollten – so die Ernennung von General Douglas MacArthur zum Stabschef der US-Armee und die Grews zum neuen US-Botschafter in Tokyo.

Trotz der Weltwirtschaftskrise blieb Japan in Asien der wichtigste Markt für amerikanische Erzeugnisse. Der Schutz und die weitere Ausdehnung des amerikanischen Handels im Pazifik gehörten zu den Aufgaben von Grew auf seinem neuen Posten. Hoover, Morgan, Lamont und andere Republikaner vertraten die Doktrin, daß nur eine Verflechtung der Wirtschaften einzelner Länder durch das private Unternehmertum die Welt stabilisieren werde. In Asien und im Pazifik konnte in ihren Augen die Gewährung von Handelsprivilegien von den Amerikanern dazu benutzt werden, asiatische Länder für eine Zusammenarbeit zu gewinnen, was auf beiden Seiten Frieden und Wohlstand fördern werde. Für sie waren die Demokraten des Rooseveltschen New Deals verkappte Bolschewisten. In diesem Punkt ähnelten ihre Einstellungen denen der japanischen Elite gegenüber den Liberalen in Japan.

Grew war durch seine Heirat dem Haus Morgan verbunden. Er selbst wurde zwar zu einem Mitglied der Episkopalkirche erzogen, doch seine Großmutter mütterlicherseits war Quäkerin.[25] Eine ihrer Cousinen, Jane Norton Grew, war mit Jack Morgan verheiratet. In den Augen der Japaner machte dies Joseph Grew zu einem Mitglied des großen Morgan-*zaibatsu.* In Tokyo wie in Boston bedeuteten jahrzehntelange Verbindungen zwischen Familien die gegenseitige Vergabe von Direktorenposten, was Solidarität im Inland schuf und den wirtschaftlichen Einfluß im Ausland ausdehnte. Aufgrund ihrer familiären Verbindungen wurden Joseph und Alice Grew von den höchsten Mitgliedern der japanischen Elite hofiert, den Industriemagnaten, die unauffällig die wachsende Macht der Armee finanzierten.

Die Grews gingen zu einer ziemlich gefährlichen Zeit nach Japan. Im Jahr 1930 verschwor sich eine Gruppe von Offizieren, die sich Kirschbund nannte, den Sturz der Zivilregierung durch eine Verschwörung zum Ziel. Sie wollten keine Kabinette mehr, deren Minister verschiedenen Parteien angehörten, sondern ein Militärregime unter General Ugaki. Doch die Verschwörung verpuffte, als General Ugaki seine Mitwirkung ablehnte. Im November dieses Jahres erschoß ein junger Attentäter den Ministerpräsidenten Hamaguchi auf dem Tokyoter Bahnhof.[26]

Das war nur einer in einer ganzen Serie spektakulärer politischer Morde während dieser Jahre, die überwiegend von japanischen Offizieren der Armee und ihren Freunden verübt wurden. Manche Attentäter verfolgten das Ziel, Japan zu militärischen Eroberungen auf dem asiatischen Festland zu zwingen. Andere Morde wurden von jungen Idealisten innerhalb der Armee begangen, die überzeugt waren, den Kaiser vor »bösen Einflüsterern« schützen zu müssen. Alles begann 1928 mit der Ermordung des mandschurischen Warlords Chang Tso-lin (Zhang Zuolin), dessen Zug von japanischen Offizieren in die Luft gesprengt wurde.[27] Offensichtlich wußte Hirohito vorher nichts von diesem Anschlag, doch nachdem er erfahren hatte, daß seine Armee den Mord begangen hatte, um einen Vorwand für die Eroberung der Mandschurei zu haben, zeigte er sich nicht aufgebracht darüber. Zwar wurde seine Position jahrzehntelang geheimgehalten, doch er war damit einverstanden, daß die Tat vertuscht wurde. Wie ein japanischer Wissenschaftler bemerkte, verzieh der Kaiser damit einen Akt des Terrorismus und ließ die Armee in ihrem Ungehorsam gewähren, womit er einzelne Offiziere ermutigte, die Dinge auch weiterhin in die Hand zu nehmen.[28] Damit war die Bühne bereitet für Morde, Bombenanschläge und Verschwörungen, die es der Armee nach und nach ermöglichten, ihre Herrschaft auf dem asiatischen Festland auszudehnen, ohne von Tokyo daran gehindert zu werden.

Die Ermordung Chang Tso-lins sollte dessen mandschurische Soldaten dazu provozieren, japanische Einheiten zu überfallen, so daß die Japaner in großer Zahl in die Mandschurei einfallen und das Land erobern könnten. Doch es waren drei Jahre weiterer Provokationen nötig, bis das Vorhaben glückte. Oberstleutnant Ishihara Kanji plante sorgfältig den »mandschurischen Zwischenfall« von 1931, einen vorgetäuschten Überfall von angeblich chinesischen Soldaten, der Japan die Möglichkeit gab, das gesamte Territorium der Mandschurei von 1,15 Millionen Quadratkilometern zu erobern. Auch hier wurde die Rolle Hirohitos geheimgehalten, bis 1990 das Tagebuch seines obersten militärischen Adjutanten jener Zeit veröffentlicht wurde, in dem sich für den 22. September 1931, drei Tage nach dem Zwischenfall, folgende Eintragung findet: »Um 16.20 Uhr hatte Stabschef Kanaya eine Audienz beim Kaiser und ersuchte den Tennô, die Entsendung der gemischten Brigade [der in Korea stationierten japanischen Armee in die Mandschurei] zu erlauben. Ich erhielt die Antwort des Kaisers, daß es diesmal wohl nicht zu vermeiden sei, daß [die Armee] künftig jedoch vorsichtiger sein müsse.« In einer anschließenden Eintragung heißt es: »Als ich Seine Majestät um Seine Meinung darüber fragte, wie man den Stabschef der Armee und den Kommandeur der Kwantung-Armee [in Korea] bestrafen könne, schien es so, als sollte der erstere letztlich keine weitere Strafe erhalten als die Verwarnung, die er kürzlich vom Kaiser erhalten hatte. Was den Kommandeur [der Kwantung-Armee] angeht, so beabsichtigt der Kaiser, die Angelegenheit mit einer leichten Strafe durchgehen zu lassen.«[29]

Der Angriff Japans auf die Mandschurei kam eigentlich nicht überraschend. Selbst in Europa und den USA waren viele Beobachter der Ansicht, die Eroberung der Mandschurei sei die einzige Möglichkeit für Japan, aus seiner sozialen und wirtschaftlichen Krise herauszufinden. Als Argument führten sie an, die Mandschurei sei reich an Nahrungsmitteln und Rohstoffen für die japanische Industrie. Westliche Finanzleute wie Tom Lamont unterstützten den Überfall und behaupteten einfach, China habe ihn provoziert. Öffentlich übte Präsident Hoover Kritik an diesem Vorgehen, doch privat unterstützte er es ebenfalls.[30] Die Mandschurei wurde Japans Kolonie unter der »Regierung« seiner Marionette, des chinesischen Kaisers Pu Yi (P'u-i).

Hirohitos Hauptsorge war, daß der Vormarsch der japanischen Armee in die Mandschurei wirtschaftliche Sanktionen durch die USA und Großbritannien oder gar einen Krieg mit diesen Staaten auslösen könnte. Der Kaiser fragte seine Berater, ob Armee und Marine auf ein Wirtschaftsembargo vorbereitet seien oder auf mögliche Reaktionen, »wenn wir gegenüber den Großmächten zu feindseligen Handlungen übergehen«. Noch zehn Jahre sollten vergehen, bis es soweit war. Doch aus den Aufzeichnungen seines Adjutanten geht hervor, daß Hirohito bereits 1931 überzeugt war, daß ein Krieg mit dem Westen unvermeidlich war, falls seine Armee ihre Aggression auf dem Festland fortsetzte. Da er nicht energisch intervenierte und die Übeltäter mit milden Verwarnungen davonkommen ließ, billigte er faktisch ihr Verhalten. Er war kein unbeteiligter Zuschauer, sondern lobte sogar die Armee, weil sie »den Feind in großer Zahl wie Unkraut niedermähte [...] Ihre unerschütterliche Loyalität erfüllt mich mit tiefer Befriedigung.«[31] In den Scherben des zwanzigsten Jahrhunderts spiegeln sich mehrere Gesichter Hirohitos.

Die einzige wirkliche Opposition gegen die Eroberung der Mandschurei kam von chinesischen Bürgern, die japanische Exporte so konsequent boykottierten, daß diese im Jahr 1932 durchschnittlich um neunzig Prozent zurückgingen. In chinesischen Großstädten wurden Japaner verprügelt oder umgebracht. In Shanghai wurden Porträts von Hirohito durch die Straßen getragen, die an der Stelle, wo die Brust war, von einem Papierdolch durchbohrt waren. Das war eine Gelegenheit, die man nicht ungenutzt lassen konnte. Japanische Provokateure im Gewand buddhistischer Mönche provozierten einen Streit mit einer Menschenmenge in Shanghai; zwei »Mönche« wurden erschlagen. Zu dieser Zeit war die Marine Japans verantwortlich für die Überwachung der japanischen Handelsinteressen in Shanghai, und auf dem Huangpu lagen mehrere schwerbewaffnete japanische Schiffe. Da er wußte, daß Verstärkungen in die Stadt unterwegs waren, schickte der japanische Admiral in Shanghai seine Marinesoldaten aus und mobilisierte einen Teil der dreißigtausend in der Stadt lebenden Japaner.

Sogleich brachen Kämpfe mit der neunzehnten chinesischen Kurs-Armee aus, die ihr Quartier vor der Stadt bezogen hatte. Innerhalb kurzer Zeit befanden sich in Shanghai fünfzigtausend japanische Soldaten. Auf die ersten vereinzelten Gewehrschüsse folgten Artillerietrommelfeuer, Tiefflugangriffe und Bombardierungen aus der Luft. Große Teile der Stadt wurden dem Erdboden gleichgemacht. Tausende von Westeuropäern und Amerikanern in den relativ sicheren internationalen Vierteln wurden Zeugen des Blutbads, und während das brutale Vorgehen Japans in der Mandschurei ohne ausländische Zeugen vor sich ging und stillschweigend gebilligt wurde, stießen die Greuel in Shanghai auf allgemeine Empörung und Kritik. Thomas Lamont bedauerte, der japanische Fauxpas – das Beobachtet-worden-zu-Sein – werde es unmöglich machen, einen weiteren Kredit für Tokyo durch Investoren oder Bankenkreise zustande zu bringen. Botschafter Yoshida sagte, der Angriff auf Shanghai sei »eine schwere Fehlkalkulation« gewesen. Zahlreiche weitere dieser Art sollten folgen.[32]

Kurz bevor die Grews 1932 in Japan eintrafen, ermordete eine Gruppe junger Offiziere, die sich Blutsbrüderschaft nannte, Finanzminister Inoue und Baron Dan, den Direktor von Mitsui, Japans größtem *zaibatsu*. Es war ihr erklärtes Ziel, Japan vor »schlechten« Einflüssen zu bewahren. Am 15. Mai, während Joseph und Alice Grew bereits auf dem Pazifik unterwegs waren, wurde der achtundsiebzigjährige Ministerpräsident Inukai von Offizieren erschlagen, denen sein Widerstand gegen eine militärische Expansion in der Mandschurei so wenig paßte wie seine Bemühungen, mit China Frieden zu schließen. An einem sonnigen Sonntag nachmittag fuhren die Mörder vor der Residenz des Ministerpräsidenten in Taxis vor, verschafften sich mit gezogenen Revolvern Zutritt zum Haus und schossen dabei die Polizeiwachen nieder. Ein Leibwächter drängte Inukai, sich in Sicherheit zu bringen, doch der grauhaarige alte Mann lehnte ab. »Ich möchte diese Leute sehen. Wenn ich mit ihnen rede, werden sie zur Einsicht kommen.« Er bat die Mörder in sein Zimmer, setzte sich hinter seinen Schreibtisch und bot ihnen Zigaretten an, wobei er sich auch selbst eine nahm. In diesem Augenblick schossen ihm zwei der Eindringlinge aus nächster Nähe in den Kopf, dann rannten sie davon. Ein entsetztes Dienstmädchen fand Inukai konsterniert, aber am Leben, am Schreibtisch sitzend und seinen blutenden Kopf mit den Händen haltend. Er bat sie, die Zigarette anzuzünden, die er immer noch zwischen den Lippen hielt. »Rufen Sie die jungen Leute zurück, die gerade noch hier waren«, sagte er. »Ich möchte mit ihnen reden.«[33] Er starb noch am selben Abend. Am selben Tag erfolgten Bombenanschläge auf die Mitsubishi-Bank und das Polizeipräsidium sowie ein Attentat auf Comte Makino.[34]

Während des Anschlags auf Inukai verfolgten Prinz und Prinzessin Chichibu einen Leichtathletikwettbewerb. Als sie zurückkehrten, wimmelte es im Palast von Polizisten. »Wir waren zutiefst beunruhigt«, schrieb die Prinzessin später, »und der Prinz machte sich unverzüglich auf den Weg zu den Palästen des Kaisers und der Kaiserinwitwe.«[35] Dort stritt er sich mit Hirohito. (Nach außen hieß es lediglich, er habe sich schlecht benommen.) Chichibu teilte die Meinung vieler Jungoffiziere, daß eine Reform dringend notwendig sei. Nach seiner Meinung waren die Mörder des Ministerpräsidenten keine Radikalen oder Kommunisten, sondern Idealisten, die durch die zunehmend verzweifelten Lebensumstände der japanischen Bevölkerung zum Handeln getrieben worden seien. Sie verehrten den Kaiser und seien bestrebt, die Macht des Throns zu stärken, indem sie den Palast von korrupten und schlechten Ratgebern säuberten. Hirohito war grundsätzlich anderer Meinung.

In jungen Jahren hatten die Brüder idealistische Regungen miteinander geteilt, und Hirohito hatte König Georg um seine Popularität beneidet. Doch die Realität des Lebens in Tokyo war etwas anderes. Das Verhältnis eines japanischen Kaisers zu seinem Volk glich weniger dem eines britischen Monarchen zu seinen Untertanen als dem des Papstes zu den katholischen Gläubigen. Nach zehnjähriger Konditionierung legte Hirohito die selbstgefällige Haltung seiner höchsten Berater an den Tag, in deren Augen die Reformbewegung eine Gefahr und ihre Anhänger radikale Linke waren, die das bestehende Gleichgewicht in Japan zerstörten und den Thron ins Wanken brächten. Der Streit zwischen Hirohito und seinem Bruder Chichibu machte die beiden Seiten eines fundamentalen Gegensatzes sichtbar, der in den beiden folgenden Jahrzehnten und danach, bis zum Ende des zwanzigsten Jahrhunderts, eine Krise nach der anderen heraufbeschwören sollte. Diesen Gegensatz muß man für ein Verständnis der Ereignisse stets klar im Auge behalten.

Die Offiziere der kaiserlichen Armee, die in zwei Cliquen gespalten waren, spielten die Schlüsselrollen. Die eine war eine Gruppe von naiven jungen Radikalen, die sich »Fraktion des kaiserlichen Weges« nannte und den Thron idealisierte.[36] Viele dieser Jungoffiziere waren persönliche Freunde von Prinz Chichibu, und er wurde zunehmend ihr Wortführer. Sie akzeptierten vorbehaltlos das Dogma der Meiji-Restauration; sie glaubten an die geheiligte Rolle des Kaisers und waren überzeugt, daß das System nicht funktionierte, weil der Kaiser von schlechten Ratgebern manipuliert wurde. Sie waren bereit, Gewalt anzuwenden, um die Regierung von diesen schlechten Männern zu säubern, den Weg freizumachen für eine dringend erforderliche soziale Reform und der japanischen Gesellschaft aus ihrer tiefen Krise herauszuhelfen. Sie wollten allen Reichtum verstaatlichen, um die verzweifelte Lage der Arbeiter und Bauern zu bessern, welche die Mehrheit der japanischen Bevölkerung ausmachten. Das beunruhigte ihre potentiellen Anhänger unter der gemäßigteren Elite, die nicht die Absicht hatten, ihren Reichtum aufs Spiel zu setzen, und die hinter jeder Form von Sozialhilfe den Marxismus witterten. Die jungen Offiziere waren zweifellos alles andere als links, doch die Elite stand jeder Form von Radikalität ablehnend gegenüber. Was ihnen am Ende auf tragische Weise zum Verhängnis wurde, war die Ernsthaftigkeit ihrer Motive. Ihre unbedingte Aufrichtigkeit gab den Menschen zu denken, auch dem Kaiser.

Die andere Clique war ein Kreis brutaler Opportunisten im Hauptquartier, die sogenannte Kontrollfraktion, die geduldig und hartnäckig auf eine Militärdiktatur hinarbeitete.[37] Sie manipulierte die Jungoffiziere, stachelte sie an und benutzte sie als Werkzeuge zur Ausschaltung mißliebiger ziviler Politiker wie Inukai. Die meisten Generäle in der Armee behaupteten, sich von beiden Fraktionen fernzuhalten. Sie redeten über Reformen, doch insgeheim nahmen sie wie seinerzeit Yamagata Schmiergelder der Wirtschafts- und Finanzwelt an und strebten danach, in die Spitze der herrschenden Elite aufzusteigen. Zwar ahnten die Jungoffiziere mit der Zeit, daß sie nur benutzt wurden, doch ihre Sache war ihnen so wichtig, daß sie nicht mehr zurück konnten.

Die Lösung der wirtschaftlichen Probleme Japans, wie die Kontrollfraktion sie sah, bestand nicht in einer institutionellen Reform zur Beseitigung der systemimmanenten Korruption, sondern in der Schaffung eines japanischen Kolonialreiches auf dem asiatischen Festland und einem totalen Krieg gegen den Westen. Die Anführer der Kontrollfraktion waren sich lediglich darin uneins, ob die Armee im Norden in das sowjetrussische Sibirien oder im Süden in China einfallen oder sich vorläufig mit den Kolonien Korea, Mandschurei und Formosa begnügen sollte. In jedem Fall wollten sie eine Erhöhung der Militärausgaben und freie Hand auf dem asiatischen Festland. Sie stachelten die jungen Offiziere an, indem sie ihr Bedürfnis nach unmittelbarem Handeln schürten, sie ermutigten, einen Putsch zu planen und Anschläge auf Politiker zu verüben und von einer neuen Restauration zu träumen, die alles wieder ins Lot bringen sollte, sobald die Macht dem heiligen Kaiser »zurückgegeben« wäre.

Die jungen Offiziere wollten keinen totalen Krieg. »Es ist offensichtlich«, sagte einer von ihnen, »daß die Beziehungen Japans zu Rußland, China, England und den Vereinigten Staaten inzwischen so angespannt sind, daß jeder unbedachte Schritt auf seiten Japans unser göttliches Land in den Abgrund eines Krieges und der Vernichtung stürzen kann.«[38]

Für den Fall, daß es den Jungoffizieren gelänge, einen Putsch zu inszenieren, hofften sie, einige Obersten der Kontrollfraktion oder sogar Generäle auf ihre Seite zu ziehen. Ihr Held war General Araki, ein draufgängerischer Fanatiker, der seine Bewunderer in Begeisterung versetzte, indem er alle Probleme Japans korrupten Zivilisten in der Umgebung des Throns in die Schuhe schob.[39] Als er Armeeminister wurde, erlaubte er den Offizieren, zum erstenmal seit den Samurai-Aufständen des neunzehnten Jahrhunderts, wieder Schwerter zu tragen, und das verstärkte die Großmannssucht der Armee zu einem höchst gefährlichen Zeitpunkt.

Die meisten Japaner wußten nicht, wem sie glauben sollten. Ermordete Regierungsbeamte wurden von ihren Mördern als »schlechte Menschen« beschrieben. General Araki pries die Mörder als »aufrechte und naive junge Männer«, die davon überzeugt seien, daß sie »zum besten des kaiserlichen Japans« handelten. Vergessen wir für einen Augenblick die Frage, ob die Opfer wirklich schlecht waren, und fragen wir uns, inwieweit die Mörder Idealisten waren.

Etwa die Hälfte der Jungoffiziere stammte aus armen ländlichen Familien.[40] Sie kamen in den zwanziger Jahren auf die Militärakademie, einer Periode, die gekennzeichnet war durch eine schwere Inflation, Reisaufstände, die Zerstörungen durch das Kantô-Erdbeben, den Zusammenbruch zahlreicher Banken 1927, gefolgt vom Börsenkrach an der Wall Street und der Weltwirtschaftskrise. Ehrgeizig und intelligent, waren sie zutiefst unzufrieden über die Unfähigkeit oder den fehlenden Willen einer Zivilregierung nach der anderen, die Lage zu verbessern. Sie erkannten, daß die kleine herrschende Elite Japans für die Not der großen Mehrheit kein echtes Interesse aufbrachte. Die meisten unter ihrem Befehl stehenden Soldaten stammten ebenfalls aus hungernden Bauernfamilien, und fortwährend hatten sie es mit verzweifelten jungen Männern zu tun, deren Schwestern in die Prostitution verkauft wurden. Die Versäumnisse der Regierung nahmen ihnen alle Illusionen. Die Elite Japans war selbstsüchtig, die Ratgeber hinter dem Thron waren schlecht, weil sie nichts unternahmen, und das Land ging seinem moralischen und sozialen Verfall entgegen.

Einer der Jungoffiziere notierte in sein Tagebuch: »Man braucht sich nur umzusehen. Was ist aus unserem geliebten Land geworden? […] Die *genrô* haben die Befugnisse des Kaisers an sich gerissen. Die Minister zeigen ein schändliches Verhalten. Nehmen wir das Parlament. Alle diese Männer sind verantwortlich für die Angelegenheiten des Staates […] Die herrschende Clique macht dieselben Fehler in der Außenpolitik, der Innenpolitik, der Wirtschaft, im Bildungswesen und auf militärischem Gebiet […] Sie hat Japan an den Rand einer Katastrophe geführt.«[41] Wenn sie, die Jungoffiziere, nicht bald etwas taten, war Japan zum Untergang verurteilt.

Die Meiji-Restauration hatte den feudalen Status quo nicht wirklich verändert, sie hatte nur »die Schilder neu gemalt«, wie man in Japan sagt. Eine Elite, der nur an Reichtum und hohem Rang gelegen war, sträubte sich dagegen, den gewöhnlichen Japanern mehr als eine kosmetische Demokratie zu geben. Seit tausend Jahren war es die Politik der Kaiser und Shogune, das Volk unwissend zu halten und die

Steuern so hoch festzulegen, daß die Familien Mühe hatten zu überleben, vollauf beschäftigt waren und keine Gefahr darstellten.[42]

Die Jungoffiziere stellten sich Hirohito als einen vollkommen guten und reinen Kaiser vor, der von verräterischen Ratgebern manipuliert wurde, die seine Anweisungen nicht befolgten. Sie vertrauten Hirohito, weil es sonst niemanden gab, dem sie hätten vertrauen können. Sie wären niemals auf die Idee gekommen, daß sie auch ihm nicht trauen konnten.

Fürst Saionji und andere Ratgeber hatten Hirohito seit Jahren bearbeitet, damit er seinen jugendlichen Idealismus aufgab; wenn sie ausdrückliche mündliche Befehle des Kaisers erhielten, befolgten sie diese häufig nicht, weil sie »nicht niedergeschrieben« waren. Von ihrem Standpunkt aus taten sie dies, um Probleme zu vermeiden, so daß Entscheidungen durch Konsens möglich wurden. Sie drängten Hirohito, stets an die repräsentative Monarchie in England zu denken, sich unbestimmt auszudrücken, nur sibyllinische Verordnungen zu erlassen, die je nach den gegebenen Umständen ausgelegt werden konnten. Je weniger er von der wirklichen Macht des Thrones Gebrauch machte, desto mehr erhöhte er dessen magische Bedeutung.

Der Kaiser hatte zwar formell den Oberbefehl über das Militär, doch die Jungoffiziere wußten aus eigener Erfahrung, daß die Generäle und Obersten in der Mandschurei seine Befehle häufig mißachteten. Das Oberkommando, das nach außen hin seine absolute Loyalität gegenüber dem Thron bekundete, äußerte im privaten Kreis unverblümte Kritik an Hirohito.[43] Sie verspotteten ihn als Stubengelehrten, verachteten seine Unbestimmtheit, seine Äußerungen der Sorge um das Schicksal der Soldaten, die in der Mandschurei kämpften. Sie verachteten auch seine Unbeholfenheit. Diejenigen, die den Kaiser aus nächster Nähe zu sehen bekommen hatten, spotteten über seine leicht nach vorn gebeugte Körperhaltung, das hörbare Knacken seiner Halswirbel, wenn er den Kopf wendete. Sie glaubten, er werde niemals einen männlichen Erben zeugen. Sie behaupteten, er spiele zuviel Mahjong mit Kaiserin Nagako. In den dreißiger Jahren hielt sich hartnäckig die Vorstellung, daß es nötig werden könnte, Hirohito durch einen anderen Kaiser abzulösen. Im Jahr 1933 hörte sein Chefadjutant, daß bestimmte Generäle »die Weisheit Seiner Majestät in

Zweifel zogen«.[44] Der extreme sogenannte Kirschbund glaubte, er müsse »dem Kaiser mit dem Schwert drohen«. Und wenn Hirohito abdankte, war der nächste in der Thronfolge Prinz Chichibu, ein wenig berechenbarer junger Mann und ein Verbündeter der jungen Reformer. Das gab der alten Garde Anlaß zur Besorgnis.

Als Student in der Tokyoter Militärakademie zeigte Chichibu von Anfang an starke Sympathien für die Reformer.[45] Sie schilderten ihm die verzweifelte Lage der Bauern auf dem Land. Er besuchte inhaftierte Soldaten, die desertiert waren, weil sie ihre Angehörigen unterstützen wollten. Lange danach, im Jahr 1947, vertrat er noch immer ähnliche Ansichten: »Diejenigen, die jetzt die regierende Klasse ausmachen, die Politiker und die neuen Wirtschaftsmagnaten, sollten ihr Verhalten daraufhin überprüfen, ob ihre Lebensweise zur allgemeinen Lage der Bevölkerung paßt.«[46]

Nach seinem Abschluß an der Militärakademie wurde Chichibu zum dritten Regiment in Tokyo versetzt, das unter dem Befehl General Yamashitas stand, eines Mannes einfacher bäuerlicher Herkunft, der aufrichtig mit den Reformern sympathisierte. Als Hauptmann befand sich Chichibu genau in der Mitte zwischen den Offiziersrängen. Einem Leutnant gegenüber sagte er: »Ich bin mit Ihnen einer Meinung, daß Japan dringend eine Reform braucht. Bitte betrachten Sie mich als Ihren Kameraden.«[47] Einer seiner engsten Freunde war der führende Reformer Hauptmann Andô Teruzô, der Sohn eines Professors an der Keiô-Universität.

Chichibus Leutseligkeit machte ihn bei diesen jungen Männern ebenso populär wie bei der alten Garde unbeliebt. Er bestand darauf, wie alle anderen behandelt zu werden, und lehnte alle kaiserlichen Privilegien außer dem Recht auf einen eigenen Adjutanten ab. Dieser Adjutant bemerkte jedoch einmal, Chichibu habe den Putschplänen des Kirschbundes wohlwollend gegenübergestanden. Im darauffolgenden Jahr geriet er mit Hirohito in den bereits erwähnten Streit nach der Ermordung von Ministerpräsident Inukai. Seitdem stand Chichibu unter strenger Bewachung durch die Geheimpolizei. Bei einem anderen Putschplan 1933 wollten die Putschisten anstelle Hirohitos Chichibu auf den Thron setzen.[48] Um ihn aus dem Kreis dieser Unruhestifter zu entfernen, ließ das Palastamt ihn ins Hauptquartier des Generalstabs versetzen, wo er unter den Augen der älteren Kontrollfraktion war.

Bei einer Abschiedsfeier des Regiments wurde wie so oft über die notwendige Änderung der Verhältnisse diskutiert, und sein Freund Hauptmann Andô sagte: »Prinz Chichibu, bitte ersuchen Sie den Kaiser, uns seinen direkten Befehl zu übermitteln.« Chichibu fuhr ihn an: »Seien Sie kein Trottel, meinen Sie, das geht so einfach?«[49] Er hatte inzwischen gemerkt, daß sein älterer Bruder mit den Ratgebern, deren Entfernung aus dem Amt die Jungoffiziere sehnlichst wünschten, zufrieden war. Selbst nach Chichibus Versetzung zum Generalstab meldeten Spitzel, daß er sich privat noch immer mit seinen Kameraden treffe. Er hielt durch seinen Adjutanten Kontakt mit ihnen und bekam Exemplare von Reformtraktaten, die privat kursierten. Im Jahr darauf bemerkte Hirohito indessen, sein Bruder habe angefangen, sich zu »bessern«, und unterstütze nicht mehr alle Forderungen der Reformer.

Zu diesem Zeitpunkt kam es zu einem merkwürdigen Vorfall. Fürst Konoe, ein begabter Staatsmann, der Neuerungen offener gegenüberstand als die meisten anderen hohen Politiker, machte den Vorschlag, Prinz Chichibu solle dem alten Comte Makino als Großsiegelbewahrer im Amt folgen. Damit wäre der reformorientierte Chichibu der oberste Ratgeber des Kaisers geworden. Der Vorschlag wurde sogleich von Fürst Saionji mit dem Argument abgewürgt, dieses Amt räume dem Bruder des Kaisers zuviel Macht ein.[50] Wir können nur darüber spekulieren, ob Chichibu in diesem Amt viele tragische Ereignisse der Zukunft hätte abwenden können. Vielleicht wäre er fähig gewesen, Reformen durchzusetzen. Vielleicht hätte er sich aber auch als ein Vertreter des Status quo entpuppt.

Als die Grews im Juni 1932 in Yokohama an Land gingen, war in Tokyo wieder Ruhe eingekehrt. Nach der verstaubten Botschaft in Ankara in der Türkei war das Ehepaar glücklich, in die nach dem Kantô-Erdbeben neuerrichtete Residenz des US-Botschafters in Tokyo einziehen zu können.[51] Das Gebäude lag auf einer niedrigen bewaldeten Anhöhe mit Blick auf die Innenstadt. Alles war aufwendig ausgestattet mit bronzenen Türen, Treppenstufen aus Teakholz, Paneelen aus Walnußholz, einem Ballsaal und einem Saal für Bankette[52] – ein idealer Ort, um alte Freunde zu empfangen. Zehn Jahre lang spielten die Grews die Rolle von großzügigen Gastgebern. Sie mußten gegen eine starke Konkurrenz antreten, denn mittlerweile befanden sich über dreißig Auslandsbotschaften in der Stadt. Ihr Freund Comte Makino warnte sie, die Dinge änderten sich in Japan »in diesen Tagen der Militärherrschaft«, und er selbst und ihre gemeinsamen Freunde, die Matsudairas, sowie sein Schwiegersohn, Botschafter Yoshida, hätten inzwischen einen Großteil ihres früheren Einflusses eingebüßt.[53]

Acht Tage nach ihrer Ankunft wurden die Grews dem Kaiser und der Kaiserin im Palast bei einem Mittagessen für vierundzwanzig Personen vorgestellt, darunter Makino, die Chichibus und die Matsudairas. Alice Grew und ihr Mann saßen links und rechts von Hirohito. Obwohl Grews Frau Japanisch sprach, wurde ihre Unterhaltung mit Hirohito aus Gründen des Protokolls über Comte Makino auf Hofjapanisch geführt. Eine Hofdame dolmetschte für Grew, und er befand, Kaiserin Nagako sei eine vollendete Gastgeberin, die ihnen »ziemlich die ganze Geschichte unseres Lebens« entlockt habe.[54]

Am 23. Dezember 1933 weckte Alice ihren Mann um sieben Uhr morgens, als die Palastsirene ertönte, um eine kaiserliche Geburt zu verkünden. Eine Minute für ein Mädchen. Dann ertönte sie erneut. Endlich war ein männlicher Erbe – Tsugu no Miya, Akihito – angekommen. Es war Nagakos fünfte Schwangerschaft nach fast zehnjähriger Ehe. Auf einem Fest im Palast aus Anlaß der Geburt fanden die Grews den Kaiser und die Kaiserin »strahlend«.[55] Hirohito fragte Grew sogar nach seinem schwarzen Hund Sambo, der zu einer Berühmtheit geworden war, seit man ihn aus dem Wassergraben vor dem Palast gerettet hatte.[56]

Ähnlich wie in Berlin vor 1914 beschränkten die Grews ihre Kontakte auf Angehörige der Elite, so daß auch diesmal Grew am Vorabend eines Weltkrieges nur über einen Bruchteil der relevanten Informationen verfügte. Nachdem seine Sympathie für die deutschen Militaristen in den USA auf kühle Ablehnung gestoßen war, stand Grew nunmehr den japanischen Militaristen grundsätzlich feindselig gegenüber und berichtete regelmäßig über das krebsartige Wuchern der Macht der Armee. Seine wichtigsten Gewährsleute waren die Zivilisten Matsudaira, Makino und Yoshida, die in allem, was sie sagten, einer Meinung waren, und die Chichibus, die ihre Sympathie für Reformen an- und ausknipsen konnten.[57] Grew machte sich nie die Mühe, das Leben der übrigen neunzig Prozent Japaner zu verstehen, der Arbeiter, Bauern, Soldaten und kleinen Ladenbesitzer. Er betrachtete den Kreis der Kaiserinwitwe als seine wichtigste Informationsquelle. Sie waren die kultiviertesten Leute. Zugleich waren sie diejenigen, die am wenigsten darüber wußten, was wirklich vorging.

Der Mann, dem Grew am meisten vertraute, war Comte Makino, der auf allen Listen mit dem Beinamen »böser Einflüsterer« in der Umgebung des Throns ganz obenan stand. Er hatte ihn in Versailles kennengelernt und hielt ihn für »einen wirklich großartigen Gentleman«.[58] Makino war der Sohn von Ôkubo, dem »Despoten«, dem Helden der Meiji-Restauration, der rastlos auf den Sturz General Saigôs hingearbeitet hatte und 1878 selbst einem Mordanschlag zum Opfer gefallen war. Nach einem Studium in den Vereinigten Staaten hatte Makino zunächst als Botschafter seines Landes in Italien und Österreich gedient. Nach dem Tod Yamagatas war er zum Großsiegelbewahrer befördert worden, dem ranghöchsten offiziellen Ratgeber des Kaisers, und zum obersten Vertreter des Satsuma-Clans am Hof.[59] (Fürst Saionji vom Chôshû-Clan war der höchste inoffizielle Ratgeber.)

Makino war der führende Vertreter der »Pendeltheorie«, derzufolge die Macht in Japan regelmäßig zwischen links und rechts wechselte.[60] Bis vor kurzem sei das Pendel nach links geschwungen, im Interesse einer Zusammenarbeit mit dem Ausland, wie er gegenüber Grew erläuterte, doch jetzt schwinge es zurück nach rechts zugunsten eines »fremdenfeindlichen Nationalismus«. Der Schwachpunkt der Theorie lag darin, daß es in Japan gar keine politische Linke gab, sondern nur eine Rechte. Was Makino als dynamischen Wechsel von einem linken Extremismus über die Mitte nach rechts und wieder zurück beschrieb, war nur das Ziehen des Schwerts und anschließend das Zurückstecken in die Scheide.

Ein weiterer Vertrauter war Prinzessin Chichibus Vater, Grews alter Freund aus London und Washington. Die Matsudairas verbrachten so viel Zeit mit den Grews, daß das Personal in der Kanzlei spottete, sie hätten ihren Wohnsitz auf dem Gelände der Botschaft. Zu dieser Zeit war Matsudaira ein hoher Beamter im Außenministerium und stand kurz vor seiner Ernennung zum Minister des Palastamts.

Der andere Japaner, dessen Gesellschaft Grew besonders schätzte, war Botschafter Yoshida[61], der sich 1921 als junger Diplomat um die Garderobe Hirohitos bei dessen Englandbesuch gekümmert hatte. Als Sohn einer Geisha war er von einem reichen Geschäftsmann adoptiert worden, mit dessen Tod er im Alter von elf Jahren der Erbe eines vielfachen Millionenvermögens wurde. Sein Reichtum befreite Yoshida von gewissen Konventionen, wie etwa der Notwendigkeit, liebenswürdig und zuvorkommend zu sein; er war aufdringlich, schroff und klettenhaft. Nachdem er 1907 in den Auswärtigen Dienst eingetreten war, heiratete er Comte Makinos schöne älteste Tochter Yukiko, das genaue Gegenteil von ihm. Künstlerisch veranlagt und sensibel, hatte sie eine Klosterschule in Tokyo besucht, in Wien Geige studiert und fließend Deutsch und Englisch gelernt. Ihre Ehe war eine Katastrophe. Wie Yoshida sagte, sprach er stets englisch mit ihr, denn »wenn wir japanisch sprechen, fangen wir unweigerlich an, uns zu streiten, und mein Englisch ist nicht gut genug für einen Streit«.[62] Sie leistete ihrem Land in London wertvolle Dienste, da sie die britische Gesellschaft bezauberte. In Tokyo war sie eine der nächsten Freundinnen Alice Grews.

Die Grews hätten ebensogut Boston nach Tokyo mitbringen können. Die Makinos, Yoshidas und Matsudairas waren genau wie die Saltonstalls, Sedgwicks und Peabodys, alle ohne große Leidenschaft davon überzeugt, daß das Pendel in allernächster Zeit wieder in ihre Richtung schwinge. Sie glaubten daran, friedliebend zu sein, und redeten sich gegenseitig ein, Hirohito sei ein liberaler Pazifist.[62] Wäre Grew per Zufall einigen japanischen Fanatikern über den Weg gelaufen, hätte er eine wertvolle Entdeckung machen können: Wenn man dem Historiker Nakamura Masanori glauben darf, bestand zwischen Fanatikern und Gemäßigten kaum ein Unterschied. Ihre Differenzen betrafen keine politischen Grundsätze, sondern lediglich zweitrangige Fragen im Hinblick auf die Wahl der Strategie oder des Zeitpunkts für bestimmte Aktionen. Grew wartete auf eine Änderung, die nicht eintreten sollte.

Im Dezember 1933 überraschte General Araki, in dem ausländische Beobachter bereits den neuen Shogun gesehen hatten, alle Welt mit seinem Rückzug aus dem politischen Leben wegen seines schlechten gesundheitlichen Zustandes. Er räumte seinen Platz für einen gefährlicheren Mann, General Nagata Tetsuzan, einen Führer der Kontrollfraktion und einen der drei konspirativen Militärattachés, die sich die »drei Krähen« nannten und 1921 in Baden-Baden zusammengekommen waren, um den totalen Krieg gegen den Westen zu planen.[64]

Diese personelle Veränderung brachte den härtesten unter den Militaristen in eine direkte Konfrontation mit den jungen Reformern. Einen Monat, nachdem Tetsuzan neuer Chef des Büros für Militärangelegenheiten geworden war, hieß es in einem Stabsbericht, daß es 1935 oder 1936 zu »einer außergewöhnlichen politischen Unruhe«[65] kommen werde – die Jungoffiziere würden streiken, und die Armee müsse bereit sein, diese Chance zu ergreifen. Nagata plante bereits, den Jungoffizieren eine Falle zu stellen. Im November 1934 verhaftete die Militärpolizei eine Gruppe junger Verschwörer. Diese erkannten voller Bitterkeit, daß Hauptmann Tsuji Masanobu, ein Verbündeter General Nagatas, sie verraten hatte.[66]

Nachdem General Araki sich ins Privatleben zurückgezogen hatte, erhofften sich die Jungoffiziere Unterstützung von einem weiteren ihrer Helden, General Mazaki, dem reformerischen Leiter der Militärausbildung. Doch die Kontrollfraktion überzeugte den Kaiser, daß von Mazaki ein schlechter Einfluß ausgehe. Hier ist das erste klare Signal, daß Hirohito in Wirklichkeit nicht auf der Seite der Reformer stand, obwohl sie für ihn die höchste Macht und eine stärkere Stellung innerhalb der Regierung wollten. Tatsächlich genügte ihm seine Macht, und er glaubte, sein Überleben hinge von der Erhaltung des Status quo ab. Die Ziele der Jungoffiziere waren von vornherein zum Scheitern verurteilt.

Aus Furcht vor der Reformbewegung versetzte Hirohito Mazaki zum Militärrat und damit praktisch auf ein Abstellgleis. Das erboste die Jungoffiziere, die nicht erkannten, wer hinter der Versetzung Mazakis stand. In ihren Augen war General Nagata ihr schlimmster Feind. Mitte August 1935 ging ein tapferer Mann, Oberstleutnant Aizawa Saburo, in Nagatas Amtszimmer, zog sein Schwert und spießte den General wie ein Insekt an seine Bürotür. Der Chef der Tokyoter Militärpolizei befand sich gerade in seinem Büro und behauptete, er habe erfolglos versucht, dazwischenzutreten. In aller Ruhe ging Aizawa durch die Halle zum Zimmer eines Freundes, um dort seine Verhaftung zu erwarten. Im Gang begegnete er General Yamashita, der ihm die Hand drückte und sagte: »Ich danke Ihnen.«[67] Aizawa hatte eine der finstersten Persönlichkeiten Japans ausgeschaltet.

Die Ermordung Nagatas und der Prozeß gegen den Täter vor einem Militärgericht brachten den Konflikt zur Entscheidung. Hirohito sagte zu seinem Kriegsminister: »Diese jungen Männer sind zu weit gegangen. Ich möchte, daß Sie entschlossene Maßnahmen ergreifen, um dem ein Ende zu machen.« Es wurde entschieden, die erste Division – eines der Nester der Verschwörung – im Frühjahr 1936 in die Mandschurei zu verlegen. Wenn die Jungoffiziere etwas unternehmen wollten, mußte es vor ihrer Abfahrt sein. Als Vorsichtsmaßnahme wurde Prinz Chichibu noch im August zum einunddreißigsten Regiment auf der Nordspitze von Honshû versetzt, sechzehn Zugstunden von Tokyo entfernt.[68] Stephen Large schreibt: »Im Jahr 1936 stand Chichibu für die potentiell gefährlichste Durchsetzung des Hofes von radikalen restaurativen Tendenzen. Die Armeerebellen hatten vielleicht keine klaren Pläne, ihn auf den Thron zu heben, aber sie schlossen diese Möglichkeit auch nicht aus.«[69] Vor seiner Abreise in den Norden sagte Chichibu zu einem der Verschwörer: »Wenn Sie etwas unternehmen, informieren Sie mich bitte vorher.« Zu einem anderen sagte er: »Falls Sie einen Aufstand inszenieren, kommen Sie, um mich an der Spitze Ihrer Männer zu begrüßen.« Die Angesprochenen faßten dies als Ermutigung auf und gelangten zu dem Schluß, daß der Bruder des Kaisers sie unterstützen oder sogar anführen werde.[70] Doch als es soweit war, verpaßten sie, Chichibu rechtzeitig zu informieren.

Als Termin für den Aufstand wurde die letzte Februarwoche 1936 gewählt, kurz bevor das Regiment in die Mandschurei abreisen sollte. Die Jungoffiziere legten ihr Manifest General Yamashita vor, der es billigte. »Wenn Sie vorhaben zu handeln«, sagte er ihnen, »dann so früh wie möglich.«[71] Einen Monat vor dem Putsch enthüllten sie ihre

Pläne auch dem Kriegsminister, General Kawashima, der seine Unterstützung indirekt zu verstehen gab, indem er ihnen besonders teuren Sake schenkte. General Comte Terauchi, der zwei Monate später zum Heeresminister ernannt wurde, bemerkte, wenn alle, die den Rebellen ihre Unterstützung zugesagt hätten, zurücktreten müßten, seien nicht mehr genügend hohe Offiziere da, um die Lücken zu schließen. Die Jungoffiziere hatten sogar die Unterstützung der Militärpolizei, deren Aufgabe es normalerweise gewesen wäre, die Verschwörung zu unterdrücken. Die Kontrollfraktion unternahm nichts gegen den geplanten Putsch, weil sie fest darauf vertraute, ihren Nutzen daraus ziehen zu können. Das Scheitern der Rebellen würde alle diskreditieren, die mit Reformen in Verbindung gebracht wurden.

Daß ihr Vorhaben bei niemandem auf Widerspruch stieß, hätte die Verschwörer eigentlich warnen müssen, aber sie waren noch unerfahren. Vor allem vertrauten sie auf die Unterstützung Kaiser Hirohitos, sobald er aus den Händen der schlechten Männer befreit wäre, die ihn als Geisel hielten.

Sie planten, die drei Oberschurken zu ermorden: Fürst Saionji, Comte Makino und Watanabe Jôtarô, den Generalinspekteur des Heeres. Makino und Saionji standen auf der Liste, weil sie den Kaiser manipulierten und ihr enormes Privatvermögen nicht dazu nutzten, das Leiden des Volkes zu lindern. Beide Männer hatten von dem Komplott erfahren. Makino, der bereit war, seinen Platz zu räumen, wählte diesen Zeitpunkt für seinen Abgang, und in das Amt des Großsiegelbewahrers folgte ihm der frühere Ministerpräsident Vicomte Saitô.

Vier weitere Namen wurden auf die Liste gesetzt: der neue Großsiegelbewahrer Vicomte Saitô, Großkämmerer Suzuki, der gegenwärtige Ministerpräsident Okada und Finanzminister Takahashi. Im letzten Augenblick beschlossen die Verschwörer, Fürst Saionji zu verschonen, da er gewöhnlich die Entscheidung über die Besetzung des Ministerpräsidentenamtes traf. Sie hofften, ihn zwingen zu können, ihren Wunschkandidaten General Mazaki in dieses Amt einzusetzen. Der alte Fuchs, der über alle ihre Pläne im Bilde war, sorgte dafür, daß er sich zum entscheidenden Zeitpunkt in der Wohnung seines lokalen Polizeichefs befand.

Führende Geschäftsleute hatten ebenfalls von der Verschwörung gehört und gaben den Verschwörern Geld, um sich zu schützen.[72] Mehrere Magnaten, darunter der neue Chef von Mitsui, verließen Tokyo kurz vor dem Putsch. Der Palast wurde von Sicherheitskräften so stark abgeschirmt, daß es Joseph Grew zu seiner Verwunderung unmöglich war, dem Kaiser und der Kaiserin seine Neujahrswünsche direkt zu überbringen. Es gab kein Mittagessen, nicht einmal ein Champagnerfrühstück. Irgend etwas war im Busch, aber er war der letzte, der es erfahren würde.[73]

Am 25. Februar war viel Schnee gefallen, und Hirohito lief stundenlang in Gesellschaft eines jungen Kämmerers auf dem Palastgelände Ski.[74] In der amerikanischen Botschaft gaben die Grews an diesem Tag eine Abendgesellschaft mit anschließender Vorführung des Films *Naughty Marietta*. Unter den Gästen befand sich der achtundsiebzigjährige Vicomte Saitô, der neue Großsiegelbewahrer, den die Verschwörer auf die Liste ihrer Todeskandidaten gesetzt hatten. Eine halbe Stunde vor Mitternacht machten sich die Gäste auf den Heimweg.

Nach Mitternacht verließen die Männer, die den Mord an Makino verüben sollten, die Kaserne des ersten Regiments in einem Wagen und fuhren zu dem Urlaubsort in den Bergen, wo Makino sich aufhielt. Als sie in Makinos Haus eindringen wollten, verwundeten Polizeiwachen den Anführer der Gruppe. In der anschließenden Verwirrung entkam Makino zusammen mit seiner Enkeltochter (der Tochter von Botschafter Yoshida) und einer Krankenschwester. Die Kugeln verfehlten Makino und trafen statt seiner die Schwester.

Um zwei Uhr in der Frühe weckten die Jungoffiziere ihre Soldaten und informierten sie zum erstenmal von der geplanten Aktion. Es wurde Munition ausgegeben, und Offiziere und Mannschaften setzten sich zu Fuß und auf Lastwagen in Bewegung. Um fünf Uhr früh erreichte eine Gruppe das Haus von Finanzminister Takahashi, drückte das Tor ein und erschoß den alten Mann in seinem Schlafzimmer. Andere erzwangen den Zugang zum Haus des Vicomte Saitô, der noch schlief, und erschossen auch ihn. Anderthalb Stunden später trafen einige Jungoffiziere vor dem Haus des Generalinspekteurs des Heeres Watanabe ein, schoben seine alte Frau zur Seite und durchsiebten ihn mit Schüssen aus ihren Maschinenpistolen und leichten Maschinengewehren. Als die Gruppe unter Hauptmann Andô das Haus des neunundsechzig Jahre alten Großkämmerers Suzuki erreichte, versuchte dieser mit ihnen zu sprechen, doch sie schossen ihn trotzdem nieder. Schwer verletzt, erholte er sich später wieder und bekleidete nach dem Zweiten Weltkrieg das Amt des Ministerpräsidenten.

Vor dem Amtssitz von Ministerpräsident Okada erzwangen dreihundert aufständische Soldaten mit Schüssen den Weg in das Innere des Hauses. Okadas Schwager, der die Lage sofort erfaßt hatte, versteckte ihn in einem schneebedeckten Gartenschuppen, wo der alte, nur mit einem Nachtkimono bekleidete Mann alsbald vor Kälte heftig zu schlottern begann. Die Angreifer hielten den Schwager für den gesuchten Ministerpräsidenten und erschossen ihn. Während sie seinen Tod feierten, kroch der echte Ministerpräsident wieder in die Wärme des Hauses zurück und ließ sich von zwei verängstigten Hausmädchen in einem kleinen Kabuff unter einem Haufen schmutziger Wäsche verstecken. Später am Tag schaffte ihn ein findiger Nachbar in der Verkleidung eines gebeugten Trauernden aus dem Haus.

Außer den Wachen bei diesen Häusern war nirgendwo im Stadtkern Tokyos Polizei zu sehen. Die Aufständischen besetzten das Polizeipräsidium, ohne auf Widerstand zu stoßen. Eine Abordnung mit dem Auftrag, sich der Eingangstore zum Palast zu bemächtigen, verschaffte sich zwar Eintritt, wurde jedoch bald zum Verlassen des Geländes gezwungen, ohne daß es ihr gelungen wäre, Hirohito zu isolieren.

Am 26. Februar um zehn Uhr morgens kontrollierte die Streitmacht der Aufständischen aus tausendvierhundert Mann ein Gebiet von zweieinhalb Quadratkilometern südlich des Palastes. Dort befanden sich das Parlament, das Kriegsministerium, das Hauptquartier des Generalstabs, Regierungsämter, Botschaften und das Hotel Sannô, das mit ausländischen Gästen voll belegt war. Die Soldaten entrollten Spruchbänder mit den Slogans »Den Kaiser verehren, die Verräter töten!« und sperrten die Straßen mit Stacheldraht und Wachposten. Niemand schritt gegen sie ein. Die Rebellen verhielten sich höflich gegenüber Passanten und waren Ausländern behilflich, sich aus dem Hotel in Sicherheit zu bringen.

Mehrere Jungoffiziere begaben sich zum Kriegsminister, General Kawashima, und überreichten ihm ihr Manifest: »In der letzten Zeit haben schlechte und selbstsüchtige Männer die Regierungsgewalt des Kaisers mißbraucht, das Volk in tiefes Elend gestürzt und zugelassen, daß unser Land durch fremde Mächte gedemütigt wurde. Diese Schurken [haben] die kaiserliche Armee zu ihrer Privatstreitmacht [gemacht und] das Recht des Kaisers auf das Oberkommando für sich usurpiert [...] Es ist offensichtlich, daß Japans Beziehungen zu Rußland, China, England und den Vereinigten Staaten inzwischen so angespannt sind, daß jeder unbedachte Schritt auf seiten Japans unser göttliches Land in den Abgrund eines Krieges und der Vernichtung stürzen kann.«[75] Sie wollten, daß der Kaiser seine vollen Herrscherbefugnisse zurückerhielt, überließen jedoch dem Himmelssohn die Entscheidung darüber, was zur Rettung Japans unternommen werden sollte.

Rebellenhauptmann Yamaguchi hatte am frühen Morgen seinen Schwiegervater, General Honjô, den Chefadjutanten des Kaisers, informiert, daß der Aufstand ausgebrochen sei, und ihn um seine Unterstützung gebeten. Honjô begab sich um sechs Uhr morgens auf schnellstem Wege zum Palast, um Kaiser Hirohito zu informieren, doch dieser war bereits von einem Kämmerer geweckt worden und war so wütend, wie man ihn noch nie erlebt hatte. »Sie haben es also doch noch getan«, sagte er.[76] Er verlangte, die »Meuterer« sofort niederzuschlagen. Honjô war bestürzt, daß der Kaiser dieses Wort gebrauchte. Schließlich gehörte sein Schwiegersohn zu ihnen. Hirohito erklärte, daß jeder, der Soldaten ohne seine Erlaubnis kommandiere, ein Meuterer sei. (Nach dieser Definition war die gesamte Kwantung-Armee in der Mandschurei seit Jahren in heller Meuterei begriffen.) Er sagte zu Honjô: »Sie haben meine Ratgeber getötet und versuchen jetzt, eine Seidenschnur um meinen Hals zu legen [...] Ich werde ihnen niemals vergeben, was immer ihre Beweggründe sein mögen.«[77] Doch das war nicht das erste Mal, daß Ratgeber Hirohitos ermordet wurden, und weder Saionji noch Makino hatten sich darum gekümmert, die übrigen Opfer zu warnen. Was die »Seidenschnur« um seinen Hals anging, so fürchtete sich Hirohito offenbar vor dem, was käme, wenn die Forderungen der Aufständischen erfüllt und die bestehenden Verhältnisse geändert würden.

Kriegsminister Kawashima traf ein, las Hirohito das Manifest der Rebellen vor und machte den verdienstvollen Vorschlag, ein starkes Kabinett einzusetzen, um das Land zu reformieren, doch Hirohito bestand weiterhin darauf, die Meuterei niederzuschlagen. Da dies nur ein mündlicher Befehl war, ignorierte Kawashima ihn und wartete, wie die Dinge sich weiterentwickelten.

Es gab zahlreiche Besprechungen auf höchster Ebene, doch entschieden wurde nichts. Die meisten Beamten wollten sich nicht festlegen und warteten lieber ab. Der Oberste Militärrat unterstützte die Ziele der Aufständischen, nicht jedoch den Aufstand selbst. Das war eine wichtige Unterscheidung, denn was den Rebellen am Ende vorgeworfen wurde, war die Tatsache, daß sie reguläre Soldaten in ihren Putsch hineingezogen hatten. Jeder konnte sich verbal zur Reform bekennen, aber den Versuch dazu mit formalen Argumenten verurteilen.

Das entsprach genau der Situation, welche die Kontrollfraktion im Sinn gehabt hatte. Am zweiten Tag des Aufstands hatte die Kontrollfraktion Hirohito zu der Einwilligung bewegen können, zwei Divisionen von außerhalb der Stadt heranzuführen, um die Rebellion niederzuschlagen. Inzwischen war die Marine mit Kriegsschiffen in die Bucht von Tokyo eingelaufen, falls der Kaiser Hilfe benötigte oder die Kontrollfraktion versuchen sollte, einen eigenen Putsch zu inszenieren.

Hirohitos Geduldsfaden, der sich während der mandschurischen Verschwörungen als so strapazierfähig erwiesen hatte, riß nunmehr. Zwei Tage waren vergangen, seit er den ausdrücklichen Befehl gegeben hatte, die »Meuterei« niederzuschlagen, und nichts war geschehen. Er sagte seinem Chefadjutanten, wenn die Armee nicht sofort eingreife, werde er persönlich das Kommando über die kaiserliche Gardedivision übernehmen und die Rebellen selbst niederwerfen.

Am Hof herrschte die begründete Befürchtung, wenn Prinz Chichibu zur Unterstützung der Jungoffiziere nach Tokyo komme, würden viele mächtige Männer »wie eine Lawine« in das Lager der Reformer wechseln und sich die Spielregeln sehr schnell ändern.[78] Die Prinzen Asaka, Higashikuni und andere erhielten den Befehl, mit niemandem zu sprechen, bis sie weitere Weisungen erhielten. Higashikuni, der darauf gehofft hatte, von den Aufständischen jederzeit zum Ministerpräsidenten ernannt zu werden, gab sich einem hemmungslosen Besäufnis hin.[79]

Als die Nachricht vom Aufstand Prinz Chichibu im hohen Norden erreichte, bat er umgehend um die Erlaubnis, nach Tokyo zu fahren. Sein Divisionskommandeur wendete sich telefonisch an Prinz Takamatsu, um Instruktionen zu bekommen. In jeder Hinsicht ein Mann der Mitte, stand Takamatsu der radikalen Reformbewegung völlig ablehnend gegenüber und wollte, daß Chichibu sich aus der Sache heraushielt und möglichst weit weg von Tokyo blieb. Hohe Beamte am Hof sahen in Takamatsu einen vernünftigen Menschen, der die Probleme der Zeit »außerordentlich gut« erfaßte.[80] Da er sich nie als Kandidat für den Thron sah, blieb er während der Krisen immer ruhig. Takamatsu instruierte den Divisionskommandeur, Chichibus Ersuchen abzulehnen.

Chichibu verließ den Stützpunkt ohne Erlaubnis am 27. Februar um ein Uhr nachts und nahm einen Zug, der ihn in sechzehn Stunden nach Tokyo bringen sollte.[81] Prinz Takamatsu fuhr ebenfalls mit dem Zug nach Norden und stieg in Ômiya in den Zug nach Tokyo um, in dem sein Bruder saß. Während der ganzen Fahrt stritten sie sich. Als der Zug im Ueno-Bahnhof in Tokyo einlief, wurde Chichibu von kaiserlichen Garden empfangen und in eine Limousine gesetzt. Sie fuhren ihn zum Kaiserpalast, wo er zuerst mit General Kawashima und General Honjô sprach und dann zum Kaiser geführt und praktisch kaltgestellt wurde. Während Chichibu eine radikale Reform, die Rückgabe der Macht an den Thron und die Säuberung der Armee von zynischen Elementen befürwortete, waren Hirohito und die übrigen Familienangehörigen an diesem Tag hauptsächlich von der Angst erfüllt, daß sie möglicherweise selbst ermordet würden, falls sie sich der vom Chôshû-Clan beherrschten Kontrollfraktion widersetzten. Schließlich überwog die Angst um das eigene Leben gegenüber der Angst vor einer Änderung der Verhältnisse zugunsten des Volkes.[82] Nach dem Aufstand bemerkte Hirohito: »Prinz Takamatsu ist der Beste. Prinz Chichibu hat sich [diesmal] wesentlich besser verhalten als [beim] Zwischenfall vom 15. Mai [1932].«[83] Vorsichtshalber wurde Chichibu jedoch untersagt, den Kaiserpalast zu verlassen.

Nachdem jedermann das Argument der Kontrollfraktion akzeptiert hatte, der unautorisierte Einsatz von Soldaten biete einen formalen Grund für die Niederwerfung des Aufstands, kam es schnell zu einer Übereinstimmung. Alle waren noch einmal davongekommen. Es mußten keine schmerzhaften Entscheidungen über eine Reform getroffen werden. Die Jungoffiziere konnten einfach eingesammelt und erschossen werden.

Hirohito unterzeichnete einen Befehl an die Armee, die Rebellen aus dem innerstädtischen Bezirk zu vertreiben und sie zu ihren Einheiten zurückzubringen. Diesmal war es ein schriftlicher Befehl, der nicht mehr ignoriert werden konnte. Am Morgen des 28. Februar erfuhren die Jungoffiziere, daß selbst ihr verehrter Kaiser sich gegen sie gestellt hatte. Man teilte ihnen den Inhalt des von Hirohito persönlich unterzeichneten Befehls mit, dem sie gehorchen müßten, andernfalls würden sie getötet. Ihre Antwort war ergreifend. Sie ersuchten den Kaiser, er solle ihnen befehlen, Selbstmord zu begehen, so daß ihr Tod zu einem Akt des höchsten Gehorsams gegenüber ihrem Kaiser würde. Hirohito lehnte ab.

Mit Tränen in den Augen informierte General Honjô die jungen Männer, falls sie Selbstmord begehen wollten, erwarte der Kaiser von ihnen, daß sie dies aus eigener Verantwortung heraus täten. Prinz Chichibu versuchte zu vermitteln, indem er einen Emissär zu seinen Kameraden schickte mit der persönlichen Bitte, die Offiziere sollten »ritterlich handeln«, die Soldaten in die Kasernen zurückschicken und gemeinsam Selbstmord begehen. Um fünf Uhr nachmittags begann die Polizei mit der Verhaftung von Sympathisanten der Aufständischen in anderen Teilen der Stadt. In der Innenstadt fuhren Panzer auf und gingen in Gefechtsstellung, falls die Offiziere am nächsten Morgen angreifen würden. Bis zum Sonnenaufgang wurde kein Widerstand geleistet. Die einfachen Soldaten kehrten in ihre Kasernen zurück. Die Jungoffiziere entschieden sich aufzugeben und hofften darauf, die Motive für ihr Handeln vor einem Militärgericht darlegen zu können.

Hirohito hatte mit dieser Absicht gerechnet und ein schnelles, nichtöffentliches Militärgerichtsverfahren befohlen. Dreizehn Offiziere und vier Zivilisten wurden zum Tode verurteilt, die übrigen zu Gefängnisstrafen. Es gab keine Begnadigungen. Am 12. Juli wurden die Verurteilten von einem Hinrichtungskommando erschossen. Mehrere riefen noch: »Es lebe der Kaiser!« Hauptmann Andô rief: »Es lebe Prinz Chichibu!«[84]

Grew, dem alle Nuancen und Unterströmungen der jüngsten Entwicklungen vollständig entgingen, telegrafierte nach Washington, der gescheiterte Aufstand sei von »jungen Faschisten« inszeniert worden, die mehrere »prominente Männer« erschlagen hätten, die – natürlich – alle seine Freunde gewesen seien.

General Comte Terauchi ging aus der Revolte von 1936 als der starke Mann der von der Armee kontrollierten Kabinette hervor.[85] Er wurde neuer Heeresminister und vertrat die Interessen der Kontrollfraktion. Unter dem Vorwand, die Armee von allen Reformern und sonstigen Abweichlern zu säubern, errangen der Generalstab und die Kontrollfraktion diktatorische Machtbefugnisse. Durch Drohungen und Einschüchterungen erreichten sie eine ständige Erhöhung des Militärbudgets. Damit war die Bühne bereitet für eine Beherrschung Japans durch die Armee und für ein Jahrzehnt des totalen Krieges.

Bei all diesen Widersprüchlichkeiten waren viele Japaner durch den Aufstand von 1936 in völlige Verwirrung gestürzt. Sie konnten nicht entscheiden, ob die Reformer im Recht oder im Unrecht waren. General Ugaki, der japanische Generalgouverneur in Korea, wußte es nur allzu gut. Er bemerkte verächtlich: »Wie widerwärtig, diese Schufte anzusehen, wie sie in der einen Hand die Zündhölzer und in der anderen den Wasserschlauch halten, Brandstifter und gleichzeitig Feuerwehr spielen, die lauteren Jungoffiziere aufhetzen, ihre Forderungen vertreten und anschließend behaupten, sie hätten sie niedergeschlagen.«[86]

Wie aus dem Kommentar Ugakis hervorgeht, gibt es kein anschaulicheres Beispiel für die Hohlheit des japanischen Kaisermythos als die zynische Art und Weise, in der seine glühendsten Anhänger 1936 niedergemacht wurden. Nachdem man sie im Glauben an einen göttlichen Kaiser erzogen hatte, sahen sie, daß dieser von eigenen hohen

Ratgebern und Offizieren ständig getäuscht und manipuliert wurde. Doch als sie versuchten, die »schlechten Männer« zu stürzen und die Macht des geliebten Kaisers wiederherzustellen, machte der Kaiser selbst gemeinsame Sache mit diesen. Tragischerweise war das gesamte Arrangement ein einziger Betrug, an dem der Kaiser selbst beteiligt war, und das letzte, was er gewollt hätte, wäre die Ausschaltung der Männer gewesen, von denen er abhing. Wenn diese jungen Reformer so naiv waren, den Kaisermythos für bare Münze zu nehmen, waren sie wirklich gefährlich und mußten eliminiert werden.

Niemand war verblüffter über diese Entdeckung als Prinz Chichibu, der mit den Reformern sympathisiert und sie ermutigt hatte, der echtes Mitgefühl für das mit Füßen getretene, verzweifelte Volk hatte und möglicherweise ein tatkräftiger Führer gewesen wäre, wo Hirohito nur ein willfähriger Strohmann war. Aber an einem tatkräftigen Kaiser hatte nun wirklich niemand in der japanischen Machtelite am Vorabend des Zweiten Weltkriegs ein Interesse. Ein Jahrzehnt des Verrats war mit einem erneuten Verrat zu Ende gegangen, und es begann ein Jahrzehnt mörderischer Eroberung und Ausplünderung.

Japans Meiji-Kaiser Mutsuhito war das Werkzeug von Machtcliquen, die 1868 den Shogun stürzten. Nach achthundert Jahren im Verborgenen wurde die Kaiserfamilie auf die Bühne gestellt, um die einfache japanische Bevölkerung zu blenden und zu täuschen.

Kaiserin Haruko, hier im traditionellen Kostüm, trug gern Pariser Mode und Schmuck und beeindruckte ausländische Diplomaten ebenso wie die japanischen Untertanen.

Der brillante und skrupellose Staatsmann Itô Hirobumi baute den Meiji-Kaiser zu einem modernen Monarchen auf. Er benutzte die magische Kraft der Kaiserfigur zur Bewahrung einer autokratischen Macht in Japan. Itô und Mutsuhito standen in einem engen Vertrauensverhältnis.

General Yamagata Aritomo *(zweiter von links)* manövrierte Itô aus und zwang den Meiji-Kaiser zu einem Leben im goldenen Käfig. Seine Schützlinge in der Armee führten Japan in den Zweiten Weltkrieg und in die Katastrophe.

Die kaiserliche Familie. Die meisten Kinder des Meiji-Kaisers starben sehr früh an Hirnhautentzündung, die damals als »Gehirnfieber« bezeichnet wurde. In der Mitte sein einziger überlebender Sohn Yoshihito, der künftige Taishô-Kaiser.

Der Taishô-Kaiser war selbständiger als sein Vorgänger. Sein zwangloses Benehmen irritierte das Palastamt.

Als ihr Mann verleumdet wurde, sammelte Kaiserin Sadako mächtige Clans des Südens gegen Yamagata. Es gelang ihr, ihn zu überlisten und zu vernichten.

Die kaiserlichen Prinzen: Der künftige Kaiser Hirohito *(links)* läßt noch nichts von seiner außergewöhnlichen späteren Karriere ahnen. Der drittälteste Prinz Takamatsu *(Mitte)* wurde Marineoffizier und ein Kritiker des Militarismus. Der zweitälteste Prinz Chichibu *(rechts)*, urban und weltoffen, setzte sich für Reformen ein.

Kronprinz Hirohito besuchte 1921 London als Gast König Georgs. Auf einem Bankett im Mansion House tauscht er mit Edward, Prinz von Wales, Ehrenbezeigungen aus. In Paris verzichtete Hirohito auf seine Leibwächter und nahm für seine abendlichen Ausgänge mit dreien seiner Onkel die Metro. Einer von diesen, Prinz Kitashirakawa *(rechts)*, starb in Nordfrankreich bei einem Autounfall.

Hirohito fügte sich in die Rolle einer Galionsfigur der japanischen Oligarchen und Militaristen und wurde allmählich einer von ihnen. Hier trägt er das Gewand des Obersten Shintopriesters.

Kaiserin Nagako war eine liebenswerte junge Frau, doch im Lauf der Zeit veränderte sie sich durch die zwanghafte Überwachung aller ihrer Schritte durch das Palastamt zu ihrem Nachteil.

Prinz und Prinzessin Takamatsu erregten die Aufmerksamkeit Londons als Japans schönstes Paar, das die Nächte auf Partys verbrachte, die Prinzessin im *flapper*-Stil, während der Prinz sich in seiner Galauniform der Marine zeigte.

Prinz Chichibu ging während des Krieges mit geheimem Auftrag als Aufseher der Operation »Goldene Lilie«, Japans systematischer Ausplünderung der eroberten Länder, nach China.

Unten: Prinzessin und Prinz Chichibu

Japanische Truppen bei der Invasion in die Mandschurei *(oben)*.
Hirohitos Onkel Prinz Asaka (*Mitte links* mit General Matsui) befahl das Massaker von Nanking (um »unseren chinesischen Brüdern eine Lektion zu erteilen«).
Japanische Soldaten benutzten chinesische Zivilisten, um an ihnen den Einsatz des Bajonetts zu üben *(unten links)*.
Beim Überfall auf Pearl Harbor explodierte die USS Shaw *(unten rechts)*.

Die 150 Meter lange, 9138 Tonnen schwere »Huzi Maru«. 1937 in Japan gebaut, wurde als Lazarettschiff getarnt, um vor Angriffen geschützt zu sein. Auf dem Foto liegt sie hoch im Wasser, nachdem ihre Fracht von tausend Tonnen Goldbarren in Bronzekästen entladen worden war. Das Foto wurde von OSS-Agent John C. Ballinger von einem Fischerboot aus gemacht. Er und seine Leute verfolgten den Weg des Goldes bis zu einer Höhle, wo die Japaner es versteckten.

Zu den Schätzen, die seit Kriegsende geborgen wurden, gehört auch dieser eine Tonne schwere, massivgoldene Buddha aus Burma *(links)*, der von dem Amateurschatzsucher Rogelio Roxas *(rechts)* in einer Höhle auf den Philippinen gefunden wurde. Der Buddha wurde Roxas später durch Präsident Marcos geraubt. Nach Angaben eines Schweizer Gerichts befindet sich diese Figur heute im Tresor einer Bank unter dem Züricher Flughafen.
Roxas selbst wurde ermordet, bevor er vor einem US-Gericht in Hawaii aussagen konnte.

Der Statthalter der USA nach dem Krieg in Japan, General Douglas MacArthur, inszenierte dieses Foto seiner ersten Zusammenkunft mit Kaiser Hirohito.

Während der Kaiser den unter Diplomaten üblichen Frack trug, begrüßte MacArthur ihn in legerer Kleidung mit offenem Hemdkragen.

Im Rahmen von MacArthurs eigenmächtigen, heimlichen Abmachungen sorgte Brigadegeneral Bonner Fellers dafür, daß Hirohito entlastet und vor einer Bestrafung bewahrt wurde.

Gekleidet wie Präsident Truman mit einem zerbeulten Filzhut, posierte Hirohito beim Reispflanzen im Palastgarten vor den Fotografen.

Fellers sorgte dafür, daß der japanische Ministerpräsident in den letzten Kriegsjahren, General Tôjô, die gesamte Schuld an Pearl Harbor und dem Pazifischen Krieg auf sich nahm.

Fürst Konoe und andere japanische Spitzenpolitiker, die sich an diesem Betrug nicht beteiligen wollten, starben unter mysteriösen Umständen.

Der ehemalige US-Präsident Herbert Hoover (*oben* nach seiner Ankunft auf dem Luftwaffenstützpunkt Atsugi in der Nähe Tokyos) stand an der Spitze des Geheimprojekts der amerikanischen Rechten, Hirohito zu entlasten, um im Gegenzug finanzielle und politische Vorteile im Nachkriegsjapan zu erhalten.

Hoover gehörte zu einem Kreis amerikanischer Bankiers und Industrieller um Thomas Lamont vom Bankhaus Morgan.

Hoovers Wahl für den Posten des US-Botschafters in Japan 1932 war Joseph Grew (hier mit seiner Frau).

Durch die geheimen Machenschaften von Hoover, MacArthur und Fellers entgingen zahlreiche politische und militärische Führer Japans, die Blut an den Händen hatten, einer Bestrafung und gründeten eine neue politische Partei, die Liberal-Demokratische Partei (LDP). Der Finanzier hinter der LPD war Kishi Nobosuke *(links)*. Parteichef Hatoyama Ichirô *(rechts)* sprach sich dafür aus, alle Kritiker des Regimes zu enthaupten.

Der Spezialist für Bestechung, Tanaka Kakuei zeigte der LDP, wie man die Nachkriegsbürokraten kaufte.

Takeshita Noboru ist heute immer noch Königsmacher der LDP, obwohl er als Ministerpräsident wegen Bestechungsskandalen zurücktreten mußte.

Ein Jahr nach Beendigung des Zweiten Weltkrieges posierten Hirohito und seine Familie für die amerikanischen Medien *(oben)*. Siebenundzwanzig Jahre später, im Jahr 1973, war die Gruppe um eine neue Generation erweitert *(unten)*. Sitzend von links nach rechts: Kronprinzessin Michiko, Kronprinz Akihito, Kaiser Hirohito, Kaiserin Nagako, Prinz und Prinzessin Hitachi. Sie blicken auf die kleine Prinzessin Nori, den künftigen Kronprinzen Naruhito und seinen jüngeren Bruder, Prinz Akishino, beim Tivolispiel.

Ohne Mitschuld an den japanischen Kriegsverbrechen, entwickelte sich Kronprinz Akihito zu einem Monarchen anderer Art. Das Verdienst daran hat zu einem großen Teil seine amerikanische Quäkerlehrerin Elizabeth Gray Vining *(unten rechts)*. Sie nahm Akihito in ihre Obhut, als er noch »Cha Bûchan« (»braunes Schweinchen«) genannt wurde – den Spitznamen hatten ihm seine Klassenkameraden an der Adelsschule gegeben *(unten links)*.

Japans kaiserliche Familie hat sich seit langem das Haus Windsor zum Vorbild genommen, doch am Vorabend eines neuen Milleniums stehen beide Institutionen unter kritischer Beobachtung.
Der Besuch von Hirohito und Nagako 1972 beim britischen Königshaus *(oben links)* wurde getrübt durch die erbitterten Proteste von Kriegsopfern. Im Mai 1998 löste der Besuch von Kaiser Akihito und Kaiserin Michiko *(oben rechts)* ähnliche Proteste aus.
Der neue Kronprinz Naruhito und Kronprinzessin Masako *(unten)* stehen vor einer ungewissen Zukunft.

Kaiser Hirohito war zeitlebens ein Fan von Mickymaus und anderen Figuren Walt Disneys. Während eines Staatsbesuchs 1975 in den Vereinigten Staaten bestand Hirohito darauf, Disneyland in Kalifornien zu besichtigen, wo er sich in das Gästebuch von Mickymaus eintrug und eine Mickymaus-Armbanduhr erwarb, von der er sich bis an sein Lebensende nicht mehr trennte. Hirohito starb 1989 und wurde zusammen mit der Uhr an seinem Arm bestattet.

8
Mit den Prinzen im Krieg

Unsere Erinnerungen an den Pazifischen Krieg knüpfen an bestimmte dramatische Ereignisse an – etwa dem Überfall auf Pearl Harbor im Dezember 1941 oder der Eroberung Singapurs bald darauf. Wir erinnern uns an die militärische Gewalt, doch wir vergessen leicht, daß gleichzeitig ein Wirtschaftskrieg stattfand, der nicht minder katastrophal war. Wir erinnern uns an die Zerstörungen durch den Krieg und denken nicht daran, was eigentlich dazu geführt hat. Im Jahr 1936 waren die japanischen Militärstrategen sich völlig uneinig darüber, was zu tun sei. Die einen wollten die Sowjetunion angreifen und das dünn besiedelte Sibirien erobern, dessen reiche natürliche Ressourcen zusammen mit denen Koreas und der Mandschurei Japan mit allem versorgen würden, was seine Industrie und seine Bevölkerung benötigten. Zugleich würde damit eine ausgedehnte Pufferzone gegen den Kommunismus geschaffen. Ein weiterer Vorteil bestände darin, daß damals viele westliche Führer einen solchen Schlag gegen Stalin begrüßt hätten.

Im Frühjahr 1937, als Prinz und Prinzessin Chichibu nach England fuhren, um den Feierlichkeiten zur Krönung König Georgs VI. beizuwohnen, waren die Meinungen noch immer gespalten, von wem die größere Bedrohung für die Zivilisation ausging, von Hitler-Deutschland oder von der Sowjetunion unter Stalin. In London befand sich Japans Botschafter Yoshida – der Erbe eines riesigen Vermögens[1] – in völliger Übereinstimmung mit Arthur Neville Chamberlain, Sir Samuel Hoare und anderen Mitglieder der Cliveden-Gruppe, die für ein Bündnis mit Hitler gegen Stalin eintraten. Die Vertreter von altem Geld und altem Adel einschließlich der Windsors befürchteten, die Bolschewisten würden sie alle der Reihe nach an die Wand stellen, so wie sie es mit den Romanows getan hatten. In den Vereinigten Staaten wurde diese Ansicht von Konservativen wie Herbert Clark Hoover und Charles Lindbergh geteilt. Die Republikaner erwogen,

MacArthur als ihren Präsidentschaftskandidaten mit Lindbergh als Vize aufzustellen, die beide entschieden antikommunistisch und deutschfreundlich waren.[2] An der Wall Street konnten die Leute Thomas Lamonts den Bolschewisten nie verzeihen, daß sie die enormen Kredite, die das zaristische Rußland im Westen aufgenommen hatte, nicht bedienten.

Botschafter Yoshida äußerte gegenüber englischen Politikern, die Elite Japans sei beunruhigt über die wachsende Bedrohung durch den Kommunismus in China, der Mandschurei und sogar innerhalb der japanischen Armee. Wenn man Yoshida glauben wollte, war die Kontrollfraktion insgeheim stalinistisch, wollte Japan zu einer zentral verwalteten Funktionärsdiktatur nach dem Vorbild der Sowjetunion machen und hatte dies in der Mandschurei unter dem Deckmantel einer zentralisierten Kriegswirtschaft bereits getan.[3] Yoshida strebte eine antisowjetische Koalition aus England, den Vereinigten Staaten, Japan und Deutschland an. Damals erschien das in London oder New York keinem, der sich Gedanken um die internationale Zukunft machte, als abstruse Idee. Viele Strategen in Westeuropa und den USA sahen in Japan einen wichtigen potentiellen Verbündeten.

Prinz Chichibu hatte den Auftrag, sich für ein erneutes anglo-japanisches Bündnis einzusetzen und die angestrebte Koalition gegen die Sowjets auf den Weg zu bringen. Es war für Japan die letzte Chance, ein Abkommen mit dem Westen zu erreichen. Aber ein weiterer übereilter militärischer »Zwischenfall« in China durch die japanische Kwantung-Armee machte diese Hoffnung endgültig zunichte. Nach Ansicht Chichibus mußte Japan sich darauf konzentrieren, die Mandschurei und Korea zu erschließen, und wenn sich die Kwantung-Armee schon nicht zurückhalten konnte, sollte sie ihre Angriffslust besser nach Norden, gegen Sibirien richten.

Doch mächtige Finanzleute drängten die Kontrollfraktion, statt dessen im Süden loszuschlagen. Wenn die Armee China und Südostasien eroberte, stände Japan ein riesiger, bereits bestehender Markt offen, große wirtschaftliche Aktivposten und eine industrielle Basis, gewaltige staatliche und private Vermögen, die man an sich bringen könnte, sowie Bodenschätze, die von westlichen Unternehmen bereits ausgebeutet wurden. Der Pazifische Krieg war in einem erstaunlichen

Ausmaß weit mehr von einer kalkulierten strategischen Habgier als von einem blanken, ungezügelten Militarismus motiviert oder, anders ausgedrückt, es war ein unbesonnener Militarismus, der von Habgier angetrieben wurde. Das wird in den folgenden Kapiteln noch deutlich werden, in denen wir die über lange Zeit verborgene wirtschaftliche Seite der japanischen Eroberung und die systematische Plünderung von einem Dutzend eroberter Länder aufdecken werden. Warum sollte die Armee einer solchen Verlockung widerstehen? In Tokyo wurde viel über die Vertreibung westlicher Imperialisten aus Asien und Japans Pläne zur Entwicklung einer integrierten ostasiatischen Wirtschaftszone geredet, doch als es dann soweit war, handelte es sich nur um systematische Plünderungen mit vorgehaltener Pistole.

Hätte sich Japan mit der Mandschurei und Korea begnügt, wäre der Westen einverstanden gewesen, daß diese Territorien zu einem dauerhaften Bestandteil von Großjapan würden. Als der mandschurische Marionettenkaiser Pu Yi 1934 inthronisiert wurde, wohnte Chichibu den Feierlichkeiten als Vertreter Hirohitos bei.[4] Im April 1936 besuchte Pu Yi Tokyo und wurde von den Chichibus und Kaiserinwitwe Sadako betont herzlich begrüßt.[5]

Die reale Macht in der Mandschurei befand sich in den Händen der Kwantung-Armee und ihrer Verbündeten aus der Unterwelt; den Befehl führte General Tôjô Hideki, der Chef der Geheimpolizei, der über jeden Kwantung-Offizier ein Dossier angelegt hatte.[6] Wirtschaftlich war die Mandschurei in den Händen des neu gegründeten Nissan-*zaibatsu*, dessen Einsatz notwendig wurde, weil die Armee versagt hatte. Ein junger Beamter, Kishi Nobusuke, wurde dazu ausersehen, den Karren aus dem Dreck zu ziehen, und Kishi spannte Nissan ein, an dessen Spitze sein Onkel stand.[7] Nissan verlegte seinen Hauptsitz in die Mandschurei und bereicherte sich und die Armee innerhalb kurzer Zeit. Die Kwantung-Armee wurde finanziell von Tokyo unabhängig und brauchte auf eventuelle Budgetkürzungen oder Einmischungen der Regierung keine Rücksicht mehr zu nehmen. Tôjô wurde ihr Stabschef. Das war zu einem Großteil das Verdienst Kishis, unter dessen geschickter Führung die Investitionen in der Mandschurei 1939 insgesamt 1,1 Milliarden Dollar erreichten; sie flossen in die Erschließung von Eisen- und Kohlevorkommen, den Aufbau der Holzwirtschaft und den Opiumhandel.[8] In der Mandschurei lebten neunhunderttausend japanische Zivilisten. Im Vergleich zu der Not, die auf den Mutterinseln herrschte, war das Leben hier angenehm; es gab genug zu essen und genug Arbeit.[9] Dieser außerordentliche Erfolg verstärkte noch das Interesse der Kwantung-Armee am territorialen Eroberungen. China war zweifellos verlockender als Sibirien.

Am 7. Juli 1937 – während Chichibu sich in London um Unterstützung bemühte – sorgte die Kwantung-Armee für einen weiteren sogenannten Zwischenfall, diesmal an der Marco-Polo-Brücke in der Nähe von Peking (Beijing). Ein nicht näher identifizierter Mann schoß auf japanische Soldaten, was diesen einen Vorwand lieferte, auf die Chinesen zu schießen. Bis zu diesem Zeitpunkt hatte es noch kein reguläres Gefecht zwischen in China stationierten Truppen und den Chinesen gegeben. Dieser Zwischenfall eskalierte jedoch schnell zu einer regelrechten Invasion und zu einem Krieg mit China, der acht Jahre lang eine knappe Million japanische Soldaten binden sollte. Der japanische Befehlshaber versprach, »dic unverschämten Chinesen zu züchtigen«. Viele prophezeiten, daß der Krieg schnell beendet sein werde: »Drescht die Chinesen, und in drei Monaten werden sie um Frieden winseln!«[10]

Der Beginn des Krieges gegen China machte alles zunichte, was die Chichibus in England an gutem Willen mobilisiert hatten. In Washington gab es einen Aufschrei der Entrüstung. Einladungen an das Ehepaar nach Norwegen und Schweden wurden zurückgezogen. Nur die pragmatischen Holländer blieben bei ihrer Einladung zu einem Mittagessen, das Königin Juliana für die Chichibus gab. Die japanische kaiserliche Marine war einer der besten Kunden Hollands, da sie auf Treibstofflieferungen aus Niederländisch-Indien angewiesen war. Doch ein amerikanisches Embargo sollte dem bald ein Ende machen.

Von Holland aus reiste Prinz Chichibu allein nach Nürnberg, wo er Adolf Hitler traf. Tokyo und Berlin hatten im Jahr zuvor den Antikominternpakt geschlossen, in erster Linie zu Propagandazwecken. Er hatte noch nicht den häßlichen Beiklang späterer Jahre. Sowohl England als auch die USA verhielten sich gegenüber Deutschland abwartend, und beide standen den Falangisten Francos im Spanischen Bürgerkrieg nicht ablehnend gegenüber. Das Oberkommando in Tokyo war der Meinung, der Besuch eines kaiserlichen Prinzen werde die Beziehungen zu Deutschland noch verbessern. Bei einem Mittagessen auf der Nürnberger Burg sprach Hitler so verächtlich über Stalin, daß sein Gast sich abgestoßen fühlte.[11]

Anschließend machten sich der Prinz und die Prinzessin, die auf ihrer Reise überhaupt nichts erreicht hatten, auf den Rückweg, wobei sie die Vereinigten Staaten mieden. Während sie mit dem Zug durch Kanada fuhren, sprach Roosevelt erste Drohungen aus, eine »Wirtschaftsquarantäne« sei eine von mehreren Möglichkeiten, der »Epidemie« japanischer Aggressionen zu begegnen.[12] Obwohl in der amerikanischen Öffentlichkeit die Empörung über Japan wuchs, gelang es Roosevelt zu diesem Zeitpunkt noch nicht, Sanktionen zu verhängen; dagegen standen ein isolationistisch geprägter Kongreß und eine starke japanfreundliche Börsenlobby. Die Morgan-Bank und eine Reihe weiterer amerikanischer Gesellschaften waren daran interessiert, ihre hohen Investitionen in Japan, der Mandschurei, Korea und auf Formosa zu schützen.

Als die Chichibus am 15. Oktober in Japan eintrafen, war Shanghai seit über zwei Monaten belagert, und japanische Streitkräfte bereiteten sich auf eine Großoffensive gegen Nanking (Nanjing) vor. Entgegen dem von der Nachkriegspropaganda erweckten Eindruck dienten Dutzende männliche Mitglieder der Kaiserfamilie, darunter Hirohitos Brüder, Onkel und Vettern ersten Grades, aktiv an der Front in der Mandschurei, in China, Südostasien und auf den pazifischen Inseln.

Der damalige japanische Ministerpräsident war der sechsundvierzig Jahre alte Fürst Konoe, ein brillanter, aber sprunghafter Mann, der Philosophie und Rechtswissenschaft studiert hatte und fließend Deutsch und Englisch sprach. Er lehnte es ab, sich dem Hofritual zu unterwerfen, wenn er mit dem Kaiser zu tun hatte.[13] Während andere in Gegenwart des Kaisers versteiften, verhielt er sich wie ein Mitglied der Familie. Ebenso wie Chichibu hatte er in den dreißiger Jahren mit den Reformern sympathisiert und sich erfolglos dafür eingesetzt, daß Chichibu das Amt des Großsiegelbewahrers erhielt. Konoe warnte

Fürst Saionji, »zivile Führer müßten die notwendigen Reformen durchführen, wenn sie den politischen Aufstieg des Militärs verhindern wollten«, stieß jedoch auf taube Ohren. Er vertrat die Meinung, reiche Nationen müßten ihre Territorien und Ressourcen mit »Nachzüglern« wie Japan teilen – Ideen, die zuerst von einem der Berater Thomas Woodrow Wilsons geäußert wurden. (Ein Vorschlag lautete, Japan die riesige Insel Neuguinea als Kolonie zu geben.) Konoe sagte, der Versailler Friedensvertrag sei zynisch so formuliert worden, daß der anglo-amerikanische Machtblock geschützt werde. Dieses Urteil bewog ihn, für engere Beziehungen mit Deutschland einzutreten. Er verteidigte das Vorgehen der Kwantung-Armee in der Mandschurei zu Beginn der dreißiger Jahre, weil es »allein dem nationalen Überleben« gedient habe. Wenn die japanischen Diplomaten auf dem Verhandlungswege nicht das erreichen könnten, was Japan brauche, müsse die Armee es eben gewaltsam durchsetzen.[14] Hirohito äußerte sich ähnlich: »Das Militär erhob sich angesichts dieser Situation, machte die Enttäuschungen der Nation zu seiner Sache [und] führte den Staat aus einer Sackgasse heraus.«[15]

Ursprünglich hatte die Armee versprochen, ihren Eroberungszug nur bis zum Ufer des Jangtse in China zu führen. Als sie den Jangtse doch überschritt und Nanking einkesselte, entsandte Hirohito aus bis heute nicht geklärten Gründen seinen Onkel Asaka nach Nordchina, der dort das Kommando über die Truppen um Nanking übernehmen sollte.

Ein Jahr hatte es gedauert, bis die komplizierten Knochenbrüche Prinz Asakas durch den Autounfall 1923 in Nordfrankreich verheilt waren. Nachdem er mit seiner Frau im Frühjahr 1926 nach Tokyo zurückgekehrt war, erhielt er das Kommando über die kaiserliche Garde, die für die Sicherheit der Kaiserfamilie verantwortlich war – ein überwiegend zeremonielles Amt. Ihr Takanawa-Palast war durch das Kantô-Erdbeben zerstört worden, und bis zur Beendigung der Bauarbeiten an dem neuen Palast zog das Ehepaar in den Ferienort Karuizawa der reichen Familie Tsutsumi, ließen sich dort eine Villa im edwardianischen Stil errichten und begannen üppige Gesellschaften zu geben. Das brachte den Ort in Mode und war der Anfang einer lebenslangen Freundschaft zwischen Prinz Asaka und den Tsutsumis, wodurch die Tsutsumis auf mehrfache Weise an die kaiserliche Familie gebunden wurde.[16]

Der neue Palast Prinz Asakas in Tokyo erstaunte durch seinen aufwendigen, kitschigen neoklassizistischen Stil – Engel aus Glas, barocke Verzierungen, Mosaikfußböden, Marmorkamine, Spiegeltüren und riesige Porzellanurnen. Prinzessin Asaka, eine Tochter Mutsuhitos, trug Pariser Mode. Und bei den Abendgesellschaften der Asakas wurde Foxtrott und Tango getanzt. Prinzessin Asaka starb plötzlich im Alter von nur vierundvierzig Jahren. Prinz Asaka sollte sich von diesem schmerzlichen Verlust nie mehr erholen. Er verbitterte, magerte ab und ergraute, trank noch mehr als bisher und erhielt den Beinamen »das Ekel«.[17] Kaiser Hirohito mißbilligte Asakas Lebenswandel; möglicherweise schickte er ihn zur Strafe nach Nanking.[18]

Prinz Asaka befahl persönlich das Massaker an einer völlig wehrlosen Bevölkerung in einem der schlimmsten Kriegsgreuel der Geschichte. Nach dem Massaker von Nanking war jede Aussicht auf Frieden dahin.

Der Kommandeur der Jangtse-Region, General Matsui Iwane, hatte Tuberkulose und lag mit hohem Fieber in seinem Hauptquartier im Bett, als Prinz Asaka mit seinem Gefolge eintraf, um den Oberbefehl über die Truppen zu übernehmen. Matsui kannte Asakas Ruf und befürchtete, der Prinz werde Unheil anrichten, deshalb erließ er moralische Richtlinien für alle Offiziere und Mannschaften. Das Gros der japanischen Armee sollte außerhalb der Stadtgrenzen bleiben, und nur einige besonders disziplinierte Bataillone sollten in die Stadt einmarschieren, so daß die japanische Armee – in den Worten Matsuis – »vor den Augen der Chinesen glänzt und ihnen Vertrauen zu Japan einflößt«. Er sagte seinen Offizieren ausdrücklich: »Keine Einheit soll in ungeordneter Formation in die Stadt marschieren. [...] Sie sollen sich jeglicher Plünderung enthalten [...] Verhindern Sie jedes ungesetzliche Verhalten.«[19]

Nanking war von General Tschiang Kai-schek seinem Schicksal überlassen worden, der seine Armee abzog und die Zivilbevölkerung ungeschützt zurückließ. Er wollte seine Armee schonen, um auch weiterhin an der Macht zu bleiben. Als Prinz Asaka erfuhr, daß Nanking eingeschlossen war, wehrlos und zur Kapitulation bereit, sagte er zu seinen Adjutanten: »Wir werden unseren chinesischen Brüdern eine Lektion erteilen, die sie nie mehr vergessen werden.« Er gab den schriftlichen Befehl »Alle Gefangenen töten!« und beglaubigte ihn mit seinem persönlichen Siegel.[20]

Das Massaker begann am 13. Dezember 1937. Die japanischen Truppen marschierten in die Stadt ein, gefolgt von Panzerkorps, Artillerie sowie Infanterie auf Lastwagen. Ein amerikanischer Staatsbürger, der als einer von zahlreichen Ausländern Zeuge der Greueltaten wurde, berichtete später darüber: »Zehn Tage lang herrschte vollkommene Anarchie – es war die Hölle auf Erden.«[21] Westliche Missionare mußten hilflos abscheuliche Szenen mitansehen. Tagelang wurden die Frauen ganzer Familien, von den Großmüttern bis hin zu kleinen Mädchen, vor den Augen ihrer Angehörigen immer wieder vergewaltigt. Insgesamt wurden über zwanzigtausend Frauen und Mädchen Opfer von Vergewaltigungen, meist von mehreren Männern. Gefangene wurden zu Teichen geführt und dort mit Maschinengewehren niedergemäht. Andere wurden aneinandergefesselt, mit Benzin übergossen und in Brand gesetzt. Etwa zwanzigtausend Chinesen im wehrfähigen Alter wurden aus der Stadt geführt und dienten den japanischen Soldaten als lebende Objekte für Bajonettübungen, während Offiziere das Vorrecht hatten, sich an ihrer Enthauptung zu versuchen. Als drei Monate später die Frühjahrsregenfälle einsetzten, kamen überall in der Stadt Tausende verwesender Leichen zum Vorschein, deren Gräber nicht tief genug ausgehoben worden waren.

Die westliche Presse berichtete ausführlich über das Massaker in Nanking. Prinz Asaka war nicht irgendein Militarist, sondern ein hohes Mitglied der kaiserlichen Familie, den Hirohito persönlich nach Nanking abkommandiert hatte. Er wurde zwar nach Tokyo zurückbeordert, aber nicht bestraft. Selbst Joseph Grew schrieb in seinem Tagebuch: »Die entsetzlichen Greuel in Nanking haben den japanischen Schild in einer Weise befleckt, die den übrigen Nationen eine neue Vorstellung vom traditionellen *bushidô* und der Ehre Japans vermittelt hat. Davon wird sich der Ruf Japans nie mehr erholen.«[22]

In dem Drang, die kaiserliche Familie von jeder Verwicklung in Kriegsverbrechen reinzuwaschen, sollten nach Kriegsende vergleichsweise unschuldige Männer die Verantwortung für die Geschehnisse in Nanking und andere Greueltaten auf sich nehmen. Einer von ihnen war General Matsui, der während des Massakers das Krankenbett in Suchow (Suzhou) hütete und dessen geistige Gesundheit ebenso zerrüttet war wie die körperliche. Er nahm nach dem Krieg unter Zwang die Verantwortung für Nanking auf sich und wurde dafür gehängt, während Prinz Asaka jeder Bestrafung entging.[23]

Mit seinen Angriffen auf chinesische Städte südlich des Jangtse ließ sich Japan auf einen Krieg ein, der seine Mittel überstieg und das Land schließlich in den Abgrund stürzte. Ein Kreis hoher japanischer Diplomaten startete zusammen mit Ministerpräsident Konoe eine geheime Friedensinitiative. Für hundert Millionen Yen solle der Frieden mit Tschiang Kai-schek erkauft werden. Doch der japanische Generalstab erfuhr von dem Vorhaben und vereitelte es. Konoe überlegte es sich anders; ein solches Angebot konnte »als Eingeständnis der Schwäche Japans« ausgelegt werden und »der japanischen Moral einen schweren Schlag versetzen«. Jeder Kompromiß mit China würde nach seinen Worten »auf dem japanischen Geldmarkt Panik auslösen«. Worauf Prinz Chichibu erwiderte: »Wie lange [wird] Japans Finanzkraft überhaupt noch Bestand haben?«[24] Der Unterhalt von siebenhunderttausend japanischen Soldaten in China kostete täglich fünf Millionen Dollar. Den Soldaten sagte man, sie müßten sich selber um die Lebensmittel kümmern, die sie zum Überleben benötigten – eine eindeutige Aufforderung zum Plündern.[25] Die Armee hielt sich schadlos, indem sie Geschäfte machte, Barvermögen raubte, reiche Chinesen erpreßte, Tempel und Museen plünderte, landwirtschaftliche Erzeugnisse konfiszierte, Spielcasinos und Bordelle betrieb, mit Heroin und anderen Drogen handelte und nebenbei kriegswichtige Materialien wie Kupferdraht hortete. Die Kommandeure suchten nach immer neuen Wegen, um die besetzten Gebiete auszupressen. Dabei gingen sie räuberischer und systematischer vor als ein Heuschreckenschwarm.

Auf den Mutterinseln waren die Lebensmittel für die Bevölkerung bereits rationiert, und die Staatsverschuldung stieg rapide. Die Reserven an Rohstoffen und Devisen schmolzen dahin. Ende des Jahres 1938 spendete der Kaiser der Nationalbank siebzig Kunstgegenstände aus massivem Gold und forderte auch seine Landsleute zu Spenden auf.[26] Einige Prinzen suchten ihren Beitrag durch das systematische Plündern der neu eroberten Gebiete zu leisten.

In früheren Jahrhunderten hatte Japan immer wieder Kriegs- und Plünderungszüge nach Korea unternommen, doch der erste dokumentierte Fall in der Neuzeit einer mit einer Militäraktion verbundenen systematischen Plünderung eines Landes durch die Japaner ereignete sich im Jahr 1900, als alliierte Streitkräfte die sogenannte Belagerung des Gesandtschaftsviertels in Peking durch die Boxer aufhoben. Während britische, amerikanische, deutsche, russische und französische Truppen ihren erfolgreichen Einmarsch in die kaiserliche Hauptstadt feierten, verschaffte sich die japanische Armee heimlich Zutritt zur Verbotenen Stadt und raubte alle bedeutenden Schätze, alle Goldbarren in den unterirdischen Gängen und sämtliche Bestände des kaiserlichen Archivs.[27] Das alles wurde unverzüglich nach Tokyo verbracht. Fünf Jahre später, als Japan Korea zu seinem Protektorat machte (1910 erfolgte die endgültige Annexion), wurde die systematische Plünderung durch die Armee auf das ganze Land ausgedehnt, und alle Wertgegenstände Koreas einschließlich unschätzbar wertvoller Bilder und Keramiken wurden nach Japan gebracht. Dort befinden sie sich, trotz wiederholter Anfragen und Forderungen seitens der koreanischen Regierung und Privatpersonen, fast alle heute noch.[28] Als Japan 1931 die Mandschurei besetzte, wurde dieselbe methodische Plünderung betrieben, diesmal unter der Kontrolle von zwei hohen japanischen Geheimdienstoffizieren, Oberst Doihara (der »Lawrence der Mandschurei«) und Oberst Ishihara.[29] Im Lauf der folgenden sechs Jahre wurden diese Methoden durch Kishi und den Chef der Geheimpolizei, Tôjô, verfeinert. In Korea und der Mandschurei mußte die Kontrolle der Plünderungen sorgsam geplant werden, um sicherzugehen, daß das ganze Beutegut in den Händen der japanischen regierenden Elite blieb, sonst würde es schnell durch die Armee, die Unterwelt und Unternehmer abgeschöpft werden. Kaiserliche Prinzen wurden mit der Leitung einer geheimen Operation unter dem Decknamen »Goldene Lilie« betraut (den Namen hatte Hirohito gewählt, er stammte aus einem seiner Gedichte). Mit weiteren Eroberungen wurde die Organisation dieser Operation immer umfangreicher; Wirtschaftsexperten hatten Gruppen von Buchhaltern unter sich. Es gab eigene Gold- und Silberscheide- und Schmelzanlagen, wo das Edelmetall zu Barren umgeschmolzen wurde, um anschließend zu den Mutterinseln verschifft zu werden. Prinz Takeda Tsuneyoshi wurde zum obersten residierenden Finanzoffizier der Kwantung-Armee ernannt.[30] Er war der Lieblingsneffe der Prinzen Asaka und Higashikuni. Angeblich ebenfalls an dem Unternehmen beteiligt waren Prinz Takahito, der Sohn von Prinz Asaka, und der Sohn von Prinz Kitashirakawa.[31] Es ist schwer zu sagen, warum so viele Mitglieder der kaiserlichen Familie für diese ökonomische Seite der Eroberung eingesetzt wurden. Diese Tätigkeit war außergewöhnlich, weniger häßlich, weniger gewalttätig, weniger gefährlich und anspruchsvoll. Die Prinzen konnten sich sagen, sie dienten auf diese Weise Japan unabhängig vom Ausgang des Kriegs und hätten auch persönlich einen Nutzen davon, ohne sich die Hände mit Blut zu beflecken. Es war wesentlich interessanter, schlaue chinesische Bankiers, Geschäftsleute und Gauner zu erpressen, als zu bombardieren, zu schießen, zu stechen, zu knüppeln und zu vergewaltigen.

Als die japanische Armee 1937 in China einfiel und ihre Herrschaft nach Süden ausdehnte, startete parallel dazu die Operation »Goldene Lilie« als finanzieller Feldzug. Beute wurde in jeder denkbaren Form aufgehäuft und Richtung Norden in die Mandschurei und nach Korea geschafft, um anschließend zu den Mutterinseln verschifft zu werden.

Prinz Chichibu wurde frühzeitig in die Operation »Goldene Lilie« einbezogen. Während des Massakers von Nanking im Dezember 1937 wurde er anscheinend mit Prinz Takeda dorthin geschickt, um ein Auge auf die ungebärdige Armee zu haben. Seine Anwesenheit in dieser Stadt wurde nie offiziell zugegeben, doch in späteren Jahren wurde er von schlimmen Alpträumen gequält, die er den entsetzlichen Greueln zuschrieb, die er dort mitangesehen hatte.[32] Angeblich wurden in Nanking sechstausend Tonnen Gold zusammengerafft – staatliche Goldbestände, Bestände in Banktresoren, privat gehortete Goldbarren, wie sie von Chinesen mehr als alles andere zum Zeichen des Reichtums geschätzt wurden, und eingeschmolzenes Gold aus Schmuckstücken, die einzelnen Personen abgenommen wurden.[33] Im Frühjahr 1939 wurde Prinz Chichibu ins Südchinesische Meer geschickt, um die japanische Invasion der Insel Hainan und der Spratly-Inseln vor Vietnam zu beobachten. Nach der Eroberung dieser Inseln waren die Japaner nur noch tausendeinhundert Kilometer von Singapur entfernt.[34]

Seine nächste Reise im Hochsommer 1939 führte ihn an die umstrittene mandschurisch-sibirische Grenze. Ein Einfall in Sibirien vom Norden der Mandschurei aus lag durchaus im Bereich des Möglichen. Entlang der Grenze waren japanische Truppen in großer Zahl aufmarschiert, die sich mit Einheiten der Roten Armee kleinere Scharmützel lieferten. Einmal kämpften japanische und sowjetische Grenztruppen zwei Wochen lang um den Besitz einer kahlen Anhöhe an der Grenze, doch nach dem Einsatz der sowjetischen Luftwaffe stimmten die Japaner einer Einigung zu. Ein weiteres Scharmützel in der Nähe von Nomonhan an der Grenze zur Äußeren Mongolei begann mehr oder weniger durch Zufall.[35] Dieses artete schnell in einen regulären Kampf aus und führte schließlich zu den ersten größeren Panzerschlachten der Militärgeschichte. Es war eine Sache, verzagte und wehrlose Chinesen abzuschlachten, die von der nationalistischen Regierung und ihrer Armee im Stich gelassen wurden, aber eine ganz andere, gegen aus der Luft unterstützte sowjetische Panzer- und Bodentruppen zu kämpfen, deren Soldaten von politischen Kommissaren erschossen wurden, wenn sie zu fliehen versuchten. Acht Monate lang, von Mai bis Dezember 1939, führten Japan und die Sowjetunion einen größeren, nicht erklärten Krieg in den öden Ebenen der Mongolei. Anfangs spielte die Kwantung-Armee die Kämpfe herunter und hoffte, sie würden bald enden. Prinz Chichibu teilte diesen Optimismus nicht. Er verbrachte im Juni zwei Wochen dort und beschwor die Kommandeure, die Gefechte in Nomonhan nicht auszuweiten. Der US-Konsul in Harbin erklärte, Chichibu versuche die Japaner davon abzuhalten, »die [Russen] auf mongolisches Territorium zu verfolgen«.[36] Chichibu konnte sich nicht durchsetzen.

Die Kwantung-Armee rechnete damit, daß die Sowjets sich auf defensive Aktionen beschränken würden, da Moskau sie mit getürkten Befehlen an die Grenzposten täuschte. In der Zwischenzeit beorderte

Stalin seinen besten General, Georgi Shukow, in die Krisenregion. Mit ihm kam die erste Armeegruppe einschließlich fünfunddreißig Infanteriebataillonen, zwanzig Panzerbataillonen, fünfhundert Flugzeugen und fünfhundert schnellen T-34-Panzer, weit mehr als was die gesamte Kwantung-Armee aufzubieten hatte. Stalin befahl Shukow, die Japaner endgültig zurückzuschlagen.

Ende August 1939 hatten die russischen und mongolischen Kräfte unter Shukow die dreiundzwanzigste Division der Kwantung-Armee eingekesselt und vollständig aufgerieben. Die Japaner verloren in einer einzigen anhaltenden Schlacht über fünfzigtausend Mann, die verheerendste Niederlage, die sie bislang hinnehmen mußten. Das hielt sie von weiteren Vorstößen auf sowjetisches Gebiet ab und führte dazu, daß sie ihre Hauptangriffsrichtung nach Süden lenkten.

Historiker sind noch immer im unklaren darüber, ob die Japaner in Nomonhan biologische Waffen eingesetzt haben.[37] Alvin D. Coox qualifiziert entsprechende Behauptungen als »linke Propaganda« ab, doch Tsuneishi Keiichi, ein Experte auf dem Gebiet der japanischen chemischen Kriegführung, hat 1989 in einem Interview mit der Zeitung *Asahi* ausgesagt, in Nomonhan seien »mit Bestimmtheit von der japanischen Armee zum erstenmal biologische Waffen eingesetzt« worden.[38] Nach japanischen Quellen wurde damals angesichts der Überlegenheit der russischen Kräfte beschlossen, die Trinkwasserzufuhr der Russen mit Typhuserregern zu verseuchen. Dreizehn Soldaten der Einheit 731 marschierten drei Tage und Nächte, bis sie einen Fluß erreicht hatten, in den sie über 225 Liter einer gallertartigen Kultur von Typhuserregern kippten.[39] Coox behauptet, selbst wenn es soweit gekommen sein sollte, sei diese Aktion völlig wirkungslos gewesen, weil die Keime sich zu stark im Wasser verteilt hätten, um ihre Wirkung zu entfalten. Damals wurde auch kein Ausbruch der Krankheit registriert. Doch die Geschichte der biologischen und chemischen Kriegführung ist voll von Episoden, in denen Soldaten an der Front solche Gifte falsch eingesetzt haben.

Diese Aktion war die Idee von Ishii Shirô, einem Bakteriologen von der Universität Kyoto.[40] Er hatte über den Einsatz chemischer Waffen im Ersten Weltkrieg gearbeitet und gewann die Unterstützung General Arakis für das Projekt, in Japan eigene Kampfstoffe zu entwickeln. Wie in anderen Ländern auch wurde der Charakter des Programms als rein defensiv beschrieben. Die Einheit 731 wurde 1933 in der Mandschurei ins Leben gerufen. In Ping Fan, außerhalb von Harbin, wurde ein zentrales Forschungslabor errichtet mit weiteren Anlagen in Xingjing (nach 1945 Changchun). Später, als Japan seine Herrschaft über den größten Teil Ostasiens ausdehnte, wurden auch in Peking, Kanton (Guangzhou) und Singapur biologische Forschungslabors eingerichtet.

Mehrere kaiserliche Prinzen standen mit der Einheit 731 in Verbindung und waren über deren Experimente mit biologischen Kampfstoffen informiert. Prinz Takeda fuhr als oberster Finanzoffizier der Kwantung-Armee häufig nach Ping Fan, wo er unter seinem Decknamen Oberst Miyata Tsuneyoshi bekannt war. Takeda entschied darüber, wer Zutritt zu dem Laboratorium in Ping Fan oder den anderen Forschungsstätten erhielt.[41] Prinz Higashikuni besuchte zusammen mit Takeda Ping Fan. (Seit seiner Rückkehr aus Paris im Jahr 1926 war Higashikuni Divisionskommandeur und Chef des Hauptquartiers der Luftwaffe. 1937, bald nach Beginn des Kriegs mit China, wurde er zum Chef der gesamten Luftwaffe ernannt. Im folgenden Jahr wurde er als Kommandeur der zweiten Armee nach Nordchina geschickt.)[42]

Chichibu besuchte Vorträge von Oberst Ishii in Tokyo, der auch mit Hirohito persönlich bekannt war. Eine seiner Erfindungen war ein Filtriergerät, mit dem man aus Urin Trinkwasser rückgewinnen konnte und das er Hirohito vorführte. Angeblich bot er ihm ein Glas des Endprodukts an.[45] Inwieweit der Kaiser und seine Brüder über Experimente an Kriegsgefangenen informiert waren, läßt sich nicht überprüfen, da viele Akten der Einheit 731 von den Japanern bei Kriegsende vernichtet wurden. Den Rest konfiszierte der militärische Geheimdienst der USA, der das Material für das eigene Forschungsprogramm der chemischen und biologischen Kriegführung auswerten wollte. Auf Befehl General MacArthurs wurden die Aktivitäten der Einheit 731 sogar vor dem Kriegsverbrechertribunal geheimgehalten.[44]

Mit der Anlage in Ping Fan war auch der jüngste Bruder Hirohitos, Prinz Mikasa, vertraut. Als kaum Zwanzigjähriger besuchte er mehrfach die Front.[45] 1915 geboren, unterschied er sich deutlich von seinen drei Brüdern. Er hatte weitgehend dieselbe Ausbildung erhalten und machte 1941 seinen Abschluß an der militärischen Stabsakademie. Nach dem Massaker bekleidete er in Nanking und an anderen Orten in China Stabspositionen im Rang eines Majors und diente bei der Luftwaffe.[46] In seiner Beurteilung des Vorgehens der Armee war er weitaus kritischer als seine Brüder. Während des Kriegs im Jahr 1943 übte er ausführlich Kritik am Verhalten japanischer Soldaten, das innerhalb der höchsten Ränge zirkulierte und anschließend vernichtet wurde. Nur durch einen Zufall wurde 1994 im Archiv des Parlaments noch ein Exemplar entdeckt. In Interviews nach dem Krieg erzählte Prinz Mikasa, er habe Filme gesehen, in denen »eine große Zahl chinesischer Kriegsgefangener [...] auf der mandschurischen Ebene marschieren mußten, weil man an ihnen Versuche mit Kampfgas anstellte«, während andere, »an Pfosten auf einem weiten Feld gebunden, vergast und erschossen wurden. Es waren furchtbare Szenen, die man nur als Massaker bezeichnen kann.«[47]

Trotz der Greuel in China und der Annexion der Mandschurei durch die Japaner zeigten die USA kaum eine Reaktion. Für die Großinvestoren stand Ende der dreißiger Jahre sehr viel auf dem Spiel, falls Amerika gegen Japan Krieg führen sollte. Führende Unternehmen wie General Electric hatten japanischen Stromversorgungsunternehmen hohe Kredite gewährt und zudem große Summen in Direktinvestitionen gesteckt. Daneben bestanden wichtige Verbindungen zwischen Politik und Wirtschaft. Kriegsminister Henry L. Stimson unterhielt enge Beziehungen zum Bankhaus Morgan, und Botschafter Joseph Grew war ein Verwandter und enger Freund von Jack Morgan.

Nach der verheerenden Niederlage der Kwantung-Armee bei Nomonhon beschloß der japanische Generalstab für den Fall, daß bis zum Jahresende kein totaler Sieg über China erreicht werden sollte, die Truppen allmählich aus Südchina abzuziehen und in Nordchina als Schutzschild gegen russische und chinesische Kommunisten in Stellung zu bringen. Als jedoch Hitler im Mai 1940 die Beneluxländer besetzte und seinen Blitzkrieg gegen Frankreich führte, änderte Tokyo erneut seine Meinung. Strategen der Kontrollfraktion wie

Oberst Tsuji Masanobu befürworteten einen massiven Vorstoß in den Pazifik und die Eroberung ganz Südostasiens, um anschließend aus einer starken Position Friedensverhandlungen mit dem Westen zu führen. Diese Idee, sich vor Verhandlungen zunächst eine vorteilhafte Position zu verschaffen hatte etwas gefährlich Verlockendes. Im Verlauf der nächsten achtzehn Monate schlossen Japan, die USA, England, Italien, Deutschland, Rußland und Frankreich Geheimabkommen, -bündnisse und -verträge – nicht um den kommenden Krieg zu vermeiden, sondern um eine Position »relativer Stärke« zu erlangen. Tokyo unterzeichnete einen Vertrag mit Bangkok, der ihm die Möglichkeit verschaffte, Truppen nach Siam (heute Thailand) zu entsenden. In der Überzeugung, daß Rußland, England, China und die Vereinigten Staaten sich gegen Japan verbünden würden, ging Tokyo ein Bündnis mit Berlin und Rom ein und schloß danach ein Neutralitätsabkommen mit der Sowjetunion in der Annahme, damit vor seinem größten Feind geschützt zu sein.[48] Ein ähnlicher Pakt war zwischen Molotow und Ribbentrop geschlossen worden, sollte jedoch bald gebrochen werden.

Im April 1941 unterzeichnete Präsident Roosevelt ein Geheimabkommen mit England und den Niederlanden, in dem die USA sich verpflichteten, die beiden Länder militärisch zu unterstützen, falls ihre Kolonien in Asien von Japan angegriffen würden.[49] Ein solches *executive agreement* bindet das Weiße Haus ohne Kenntnis oder Zustimmung des Kongresses. Nach Unterzeichnung dieses Abkommens war Churchill, der ein brennendes Interesse am Kriegseintritt der USA hatte, nicht mehr bereit, die von den britischen Oberkommandierenden in Singapur und Malaya dringend angeforderte Luft- und Bodenverstärkung gegen die Japaner zu entsenden. Statt dessen schickte er symbolische Flottenverstärkungen, mit denen Singapur gar nichts anfangen konnte. In Malaya warnten britische Offiziere vor einem unmittelbar bevorstehenden japanischen Angriff, ohne die angeforderte militärische Unterstützung zu erhalten.

Im Juli 1941 schloß Tokyo einen Vertrag mit der Vichy-Regierung, der Japan die militärische Besetzung Nordindochinas gestattete. Nachdem Japan Truppen in Siam und Nordindochina stationiert hatte, war abzusehen, daß es sich auf einen Militärschlag in der Region vorbereitete.[50] Nunmehr verhängte Roosevelt die »Wirtschaftsquarantäne«, die er seit 1937 angedroht hatte. Alle japanischen Guthaben in den USA wurden eingefroren, jeder Handel mit Japan wurde unterbunden. England und die Niederlande folgten dem amerikanischen Beispiel. Hierzu gehörte ein Embargo für alle Öllieferungen an Japan, die bisher hauptsächlich von Niederländisch-Indien aus erfolgt waren. Washington erklärte, das Embargo würde aufgehoben, sobald Japan seine Truppen aus Indochina und China abziehe und aus dem Achsenpakt austrete. (Von der Mandschurei oder Korea war nicht die Rede, doch die Japaner nahmen irrtümlich an, die beiden Länder seien mit gemeint.)

Noch immer um eine Verhandlungslösung bemüht, machte Ministerpräsident Fürst Konoe den Vorschlag eines persönlichen Zusammentreffens mit Roosevelt mitten im Pazifik. Anfangs schien der US-Präsident angetan von der Idee, doch Außenminister Cordell Hull meinte, man könne dem Vorschlag nicht trauen. Damit hatte Konoe seinen letzten Trumpf ausgespielt und trat Mitte Oktober zurück. Andere, die sich ebenfalls für Verhandlungen eingesetzt hatten, gingen mit ihm. Sein Rücktritt löste eine heftige Debatte über seinen Nachfolger aus. Konoe hatte Prinz Higashikuni vorgeschlagen, doch im privaten Kreis äußerte Hirohito, Higashikuni habe »von vorn bis hinten windelweiche Überzeugungen«. Außerdem sei die Lage jetzt für die kaiserliche Familie gefährlicher: »Wenn ein kaiserlicher Prinz die Entscheidung über Krieg oder Frieden trifft, könnte er damit möglicherweise den ›Volkszorn‹ auf die kaiserliche Familie ziehen«, rechtfertigte sich der Kaiser nach dem Krieg.[51] Statt dessen billigte er die Wahl Tôjôs, des ehemaligen Chefs der Geheimpolizei in der Mandschurei, zum Kriegsminister. Higashikuni übernahm das Kommando über die Streitkräfte zur Verteidigung der Mutterinseln.

Am Vorabend des Überfalls auf Pearl Harbor zog Prinz Chichibu sich angeblich aus gesundheitlichen Gründen aus den Generalstab zurück. Im Jahr 1940 hatten die Ärzte bei dem noch nicht Vierzigjährigen Tuberkulose diagnostiziert. Tbc war damals sehr verbreitet. Viele Offiziere blieben während des Krieges trotz dieser Krankheit weiterhin im Dienst. Wie Prinzessin Chichibu in ihren Memoiren schrieb, zog ihr Mann sich auf einen Landsitz am Fuße des Fujisan zurück, wo er in den nächsten dreieinhalb Jahren zurückgezogen lebte, ohne jemanden zu Gesicht zu bekommen.[52] Unter dem Vorwand, er könne ansteckend sein, stattete er Hirohito bis zum Herbst 1945, als er an der Rettung der kaiserlichen Familie beteiligt war, keine formellen Besuche ab.

Während Chichibu sich angeblich erholte, spielte Prinz Takamatsu den Advocatus Diaboli. Takamatsu war seit langem der Überzeugung, sein ältester Bruder gebe sich Selbsttäuschungen hin, und er sei eher als jeder andere in der Lage, Hirohito mit unbequemen Wahrheiten zu konfrontieren. General Honjô hatte damals in sein Tagebuch geschrieben: »Takamatsu stand dem Kaiser anscheinend nicht so nahe wie Chichibu [...] Bis zum Ausbruch des Pazifischen Krieges teilte [Takamatsu] die Befürchtungen, die unter Marineoffizieren der mittleren Ebene über den Plan eines Überfalls auf Pearl Harbor vorherrschten. Anscheinend hat er diese Befürchtungen dem Kaiser vorgetragen, als er am 30. November 1941 mit ihm zusammenkam.«[53]

Der Plan für einen Angriff auf Pearl Harbor war übrigens kein besonders gut gehütetes Geheimnis. Fast ein Jahr vorher, im Januar 1941, drangen beunruhigende Gerüchte an Grews Ohren: »Hier [in Tokyo] wird eine Menge darüber gemunkelt, daß die Japaner im Fall eines Bruchs mit den Vereinigten Staaten planen, mit einem schweren Überraschungsangriff auf Pearl Harbor aufs ganze zu gehen.«[54] Grew berichtete dieses sowie ein weiteres Gerücht von einem ähnlichen Schlag gegen Singapur nach Washington. Und wenn Grew etwas wußte, konnte man davon ausgehen, daß viele andere es auch wußten. Inzwischen hatten die Amerikaner mit Hilfe einer Dechiffriermaschine, genannt »Magic«, den diplomatischen Code der Japaner geknackt und konnten alle diplomatischen Botschaften lesen, die von Tokyo aus in die Welt gesendet wurden. Exemplare der »Magic« wurden nach London, Singapur und auf die Philippinen, nur nicht nach Honolulu geschickt. Im November 1941 ergingen an die US-Kommandeure auf den Philippinen und in Panama Warnungen vor einem unmittelbar bevorstehenden japanischen Angriff, doch auf Hawaii wurden weder General Walter Short noch Admiral Husband Kimmel informiert.[55]

In Washington bemühten sich einige japanische Diplomaten, in letzter Minute aufzuhalten, was »bereits unvermeidbar« war. Einer von ihnen war Terasaki Hidenari, ein Geheimdienstoffizier und Erster Sekretär an der Botschaft in Washington.[56] Joseph Grew hielt »Terry« Terasaki für einen vernünftigen Menschen. Terry hatte die Brown-Universität besucht, sprach fließend Englisch, war mit Gwen Harold aus Tennessee verheiratet und hatte mit ihr eine neunjährige Tochter Mariko, die japanisch aussah, aber amerikanisch erzogen wurde. Terry hatte gute Beziehungen; sein älterer Bruder Tarô war Leiter der Amerikaabteilung im Außenministerium in Tokyo und hatte viel mit Grew zu tun, bevor er Mitte 1941 zusammen mit Fürst Konoe seinen Rücktritt erklärte.

Terry war ein klassischer Pazifist, der alles tat, um einen Krieg zu verhindern, weil er davon überzeugt war, daß Japan vernichtet würde. Seine persönliche Mission war hoffnungslos, nicht nur weil die Sache entschieden war, es sei denn, die Amerikaner hätten weitgehende, wenig wahrscheinliche Zugeständnisse gemacht, sondern auch, weil Außenminister Cordell Hull eine Obstruktionspolitik betrieb. Roosevelt war bereits in dem erwähnten Geheimabkommen mit England und Holland eine Beistandsverpflichtung eingegangen, spielte jedoch öffentlich den Friedensstifter, während Hull unversöhnlich blieb.

Terry, der loyale Japaner, der Amerika liebte, fühlte sich hin und her gerissen, wie man seinem Tagebuch entnehmen kann. Am 26. November erhielt die Botschaft ein weiteres Ultimatum Hulls. Amerika verlangte den sofortigen Verzicht Japans auf alle Gebiete, die es seit 1935 mit Gewalt erobert hatte. (Wiederum blieben die Mandschurei, Korea und Formosa ausgeklammert.) Japan sollte sich nicht nur aus China und Indochina zurückziehen, sondern auch das Regime Tschiang Kai-scheks in China unterstützen und aus dem Bündnis mit Deutschland und Italien austreten. Im Gegenzug würde Amerika das Ölembargo und die Sperrung der japanischen Konten in den USA aufheben und gemeinsam mit Japan einen vorteilhaften Handelsvertrag erarbeiten. Das japanische Gegenangebot, sich nach fünfundzwanzig Jahren aus China und Indochina zurückzuziehen, lehnte Hull ab. Als Antwort instruierte Tokyo seinen Botschafter Nomura, bis zum 30. November eine akzeptablere Vereinbarung zu erreichen. Ihm wurde nicht mitgeteilt, daß nach Ablauf dieser Frist die japanische Flugzeugträgerflotte den Befehl zum Angriff auf Pearl Harbor erhalten würde. Doch Terry war als Geheimdienstoffizier informiert.

Am Abend des 26. November schrieb Terasaki: »[Sonderbotschafter] Kurusu bat mich in ein Privatzimmer [...] ›Wir sind verzweifelt. Wir haben keine Wahl [...] Ich denke daran, Mr. Roosevelt zu bitten, ein Telegramm an den Kaiser zu schicken. Das könnte den Krieg noch verhindern.‹ Er sagte mir: ›Können Sie das nicht irgendwie arrangieren?‹« Kurusu war ebenso wie Terasaki mit einer Amerikanerin verheiratet und hatte drei Kinder, davon einen Sohn bei der japanischen Luftwaffe, der später in einem Kurvenkampf über dem Pazifik fallen sollte.

Kurusu telegrafierte an Außenminister Tôgô: »Ich versuche zu erreichen, daß Mr. Roosevelt dem Kaiser ein Telegramm schickt. Glauben Sie, daß dies helfen könnte? Der Krieg könnte das Leben des Kaisers in Gefahr bringen. Wir müssen ihn verhindern.« Außerdem drahtete er an Großsiegelbewahrer Kido: »Habe ein äußerst wichtiges Telegramm an [den Außenminister] geschickt. Lassen Sie es sich vorlegen.«[57] Sowohl Kurusu als auch Terasaki waren ernsthaft davon überzeugt, daß der Kaiser durch eine persönliche Intervention den Krieg verhindern könne.

Terasaki wandte sich an Roosevelt über Stanley Jones, einen Methodistenmissionar, der in persönlichem Kontakt mit dem Präsidenten stand. Jones sah Roosevelt am 3. Dezember, und dieser sagte: »Ich habe auch schon daran gedacht, dem Kaiser ein Telegramm zu schicken. Ich habe mit meinen Beratern darüber gesprochen, und sie waren alle derselben Meinung. Deshalb werde ich von mir aus ein Telegramm schicken [...] Bitte sagen Sie dem japanischen Patrioten, er kann sich erleichtert fühlen.« Die schlechte Nachricht war, daß das State Department drei Tage benötigte, um die kurze Botschaft aufzusetzen, die erst am 6. Dezember um 19.40 Uhr abgeschickt wurde, und zwar merkwürdigerweise über den langsameren, kommerziellen Telegrafen.[58] Die amerikanischen Radiosender wurden am selben Abend von dem Telegramm informiert, das als »mutige Geste« Roosevelts bezeichnet wurde. Botschafter Grew erfuhr erstmals nicht durch das US-Außenministerium, sondern durch einen kommerziellen Kurzwellensender davon. Das Telegramm erreichte Tokyo am Sonntag, dem 7. Dezember, um 12.00 Uhr (Ortszeit) und wurde Grew erst um 22.30 Uhr zugestellt. Er begab sich sogleich zum Außenminister und bat um eine dringende Audienz beim Kaiser. Tôgô sagte: »Geben Sie mir das Telegramm. Es ist jetzt zu spät für eine Audienz.« Tôgô rief Matsudaira an, inzwischen Minister des Palastamts, der meinte, es sei »eine politische und keine zeremonielle Frage«, und er solle Großsiegelbewahrer Kido anrufen. In Kidos Tagebuch findet sich folgende Eintragung: »Um 0.40 Uhr [...] rief Tôgô mich wegen der Behandlung des persönlichen Telegramms von Präsident Roosevelt an den Kaiser an [...] Ich riet ihm, den Ministerpräsidenten [General Tôjô] zu konsultieren.« Es vergingen vier Stunden, bis Kido und Tôgô im Palast eintrafen, um den Kaiser zu sprechen.[59] Zu diesem Zeitpunkt war der Angriff auf Pearl Harbor bereits in Gang. Japanische Bomber, die von Flugzeugträgern weit im Nordosten gestartet waren, erschienen plötzlich über Honolulu und flogen einen Angriff in der Morgendämmerung, der die Armee- und Marinekommandeure des Stützpunktes völlig überrumpelte. Das Ziel der Japaner, die US-Flotte im Pazifik durch die Zerstörung eines Großteils ihrer Flugzeugträger entscheidend zu schwächen, wurde allerdings nicht erreicht. Zum Zeitpunkt des Angriffs befand sich kein einziger Flugzeugträger in Pearl Harbor, was sich später in der Schlacht um Midway zum Nachteil der Japaner auswirken und dem Kriegsverlauf eine entscheidende Wende geben sollte. Doch Pearl Harbor bezeichnete das Ende der Verhandlungen auf beiden Seiten und den Beginn offener Feindseligkeiten. Gleichzeitig fingen die Japaner mit den massiven, organisierten Plünderungen in ganz Südostasien und dem sorgfältigen Zusammentragen und Registrieren der Beute an. Einen derartigen Beutezug in internationalem Maßstab hatte es noch nie gegeben. Doch im Verlauf der Eroberung waren nur wenige in der Lage, mehr zu beobachten als isolierte Fälle von Erpressung, und die begangenen Verbrechen waren so entsetzlich, daß sie das zugrunde liegende wirtschaftliche Motiv verdeckten.

Als Kido im Palast ankam, sah er im Osten den ersten Dämmerschein der aufgehenden Sonne. »Ich dachte, das sei symbolisch für das Schicksal dieses Landes, nachdem wir uns nunmehr im Krieg gegen die USA und England befanden [...] Um 7.30 Uhr traf ich mit dem

Ministerpräsidenten, dem Chef des Generalstabs der Armee und dem Chef des Generalstabs der Marine zusammen. Von ihnen erhielt ich die großartige Nachricht über den Erfolg des Überraschungsangriffs auf Hawaii. Ich kam um 11.40 Uhr mit dem Kaiser zusammen, und wir sprachen bis zwölf Uhr miteinander. Ich war sehr beeindruckt von der beherrschten Haltung des Kaisers an diesem Tag. Die Kaiserliche Proklamation über den Krieg wurde erlassen.«[60]

Im Jahr 1946 erklärte Hirohito gegenüber Terasaki, er habe Roosevelts Botschaft erhalten, und wenn sie einen Tag früher gekommen wäre, »hätte er den Angriff gestoppt«.[61] Damit räumte Hirohito gegenüber einem Vertrauten ein, daß es in seiner Macht gestanden hätte, den Angriff zu verhindern.

Eine weitere bis heute ungeklärte Frage ist die, ob der Angriff auf Pearl Harbor die Amerikaner wirklich unvorbereitet getroffen hat. Im Lauf der Jahrzehnte mehren sich die Hinweise, daß politische und militärische Führer in England und Amerika über genaue Details im voraus Bescheid wußten und dennoch den Angriff zuließen. Yoshida war überzeugt, daß Churchill hinter den Kulissen alles daransetzte, einen Krieg zu provozieren. Am 10. November erklärte der britische Premierminister, falls es zum Krieg zwischen den USA und Japan komme, werde England Japan »innerhalb einer Stunde« den Krieg erklären.[62] Yoshida sagte: »Um Nazi-Deutschland zu vernichten, [...] hätte Großbritannien fast alles getan, damit die Vereinigten Staaten in den Krieg eintreten.«[63]

Während die Amerikaner in der Lage waren, die diplomatischen Botschaften der Japaner zu entschlüsseln, hatte England den japanischen Marinecode JN-25 geknackt. Nach britischen Quellen hatte Churchill genaue Kenntnis von dem geplanten Angriff auf Pearl Harbor.[64] In Kairo erfuhr der US-Militärattaché Oberst Bonner Fellers vom Oberbefehlshaber der britischen Luftwaffe, Sir Arthur Tedder, er habe am 6. Dezember einen geheimen Funkspruch empfangen, daß Japan innerhalb der nächsten vierundzwanzig Stunden gegen die USA losschlagen werde.[65]

Viele Quellen behaupten, Roosevelt sei ebenfalls schon vorher informiert gewesen, habe die Information jedoch an seine Kommandeure in Honolulu nicht weitergegeben.[66] Danach sei der »Überraschungsangriff« am »Tag der Schande« die einzige Möglichkeit für Roosevelt gewesen, den isolationistischen Kongreß zur Zustimmung zu einem Krieg zu bewegen. Churchill hatte geschrieben: »Es war [...] ein Segen, daß Japan die Vereinigten Staaten angegriffen und auf diese Weise in den Krieg gebracht haben. Selten ist dem britischen Empire ein größeres Glück widerfahren.«[67]

Eine parallele Hypothese wurde aufgestellt: Während Roosevelt sich wünschte, die Japaner würden Pearl Harbor überfallen, wünschte Churchill, sie würden Singapur erobern. Britische Offiziere sendeten mehrere Geheimdienstberichte nach London und ersuchten dringend um Waffen und Truppenverstärkung, um die erwartete Landung auf der Malakka-Halbinsel zu verhindern. Doch Churchill reagierte nicht. Als die Japaner schließlich angriffen, konnten sie ungehindert nach Süden Richtung Singapur vorstoßen, während andere japanische Kräfte in Burma (heute Birma) und auf Sumatra, in Hongkong und auf den Philippinen angriffen. Singapur fiel im Februar, am 9. März 1942 brach der Widerstand auf Java zusammen, Bataan kapitulierte am 9. April, und der Rest der Philippinen fiel am 6. Mai. Zwei Monate zuvor war General MacArthur in einem U-Boot aus Corregidor vor Manila gekommen und hatte geschworen: »Ich komme wieder.«

In Washington bedauerten Roosevelt und andere später, daß man MacArthur nicht zurückgelassen habe, damit er seinen Saustall selbst ausmiste. Als Generalstabschef der US-Armee unter Präsident Hoover war MacArthur ein säbelrasselnder Republikaner mit einem stark ausgeprägten Ego und Ambitionen auf das Präsidentenamt. In den dreißiger Jahren war Roosevelt nur zu froh, MacArthur loszuwerden. Er schickte ihn auf die Philippinen mit dem Auftrag, die dort stationierten zweiundzwanzigtausend amerikanischen und achttausend philippinischen Soldaten auf einen Krieg vorzubereiten.

Als die Japaner am 22. Dezember 1941, zwei Wochen nach Pearl Harbor, in den Philippinen einfielen, war trotz der vorhergehenden Warnungen nichts und niemand vorbereitet. Während der Invasion begab sich MacArthur zu keiner Zeit auch nur in die Nähe der Front und verließ sich statt dessen auf die Informationen, die er von seinen Stabsoffizieren erhielt. Er besuchte kurz die Halbinsel Bataan, wo er sich möglichst weit vom Feind entfernt hielt. Dwight David Eisenhower, der in den dreißiger Jahren auf den Philippinen eng mit MacArthur zusammengearbeitet hatte, schrieb im Januar 1942 in sein Tagebuch, MacArthur sei »ein großes Kind wie immer. Aber wir haben ihn dazu gebracht, weiterzukämpfen.« Am 3. Februar schrieb Eisenhower, es habe den Anschein, »daß MacArthur den Mut verliert«. Zu diesem Zeitpunkt erhielt MacArthur vom philippinischen Staatspräsidenten Quezon eine halbe Million Dollar als Belohnung für seine »großartige Verteidigung« der Inseln. Etliche Historiker haben das als unverhüllte Bestechung bezeichnet; auf jeden Fall verstieß MacArthur gegen die amerikanischen Militärvorschriften, als er das Geld annahm. Obwohl Roosevelt von der Belohnung wußte, unternahm er nichts, um die Auszahlung zu verhindern oder den General zu zwingen, das Geld zurückzugeben. Ronald Spector gelangte zu dem Schluß: »An diesem Punkt hätte man MacArthur mit guten Gründen von seinem Posten ablösen können.« Der australische Historiker Gavin Long gab das Urteil ab: »MacArthurs Führung auf den Philippinen war dem, was man von einem Soldaten mit seiner umfassenden Erfahrung erwarten konnte, nicht gerecht geworden.«[68]

Statt abgelöst zu werden, wurde MacArthur in Amerika ein Held und zu einer Legende. Die US-Presse brachte atemberaubende Berichte über seine Heldentaten als »Der Löwe von Luzon«. Walter Lippman schrieb von seiner »umfassenden und tiefgreifenden Konzeption«. Präsident Roosevelt verlieh ihm die Ehrenmedaille für die »heldenhafte Durchführung von Verteidigungs- und Angriffsoperationen auf der Halbinsel Bataan«. In dieser Zeit erschreckender militärischer Schlappen brauchte Roosevelt dringend einen Kriegshelden, und MacArthur war der einzige General, der das einzige amerikanische Revier in Asien verteidigte. General Marshall, Vorsitzender der Vereinigten Stabschefs, und Präsident Roosevelt gelangten zu dem Schluß, daß ihnen nichts anderes übrigbliebe, als MacArthur die Ehrenmedaille zu überreichen, ihn mit einem U-Boot aus seinem Himmelfahrtskommando zu retten und ihm in Australien das Kommando über eine neue US-Streitmacht zu übertragen. MacArthur nahm die Medaille als etwas, das ihm gebührte, und benutzte während des ganzen Krieges die Presse weiterhin für sich. Es ist leicht vorstellbar, warum die Japaner während der Besatzungszeit nach dem Krieg in ihm den Trottel vom Dienst gesehen haben.

Fünf Monate nach Pearl Harbor kontrollierte Japan den größten Teil Ostasiens. Trotz ihres taktischen Erfolges war die Besetzung eine Katastrophe. Der Zweck der Operation hatte darin bestanden, Japan vor dem wirtschaftlichen Zusammenbruch zu retten, indem es sich die Kontrolle über das Öl und andere Rohstoffe Südostasiens verschaffte, doch das schlug fehl. Die japanische Armee mußte die Entdeckung machen, daß die Ressourcen der Region von überaus geschäftstüchtigen Auslandschinesen kontrolliert wurden. Mit einer jahrhundertealten Erfahrung im Unterminieren von Bürokraten, Eroberern und lokalen Machthabern wurden die Chinesen zu einer schweren finanziellen Belastung der Kriegsmaschinerie und schwächten Tokyo, während die Gegenangriffe der Alliierten sich ständig verstärkten.

Japanische Gesellschaften übernahmen chinesische, holländische, englische und amerikanische Firmen, versuchten, strategisch wichtige Bodenschätze auszubeuten, und errichteten Warenmonopole. Das Monopol von Mitsui auf Zucker und Salz und das von Mitsubishi auf Reis vertrieben die chinesischen Händler vom Markt. Die malayische Zinnförderung und der indonesische Teeanbau brachen zusammen. Lokale Schieber, meist Auslandschinesen, etablierten einen blühenden Schwarzmarkt. Das Ergebnis waren Arbeitslosigkeit, Inflation, Hunger und das Horten von Lebensmitteln. Die Preise schossen in die Höhe. In ganz Südostasien breitete sich eine Hungersnot aus, und Reis wurde so kostbar wie Gold. Den Eroberern blieb nichts anderes übrig, als mit den Syndikaten chinesischer Reisschmuggler zusammenzuarbeiten.[69] Japanische Banken traten auf den Plan, um die Situation zu retten – oder auszunutzen. Lotterien, Bordelle und Spielcasinos wurden eröffnet, um Schwarzgeld zu kassieren. Japanische Offiziere ließen sich persönlich mit lokalen Gangstern, Geschäftemachern und Drogenschmugglern ein.

Aufgrund der wirtschaftlichen Fehlplanung Japans wurde der Raubzug in Asien für Japan wichtiger als die militärischen Eroberungen.[70] Plünderung wurde zur entscheidenden Möglichkeit für Japan, sich über Wasser zu halten und den Krieg auch weiterhin zu finanzieren. Von China und weiter durch Südostasien bis zum Malaiischen Archipel wurden Banken geplündert, deren Direktoren und Buchhalter gezwungen, die Konten ihrer Kunden offenzulegen, vermögende Chinesen verhaftet und erpreßt, Produktionsanlagen demontiert, Kirchen, Moscheen, Tempel und Pagoden ihrer unschätzbaren Reliquien beraubt, die Goldbeschichtung auf Stupas entfernt und Kunstgegenstände aus Museen und Privathäusern geraubt. Das meiste davon wurde innerhalb der Operation »Goldene Lilie« mit Beschlag belegt, alle Gegenstände aus Edelmetall zu Barren umgeschmolzen, ausgenommen einige äußerst wertvolle Kunstgegenstände und massivgoldene Buddhastatuen, die zwischen einer und sechs Tonnen wogen und einen in tausend Jahren angesammelten Reichtum der führenden Gruppierungen in Vietnam, Laos, Kambodscha, Siam (Thailand) und Birma darstellten. Unmengen Schmuck wurden konfisziert, die Steine aus ihren Fassungen gebrochen und diese eingeschmolzen.[71]

Das in Burma, Kambodscha und Sumatra erbeutete Gold wurde in Ipoh auf der Malaiischen Halbinsel gesammelt, einem bedeutenden Zentrum des Zinnerzbergbaus, wo es in einer Anlage umgeschmolzen wurde. Diese wurde normalerweise von Auslandschinesen betrieben, denen sie auch gehörte. Ein Schieber aus Hokkien namens Wu Chye-sin betrieb die Anlage für die Japaner gegen einen bestimmten Prozentanteil an der Beute.[72] Ähnliche Zentren gab es in Kuala Lumpur und Singapur. Nachdem das Gold in genormte Barren umgeschmolzen war, wurden diese mit dem chinesischen Schriftzeichen für Gold, dem englischen Namen des Ursprungslandes sowie einer Zahl aus fünfzackigen Sternen gekennzeichnet, aus der ihr Feingehalt hervorging.

Bis Ende 1942 wurden diese Schätze in Rangun, Penang, Singapur und Djakarta gesammelt. Danach verschifften die Japaner sie nach Manila für den Weitertransport nach Japan. Der Landweg wurde bis zu dem nur kurzlebigen Erfolg von Operation »Ichigô« im Spätherbst 1944 nicht benutzt. Die Schiffe erhielten einen Tarnanstrich, so daß sie wie Lazarettschiffe aussahen; trotzdem wurde eines von ihnen die »Awa Maru«, in seichten Gewässern unmittelbar vor der chinesischen Küste von einem amerikanischen U-Boot versenkt. (Nach internationalem Abkommen dürfen Lazarettschiffe nicht angegriffen werden.)

Lagerhäuser entlang der Front an der Manilabucht waren vollgestopft mit Edelmetallbarren, Ölfässern mit Edelsteinen und Münzen. Ein fünfzig Kilometer langer Tunnel, anderthalbmal so breit wie ein Lastwagen, wurde von Kriegsgefangenen gegraben, so daß die Beute mit Lastwagen von der Front unter Manila durch zu den alten spanischen Forts am östlichen Stadtrand gebracht werden konnte, wo sich Katakomben befanden, in denen sie versteckt wurde.[73]

Nach Angaben zahlreicher japanischer Gewährsleute war der Rückzug Prinz Chichibus aus dem aktiven Militärdienst eine Tarnung. Ihnen zufolge hatte Hirohito seinen Bruder 1940 zum Chef der Operation »Goldene Lilie« ernannt, mit Prinz Takeda als Stellvertreter. Von 1941 bis 1945 reiste er durch sämtliche besetzten Gebiete, nach China, Hongkong, Vietnam, Laos, Kambodscha, Burma, Malaya, Singapur, Sumatra, Java, Borneo und zu den Philippinen.[74] Dort soll Prinz Mikasa seinen Bruder mehrmals besucht haben, so daß er zumindest vom Zweck der Operation »Goldene Lilie« wußte, wenn er nicht sogar selbst daran beteiligt war.[75] Prinz Takamatsu war nach diesen Gewährsleuten nicht an der Operation beteiligt.

Als die Seeblockade durch die USA im Frühjahr 1943 ihre Wirkung tat und die Japaner zunehmend in die Defensive gerieten, befand sich eine riesige Menge der geplünderten Schätze noch auf den Philippinen und konnte nicht mehr nach Japan geschafft werden. Nach japanischen Quellen verlegte Prinz Chichibu das Hauptquartier der Operation »Goldene Lilie« von Singapur nach Manila, wo er die nächsten zweieinhalb Jahre damit verbrachte, die Beute registrieren und in sorgfältig angelegten Gewölben, Tunnels, Bunkern und Höhlen in 175 »kaiserlichen« Depots verstecken zu lassen.[76] (Es gab noch viele weitere Depots, für die die Armee verantwortlich war.) Nach Aussagen von Japanern, die an dem Unternehmen beteiligt waren, gab es eine zweite Gruppe zur Erfassung der Beute auf Luzon unter der Leitung von Prinz Asaka Takahiko. Zu diesem Zeitpunkt vertrauten die Japaner noch darauf, einen Friedensvertrag aushandeln zu können, der es ihnen ermöglichen würde, die Philippinen zu behalten und praktisch zu annektieren, so daß sie die dort versteckte Beute in aller

Ruhe bergen könnten. Sollte es ihnen nicht möglich sein, die Philippinen zu annektieren, wollten sie in den kommenden Jahren unter den verschiedensten Tarnungen nach und nach die Schätze bergen und zurückholen – so wie es tatsächlich auch geschah. Nachdem Japan mit seinen militärischen Aktionen scheiterte, kam alles darauf an, wenigstens die Kriegsbeute zu retten.

In den letzten Kriegsmonaten versenkte Japan auch eigene Schiffe mit großen Mengen Edelmetall an Bord, so zum Beispiel den Kreuzer »Nachii« in der Manilabucht mit Torpedos von einem U-Boot aus.[77] Dessen Besatzung erschoß anschließend alle Überlebenden mit Maschinengewehren. Das Gold, das im Rumpf der »Nachii« gelagert war, wurde in den siebziger Jahren auf Anweisung von Präsident Marcos geborgen.

Das japanische U-Boot I-52, ein Transportschiff von der Länge eines Fußballplatzes, das zwei Tonnen Gold im Wert von fünfundzwanzig Millionen Dollar zum U-Boot-Stützpunkt der Deutschen in Lorient in der Bretagne bringen sollte, wurde im Atlantik von einem Flugzeug der US-Marine versenkt.[78] Inzwischen hat man das Wrack geortet und ein Unternehmen mit der Bergung der Ladung beauftragt. Damals gab es noch weitere solche U-Boot-Transporte nach Europa und Südamerika; das Edelmetall wurde in den Tresoren von Filialen Schweizer Banken deponiert.

Jahrzehntelang nach dem Krieg wurde die Rede von diesen Schatzdepots von vielen als Hirngespinste abgetan. Für Japan war das während der heimlichen Bergungsarbeiten günstig. Aber in den neunziger Jahren gelangten Gerichte in den Vereinigten Staaten und der Schweiz zu dem Ergebnis, daß Milliarden Dollar in Gold tatsächlich von Japan geraubt und auf den Philippinen versteckt worden waren.[79] Im Jahr 1997 konnte ein Team von Reportern der japanischen Fernsehgesellschaft Asahi in einer Höhle auf den Philippinen tausendachthundert Edelmetallbarren im Wert von hundertfünfzig Millionen Dollar in Hinblick auf ihre Herkunft untersuchen.[80] Es waren Barren aus Ipoh. Das während des Krieges von den Japanern versteckte Gold war von Angehörigen des Bergstammes der Igorot entdeckt worden, die es nicht sofort verkaufen wollten, weil sie befürchteten, betrogen zu werden. Über einen Mittelsmann hatten sie Kontakt zu Asahi aufgenommen, um auf diese Weise die betrügerischen Goldhändler in Manila zu umgehen.

In den fünfziger Jahren, nach Chichibus frühem Tod, vertraute Prinz Mikasa einem ausländischen Besucher an, daß die Armee während des Krieges Schätze im Wert von über hundert Milliarden Dollar angehäuft habe, von denen ein großer Teil auf den Philippinen versteckt sei und deren Bergung ein Jahrhundert in Anspruch nehmen werde.[81] Chichibu habe sich zweieinhalb Jahre auf Luzon aufgehalten und sei im Frühjahr 1945 in einem U-Boot nach Japan entkommen.[82] Die Verstrickung der kaiserlichen Familie in diese Aktivitäten wurde von Japan nie offiziell zugegeben.

Das von den Deutschen im Zweiten Weltkrieg geraubte Gut fand nach dem Krieg eine stärkere Beachtung in der Öffentlichkeit. Das Ausmaß der japanischen Plünderungen läßt den Raub der Deutschen klein erschienen, um so mehr, als Japan seinen Diebstahl bis heute nicht zugegeben hat.

Statt dessen hat sich das Interesse des Westens bis heute erstaunlicherweise auf den Anteil Hirohitos am Ausbruch und der Dauer des Krieges konzentriert, als wäre das von entscheidender Bedeutung. Viele Wissenschaftler behaupten, der Kaiser habe einen frühen Frieden gewollt und diesen Wunsch im Februar 1942 gegenüber Tôjô geäußert: »Ich nehme an, Sie haben in Ihre Überlegungen den Grundsatz einbezogen, keine Gelegenheit zur Beendigung des Konflikts ungenutzt zu lassen. Es ist nicht wünschenswert, daß er nutzlos in die Länge gezogen wird. [...] Ich befürchte [außerdem], daß die Kampfkraft unserer Truppen abnehmen wird, wenn der Krieg zu lange dauert.«[83] Doch was immer geschah, Hirohito setzte sich nicht für einen baldigen Frieden ein. Siege weckten den Wunsch nach weiteren Siegen, Rückschläge schienen es erforderlich zu machen, ehemalige Positionen der Stärke zurückzuerobern, bevor man sich an den Verhandlungstisch begab. Es gab offenbar immer gute Gründe, den Krieg fortzusetzen.

Der erste große Rückschlag für die Japaner war die Schlacht bei den Midway-Inseln im Juni 1942. Danach gelangte Prinz Takamatsu zu der Einsicht, daß der Krieg so schnell wie möglich beendet werden müsse. Hirohito war anderer Meinung und sagte ihm das auch. Doch als die Situation sich zuspitzte, bemühte sich Hirohito verzweifelt um eine Verbesserung der japanischen Situation – durch den Einsatz weiterer Flugzeuge auf Guadalcanal oder eine neue Offensive in Neuguinea. Je schlimmer die Dinge sich entwickelten, desto entschlossener wurde er. In einem geheimen Memorandum nach dem Krieg schrieb er: »Ich wollte den Feind nur ein einziges Mal schlagen, irgendwo, und schnell die Chance für Frieden erhalten.«[84] Dazu kam es nicht.

Es gab eine geheime »Friedensfraktion« aus ehemaligen Ministerpräsidenten, Diplomaten, Hofbeamten und Mitgliedern der kaiserlichen Familie, die zum Kreis von Kaiserinwitwe Sadako gehörten. Einer ihrer Pläne bestand darin, daß Prinz Konoe in Begleitung von unter anderem Terasaki Tarô in die Schweiz reisen sollte, um dort geheime Verhandlungen mit den Alliierten aufzunehmen.[85] Fürst Konoe war zwar bestürzt über den Vorschlag, wollte es jedoch auf einen Versuch ankommen lassen. Darauf legte Yoshida den Plan Großsiegelbewahrer Kido vor, doch dessen Reaktion war zögerlich, und die Sache verlief im Sande.

Die Mitglieder der Friedensfraktion gehörten Familien von altem Geld an, die ihre Felle davonschwimmen sahen.[86] Ein baldiger Frieden war notwendig, um wenigstens das zu bewahren, was vom traditionellen Japan und ihrem Platz darin noch übriggeblieben war. Eine Ermordung General Tôjôs und anderer Falken kam für sie nicht in Betracht. Außer dem Versuch, über Schweizer Bankiers Friedensfühler auszustrecken, konzentrierten sie sich darauf, Hirohito dazu zu bewegen, General Tôjô zu ersetzen. Sein Nachfolger sollte die Armeespitze von der Kontrollfraktion säubern, und dann wäre Japan bereit gewesen, um Frieden zu bitten. Doch niemand konnte Hirohito von seiner Überzeugung abbringen, daß die Streitkräfte noch immer in der Lage seien, den für Verhandlungen nötigen Vorteil zu erkämpfen, und dazu schien ihm Tôjô unentbehrlich.[87] Im November 1943 sagte Hirohito zu Prinz Takamatsu: »Man sagt, daß Tôjô nicht gut sei, aber wer wäre besser? Wenn es keinen Besseren gibt, welche Alternative außer der Zusammenarbeit mit dem Kabinett Tôjô gibt es dann?«[88]

Im April 1944, als die Japaner immer neue Niederlagen hinnehmen mußten, änderte Fürst Konoe seine Meinung und äußerte gegenüber Prinz Higashikuni, Tôjô solle als Ministerpräsident im Amt bleiben, bis der Krieg verloren sei, dann könne man ihm die ganze Schuld in die Schuhe schieben. Konoe hatte von geheimen Gesprächen zwischen Joseph Grew und Japans Botschafter in der Schweiz, Kase Shunichi, erfahren. Grew versicherte Kase, die USA seien überzeugt, daß die Aufrechterhaltung des Kaisersystems die einzige Sicherung Japans gegen einen kommunistischen Putsch nach dem Kriege sei. Um die kaiserliche Familie zu retten, würden sie Tôjô als Sündenbock für den Krieg brauchen. Konoe sagte zu Higashikuni, »die Amerikaner [wüßten] kaum etwas über die kaiserliche Familie oder über die Wirkungsweise der Institution des Kaisertums in Japan«.[89] Tragischerweise verlängerte sich der Krieg um mindestens ein Jahr wegen dieser beiden fixen Ideen: Vor einer Verhandlung müsse erst ein militärischer Vorteil errungen werden, und Tôjô müsse im Amt bleiben, weil man ihn als Sündenbock benötige, um den Kaiser zu retten.

Nachdem die Japaner im Juni 1944 Saipan verloren hatten, verfügten die Amerikaner über einen Luftwaffenstützpunkt, von dem aus japanische Städte für Kampfbomber mühelos erreichbar waren. Die Lage spitzte sich zu. General Honjô, der Adjutant des Kaisers, hatte in sein Tagebuch geschrieben: »Prinz Takamatsu wurde in [den] Plan eingeweiht, Tôjô aus dem Amt zu entfernen und den Krieg zu beenden. Der Prinz begann, ›störende Töne‹ in den kaiserlichen Hof gegen die Wünsche von Großsiegelbewahrer Kido und den Kaiser hineinzubringen. Takamatsu und Hirohito gerieten häufig aneinander. Bei einer besonders erbitterten Auseinandersetzung, wiederum wegen Tôjô, sagte Takamatsu Seiner Majestät, ihn erreichten nur solche Informationen von außerhalb, die ihm von der Regierung gegeben würden. Der Kaiser bestritt das. Offenbar ist er nicht damit einverstanden, daß Angehörige der Kaiserfamilie politische Fragen mit ihm erörtern.«[90] Auch Kaiserinwitwe Sadako wurde gebeten, ihren Einfluß auf Hirohito geltend zu machen.[91] Prinz Higashikuni spielte sogar mit dem Gedanken, Kaiserin Nagako anzusprechen, doch das stieß auf die Einwände Prinz Takamatsus, denn es könnte gravierende familiäre Probleme geben.[92]

Hirohitos fortgesetzte Weigerung, um Frieden zu bitten, rechtfertigte radikalere Schritte innerhalb der kaiserlichen Familie. Die Prinzen Takamatsu, Higashikuni, Mikasa und Fürst Konoe waren die Haupttriebkräfte. Prinz Chichibu, der sich noch auf den Philippinen befand, war möglicherweise ebenfalls beteiligt, da er während dieser Zeit anscheinend mehrere kurze Reisen im Flugzeug nach Japan unternahm. Am 8. Juli 1944 wurde von Mitgliedern der Familie heimlich vereinbart, daß Hirohito gezwungen werden sollte, zugunsten seines Sohnes, des zehnjährigen Kronprinzen Akihito, mit Prinz Takamatsu als Regent abzudanken. Prinz Higashikuni würde das Amt Tôjôs als Ministerpräsident übernehmen. Und als erstes sollten Schritte zu einem Frieden unternommen werden. Als Hirohito von Großsiegelbewahrer Kido davon erfuhr, ließ er Tôjô fallen, der am 14. Juli seinen Rücktritt einreichte. Daraus läßt sich schließen: Für Hirohito war der Krieg weniger wichtig als die Bewahrung seiner Stellung.

Aufgrund der zahlreichen Verfahrensprobleme, die sich aus dem Prinzip einvernehmlicher Entscheidungen ergaben, war die Entfernung Tôjôs aus dem Amt nur ein erster vorsichtiger Schritt. Der Krieg dauerte noch weitere dreizehn Monate. Als General Koiso Kuniaki das Amt des Ministerpräsidenten übernahm, erhielt er weder von Hirohito noch von Großsiegelbewahrer Kido ausführliche schriftliche Anweisungen, einen entschlossenen Friedenskurs zu steuern. Also unternahm er auch nichts in dieser Richtung. Hirohito hatte die unmittelbare Bedrohung seiner Herrschaft abgewendet, aber er wartete noch immer auf seinen großen Sieg, seinen *tennôzan*, die heldenhafte Schlacht, die das Kriegsglück für Japan wenden würde.[93] In der Hoffnung auf einen solchen Sieg sprach er sich für die Schlacht von Leyte im Oktober 1944, eine der größten Seeschlachten der Geschichte aus. Nach dem Krieg legte er im Rückblick seine Gründe dar: »Wenn wir als erste vor Leyte angriffen und Amerika zum Rückzug gezwungen wäre, hätten wir wahrscheinlich Spielraum für einen Kompromiß.«[94] In die gleiche Kerbe hieb Ministerpräsident Koiso in einer Rundfunkansprache: »Wenn Japan seine Herrschaft über Leyte behauptet, gewinnen wir den Krieg.«[95] Japan verlor. Der Admiral, der die Flotte kommandierte, saß während der Schlacht in Tokyo in einem Kellergeschoß und übermittelte seine Befehle per Funk.[96]

Im Februar 1945 ging man in Tokyo davon aus, daß die Alliierten die südliche Insel Kyûshû im Juni und die Hauptinsel Honshû im September besetzen würden. Prinz Takamatsu, der realistischste der vier Prinzen, rechnete sogar mit einem früheren Datum.[97]

Die Friedensgruppe um Yoshida drängte Fürst Konoe schon einige Zeit, einen direkten Vorstoß bei Hirohito zu unternehmen. Sie setzten für ihn eine Denkschrift auf. Die jüngsten japanischen Rückschläge in Neuguinea boten ihnen einen Anlaß, so daß für den 14. Februar 1945 ein Treffen angesetzt wurde. Inzwischen hatte die Furcht vor einer kommunistischen Revolution in Japan von Konoe Besitz ergriffen.[98] Bei dieser privaten Unterredung mit Hirohito verlas Konoe die Denkschrift. Er warnte den Kaiser, wenn Japan den Krieg nicht bald beende, werde eine kommunistische Revolution die kaiserliche Familie hinwegfegen. Das kapitalistische System, die Klassenstruktur und das Kaiserhaus seien allesamt in Gefahr. Konoe erläuterte: »Die Mehrheit unserer Berufssoldaten stammt aus Familien der unteren Mittelschicht, und ihre Lebensumstände machen sie empfänglich für die kommunistische Lehre. Kommunistische Elemente versuchen, die Soldaten mit der Behauptung auf ihre Seite zu ziehen, [die kaiserliche Familie] und Kommunismus könnten nebeneinander bestehen. Inzwischen dürfte außer Frage stehen, daß der mandschurische Zwischenfall und der Krieg gegen China und seine Erweiterung zum Großen Ostasienkrieg gezielt von dieser [kommunistischen] Gruppe innerhalb des Militärs geplant wurde.«[99] Fünfzig Jahre zuvor hatte General Yamagata die »Demokratie« in ähnlichen Kategorien beurteilt: Alles, was nicht auf der äußersten Rechten stehe, sei linksextrem. Demokratie und Kommunismus seien die beiden Köpfe derselben Schlange; ließ man die eine gewähren, hatte man auch die andere am Hals.

Der Krieg setzte tatsächlich überall in Asien aufgestaute revolutionäre Tendenzen frei. Kommunisten und andere Radikale faßten in Korea, China, Indochina, Burma, Malaya und Indonesien Fuß. Fürst Konoe behauptete, wenn man die Kontrollfraktion nicht baldmöglichst ausschalte, werde auf die unvermeidliche Niederlage Japans eine soziale Revolution, der Sturz der Kaiserdynastie und ein Ende all dessen folgen, was ihnen heilig sei. Als einziger Ausweg bleibe, als Ministerpräsidenten einen der hohen Generäle, die mit der »Fraktion kaiserlicher Weg« aus der Zeit vor dem Krieg identifiziert würden, einzusetzen, der die Bewunderung des gesamten Militärs genieße. (Ironischerweise wäre damit genau jener Plan verwirklicht worden, den die Jungoffiziere bei ihrem Aufstand 1936 ins Auge gefaßt hatten und der von Hirohito vereitelt worden war.) Nur dann werde es möglich sein, die gesamte Kontrollfraktion zu entmachten.[100] General Ugaki stand auf ihrer Kandidatenliste an erster Stelle, doch er lehnte ab, sich reaktivieren zu lassen, also einigten sie sich auf General Mazaki, einen der Führer der Jungoffiziere von 1936.

Hirohito war entsetzt. Er hatte Mazaki 1936 verachtet, verachtete ihn noch immer, und keine Macht der Welt konnte ihn dazu bringen zuzulassen, daß die Reformer des »kaiserlichen Weges« die Führung übernahmen. Es bleibt eines der großen Rätsel Hirohitos, daß er den naiven, fehlgeleiteten Idealismus der Reformer mehr fürchtete als die Katastrophen, die durch die Kontrollfraktion auf Japan herabbeschworen wurden.[101] Seit der Meiji-Restauration beruhte die Position des Kaisers weitgehend auf einem konstruierten Mythos und Mystifikation, und die schwärmerische Verehrung des Kaisers durch die Gruppe des »kaiserlichen Wegs« hatte zweifellos damit zu tun. Es mag sein, daß Hirohito durch die ihm entgegengebrachte extreme Hingabe erschreckt und abgestoßen war. Wahre Gläubige in den Palast einzulassen, konnte unabsehbare Folgen haben.

Fürst Konoe war zuversichtlich, daß die Vereinigten Staaten das kaiserliche Haus nicht vernichten, sondern erhalten würden, wenn es jetzt zu Friedensverhandlungen kam. Seiner Überzeugung nach war dies durch den Einfluß Joseph Grews und anderer antikommunistischer Amerikaner gewährleistet.[102]

Konoe hätte dem Kaiser Zeit lassen sollen, sich mit einer derart tiefgreifenden Änderung der Verhältnisse anzufreunden. Statt dessen äußerte er, Hirohito werde zugunsten seines Sohnes abdanken und sich in einen buddhistischen Tempel in Kyoto zurückziehen müssen, wie es viele Kaiser vor ihm getan hätten.[103] Es ist erstaunlich, daß Prinz Konoe, einer der intelligentesten Prinzen, Hirohito so schlecht einschätzen konnte. Der Kaiser schwieg und grübelte über diese Mutmaßung nach.[104] Er wollte jetzt noch keine Entscheidung treffen. Die Audienz war beendet.

Nach diesem ergebnislosen Gespräch wurde Prinz Takamatsu wütend auf Konoe, Yoshida und die Friedensgruppe, weil sie bei Hirohito alles verdorben hätten. Er warf ihnen vor, ohne konkrete Strategie vorzugehen.[105]

Elf Tage später, während Hirohito sich noch immer nicht festlegen wollte, begann die US-Luftwaffe auf die Städte Japans, die zu einem Großteil aus Holzhäusern bestanden, Brandbomben abzuwerfen. Allein in Tokyo kamen zweihunderttausend Menschen in den Flammen um.[106] Bis zum 10. März waren in der japanischen Hauptstadt knapp zwei Millionen Menschen obdachlos. Die Luftangriffe wurden verstärkt, und Ôsaka, Nagoya, Kôriyama, Shizuoka und Koizumi wurden vernichtet. Hirohito schwieg weiter.

Ende März traf er eine Entscheidung: »Da die Armee und die Marine bereit sind, die Entscheidungsschlacht von Okinawa zu schlagen, ist jetzt nicht der Zeitpunkt, den Krieg zu beenden.«[107] Während der fast drei Monate dauernden Kämpfe auf Okinawa kamen hundertzehntausend japanische Soldaten und hundertfünfzigtausend Zivilisten um. Die Amerikaner hatten zwölftausend Gefallene und sechsunddreißigtausend Verwundete zu beklagen. In dieser Zeit starb Roosevelt; Truman wurde sein Nachfolger. Am 8. Mai 1945 erfolgte die bedingungslose Kapitulation Deutschlands – eine weitere Gelegenheit, den Krieg zu beenden. Hirohito hatte behauptet, er könne seine Verbündeten nicht im Stich lassen. »Nachdem ich gegenüber Deutschland die feste Zusage gemacht habe, nicht einseitig Frieden zu schließen, wollte ich aus Gründen des internationalen Vertrauens keine Friedensverhandlungen aufnehmen, bevor Deutschland es nicht ebenfalls tat. Deshalb [wollte] ich, daß Deutschland möglichst schnell besiegt würde.«[108] Doch nach der bedingungslosen Kapitulation Deutschlands schob Hirohito seine Entscheidung noch drei Monate hinaus.

Kurz nach Kriegsende in Europa, während eines weiteren Brandbombenangriffs auf Tokyo, fing die kaiserliche Palastanlage Feuer. Etwa zwei Dutzend der Gebäude wurden zerstört, darunter der Hauptpalast und die Paläste der Kaiserinwitwe Sadako und des Kronprinzen Akihito. Kaiserin Nagako bekam einen hysterischen Anfall, obwohl sie und ihr Mann sicher in einem Bunker unter der kaiserlichen Bibliothek saßen. Hirohito soll darüber erleichtert gewesen sein, daß nun alle sehen konnten, wie er die Not seines Volkes teilte.[109] Bei diesen letzten Luftangriffen mit Brandbomben wurden eine halbe Million japanische Zivilisten getötet, dreizehn Millionen wurden obdachlos.

Am 26. Juli gaben die Alliierten die Potsdamer Erklärung ab, in der sie die bedingungslose Kapitulation Japans forderten. In Washington, wo Grew mittlerweile Staatssekretär im Außenministerium war, drängte dieser das Weiße Haus, den Japanern gegenüber klar zu definieren, was mit »bedingungsloser Kapitulation« gemeint sei: »Das größte Hindernis für eine bedingungslose Kapitulation [...] ist ihre Überzeugung, daß dies die Vernichtung oder die dauerhafte Beseitigung des Kaisers und der Institution des Thrones sei.«[110] Grew beabsichtigte, die japanische Elite zu beruhigen, deren privilegierte Stellung von der Fortsetzung der Dynastie mit dem Kaiser an der Spitze abhing.[111]

Nach langem Hin und Her enthielt das Ultimatum der Alliierten die folgende Garantie: »Die Besatzungsstreitkräfte der Alliierten werden aus Japan abgezogen, sobald die Ziele [der Alliierten] erreicht wurden und in Übereinstimmung mit dem frei zum Ausdruck gebrachten Willen des japanischen Volkes eine friedlich gesonnene und verantwortliche Regierung gebildet worden ist.«[112] Es gab keine explizite Garantie, Hirohito als Kaiser oder gar die Dynastie zu erhalten. Statt also auf die Potsdamer Erklärung zu antworten, blieb Hirohitos Kronrat stumm. Das brachte die Alliierten zu der Überzeugung, daß sie schließlich zu einer Invasion der japanischen Mutterinseln gezwungen sein würden.

Am 6. August warfen die Amerikaner die erste Atombombe auf Hiroshima und töteten hundertvierzigtausend japanische Zivilisten. Noch immer blieb Hirohitos Rat in der Versenkung. Drei Tage später fiel die zweite Atombombe auf Nagasaki und tötete achtzigtausend Menschen. Am Tag zuvor hatte die Sowjetunion Japan den Krieg erklärt. Es bestand ein Geheimabkommen zwischen Stalin und den übrigen Alliierten, daß die Sowjetunion drei Monate nach der Kapitulation Deutschlands in den Krieg gegen Japan eintreten würde. Ohne Kenntnis dieses Abkommens hatte die Friedensgruppe in Tokyo verzweifelte Schritte unternommen, Moskau als Vermittler für den Frieden zu gewinnen. Stalin, der darauf hoffte, Japans nördliche Inseln als Prämie für die Beteiligung am Krieg gegen Japan zu erhalten, blockierte die Initiative. Präsident Truman, General Marshall und General MacArthur rechneten nicht damit, daß der Abwurf der Atombomben den Krieg gegen Japan beenden würde. Alle Politiker wünschten eine Beteiligung der Sowjetunion an der Invasion der japanischen Mutterinseln. Sie wollten nicht, daß allein die Amerikaner die zu erwartenden schweren Verluste trugen. Japan hatte Angst vor Rußland, und es bestand kein Zweifel, daß unter den sowjetischen Angreifern auch mongolische Einheiten wie in Nomonham sein würden, wahrscheinlich wieder unter dem Befehl General Shukows. Die Aussicht auf sowjetische Truppen, die in Japan eine kommunistische Revolution schürten, jagte der Elite in Tokyo einen großen Schrekken ein.

Am 10. August setzte Tokyo Washington davon in Kenntnis, daß es die Potsdamer Erklärung unter der Voraussetzung akzeptiere, »daß die Deklaration keine Forderungen enthält, die die Prärogativen Seiner Majestät als souveräner Herrscher berühren«.[113] Präsident Truman und der neue Außenminister James Byrnes waren dagegen, in dieser Hinsicht eine eindeutige öffentliche Verpflichtung einzugehen, da Meinungsumfragen ergeben hatten, daß siebzig Prozent der amerikanischen Bevölkerung für eine Hinrichtung Hirohitos oder zumindest eine lebenslange Haftstrafe wegen seiner Rolle im Krieg waren. Eine geschickt formulierte Antwort von Byrnes dem Ultimatum der Alliierten entsprechend konnte die Japaner indirekt beruhigen. Die Institution des Kaisertums könne bestehenbleiben, wenn das japanische Volk dies wünsche. Diese Antwort wurde über Schweizer Kanäle im Namen der USA, Englands, Chinas und der Sowjetunion an Japan übermittelt.

Kurz darauf fielen über Japan Bomben ganz anderer Art. US-Flugzeuge warfen Zehntausende von Flugblättern ab, auf denen die Annahme der Potsdamer Erklärung durch die japanische Regierung und die klärende Notiz von Byrnes abgedruckt waren. Großsiegelbewahrer Kido bekam eines der Flugblätter in die Hand und war völlig konsterniert.[114] Jetzt war die Katze aus dem Sack. In der Befürchtung, diese »Indiskretion« könnte einen Militärputsch auslösen, begab er sich eilends zu Hirohito, und am Morgen des 14. August wurde eine Sitzung des Thronrats einberufen, auf der Hirohito erklärte: »Nach reiflicher Erwägung der Verhältnisse innerhalb und außerhalb des Landes bin ich zu dem Schluß gelangt, daß eine Fortsetzung des Krieges nur die Vernichtung der Nation und eine Fortdauer des Blutvergießens und der Greuel auf der Welt bedeuten kann. [...] Ich habe die Auseinandersetzung über die kürzlich von den Alliierten erteilte Antwort angehört; ich bin der Meinung, daß sie im allgemeinen unsere Voraussetzung bestätigt hat. [...] Es ist daher mein Wunsch, daß wir das Untragbare ertragen und die alliierte Antwort annehmen.«[115] Später an diesem Tag ließ er eine Begründung seiner Entscheidung auf Schallplatte aufnehmen. Am Abend versuchten einige Offiziere und Mitglieder der kaiserlichen Garde, die Platte an sich zu bringen, bevor sie im Radio gesendet werden konnte, was ihnen jedoch nicht gelang.

Am nächsten Morgen wurde die Ansprache Hirohitos gesendet. Es war die erste Rede an sein Volk, seine Stimme klang hoch und schrill. Er wählte nicht das gewöhnliche Japanisch, sondern die Hofsprache, die nur von wenigen Japanern verstanden wird. Das war eine unnötige Demonstration dessen, daß er noch immer »über den Wolken« war. Die Worte »Niederlage« und »Kapitulation« kamen in der Rede nicht vor. »An unsere guten und treuen Untertanen: Nach tiefer Überlegung über den allgemeinen Lauf der Welt und über die gegenwärtige Lage unseres Reiches haben wir heute beschlossen, die gegenwärtige Lage durch eine außergewöhnliche Maßnahme zu beenden [...] Trotz all unserer Anstrengungen [...] hat sich der Krieg nicht zum Vorteil Japans entwickelt [...] Unsere ganze Anstrengung muß dem Aufbau der Zukunft gewidmet sein. Größe des Geistes und entschlossene Arbeit werden den Ruhm unseres Kaiserreiches bewahren und uns den Pfad des Fortschritts beschreiten lassen.«[116]

Bald darauf hielt Ministerpräsident Suzuki, der einige Monate zuvor seinen Amtseid geleistet hatte, eine eigene Radioansprache. Nachdem er dem Kaiser dafür gedankt hatte, daß dieser, »die heilige Entscheidung [getroffen hatte], den Krieg zu beenden, um das Volk zu retten«, erklärte Suzuki: »Die Nation entschuldigt sich aufrichtig bei Seiner Majestät für die Art und Weise, wie der Krieg beendet wurde.«[117] Prinz Higashikuni brachte dieselbe Gesinnung zum Ausdruck, als er öffentlich nationale Reue forderte: »Es war Seine Majestät persönlich, die in Verehrung gegenüber den Geistern der kaiserlichen Ahnen beschloß, Millionen seiner Untertanen vor Not und Entbehrungen zu bewahren und den Weg für eine Zeit großen Friedens zu bahnen [...] Nie zuvor waren wir so tief bewegt wie durch diesen Akt grenzenloser Güte. Mit Tränen überwältigender Dankbarkeit können wir nur unsere bescheidenen Entschuldigungen dafür anbieten, daß wir Seiner Majestät soviel Sorgen bereitet haben.«[118]

9
Die Reinwaschung

Zwei Tage nach der Kapitulation Japans erfüllte sich für Hirohitos Onkel Prinz Higashikuni ein Lebenswunsch: Er wurde Ministerpräsident. Seit den zwanziger Jahren war er auf dieses Amt erpicht, doch stets hatten die Staatsräte im Palast ihre Hand dazwischen, weil ihnen sein Opportunismus nicht geheuer war. Hirohito war wiederum der Meinung gewesen, es sei für einen Prinzen nicht gut, während eines Krieges Ministerpräsident zu sein, weil es der Dynastie angelastet werden könne, wenn die Nation verliere. Nun, da der Frieden gekommen war, hegte der Thron den Wunsch, sein Ansehen nach Kräften zu erhöhen. Man glaubte, Soldaten und Zivilisten würden bereitwilliger mitarbeiten, wenn an der Spitze der Regierung ein Prinz stand, was bedeutete, daß alle seine Anweisungen den kaiserlichen Segen hatten. Prinz Asaka, der Schlächter von Nanking, wurde nach China geschickt, um sicherzustellen, daß die Offiziere im Feld den kaiserlichen Befehl zur Niederlegung der Waffen befolgten. Prinz Takeda reiste mit demselben Auftrag in die Mandschurei. Außerdem sollte sichergestellt sein, daß dort und in Korea alle Schätze gesammelt und schnell nach Japan eingeschifft wurden.

Überall in Japan entwickelte sich in den Amtsstuben der Regierung und des Militärs ein emsiges Treiben. Tonnenweise wurden brisante Dokumente verbrannt. Kisten mit Waffen und Munition wurden an Stellen vergraben, wo sie bei Bedarf leicht wieder hervorgeholt werden konnten. Soldaten legten ihre Uniformen ab und zogen bäuerliche Kleidung an. Das alles zeugte von einer bestimmten Geisteshaltung: Japan hatte keinen Krieg verloren, sondern befand sich lediglich auf einem taktischen Rückzug, um eines Tages den Kampf wiederaufzunehmen. Viele Japaner bestehen bis heute darauf, daß sie den Krieg nicht verloren haben. Militaristen und ihre Finanziers gingen einfach tief in Deckung. Die Alliierten hatten in der Potsdamer Erklärung unmißverständlich ihre Absicht ausgesprochen, japanische

Kriegsverbrecher vor Gericht zu stellen. In Deutschland wurden Akten konfisziert und als Beweismittel benutzt, doch in Japan hatten sich die Beweismittel scheinbar in Luft aufgelöst. Während in Deutschland zahlreiche führende Nazis verurteilt wurden, gab es in Japan lediglich eine Handvoll Generäle und Admiräle, die den Kopf hinhielten, um die übrigen zu retten.[1]

Milliarden Dollar an Juwelen, Gold und anderen Edelmetallen wurden in Schiffen vor der Küste versenkt oder in Luftschutzkellern gebunkert, deren Eingänge zugeschüttet und mit Riesenbambus bepflanzt wurden, um zufällige Entdeckungen zu verhindern. Das Lazarettschiff »Tennô Maru« (der ehemalige holländische Frachter »Opten Noort«, der in Indonesien gekapert worden war) kam am Flottenstützpunkt Yokosuka an, beladen mit Gefallenen aus den Kämpfen auf den Philippinen sowie zweitausend Tonnen Gold, die von der Operation »Goldene Lilie« an Bord gebracht worden waren. Es war eines von insgesamt sechs Handelsschiffen, die zu Lazarettschiffen umgestrichen worden waren und als Haupttransportmittel für Goldbarren dienten. Einige Tage später fuhr die »Tennô Maru« zum Flottenstützpunkt Maizuru, wo noch mehr des Guts geladen wurde. Dann wurde das Schiff bei Nacht hinaus in die Bucht geschleppt, der Kapitän und die vierundzwanzig Mann Besatzung wurden umgebracht, und das Schiff durch Öffnen der Bodenventile versenkt. 1987 wurde es in einer Geheimoperation geborgen. Nach Angaben von Beteiligten wirkten an der Bergungsaktion neben japanischen auch australische Spezialisten mit. Ein weiteres Lazarettschiff, die »Awa Maru«, die im April 1945 entlang der chinesischen Küste in Richtung japanische Heimat fuhr, hatte außer den Leichen von Familienangehörigen hochrangiger Japaner vierzig Tonnen Goldbarren, zwölf Tonnen Platin, Brillianten mit einem Gesamtgewicht von hundertfünfzigtausend Karat und große Mengen Titan und sonstige seltene Rohstoffe geladen. Sie wurde zufällig von einem amerikanischen U-Boot versenkt, dessen Kapitän aussagte, sie in dem dichten Nebel für ein Kriegsschiff gehalten zu haben. Japan protestierte vehement gegen die Versenkung, gab jedoch nie zu, daß sich an Bord geplündertes Gut befunden hatte.

In den japanischen Alpen beförderten Lastwagen geheimnisvolle

Ladungen zu alten Bergwerksschächten. Andere solche Ladungen wurden zu dem gerade erst fertiggestellten kaiserlichen Bunker in Matsuhiro bei Nagano, dem späteren Olympiadorf, hundertachtzig Kilometer nordwestlich von Tokyo transportiert. Während der letzten zehn Kriegsmonate gruben dort rund zehntausend koreanische Sklavenarbeiter einen zehn Kilometer langen Tunnelkomplex unter dem Minakami.[2] Das sollte die Zuflucht des Kaisers und das Hauptquartier der Armee sein, falls die Alliierten in Japan landeten. Der zur Verfügung stehende unterirdische Raum betrug über sechzigtausend Kubikmeter – ein schachbrettartig angelegtes Netz von Tunneln, die groß genug waren, daß sie auch von Schwerlastwagen befahren werden konnten. Es gab genügend Platz für sämtliche Regierungsbehörden und sogar für die Adelsschule. Nachdem die Alliierten nicht gelandet waren und der Krieg mit der Kapitulation Japans geendet hatte, wurden Nebentunnel als Verstecke für das im Krieg geraubte Gold genutzt, ähnlich den in den Fels gehauenen Tresorräumen von Schweizer Banken.

Nicht alle geraubten Schätze wurden unter Wasser oder unter der Erde in Sicherheit gebracht. Vier Tonnen Opium und Heroin im Wert von damals sechs Millionen Dollar wurden 1945 von Patrouillen der US-Besatzungsmacht im Dachboden eines Lagerhauses in Nagano entdeckt.[3]

Lange vor der Kapitulation Japans hatten die USA beschlossen, daß sie die einzige Besatzungsmacht dieses Landes sein wollten. Anders als in Deutschland, wo die vier alliierten Großmächte jeweils eine Besatzungszone kontrollierten und eigene Militärregierungen einsetzten, gab es in Japan nur die amerikanische Besatzungsmacht, deren Maßnahmen die bestehende Zivilregierung zu unterstützen hatte. Am Tag der japanischen Kapitulation ernannte Präsident Truman mit Einverständnis des englischen Premierministers Attlee, Stalins und Tschiang Kai-scheks General MacArthur zum Oberkommandierenden der Alliierten Mächte (Supreme Commander, Allied Powers – SCAP).[4] In den folgenden sechs Jahren entschied MacArthur als Vertreter der Alliierten praktisch alleine über das Schicksal von dreiundachtzig Millionen Japanern. Als Oberkommandierender ignorierte er die Fernostkommission aus elf Nationen, die zu einem reinen

Forum ohne Entscheidungsbefugnisse wurde. Moskau, London und Canberra protestierten vergeblich. MacArthur war in der einzigartigen Position, einem Land zu den dringend benötigten Reformen zu verhelfen, doch statt dessen lieferte er das japanische Volk denselben Männern wieder aus, von denen es in das Elend geführt worden war. Der Prozeß vollzog sich allmählich, die Richtung war jedoch von Anfang an klar. In Washington gab es zwei verschiedene Vorstellungen davon, was in Japan geschehen mußte. Die Liberalen wollten Reformen, die Konservativen dagegen wollten möglichst wenig ändern und die Regierung und das Finanzwesen unter der Regie der alten Garde fortbestehen lassen. Der persönliche Auftrag MacArthurs bestand darin, so zu tun, als führte er im Namen Washingtons liberale Reformen durch, während er in Wirklichkeit das Gegenteil tat und den Interessen der Konservativen entsprach.[5]

Außer einer bemerkenswert erfolgreichen und von den USA unterstützten Bodenreform, die in Angriff genommen wurde, bevor ihre Gegner sie verhindern konnten (ein Beweis dafür, daß ein echter Wandel durchaus möglich war), geschah kaum etwas. Alles andere war Kosmetik. Es gab keinen Neuanfang. Die Entmilitarisierung sollte mit der Verhaftung hoher Militärführer beginnen, gefolgt von der juristischen Verfolgung führender Wirtschafts- und Finanzleute, die den Krieg finanziert und von ihm profitiert hatten. Die Haftstrafen, die unter MacArthur für diese Männer verhängt wurden, waren jedoch nur von kurzer Dauer. Einige verbrachten ein oder zwei Jahre im Sugamo-Gefängnis als angeklagte Kriegsverbrecher, die auf ihren Prozeß warteten, doch die meisten befanden sich bald wieder auf freiem Fuß und stellten sich als Kandidaten für eine Regierung zur Wahl, die der »besiegten« Regierung verblüffend ähnlich sah. Von der kaiserlichen Familie, die vom Massaker von Nanking bis zu den Raubzügen der Operation »Goldene Lilie« in die Kriegsgeschehnisse verwickelt war, wurde niemand zur Rechenschaft gezogen. Der Kaiser selbst wurde in einem Prozeß, der unter Ausschluß der Öffentlichkeit stattfand, vollständig entlastet. Aus diesen Gründen entwickelte sich in Japan im Unterschied zu Deutschland nach dem Krieg keine Demokratie.

Das Hauptgewicht lag nicht auf Reformen, sondern auf Kontinuität. Während der sieben Besatzungsjahre 1945 bis 1952 wurde von der japanischen Elite, die das Land seit der Meiji-Restauration beherrscht hatte, erwartet, daß sie sich selbst säuberte, sich selbst auf die Finger klopfte und sich selbst demokratisierte. Das ging auf die von Thomas Lamont und Joseph Grew hartnäckig vertretene These zurück, daß die zivile Elite Japans im Gegensatz zu der Chinas frei sei von Korruption. Die japanischen Bürokraten, Finanzleute, Industriellen und die kaiserliche Familie seien an sich gut und nur von den bösen Militaristen an die Wand gedrängt worden. Wie Grew dem US-Präsidenten versicherte, ging es schlicht darum, das Krebsgeschwür des Militarismus herauszuschneiden. Beobachter konnten über die vorgetäuschte Naivität solcher Behauptungen nur den Kopf schütteln.

Während der beiden ersten Besatzungsjahre gab es eine Fülle Aktivitäten in Richtung Demokratie. Die Bauern konnten Hoffnung schöpfen. Die seit langem überfällige Bodenreform machte Japan von einer Nation von Pachtbauern, die fast wie Leibeigene gehalten wurden, zu einer Nation selbständiger Kleinbauern. Darüber hinaus gab es weitreichende Pläne zur Auflösung der großen *zaibatsu*, zu einer Reform des Bankwesens, zur Zahlung beträchtlicher Wiedergutmachungssummen an die beraubten Bevölkerungen von einem Dutzend geschädigter und verwüsteter Länder, zu einer Bildungsreform, zum Erlaß einer Verfassung und zur Bildung einer Regierung, die dem japanischen Volk gegenüber wirklich verantwortlich war. Doch nach weniger als zwei Jahren wollte MacArthur nichts mehr von Reformen und einer Bestrafung der Kriegsverbrecher wissen. Während seiner restlichen Amtszeit in Japan verbot er alle Demonstrationen und hob das Streikrecht auf. Die Entwicklung war betrüblich. Noch bevor die Asche von Hiroshima und Nagasaki erkaltet war, standen die Gegner jedweder Reform in Tokyo wieder in Amt und Würden und nahmen ihre ehemaligen Monopolpositionen bezüglich Reichtum und Macht wieder in Besitz.

Um zu verstehen, wie es dazu kommen konnte, müssen wir zu den ersten Manipulationen nach Kriegsende zurückkehren. Am 19. August 1945, vier Tage nach der Kapitulation, flog eine Gruppe von sechzehn offiziellen japanischen Vertretern nach Manila, um mit den Amerikanern Einzelheiten der Kapitulation zu besprechen und eventuelle Verhandlungsmöglichkeiten auszuloten. MacArthur hielt sich im Hintergrund und überließ die Verhandlungen seinen Stabsoffizieren. Eine der ersten Erkenntnisse der Japaner in Manila bestand darin, daß nur sehr wenige Amerikaner etwas von Japan wußten oder Japanisch sprachen und daß die meisten auch kein Interesse zeigten, etwas über das Land zu erfahren. Sie wollten ihren Auftrag möglichst schnell hinter sich bringen und wieder in die Heimat zurückkehren.

Kurz nach dieser Begegnung richtete das japanische Außenministerium in aller Eile ein zentrales Kontaktbüro im Gebäude der Dai-Ichi-Bank ein, das für alle Fragen in Verbindung mit der US-Besatzung zuständig sein sollte.[6] Die Idee stammte von Außenminister Shigemitsu und seinem persönlichen Referenten Kase Toshikazu, einem Absolventen des Amherst College. Kase wurde als der persönliche Sekretär aller japanischen Außenminister seit den dreißiger Jahren geführt, doch in Wirklichkeit war er ein hoher Beamter und Geheimagent alter Schule vom Schlag eines Allen Dulles.[7] Vor Pearl Harbor war er beispielsweise der Sekretär von Außenminister Matsuoka und reiste mit ihm nach Berlin und Moskau. Die Amerikaner liebten Kase. Bonner Fellers sagte über ihn, er sei »[ihm] ein sehr teurer Freund [...] steht dem Kaiser näher als jeder andere«.[8] Kurz vor Kriegsausbruch war Kase Terasaki Tarô als Leiter der ersten Amerikaabteilung des Außenministeriums im Amt gefolgt. Ebenso wie Terasaki war er eng mit den Grews befreundet. Nach dem Angriff auf Pearl Harbor, als die Grews die US-Botschaft nicht mehr verlassen konnten, fungierte Kase als Bote zwischen ihnen und den Chichibus.[9]

Wie beabsichtigt, machte das neue Kontaktbüro unter der Leitung von Kase für die Amerikaner alles verlockend einfach und bildete den einzigen Kanal für die Abwicklung aller Angelegenheiten zwischen dem SCAP und der japanischen Regierung. Direktiven des SCAP wurden über das Kontaktbüro weitergegeben, alle offiziellen Ämterberufungen erfolgten darüber, und hier wurden alle wichtigen Dokumente übersetzt. Außerdem verfügte das Büro über Ableger in ganz Japan, die eine Nahtstelle zwischen lokalen SCAP-Stellen und lokalen japanischen Zivilbehörden bildeten. Das gab Kase und seinen Mitarbeitern einen entscheidenden Vorteil gegenüber dem SCAP, da das Büro als Puffer, Filter und Vermittler fungieren konnte. SCAP-

Direktiven konnten auf japanischer Seite verzögert weitergegeben, manipuliert und anders ausgelegt werden, was auch geschah. Für die Amerikaner unangenehme Informationen konnten abgefedert oder so bearbeitet werden, daß das SCAP das zu hören bekam, was es hören wollte. Kase war ein Experte der Interpretation. Er verstand die Amerikaner und hatte dadurch deutliche Vorteile. Sein Kontaktbüro diente außerdem als Geheimdienstzentrale, in der Dossiers über sämtliche US-Vertreter in Japan angelegt wurden, die Informationen über deren Privatleben und Persönlichkeit, Schwachstellen und Verbindungen enthielten.[10] Neben Kase gehörte auch »Terry« Terasaki zum Kontaktbüro.

Am 2. September 1945 wurde die Kapitulation Japans an Bord des amerikanischen Schlachtschiffs »Missouri« in der Bucht von Tokyo unterzeichnet. Shigemitsu, der die Urkunde unterzeichnen mußte, trat deshalb gleich anschließend zurück, und sein Posten als Außenminister wurde von Grews langjährigem Freund Yoshida übernommen. An diesem Abend trafen sich Bonner Fellers und Kase zu einem privaten Abendessen und sprachen über den Druck, der vom Ausland ausging, Kaiser Hirohito als Kriegsverbrecher vor Gericht zu bringen.[11] Während des Krieges, als Grew Geheimgespräche mit dem japanischen Botschafter in der Schweiz führte, hatte er die Zusicherung gegeben, daß die USA Hirohito nicht gerichtlich verfolgen würden und er auf dem Thron bleiben könne. Grew gab diese Zusage in dem Wissen, daß seine Position von einigen der mächtigsten Männer der USA in Politik und Hochfinanz unterstützt wurde.[12] Es lag jetzt an Fellers und Kase, dafür zu sorgen, daß die Zusicherungen Grews eingehalten wurden.

Als nächstes schickte Kase Yoshida zu Fellers. Die beiden Männer redeten bis tief in die Nacht miteinander.[13] Kase, Yoshida und Fellers arbeiteten zusammen daran, daß Hirohito nicht die Schuld am Krieg gegeben würde. Er sollte als musterhafter Monarch eines neuen demokratischen Nachkriegsjapans wiedereingesetzt werden. Es gab zwei fundamentale Probleme, die gelöst werden mußten. Zunächst mußte bewiesen werden, daß Hirohito eigentlich einen friedliebenden Charakter hatte und daß er von den allmächtigen Militaristen getäuscht und ausgenutzt worden war. Sein wahrer Charakter mußte wieder zum Vorschein geholt werden, damit er seinen rechtmäßigen Platz als liberaler und pazifistischer Monarch Japans wieder einnehmen konnte. Yoshida bot an, jemanden aus dem Außenministerium als speziellen Verbindungsmann zwischen Fellers und dem Palast einzusetzen. Bald darauf erschien »Terry« Terasaki im Hauptquartier des SCAP im Gebäude der Dai-Ichi-Bank und stellte sich Fellers vor. Nach Angaben Fellers' und der Frau Terasakis, Gwen Harold, waren sich die beiden Männer bisher noch nie begegnet und entdeckten zu ihrer Überraschung, daß sie über ihre Ehefrauen miteinander verwandt waren.[14] (Die Ururgroßmutter der Fellers war eine Harold aus Tennessee.)

Die beiden arbeiteten täglich zusammen, auch wenn der Zynismus und die Skrupellosigkeit Fellers' Terry irritierten.[15] Danach wurde Terry vor seinem Haus von einem kastanienbraunen kaiserlichen Rolls-Royce abgeholt und zum Palast gefahren, wo er Hirohito in allen Angelegenheiten, die dieser mit MacArthur und Fellers zu klären hatte, beriet.[16] Im Lauf der nächsten fünfeinhalb Jahre wurde Terry mit den heikelsten Geheimnissen des Kaisers und MacArthurs vertraut, darunter manchen, die bis zum Tod Hirohitos geheimgehalten wurden, und einigen, die wegen ihrer Brisanz vielleicht nie an die Öffentlichkeit gelangen werden.

Ursprünglich hatte Terry die Hoffnungen der »liberalen« Elite Japans vor dem Kriege geteilt – die Militaristen würden aus ihren Machtpositionen vertrieben, weil gemäßigte Staatsmänner das Ohr des Kaisers hätten.[17] Zum richtigen Zeitpunkt würden sie und der Kaiser das Land wieder auf einen demokratischen Kurs bringen. Als klarwurde, daß der Kaiser die Militaristen auf ihren Posten belassen würde, paßten die »Liberalen« ihre Ansichten an. Terry konnte sich nicht anpassen. Nach dem Angriff auf Pearl Harbor etwa bekam er schwere Depressionen. Die Kriegsjahre verbrachten er, seine Frau und seine Tochter unter schwierigen Bedingungen, stets von Spitzeln der Regierung umgeben und ohne ausreichende Nahrungsmittel. Als seine Tagebücher gestohlen wurden, lebte er in ständiger Furcht, daß seine Bemühungen, den Krieg zu verhindern, entdeckt würden.[18] Nun fand er sich plötzlich verantwortlich für den Schutz des Kaisers vor einer Bestrafung. Er war sich nicht sicher, ob er dazu imstande sein würde. Terasaki war nur ein Jahr älter als Hirohito, doch in jeder anderen Hinsicht lagen Lichtjahre zwischen ihnen, und sie befanden sich an den beiden Extremen des politisch-ideologischen Spektrums. Das Hofprotokoll stellte eine große Belastung dar. Einmal brach Terry vor Müdigkeit zusammen, und Hirohito mußte ihm auf eine Couch helfen. Mit der Zeit entspannte sich das Verhältnis zwischen den beiden etwas und wurde freundlicher. Mit großer Verlegenheit steckte Hirohito Terasaki einmal fünftausend Yen zu, um ihm und seiner Familie im inflationsgeplagten Tokyo etwas über die Runden zu helfen.[19]

Angehörige der kaiserlichen Familie wollten nicht, daß Hirohito auf dem Thron blieb. Sie gaben ihm die Schuld daran, daß der Krieg mindestens zwei Jahre länger als notwendig gedauert hatte, an allen zusätzlichen Toten, an den Zerstörungen, dem Leid und dem Chaos, die damit verbunden waren. Sie fühlten sich sehr beklommen angesichts des zweideutigen Arrangements zwischen dem Palast und MacArthur. Innerhalb der Familie kam es zu besorgten Diskussionen. Am 15. September 1945 besuchte Prinz Chichibu, der seit 1940 nicht mehr im Palast vorgesprochen hatte, in der Uniform eines Generalmajors Hirohito.[20] Prinz Higashikuni und Prinz Takamatsu vertraten beide die Meinung, Hirohito solle zugunsten des elfjährigen Kronprinzen Akihito abdanken, für den Prinz Chichibu die Regentschaft übernehmen könne. Doch Hirohito weigerte sich.

Das war nicht die einzige Krisensitzung der Familie, bei der es um Abdankung ging. Prinz Mikasa sagte später bei einer Sitzung des Geheimen Rates, sein ältester Bruder müsse die Verantwortung für die Niederlage Japans auf sich nehmen. Prinz Higashikuni ließ an die Presse durchsickern, es sei der Wunsch »vieler« Mitglieder der kaiserlichen Familie, daß Hirohito abdanke. Dieser äußerte hingegen, keiner seiner Brüder sei zu einer Regentschaft in der Lage. Chichibu sei krank, Takamatsu habe der Kriegsfraktion angehört, und Mikasa sei zu jung.[21]

Die Familie hatte ohnedies nichts zu entscheiden. Nach den Bestimmungen des Besatzungsstatuts nahm sie Weisungen vom SCAP entgegen. Das Büro erhielt die Mitteilung, daß MacArthur mit Kaiser Hirohito zusammentreffen wolle, und Terasaki überbrachte sie dem Kaiser. Dieser müsse sich zur US-Botschaft begeben, um dem General seine Aufwartung zu machen. Die Palastbeamten waren entsetzt. Am 27. September 1945 fand die Begegnung, die wir im Prolog geschildert haben, statt. MacArthur war in der Position, alles erzwingen zu können, was in seinem Interesse lag. Und er hätte keine Skrupel gehabt, Hirohito unter Druck zu setzen. Die Angst vor einer gerichtlichen Verfolgung machte Hirohito extrem anfällig dafür, sich manipulieren zu lassen. Ihm wurde mitgeteilt, wenn es nach dem Willen der Alliierten ginge, käme er vor das Kriegsverbrechertribunal und würde sehr wahrscheinlich zum Tod durch Erhängen verurteilt. Es sei also besser für ihn, eng mit MacArthur zusammenzuarbeiten und auf diese Weise die Stellung des Generals als Statthalter der Alliierten zu unterstützen. In diesem Fall würde Hirohitos Kollaboration geheimgehalten.[22]

Nachdem MacArthur Hirohito gedroht hatte, beauftragte er Fellers damit, den Kaiser vor einer Anklage zu bewahren. Der Kaiser war jetzt seine Geisel, also mußte er dafür sorgen, daß er auf dem Thron blieb, damit er und seine Leute ihren Nutzen daraus ziehen konnten. Im Unterschied zur Herrschaftszeit der Shogune war der Kaiser diesmal in der Gewalt einer ausländischen Macht. Die kaiserliche Familie war sich dieser Tatsache bewußt. Sie sah die einzige Möglichkeit, dem Druck von seiten MacArthurs zu entkommen, darin, Hirohito zum Abdanken zu bewegen. Kronprinz Akihito, bei Kriegsende elf Jahre alt, böte für Erpressungen weniger Angriffsfläche. Damals und später waren viele Japaner der Meinung, es wäre für ihr Land besser gewesen, wenn Hirohito die Schuld auf sich genommen und abgedankt hätte, so daß das Thema Kriegsschuld vom Tisch gewesen wäre.

MacArthur dagegen wollte eine Abdankung Hirohitos um jeden Preis verhindern. Er brauchte einen eingeschüchterten Hirohito, der sich äußerlich zu einem bescheidenen Demokraten umformen ließ. Je demokratischer der Kaiser wirkte, desto günstiger wäre MacArthurs Position. Die amerikanische Öffentlichkeit sollte MacArthur als Vater der japanischen Demokratisierung sehen.[23]

MacArthur war nicht der einzige, der von einer Schlüsselfigur Hirohito profitierte. Auch Bürokraten und Politiker in Washington,

Börsen- und Finanzleute an der Wall Street, japanische Beamte, Gangster und Großunternehmer hatten ein Interesse an der leiblichen Unversehrtheit des Kaisers. Noch immer hatte der Thron eine Aura, die sich zu den verschiedensten profanen Zwecken einsetzen ließ.

Am 2. Oktober 1945 faßte Fellers die entsprechenden Argumente in einem Memorandum an MacArthur zusammen: »Es wäre ein Sakrileg anzunehmen, daß der Kaiser auf derselben Ebene wie die Bevölkerung oder ein Regierungsbeamter stehe. Ihn als Kriegsverbrecher vor Gericht zu stellen wäre nicht nur Blasphemie, sondern eine Leugnung der spirituellen Freiheit. [...] Es ist eine grundlegende amerikanische Vorstellung, daß die Menschen jeder Nation das unveräußerliche Recht haben, eine eigene Regierung zu wählen. Wenn die Japaner diese Möglichkeit hätten, so würden sie den Kaiser zum symbolischen Staatsoberhaupt wählen. Die Massen sind Hirohito besonders ergeben. [...] Sie wissen, daß er keine Marionette ist. Sie sind überzeugt, daß sein Verbleiben auf dem Thron kein Hindernis für eine liberale Regierung ist, *soweit sie für eine solche schon reif sind.* [...] Als wir unsere unblutige Invasion bewerkstelligten, haben wir die Dienste des Kaisers in Anspruch genommen [...] Deshalb wäre es in den Augen der Japaner ein Vertrauensbruch, ihn zuerst für unsere Zwecke zu benutzen und anschließend vor Gericht zu stellen. [...] Wenn der Kaiser wegen Kriegsverbrechen vor Gericht käme, würde das gesamte Staatsgefüge zusammenbrechen, und ein allgemeiner Aufstand wäre unausweichlich [...] Es käme zu Chaos und Blutvergießen. In diesem Fall wäre eine starke Expeditionsstreitmacht mit Tausenden von Verwaltungsbeamten erforderlich. Das würde die Dauer der Besatzung in die Länge ziehen.«[24] Der Zweck dieses Memorandums bestand nicht darin, MacArthurs Meinung zu ändern, sondern sollte ihm Argumente gegenüber der Regierung in Washington liefern.

Bonner Fellers war nur einer aus einer ganzen Reihe von Personen, die von Joseph Grew und Herbert Hoover sorgfältig in Stellung gebracht worden waren. In den dreißiger Jahren hatte Fellers sich in der Armee einen Ruf als Japanexperte erworben, obwohl er von dem Land nur oberflächliche Kenntnisse besaß und ebensowenig wie Grew Japanisch konnte.[25] Als Offizier schrieb er später eine Abhandlung über die Mentalität japanischer Soldaten.[26] Als er in den Jahren vor dem Krieg im Stab MacArthurs auf den Philippinen tätig war, unternahm Fellers häufig Reisen nach Japan, wo er sich mit Botschafter Grew anfreundete. Fellers hatte den ehemaligen US-Präsidenten Hoover durch MacArthur und Grew kennengelernt. Es bedeutete ihm viel, daß die beiden Männer Quäker waren, und er begann eine Korrespondenz mit Hoover, die bis zu seinem Lebensende andauerte. Hoover benutzte Fellers, um MacArthur seine politischen Vorstellungen zu übermitteln, und MacArthur suchte durch Fellers seine Nominierung als Präsidentschaftskandidat innerhalb der Republikanischen Partei voranzubringen. Im Jahr 1939 erhielt Hoover einen Brief von Fellers, in dem dieser eine potentielle Kandidatur des Zweigespanns MacArthur und Lindbergh empfahl. »Ich weiß, daß Präsident Roosevelt [...] MacArthurs Fähigkeiten [nicht nur respektiert], sondern auch *fürchtet*.«[27] Hoover stimmte ihm darin zu und antwortete: »Wenn MacArthur zum richtigen Zeitpunkt heimkehren sollte, kann er den Sieg davontragen.«[28] 1942/43, als Grew im Außenministerium arbeitete, kehrte Fellers von einer zweijährigen Dienstzeit als Militärattaché aus Kairo zurück, wo er sich mit der Beobachtung von Rommels Wüstenfeldzug und der Invasion der Deutschen auf Kreta den Stern eines Brigadegenerals verdient hatte. In Washington wurde er sogleich vom Präsidenten belohnt, der ihn dem Office of Strategic Services (OSS) zuteilte. Eine seiner Aufgaben bestand darin, sich mit Grew über künftige Japanpläne kurzzuschließen. Grew brachte des öfteren Hoover mit zu diesen Planungssitzungen, auf denen die »Reinwaschung« Hirohitos zum erstenmal konzipiert wurde.[29]

In seiner Zeit als amerikanischer Präsident hatte Herbert Hoover wenig Interesse an Außenpolitik gezeigt. Das änderte sich gegen Ende der dreißiger Jahre, als in Europa erneut ein Krieg auszubrechen drohte. Jetzt beteiligte er sich aktiv an außenpolitischen Debatten, und 1938 fuhr er nach Deutschland, um mit Hitler zusammenzutreffen.[30] Wie die meisten Konservativen war Hoover weniger wegen Hitler als wegen Stalin und der kommunistischen Drohung beunruhigt. In seinen Augen konnte es keinen Zweifel geben, für welchen der beiden Staatsmänner man sich entscheiden sollte – jedenfalls nicht für Stalin.[31] Aus seinen frühen Tagen in Asien als Direktor von Bergwerken in der Mandschurei und aus seiner Mitwirkung an den Friedensverhandlungen in Versailles kannte Hoover viele japanische Führer persönlich. In seinem Haus in Kalifornien war er von Prinz Konoe und vom nazifreundlichen Außenminister Matsuoka besucht worden, die beide Hoovers Angst vor Rußland und seine Verachtung für den Wilsonschen Pazifismus teilten.

Hoover wollte das konservative, antikommunistische Japan zum politischen, kommerziellen und finanziellen Bündnispartner der Vereinigten Staaten in Asien machen. Tokyo sollte der asiatische Stützpunkt für die Republikanische Partei und ihre Anhänger von der Wall Street sein, während er das degenerierte China den Demokraten des Rooseveltschen New Deals überlassen wollte. Dieser Plan war durch Pearl Harbor durchkreuzt worden. Doch jetzt konnte er – ohne die Militaristen – wiederbelebt werden. Die »Reinwaschung« Hirohitos war eine der erforderlichen Voraussetzungen, um die Asienstrategie Hoovers in die Praxis umzusetzen. Wenn der Kaiser erst einmal von jedem Kriegsmakel befreit war, hätte auch die japanische Regierung auf wunderbare Weise eine weiße Weste. Der gesamte finanzielle und industrielle Apparat Japans konnte wieder angekurbelt werden und als Bollwerk gegen den Kommunismus dienen.

Die Durchsetzung dieser Strategie war letztlich eine gemeinsame Anstrengung von Grew, Hoover, Fellers und MacArthur. Thomas Lamont hätte sich an dem Unternehmen vermutlich aktiv beteiligt, doch er war inzwischen zu alt. Auf japanischer Seite waren die entscheidenden Kontaktleute Yoshida und Kase mit Terasaki als Mittelsmann. Alle teilten dieselbe Grundüberzeugung: Die Beibehaltung des Kaisers sei die einzige Garantie gegen einen Übertritt Japans zum Kommunismus.[32]

Grew erläuterte die Linie gegenüber Präsident Truman mit folgenden Worten: »Die Idee, den Japanern ihren Kaiser und die Institution des Kaisertums zu nehmen, ist aus folgendem Grund problematisch: Sobald wir den Japanern den Rücken kehren (und wir können Japan nicht ewig besetzt halten), werden sie ohne jeden Zweifel den Kaiser und das Kaisertum wieder einsetzen. Langfristig gesehen ist das Beste, was wir für Japan erhoffen können, die Entwicklung einer konstitutionellen Monarchie, da die Erfahrung gezeigt hat, *daß die Demokratie in Japan nie funktionieren würde.*«[33]

Die »Reinwaschung« des Kaisers mußte geheimgehalten werden, da zahllose Amerikaner, Briten, Australier, gar nicht zu reden von den ehemaligen Kriegsgefangenen, Frontkämpfern und Opfern anderer Länder, empört gewesen wären. Als der amerikanische Kongreß Ende 1945 einmütig dafür stimmte, Hirohito vor das Kriegsverbrechertribunal in Tokyo zu stellen, sprach er Millionen von US-Bürgern aus dem Herzen. Natürlich war Hirohito über die Empörung im Westen bestens unterrichtet. Wir haben bereits dargelegt, daß etliche Mitglieder der kaiserlichen Familie Hirohito zur Abdankung zugunsten des Kronzprinzen Akihito bewegen wollten. Ihr Druck auf den Kaiser nahm in der nächsten Zeit noch zu. Die schlechte Presse bot den Alliierten die Möglichkeit, auch ihrerseits den Druck auf den Tennô zu verschärfen. Doch Hirohito stellte sich taub, lehnte eine Abdankung ab und klammerte sich ebenso hartnäckig an den Thron, wie er sich zuvor an die Hoffnung auf einen Endsieg geklammert hatte. Während es einerseits immer wieder Situationen gab, in denen er sich anderen Personen gegenüber als freundlich erwies und in den dreißiger Jahren bei Streitigkeiten mit seinen Brüdern sogar in Tränen ausbrechen konnte, zeigte er keinerlei Mitgefühl für die Opfer des Krieges und war mehr denn je entschlossen, sich an der Macht zu halten.

Der Prozeß der »Reinwaschung« wurde von Fellers und Max Bishop, einem Experten der japanischen Sprache und Schützling Grews, der jetzt MacArthur zugeteilt war, durchgeführt.[34] Um das wahre Ausmaß der Verstrickung Hirohitos in den Krieg festzustellen, führten sie eine Reihe von Gesprächen mit japanischen Regierungsvertretern sowie mit verurteilten Kriegsverbrechern im Sugamo-Gefängnis.[35] Nachdem sie alle relevanten Tatsachen herausgefunden hatten, konnten sie ihrerseits jede belastende Zeugenaussage entkräften und Zeugen im Prozeß unglaubwürdig machen oder notfalls zum Meineid anstiften.

Es gab mehrere Möglichkeiten, die Tatsachen zu verfälschen. So mußte beispielsweise jeder, der gegen Hirohito aussagen würde, sich darauf gefaßt machen, selbst vor Gericht gestellt und verurteilt zu werden, falls er seine Aussage nicht änderte. Wenn Fellers etwas Negatives über Hirohito entdeckte, vernichtete er die Quelle. Natürlich war Fürst Konoe aus erster Hand informiert, und als Fellers hörte, was Konoe über die Schuld Hirohitos zu sagen hatte, denunzierte er den Prinzen als »eine Ratte, die durchaus bereit ist, jeden zu verkaufen, um sich selbst zu retten, und sogar so weit ging, seinen Herrn, den Kaiser, als den ›Hauptkriegsverbrecher‹ zu bezeichnen«.[36] Fellers, Bishop und MacArthur wendeten sich sofort gegen Fürst Konoe und setzten seinen Namen ohne weitere Begründung auf die Liste der Kriegsverbrecher, die vor Gericht gestellt werden sollten. Als einer der wenigen Staatsmänner, die sich früh darum bemüht hatten, Hirohito zum Frieden zu bewegen, und als ein Mann, der aus eigenem Antrieb in die Schweiz gereist war, um Friedensfühler auszustrecken, sah Konoe sich jetzt von den Amerikanern boykottiert und in eine bösartige Verleumdungskampagne verstrickt. Man teilte ihm – wahrheitswidrig – mit, sein Name stehe inzwischen an erster Stelle auf der Liste der mutmaßlichen Kriegsverbrecher und er müsse jederzeit mit seiner Festnahme und Untersuchungshaft rechnen. Am 16. Dezember 1945 fand man ihn tot in seinem Haus.[37] Die meisten Autoren zitieren ihn mit den Worten, er werde sich der Demütigung durch einen Prozeß nicht aussetzen. Offiziell wurde als Todesursache Selbstmord angegeben, doch Meirion Harries, Susie Harries und andere sind überzeugt, daß es Mord war. Sie führen ernstzunehmende Belege an, die gegen Selbstmord sprechen. Zum einen trat Tschiang Kai-schek dafür ein, daß der Name Konoe von der Liste japanischer Kriegsverbrecher gestrichen würde. Konoes Name befand sich auch nicht auf der Liste der Briten. Aus amerikanischen Quellen geht hervor, daß Konoe nie ernsthaft für einen Prozeß in Erwägung gezogen wurde. Joseph Keenan, der Vorsitzende des Kriegsverbrechertribunals, hielt Konoe für einen »zuverlässigen Gewährsmann« von größter Bedeutung. Auf der anderen Seite wiesen Harries und Harries darauf hin, daß es auf allen Ebenen der japanischen Regierung genügend Leute gab, die es lieber gesehen hätten, wenn Konoe nicht als Zeuge vor Gericht auftrat. Weitere wichtige Zeugen starben ebenfalls noch vor der Eröffnung des Prozesses – so zum Beispiel zwei Männer aus Prinz Asakas Stab, die seine Befehle zum Massaker von Nanking ausführten.[38]

In dieser Zeit, im Herbst 1945, gab Washington an MacArthur die Weisung durch, »unverzüglich Schritte [zu] unternehmen, alle verfügbaren Beweise für die Beteiligung Hirohitos an japanischen Verletzungen des internationalen Rechts und seiner Verantwortung hierfür zu sammeln«.[39] Doch MacArthurs Untergebene waren emsig damit beschäftigt, alle Spuren zu verwischen. Einige Zeit später erhielt MacArthur eine barsche Erinnerung von den Vereinigten Stabschefs, die Weisung ernst zu nehmen, weil »die Vereinigten Staaten den Standpunkt vertreten, daß Hirohito vor einer Verhaftung, einem Gerichtsprozeß und einer Bestrafung als Kriegsverbrecher nicht immun ist [...] Sobald die Besatzungsbehörden zufriedenstellend auch ohne ihn arbeiten können, wird die Frage seiner Verhaftung aufgeworfen werden.« Trotz solcher ausdrücklichen Anordnungen ließ MacArthur nicht zu, daß der Kaiser angeklagt wurde, als Zeuge auftreten mußte oder auch nur von den Staatsanwälten vernommen wurde.[40]

Wie war es dem höchsten amerikanischen Offizier in Japan möglich, direkte Anweisungen aus Washington zu umgehen und zu ignorieren?

Wenige Menschen durchschauten die Hintergründe so klar wie der langjährige amerikanische Diplomat George F. Kennan. Wie er darlegt, hatte Washington in Japan »diktatorische Befugnisse« verlangt und erhalten und dann den Fehler begangen, MacArthur zum Leiter zu machen. Das verlieh diesem eine derart unabhängige Stellung, daß das Außen- und das Kriegsministerium jede Kontrolle verloren. Der General habe nur dann Weisungen eingeholt, wenn ihm darum zu tun war, eine heikle oder unangenehme Entscheidung höheren Orts abzusichern. »Nicht nur war es schwierig, [MacArthur] zu sagen, was [er] tun sollte – es war auch nicht immer leicht zu überblicken, was [er] wirklich tat. [...] MacArthur dachte nicht daran, auch nur zu den politischen Aspekten seiner Besatzungstätigkeit den Rat des State Department einzuholen. [...] Denselben Amerikanern, die beim ersten Zeichen patriarchalischen oder willkürlichen Verhaltens der amerikanischen Regierung gegenüber Amerikanern heftig protestiert hätten, schien es nicht nur völlig in Ordnung, sondern geradezu bewunderungswürdig [...], daß ein amerikanischer Befehlshaber in einem fremden Land völlig autokratisch, durch legislative Kontrolle ungehindert, regierte.«[41] Während man von ihm erwartete, Amerikas oberster Überwacher eines demokratischen Wandels in Japan zu sein, handelte MacArthur in der selbstherrlichen Art eines Shoguns. Er ignorierte die eigene Regierung und hörte statt dessen auf die Wünsche bestimmter Interessengruppen, darunter reiche Republikaner, auf deren Unterstützung er bei der Kandidatur für das Präsidentenamt angewiesen war.

MacArthur hatte Erfahrung im Werfen von Nebelkerzen. Am 25. Januar 1946 schickte er ein geheimes Telegramm an den Stabschef der Armee, Dwight D. Eisenhower, in dem er nachdrücklich gegen alle Forderungen protestierte, den japanischen Kaiser vor Gericht zu stellen. Unter Berufung auf »Ermittlungen« durch das SCAP scheute er nicht vor einer glatten Lüge zurück: »[Dabei] wurden keine eindeutigen und greifbaren Beweise für die genauen Aktivitäten [des Kaisers] aufgefunden, die ihn in unterschiedlichem Maße mit den politischen Entscheidungen des Japanischen Reiches im letzten Jahrzehnt in Verbindung bringen könnten. Ich habe aus einer Untersuchung, die so vollständig, wie es mir möglich war, durchgeführt wurde, den klaren Eindruck gewonnen, daß seine Verbindung mit Regierungsangelegenheiten bis zum Zeitpunkt des Kriegsendes weitgehend administrativer Natur war und er regelmäßig entsprechend den Ratschlägen seiner Ratgeber gehandelt hat. [...] Wenn er vor Gericht gestellt werden soll, werden tiefgreifende Veränderungen der [amerikanischen] Besatzungspläne erforderlich sein. [...] Die Erhebung einer Anklage gegen ihn wird zweifellos unter der japanischen Bevölkerung eine gewaltige Erschütterung auslösen, deren Auswirkung gar nicht überschätzt werden kann. Er ist ein Symbol, das alle Japaner einigt. Wenn man es vernichtet, wird die Nation zerfallen.«[42] In einem solchen Fall, schrieb MacArthur, benötigte er eine Million US-Soldaten und Hunderttausende von Zivilisten, um die Verwaltung des Landes in eigener Regie durchzuführen. Die Kosten für die Vereinigten Staaten wären exorbitant. Die Möglichkeit, Hirohito zur Abdankung zugunsten seines Sohnes zu nötigen – die von den meisten Mitgliedern der kaiserlichen Familie befürwortete Alternative –, wurde von MacArthur nicht einmal erwähnt.

Obwohl Eisenhower gegenüber MacArthur eine persönliche Abneigung hegte und ihm mißtraute, hatte er hier nichts zu entscheiden. Die Truman-Regierung war durch MacArthurs scharfes Telegramm alarmiert. In Washington betrieben gleichzeitig Grew, Hoover und andere eine Lobbypolitik. So sah die Regierung allmählich von dem Vorhaben ab, Hirohito den Prozeß zu machen. Es bestand jedoch immer noch die Möglichkeit, daß er zu Zeugenaussagen gezwungen werden und sich selbst und andere belasten könnte. Dieser Umstand wurde von MacArthur und Fellers weidlich ausgenutzt, den Kaiser weiterhin unter Druck zu setzen.

Am 23. Februar 1946 wurde zum Entsetzen des japanischen Kaiserpalasts General Yamashita auf den Philippinen wegen Kriegsgreuel gehängt. Viele Beobachter waren sich darin einig, daß Yamashita von einem Femegericht abgeurteilt worden war, als Rache MacArthurs an dem Mann, durch den er die Philippinen nur unter größten Schwierigkeiten hatte zurückerobern können. Als später Yamashitas Vorgesetzer in Tokyo vor Gericht kam, wurde er auf direktes Betreiben MacArthurs von denselben Verbrechen freigesprochen, obgleich seine Verantwortung hierfür aufgrund seines hohen militärischen Ranges größer gewesen war.[43]

Ebenso wie Yamashita wurde General Honma als Opfer ausgesucht. Der ehemalige Adjutant Prinz Chichibus schrieb in seiner Freizeit Theaterstücke und war als freundlicher Mensch bekannt. Er wurde auf den Philippinen von einem Hinrichtungskommando erschossen, nachdem das Gericht ihn wegen Kriegsgreuel verurteilt hatte, die während des Todesmarsches auf Bataan von seinen Untergebenen begangen wurden, obwohl das Gericht es als erwiesen angesehen hatte, daß Homma vollständig die Kontrolle über seine Leute verloren hatte. Prinzessin Chichibu erinnerte sich: »Wir, die wir alle genau wußten, was für ein freundlicher Soldat er war, konnten nichts für ihn tun. Nichts als unsere Köpfe schweigend zum Berg Fuji neigen und ein Gebet sprechen.«[44]

Der kaiserlichen Familie konnte nicht entgehen, daß Yamashita und Honma von MacArthur persönlich als Opfer ausgewählt worden waren. Eine derart selektive Justiz der Besatzer erfaßte zunehmend auch Angehörige des innersten Kreises im Palast.

Inzwischen startete MacArthurs Stab eine Pressekampagne, um das Image Hirohitos in den Vereinigten Staaten aufzupolieren.[45] Ab Februar 1946 wurde der Kaiser auf eine Rundreise durch Japan geschickt, auf der er sich seinem Volk in der Rolle eines großen Pazifisten zeigen sollte. Die SCAP ließ den Kaiser und seine Familie für die Pressereporter posieren, und bald erschienen Fotos, auf denen der Tennô und seine Angehörigen wie schüchterne Farmer aus dem Mittleren Westen der USA aussahen, in amerikanischen Zeitungen und Zeitschriften. Blitzlichter flammten auf, und Auslöser klickten, während Hirohito mit seinen Enkelkindern Hoppe hoppe Reiter spielte. Etliche Bilder zeigten seine Töchter beim Kartoffelschälen, bei der Zubereitung bescheidener Mahlzeiten und beim Geschirrabwaschen.

Hinter den Kulissen arbeiteten Fellers und MacArthur mit nackter Einschüchterung. Alle japanischen Beamten und Offiziere wurden auf Marschlinie gebracht: Die Verantwortung für den Krieg hatte ausschließlich bei der Regierung und beim Militär gelegen, und der Kaiser war in keiner Weise verantwortlich zu machen. Fellers hatte eine private Unterredung mit Admiral Yonai Mitsumasa, einem ehemaligen Ministerpräsidenten und Marineminister. »Ich bin kein Anhänger des Kaisers«, sagte Fellers. »Deshalb ist die Frage, ob das Kaisertum als Institution von jetzt an noch fünfzehn oder zwanzig Jahre in Japan fortbesteht oder was mit dem Kaiser persönlich passiert, für mich ohne Belang. Mir ist allerdings klar, daß der Kaiser die beste Stütze der alliierten Besatzung ist. Unter den gegenwärtigen Umständen, solange die Besetzung andauert, sollte das Kaisertum beibehalten werden.« Er fügte hinzu: »Es ist äußerst nachteilig für die Stellung MacArthurs in den USA, ausgerechnet den Kaiser vor Gericht stellen zu wollen, der mit ihm zusammenarbeitet und zum reibungslosen Ablauf der Besatzung beiträgt.«[46]

Er gab Yonai einen Rat. »Die beste Strategie für die japanische Seite bestände darin, die Unschuld des Kaisers zu beweisen. Die beste Gelegenheit dazu ist meiner Meinung nach der Kriegsverbrecherprozeß in Tokyo, der in nächster Zeit beginnt. Am besten wäre es, die gesamte Verantwortung Tôjô zuzuschieben.«[47]

Tôjô, während des Krieges Ministerpräsident und Kriegsminister, war am 11. September 1945 verhaftet worden. Als er erfuhr, daß er auf der Liste der Kriegsverbrecher ganz oben stand, versuchte er sich zu erschießen, doch die Kugel ging knapp an seinem Herzen vorbei, und seitdem lag er auf der Krankenabteilung des Sugamo-Gefängnisses. Fellers wies Yonai an, diesen äußerst wichtigen Zeugen zu beeinflussen. »Ich möchte, daß Tôjô aussagt, beabsichtigt zu haben, Japan um jeden Preis in einen Krieg mit den Vereinigten Staaten zu zwingen, auch wenn der Kaiser sich dem widersetzt hätte. Könnten Sie Tôjô bitten, daß er diese Aussage macht?«

»Ich bin vollkommen Ihrer Meinung«, erwiderte Yonai. Er schickte einen Adjutanten ins Sugamo-Gefängnis, der die Botschaft Fellers' General Tôjô persönlich überbringen sollte. Nach Aussage des Adjutanten erwiderte Tôjô: »Sagen Sie Yonai, er soll sich keine Sorgen machen. Der Grund, warum ich trotz der Schande noch weiterlebe, ist der, daß ich genau das beweisen möchte.«[48]

Viele Menschen fragten sich, wieso Yonai selbst einer gerichtlichen Verfolgung entging, obwohl er an den Plünderungen und dem Verschiffen des Raubguts maßgeblich beteiligt war, doch das erklärt sich aus seiner Bereitschaft gegenüber Fellers, Tôjô zu einer bestimmten Aussage vor Gericht zu bewegen. Als ehemaliger Marineminister wußte Yonai eine Menge über die Operation »Goldene Lilie« und über die Plünderungen, die von japanischen Gangstern unter dem Schutz der Marine begangen worden waren. Er hatte mächtige Freunde.[49]

MacArthurs endgültige Liste der japanischen Kriegsverbrecher war merkwürdig kurz. Von dreihundert hohen Militärs, über die Ermittlungen angestellt wurden, kamen am Ende lediglich achtundzwanzig vor das Kriegstribunal in Tokyo. Die Anklage warf ihnen vor, sie hätten vom 1. Januar 1928 bis zum 2. September 1945 die »verbrecherische, militaristische Clique« angeführt und sich verschworen, den Krieg zu planen und zu führen. Viele wurden zudem beschuldigt, internationale Abkommen über die Behandlung von Kriegsgefangenen verletzt und Verbrechen gegen die Menschlichkeit an Zivilpersonen begangen zu haben.

Es gab elf Richter – aus allen elf alliierten Ländern jeweils einen. Oberster Ankläger war der Amerikaner Joseph Keenan. Die Verhandlungen nahmen drei Jahre in Anspruch. Stand am Anfang noch das Motiv der Bestrafung und Sühne im Vordergrund, so wurde es mit der Zeit durch Erwägungen politischer Art verdrängt. Die Alliierten gewährten etlichen Männern, die ursprünglich ganz oben auf der Liste gestanden hatten, willkürlich Straffreiheit. So beschloß zum Beispiel England, einen japanischen Marineoffizier, der den Befehl gegeben hatte, nach der Versenkung ihres japanischen Transportschiffs mit Maschinengewehren auf sechshundert im Meer schwimmende Kriegsgefangene zu schießen, nicht anzuklagen.[50] Führenden Militärs, die mit den Besatzern zusammenarbeiteten, wie Admiral Yonai, wurde Pardon gegeben. Auf Anweisung MacArthurs kam vor dem Kriegsverbrechertribunal die Abteilung für biologische Kriegführung – die Einheit 731 – mit keinem einzigen Wort zur Sprache. Die japanischen Wissenschaftler und ihre düsteren Geheimnisse wurden in das US-amerikanische Geheimprogramm der chemischen und biologischen Kriegführung integriert.[51]

Obwohl der Name Hirohito nicht auf der Liste der Angeklagten stand, befürchteten MacArthur, Fellers, Grew, Hoover und andere, daß er durch die Verteidiger in den Prozeß hineingezogen und zu einem späteren Zeitpunkt ebenfalls angeklagt werden könnte.

Fellers führte ein ausführliches Gespräch mit Terasaki und legte seine Karten auf den Tisch, so wie er es schon gegenüber Admiral Yonai getan hatte. Er verlangte nicht weniger als den vollständigen schriftlichen Beweis für die Unschuld des Kaisers in Form einer geheimen eidesstattlichen Erklärung Hirohitos. Für Fellers stellte sich das Problem so dar: »Im Verlauf meiner Ermittlungen hat sich gezeigt, daß der Kaiser persönlich seine Militaristen gezwungen hat, die Bedingungen der Potsdamer Erklärung zu akzeptieren. Daraus ergibt sich folgende Frage: Wenn der Kaiser die Macht hatte, den Krieg zu beenden, noch bevor die Alliierten das Land besetzten, warum hat er dann den Krieg überhaupt zugelassen?«[52]

Terasaki leitete das Ersuchen um eine Antwort des Kaisers direkt an Hirohito weiter. »Als erstes stellte ich Seiner Majestät folgende Frage: ›Es ist hier und im Ausland allgemein bekannt, daß Sie eine entscheidende Rolle bei der Beendigung des Krieges gespielt haben. Doch die Frage, die sich jedermann in Japan wie im Ausland stellt, lautet: ›Warum haben Sie von derselben Macht nicht schon zu der

Zeit Gebrauch gemacht, als der Krieg begann?‹«[53] Der Kaiser versuchte daraufhin, Terasaki seine Gründe zu erläutern. Anfangs waren die beiden allein, später wurden noch einige Personen sowie ein Hofstenograph hinzugebeten.[54]

Die Antwort des Kaisers geriet zu einer Serie geheimer offizieller Diktate. Obwohl Hirohito wegen einer Grippe im Bett lag, begann er am 18. März 1946 seine Verstrickung in den Krieg zu erläutern und zu rechtfertigen. Die Fragen, die seine Zuhörer ihm stellten, stammten zum Teil von Fellers und zum Teil auch von Herbert Hoover. Die geheimen Diktate erstreckten sich über mehrere Wochen und wurden zu einem einzigen Dokument zusammengefaßt, das vierundvierzig Jahre lang geheimgehalten und erst 1990, nach Hirohitos Tod, wiedergefunden wurde.[55] Ironischerweise tritt uns Hirohito in diesem Dokument, das ausschließlich dazu dienen sollte, ihn zu entlasten, ihn als uninformiert, friedliebend und selbstlos erscheinen zu lassen, als gut informierter, kriegerischer und egoistischer Kaiser entgegen.[56] Hirohito diktierte ohne schriftliche Notizen aus dem Gedächtnis. Der Stenograph merkte in seinen persönlichen Aufzeichnungen an: »Mancher fragt sich, warum es für Seine Majestät notwendig war, sich unbedingt jetzt [da er krank und bettlägerig war] zu erklären. Da es Menschen gibt, die angesichts des Prozesses [gegen die Kriegsverbrecher] seine Verantwortung für den Krieg bezweifeln, war es für uns erforderlich, die freimütigen Gedanken Seiner Majestät so bald wie möglich schriftlich festzuhalten.«[57]

Am 13. April 1946 trafen die sowjetischen Vertreter beim Tribunal in Tokyo ein und sorgten im Palast für starke Nervosität. Moskau forderte noch immer, die gesamte kaiserliche Familie vor Gericht zu bringen und anschließend hinzurichten. Als Vorsichtsmaßnahme wies Hirohito Terasaki an, für Fellers eine englische Übersetzung seiner Diktate anzufertigen, der sie sicher verwahren und nur im Notfall davon Gebrauch machen sollte.

Drei Wochen darauf, als das Kriegsverbrechertribunal in Tokyo die ersten Zeugen vernahm, führte Fellers mehrere lange Gespräche mit Hoover, der sich mit dem vorgeschobenen Auftrag in Japan aufhielt, Hilfslieferungen für die notleidende japanische Bevölkerung zu organisieren.[58] Vor seiner Abreise aus den USA hatte Hoover Fellers schriftlich gewarnt, das US-Außenministerium schicke »einen Haufen Kommunisten und deren Sympathisanten« nach Japan, die sich in die Politik des SCAP einmischen wollten.[59] Die Angst vor einer direkten oder indirekten »kommunistischen« Intervention in Japan war eines von Hoovers Lieblingsthemen. Während ihrer Gespräche in Tokyo unterrichtete Fellers Hoover über die geheimen Diktate des Kaisers. »Hoover war ungeheuer befriedigt [zu hören], daß der Kaiser dabei war, seine Rolle während des Krieges und bei dessen Beendigung schriftlich niederzulegen.«[60] Die beiden Männer überlegten, wie man diese Monologe Hirohitos am besten nutzen könnte. Fellers schrieb dazu: »Wegen der amerikanischen Erbitterung [gegen den Kaiser] meinte Mr. Hoover, dieses Material werde gegenwärtig noch nicht so wirkungsvoll sein wie einige Zeit später. Er würde es jedoch benutzen, sobald eine Notlage es erforderlich machte.«[61] Fellers gab Hoover zu diesem Zweck ein Exemplar. Außerdem nannte Hoover einige Punkte, auf die Hirohito in seiner Rechtfertigung eingehen solle.[62] Zwei Tage später gab Fellers alles an Terasaki weiter, ergänzt durch den Hinweis, daß es nötig werden könnte, den Inhalt der kaiserlichen Monologe zu veröffentlichen. Hirohito setzte seine Diktate bis zum 1. Juni 1946 fort und berücksichtigte dabei auch die von Hoover angeführten Punkte. Dieser indoktrinierte inzwischen die Verteidiger, um sicherzugehen, daß deren Klienten nichts aussagen würden, was den Kaiser in das Verfahren hineinziehen könnte.

Auch diese nachträglichen Diktate wurden für Fellers und Hoover übersetzt. In der Akte »Fellers« in der MacArthur Library in Norfolk, Virginia, befindet sich ein mit Schreibmaschine geschriebenes Blatt ohne Überschrift mit der Angabe »Tokyo, den 18. Juni 1946« und einer handschriftlichen Notiz von Fellers: »Hirohito und Hoover Sehr Wichtig«. Offenbar wurde der Text von Hirohito ausschließlich für ein amerikanisches Publikum diktiert:

> Seit die Geißel des Krieges über die östlichen Länder gekommen ist, habe ich viele Stunden in Seelenschmerz und Meditation verbracht. Ich habe mich bemüht, den Ursachen des tragischen Weges meines Volkes nachzugehen, der zu unserer nationalen Demütigung und uns an den Rand der Vernichtung geführt hat. Im Lauf

der Zeit wird mir immer klarer, daß wir unter einem Mangel an moralischer Verantwortung gelitten haben. Wir haben uns unseligerweise selbst etwas vorgemacht. Wir haben geglaubt, daß die Menschen des Westens unsere verschworenen Feinde seien, die danach trachteten, unsere nationale Gemeinschaft zu vernichten und unser Volk zu versklaven. Wir haben den Krieg verloren. Der Feind hat unser Land mit seinen Armeen besetzt. Doch diese Besatzungsstreitkräfte haben uns weder vernichtet noch uns versklavt. Statt dessen haben sie uns aufgebaut und befreit. Sie haben Toleranz, Gerechtigkeit und Mitgefühl in einem Ausmaß gezeigt, das unter meinem Volk bislang unbekannt war. Ich bin zu dem Schluß gelangt, daß diese aufgeklärte Haltung unserer früheren Feinde eine Eigenschaft ist, die der Nachahmung wert ist. Deshalb halte ich mein Volk dazu an, sich mit diesen geistigen Werten zu beschäftigen in der Hoffnung, daß wir durch eine Stärkung der charakterlichen Fähigkeiten unseres Geschlechts Erlösung erlangen.

Fellers hatte persönliche Gründe, einen baldigen, für alle befriedigenden Abschluß der geheimen Diktate zu betreiben. Seit Oktober wußte er, daß ihm die Entlassung aus der Armee drohte. Im Kriegsministerium hatte man entdeckt, was er trieb, und bereitete seine Abberufung aus Japan vor. Dabei wollten es seine Gegner jedoch nicht bewenden lassen. Sie degradierten ihn außerdem vom Brigadegeneral zum Oberst. George Marshall, der Oberste Generalstabschef, und Dwight D. Eisenhower, der Stabschef des Heeres, waren beide entschlossen, MacArthurs Clique in Tokyo zu sprengen. Die Entlassung von Offizieren nach Beendigung ihrer Dienstzeit aus dem aktiven Dienst bot hierzu eine hilfreiche Möglichkeit. Formal war Fellers Dienstzeit nach dreißig Jahren beendet. Nach deren Ablauf wurde Fellers in den Ruhestand geschickt. Damit war einer der wichtigsten Männer MacArthurs kaltgestellt.[63] Fellers verließ Japan so hastig, daß er sich nicht einmal mehr persönlich bei Hirohito verabschiedete.[64] Zurück in Washington, besorgte Hoover Fellers einen Posten im Nationalkomitee der Republikaner, das den Präsidentschaftswahlkampf von 1948 vorbereitete. MacArthur hoffte noch immer auf seine Aufstellung als Kandidat. Fellers' Nachfolger in Tokyo wurde Oberst Laurence Bunker, später einer der Gründer der John Birch Society.

Hirohito begann im Juli 1946 mit einer zweiten Serie von Diktaten für Herbert Hoover, die sich über drei weitere Monate erstreckten. Erst im November 1947 wurde schließlich die Entscheidung getroffen, daß der Kaiser nicht als Zeuge in dem Prozeß aussagen mußte. Das war dringend nötig, denn im Kreuzverhör war es immer möglich, daß ihm unfreiwillig etwas herausrutschte, mit dem er sich selbst belastete und seinen Wert als MacArthurs wichtigster Aktivposten in Japan einbüßte. General Tôjô war darauf programmiert, die Alleinschuld auf sich zu nehmen. Er trat einen Monat später in den Zeugenstand. Einmal hätte er sich fast verraten, als er nachdrücklich erklärte: »Kein japanischer Untertan [...] würde es wagen, gegen den Willen des Kaisers zu handeln.« MacArthur und seinen Leuten gefror das Blut in den Adern. Damit hatte Tôjô unmißverständlich gesagt, daß er den Krieg nur mit voller Billigung des Kaisers führen konnte. In aller Eile wandte sich Richter Keenan an den ehemaligen Großsiegelbewahrer Kido, der selbst auf der Anklagebank saß, dieser möge Tôjô zu einer Korrektur seiner Aussage bewegen. In der nächsten Sitzung berichtigte sich Tôjô dahingehend, daß der Krieg »auf den Rat des Oberkommandos« begonnen habe und daß »der Kaiser, wenngleich widerwillig, dem Rat zugestimmt hatte«. Er fügte noch hinzu: »Der Wunsch [des Kaisers] nach Frieden blieb derselbe bis zu dem Augenblick, als die Feindseligkeiten ausbrachen, und auch den ganzen Krieg hindurch blieb seine Friedensliebe unerschütterlich.«[65]

Es gab zahlreiche Beispiele für derart verworrene und widersprüchliche Aussagen der Angeklagten, während sie einer nach dem anderen nicht nur den Kaiser, sondern auch dessen ganze Familie entlasteten. Auch General Matsui, dem ungerechterweise die Schuld an dem Massaker von Nanking angelastet wurde, brachte bei seiner Aussage alles durcheinander, nahm jedoch letztlich die ganze Schuld an dem schrecklichen Geschehen auf sich.[66]

Am Ende kam der Kaiser tatsächlich ungeschoren davon. Terasaki schrieb im Dezember 1947 an Fellers in Washington: »Der Kaiser bat mich, Ihnen gegenüber seine tiefe Dankbarkeit für alles, was Sie für ihn getan haben, zum Ausdruck zu bringen.«[67]

Der Tokyoter Kriegsverbrecherprozeß endete im April 1948. Sieben weitere Monate vergingen, bevor die Urteile verkündet wurden. Während dieser spannungsgeladenen Zeit erfuhr Fellers, daß Hirohito erneut gedrängt wurde abzudanken. Er schrieb einen besorgten Brief an Terasaki:

> In der amerikanischen Presse liest man immer wieder von der Abdankung Seiner Majestät. [Das] würde als ein Sieg aller Kommunisten und vor allem der Russen ausgelegt werden, die behaupten, die Annahme sei naiv, daß Japan demokratisiert werden könne, solange der Kaiser auf dem Thron ausharrt. *Seine Abdankung wäre ein Schlag für die Besatzungsbehörden unter MacArthur, da der Erfolg des Generals ohne das Prestige des Kaisers und seine persönliche Führung nicht denkbar wäre.* Mit seiner Abdankung, vor allem wenn sie mit der Verkündung der Urteile gegen die Kriegsverbrecher zusammenfiele, gäbe sich die Majestät in den Augen der Welt als einer aus der Militaristenclique zu erkennen. Das entspricht natürlich ganz und gar nicht der Wahrheit. Es würde die öffentliche Meinung in diesem Land, die allmählich dem Eindruck zuneigt, daß der Kaiser für den Krieg *nicht* verantwortlich war, wieder umschwenken lassen. Eine Abdankung würde den Platz Seiner Majestät in der Geschichte als den eines Mannes festschreiben, der mit den Kriegsverbrechern sympathisierte und in einer Geste der Sympathie für diese Männer auf seinen Thron verzichtete.[68]

Aus der Ferne realisierte Fellers nicht, daß die Forderung abzudanken nur vorgeschoben war, um MacArthur dazu zu zwingen, bestimmte Sätze in einer Art Verteidigungsabmachung zu ändern. Als die Formulierungen am 12. November 1948 bekanntgegeben wurden, schrieb Hirohito an MacArthur, daß er nicht abdanken werde.

Von den achtundzwanzig Angeklagten wurden nur sieben zum Tod durch Erhängen verurteilt. Es waren General Tôjô, General Itagaki, der Verantwortliche für den »Zwischenfall« in der Mandschurei, Geheimagent General Doihara Kenji, der in China und der Mandschurei gedient hatte, General Mutô Akira, der auf den Philippinen und in Niederländisch-Indien eingesetzt war, und General Kimura

Heitarô, der die japanischen Truppen in Burma (heute Birma) befehligt hatte. General Matsui und Hirota Kôki wurden beide wegen ihrer »Verantwortung« für das Massaker von Nanking zum Tode verurteilt. Hirota war damals Außenminister und hatte sich zu keiner Zeit in der Nähe Nankings befunden. Prinz Asaka wurde überhaupt nie vor Gericht gestellt, entging jeglicher Bestrafung und lebte höchst angenehm in seinem Palast, spielte fast täglich Golf und starb mit dreiundneunzig Jahren im Bett.[69] Nicht ein einziger Prinz der kaiserlichen Familie wurde unter Anklage gestellt. Nicht ein einziger, der maßgeblich an der Operation »Goldene Lilie« mitgewirkt hatte, wurde jemals gerichtlich verfolgt oder auch nur angeklagt.

Die zum Tode Verurteilten waren in der Mehrzahl Männer aus dem Hause Chôshû. Aus dem Hause Satsuma wurde kein einziger hingerichtet. Traditionell hatten die hohen Satsuma-Offiziere in der Marine gedient, während die Offiziere des Chôshû-Clans eine Karriere im Heer bevorzugt hatten. Einige Historiker vertreten die Auffassung, daß sich die Marine im Pazifischen Krieg ehrenhafter verhalten habe als die Armee, die in die schlimmeren Verbrechen verstrickt gewesen sei. Doch es ist verbürgt, daß die Marine sechs Lazarettschiffe einsetzte, die auf dem Hinweg militärische Nachschubgüter und auf dem Rückweg Kriegsbeute geladen hatten. Und es gab genügend Fälle, in denen die Marine Kriegsgreuel verübte – wie etwa bei der Versenkung des Kreuzers »Nachii« in der Bucht von Manila, der eine größere Goldladung an Bord hatte. Das Schiff wurde von einem japanischen U-Boot mit einer Torpedobreitseite versenkt, und anschließend schoß die U-Boot-Besatzung auf die Matrosen der »Nachii«, die auf dem Meer trieben, mit Maschinengewehren.

Wenn also die meisten der wegen Kriegsverbrechen verurteilten und hingerichteten Japaner Männer aus dem Hause Chôshû waren, dann war dies die Stunde der Abrechnung in der erbitterten Fehde, die seit den ersten Tagen der Meiji-Restauration angedauert hatte.

Auch der Name Chôshû verschwand von der Landkarte, als die Region – später eine Präfektur – nach dem Krieg in Yamaguchi umbenannt wurde. Noch immer ist dieser Teil Japans der Sitz einer der größten japanischen Unterweltorganisationen, der Yamaguchi Gumi, einem Überbleibsel aus den Netzen General Yamagatas.

Viele der mächtigen Familien aus der Vorkriegszeit, wie das Geschlecht Mori aus dem Hause Chôshû, sind auch heute noch reich und mächtig, ebenso wie die vielen Clans der Satsuma. Sie gelten heute als Industriekapitäne. Sie sind die Führer der alten Finanzcliquen geblieben und sind zusammen mit einigen Neuhinzugekommenen die heimlichen Herrscher Japans.

Einer der Angeklagten, der nicht gehängt wurde, sondern wegen seiner Rolle im Krieg eine Haftstrafe verbüßte, Großsiegelbewahrer Kido, der engste Ratgeber des Kaisers während des Krieges, schrieb später an Hirohito: »Wie immer man die Sache betrachtet, der Kaiser trägt die Verantwortung für den verlorenen Krieg. Deshalb wäre es [...] sobald ein Friedensvertrag unterzeichnet ist [...] meiner Meinung nach am angemessensten, wenn Sie die Verantwortung übernähmen und um Ihrer kaiserlichen Ahnen und der Nation willen abdankten. [...] Wenn Sie das nicht tun, wird das Endergebnis darin bestehen, daß die kaiserliche Familie es als einzige unterlassen hat, Verantwortung zu übernehmen, und es wird eine ungeklärte Stimmung zurückbleiben, die, so ist zu befürchten, einen ewigen Schandfleck zurücklassen wird.«[70]

Hirohito ignorierte diesen Rat.

Wer MacArthur kannte, hätte sich ausrechnen können, daß er den siebten Jahrestag von Pearl Harbor als Tag der Hinrichtungen wählen würde. Daraus wurde jedoch nichts, weil die Verteidigung unerwartet Berufung beim Obersten Bundesgericht der Vereinigten Staaten einlegte. Zwar wurde die Berufung abgelehnt, doch der Jahrestag war verstrichen. Statt dessen befahl MacArthur die Hinrichtung am 23. Dezember 1948, dem fünfzehnten Geburtstag von Kronprinz Akihito. Der Kronprinz sagte seine Geburtstagsfeier ab.

10

Schmutzige Hände

Während Hoover, Fellers und MacArthur hinter den Kulissen den Kaiser von aller Kriegsschuld reinzuwaschen suchten, wurde von den Ermittlern des SCAP zunächst erwartet, daß sie die Elite Japans besonders kritisch unter die Lupe nahmen, um alle Schuldigen zu bestrafen und die japanische Wirtschaft und Gesellschaft für die Zukunft zu »demokratisieren«.[1] Erstens mußte Japan sich aus der Macht der Chauvinisten befreien – eine lange Liste gefährlicher Leute, davon viele Politiker und Militärs –, die auf keinen Fall in die Nachkriegsregierung aufgenommen werden durften. Zweitens erklärte Amerika, in Japan müsse eine weitgehende Umverteilung des Besitzes erfolgen. Damit sollten viele eklatante Ungerechtigkeiten beseitigt werden, gegen die sich auch 1936 die Jungoffiziere gewendet hatten. Viele Berater im Stab des SCAP während der ersten Phase der Besatzungspolitik hatten früher für Präsident Roosevelts New Deal gearbeitet und wollten ähnlich radikale Programme in Japan durchführen. Amerika sah in der extremen Konzentration wirtschaftlicher Macht in der Hand einiger weniger *zaibatsu* die Ursache für die autokratischen Verhältnisse, unter denen der Militarismus sich ungehemmt entfalten konnte. Das inzestuöse Kartell von Interessengruppen, das vom *genrô*-Ältestenrat der Meiji-Restauration geschaffen worden war, hatte sich zu einem gewaltigen Apparat ausgewachsen, der den Interessen der Elite, des Militärs, der hohen Beamten, der gefügigen Politiker und der Paten der Unterwelt diente.

Eines der ursprünglichen Hauptziele der Besatzung bestand darin, die Käuflichkeit innerhalb des bestehenden Systems auszurotten. Während der ersten Phase beabsichtigte die Besatzungsmacht, nach der Ausschaltung der Kriegsverbrecher und der Auflösung der Mischkonzerne und Großbanken, von denen sie finanziert wurden, ein neues Regierungssystem einzuführen. Dieses sollte auf einer Verfassung beruhen, die eine Gewaltenteilung und Instanzen zur Kontrolle der politischen Macht sowie eine Verantwortlichkeit der Regierung vorsah. Es war ein ebenso ehrgeiziges wie idealistisches Programm. Optimisten in Washington und Tokyo hielten diese Pläne für nichts weniger als revolutionär. Die japanische Gesellschaft würde dadurch vollständig umgekrempelt, und vor allem würden sich Verhältnisse auf dem Land unter der von Amerikanern erarbeiteten Bodenreform tiefgreifend ändern.

Zu dieser Revolution kam es allerdings nicht, und zwar aus dem einfachen Grund, daß es sowohl in den Vereinigten Staaten als auch in Japan einige einflußreiche Männer gab, die eine solche Veränderung nicht wollten. Nachdem das Programm mühselig angelaufen war, bereinigten sie schnell ihre Differenzen untereinander und machten gemeinsame Sache. Sie unterliefen das Reformprogramm, so daß es zu einer Parodie verkam. Sie richteten das Machtgefüge wieder so ein wie zuvor und besetzten wichtige politische und andere Posten wieder mit denselben Leuten. Einige kosmetische Veränderungen wurden vorgenommen; Kaiser Hirohito wurde zu einem »konstitutionellen Monarchen« gemacht, der dieselben Anzüge trug wie Präsident Truman.

Joseph Grew hatte den Weg für diese Kehrtwendung gebahnt. Im Jahr 1944 sagte er: »Der Versuch, Japan eine vollentwickelte Demokratie aufzupfropfen, wie es einige unserer Leute am liebsten täten, würde uns zweifellos innerhalb kürzester Zeit ins Chaos führen.«[2] Ein Jahr später warnte er: »Nach allem, was ich über die Japaner weiß, würde eine uneingeschränkte Demokratie mit einem gewählten Präsidenten in Japan nur ein politisches Chaos auslösen.«[3]

Solange die Erinnnerungen an den Krieg in den USA noch lebendig waren, verhielt sich MacArthur vorsichtig und tat so, als stünde er hinter dem liberalen Programm der USA. Viele frühe Bekanntmachungen des SCAP, die in seinem Namen erlassen wurden, hatten einen liberalen und populistischen Ton, womit er Vertrauen erweckte. Dabei schielte er auf die nächsten Präsidentschaftswahlen in den USA, die 1948 stattfinden sollten. Wenn er die Unterstützung der Republikanischen Partei wollte, mußte er ein völlig anderes Programm in die Tat umsetzen, das ihm von den reichen Geschäftsleuten der Partei auferlegt wurde, die über Grew und Hoover mit ihm in Verbindung standen. Niemand in Washington konnte MacArthur dazu bringen, in Japan bürgerliche Freiheiten einzuführen. Nach George F. Kennan verfügte MacArthur über eine »flohgleiche Behendigkeit«[4], die es ihm ermöglichte, sich allen Forderungen Washingtons zur Fortsetzung des Demokratisierungsprozesses in Japan zu widersetzen.

Im Rückblick kann man nur bedauern, daß das politische Regime Japans nicht mit einer größeren Verantwortlichkeit gegenüber seinen Bürgern ausgestattet wurde, als Amerika die Chance dazu hatte, doch das hätte Zeit, Geduld, Steuergelder und Willenskraft erfordert. Nach Einschätzung eines hohen Beraters des US-Außenministeriums in Tokyo, des Liberalen George Atcheson, gab es eine langfristige und eine kurzfristige Lösung.[5] Die langfristige Lösung wäre wahrscheinlich die bessere gewesen und hätte zu einer stärkeren politischen Beteiligung der Japaner geführt. Doch unter den gegebenen Umständen war die kurzfristige Lösung die näherliegende. Der Ausbruch des Kalten Krieges in Asien und Europa beunruhigte Leute, die sich sonst vielleicht wirksam für Japan eingesetzt hätten. In der Zwischenzeit manipulierten reformfeindliche Amerikaner und Japaner das Programm zu ihren eigenen Zwecken. Die Angst der Weltöffentlichkeit vor dem Faschismus schlug um in die Angst vor dem Kommunismus. Es war leicht, die Angst, Japan könnte kommunistisch werden, zu schüren, und auf diese Weise jede abweichende Meinung, jede berechtigte Kritik und jede Opposition zu unterdrücken.

Nirgendwo sonst stach die Täuschung so sehr ins Auge wie bei den Ermittlungen des SCAP über das Vermögen Kaiser Hirohitos, der kaiserlichen Familie und der Vorsitzenden der *zaibatsu*.[6] MacArthur behinderte die Ermittlungen, indem er dem SCAP die Hände band. Die Ermittler mußten sich auf das sichtbare Vermögen des Kaisers im eigenen Land beschränken. Das gewaltige Auslandsvermögen blieb völlig außer Betracht. MacArthur wollte auch nichts von den zwingenden Beweisen dafür wissen, daß ein Großteil der Goldbestände des Thrones und anderes liquides Vermögen in den letzten Kriegsmonaten sorgfältig versteckt oder vor der japanischen Küste versenkt und daß die Palastanlagen und sonstiges kaiserliches Grundvermögen der reichen Familie Tsutsumi treuhänderisch übergeben worden waren.

Washington erklärte, »das Eigentum des Palastamts« müsse an den

Staat, das hieß an das japanische Volk, zurückgegeben werden. Zu diesem Zweck wurden die Ermittler des SCAP von Washington angewiesen, eine eingehende Bestandsaufnahme des gesamten kaiserlichen Vermögens durchzuführen. Statt dessen wies MacArthur Hirohitos persönliche Finanzberater und Buchhalter im Palastamt an, eine von ihnen selbst geprüfte Aufstellung der gesamten kaiserlichen Vermögenswerte mit Stand vom 31. Oktober 1945 anzufertigen.[7] Nach dieser Aufstellung betrug das Vermögen Hirohitos in Japan ohne Kunstgegenstände und die Palastanlagen 1,6 Milliarden Yen oder rund hundert Millionen Dollar (Wert 1945). In dieser Zahl, erklärten die japanischen Prüfer, seien das Vermögen, Devisen und Gold, und sämtliche »Einkünfte« des Kaisers aus allen landwirtschaftlichen Betrieben, ausgedehnten Wäldern, unzähligen Unternehmen und Staatsanleihen enthalten. Die selbst angefertigte Vermögenserklärung erging sich eingehend und bis in unbedeutende Details darüber, wieviel Hirohito aus seinen Holzvorräten erlöst hatte, sagte jedoch nichts aus über den Wert der Wälder selbst oder des Grund und Bodens. Die Kaiserfamilie hatte nicht nur den größten Grundbesitz in Japan – ein Großteil dieses Besitzes war nach der Enteignung des Tokugawa-Clans direkt an den Thron gegangen –, sie gehörte zu den reichsten Grundbesitzern der ganzen Welt.[8]

In der Liste ebenfalls nicht aufgeführt waren alle Arten nicht erklärter oder verborgener Vermögenswerte in Japan und auf Auslandskonten. Als die Prüfer des SCAP die Liste durchgingen, vermerkten sie: »Aufstellung enthält keine Angaben über die Richtigkeit.«[9]

Nach der Besatzungszeit berechneten japanische Experten das Inlandsvermögen des Kaisers – ohne Palastanlagen und Kunstschätze – noch einmal neu und gelangten zu einem Wert von über sechsundsechzig Milliarden Yen oder vier Milliarden Dollar (Wert 1945). Man vergleiche dies mit der ursprünglichen Vermögenserklärung des Palastamts.

Woher kam dieser enorme kaiserliche Reichtum?[10] Seit der Meiji-Restauration haben einige der besten Finanzleute Japans an seiner Vermehrung gearbeitet. Entsprechend dem Ratschlag Bismarcks, den Kaiser so reich zu machen, daß er für keinerlei Bestechung empfänglich war, erhielt der Thron zehn Prozent der Anteile an führenden japanischen Unternehmen und Banken zusammen mit einem ähnlich hohen Prozentsatz ihrer jährlichen Gewinne.[11] Im Lauf von drei Generationen vermehrte sich dieses Vermögen um ein Vielfaches. Insbesondere besaß Hirohito ein knappes Viertel (zweiundzwanzig Prozent) der Aktien der Yokohama-Shôkin-Bank, Japans offizieller Devisenbank, der heutigen Bank von Tokyo.[12] Darüber hinaus hielt er große Anteile an neunundzwanzig Mischkonzernen wie Mitsui, Mitsubishi, Sumitomo und Yasuda, die mit der Produktion von Waffen, Flugzeugen und Munition für das japanische Militär satte Gewinne einstrichen und auch in den besetzten Ländern Geschäfte gemacht hatten. Diese steuerfreien kaiserlichen Einkünfte wurden auf der ganzen Welt reinvestiert. Im Jahr 1942 hatte John Gunther auf der Grundlage von Informationen, die er von Bankiers und Wirtschaftsfachleuten erhielt, die japanische Kaiserfamilie als »das dritt- oder viertgrößte Kapitalunternehmen in Japan« eingestuft.[13] Demnach lag die Familie direkt hinter den Konzernen Mitsui, Mitsubishi und Sumitomo, aber noch vor Yasuda und weit vor kleineren »neuen« *zaibatsu* wie Nissan.

Ähnlich gigantisch war Hirohitos Auslandsvermögen. Hierzu gehörten umfangreiche Beteiligungen an westeuropäischen und amerikanischen Banken, Produktionsunternehmen und Immobilien und große Bestände an Gold, Platin und Silber unter verschiedenen Deckadressen in den Tresoren von Banken in der Schweiz, Schweden, im Vatikan, in Portugal, Argentinien, Spanien, England und den Vereinigten Staaten. Die Morgan-Bank, eigentlich eine Handelsbank, betreute auch private Wertpapierbestände der Superreichen. Thomas Lamont hatte einen Großteil seines Berufslebens damit verbracht, die Kunden seiner Bank zu bereichern, und einer von ihnen war der japanische Kaiser.[14]

Im Januar 1944, als man in Japan mittelfristig mit einer Landung der Alliierten auf den Mutterinseln rechnete, berief Großsiegelbewahrer Kido Japans führende Aktienbankiers, die gleichzeitig Ratgeber des Throns waren, zu einer Sitzung ein. Auf ihre Empfehlung wurde der größte Teil der sofort flüssigen Mittel des Throns in den Filialen Schweizer Banken in Tokyo deponiert und Nummernkonten in der Schweiz gutgeschrieben.[15] Dieselben Schweizer Banken hielten Investitionskredite im Namen Hirohitos, die auf deutsche Reichsmark lauteten, und im Verlauf der kommenden Monate wurden sie in »saubere« Währungen neutraler Länder konvertiert. Angeblich wurde ein Teil der kaiserlichen Goldbestände an reiche Chinesen verkauft, die in harter Währung bezahlten, und der Erlös wanderte auf ein Konto in Zürich.[16] Außerdem gab es Berichte, denen zufolge ein Teil des im Krieg geraubten Guts auf japanischen U-Booten nach Südamerika gelangte und in Filialen Schweizer Banken in Buenos Aires deponiert wurde.[17]

Selbst nach der lächerlich unvollständigen Aufstellung der kaiserlichen Vermögenswerte durch Beamte des Palastamts im Oktober 1945 unternahm das SCAP fast einen Monat lang nichts, um die deklarierten Wertpapiere und Edelmetallbestände Hirohitos zu sichern.[18] Während dieser Wochen verschwanden die Aktien und Anleihepapiere und die Gold- und Silberbarren spurlos aus den Tresoren der Yokohama-Shôkin-Bank.[19] Vertreter der Bank erklärten, ihre gesamten Unterlagen seien durch amerikanische Brandbomben vernichtet worden. Was das Edelmetall anging, so wollten sie davon noch nie gehört haben.

Bis zu diesem Zeitpunkt war das gesamte Gold und Silber des Kaisers, das sich noch nicht in den Tresoren Schweizer Banken in Tokyo befand, in dem unterirdischen Bunker bei Nagano untergebracht. Paul Manning, ein Kriegskorrespondent, dem MacArthur sein Vertrauen schenkte, offenbarte viele Jahre später: »General MacArthur war durchaus im Bilde über das fehlende Gold und die transferierten Bargeldbestände, aber er beschloß, sie zu ignorieren.«[20]

Schließlich erließ das SCAP die außerordentliche Bekanntmachung, daß der Kaiser nach der Bezahlung von Steuern und anderen »Bußgeldern« nur noch zweiundvierzigtausend Dollar auf dem Konto habe. Wie es in der Bekanntmachung hieß, werde Hirohito von nun an ein steuerfreies Jahreseinkommen von zweiundzwanzigtausend Dollar beziehen. Um sicherzugehen, daß niemandem die Bescheidenheit des Kaisers entging, berichtete die japanische Presse, Hirohito werde den Familienschmuck und seine Sammlung altjapanischer Kunst verkaufen, um Lebensmittel für notleidende arme Japaner zu kaufen. In einem Artikel hieß es, der Kaiser spende 23 600 Festmeter Bauholz für den Wiederaufbau von Häusern, die durch die Bombardierungen der Alliierten zerstört worden waren.[21]

Damit die Besatzungsmacht die Paläste und den Grundbesitz weiterer Mitglieder der Kaiserfamilie nicht konfiszieren konnte, wurde ein Großteil davon an die Tsutsumi-Familie »verkauft«, Freunde der kaiserlichen Familie, die ihr Vermögen mit dem Bau von Eisenbahnen, Warenhäusern und Immobilienspekulation nach dem Kantô-Erdbeben gemacht hatten.[22] Die Tsutsumis erwarben »überflüssige« kaiserliche Paläste zu Preisen weit unter ihrem wahren Wert. Angeblich waren es Notverkäufe, weil die Dynastie über keinerlei Barvermögen mehr verfügte. Prinz Takamatsu und Prinz Chichibu sollen sogar genötigt gewesen sein, ihre persönlichen Habseligkeiten und selbst »leere Whiskyflaschen« zu verkaufen.[23] Auch die Prinzen Higashikuni, Asaka, Takeda und die Familie Kitashirakawas tätigten Verkäufe, mußten jedoch merkwürdigerweise nicht aus ihren Palästen ausziehen, nachdem sie sie »verkauft« hatten. Die Tsutsumis waren im Begriff, eine der reichsten Familien der Welt zu werden, und nehmen bis heute dank ihrer Verbindungen zum Kaiserhaus eine einzigartige Machtstellung in Japan ein. Kurzum, nach außen hin wurde systematisch der falsche Eindruck erweckt, daß Japan bankrott und die Dynastie völlig verarmt sei.

Tatsächlich hatte der Krieg die japanische Industrie und die Rohstoffe des Landes erschöpft, doch die meisten Höhergestellten in Banken und Unternehmen verfügten über persönliches Vermögen, das sie versteckt und über den Krieg hinweg gerettet hatten. Die meisten *zaibatsu* waren an der Ausplünderung der besetzten Länder und am Drogenhandel in China während des Krieges beteiligt.[24] Allein im Heroinhandel wurden schätzungsweise drei Milliarden Dollar verdient. Der Mohnanbau und die Gewinnung und Verarbeitung des Rohstoffs zu Opium und Heroin erfolgten unter Aufsicht der Armee in der Mandschurei, während die Drogen selbst mit Hilfe der *zaibatsu* in ganz China und Südostasien verkauft wurden.[25]

Innerhalb weniger Tage – nach der Kapitulation, doch noch vor Beginn der eigentlichen Besatzung – ließen die Direktoren von Unternehmen, die ihre engen Verbindungen zur Armee und ihre Kriegsprofite verschleiern wollten, alle entsprechenden Unterlagen verstecken oder vernichten. Ihre höchsten Angestellten wurden in unbedeutende Filialen auf dem Land versetzt, wo sie eine Zeitlang die Rolle von kleineren Angestellten spielten. Da in Japan noch immer feudale Loyalitätsbeziehungen bestanden, brauchte man nicht zu befürchten, daß die Chefs von ihren Mitarbeitern angezeigt würden. Das Finanzministerium bezahlte in aller Eile die Rechnungen von Rüstungsunternehmen, denen das Kriegsministerium während des Krieges Aufträge erteilt hatte. Ein einziger solcher Auftrag in den letzten Tagen vor der Kapitulation brachte dem späteren Ministerpräsidenten Tanaka Kakuei einen Gewinn in Höhe von dreiundsiebzig Millionen Dollar ein.[26]

Es gab noch weitere Prominente, die während des Krieges ein privates Vermögen angehäuft hatten. Die berühmteste Person im organisierten Verbrechen Japans, Kodama Yoshio, beaufsichtigte während des Krieges den Raub kriegswichtiger Rohstoffe und den Absatz von Drogen. Kodama arbeitete zunächst mit der Armee in China und der Mandschurei zusammen und wurde später von Marineminister Admiral Yonai in den Rang eines Konteradmirals erhoben. In dieser Verkleidung reiste Kodama durch ganz Ost- und Südostasien und setzte ungehindert Schiffe der Marine für den Abtransport von Kriegsbeute nach Japan ein, wobei er angeblich das Platin und die schönsten Edelsteine für sich behielt.

Mit der bereits erwähnten Operation »Goldene Lilie«, die sich ausschließlich mit dem Rücktransport sogenannter »kaiserlicher« Kriegsbeute befaßte, wurden geplünderte Wertsachen für die kaiserliche Familie zusammengetragen und inventarisiert. Wenn man bedenkt, daß bei dieser Operation ein Schatz im Wert von über hundert Milliarden Dollar auf den Philippinen versteckt wurde, war die nach der Kapitulation vorgebrachte Behauptung eines Bankrotts der kaiserlichen Familie ebenso dubios wie dreist.

Während der letzten Kriegsmonate beobachteten amerikanische Guerillastreitkräfte, die in den Bergen von Luzon operierten, wie Einheiten der japanischen Armee kleine schwere Kisten von Lastwagen abluden und in Höhlen versteckten. Sie nahmen japanische Soldaten gefangen, von denen sie im Verhör erfuhren, daß die Kisten Goldbarren enthielten. Nach Kriegsende standen MacArthurs General

Charles Willoughby und andere Nachrichtenoffiziere hinter geheimen Bergungsoperationen, die nach Angaben einiger der daran beteiligten Offiziere riesige Summen abwarfen. Das Gold wurde in kleinen Mengen an den Markt abgegeben, um einen Verfall des Weltgoldpreises zu verhindern. Die Bergungsoperationen erstreckten sich über mehrere Jahre.[28] An einem derartigen Unternehmen war auch die amerikanische John Birch Society beteiligt, eine 1958 gegründete militant antikommunistische Privatorganisation, die nach einem amerikanischen Geheimdienstoffizier benannt war, der im August 1945 von Soldaten der Armee Mao Zedongs getötet worden war. Mitte der siebziger Jahre lieh die Gesellschaft einem amerikanischen Schatzsucher knapp fünfhunderttausend Dollar zur Finanzierung einer Bergung auf den Philippinen und versprach, bei der Wäsche des geborgenen Goldes in einem Wert von bis zu zwanzig Milliarden Dollar behilflich zu sein.[29] (Die Gesellschaft war offenbar der Meinung, die amerikanischen Gesetze gegen Geldwäsche dürften übertreten werden, wenn mit dem Geld antikommunistische Aktivitäten finanziert wurden.) Oberst Laurence Bunker, ein enger Freund von General Willoughby, der von 1946 bis 1952 als Chefadjutant, persönlicher Sekretär und Sprecher MacArthurs diente, gehörte später zu den Gründungsmitgliedern der John Birch Society.

Da nichts von alledem vor dem Kriegsverbrechertribunal, gegenüber dem japanischen Volk oder den Ländern der Opfer enthüllt wurde, stellt sich ernsthaft die Frage, inwieweit hier ethische Grundsätze ignoriert und Betrügereien systematisch unterstützt wurden.

Als MacArthur 1945 in Japan eintraf, hatte er von den Vereinigten Stabschefs die Anweisung erhalten, Schlüsselfiguren aus der Wirtschaft zu verhaften. In der betreffenden Direktive hieß es wörtlich: »Sie haben davon auszugehen, daß alle Personen, die seit 1937 in der Industrie, im Bankwesen, im Handel oder in der Landwirtschaft Schlüsselpositionen mit umfangreicher Verantwortung innehatten, aktive Exponenten eines militanten Nationalismus und einer militärischen Aggression waren.«[30] Als erstes befahl MacArthur die Verhaftung eines Onkels des Kaisers, Prinz Nashimoto, der angeblich daran beteiligt war, die Schallplatte mit Hirohitos Bekanntgabe der Kapitulation noch vor der Sendung zu entwenden.[31] Er war das einzige Mitglied der kaiserlichen Familie, das verhaftet wurde und in Armut sterben sollte. Das SCAP verhaftete außerdem mehrere *zaibatsu*-Aufsichtsratsmitglieder, darunter den Vorsitzenden von Mitsubishi, der größten Waffenschmiede Japans, und den vorsitzenden Geschäftsführer von Mitsui, dem ältesten *zaibatsu*.

Bald nach der Kapitulation wurde beschlossen, MacArthur über Goldbarren im Wert von zwei Milliarden Dollar zu informieren, die in den letzten Kriegstagen in der Bucht von Tokyo versenkt worden waren.[32] Das Gold war auf Befehl von Prinz Takeda von der japanischen Luftwaffe von Korea nach Tokyo geflogen worden. Anschließend wurden die Barren in Bronzekisten verpackt und versenkt. Im April 1946 informierte das Zentrale Kontaktbüro das SCAP über das Gold und fragte an, ob es »für das Gemeinwohl des japanischen Volkes« gehoben und in die Zentralbank gebracht werden könne. MacArthur war einverstanden und sagte, sein Auftrag in Japan sei, »das Land wirtschaftlich wieder auf die Füße zu stellen«.[33] Präsident Truman war über die Bergungsaktion informiert.[34] Ein Vorschlag war, die Goldbarren in die Vereinigten Staaten zu bringen, um sie dort zu verwahren und als Sicherheit für ausstehende Zinszahlungen an Kreditinstitute wie die Morgan-Bank anzusehen. Statt dessen blieb das Gold in Japan. Zur selben Zeit und möglicherweise aus reinem Zufall wurden Prinz Nashimoto, der Aufsichtsratsvorsitzende von Mitsubishi, der geschäftsführende Direktor von Mitsui und drei weitere führende Männer aus der japanischen Wirtschaft in aller Stille aus dem Sugamo-Gefängnis entlassen und alle Anklagen gegen sie aufgehoben.

Das war nur eine von vielen Merkwürdigkeiten während der Besatzungszeit. Fundierte Berichte über große Geldsummen, die während dieser Zeit über den Pazifik hin und her transferiert wurden, fielen mit Berichten über Kriegsverbrecher der höchsten Kategorie zusammen, die aus dem Sugamo-Gefängnis entlassen wurden, ohne daß gegen sie Anklage erhoben worden war. General Tschiang Kaischek erstellte mehrere Listen mit den Namen von Japanern, die seiner Meinung nach verhaftet werden, und anderen, die unbehelligt bleiben sollten.[35] In einer Aktion, in der manche einen klaren Hinweis auf Komplizenschaft oder Erpressung sehen, wurden einzelne

Namen zwischen den Listen ausgewechselt. Nachdem Gangsterboß Kodama die Hälfte seines deklarierten Vermögens dem SCAP übergeben hatte, war er ein ebenso freier Mann wie sein Freund Kishi, im Krieg stellvertretender Munitionsminister und finanzieller Drahtzieher der japanischen Raubzüge in der Mandschurei und später Ministerpräsident.

Nach mehr als einem halben Jahrhundert sind die SCAP-Dokumente im Zusammenhang mit diesen mysteriösen Zahlungen noch immer nicht für die Öffentlichkeit zugänglich. Als ein japanischer Regierungsvertreter gefragt wurde, wer hinter dem offenbaren Kumpanei zwischen dem Palastamt und dem SCAP stecke, hob er die Hände über den Kopf und schlug die Handflächen zusammen. »Jetzt sagen Sie mir: Welche der beiden Hände hat geklatscht?«

Im Oktober 1946 gab Joseph Keenan, der oberste Ankläger des Kriegsverbrechertribunals, bekannt, daß er nach der Erhebung der Anklage gegen die Militaristen einen zweiten Prozeß gegen Männer aus der japanischen Wirtschaft plane. Das wurde jedoch nie in die Tat umgesetzt. Die beabsichtigte Säuberung unter der wirtschaftlichen Elite Japans war in einer geheimen Direktive an das SCAP von der Fernostkommission (FEC) in Washington, einer interalliierten Projektgruppe für die Planung der Besetzung Japans, aufgeführt. Diese Direktive, die unter ihrer Bezeichnung FEC-230 bekannt ist, verfolgte den Zweck, die riesigen japanischen Mischkonzerne zu entflechten und Antimonopolgesetze zu erlassen, mit denen ihr erneuter Zusammenschluß verhindert würde.[36] Damit sollten die Monopolprofite verhindert werden, die seit den siebziger Jahren des vorigen Jahrhunderts aus den japanischen Verbrauchern herausgepreßt worden waren. Gleichzeitig sollte mit der Abschöpfung eines Teils der großen Vermögen die politische Freiheit gestärkt werden, da dieses Vermögen dann nicht mehr für die Bestechung von Politikern zur Verfügung stand.

Dummerweise übersahen die Konzeptoren der Direktive FEC-230 die handfesten Interessen großer US-Banken und Unternehmen, die vor dem Krieg in Japan umfangreiche Kredite vergeben und Investitionen getätigt hatten. Vor allem die Morgan-Bank war mit Krediten stark engagiert, darunter einem Darlehen in Höhe von hundertfünfzig Millionen Dollar für den Wiederaufbau Tokyos nach dem Kantô-

Erdbeben; die japanische Regierung war zum Zeitpunkt des Überfalls auf Pearl Harbor mit der Bedienung aller dieser Kredite im Verzug. Viele weitere US-Unternehmen hatten sich vor dem Krieg in Japan mit Krediten und Direktinvestitionen stark engagiert. Ende 1941 machten US-amerikanische Investitionen drei Viertel des gesamten Auslandskapitals in der japanischen Industrie aus. Die größte einzelne Direktinvestition, fast die Hälfte der Gesamtsumme, entfiel auf General Electric, ein Unternehmen, das zur Morgan-Großfamilie gehörte.[37] General Electric hielt sechzehn Prozent des eingezahlten Kapitals von Tokyo-Shibaura-Electric, einer Firma, die dem Mitsui-Konzern angeschlossen war. Weitere US-Firmen mit hohen Investitionen in Japan waren unter anderem Associated Oil (Mitsubishi Petroleum), Westinghouse (Mitsubishi Electric), Owens-Libby (Sumitomo), American Can (Mitsui).[38] Nach dem Krieg hatten diese US-Gesellschaften an Japan Forderungen an Reparationen, Lizenzen und Kreditzinsen und -tilgungen in einer Gesamthöhe von über einer Milliarde Dollar. Sie hatten das größte Interesse daran, nicht nur ihr investiertes Kapital zurückzubekommen, sondern auch ihre einträglichen Unternehmungen in Japan fortzusetzen. Wenn Japans größte Mischkonzerne entflochten werden sollten, hätte das unmittelbare Auswirkungen auf ihre amerikanischen Partnerfirmen. Wenn die Eigentümer und Direktoren dieser *zaibatsu* verurteilt werden sollten, könnten die neuen Eigner oder geschäftsführenden Direktoren erklären, sie seien nicht verantwortlich für die Rückzahlung von Krediten, die unter einer vorangegangenen verbrecherischen Militärdiktatur aufgenommen worden waren. Wenn die Versuche zur Einführung der Demokratie in Japan fehlschlugen und zu einer Übernahme der politischen Macht durch Kommunisten führten, war an eine Rückzahlung der Schulden nicht mehr zu denken – das hatte das Beispiel der Bolschewiki in Rußland nach der Oktoberrevolution gezeigt.

Diese Überlegung setzte sich nach und nach auch in Washington durch und fand ihren Widerhall in Tokyo. Japanische Regierungssprecher argwöhnten, das SCAP verfolge führende Männer der Wirtschaft nicht wegen mutmaßlicher Kriegsverbrechen oder weil sie ihr Vermögen auf ungesetzliche Weise erworben hätten, sondern weil sie erfolgreich seien. »Für uns ist es schwierig zu verstehen, was das mit

Demokratie zu tun haben soll […] Die wichtigsten Persönlichkeiten des Reiches aus Finanz und Industrie, die Männer, die wir am nötigsten brauchen, um eine gesunde wirtschaftliche Entwicklung in Gang zu bringen, auf der eine wirkliche Demokratie gründen muß, werden praktisch vorverurteilt, nur weil sie Geschäfte gemacht haben.«[39] Die alte Garde im Parlament prophezeite – wie Joseph Grew – »Chaos und Verwirrung« und eine kommunistische Revolution in Japan, wenn diese Säuberungen anhalten sollten.

In Washington gab es die sogenannte Japan-Clique, die eine Revision der SCAP-Politik unterstützte. Ihr Wortführer war Joseph Grew unter der Anleitung Herbert Hoovers und Thomas Lamonts.[40] Letzterer hatte eine ganze Generation von Anlagebankiers dazu gebracht, seine Auffassung von China als einem korrupten Land und von Japan als einer Nation fiskalischer Selbstdisziplin zu teilen. Nach dem Krieg trat Grew von seinem Amt als Staatssekretär im Außenministerium zurück und ging an die Wall Street, wo er zum führenden Lobbyisten der Japanclique wurde. 1947 befand sich die Republikanische Partei wieder stark im Aufwind, während die Demokraten sich in die Defensive gedrängt sahen. Die bisherigen Reformen des SCAP wurden außer der Bodenreform gestoppt, und von Verfolgung der Kriegsverbrecher war immer weniger die Rede. Grew und die Japanclique bekamen Oberwasser, weil der Erfolg Mao Zedongs in China und der Vormarsch der Kommunisten in Korea, Vietnam, Indonesien und anderswo selbst liberale Politiker in Unruhe versetzte und von der Notwendigkeit überzeugte, ein eisernes Dreieck aus Japan, Formosa und Korea zu bilden.

Konservative amerikanische Wirtschaftsführer standen zwar stets in vorderster Reihe, wenn es darum ging, Monopole und Kartelle zu verurteilen, wehrten jedoch erfolgreich alle Versuche ab, die japanischen Großkonzerne zu entflechten.[41] Grew und seine Mitstreiter bedienten sich zwar lautstark einer demokratischen Rhetorik, wenn es um die Reformen in Japan ging, arbeiteten jedoch hinter den Kulissen tatkräftig daran, alle Reformbestrebungen zu vereiteln. Diese Männer waren überzeugt, daß die beste Hoffnung für die künftige pazifische Wirtschaft darin lag, die vor dem Kriege bestehenden Handelsbeziehungen wiederzubeleben, so daß die Vereinigten Staaten erneut zum größten Handelspartner Japans würden. Japan verfügte über die einzige solide industrielle Basis in Asien. Nur wenn man der Elite seiner Wirtschafts- und Finanzkreise erlaubte, wieder ihre früheren Machtpositionen einzunehmen, konnte Japan ein industrielles Bollwerk gegen eine weitere Expansion des Kommunismus in Asien werden. Die Zeit drängte.

Grew wurde außerdem einer von zwei Vorsitzenden einer neuen Interessengruppe, des American Council on Japan (ACJ).[42] Der ACJ war ein politisches Aktionskomitee, das unmittelbar nach dem Krieg von amerikanischen Konservativen ins Leben gerufen worden war, um Abgeordnete zu beeinflussen und alle Initiativen für Reformen in Japan, die von den Liberalen befürwortet wurden, zu vereiteln. Diese wurden vom ACJ verächtlich als »New-Deal-Demokraten« und »Commie-Freunde« bezeichnet. Der ACJ hatte *Newsweek* hinter sich, eine 1937 von Averell Harriman und anderen gegründete Zeitschrift. Harrimans Bruder war einer der Chefs von *Newsweek*. Die Zeitschrift vertrat den Standpunkt der Wall Street, was die Zukunft Japans anging. Die obersten Organisatoren des ACJ waren Harry F. Kern, Auslandsredakteur, und Compton Pakenham, Chef des Tokyoter Büros der Zeitschrift, sowie James Lee Kauffman, ein New Yorker Rechtsanwalt, der von 1913 bis 1919 an der Universität Tokyo gelehrt hatte und für mehrere US-Großunternehmen in Japan als Anwalt tätig gewesen war. Kern war mit Harriman befreundet. Pakenham war in Japan aufgewachsen und erkannte, wie ein Kritiker sagte, »in den meisten angeklagten Kriegsverbrechern in Tokyo seine Spielkameraden aus der Kindheit«.[43] Nach dem Krieg empfingen Kern und Kauffman von Hirohito hohe Ehrungen.[44]

Der andere Vorsitzende des ACJ, William Castle, gehörte ebenfalls dem Kreis um Hoover an und war ehemaliger Botschafter der USA in Japan.[45] Er stammte aus einer Familie der größten Plantagenbesitzer auf Hawaii und war unter Präsident Hoover Staatssekretär im Außenministerium. Grews rechte Hand im ACJ war der in Japan geborene Berufsdiplomat Eugene Dooman, der während des Krieges zusammen mit ihm im US-Außenministerium gearbeitet hatte.[46] Ihr Auftrag bestand ihrer Meinung nach darin, die »Exzesse« des SCAP – die Bemühungen um eine Bestrafung der japanischen Kriegsverbrecher und eine Reform der wirtschaftlichen und politischen Struktur Japans – zu korrigieren.[47]

Im Sommer 1947 besuchte Kauffmann im Auftrag von Dillon Read Tokyo und verfaßte eine persönliche Einschätzung des geheimen Plans der Truman-Regierung, die *zaibatsu* zu entflechten.[48] Danach wurden die Geheimdokumente FEC-230 durch Staatssekretär William Draper, im Zivilleben Seniorpartner von Dillon Read, der Zeitschrift *Newsweek* zugespielt. Im Dezember 1947, während in den USA die ersten Vorbereitungen für die Präsidentschaftswahlen im nächsten Jahr liefen, begann *Newsweek* mit dem Abdruck einer Artikelserie, in der das Reformprogramm des SCAP angegriffen wurde. Die Zeitschrift machte dem SCAP den Vorwurf, Amok zu laufen und seine Befugnisse zu überschreiten; es versuche »eine Wirtschaftstheorie [in die Praxis umzusetzen], zu der es ... in der ganzen Welt kein Pendant gibt. Sie ist zwar nicht gerade kommunistisch, steht jedoch weit links von allem, was in diesem Land geduldet wird.« *Newsweek* warnte seine Leser, daß dieser Plan sie teuer zu stehen kommen werde: »Japan kostet die amerikanischen Steuerzahler jährlich Millionen Dollar.« Die Entflechtung der *zaibatsu* würde »die japanische Wirtschaft bis zu dem Punkt schwächen, an dem die Unterhaltung Japans zu einer Dauerbelastung für den amerikanischen Steuerzahler wird«. Jetzt komme alles darauf an, schrieb Compton Pakenham, Japan wieder auf den richtigen Weg zu bringen und es zu einem »fruchtbaren Feld für amerikanisches Kapital« zu machen.[49]

Im amerikanischen Kongreß wurde der Angriff vom republikanischen Senator William F. Knowland geführt, einem Zeitungsverleger aus Kalifornien, der die Beschuldigung erhob, wesentliche Informationen über die Politik der USA in Japan würden dem amerikanischen Volk vorenthalten. Nach seinen Worten war die Politik des SCAP das Gegenteil der amerikanischen Vorstellungen von Anständigkeit und Fair play und stand nicht im Einklang mit den amerikanischen politischen, moralischen oder wirtschaftlichen Maßstäben. Einen Vorgeschmack auf die Hexenjagden unter der Führung Senator Joseph McCarthys bot die Unterstellung Knowlands, FEC-230 sei von Kommunisten im US-Außenministerium ausgeheckt worden.[50]

Hoover hatte Fellers schon einmal vor den Kommunisten im

Außenministerium gewarnt. Damals war Fellers gerade dabei, General Tôjô und andere wichtige Zeugen zu indoktrinieren. Hoover wohnte in einer Suite im Waldorf Astoria Hotel in New York, wo er regelmäßig mit Grew, Kern und anderen zusammenkam. Er spornte sie an, das SCAP und seine Politik ins Visier zu nehmen, während er gleichzeitig MacArthur und Fellers Ratschläge gab und Hirohito ersuchte, zu bestimmten Fragen Stellung zu nehmen. Während dieser Zeit ließ er MacArthur in dem Glauben, er werde wahrscheinlich als Kandidat der Republikaner für das Amt des Präsidenten oder doch mindestens des Vizepräsidenten aufgestellt werden.[51]

Seine politischen Ambitionen machten MacArthur besonders empfindlich gegenüber den Beschuldigungen von *Newsweek*, das SCAP verfolge in Japan eine mehr oder weniger kommunistische Politik. In einem Wutanfall wies er Pakenham aus Japan aus, mußte dann jedoch zu Kreuze kriechen und ihn unter dem Druck seiner republikanischen Freunde in New York wieder ins Land lassen. Als Senator Knowland im Senat ähnliche Beschuldigungen vorbrachte, wäre MacArthur vor Wut fast geplatzt, aber er konnte nichts dagegen unternehmen. Er konnte zwar das Weiße Haus, das Pentagon und das Außenministerium ignorieren, aber er konnte nicht die Männer brüskieren, die über seine Aufstellung als Präsidentschaftskandidat entschieden. Also stoppte er alle weiteren Strafmaßnahmen des SCAP, säuberte dessen Reihen von den verbliebenen Liberalen und Anhängern des New Deal und begann mit der Wiedereinsetzung der wirtschaftlichen und politischen Elite in ihre alten Machtstellungen.

Der Todesstoß für die Reformen ließ nicht mehr lange auf sich warten. Im Februar 1948 entsandte die US-Regierung zwei Bankiers von der Wall Street nach Japan, um darüber entscheiden zu können, ob die liberalen Reformen fortgesetzt werden sollten oder nicht. Das Ergebnis war abzusehen. Die Draper-Johnston-Mission, unter Führung von Bankier Percy Johnston und Staatssekretär William Draper, verbrachte zwei Wochen in Japan und gab dann ihre Empfehlungen bekannt.[52] Draper wußte kaum etwas von Japan, doch da er bei Dillon Read den Posten des Vizepräsidenten bekleidete, war es naheliegend, daß er darauf bedacht war, die Investitionen seiner Firma und die von assoziierten Unternehmen zu schützen. Er hatte sich bereits einen Namen gemacht, indem er nach 1945 die westdeutsche Industrie vor dem »übertriebenen Eifer« der amerikanischen Besatzungsmacht »gerettet« hatte. Percy Johnston war Vorsitzender des Aufsichtsrats der Chemical Bank in New York, die seit langem Geschäftsbeziehungen zur Mitsui-Bank unterhielt.[53] Mit der Entsendung dieser beiden Männer hatte man den Bock zum Gärtner gemacht. Was Japan wirklich brauche, so lautete ihr Fazit, sei keine Strafe für einen erbarmungslosen Krieg, sondern die schnellstmögliche Wiederherstellung als Wirtschaftsmacht.[54]

Von den ursprünglich 325 japanischen Unternehmen, die entflochten oder umstrukturiert werden sollten, blieben auf der Liste der Mission nur noch zwanzig übrig, darunter keine einzige Bank. Der ehrgeizige Plan zu einer Reform der japanischen Wirtschaft und Regierung wurde innerhalb von weniger als drei Jahren im Keim erstickt.

Als Vorsichtsmaßnahme änderten die großen *zaibatsu*-Banken eine Zeitlang ihre Namen. Aus der Mitsubishi-Bank wurde die Chiyoda-Bank, die Sumitomo-Bank wurde zur Ôsaka-Bank und so fort. (Der wirtschaftliche Aufschwung infolge des Koreakriegs sorgte dafür, daß sie schnell wieder schwarze Zahlen schrieben, und bot ihnen überdies die Möglichkeit, die gut versteckten Geld- und Anlagevermögen wieder, ohne Verdacht zu erregen, hervorzuholen. Ministerpräsident Yoshida nannte den Koreakrieg ein »Geschenk Gottes«.)

Die Verfilzung von Wirtschaft, Politik, Beamtenapparat und Unterwelt in Japan sorgte dafür, daß der Schutz eines einzelnen dieser vier Sektoren auch das Überleben der übrigen drei garantierte. Die ursprüngliche Direktive für die amerikanische Besatzungsmacht in Japan vom 4. Januar 1946 hatte verfügt, niemand dürfe ein politisches Amt bekleiden, der eine maßgebliche Rolle bei der Förderung der japanischen Aggression oder von militantem Nationalismus gespielt hatte. Hierzu gehörten sämtliche Offiziere, Leiter von Wirtschaftsorganisationen im Ausland, Kolonialbeamte und die Führer ultranationalistischer Organisationen. Alles in allem fielen zweihundertzwanzigtausend Personen unter diese Bestimmung. Washington war überzeugt, daß sich nach der Durchführung dieser Direktive neue demokratische Stimmen Gehör verschaffen würden.

1946 bildeten sich erste Gewerkschaften und riefen lautstark nach

Reformen. MacArthur, der die Wahrnehmung solcher politischen Freiheiten anfangs ermutigt hatte, revidierte seine Position in den Jahren 1947/48, nannte die japanische Arbeiterbewegung eine Bedrohung für die wirtschaftliche Gesundung und unterdrückte sie vollkommen.[55] Jeder, der in der organisierten Arbeiterschaft politisch aktiv wurde oder einer anderen linkspolitischen Bewegung nach dem Krieg angehörte, galt als Marxist. Das Mittel der politischen Säuberung, ursprünglich dazu gedacht, die Ultranationalisten aus allen öffentlichen Ämtern zu entfernen, wurde jetzt gegen Sozialisten, Gewerkschaftsaktivisten und andere Linke eingesetzt. Im Juli 1948 intervenierte MacArthur persönlich, um einen Aufstand der Eisenbahner- und Transportarbeitergewerkschaften zu verhindern, und erließ anschließend ein Gesetz, das für alle Angestellten im öffentlichen Dienst das Streikrecht aufhob.[56]

Da er auf die Zivilbürokratie aus Kriegszeiten angewiesen war, weil ohne sie die ganze Verwaltung nach dem Krieg blockiert gewesen wäre, ließ MacArthur den Beamtenapparat unangetastet.[57] Die japanische Bürokratie hatte ihre Wurzeln in der ehemaligen Samurai-Klasse, also funktionierte sie nach dem Prinzip von Clanloyalität. Die Beamten schlossen sich Oligarchen an, von denen sie ihre Beförderung erhoffen konnten, oder speziellen Interessengruppen, von denen sie unmittelbarer mit Schmiergeldern belohnt wurden. Da keine Versuche unternommen wurden, den Beamtenapparat nach dem Krieg zu reformieren, wurde dieser in seiner überkommenen Form zum neuen Machtzentrum des Landes.

Nachdem die amerikanische Besatzungsmacht den Japanern eine neue Verfassung versprochen hatte, mußte sie sich etwas einfallen lassen. Zunächst wies MacArthur die Japaner an, sich ihre Verfassung selber zu schreiben, doch als er sah, was dabei herauskam, beschloß er, die Arbeit von seinen Leuten erledigen zu lassen. Er machte drei Vorgaben: Das Tennô-System sollte erhalten bleiben, die Japaner sollten formal den Krieg als ein Mittel der Außenpolitik ablehnen, und bestimmte feudale Überreste des alten Adels sollten abgeschafft werden. Diese Verfassung wurde innerhalb von sechs Tagen von Mac-Arthurs Freund General Courtney Whitney zu Papier gebracht, einem ehemaligen Anwalt und Geschäftsmann aus Manila, der von einem Team von Rechtsexperten des SCAP unterstützt wurde. Als Whitney seinen Schnellschuß japanischen Regierungsvertretern vorlegte, sagte er ihnen: »Wenn Sie nicht bereit sein sollten, für ein solches Dokument die Verantwortung zu übernehmen, wird General MacArthur über Ihre Köpfe hinweg das japanische Volk direkt dazu befragen. Wenn Sie jedoch eine Verfassung dieser Art unterstützen, werden Sie auch Ihrerseits bei MacArthur Unterstützung finden.«[58]

Ministerpräsident Yoshida stimmte dieser Verfassung erst zu, als er von Kaiser Hirohito die unmittelbare Anweisung dazu erhalten und MacArthur ihm versprochen hatte, damit würde die Sicherheit des Kaisers garantiert. Die Vorstellung, einem durch die Verfassung gedeckten nationalen Referendum irgendwelcher Art unterworfen zu sein, jagte Hirohito und Yoshida einen solchen Schrecken ein, daß sie beschlossen, das Beste daraus zu machen. Die Japaner erkannten, daß der Verfassungstext Whitneys zahlreiche Lücken enthielt und eine Vielfalt von Interpretationsmöglichkeiten zuließ. Er wurde – in den Worten MacArthurs – »vom Kaiser dem japanischen Volk vorgelegt«. Traditionell werden Verfassungen vom Volk oder seinen Repräsentanten als ein Mittel entworfen, die Befugnisse der Regierung zu definieren und zu beschränken. MacArthur wolle dagegen, daß diese Verfassung dem Volk vom Kaiser gegeben würde, wie zuvor schon die Meiji-Verfassung. Wie MacArthurs Biograph William Manchester bemerkte, wurde sie vom Kaiser auf dem Umweg über das »handverlesene Tôjô-Parlament«, das noch aus der Zeit vor der Kapitulation stammte, dem Volk mitgeteilt.[59] Im März 1946 kommentierte der Reporter Mark Gayn bissig: »Die neue Verfassung wird den Japanern von schmutzigen Händen übergeben«[60], woraufhin MacArthur Gayn aus Japan auswies.

Obwohl die neue Verfassung von seinen Leuten aufgesetzt worden war, lobte MacArthur öffentlich die Regierung Japans für »ein solch beispielhaftes Dokument, das so sehr seiner eigenen Vorstellung von dem [entspreche], was für das Land am besten sei«[61]. Die Verfassung erweckte den Anschein, als beschneide sie die politischen Befugnisse des Kaisers, doch da dieser in Wirklichkeit nie echte Befugnisse gehabt hatte, war dies mehr für die internationale Öffentlichkeit gedacht. Entscheidender war der Umstand, daß MacArthur und Whitney mit ihrer Unterstützung für eine Beibehaltung des Tennô-Systems bewußt oder unbewußt ausgerechnet all das förderten, dessen Zerstörung zu den ursprünglichen Aufgaben des SCAP gehört hatte. Der Kaiser mußte auf seine Göttlichkeit verzichten, was am 1. Januar 1946 in einer Erklärung verkündet wurde, die vom SCAP entworfen und von MacArthur gebilligt worden war. Diese hatte jedoch einen solch abstrakten Charakter, daß sie praktisch ohne jede Bedeutung blieb.

Mit der Bewahrung des Kaiserthrons gaben MacArthur, Hoover, Grew und andere den konservativen japanischen Politikern das Instrument wieder in die Hand, mit dessen Hilfe diese die japanische Öffentlichkeit seit der Meiji-Restauration hinters Licht geführt hatten. Mit der Figur des Kaisers konnte man die Aufmerksamkeit der Öffentlichkeit von dem ablenken, was tatsächlich passierte.

Vor dem Krieg und bis zur Kapitulation galt jede Kritik an der japanischen Regierung als Majestätsbeleidigung, die mit dem Tod geahndet werden konnte. Nach dem Krieg fungierte der Kaiser ungeachtet der Verordnungen des SCAP weiterhin als Oberpriester des Shinto und wurde in der Bevölkerung noch immer als heiliger Mann angesehen. Konservative Politiker wurden nicht müde zu betonen, daß der Kaiser auch weiterhin das Oberhaupt der japanischen Gemeinschaft sei. Somit war auch jetzt noch jede Kritik an der Regierung eine Beleidigung des Kaisers, des Vaters aller Japaner, deren Folgen zu fürchten waren. Während des Wahlkampfs von 1946 schüchterte die Liberale Partei, die ihren Namen nur zum Schein trug, die Wähler mit der Behauptung ein, jede Stimme gegen sie sei eine Stimme gegen den Kaiser, und errang auf diese Weise mühelos einen Wahlsieg.

Bis zum Jahresende 1951 waren die meisten der zweihundertzwanzigtausend Personen, die wegen ihrer Beteiligung am Krieg kein öffentliches Amt mehr bekleiden durften, wieder entlastet, bezogen eine Staatsrente und durften ihr früheres Leben weiterführen, als hätte es nie einen Krieg gegeben. Ein Jahr später, als die Souveränität Japans wieder voll hergestellt war, stand überhaupt niemand mehr auf der Liste. Etliche der ursprünglich Beschuldigten hatten hohe Ämter als Wirtschaftsberater inne, während andere ihre früheren Posten bei der

Polizei und den Streitkräften wieder übernommen hatten. Bei den allgemeinen Wahlen vom Oktober 1952 zogen 139 Personen, die gerade erst aus der Haft entlassen waren, als Abgeordnete ins Parlament ein.[62]

Als die Besatzung 1952 endete, befanden sich alle führenden Linken Japans im Gefängnis, die Reformen hatten sich totgelaufen, und alle Hoffnungen auf eine Demokratie mußten vorerst begraben werden. Japan holte in aller Ruhe seine Goldschätze aus ihren Verstecken. Da die Vereinigten Staaten die Elite nicht gezwungen hatten, in der Neuordnung der japanischen Verhältnisse eine führende Rolle zu spielen, hatten sie zugelassen, daß diese allein schon die Idee einer Reform sabotierte. Die Oligarchen Amerikas hatten die Oligarchen Japans gerettet. Letztere hatten die Absicht, in Japan wieder dieselben Verhältnisse zu schaffen wie vor dem Krieg, gerade so, als sei der Pazifische Krieg lediglich eine unbedeutende historische Verirrung gewesen.[63] George Kennan schrieb später: »Wir hatten bewußt unseren früheren Gegnern jeden Rest von Verantwortung für das, was nun kommen sollte, weggenommen.«[64] Die Elite schob die bittere Pille einfach in die Backentasche und spuckte sie in dem Moment wieder aus, als die Amerikaner abgezogen waren.

Es wäre sicherlich kein einfaches Unterfangen gewesen, aber die amerikanischen Besatzungsbehörden hatten sich noch nicht einmal darum bemüht, Japan zu verändern. Was ein Sieg der westlichen Demokratie über den japanischen Faschismus hatte werden sollen, artete in einen Kampf zwischen amerikanischen Liberalen und amerikanischen Konservativen aus, der auf beiden Seiten viele Opfer forderte. Einer von ihnen war George Atcheson, der ranghöchste Berater des US-Außenministeriums in Japan. Obwohl er sich damit abgefunden hatte, die »kurzfristige Lösung« mitzutragen, hatte er mehr Feinde, als er ahnte. Er und seine liberalen Kollegen und Freunde wurden von MacArthurs Betonköpfen der Rechten – General Whitney, General Willoughby und Oberst Bunker – schikaniert. Atcheson war seit 1941 mit Terasaki befreundet, als dieser verzweifelt versucht hatte, den Angriff auf Pearl Harbor zu verhindern. Im Nachkriegs-Tokyo brachte Atcheson vielen, denen es wie Terasaki schlecht ging, Lebensmittel und anderes mit. Wenn er weg war, erschien die US-Militärpolizei oder G-2-Agenten bei den Beschenkten und durchsuchten deren Häuser nach »gestohlenen amerikanischen Waren«.[65] Mit solchen Schikanen agierten die unmittelbaren Untergebenen MacArthurs. Im August 1947 gelangte George Atcheson zu dem Schluß, daß er nach Washington zurückkehren und dem Außenminister und dem Weißen Haus persönlich berichten müsse, was in Japan im Gange war. Gemeinsam mit mehreren Männern seines Stabs bestieg er eine amerikanische Maschine, die ihn zunächst nach Honolulu bringen sollte. Nachdem sie die einsame Johnston-Insel überflogen hatten, aber noch ein ganzes Stück von Hawaii entfernt waren, hatte das Flugzeug, das zuvor vollgetankt worden war, rätselhafterweise plötzlich keinen Treibstoff mehr und mußte notwassern. Atcheson überlebte nicht.

Als die Nachricht von dem Unfall Terasaki in Tokyo erreichte, war er wie vom Donner gerührt. Völlig benommen ging er zum Strand in der Sagami-Bucht und ohne sich auszukleiden ins Meer, um eine Stunde lang in Gedanken eins zu sein mit seinem Freund Atcheson und den Opfern des vergangenen Krieges, deren Hoffnungen jetzt zum zweitenmal zerstört worden waren – diesmal von den amerikanischen Oligarchen.[67]

11
Japans mächtige Türhüter

Hirohitos Erbe, Kronprinz Akihito, wurde 1933 geboren, im chinesischen Jahr des Hahns, genauer gesagt des Wasserhahns, dem folgende Eigenschaften zugeschrieben werden: intellektuell, wissenschaftlich, ernst, introvertiert, beflissen, gebildet, mit großer Tatkraft und Initiative, aber ebenso schnell zum Rückzug bereit, wenn ein Vorhaben vereitelt wird. Als Kleinkind wurde er in die Obhut des Palastamts gegeben und in der Kinderkrippe des Palasts von anderen Babys getrennt.[1] Als junge Mutter hatte Kaiserin Nagako ihre Töchter häufig in der Kinderkrippe besucht, wurde jedoch heftig kritisiert, weil sie sie zu sehr verwöhne. Nach der Geburt ihres Sohnes fügte sie sich den Erwartungen des Hofes und besuchte ihn nicht so oft. Er gewöhnte sich daran, unter Menschen und dennoch einsam zu sein. Im Alter von drei Jahren wurde Akihito seinen Eltern ganz weggenommen, um in einem eigenen Palast mit seinen Kämmerern, Kindermädchen, Ärzten und Erziehern zu leben.[2] Im Gegensatz zu Kaiserinwitwe Sadako, die einen langen und schließlich siegreichen Kampf führte, um engeren Kontakt zu ihren Kindern zu haben, akzeptierte Kaiserin Nagako die Trennung von ihrem Sohn widerspruchslos. Statt sich gegen den Willen der Kämmerer und die Isolation von Kaiser und Kaiserin aufzulehnen, wurde sie zunehmend verschlossen und ernst. Umgeben von einem Hofstaat von adligen Damen, die sich für nichts anderes interessierten als Klatsch, veränderte sie sich allmählich.

Unter der Obhut der Kämmerer erhielt Akihito dieselbe rigide Erziehung wie sein Vater. Wie dieser entwickelte er ein starkes Interesse an der Meeresfauna, beobachtete die Karpfen in den Schloßteichen, fing besonders schöne Exemplare mit einem Kescher und nahm lebende Langusten in die Hand, um sie zu untersuchen – das alles unter den wachsamen Augen von zwei Hofdamen, einem Kämmerer und einem Arzt. Mit sechs Jahren, als Japan sich bereits im Krieg mit

China befand, wurde er auf die Adelsschule geschickt, deren Leiter der pensionierte Admiral Yamanashi war. Dort war er einzelgängerisch, wachsam, verschlossen, ohne Freunde. Wegen seiner Rundlichkeit und seiner dunklen Hautfarbe wurde er von seinen Schulkameraden Cha Bûchan (»braunes Schweinchen«) genannt.

In späteren Phasen des Pazifischen Krieges wurden er und seine Schulkameraden aus der Stadt gebracht. Fast zwei Jahre lang bekam er seine Eltern nicht zu Gesicht und kam erst im Herbst 1945, nach der Kapitulation, in den Palast zurück. Sein Vater erklärte ihm in einem Brief die Katastrophe des Krieges: »Unser Volk hat zu sehr an den kaiserlichen Staat geglaubt und England und die Vereinigten Staaten verachtet. Unsere Militärs haben zuviel Wert auf den Kampfgeist gelegt und die Wissenschaft vernachlässigt [...] Sie konnten nur vorwärts marschieren und verstanden nichts vom Rückzug.«[3] Am Tag der Kapitulation schrieb Akihito in sein Tagebuch: »Ich glaube, ich muß von jetzt an noch mehr lernen.«[4]

Anfangs richtete das SCAP keine unmittelbaren Forderungen an das Palastamt im Hinblick auf den jungen Kronprinzen und dessen Erziehung. Als Akihito nach Tokyo zurückgekehrt war, engagierte Admiral Yamanashi den Engländer Reginald H. Blyth, der seit langem in Japan lebte, als Englischlehrer für den Jungen.[5] Der anglophile Yamanashi und der japanophile Blyth waren seit vielen Jahren miteinander befreundet. Sie waren ein merkwürdiges Paar gesellschaftlicher Außenseiter. Die Karriere des Rationalisten Yamanashi in der kaiserlichen Marine nahm ein frühes Ende, weil er für Rüstungsbeschränkungen eingetreten war, was ihn bei seinen aggressiveren Kameraden unbeliebt machte. Er verließ den aktiven Dienst und ging als Lehrer an die Adelsschule. Nach der Kapitulation mußte Yamanashi auf Anweisung des SCAP die Adelsschule verlassen. Blyth lebte schon seit Jahrzehnten in Asien, zunächst in Korea, wo er sich in eine Japanerin verliebte und sie heiratete.[6] Er wollte japanischer Staatsbürger werden, doch dann begann der Krieg. Gleich anderen Ausländern wurde er bis zur Kapitulation in den Bergen bei Nagano interniert. Nach dem Krieg kam er nach Tokyo und suchte dort eine Anstellung, in der er seine Sprachkenntnisse einsetzen konnte, und war erfreut, als ihm der Posten im Palast angeboten wurde. Seine Freude war verfrüht.

Die Ernennung von Blyth verärgerte General Bonner Fellers und Oberst Larry Bunker, die der Meinung waren, man hätte ihnen die Möglichkeit geben müssen, einen Amerikaner auf diesen einflußreichen Posten zu setzen. Für sie war die Besatzung eine rein amerikanische Angelegenheit. Zwar konnten sie nichts gegen die Einstellung unternehmen, aber sie konnten den Briten ausmanövrieren. Einen geeigneten Amerikaner zu finden brauchte Zeit, doch ab Herbst 1946 erhielten Akihito und seine Geschwister ihren Englischunterricht nicht mehr von Blyth, sondern von Elizabeth Gray Vining, einer vierundvierzigjährigen verwitweten Quäkerin.[7] Blyth blieb zwar im Palast, war jedoch seiner eigentlichen Aufgaben enthoben.

Wie Vining später erklärte, »hatte irgend jemand in den oberen Etagen der Besatzung irgend jemandem auf der japanischen Seite zu verstehen gegeben, daß [...] der Kronprinz eine demokratischere Bildung genießen sollte«.[8] Die Geschichte hatte sich folgendermaßen abgespielt. Im Frühjahr 1946 reiste eine Delegation amerikanischer Pädagogen unter der Führung von Dr. George Stoddard, Schulinspektor im Staat New York, nach Japan, um das SCAP im Hinblick auf eine Bildungsreform in Japan zu beraten. Fellers arrangierte ein Zusammentreffen zwischen Stoddard und der japanischen Pädagogin Kawai Michiko, einer Quäkerin, die zusammen mit Fellers in Indiana das College besucht hatte. Sie war eng befreundet mit Sekiya Teizaburô, einem hohen Palastbeamten, der für Fellers bereits manche Türen geöffnet hatte.[9] Man kam überein, Kaiserinwitwe Sadako einzuschalten und Kaiser Hirohito wissen zu lassen, daß MacArthur es lieber sähe, wenn der Kronprinz von einem Amerikaner oder einer Amerikanerin erzogen würde. Auch mit solchen Mitteln versuchten die Männer um MacArthur, die kaiserliche Familie unter ihren Einfluß zu bekommen.

Bei einem kaiserlichen Empfang der Stoddard-Delegation am 26. März wandte sich der Kaiser an Dr. Stoddard und fragte ihn, ob er ihm eine amerikanische Betreuerin für seinen Sohn empfehlen könne. Dieses »spontane« Ersuchen erweckte den Eindruck, als hätte Hirohito selbst die Idee gehabt. Einige Tage später kam Stoddard mit Terasaki zusammen und erfuhr, daß Hirohito an eine amerikanische Lehrerin von etwa fünfzig Jahren gedacht hatte, »eine Christin, aber keine

Fanatikerin«, und zudem eine Frau, die bislang mit Japan noch keinerlei Bekanntschaft geschlossen hatte.[10]

Gegen diesen Wunsch gab es eine starke Opposition.[11] Yamanashi war überhaupt nicht damit einverstanden, daß eine Amerikanerin auf diese Weise Zutritt zum Inneren des Palasts erhielt. Viele Konservative, die wie er zum Thronrat gehörten und die für den Kronprinzen zu treffenden Arrangements beaufsichtigten, waren aufgebracht. Was Blyth anging, so war er der Meinung, daß der Engländer den Posten angenommen habe, um bekanntzuwerden und sich einen Namen zu machen. MacArthur sah in der Berufung Blyth' »einen zynischen politischen Schritt« seitens der Japaner, um den Anschein zu erwecken, daß sie mehr über demokratische Gepflogenheiten erfahren wollten, als es tatsächlich der Fall war.[12]

Wieder zurück in den USA, entschied Stoddard sich für Elizabeth Vining. Sie war ein Jahr jünger als Hirohito, war für das Friends Service Committee tätig und hatte mehrere Jugendbücher geschrieben, zumeist erhebende Geschichten über berühmte Quäker wie William Penn.[13] Stoddard war informiert über die Verbindungen der Quäker in Japan und im Kaiserpalast. Er wußte, daß seine Wahl einer Quäkerin mittleren Alters die Zustimmung von Kaiserinwitwe Sadako finden würde. Stoddard schickte Vinings Personalakte an Fellers, der sie an Gwen und Terry Terasaki weitergab. Gwen hieß die Wahl gut, da Vining eine persönliche Tragödie erlebt hatte, als ihr Mann vor etwas weniger als fünf Jahren bei einem Autounfall ums Leben gekommen war: »Ich bin sicher, sie wird in ihrer ruhigen Art den Kummer anderer Menschen verstehen. Und die Quäker verabscheuen den Krieg seit jeher.«[14] Es war die Zeit, da gerade der Monolog des Kaisers mitstenographiert wurde.

Der Thronrat stimmte widerwillig zu. Später, als sich die Wahl Vinings als hervorragend erwies, erklärte Hirohito: »Wenn etwas von dem, was ich in meinem Leben getan habe, richtig war, dann die Entscheidung, Mrs. Vining zu bitten hierherzukommen.«[15]

Vining traf im Oktober 1946 in Tokyo ein. Obwohl sie nur eine Angestellte des Palastamts war, bot ihr das SCAP ein beschlagnahmtes Haus in westlicher Bauweise an, eingerichtet mit Louis-quinze-Möbeln aus dem Akasaka-Palast und europäischen Betten, die 1922 eigens für den Besuch des Prinzen von Wales angeschafft worden waren. Sie erhielt eine japanische Sekretärin, die Quäkerin war, eine Haushälterin, ein Hausmädchen, einen Hausmeister und einen Chauffeur.[16] Wie Vining später schrieb, hatte sie ein »wunderbar freundliches Verhältnis« zum Palastamt.

Ihre Aufgabe bestand darin, die Kinder des Kaisers in Englisch, Demokratie und westlicher Kultur zu unterrichten. Damals besuchten Akihito und seine Schwestern die Adelsschulen in Koganei, einem Vorort Tokyos, in Gebäuden, die im Krieg als Kasernen gedient hatten. Die Dächer waren undicht, es gab keine Heizung, kaum elektrischen Strom, Holzbänke und -tische. Die äußerst vermögenden japanischen Adligen gaben sich die größte Mühe, einen verarmten Eindruck zu machen, auch wenn ihr Vermögen mehrere Millionen Dollar schwer war. Ihre Kinder, selbst die des Kaisers, waren ausgesprochen schäbig angezogen. Fellers schickte nach seiner Abberufung von Washington aus an Kaiser Hirohito Versandhauskataloge und führte Bestellungen aus. Die Kleider gingen an seinen ehemaligen Militäradjutanten beim SCAP in Tokyo, der die Lieferungen über Terasaki diskret in den Palast bringen ließ.[17]

Akihito und seine Schulkameraden waren begeistert, als Vining ihnen amerikanische Rufnamen gab, um die am Hof üblichen Ehrentitel zu vermeiden. Kronprinz Akihito wurde zu Jimmie und eine seiner Schwestern zu Patricia. Das war ein schlichter Schlüssel zur Demokratie. Während der vier Jahre, in denen die Amerikanerin Akihito unterrichtete, wuchs dieser ohne Zweifel unter Bedingungen auf, die in der Kindheit seines Vaters noch undenkbar gewesen wären. Er verkehrte ungezwungen mit japanischen, britischen und amerikanischen Schulkameraden, hatte außerhalb der Schule so wenig Begleitschutz wie möglich, teilte eine Schlafkammer mit einem anderen Jungen, räumte seine Sachen selber auf, spülte das Geschirr vom gemeinsamen Mittagstisch, lernte Bridge und Monopoly und las auf Vinings Anregung den Roman *Vom Winde verweht*. Sie machte einen bleibenden Eindruck auf ihn. Während ihres Aufenthalts führte sie sorgfältig und detailliert Tagebuch. Später schrieb sie auf Anregung Hirohitos über ihre Erlebnisse mit der kaiserlichen Familie drei Bücher und zahlreiche Artikel.

Vining war ein gerngesehener Gast im Palast, wo sie Kaiserinwitwe Sadako zu zwanglosen Plaudereien besuchte. Bei diesen Gelegenheiten trug Sadako stets ein schwarzes, bis zum Boden reichendes seidenes Hemdkleid.[18] Sie war jetzt Ende Fünfzig. Seit dem Tod des Taishô-Kaisers 1926 hatte sie nur eine westliche Frau, Alice Perry Grew, in ihrer engsten Umgebung zugelassen. Vining schrieb über Sadako, sie sei »eine beeindruckende und einflußreiche Persönlichkeit im japanischen Leben«, der das Schicksal ihrer Familie, vor allem ihres Enkelsohnes, sehr am Herzen lag. Auch der französische Journalist Robert Guillain gelangte zu dem Eindruck, daß Hirohitos Mutter in den ersten Nachkriegsjahren eine der tatkräftigsten Personen im Palast war. »Eine intelligente, aufgeklärte Frau«, schrieb Guillain, »die noch immer einen starken Einfluß ausübt.«[19] (So wie Fellers das soziale Netz der japanischen Quäker dazu nutzte, sich in Palastangelegenheiten einzumischen, so nutzte die Kaiserinwitwe ihre Beziehungen zu Quäkern, um sich zur Wehr zu setzen.)

Schon bald erteilte Vining auch vielen Erwachsenen in der kaiserlichen Familie Englischunterricht, darunter Kaiserin Nagako und ihrem Schwager Prinz Takamatsu. Sie fand Prinzessin Takamatsu bezaubernd und lebhaft. Der Prinz und die Prinzessin zeigten sich zu dieser Zeit von allen Mitgliedern der kaiserlichen Familie am häufigsten in der Öffentlichkeit, reisten durch das Land und besuchten Wohltätigkeitsveranstaltungen, um Spenden für den Wiederaufbau des Landes zu sammeln. Auch Prinz Mikasa, der jüngste Bruder Hirohitos, nahm bei Elizabeth Vining Sprachunterricht. Mikasa, ein bescheidener junger Mann, kam in einem japanischen Kleinwagen zu ihr, oder er nahm den Zug und ging vom Bahnhof aus den Rest des Wegs zu Fuß. Nach ihrer Aussage hatte er das vogelartige Profil seiner Mutter und war ihr auch im Wesen ähnlich. Er sei »ein sehr offenherziger Mensch mit einem scharfen Verstand, und ich war an seinen freimütigen und ungezwungenen Kommentaren zu den aktuellen Ereignissen immer sehr interessiert«.[20] Seit der Jahrhundertwende, als Dr. Erwin Baelz der Arzt der Familie war, hatte kein Mensch aus dem westlichen Kulturkreis mehr über einen so langen Zeitraum hinweg so regelmäßig das Innere des Palasts besucht wie Elizabeth Vining – auch danach nicht wieder.

Der Journalist John Gunther, ebenfalls Quäker, lernte Vining während ihrer Zeit in Tokyo näher kennen und schrieb Artikel über sie. »[Sie] nahm ihre Aufgabe mit Humor, Würde, gesundem Menschenverstand und einem ernsthaften Gefühl für das Ziel, um das es ging, in Angriff. […] Als Quäkerin ist sie überzeugt vom Wert der Rechtschaffenheit. Und Rechtschaffenheit und noch manches andere ist das, was sie unterrichtet hat.«[21]

Von Anfang an hatte sie Schwierigkeiten mit den Kämmerern des Palastamts. Die meisten Auseinandersetzungen hatte sie mit dem Großkämmerer Akihitos, Hozumi Shigeto, ein älterer Rechtsanwalt, konfuzianischer Gelehrter, Kenner der japanischen Kunst, Literatur und des Schauspiels, der als »prominenter Liberaler« galt, vor allem wenn es um die Rechte der Frauen ging.[22] 1946 war er siebenundsechzig Jahre alt und der einflußreichste Mann in der Umgebung des Kronprinzen. Ein kleiner, rundlicher Mann mit einem Schnurrbart und Brille, der ausgezeichnet Englisch sprach, aber ungern konkrete Antworten gab. Für Vining war der Umgang mit ihm entmutigend. Sobald sie versuchte, mit ihm über den Kronprinzen zu sprechen, fing er an zu lachen und wechselte das Thema.

Während ihrer Englischstunden mit Akihito waren die Kämmerer immer anwesend, und es dauerte Monate, bevor man ihr erlaubte, den Unterricht mit ihm allein in einem Zimmer abzuhalten.[23] Der Kokon, der Akihito umgab, war aufschlußreich. Um seine Angelegenheiten kümmerte sich eine Gruppe von Kämmerern, der Tôgû shoku (»Stelle des östlichen Prinzen«), der seinerseits von einem Beratergremium angeleitet wurde.[24] Frau Matsudaira Tsuneo, die Mutter von Prinzessin Chichibu und seit ihrer Kindheit mit der Kaiserinwitwe auf vertrautem Fuß, gehörte diesem Beratergremium an. Selbst bei Spaziergängen am Strand zog der Kronprinz einen Schwanz von siebzehn Dienern und Aufsehern hinter sich her. »Anscheinend war er unfähig, Fragen selbst zu beantworten, ohne sie um Hilfe zu bitten.[25] Vining gab die Schuld daran den Kämmerern, die darauf hinarbeiteten, den Kronprinzen von sich abhängig zu machen. »Kämmerer […] folgten ihm überallhin und sagten ihm auf Schritt und Tritt, was er tun sollte, und ließen ihre Befürchtungen laut werden, daß er einen Fehler machen könnte.«[26]

Mindestens fünf Kämmerer waren rund um die Uhr in seiner Nähe, korrigierten jeden Fehler, noch bevor er begangen werden konnte, und erahnten jedes Bedürfnis, bevor es geäußert wurde. Alle Kämmerer hatten ein Hochschulstudium absolviert und zwei von ihnen sprachen sehr gut Englisch. Einer, ein ehemaliger Sekretär von Fürst Konoe, hatte diesen in den dreißiger Jahren bei einem Besuch Herbert Hoovers in Kalifornien begleitet. Ein anderer war getaufter Christ. Sie begegneten Vining mit Mißtrauen, doch am Ende hatte sie auch ihr Vertrauen gewonnen. Ihr Liebling war der dreißigjährige Toda Yasuhide, ein großgewachsener Athlet, der zum Zeitpunkt der Kapitulation verwundet worden war, als Palastwachen versuchten, sich der Schallplatte mit der Kapitulationserklärung des Kaisers zu bemächtigen und sie zu zerstören.

So stark der Wunsch Vinings war, das System zu ändern und den Kokon um Akihito aufzubrechen, sie wurde auf höchster Ebene boykottiert, selbst nachdem sie ihre Ansichten gegenüber Hirohito und Nagako offen ausgesprochen hatte. »Es war stets mein innigster Wunsch, daß der Kronprinz nicht so von seiner Familie getrennt werde, wie es der Fall war, vor allem nicht von seinen Eltern und seinem jüngeren Bruder. Es erschien mir unnatürlich und als eine maßlose Vergeudung der Möglichkeiten zur Vertiefung seines Verständnisses und Weitung seines Herzens. Die Aufsplitterung einer intelligenten, gewissenhaften, liebevollen Familie erschien mir als eine nicht zu rechtfertigende Entbehrung im Leben eines Jungen, der von allem nur das Beste hätte haben müssen und hätte haben können.«[27] Doch alle widersetzten sich ihren Vorstellungen von einem Zusammenleben der kaiserlichen Familie.

Akihito durfte sich im Januar 1947 erstmals in der Öffentlichkeit zeigen. Sieben Tage lang besuchte er Tempel, Schulen und Hochschulen, eine Fischzucht, eine Lotosfarm, eine Wetterstation und ein archäologisches Museum. Er bestieg einen Berg, sah sich Volkstänze an und besuchte eine schwimmende Ausstellung. Überall, wo er hinkam, liefen die Menschen zusammen. Vining war beeindruckt von seiner Gelassenheit und empfand Mitgefühl für seine Bürde: »Er lernte schnell, daß ein kaiserlicher Prinz nicht sich selbst gehört, sondern der Öffentlichkeit, [doch es] war eine harte Schule nach all den

Jahren, in denen man ihn vor den Blicken der Öffentlichkeit abgeschirmt hatte.«[28]

Das gespannte Verhältnis zwischen Vining und den Palastbeamten entkrampfte sich im Frühjahr 1948, als Matsudaira Yoshitami sich von seinem Amt als Chef des Palastamts zurückzog. Er hatte in Oxford studiert und sprach ausgezeichnet Englisch, war jedoch ein Traditionalist, der seit der Zeit, als er noch der kindliche Spielgefährte Yoshihitos war, im Palast gelebt hatte.[29] Der neue Chef des Palastamts Tajima Michiji, ebenfalls ein Quäker, befand sich bereits in den Sechzigern und war der ehemalige Präsident der Shôwa-Bank.[30] In seiner Jugend war Tajima ein Schützling von Nitobe Inazô, einem bekannten japanischen Pädagogen und Quäker, der eine Quäkerin aus Philadelphia geheiratet und zwei kaiserliche Prinzen als Ziehvater großgezogen hatte.[31] Wie Vining schrieb, wehte mit Tajima »ein frischer Wind, und manche Türen, die bislang verschlossen waren, sprangen auf.«[32]

Gleichzeitig mit der Ernennung Tajimas wurde Professor Koizumi Shinzô mit der Ausbildung Akihitos betraut. Koizumi war 1888 in Tokyo geboren und hatte die Keiô-Universität besucht, an der einst Alice Perry Grews Vater gelehrt hatte.[33] Danach wurde er ins Ausland geschickt, um in London, Berlin und Cambridge zu studieren. Später lehrte er Ökonomie an der Keiô-Universität und wurde 1930 deren Präsident. Vining lernte ihn 1948 kennen. Obwohl sie wußte, daß er 1945 bei einer der Bombardierungen Tokyos mit Brandbomben schwere Verletzungen davongetragen hatte, war sie doch erschüttert, als sie ihm zum erstenmal gegenüberstand. Sein Gesicht war von Narben übersät. Wenn er schlafen wollte, mußte er sich eine Seidenbinde über die lidlosen Augen legen. Sein einziger Sohn, ein Leutnant der Marine, war im Krieg gefallen.

Vor seiner Berufung hatte Koizumi mit dem Palastamt nichts zu tun gehabt. Tajima mußte alle seine Überredungskünste aufbieten, um ihn zur Annahme dieser Aufgabe zu bewegen. Vining erfuhr, daß Koizumi nicht nur für die Erziehung des Kronprinzen, sondern für die Lenkung seines ganzen Lebens verantwortlich war. Er wurde Akihitos engster Vertrauter und Ratgeber. So wie sein Urgroßvater Mutsuhito sich zu Itô hingezogen gefühlt hatte, so reagierte Akihito auf diesen Menschen, der nicht zum Kreis der Hofkämmerer gehörte.[34]

Koizumi meinte über Akihito: »Sein einziger Fehler liegt darin, daß er der Kronprinz ist.«[35] Wie Itô Hirobumi einmal gesagt hatte: »Es ist wirklich ein schweres Schicksal, als Kronprinz geboren zu werden. Sobald er auf der Welt ist, wird er in die Etikette gewickelt, und wenn er etwas größer ist, muß er nach der Pfeife seiner Erzieher und Berater tanzen.«[36] Koizumi verurteilte den engstirnigen Traditionalismus des Hofes, vor allem die Liebedienerei der Hofdamen.[37]

Einmal sagte Fellers zu Vining, eines Tages werde man ihr das Verdienst am ersten christlichen Kaiser Japans geben. Worauf sie sehr entschieden antwortete: »Ganz bestimmt nicht. Ich bringe ihm lediglich Englisch bei, sonst nichts.«[38] Vining vermied es sorgfältig, ihre Stellung zu mißbrauchen. General MacArthur hingegen versuchte, auf zwei Hochzeiten zu tanzen. Die offizielle Anweisung aus Washington für das SCAP lautete, daß in Japan eine strikte Trennung zwischen Kirche und Staat gewahrt werden müsse. Eines der Ziele der Besatzung bestand darin, den Einfluß des Shintoismus als Staatsreligion, den viele westliche Beobachter als Kriegskult bezeichneten, auszuschalten. Doch MacArthur persönlich hätte gern ein zum Christentum bekehrtes Japan gesehen und sprach davon, er hege »die Hoffnung und die Zuversicht, daß Japan christianisiert wird«.[40] Es läßt sich unmöglich sagen, ob er wirklich meinte, was er sagte, oder ob er damit nur im Hinblick auf seine angestrebte Präsidentschaftskandidatur Eindruck machen wollte. 1946 erklärte er vor amerikanischen Kirchenführern, es sei »notwendig, die alte japanische Religion durch das Christentum zu ersetzen«, und forderte sie auf, Missionare nach Japan zu entsenden. MacArthur betonte, »Demokratie und Christentum haben vieles miteinander gemeinsam, da die Ausübung der ersteren unmöglich ist ohne einen gläubigen Dienst an den Grundbegriffen, welche das Fundament der letzteren bilden«.[41] Noch wichtiger war für MacArthur die Vorstellung, daß das Christentum ein Gegengift gegen den atheistischen Marxismus sei. In den beiden ersten Besatzungsjahren erhielten amerikanische Pädagogen ohne Referenzen von kirchlicher Seite in Japan keine Anstellung.[42]

Missionare genossen besondere Privilegien wie die Beförderung durch die Armee, Einkaufsausweise für die subventionierten Läden der Besatzungsstreitkräfte in Japan und das Recht, die Briefkästen der US-Armee zu benutzen. MacArthur bestellte bei der Amerikanischen Bibelgesellschaft persönlich zehn Millionen Bibeln für Japan. Die Bibeln wurden auf Kosten der amerikanischen Steuerzahler auf Militärschiffen befördert. Während es zunächst den Anschein hatte, als würden die Japaner in Scharen zum Christentum übertreten, zeigte sich bald, daß viele der »Konvertiten« arbeitslos waren und sich von der Zugehörigkeit zur Kirche Vorteile versprachen. Was den lebhaften Absatz von Bibeln anging, so waren diese auf Dünndruckpapier gedruckt, das sich hervorragend als Ersatz für das begehrte Zigarettenpapier eignete.[43]

Nach William P. Woodward von der Abteilung für religiöse Angelegenheiten im SCAP hielten sich hartnäckig Spekulationen über einen baldigen Übertritt Hirohitos zum Christentum. »Wie die Leute darauf kamen, daß die kaiserliche Familie am Christentum Interesse zeige, läßt sich schwer sagen, doch spätestens nachdem die Mitglieder der Protestantischen Delegation im November 1945 eine Audienz [beim Kaiser] hatten, gab es einen beständigen Strom hochstehender christlicher Führer, die Gespräche mit dem Kaiser führten.«[44] Ein japanischer Christ unterwies Kaiserin Nagako im Katechismus.

Einige dieser Gerüchte wurden von Fellers in die Welt gesetzt. Im Mai 1946 schrieb er an Hoover, eine »christliche Hofdame« habe ihm gesagt, daß »der Kaiser und die Kaiserin beide täglich die Bibel lesen würden«. Fellers setzte hinzu, »kürzlich hat die Kaiserinwitwe gesagt: ›Was dieses Land jetzt braucht, ist der christliche Glaube.‹«[45] Nachdem er aus der US-Armee ausgeschieden war und für das Nationalkomitee der Republikaner in Washington arbeitete, erklärte Fellers öffentlich: »Der [japanische] Thron bevorzugt das Christentum. Die Kaiserinwitwe liest die Bibel und betet. [...] Der Kaiser selbst neigt dem Christentum zu [...] Es wäre in der Tat überraschend, wenn der Kronprinz das Christentum nicht annähme.«[46]

Woodward behauptet, niemand im SCAP habe jemals direkt oder indirekt etwas unternommen, um die aktive Bekehrung der höheren Ränge in der Regierung, des Palastamts oder des Kaisers zu unterstützen oder dazu anzuhalten, [doch] allem Anschein nach hat Mac-

Arthur über diesen Punkt mit Hirohito Gespräche geführt. Und offenbar hat der Kaiser einmal angeboten, das Christentum zur Staatsreligion zu machen. MacArthur lehnte das Angebot ab mit der Begründung: ›Keine Nation darf dazu genötigt werden, mit einer bestimmten Religion übereinzustimmen.‹« Eine Bekehrung des Kaisers werde nur Beschuldigungen eines »unerhörten Zynismus« zur Folge haben. Tatsächlich trat der Kaiser nicht öffentlich zum Christentum über, und nach Woodward spricht auch nichts für eine private Bekehrung.[47] Hirohito sagte einmal einem australischen Korrespondenten der *Melbourne Sun*, er habe nicht die Absicht, seinen Glauben aufzugeben. Trotzdem kursierten weiterhin Gerüchte, und einigen Berichten zufolge hatte Hirohito den Wunsch geäußert, daß Akihito mit dem Christentum bekanntgemacht würde.[48] Akihito selbst beschrieb sich gegenüber Vining als »Wissenschaftler und Agnostiker«.

Es gab allerdings einen öffentlichen Konvertiten in der kaiserlichen Familie. Am 17. Dezember 1951 wurde Hirohitos Onkel Prinz Asaka, der den Befehl zum Massaker von Nanking gegeben hatte, in Rom feierlich getauft. Ein japanischer katholischer Bischof nahm die Zeremonie vor.[49]

In ihrem vierten Jahr in Japan konnte Vining MacArthur dazu bewegen, mit dem Kronprinzen zusammenzutreffen. MacArthur stellte folgende Bedingung: »Es soll niemand außer Ihnen dabeisein – er soll sich nicht unbehaglich fühlen.« Nachdem sie MacArthurs Zustimmung hatte, brachte Vining die Sache gegenüber Tajima im Palast zur Sprache. Dieser hatte keine Einwände und meinte, es sei eine wertvolle Erfahrung für den Kronprinzen. Hirohito gefiel die Idee, er wollte jedoch, daß die Öffentlichkeit erst danach von dem Gespräch erfuhr. Als Vining schließlich Akihito um seine Meinung dazu befragte, reagierte er in einer für ihn charakteristischen Art unverbindlich. Er äußerte sich nicht näher, wirkte jedoch »interessiert und nachdenklich«.

Das Gespräch fand an einem Abend im Juni 1950 statt. Es gab keine Eskorte. Akihito saß auf dem Weg zum SCAP-Hauptquartier im Gebäude der Dai-Ichi-Bank neben Vining in ihrem Wagen. Man hatte alles getan, um kein öffentliches Aufsehen zu erregen.

Als sie vorfuhren, trat Oberst Bunker aus dem Gebäude und öffnete die Wagentür. Vining stellte ihn dem Prinzen vor, und sie gingen hinein, während die Garde salutierte. Akihito trug sich in die Besucherliste ein und wurde in MacArthurs Amtszimmer geführt.

MacArthur gab Akihito die Hand und sagte: »How do you do, Sir. I am glad to meet you.« Akihito erwiderte: »How do you do, General. I am glad to meet you.«

MacArthur führte ihn zu einem Sofa und zog für Vining und sich selbst zwei Sessel heran, steckte seine Pfeife an und begann mit der Unterhaltung. Sie redeten über die Schule und Sport, wobei MacArthur die Führung des Gesprächs übernahm. Nach zwanzig Minuten reichte der General dem Kronprinzen eine Schachtel mit Süßigkeiten und verabschiedete sich von ihm. Später rief Oberst Bunker Elizabeth Vining an und sagte: »Ich denke, Sie hören es sicher gern, daß Ihr Schützling seine Prüfung mit Glanz bestanden hat. Der General hat gleich anschließend gesagt, er sei sehr beeindruckt – der Prinz habe Haltung und ein charmantes und anziehendes Wesen.«[50]

Akihito hatte in Tokyo einen Rivalen, und das war MacArthurs Sohn Arthur. Über ihn schrieb der Biograph MacArthurs aus der umgekehrten Perspektive: »Der einzige wirklich Ebenbürtige für Arthur war Kronprinz Akihito.«[51] Der junge MacArthur war verhätschelt und verwöhnt und legte eine frühreife Herablassung an den Tag. Die zwei Jungen begegneten sich nur einmal und wurden zusammen fotografiert. Die Fotos lassen deutlich erkennen, daß die beiden sich nicht sympathisch waren. Obwohl alles unternommen wurde, um den Anschein zu erwecken, daß die Familie MacArthurs mit der Kaiserfamilie auf vertrautem Fuß stehe, entsprach dies keineswegs den Tatsachen. Kaiser Hirohito und Kronprinz Akihito waren die einzigen Mitglieder der engeren kaiserlichen Familie, mit denen die MacArthurs jemals Bekanntschaft geschlossen hatten, und sie waren praktisch deren Geiseln.

Vinings Erzählungen über Akihito sind äußerst aufschlußreich. In ihren täglichen Tagebucheintragungen beschrieb sie ihn als »vorsichtig und zurückhaltend«. Als sie ihn einmal fragte, ob er gelegentlich den Wunsch verspüre, ein ganz normaler Junge zu sein, erwiderte Akihito: »Ich weiß nicht, ich war noch nie ein ganz normaler Junge.«[52]

Als Vining in einer Unterrichtsstunde ihre Schüler fragte, was sie später im Leben gern sein wollten, sagte einer: »Ich möchte Schriftsteller werden«, ein anderer: »Ich möchte ein Gentleman werden«. Akihito dagegen sagte: »Ich werde Kaiser sein.«[53]

Professor Koizumis Urteil über Akihito lautete: »Er ist keineswegs ein außergewöhnlicher junger Mann. Aber er wird es zu etwas bringen. Er ist aufrichtig, nimmt seine Pflichten ernst, und er kann seinen Verstand gebrauchen, selbst wenn der Prozeß manchmal schmerzhaft ist. Er ist das Produkt seiner Erziehung. Ebenso wie die anderen Mitglieder der kaiserlichen Familie hat er ein Leben wie in einem Kokon geführt, ohne besondere Kenntnis von den Menschen und Ereignissen in der äußeren Welt. Er hat zu viele Diener, lebt jedoch einfach. Sein großes Manko besteht darin, daß man ihm sein ganzes Leben lang alles fix und fertig präsentiert hat, auch die Form seiner Bildung.«[54]

Während des Jahres 1949 kam es zu langen Diskussionen über Akihitos Studium. Vining, Koizumi, Tajima und Frau Matsudaira überlegten, ob er sowohl in England als auch in den Vereinigten Staaten ein College besuchen sollte, und gelangten zu dem Schluß, daß eine Reise ins Ausland auf jeden Fall eine gute Idee wäre. Am Ende überwog die Angst vor möglichen Gefahren die Hoffnung auf den Nutzen eines Auslandsstudiums. Zwar unternahm Akihito 1953 eine Weltreise, eine ausländische Hochschule sollte er jedoch nicht besuchen. Nach seiner mittleren Reife kehrte Elizabeth Vining im Dezember 1950 wieder in die Vereinigten Staaten zurück. Die Besatzung endete offiziell im April 1952, und sieben Monate später wurde Akihito in einer Shintozeremonie für volljährig erklärt und formell als japanischer Thronerbe eingesetzt.

Die Zeremonie hätte eigentlich ein Jahr früher stattfinden sollen, wurde jedoch aufgrund des unerwarteten Todes von Kaiserinwitwe Sadako verschoben. Im Juni 1951, im Alter von sechsundsechzig Jahren, erlag sie einem Herzanfall. Obwohl sie wahrscheinlich eine Christin gewesen war und Anweisungen für ihr Begräbnis hinterlassen hatte, die die Palastbeamten als »problematisch« bezeichneten, wurde ihr Begräbnis mit einer nationalen Shintozeremonie begangen. In Tokyo fand ein Staatsbegräbnis nach shintoistischem Ritus statt, und eine halbe Million Menschen säumten die Straßen, durch die der Trauerzug seinen Weg nahm. Sadakos Leichnam wurde anschließend neben den sterblichen Überresten des Taishô-Kaisers im kaiserlichen Mausoleum in Tama, westlich von Tokyo, bestattet.[55]

Das war eine der ersten Manifestationen dessen, was Professor Murayama als die Wiederauferstehung der »Pathologie der Ultrarechten«, die auf das Ende der amerikanischen Besetzung folgte, bezeichnet hat.[56] Shintorituale waren für Politiker und hohe Staatsbeamte eine Möglichkeit, die Stellung der kaiserlichen Familie für eigene Zwecke zu nutzen. Die »uralten« Rituale (in Wirklichkeit von Itô Hirobumi gegen Ende des vorigen Jahrhunderts erfunden) dienten dem Zweck, die kaiserliche Familie und zugleich auch die Regierung erneut in einen Schleier der Mystifikation zu hüllen. Kritiker wie Murayama waren sich durchaus der magischen Kraft bewußt, die von solchen Ritualen ausging. Diese Magie war von den *genrô* und den Militaristen in zynischer Weise instrumentalisiert worden. Wie ein hoher Berater im Kaiserpalast einräumte, hatten einen Tag nach dem Abzug der letzten amerikanischen Soldaten die stockkonservativen Politiker und Lobbyisten die Fäden wieder in der Hand. Der Soziologe Fujitani Takashi warf die Frage auf: »Wie kommt es, daß trotz des Verschwindens von Nimbus und Glauben und trotz der jüngsten Entmystifizierung der Nation und der Monarchie so viele Menschen noch immer so handeln, als glaubten sie an die Geschichten von der Nation, die während der Meiji-Ära ins Leben gerufen wurden?«[57]

Inzwischen war Akihito zu einem gutaussehenden jungen Mann herangewachsen, aus dessen Gesicht mehr Charakterstärke sprach als aus dem aller übrigen Prinzen seit der Meiji-Ära. Bald nach seiner Einsetzung als Kronprinz wurde bekanntgegeben, daß er seinen Vater bei den Feierlichkeiten zur Krönung Elisabeths II. vertreten würde. Auf seiner Reise sollte er auch die Vereinigten Staaten besuchen.[58]

Er verbrachte sechs Wochen in London, Edinburgh, Oxford und Cambridge. Bei der Krönung wurde seine Erscheinung als überaus korrekt beurteilt. Den Sommer verbrachte er damit, Könige und Staatsoberhäupter in Spanien, Frankreich, Italien, Belgien, Holland,

Deutschland, Dänemark, Norwegen, Schweden und der Schweiz zu besuchen. In Amerika wurde von der Japan Society in New York ein Bankett gegeben, zu dessen Gästen unter anderem John Foster Dulles, Joseph Grew und John D. Rockefeller gehörten. Einer, der nicht dabei war, obwohl man ihn dort erwartet hätte, war General Douglas MacArthur. Ihn hatte man während des Koreakrieges zum Kommandeur der US-Streitkräfte auf der Halbinsel ernannt, möglicherweise in der Absicht, ihn von der amerikanischen politischen Bühne fernzuhalten. In Korea hielt er sich wie schon zuvor nicht an die Weisungen aus Washington und nötigte Präsident Truman dazu, ihn seines Postens zu entheben. Herbert Hoover und andere Parteibonzen der Republikaner hatten sich ebenfalls von ihm abgewandt. Der neue Präsident Amerikas war jetzt sein alter Feind Dwight D. Eisenhower. MacArthur, der in der Zurückgezogenheit des Privatlebens seine Wunden leckte, lehnte es ab, sich mit dem Kronprinzen während seines Besuchs zu treffen. Akihito besuchte Elizabeth Vining in Philadelphia und wohnte bei ihr, reiste dann weiter in den Westen, um ein paar Tage auf der Rockefeller-Ranch in Wyoming zu verbringen.

Nach Japan zurückgekehrt, nahm Akihito seinen Unterricht wieder auf, während Professor Koizumi und andere ihre Aufmerksamkeit darauf richteten, für ihn eine Braut zu finden. Frühe Gerüchte wollten wissen, seine Braut werde Prinzessin Kitashirakawa Hatsuko sein, eine Enkeltochter des Prinzen, der 1923 bei dem Autounfall in der Nähe von Deauville ums Leben gekommen war.[59] Ihr Vater starb 1940 beim Absturz eines Militärflugzeugs in der Mandschurei, wo er seinen Militärdienst absolvierte.[60] Ein Komitee, zu dem auch Professor Koizumi gehörte, siebte Hunderte von Kandidatinnen aus, angefangen bei den in Frage kommenden jungen Frauen an der Adelsschule für Mädchen, die jetzt in Gakushûin-Hochschule umbenannt worden war. Die beiden Kaiserinnen Sadako und Nagako waren dort Schülerinnen gewesen. Im März 1958 wurde die Suche jedoch auf weitere führende Mädchenschulen ausgedehnt. Ganz oben auf einer Kandidatinnenliste, die von der Herz-Jesu-Klosterschule in Tokyo eingereicht wurde, einer Zuchtstätte für den weiblichen Nachwuchs der weltoffeneren Nachkriegselite, stand Shôda Michiko. Sie war eine ausgezeichnete Leichtathletin und wurde wegen ihrer Schnelligkeit und der Eleganz ihres Laufstils »Antilope« genannt. Sie sprach ein makelloses Englisch und war intelligent, geistig interessiert, natürlich, offen und charmant.[61]

Akihito und Michiko hatten sich im vergangenen Sommer beim Tennisspielen kennengelernt. Bei ihrer ersten Begegnung hatte sie zusammen mit ihrem Partner im Mixed-Doppel Akihito und dessen Partnerin haushoch geschlagen. In der offeneren Atmosphäre im Japan der fünfziger Jahre wurde dem Kronprinzen gestattet, in seiner Ferienresidenz in Karuizawa, dem ehemaligen Sommersitz Prinz Asakas, Freunde einzuladen. Dort veranstaltete er gelegentliche Tanzpartys und sorgte dafür, daß auch Michiko eingeladen wurde.[62]

Sie war ein weitgehend unbeschriebenes Blatt, in jeder Situation ungezwungen und individualistisch bis hin zu einer Lockenfrisur in einem Land, in dem die meisten Frauen das Haar glatt trugen. Ihre Eltern waren beide welterfahrene Christen, was von den Traditionalisten mit Argwohn betrachtet wurde. Es kam noch erschwerend hinzu, daß ihre Familie weder dem alten noch dem neuen Adel aus der Meiji-Ära entstammte. Dafür war sie die Tochter eines Fabrikanten, dessen Nudelfabrik im Jahr 1955 mit einem Jahresumsatz von dreiundneunzig Millionen Dollar das größte Unternehmen seiner Art in ganz Asien darstellte. Damit zählte die Familie zur herrschenden Elite des Landes.[63]

Völlig neu und ein Bruch mit jeder Tradition war der Umstand, daß Akihito sich seine Braut selbst ausgesucht hatte.[64] Etwas anderes wäre für ihn gar nicht in Frage gekommen. Als die Verlobung bekanntgegeben wurde, gab es aus den Reihen der eingefleischten Konservativen deutlich ablehnende Reaktionen. Selbst Frau Matsudaira, die Mutter von Prinzessin Chichibu, war anfänglich gegen diese Verbindung.[65] Extremisten, nach deren Ansicht die Braut eine Fujiwara sein mußte, drohten sogar, sämtliche Mitglieder der Shôda-Familie umzubringen.

Der Chef des Palastamts Usami Takeshi trat schließlich vor das Unterhaus, um die Entscheidung zu rechtfertigen, sprach von der Torheit »exzessiver Heiraten zwischen Mitgliedern der kaiserlichen Linie« und fügte hinzu, die Entscheidung stehe »im Einklang mit dem neuen

Japan«. Der Parlamentspräsident und der mächtigste Mann in der regierenden Liberaldemokratischen Partei, Kishi Nobusuke, brachte ein Problem zur Sprache: »Die kaiserliche Familie hängt dem Shinto an, doch die Shôda-Familie ist christlich.« Usami Takeshi erwiderte: »Es trifft zu, daß ihre Eltern Christen sind und die Schule, die sie besucht hat, katholisch ist, doch Michiko selbst ist nicht getauft. Für mich ist es nicht ausgeschlossen, daß sie zum Shinto übertritt.«[66]

Selbst Koizumi hatte Vorbehalte gegenüber Michiko und schrieb an Vining: »Ihre nichtadlige Geburt (auch wenn sie aus einer alten Familie von gutem Ruf stammt) hat uns natürlich zögern lassen, doch nach reiflicher Erwägung des Für und Wider haben wir unseren Beschluß gefaßt. Es ist nicht nur die Entscheidung Seiner Majestät, es ist auch unsere eigene.«[67] Koizumis Zögern erklärt sich möglicherweise auch aus einem Mitgefühl für Michiko, denn er wußte, was ihr von seiten der traditionalistischen Kämmerer des Palasts bevorstand. Viele Adlige – sie betrachteten sich noch immer als solche, obwohl das SCAP den Adel abgeschafft hatte – waren entsetzt bei dem Gedanken, einer nichtadligen Kaiserin den vorgeschriebenen rituellen Gehorsam erweisen zu müssen. Selbst jene, die am ehesten bereit waren, mit der starren Vergangenheit zu brechen, zeigten sich besorgt über die Möglichkeit, die Institution des Throns durch die Einführung auch der geringsten Neuerung in verhängnisvoller Weise zu beschädigen.

Um diese Kritiker zu beschwichtigten, versicherte das Parlament aller Welt, daß die kaiserliche Hochzeit nicht auf einen Flirt auf dem Tennisplatz zurückgehe, sondern schon lange vorher in die Wege geleitet worden sei.[68] Das entsprach nicht ganz der Wahrheit. Akihito war ein begeisterter Tennisspieler. Er durfte nur mit Menschen Tennis spielen, die zuvor auf Herz und Nieren geprüft worden waren; jedes Mädchen, das er kennenlernte, war also mehr oder weniger akzeptabel. Da er außerdem ständig von fünf Kämmerern begleitet wurde, die um ihn herumscharwenzelten, konnte er sich eigentlich auf keinen Flirt einlassen und zeigte auch kein Interesse daran. Michiko, und das gab letztlich den Ausschlag, war für ihn die erste Wahl.

Nachdem sie dem Kaiser und der Kaiserin offiziell vorgestellt worden war, gab Michiko ein Interview im Fernsehen. Auf die Frage, was ihr an Akihito besonders gefalle, sagte sie: »Am meisten hat mich seine Integrität und Aufrichtigkeit angezogen. Ich kann ihm von Herzen vertrauen und ihn achten.« Sie fügte noch hinzu: »Ich möchte mit dem Kronprinzen alles über unsere Zukunft besprechen. Ich möchte außerdem mein Bestes tun, um mich mit dem Ratschlag und der Hilfe anderer Menschen zu verbessern.« Das Interview war natürlich nicht spontan; alle Fragen mußten zuvor dem Palastamt vorgelegt werden. Dessen Beamte faßten die Antworten ab, und Michiko mußte sie anschließend auswendig lernen. Akihitos früherer Schuldirektor Admiral Yamanashi konstatierte, daß ihr öffentliches Auftreten »Würde, Offenheit, Klugheit und vor allem [...] eine sanfte, schwerelose Anmut« ausstrahle. Und Professor Koizumi sagte: »Die Begeisterung der Bevölkerung für Fräulein Shôda glich einem Sturm – oder, noch besser, einem Vulkanausbruch.«[69] Ihre Popularität schürte eine tiefe Eifersucht innerhalb der kaiserlichen Familie, vor allem unter den Frauen. Eine von Michikos früheren Lehrerinnen bemerkte ihr gegenüber einmal: »Ihr einziger Fehler ist, daß Sie keinen haben.«[70] So wurden Fehler erfunden, dafür sorgte die Clique von Kaiserin Nagako.

Als die Hochzeit am 10. April 1959 stattfand, strahlte das japanische Fernsehen erstmals einen Teil der Zeremonie aus. Professor Koizumi war darauf bedacht, das Image der kaiserlichen Familie zu verbessern, und dies war eine Chance, der Öffentlichkeit zwei ihrer attraktivsten Mitglieder zu präsentieren.[71] Kaiserin Nagako war aufgebracht, weil Michikos Hochzeitskutsche von sechs weißen Pferden gezogen wurde, zwei mehr als man ihr 1928 bei ihrer Inthronisation zugebilligt hatte. Millionen Japaner verfolgten die Zeremonie an ihren Schwarzweiß-Fernsehgeräten, die sie eigens zu diesem Anlaß gekauft hatten. Für die Öffentlichkeit wurde ein Spiel veranstaltet, bei dem der Gesamtwert der Hochzeitsgeschenke geraten werden mußte. Die Schätzungen lagen zwischen zweihundert und dreihundert Millionen Dollar. Die Geschenke zur Hochzeit einer von Hirohitos Nichten im Jahr 1983 hatten einen Gesamtwert von hundertvierzig Millionen Dollar[72], so daß die damaligen Schätzungen realistisch gewesen sein dürften. Diese Summen betrugen ein Vielfaches von dem, was das Palastamt gegenüber dem SCAP noch wenige Jahre zuvor als Gesamtvermögen des Kaisers angegeben hatte.

Wie schon bei der Beerdigung Sadakos und der Einsetzung Akihitos als Thronerbe wurde die Hochzeitszeremonie durch die Shintoriten in einen Mantel der Mystifizierung gehüllt.

Das junge Paar wurde zu einem Medienereignis: »Stolz angepriesen als Teil eines blühenden Japans, ein wunderbares Zubehör und Symbol zum Bewundern«, wie Irokawa schrieb.[73]

Akihito machte es den Menschen leicht, ihn zu mögen und zu bewundern. Im Unterschied zu seinem Vater war er ein ausgezeichneter Reiter und begeisterter Tennisspieler, er fuhr einen eigenen Wagen, spielte mehrere Musikinstrumente und liebte die traditionelle Musik ebenso wie Jazz. Er sprach fließend Englisch, trank und rauchte nur mäßig und informierte sich selbständig über den Stand der wichtigsten Weltereignisse. Obwohl schüchtern und von Natur aus zurückhaltend, war sein Verhalten zwanglos und kultiviert; seit der Meiji-Zeit war kein Angehöriger der kaiserlichen Familie mehr so aufgetreten. Auch Michiko war sehr sportlich und musikalisch, gebildet und weltläufig, so modern, wie es einem japanischen Mädchen ihrer Herkunft um die Mitte der fünfziger Jahre nur möglich war.

Das junge Paar machte sich sogleich daran, eine Familie zu gründen. Im nächsten Jahr bezog ihr erster Sohn und Akihitos voraussichtlicher Thronerbe ein neues Kinderzimmer in der neuen Privatwohnung des Paares auf dem Palastgelände. Vor ihrer Hochzeit hatte Akihito seiner Braut versprochen, daß ihre Kinder nicht weggegeben, sondern mit ihnen zusammenleben würden. Dieses Versprechen hielt er auch.[74] Dem erstgeborenen Prinzen Naruhito folgten fünf Jahre später Prinz Akishino und 1969 Prinzessin Nori no Miya.

Entgegen dem äußeren Anschein von Familienglück wurde Michiko das Leben in der »Inneren erhabenen Kammer« von Anfang an schwergemacht. Vom Tag der Hochzeit an kursierten Gerüchte über Streitigkeiten zwischen Michiko und ihrer Schwiegermutter Kaiserin Nagako.[75] Michikos Hofdamen wurden vom Palastamt ausgesucht; sie verdankten ihren Rang Kaiserin Nagako, der sie dafür Loyalität schuldeten. Die Hofdamen betrachteten Michiko als eine »kleine Emporgekommene«, die immer eine Außenseiterin bleiben würde. Statt einer Gefährtin und Freundin teilte man der vierundzwanzigjährigen Braut eine sechzigjährige Oberhofdame zu, Makino Sumiko, die Tochter eines Barons. Sie war ein Drachen. Außer ihr wurden Michiko zwei weitere, nur wenig jüngere Frauen zugeteilt, von denen die eine als Nagakos persönliche Zuträgerin angesehen wurde. Alle Bemühungen Michikos und Akihitos, diese Unruhestifterin loszuwerden, blieben vergeblich.

Michiko war stets von einer entwaffnenden Offenheit. Sie fragte sich laut in Anwesenheit von Palastbediensteten, warum ihre Schwiegermutter eine solche Abneigung gegen sie hege. Andere waren der Meinung, daß Kaiserin Nagako vielleicht nicht unbedingt selbst hinter den Schikanen stecken müsse, daß sie aber auch nichts dagegen unternehme. Das Gefühl, selbst im intimsten Privatbereich machtlos und ausgeliefert zu sein, quälte Michiko.

In den Jahren nach der Besatzung kehrte in Japan eine unversöhnliche Intoleranz ein. Michiko wurde »verdächtigt«, ihre Kinder mit Geschichten aus der Bibel zu indoktrinieren. Man kritisierte sie, weil die Länge ihrer Handschuhe nicht stimmte, weil sie ihre Kinder selber stillte und, nicht zuletzt, weil sie bezaubernd war und andere Damen am Hof in den Schatten stellte. Nach weniger als vier Jahren Ehe zog sich die Kronprinzessin plötzlich zurück; sie litt unter nervösen Erschöpfungszuständen und »tiefer Traurigkeit«.[76] Offiziell wurde bekanntgegeben, daß sie »wegen starker psychischer Belastung« in die Klinik eingeliefert worden sei. Sie war zu dieser Zeit schwanger, und die Ärzte rieten dringend zu einem Abbruch. Einmal brach sie zusammen und war unfähig zu sprechen.[77] Ihre Niedergeschlagenheit ließ sich nicht allein mit familiären Problemen erklären. Die ständigen Einmischungen und Übergriffe in ihre Intimsphäre, die Schikanen ihrer Schwiegermutter und ihrer Hofdamen machten die Kronprinzessin zu einem Schatten ihrer selbst. Sie hielt sich ständig unter Kontrolle, doch die Anspannung war ihr anzusehen.

Selbst die Schwestern Akihitos machten Michiko das Leben schwer. Prinzessin Takako meinte schnippisch: »Wenn Fräulein Michiko glaubt, nur weil sie aus bürgerlichen Verhältnissen kommt, könne sie das Palastamt reformieren, hat sie sich getäuscht.«[78] Solche bösartigen Sticheleien und andere Schikanen wurden zu einem Dauerzustand; später, als für Akihito und Michiko die Zeit gekommen war, Bräute für die eigenen Söhne zu suchen, verursachten sie große Probleme.

Akihito unterstützte Michiko so gut er konnte, doch ihm waren Grenzen gesetzt. Kaiserin Nagako war alles andere als versöhnlich, und ihre Hofdamen hatten nichts Besseres zu tun, als ständig ihre Krallen zu schärfen. Akihito fand kleine Gesten, die für das japanische Publikum höchst aufschlußreich waren, beispielsweise wenn er sich Hand in Hand mit Michiko in der Öffentlichkeit zeigte.

Aus ihren Äußerungen geht hervor, daß der alternde Kaiser Hirohito ihr gegenüber sehr warmherzig war. »Der Kaiser war sehr großzügig und hat mich so akzeptiert, wie ich bin. Er gab mir Hinweise und belehrte mich.«[79]

In den neunzehn Jahren von 1952 bis 1971 zeigte sich Hirohito nur selten in der Öffentlichkeit. Nach dem Tod der Kaiserinwitwe Sadako ging die Verwaltung des Palasts wieder in die Hände von Traditionalisten über. Nach dem Abzug der Amerikaner gelangten die Erzkonservativen rasch wieder in ihre alten Machtpositionen, während ihre Strohmänner die Rolle von demokratischen Aushängeschildern spielten. Die Abschirmung der kaiserlichen Familie war die Aufgabe der Palastverwaltung. Deren Personal war unter dem SCAP auf ein gutes Zehntel seines Vorkriegsbestands von zehntausend Bediensteten geschrumpft, doch das Palastamt wurde zu keiner Zeit zu einer verantwortlichen Institution gemacht. Eine seiner Hauptaufgaben bestand darin, über das öffentliche Image der Kaiserfamilie zu wachen. Dabei gab es gelegentliche Pannen.

So brach beispielsweise 1951 im Palastamt Panik aus, als Prinz Mikasa, Hirohitos jüngster Bruder, gegenüber der japanischen Presse erklärte, er sei entsetzt gewesen, als er davon erfuhr, daß »japanische Soldaten lebende chinesische Gefangene für Bajonettübungen benutzt haben«. Er wurde sogleich von der Tokyoter Rechtspresse angegriffen, die ihm vorwarf, er liefere auf diese Weise lediglich Munition für die kommunistische Propaganda. Der Prinz verblüffte alle mit einem weiteren Interview, in dem er sagte: »Ich war sehr froh darüber, als ich die Kritik an meiner Erklärung gelesen habe. Ich war froh, weil es überhaupt das erste Mal war, daß man mich so offen kritisiert hat. Bisher war ich immer nur Schmeichler gewöhnt [...] Für mich ist es wirklich eine schöne Sache, kritisiert zu werden.«[80]

In Japan gab es noch immer Konservative, die seinen Bruder, Prinz

Chichibu, als den »Roten Prinzen« betrachteten, weil er in den dreißiger Jahren die Reformbestrebungen der Jungoffiziere unterstützt und sein Mitgefühl für die Unterdrückten bekundet hatte. Die Rolle Chichibus als Chef der Operation »Goldene Lilie« im Zweiten Weltkrieg unterlag einer so strengen Geheimhaltung, daß er nie die Anerkennung erhielt, die er aus japanischer Sicht eigentlich verdient hätte. Schließlich war es seinem Einsatz zu verdanken, daß die japanische Wirtschaft nach Kriegsende die nötigen Finanzmittel zur Verfügung hatte, ohne die ihre rasche Erholung kaum zu erklären wäre.

Im Frühjahr 1945 kam Prinz Chichibu als kranker Mann, der Blut spuckte, in einem U-Boot von der Nordspitze Luzons nach Japan zurück. Seine Tuberkulose hatte sich durch das tropische Klima und einen wochenlangen Fußmarsch verschlimmert, den er zu dem vereinbarten Treffpunkt mit dem U-Boot zurücklegen mußte, während General Yamashita in den Bergen den Feind aufzuhalten versuchte. Darüber hinaus litt Chichibu an Malaria. In Japan wurde Chichibu ins Krankenhaus gebracht. Danach zog er zusammen mit seiner Frau auf seinen Landsitz in Gotemba am Fuß des Fujisan. Während der Besatzungszeit waren Prinz und Prinzessin Chichibu die Lieblinge der westlichen Presse. Sie sahen gut aus, sprachen beide fließend Englisch und unterhielten sich ungezwungen mit Ausländern. Die erhoffte Genesung von Prinz Chichibu stellte sich allerdings nicht ein. Nach dem Tod von Kaiserinwitwe Sadako ging es mit seiner Gesundheit schnell bergab, und am 4. Januar 1953 starb er im Alter von nur fünfzig Jahren an Tuberkulose.

Als die Nachricht kam, daß Prinz Chichibu im Sterben lag, versuchte Kaiser Hirohito, den Palast um Mitternacht zu verlassen, um seinen Bruder ein letztes Mal zu sehen, wurde jedoch von den Kämmerern daran gehindert.[81] Am nächsten Morgen war Chichibu schon tot. Man ließ Hirohito auch nicht an der Beerdigung seines Bruders teilnehmen.

Immerhin gelang es Prinz Takamatsu, das Palastamt davon abzubringen, den letzten Willen seines Bruders zu übergehen. Es gab nur ein schlichtes Begräbnis, bei der die Adjutanten Chichibus die Rolle übernahmen, die normalerweise Shintopriestern zukommt. Seine Totenbahre wurde von vierunddreißig Freunden getragen – allesamt

Nichtadlige –, das kaiserliche Orchester spielte Beethoven, Grieg und Tschaikowsky. Und zum erstenmal wurde ein Mitglied der unmittelbaren kaiserlichen Familie nach dem Tod eingeäschert.

In den folgenden Jahrzehnten wurde Prinzessin Chichibu Japans Goodwill-Botschafterin in Europa und Nordamerika. Sie unternahm wiederholt Reisen nach England und wurde von Königin Elisabeth empfangen. Als Prinz Charles und Prinzessin Diana 1990 nach Tokyo reisten, besuchten sie Prinzessin Chichibu. Sie kannte Charles bereits als kleinen Jungen, und er nannte sie seine »japanische Großmutter«.[82] Sie starb 1995, nur wenige Wochen vor ihrem sechsundachtzigsten Geburtstag. Den schlimmsten Belastungen und Heimsuchungen eines Mitglieds der japanischen Kaiserfamilie hatte sie in ihrem Leben erfolgreich aus dem Weg gehen können.

Im Januar 1966 wurde der zweiundvierzig Jahre alte Schwager von Kronprinz Akihito, Takatsukasa Toshimichi, zusammen mit der Hosteß eines Nachtklubs tot aufgefunden. Der Ehemann von Akihitos älterer Schwester Prinzessin Kazuko war ein Nachfahre der Tokugawa-Shogune, und sein Vater war der Oberpriester des Meiji-Schreins. Als die beiden heirateten, hatten Kaiser Hirohito und Kaiserin Nagako mit der Tradition gebrochen und der Hochzeitsfeier beigewohnt. Alle japanischen Zeitschriften brachten damals Fotos von den Jungvermählten in ihrem Heim, auf denen die lächelnde Prinzessin beim Kochen und bei der Hausarbeit zu sehen war. Nach einer Fehlgeburt konnte sie keine Kinder mehr bekommen.

Gleich vielen japanischen Angestellten verbrachte Takatsukasa, der in einem Museum arbeitete, seine Abende häufig in Tokyoter Nachtklubs in Gesellschaft hübscher Hostessen. Er wurde Stammgast im Iseribi-Klub, wo er sich stets in Begleitung der Hosteß Maeda Michiko befand. Am Abend des 26. Januar 1966 begab er sich mit seiner Geliebten in deren Appartement. Als er in den beiden nächsten Tagen nicht zur Arbeit erschien, alarmierte sein Chef die Polizei. Diese verschaffte sich Zutritt zum Appartement von Maeda Michiko und fand die beiden tot auf. Die Ursache war eine Kohlenmonoxidvergiftung aufgrund eines defekten Ofens. Doch der Klatsch in Tokyo machte daraus den Selbstmord zweier Liebender.[83]

Jedes Mitglied der kaiserlichen Familie reagierte auf die Einschränkungen, denen es ausgesetzt war, unterschiedlich. Insgesamt hatte Akihito fünf Schwestern und einen Bruder. Eine Schwester, Prinzessin Sachiko, starb 1928 noch als Säugling. Die erstgeborene Prinzessin Shigeko hatte 1943 den ältesten Sohn Prinz Higashikunis geheiratet und mit ihm drei Söhne und zwei Töchter, bevor sie 1961 im Alter von fünfunddreißig Jahren an Krebs starb. Prinzessin Kazuko heiratete einen Sohn von Prinz Takatsukasa. Prinzessin Atsuko heiratete Ikeda Takamasa, einen reichen Gutsbesitzer und Sohn eines Marquis. Akihitos einziger Bruder, Prinz Hitachi, der zweite Thronprätendent, 1935 geboren, widmete sich guten Werken. Er heiratete Hanako aus der Mori-Familie aus dem Hause Chôshû, das noch immer über Reichtum und Einfluß verfügte. Das jüngste der Geschwister ist Prinzessin Takako, die gern spitze Bemerkungen über die Kronprinzessin machte. Sie heiratete den adligen Bankier Shimazu Hisanaga.[84]

Im Jahr 1971 zeigten sich Kaiser Hirohito und Kaiserin Nagako für kurze Zeit in der Öffentlichkeit und unternahmen eine Weltreise. Während der Abschiedszeremonie auf dem Flughafen Haneda, die im japanischen Fernsehen live übertragen wurde, schritten Hirohito und Nagako die Reihe der Abschiednehmenden ab und grüßten jeden einzelnen. Als Kaiserin Nagako zu Kronprinzessin Michiko kam, übersah sie sie einfach und ging weiter zu Akihito.[85] Eine solche Brüskierung war unerhört.

Ein halbes Jahrhundert nach seinem ersten Englandbesuch als junger Mann war Hirohito bei seiner Weltreise ein zweites Mal Gast der Windsors. Er erhielt aus der Hand von Königin Elisabeth den Hosenbandorden. Erinnerungen an den Krieg machten sich bemerkbar. Der Thron und vor allem die japanische Regierung hatten bislang eine offizielle Erklärung des Bedauerns über die Kriegsverbrechen stets vermieden. Als die westlichen Hauptstädte im Jahr 1971 eine formelle Entschuldigung erwarteten, ließ das Palastamt eine solche Erklärung durch den Kaiser nicht zu. In Dänemark und den Niederlanden gab es antijapanische Demonstrationen. In England gruben wütende Protestierende einen jungen Baum wieder aus, den Hirohito eingepflanzt hatte, und warfen ihn auf den Müll.

1975 unternahm das Kaiserpaar eine weitere Auslandsreise, diesmal in die Vereinigten Staaten. Präsident Gerald Ford und andere Politiker bereiteten den beiden einen überaus herzlichen Empfang. Der Kaiser legte am Grabmal des Unbekannten Soldaten einen Kranz nieder und sprach von »diese[m] unselige[n] Krieg, über den ich zutiefst betrübt bin«.[86] Der Höhepunkt der Reise war für Hirohito ein Besuch in Disneyland, wo er seine Mickeymaus-Armbunduhr erwarb.

Nach dem Krieg änderte sich das Leben auch für die übrigen Angehörigen der Kaiserfamilie, und nicht unbedingt zum Schlechteren. Hirohitos Onkel Prinz Asaka, der sich nach dem Massaker von Nanking 1937 ins Privatleben zurückgezogen hatte, machte Geschäfte mit den Tsutsumis, die im Begriff standen, die reichste Familie der Welt zu werden. Asaka verkaufte mehrere seiner Paläste und Grundstücke an die Seibu, die Dachgesellschaft des Tsutsumi-Konzerns, um sie auf diese Weise dem Zugriff der Besatzungsmacht zu entziehen.[87]

Auch Prinz Higashikuni stand auf der Liste der Männer, die nach dem Willen des SCAP kein öffentliches Amt mehr bekleiden durften und einen Prozeß zu erwarten hatten. Er ergriff dieselbe Vorsichtsmaßnahme wie Prinz Asaka und verkaufte seine Paläste ebenfalls an die Tsutsumis.[88] (Die Tsutsumis erwiesen sich auch gegenüber anderen Mitgliedern der kaiserlichen Familie als solche Helfer und erwarben die Paläste der Prinzen Takeda und Kitashirakawa.) Um zu unterstreichen, wie »arm« er war, erwarb Higashikuni eine Schneiderei und einen Gebrauchtwarenladen. Er gründete eine religiöse Sekte, die jedoch wegen ihrer nicht zu übersehenden Rechtslastigkeit bald vom SCAP verboten wurde. Higashikuni blieb sieben Jahre lang auf der schwarzen Liste. Als die Amerikaner abzogen, nahm er sein gewohntes Leben wieder auf und starb im Januar 1990 im biblischen Alter von hundertundzwei Jahren.[89]

Im Gegensatz dazu lebten die beiden Brüder Hirohitos, die Prinzen Takamatsu und Mikasa, zurückgezogen. Takamatsu engagierte sich in kulturellen Aktivitäten und war als Präsident des Japanischen Roten Kreuzes tätig. Gelegentlich gab er Presseinterviews. 1976 sagte er der führenden japanischen Zeitschrift *Bungei Shunjû*, nach der Schlacht bei den Midway-Inseln im Juni 1942 habe er »nicht mehr mit einem Sieg gerechnet«. Im Februar 1987 starb er im Alter von zweiundachtzig Jahren an Lungenkrebs.[90] Nach seinem Tod wurden seine Tagebücher in einem Lagerhaus entdeckt, und seine Witwe setzte durch, daß sie veröffentlicht wurden. Der Mann, der uns in diesen Aufzeichnungen entgegentritt, war ein kultivierter und gewinnender Mensch, der tief unter den Absurditäten der japanischen Hofgesellschaft und dem Gefangenendasein der kaiserlichen Familie litt.

Prinz Mikasa verbrachte die Jahre nach dem Krieg als Wissenschaftler. Nach einem Studium der Archäologie, Orientalistik und semitischer Sprachen an der Universität Tokyo lehrte er viele Jahre am Christlichen Frauenkollege in Tokyo und war Gastdozent an der Universität London. Er und seine Frau hatten fünf Kinder und acht Enkel. Von Zeit zu Zeit brachte Mikasa außergewöhnliche Einsichten in die Geschehnisse des Zweiten Weltkriegs zu Papier; hierzu gehörte etwa sein lange unterdrückter Aufsatz über die Schrecken der japanischen Kriegsgreuel, die er mitangesehen hatte.

1987 wurde bei Hirohito Zwölffingerdarmkrebs im Endstadium diagnostiziert, ohne ihn jedoch davon in Kenntnis zu setzen. Als er kaum zwei Jahre später, am 7. Januar 1989, starb, folgte ihm Kronprinz Akihito auf den Thron.

Traditionen haben in Japan ein zähes Leben. Betrunkene befürchten heute noch, im Suff unpatriotische Äußerungen von sich zu geben. Über vierzig Jahre nach dem Krieg übte der Bürgermeister von Nagasaki, Motoshima Hitoshi, vorsichtig Kritik an Hirohitos Rolle im Krieg. Er sagte, daß der Kaiser »einen Teil« der Verantwortung für den Zweiten Weltkrieg trage, »so wie alle von uns, die damals gelebt haben«, und fügte hinzu: »Ich habe Rekruten beigebracht, für den Kaiser zu sterben.«[91] Der Bürgermeister erhielt sogleich Morddrohungen und Pistolenkugeln zugeschickt, und auf die Fensterscheiben des städtischen Rathauses wurden Schüsse abgegeben.

»Wenn ich das, was ich gesagt habe, vor dem Krieg gesagt hätte«, kommentierte der Bürgermeister, »hätte man mich wohl tatsächlich umgebracht. Demnach haben wir doch einen gewissen Fortschritt erzielt.«[92]

Das war verfrüht. Am 18. Januar 1990, ein Jahr nach dem Tod Hirohitos, trafen den Bürgermeister die tödlichen Schüsse eines Mitglieds einer Extremistengruppe, die sich »Rechtschaffen denkende Akademie« nannte.[93] Er war der erste japanische Politiker, der nach dem Ende des Zweiten Weltkriegs ermordet wurde.

Ein Teil Japans hatte sich auf eine neue Zukunft eingelassen, doch ein anderer Teil hielt noch immer an der Vergangenheit fest. Der Übergang zu einem moderneren Japan und einem moderneren Kaiser ist nicht leicht. Japans mächtige Türhüter haben dafür gesorgt.

12
Unsichtbare Männer

In den letzten Jahrzehnten des zwanzigsten Jahrhunderts machte Japan den Eindruck einer reichen, gesunden Industriegesellschaft mit einem shintoistischen Kaiser. Doch das war nur Fassade.[1] Während Kaiser Hirohito älter wurde und Kronprinz Akihito sich auf seine Regentschaft vorbereitete, benutzten Japans Finanzoligarchen die regierende Liberal-Demokratische Partei (LDP) dazu, die Verfassung auszuhöhlen und die Nachkriegsregierungen zu korrumpieren. Bestechung wurde zu einer Alltäglichkeit. Aus den Plünderungen während des Krieges befand sich so viel Schwarzgeld im Umlauf und die Preise für Neubauwohnungen stiegen wegen der mitberechneten Bestechungssummen in solche Höhen, daß sich die Wirtschaft wie ein wuchernder Abszeß aufblähte. Obgleich Hirohito während dieser Periode nur noch ein repräsentativer Monarch nach dem Vorbild der Windsors zu sein schien, wäre die Korruption ohne seine Mitwirkung nicht möglich gewesen, wie wir noch sehen werden.

Hirohito arrangierte sich mit den »Königsmachern« der LDP, so wie er sich mit den Militaristen während des Krieges und in den Jahren davor arrangiert hatte, da die Militaristen wie auch die LDP Werkzeuge in den Händen der Finanzelite waren. Seit jeher hatte sie den Thron kontrolliert – eine einzige, durch Inzucht erzeugte Familie, die über dem Gesetz stand. Auch wenn es so aussah, als hielte Hirohito sich aus dem Netz heraus und interessierte sich nur für die marine Fauna, Mikroskope und Petrischalen, gab es doch zahlreiche Fäden, die den Thron mit der LDP und den Oligarchen verbanden. Beispielsweise war die wichtigste finanzielle Stütze der Kaiserfamilie nach dem Krieg – der unvorstellbar reiche Tsutsumi-Clan – zugleich die entscheidende finanzielle Stütze der LDP und deren heimlichen Drahtzieher Takeshita Noboru. (Tsutsumi Yoshiaki bemerkte einmal: »Wenn ich spreche, springen hundert Politiker«, was eine vornehme Untertreibung war.)[2]

Während seiner vierundvierzig Jahre auf dem Thron nach dem Krieg machte Hirohitos traditionelle Stellung als königliche Ikone des Staates jede öffentlich geäußerte Kritik am Regime noch immer unausgesprochen zu einem Sakrileg und deshalb gefährlich. Diejenigen, die gegen die Korruption und die Interessenverfilzung zwischen Politik und Wirtschaft zu Felde zogen, wurden als Kommunisten gebrandmarkt und ins Gefängnis gesteckt. Im Lauf der Zeit verstummten die Oppositionspolitiker, nahmen Schweigegelder von der LDP an und mochten künftig auf weitere Bestechungsgelder nicht mehr verzichten. Erst nach Hirohitos Tod 1989 verrutschte die göttliche Maske und gab den Blick auf ein Regime frei, das so hemmungslos korrupt war, daß es seine maßlosen Begierden nicht mehr stillen konnte.

Es war nicht das erste Mal, daß Tokyo sich in ernsthaften Schwierigkeiten befand. In den letzten hundertfünfzig Jahren hat Japan mehrmals schwere Erschütterungen durchgemacht; mehrmals ist es an seinem Ehrgeiz, eine Weltmacht zu werden, gescheitert – unter dem Meiji-Kaiser, unter Tôjô und unter der Japan AG. Warum wiederholte sich dieser Prozeß?

Das Grundproblem ist die Macht, die letztlich im Reichtum gründet. Hinter der undurchsichtigen Fassade wurde in Japan schon immer Einfluß durch Reichtum ausgeübt; so war es schon unter den Soga-Fürsten im fünften Jahrhundert, die alle Rivalen an Reichtum übertrumpften, indem sie ein Monopol auf alle Einfuhren aus dem asiatischen Festland erwarben. Seit jener Zeit bis zur Meiji-Restauration hatten die wenigsten Kaiser oder Shogune die höchste Macht im Staat. Diese wurde vielmehr von ihren angeheirateten Verwandten und ihren Ratgebern ausgeübt, die ihren ungeheuren Reichtum dazu benutzten, Gegner zu Fall zu bringen und die Geschehnisse hinter den Kulissen zu steuern. Japans moderne Militaristen – die Erben von General Yamagata – behaupteten sich auf dieselbe Weise durch ihre Verbindungen zu den Finanzcliquen. Obwohl Japan inzwischen ins High-tech-Zeitalter eingetreten ist, wird die Macht noch immer hinter den Kulissen von Finanzcliquen desselben Typs mit denselben niederen Motiven persönlicher Macht und Habgier und denselben Methoden wie früher ausgeübt. Das korrumpiert das System und demoralisiert und schädigt das Volk.

Im heutigen Spiel der politischen Mächte Japans besteht die einzige Änderung gegenüber früher darin, daß die Finanzcliquen der Nachkriegszeit ihre Macht nicht mehr mit Shogunen, Samurai oder Militaristen teilen, nicht mit dem Kaiser, der nur als Ablenkung dient, und nicht mit gewählten Politikern, die nur Marionetten sind. Im Japan von heute sind Finanzcliquen die größte und zugleich am wenigsten sichtbare Macht. Man darf nicht vergessen, daß zu ihnen nicht nur Finanzleute, Bankiers und Direktoren von Unternehmen gehören, sondern auch Unterweltbosse. Somit ist Unsichtbarkeit geboten. Aufgrund der wechselseitigen Verflechtungen dieser Cliquen gehören viele Mitglieder einer bestimmten Finanzclique gleichzeitig mehreren dieser Cliquen an. Die Cliquen auseinanderzuhalten ist selbst für gut informierte Japaner schwierig. Wenn eine Gruppe von Bankiers, Finanzleuten und Gangsterbossen jeden Dienstag in den Privaträumen eines bestimmten Restaurants in Tokyo zusammenkommt und sich »Vier Himmlische Könige« nennt, werden einige von ihnen sich außerdem donnerstags in einem Teehaus mit anderen treffen und sich »Zwölf Göttliche Generäle« nennen oder sich sonst einen Namen aus dem asiatischen Pantheon der Unsterblichen geben. Auf diese Weise kontrolliert ihr Finanzgeflecht Japan auf allen Ebenen von Industrie und Gesellschaft. Heiraten zwischen diesen Cliquen verflechten die Familien noch weiter.

Was die japanische Finanzelite – und ihre Armee militanter Schüler – von den übrigen neunzig Prozent der japanischen Bevölkerung unterscheidet, ist ihr exklusives Recht, über den nationalen Reichtum in betrügerischer Weise zu verfügen. Seit dem Zweiten Weltkrieg hat das Geld die Gewehre ersetzt, doch Bestechungsgelder und Wahlkampfkosten werden noch immer als »Kugeln« bezeichnet (eine »Kugel« entspricht hundert Millionen Yen oder rund achthunderttausend Dollar). In der heutigen Zeit bestechen die japanischen Finanzcliquen nicht mehr die Militaristen, sondern bedienen sich der LDP, um den Beamtenapparat zu schmieren.

Die gute Seite ist die, daß die Angst vor chauvinistischen Gewalttaten abnimmt. Zwar gibt es noch immer die Gefahr politischer Morde, doch auch sie wird geringer. Die Inanspruchnahme einer rassischen Überlegenheit der Japaner und die Behauptung eines nationalen Konsenses haben sich an den Rändern verschlissen. Mit dem Zerfall des Kommunismus kann die Rechte nicht mehr sein Schrekkensgespenst an die Wand malen, um Forderungen nach sozialen Reformen abzuwehren.

Die schlechte Seite ist die, daß die Korruption allgemein, skrupellos und unbeherrschbar geworden ist – so skrupellos, daß die Oligarchen inzwischen das eigene Nest beschmutzt haben. Infolgedessen befindet sich die japanische Wirtschaft in einer schweren Krise. Da sie in der Vergangenheit noch nie Reformen durchgeführt haben, wissen die Oligarchen nicht, wie sie vorgehen sollen. Es ist zweifelhaft, ob sie ihr Bankensystem überhaupt reformieren und Japan vor einem Wirtschaftskollaps wie in der ehemaligen Sowjetunion bewahren können. Selbst vor dem Eingeständnis, daß sie die Macht zu Reformen hätten, schrecken sie zurück. In Japan ist es einem Sprichwort zufolge immer besser, überhaupt nichts zuzugeben. Die mächtigen Männer in Japan haben kein Interesse daran, daß einer von ihnen öffentlich ihre Machtstellung zugibt; das zöge unangenehme Fragen nach sich, und sie kämen in ernsthafte Schwierigkeiten.

In den dreißiger Jahren äußerte sich der Schriftsteller und Asienkenner John Gunther über die unsichtbaren Machthaber. »Ich war noch keine zwanzig Minuten in Japan, da hörte ich schon den merkwürdigen Gebrauch des Wörtchens *sie*. *Sie*, so erfuhr ich, hatten [...] die jüngsten Veränderungen in der Politik beschlossen; *sie* hatten entschieden, daß das Land dieses und nicht jenes tun sollte. *Sie* hatten die Ernennung des [...] Ministerpräsidenten eingefädelt.«[3]

Obwohl Habgier seit jeher wie überall auch in der japanischen Gesellschaft eine fundamentale Triebkraft war, wird ihre Existenz hier in einem ungewöhnlich starken Maße bemäntelt und bestritten. In Japan ist der Schlüssel zum Erfolg die heimliche Verfolgung eigener Interessen, gleichgültig ob man Finanzmagnat, Politiker, Gangster oder hoher Regierungsbeamter ist. General Yamagata, die Spinne, die um die Jahrhundertwende einen Großteil des bestehenden Netzes gewoben hatte, legte großen Wert darauf, von sich selbst zu sagen, er sei nur ein Soldat.

Heute unterstützt die japanische Regierung noch immer aktiv die unsichtbare Ausübung von Macht. Eine Verantwortlichkeit gegenüber dem Volk oder seinen Vertretern existiert praktisch nicht. Das politische System der Nachkriegszeit sollte der Idee nach transparent, verantwortlich und dem Volke rechenschaftspflichtig sein. Die Beamtenschaft sollte eine unbestechliche Meritokratie sein. Die Judikative sollte alle Politiker, Beamten oder Führungskräfte aus der Wirtschaft, die versuchen sollten, das neue System zu unterwandern oder zu stürzen, zur Rechenschaft ziehen können.

Das alles setzte voraus, daß die Machthaber in Japan ein rationales Verhalten an den Tag legten, ähnlich wie im Straßenverkehr, wo durch die Befolgung bestimmter Regeln Unfälle vermieden werden. Verschiedene politische Gruppen sollten sich im neuen Japan in der Regierungsgewalt abwechseln, wie es in Europa und den Vereinigten Staaten seit langem üblich ist. Die Gruppen und Parteien, die sich politisch bekämpften, sollten der Aufsicht der Wähler, des Beamtenapparats, der Gerichte und der Medien unterworfen sein. In einem solchen System hält sich jeder an die Regeln, da diese in gleicher Weise für alle gelten, für diejenigen, die sich gerade an der Macht befinden, ebenso wie für die anderen, die für eine gewisse Zeit von ihr ausgeschlossen sind. Auf diese Weise werden für alle Mitspieler gerechte Bedingungen geschaffen.

Doch während der Besatzungszeit in Japan vermieden die Oligarchen erfolgreich ein rationales politisches System und behielten die Macht ausschließlich für sich selbst. Später errichteten sie eine Einparteienherrschaft durch die LDP. Diese zersetzte die kleineren Parteien geschickt mit enormen Bestechungsgeldern, die aus den schwarzen Kassen der Oligarchen stammten. Statt eines periodischen Wechsels zwischen zwei oder mehreren politischen Parteien an der Spitze der Regierung blieb jahrzehntelang eine einzige Partei, die LDP, an der Macht. Während dieser Zeit gab es lediglich einen Wechsel finanzieller Einflußmöglichkeiten zwischen verschiedenen Fraktionen innerhalb der LDP. Zwar haben diese LDP-Fraktionen ihre eigenen Zentralen, Geldquellen, Kandidaten für den Posten des Ministerpräsidenten, Schattenkabinette und so weiter, doch alle hängen derselben erzkonservativen Politik der Vorkriegszeit an. Bei wichtigen Abstimmungen treten alle LDP-Fraktionen geschlossen auf und sorgen dafür, daß ihre Partei als einzige die Macht behält.[4] Geld ist der Kitt, der den inneren Zusammenhalt garantiert. Und das japanische Volk verfügt über keinerlei politisches Gegengewicht, um die Politik der LDP einer wirksamen Kritik zu unterziehen.

Die interne Geschichte der LDP ist höchst aufschlußreich. Sie wurde nach dem Krieg als Liberale Partei von konservativen Unterweltbossen mit Hilfe enormer Mengen Schwarzgeld aus dem Beuteschatz des Krieges gegründet. Seitdem hat sie als Werkzeug der Oligarchen große Mengen Schwarzgeld, von dem ein Großteil wiederum aus der Unterwelt stammt, dazu benutzt, den Beamtenapparat, die Justiz und kommerzielle Rivalen zu bestechen. Das wurde von der japanischen Presse im Lauf der Jahrzehnte durch eine Reihe spektakulärer Skandale aufgedeckt, wodurch die LDP in ihren Grundfesten erschüttert und Mitte der neunziger Jahre für kurze Zeit von der politischen Bühne verdrängt wurde. Doch die Partei hat das organische Gewebe des japanischen Lebens zu stark durchsetzt und zu viele Menschen eingekauft.

Eine Autorin hat das japanische Regierungssystem als Herrschaft *durch* das Gesetz statt Herrschaft *des* Gesetzes bezeichnet.[5] Das bedeutet, daß das Gesetz dazu benutzt wird, normale Menschen daran zu hindern, etwas zu erreichen, während die Elite außerhalb des Gesetzes bleibt und von allen Bestimmungen ausgenommen ist, von denen das Handeln aller übrigen Bürger eingeschränkt wird. Die Elite trägt ihre Konflikte nicht in der Öffentlichkeit aus und trifft Vereinbarungen außerhalb rechtsstaatlicher Prinzipien. Das gilt für alle vier Sektoren der Elite – die Spitzenbeamten, die Politiker, die Finanziers und die Gangsterbosse –, die ihre Streitigkeiten unter sich ausmachen. In Japan brechen Konflikte selten unter den Augen der Öffentlichkeit aus, so daß der Anschein von Konsens aufrechterhalten werden kann. Das ist auch der Grund, warum in den letzten drei Regierungsjahrzehnten Hirohitos alles so ruhig erschien. Er sorgte dafür, daß die verbindliche Maske nicht verrutschte, während Spitzenbeamte, Politiker, Finanziers und Gangsterbosse alle unter einer Decke steckten und den »japanischen Weg« feierten.

Sollten doch einmal politische Zwistigkeiten an die Öffentlichkeit gelangen, so wird nach demselben Verfahren einer Schlichtung im Hinterzimmer ein Sündenbock ausgekungelt; dieser vergießt Krokodilstränen vor den Nachrichtenkameras, tritt von seinem Posten zurück und kann von nun an seinen Ruhestand genießen, den man ihm zuvor zugesichert hatte, wenn er die Schuld auf sich nähme. Finanzminister gehen in der Regel im Verlauf ihrer Karriere mehrmals absichtlich zu Boden. Die periodische Aufdeckung der »Übel des Systems« treten an die Stelle wirklicher Reformen.[6] Das System bleibt stets dasselbe, und ein Skandal bedeutet nicht, daß ein Drahtzieher seinen Einfluß auf lange Sicht verlöre. Seine Bloßstellung mindert seine Macht nur vorübergehend. Ein gutes Beispiel dafür war Takeshita, den seine Eitelkeit dazu verleitete, das Amt des Ministerpräsidenten zu übernehmen. 1989 kam er in die peinliche Lage, während des aufsehenerregenden »Rekrutskandals« zurücktreten zu müssen.[7] Damals wurde enthüllt, daß eine Immobilienfirma namens Rekrut an Politiker und hohe Regierungsbeamte, darunter auch Ministerpräsident Takeshita, unnotierte Aktien ausgab, die von diesen mit hohen Gewinnen auf dem offenen Markt weiterverkauft wurden. Das ließ die LDP vorübergehend von der Bildfläche verschwinden. Doch nach drei Jahren der Verwirrung, in denen andere politische Parteien vergeblich nach Mitteln und Wegen suchten, ihr den endgültigen Todesstoß zu versetzen, tauchte die LDP wie ein Phönix aus der Asche wieder auf, und Takeshita nahm seine alte Position des Drahtziehers hinter den Kulissen wieder ein, wo er bis heute die Fäden zieht.[8]

Eine solche strukturelle Korruption wird von den japanischen Manipulatoren geschätzt.[9] Sie ist ein immanenter Aspekt des Systems, so daß sie nur in seltenen Fällen, wie beim Lockheed- oder beim Rekrutskandal, öffentliches Aufsehen erregt. Die japanische Propaganda behauptet zwar, daß solche Skandale die Ausnahme seien, daß die Nation ihren Zusammenhalt alten Traditionen, einer rassischen Homogenität, einem kaiserlichen Erbe und einer tüchtigen Beamtenschaft zu verdanken habe. Doch tatsächlich enthüllen die Skandale ein streng kontrolliertes, hochentwickeltes System der Korruption mit dem alleinigen Zweck, den nationalen Reichtum für einen kleinen Personenkreis zu sichern, während alle übrigen davon ausgeschlossen werden.

Die meisten Japaner sind der Meinung, daß die Politiker sie in keiner Hinsicht vertreten. Als Gegenleistung für reichliche Wahlkampfspenden übernehmen die LDP-Politiker die Rolle von Mittelsmännern und Verteilern von Schmiergeldern zwischen Finanzcliquen und Regierungsbeamten. Auf diese Weise erzeugen sie die Illusion einer Demokratie. Schmiergelder nehmen ihren Umweg über gewählte Politiker, statt direkt bezahlt zu werden, wie es vor der »Demokratie« üblich war.

Was war Hirohitos Rolle in diesem Zusammenhang? Während des ersten Wahlkampfs nach dem Krieg 1946 lautete die Botschaft des Führers der Liberalen Partei (aus der später die LDP hervorging), Hatoyama Ichirô, auf Wahlplakaten und in Wahlreden, jede Stimme gegen seine Partei sei eine Stimme gegen den Kaiser – was unausgesprochen einem Schwerverbrechen gleichkam. Zwar hatte der Kaiser offiziell seinem göttlichen Charakter entsagt, doch Hatoyama unterstrich bei jeder Gelegenheit, daß Hirohito das Oberhaupt der nationalen Familie geblieben sei. Die meisten Japaner erinnerten sich daran, daß Hatoyama 1925 als Erziehungsminister die Todesstrafe für jede noch so geringe Beleidigung des Kaisers gefordert hatte. Für sie war die Botschaft des Jahres 1946 eindeutig und unmißverständlich.[10]

Hatoyamas Liberale Partei (die höchstens im Umgang mit Schmiergeldern »liberal« war) wurde durch eine riesige Spende des obersten Paten der japanischen Unterwelt, Kodama Yoshio, finanziert, kurz bevor dieser als Kriegsverbrecher der höchsten Kategorie ins Sugamo-Gefängnis eingeliefert wurde. Dank einer systematischen Einschüchterung der Wähler und unbegrenzter Finanzmittel errang die Liberale Partei mühelos den Wahlsieg. Daraufhin klärten Hatoyamas Feinde die Amerikaner darüber auf, mit wem sie es da eigentlich zu tun hatten, so daß MacArthur nichts anderes übrigblieb, als ihn für einige Zeit aus dem Verkehr zu ziehen. Damit wurde Hatoyama doch nicht der erste »gewählte« Ministerpräsident Japans nach dem Krieg. Bevor er ins Gefängnis ging, sorgte er noch dafür, daß Joseph Grews alter Freund Außenminister Yoshida Chef der Liberalen Partei wurde und das Amt des Ministerpräsidenten erhielt.

Nachdem die Amerikaner 1952 abgezogen waren, konnte Hatoyama wieder in die Politik gehen. Er und seine Verbündeten aus der Unterwelt gründeten die Demokratische Partei als Konkurrentin zu seiner alten Liberalen Partei und drängten Yoshida aus dem Amt, das

1954 von Hatoyama übernommen wurde. Mit finanzieller Unterstützung von Kodama vereinigte Hatoyama 1955 seine Demokratische mit der Liberalen Partei und anderen Fraktionen zur Liberal-Demokratischen Partei, von der die Japaner sagen, sie sei weder liberal noch demokratisch, noch eine Partei. Seitdem hat die LDP über vier Jahrzehnte lang die Regierung gestellt, abgesehen von der kurzen Unterbrechung nach mit dem Rekrutskandal.

Im Jahr 1954 machten sich Ministerpräsident Hatoyama und seine Leute in der Partei an die Erfüllung ihres Auftrags, die japanische Nachkriegsregierung zu korrumpieren. Da die amerikanische Besatzungsmacht für die Erfüllung ihrer Aufgaben auf die japanische Bürokratie angewiesen war, hatte sie diese nach dem Krieg unangetastet gelassen. Sie hatte als einzige Institution den Krieg unbeschädigt überstanden und wurde nicht reorganisiert. Auf sie übertrug sich im Lauf der ersten Nachkriegsjahre die Autorität und das Ansehen des SCAP. Als die Besatzung endete, war die Bürokratie in Tokyo der mächtigste Arm der japanischen Regierung, ein Reich für sich.[11] Der Theorie nach war sie eine Meritokratie, in der Beförderungen ausschließlich auf individueller Tüchtigkeit beruhten. Doch die Beamten bauten ihre Machtstellung aus, indem sie byzantinische Vorschriften einführten, mit denen sie die Gesellschaft vollkommen lahm legten. Nichts konnte geschehen, ohne daß zunächst die Beamten bestochen wurden, um die Erlaubnis zur Umgehung der Vorschriften zu erhalten. Die ständig neuen Verordnungen dienten einem bestimmten Zweck: Nur die Reichsten und Mächtigsten können etwas erreichen, und zwar durch Bestechung. Beamte in den entsprechenden Schlüsselpositionen ermöglichen bestimmten Einzelpersonen, Unternehmen, Politikern, Gangstern oder Finanziers, die Vorschriften zu umgehen, als Gegenleistung für Beförderungen, Bestechungsgelder oder die garantierte Übernahme in leitende Stellungen in der Wirtschaft nach ihrem Ausscheiden aus dem Staatsdienst.

Der Filmregisseur Itami Jûzô erläuterte: »Im Unterschied zu Politikern können Beamte nicht abgewählt werden. Wir mögen unzufrieden mit unseren Beamten sein, aber [...] es steht nicht in unserer Macht, auf [die Institution der Bürokratie] einen Einfluß auszuüben, auch wenn sie uns noch so schlechte Dienste leistet.«[12]

Die Behauptung, daß die Oligarchen und die LDP sich darangemacht hätten, die Bürokratie zu verführen, wäre ungenau. Die Bürokratie zierte sich gar nicht erst lange und war ein mehr als williger Partner. Sie legte selbst die einfachen Grundregeln fest, nach denen sie korrumpiert werden konnte. Der Rest war für die LDP ein Kinderspiel.

Um uns eine Vorstellung davon zu machen, mag es genügen, die Karrieren von drei LDP-Drahziehern näher zu beleuchten: Kishi Nobusuke, Tanaka Kakuei und Kanemaru Shin. Jeder von ihnen war zunächst »unsichtbar«. Irgendwann materialisierten sie sich vor unseren Augen und brachten sich als Selbstopfer dar wie Takeshita. Ihre Geschichten bilden einen gemeinsamen Faden, der leicht zu verfolgen ist. Zusammen mit dem Unterweltpaten Kodama und Parteigründer Hatoyama waren sie die großen politischen Blutsauger im Nachkriegsjapan. Sie (und nicht der Kaiser) hatten das letzte Wort bei der Einsetzung von Ministerpräsidenten und der Verteilung von Kabinettsposten. Kein Ministerpräsident von 1946 bis 1993 hat sein Amt ohne den Segen eines dieser Männer bekleidet.

Kishi errichtete eine Brücke zwischen der Vorkriegs- und der Nachkriegszeit, indem er zunächst Geschäfte mit der Kwangtung-Armee in der Mandschurei und später ebensolche mit der Japan AG machte. Seine Geschichte ist ein Musterbeispiel für das Transvestitentum der japanischen Hochfinanz.[13]

Geboren als Satô Nobusuke im Jahr 1896 in Chôshû (der heutigen Präfektur Yamaguchi), wurde er von einem Onkel adoptiert, der den Namen Kishi trug. Einer seiner Brüder, Satô Eisaku, wurde nach dem Krieg als Mitglied der LDP Finanzminister und Ministerpräsident; sein ältester Bruder Satô Ichirô wurde Admiral.

Nach dem Besuch der Universität Tokyo fand Kishi Nobusuke eine Anstellung im Handels- und Industrieministerium, wo er wichtige Einblicke gewann. Während der Wirtschaftskrise zeigte er reichen Investoren, wie leicht es war, kleinere Firmen, die vor dem Bankrott standen, zu schlucken und auszusaugen. Er wurde ein Experte in der Schaffung von Kartellen und Trusts. Japans militärische Expansion auf dem asiatischen Festland 1931 bot ihm seine große Chance. Man schickte ihn in die Mandschurei, wo er die Möglichkeit von Industrieansiedlungen prüfen sollte. Er freundete sich mit General Tôjô an, dem Chef der Geheimpolizei in der Mandschurei, und zeigte diesem, wie die Armee private Besitzer von Aktien der Südmandschurischen Eisenbahngesellschaft SMRC durch Erpressung ausnehmen konnte. Die SMRC besaß sämtliche Rechte an der wirtschaftlichen Nutzung der mandschurischen Eisenbahnen, Fluß- und Seehäfen, Bergwerke, Ölvorkommen, Hotels und des Transportwesens und war bereits eine der größten Kapitalgesellschaften der Welt. Zufällig war der Präsident der SMRC, Aikawa, ein angeheirateter Onkel Kishis.[14] Diesem unterbreitete er einen Vorschlag zur Steigerung der Profite der Eisenbahngesellschaft durch den Einsatz von Terror und Erpressung seitens der Kwantung-Armee und der japanischen Unterwelt.

Es gelang ihm, für sein Vorhaben einen weiteren wichtigen Verbündeten zu gewinnen, einen der erfolgreichsten neuen Konzerne Japans, Nissan, der über eine hervorragende Administration verfügte und an dessen Spitze ebenfalls ein Onkel von Kishi stand. Indem er seine beiden Onkel mit General Tôjô zusammenbrachte, verflocht Kishi die Interessen von Politik, Militär, Wirtschaft und Unterwelt. Unter Kishi wurde die Mandschurei der Hauptproduzent und -lieferant von Heroin in Asien. Er machte die Kwangtung-Armee so reich, daß sie unabhängig von Tokyo vorgehen und von sich aus den Krieg gegen China beginnen konnte. Es war zu einem großen Teil Kishi zu verdanken, daß General Tôjô zum Stabschef der Kwantung-Armee ernannt wurde.[15] Wie man sieht, erwarb sich Kishi in dieser Zeit mancherlei Verdienste.

Während des Krieges wurde Kishi zum Minister für Handel und Industrie in Tokyo befördert und diente gleichzeitig Tôjô als stellvertretender Munitionsminister. Nach der Kapitulation Japans mußte Kishi ins Sugamo-Gefängnis und sah einem Prozeß entgegen. Die Anklage lautete auf Raub und Plünderung in China und der Mandschurei, Diebstahl von Privatvermögen und die Versklavung Tausender von Männern, die zur Arbeit in Fabriken und Bergwerken gezwungen wurden. Am Vorabend seiner Verhaftung erhielt Kishi ein Telegramm: »Amerikaner werden Sie wahrscheinlich nicht verurteilen und hinrichten, deshalb Rat, nicht voreilig handeln.«[16]

Im Sugamo-Gefängnis traf Kishi auf die Spitzen der japanischen

Politik, Wirtschaft, Bürokratie und Unterwelt. Unter seinen Zellengenossen befanden sich der Pate Kodama und der extremistische spätere Gründer der LDP, Hatoyama. Während des Krieges hatte Kodama, der berühmteste der tätowierten Gangster Japans, der Yakuza, Milliarden zusammengerafft, indem er Kriegsbeute zur Seite schaffte, und war 1945 der reichste Mann Japans nach dem Kaiser. Kodama hatte bereits die Gründung der Liberalen Partei mitfinanziert und bot an, für Hatoyama eine eigene Partei zu gründen, wenn dieser damit einverstanden sei, daß Kishi sich um die Finanzen kümmere und hinter den Kulissen die Fäden ziehe. Sie wurden sich einig, und Kodama zahlte mehrere Millionen Dollar in eine schwarze Kasse ein.[17] Das war freilich nur ein Tropfen auf den heißen Stein. Nach Schätzung des SCAP betrug das Vermögen Kodamas 1945 13,5 Milliaden Dollar (wahrscheinlich nur ein Bruchteil seines wahren Reichtums). Kodama deklarierte öffentlich lediglich zweihundert Millionen und bot großzügig an, die gesamte Summe dem SCAP zu übergeben, das den Betrag zwischen dem Freund der USA General Tschiang Kai-schek und dem amerikanischen Counter Intelligence Corps CIC, einem Vorläufer der CIA, aufteilen solle. Nachdem Washington Kodamas Angebot unter strikter Geheimhaltung angenommen hatte, wurden Kodama und Kishi aus dem Sugamo-Gefängnis entlassen und nicht mehr wegen ihrer führenden Rollen im Krieg verfolgt. Das amerikanische CIC war von diesen zweihundert Millionen Dollar Schmiergeld so angetan, daß Kodama später während des Koreakriegs als Experte in der Kommunistenhetze angeheuert wurde. Bis zum Lockheedskandal in den siebziger Jahren stand er auf der Gehaltsliste der CIA.

Nach seiner Freilassung aus dem Sugamo-Gefängnis wurde Kishi – unterstützt von Kodamas schwarzer Kasse und Hatoyamas gutgeschmiertem politischen Apparat – einer der größten Drahtzieher im Nachkriegsjapan. Inzwischen war sein Bruder Satô Eisaku zum Chefsekretär von Ministerpräsident Yoshida aufgestiegen. Als die neue LDP an der Macht war, kaufte sie eine beträchtliche Mehrheit im Parlament und verhinderte damit, daß kleinere Rivalen eine Koalitionsregierung bildeten. Nachdem sie im Parlament eine sichere und dauerhafte Mehrheit hatte, behauptete sie, sie sei nach dem Kaiser die höchste moralische Autorität im Land.

Solange Kishi sich im Hintergrund hielt, blieb seine Macht unangefochten, doch als er 1957 das Amt des Ministerpräsidenten übernahm, das er bis 1960 innehatte, geriet er bald in Schwierigkeiten. Seine Forderung nach einer Wiederaufrüstung Japans löste in Tokyo heftige Proteste aus. Kishi trat zurück. Hinter der Bühne blieb er zwar noch jahrelang ein führender Drahtzieher, doch sein Stern war im Sinken begriffen. Das hätte für andere eine Lehre sein können.

Einer seiner Schützlinge war bereit, Kishi in seinen Fußstapfen zu folgen. Tanaka Kakuei war ein robuster und charismatischer Mann. 1918 als Kind einfacher Leute geboren, machte Tanaka nie einen höheren Schulabschluß.[18] Sein Vater hatte als Viehhändler Bankrott gemacht. Bei all seiner Armut war Tanaka ein charmanter Bursche mit mathematischer Begabung. Nach dem Besuch eines Zeichenkurses an der Abendschule erhielt er eine Anstellung als technischer Zeichner, Laufbursche und Aushilfsbuchhalter in einem Architekturbüro in Tokyo. Dort machte er die Bekanntschaft von Vicomte Ôkôchi Masatoshi, dem Direktor eines Mischkonzerns, der Riken-Gruppe, die ihr Geld mit Lieferverträgen von Kriegsgütern verdiente, die aus dem Ersten Weltkrieg stammten.[19] (Während des Pazifischen Krieges war Ôkôchi Berater in der Artillerieproduktion, während Kishi stellvertretender Munitionsminister war, woraus die direkte Beziehung zwischen den beiden hervorgeht.)

Ôkôchi hatte an dem unterhaltsamen jungen Tanaka einen Narren gefressen. Er verhalf ihm zu einer guten Partie mit einer reichen geschiedenen Frau, die dadurch ihrer in Japan sozial unmöglichen Stellung entkam. Sakamoto Hana war zwar sieben Jahre älter als Tanaka, doch ihr Vater war ein sehr vermögender und dankbarer Mann, der kränkelnde Eigentümer eines Bauunternehmens. Im Rahmen des Heiratsvertrags wurde Tanaka als Erbe des Unternehmens seines Schwiegervaters eingesetzt. Er benannte es in Tanaka-Bau um, und in nur vier Jahren – die Bombardierung der japanischen Städte mit Brandbomben fiel in diese Zeit – gelangte Tanaka zu einem riesigen Vermögen und war auf dem Weg, einer der reichsten Männer Japans zu werden. Ôkôchi sorgte dafür, daß Tanaka extrem einträgliche Aufträge von der Armee erhielt. Hierzu gehörten auch solche über den Bau von unterirdischen Anlagen zur Verteidigung Japans im Fall einer

Invasion der Alliierten, die später als Verstecke für Kriegsbeute und Akten dienten. Im Frühjahr 1945 erhielt Ôkôchi den Befehl, eine Fabrik zur Herstellung von Kolbenringen nach Korea zu verlegen, um sie so der Bombardierung durch US-Flugzeuge zu entziehen. Ôkôchi gab den Auftrag an Tanaka weiter, der als Anzahlung einen Verrechnungsscheck über dreiundsiebzig Millionen Dollar erhielt. Nachdem er über private Kanäle – Kishi und Ôkôchi – von der Entscheidung des Kaisers zur Kapitulation erfahren hatte, flog er schleunigst nach Korea, begab sich dort zu einer japanischen Bank, bei der ein Freund von ihm arbeitete, tauschte den Scheck gegen Goldbarren ein und reiste mit einem Vermögen in der Tasche wieder ab. Das Kriegsende machte es nicht mehr erforderlich, die Fabrik zu verlegen, so daß er dreiundsiebzig Millionen Dollar ohne Gegenleistung kassiert hatte. In der allgemeinen Verwirrung mußte er über den Verbleib des Geldes keine Rechenschaft ablegen.[20]

Tanaka spendete einen winzigen Bruchteil dieser Summe, achtzigtausend Dollar, der neuen Liberalen Partei, sein Startgeld für eine Karriere in der Politik.[21] 1947 schaffte er den Sprung ins Parlament. Kaum ein Jahr später wurde er wegen Annahme von Bestechungsgeldern verhaftet. Seinen nächsten Wahlkampf führte er vom Untersuchungsgefängnis aus und gewann. Nachdem die Anklage gegen ihn fallengelassen wurde, machte er eine glänzende politische Karriere, bestach Beamte, die ihm zuvor an den Kragen gewollt hatten.

Tanaka hatte erkannt, daß für ihn die Beamten die größte Geldquelle im Nachkriegsjapan waren, weil sie darüber entschieden, welche Bauunternehmen die lukrativsten staatlichen Aufträge erhielten. Also richtete er sein Interesse auf sie. Als sein Gönner Kishi 1957 das Amt des Ministerpräsidenten übernahm, machte er Tanaka zum Postminister. In Japan unterhielt die Post wie in Deutschland auch eine Bank, die für Millionen Bürger Postgirokonten führte. Die Nachkriegsregierung hatte einen »Fiskalischen Investitionskreditplan« aufgestellt, der es den Beamten ermöglichte, tief in diese riesige Postsparkasse zu greifen und über die dort vorhandenen Mittel nach ihrem Gutdünken zu verfügen.[22] Das bedeutete in der Praxis ein weiteres Budget für die Regierung, das jedoch nicht vom Parlament verabschiedet werden mußte. Als Postminister machte sich Tanaka bei allen Beamten beliebt, die sich an den Ersparnissen einfacher Leute bereicherten. Auf diese Beamten würde Tanaka künftig rechnen können.

Tanaka wurde zum Finanzminister in der Ikeda-Regierung ernannt, ein Amt, das er drei Jahre lang innehatte. Normalerweise wird das Finanzministerium von einem Berufsbeamten geleitet. So aber übernahm Tanaka die persönliche Kontrolle über alle staatlichen Hilfsgelder für die einzelnen Präfekturen und für alle nationalen und regionalen Ausgaben für öffentliche Arbeiten. (Die Staatsregierung und die Regierungen der Präfekturen geben jährlich rund vierhundert Milliarden Dollar für öffentliche Arbeiten aus.) Dank Tanaka erlebten die Bauunternehmen einen Boom an öffentlichen Aufträgen und wurden zu der mit Abstand größten Quelle von Schmiergeldzahlungen in die schwarze Kasse der LDP.

Die Mauschelei zwischen der LDP und den Bauunternehmen beruht auf Preisabsprachen bei öffentlichen Ausschreibungen.[23] Bevor eine Baufirma ihr Angebot für ein öffentliches Bauvorhaben einreichen kann, muß sie zuerst einen einflußreichen Politiker schmieren. Alle Unternehmen, die zu einem Gebot aufgefordert werden, sprechen sich vorher darüber ab, wer den Auftrag erhalten und wie hoch das abgegebene Gebot sein soll; alle übrigen geben beträchtlich höhere Gebote ab. Da jedes der beteiligten Unternehmen der Reihe nach bei den Ausschreibungen zum Zuge kommt, machen alle bei dem Spiel mit, ebenso die Beamten und der Ausschuß, der über den Zuschlag entscheidet. Für einen großen staatlichen Auftrag wie den Bau einer Autobahn kann der Politiker, der den Auftrag vermittelt, mit einer »Provision« in der Größenordnung von einer Milliarde Yen (rund acht Millionen Dollar) von einem einzelnen Bauunternehmen rechnen.[24]

Neben den Bestechungsgeldern erhalten hohe Staatsbeamte ihre eigentliche Belohnung, wenn sie sich aus dem Staatsdienst zurückziehen, um einen hohen Posten in der Privatwirtschaft anzutreten, der mit einem üppigen Gehalt und Optionen auf Firmenaktien verbunden ist, ohne daß sie dafür einen Finger rühren müssen. Oppositionspolitiker halten still, weil viele von ihnen versuchen, mit Hilfe von Bauunternehmen ein Abgeordnetenmandat zu erringen. Außerdem ist die LDP für ihre politischen Gegner der größte Verteiler von Schmiergeldern. Der Sozialistischen Partei Japans sind durch ihre finanzielle Abhängigkeit von der LDP alle Zähne gezogen worden.[25]

Tanaka hatte sich so viele Politiker verpflichtet und so viele Unternehmen vor Devisenkontrollen bewahrt, daß sein Privatvermögen ungeheuer anschwoll. Er wurde ein Königsmacher von eigenen Gnaden und wählte die Kabinettsminister aus seinen Leuten aus. Die Tanaka-Fraktion wurde die größte in der LDP; seine beiden wichtigsten Statthalter waren Takeshita und Kanemaru.

Während Kishi das Geld als Mittel politischer Einflußnahme in der Nachkriegszeit entdeckte, war Tanaka derjenige, der das System der Bestechung perfektionierte. Schließlich übertrug er sie auf die internationale Bühne, als er das Ministerium für internationalen Handel und Industrie übernahm, das mit japanischen Unternehmen zusammenarbeitete, um deren weltweiten Einfluß erheblich auszuweiten. Als er vierundfünfzig Jahre alt war, übermannte der Ehrgeiz Tanaka, und er verließ seinen Platz hinter den Kulissen, um Japans schillerndster Ministerpräsident im zwanzigsten Jahrhundert zu werden. Damit hatte er den Grundsatz der Unsichtbarkeit verletzt, und kaum zwei Jahre später war er gezwungen, nach schweren öffentlichen Beschuldigungen zurückzutreten.

Ein Team japanischer Journalisten hatte eine Enthüllungsstory über Tanakas Korruptheit gebracht, die einen solchen Wirbel auslöste, daß er unter dem Vorwand angegriffener Gesundheit als Ministerpräsident zurücktrat. Er blieb von einer Anklage verschont, und nach einigen Monaten sah es so aus, als könnte er hinter den Kulissen weiterwirken, wie Kishi es getan hatte. Doch im Februar 1976 begann der außenpolitische Ausschuß des US-Kongresses mit den Anhörungen zum Lockheedskandal, in den auch Japan verwickelt war und der dort den größten Bestechungsfall durch eine ausländische Firma darstellte, seit Siemens 1914 die japanische Marine bestochen hatte. Dabei kam heraus, daß Lockheed enorme Summen an hohe japanische Angestellte und Regierungsbeamte – auch an den Ministerpräsidenten – gezahlt und auf diese Weise seine Konkurrenten Boeing und McDonnell-Douglas bei den All Nippon Airways aus dem Feld geschlagen hatte. Noch peinlicher war die Enthüllung, daß alle Gelder über den Paten Kodama geflossen waren, der im Namen der CIA handelte.[26]

Seit 1958 hatte Kodama von der CIA und von Lockheed regelmäßig fette Schmiergelder erhalten. Er hatte nicht nur dafür gesorgt, daß die All Nippon Airways ihre Passagierflugzeuge bei Lockheed in Auftrag gab, sondern steckte auch hinter dem Kauf von zweihundertdreißig Lockheed-Starfightern F-104 für die japanische Luftwaffe.

Tanaka wurde im Juli 1976 verhaftet und angeklagt, von Lockheed Bestechungsgelder in Höhe von zwei Millionen Dollar angenommen zu haben. In den sieben Jahren, die der Prozeß in Anspruch nahm, machte Tanaka drei seiner Leute zu Ministerpräsidenten. Kodamas eigener Prozeß endete vorzeitig, nachdem er schwer erkrankt und im Januar 1984 gestorben war. Tanaka wurde im Oktober 1983 zu einer Haftstrafe von vier Jahren sowie einer lächerlichen Geldbuße von 4,4 Millionen Dollar verurteilt. Seine Verteidigung kostete ihn acht Millionen Dollar. Mit der für ihn typischen Chuzpe stellte er sich im Dezember dieses Jahres erneut zur Wahl und wurde zum fünfzehnten Mal wiedergewählt. Er blieb Japans mächtigster Politiker bis Februar 1985, als er einen Gehirnschlag erlitt; er starb im Dezember 1993.

Tanakas Partner und Nachfolger Kanemaru Shin, geboren 1914, beging zwar nie den Fehler, das Amt des Ministerpräsidenten zu übernehmen, aber er brachte es bis zum stellvertretenden Ministerpräsidenten, bevor er sich aus dem öffentlichen Leben zurückzog. Er blieb klugerweise hinter den Kulissen und galt als der größte politische Drahtzieher in Japan. Als Sohn eines Sakebrauers übernahm der junge Kanemaru die Rolle eines Kuriers für die Gangster und zwielichtigen Geschäftsleute, die Kishis Projekte in der besetzten Mandschurei und in Nordchina in die Tat umsetzten. Nach dem Zweiten Weltkrieg tauchte er als einer von Kishis Vertrauensleuten auf und verteilte große Mengen Schmier- und Bestechungsgelder. 1958 verließ er für kurze Zeit die Deckung, als er sich während Kishis Amtszeit als Ministerpräsident ins Unterhaus wählen ließ. Insgesamt errang Kanemaru zwölfmal ein Abgeordnetenmandat, trat jedoch sonst nicht weiter in Erscheinung, auch nicht in der Zeit, als Tanaka ihn zum Bauminister ernannte.[27]

Kanemaru kümmerte sich um die geheimen Finanzangelegenheiten der LDP. Wenn große staatliche Bauaufträge ausgeschrieben wurden, nahm er Kontakt mit potentiellen Interessenten auf – allesamt

Bauunternehmer, von denen die LDP großzügig mit Spenden bedacht wurde. In Absprache mit Kabinettsministern und hohen Beamten sorgte Kanemaru dafür, daß das »richtige« Unternehmen den Zuschlag erhielt. Von der Auftragssumme erhielt Kanemaru zwei bis drei Prozent Provision, außerdem flossen der schwarzen Kasse der LDP Millionenbeträge zu, die in Form von Bargeld in mehreren Wandsafes in Kanemarus Haus aufbewahrt wurden.

Auf die Habgier der Menschen verstand er sich besser als die meisten anderen. Statt die politischen Gegner der LDP zu bekämpfen, kaufte er sie. Doch seit 1992 ging es mit ihm bergab. Ob aus Erschöpfung, Gleichgültigkeit oder Arroganz, er wurde sorglos, und die Öffentlichkeit bekam Einblick in die LDP-Machenschaften. Der Rekrutskandal hatte die Vergabe von Bestechungsgeldern durch die LDP an Politiker, hohe Regierungsbeamte, Geschäftsleute und Gangster ans Licht gebracht und schließlich den Rücktritt von Ministerpräsident Takeshita und fast den Zusammenbruch der LDP erzwungen. Kanemaru ging aus diesem wie schon aus früheren Skandalen mit weißer Weste hervor. Sein Sturz wurde durch den nächsten Skandal besiegelt – den Skandal um den Paketzustelldienst Sagawa-Kyûbin. Im August 1992 gaben die Strafverfolgungsbehörden bekannt, daß der Eigentümer der Firma gestanden hatte, kurz vor den allgemeinen Wahlen von 1990 an Kanemaru eine halbe Milliarde Yen (über vier Millionen Dollar) bezahlt zu haben. Sagawa hatte außerdem über Kanemaru vier Millionen Dollar Schmiergelder an die LDP bezahlt. Es stellte sich heraus, daß Sagawa im Lauf mehrerer Jahre Milliarden Dollar zum Zweck der Einflußnahme ausgegeben hatte. Wie kam ein Paketdienst an soviel Geld? Der Umfang der Schmiergelder war so exorbitant, daß es der japanischen Öffentlichkeit die Sprache verschlug. Als nächstes kam die Enthüllung, daß Sagawa in enger Verbindung zu Geschäften stand, die während des Zweiten Weltkriegs von japanischen Gangstern im besetzten China getätigt worden waren.[28] Der Unterschied zwischen ihm und anderen Paketzustellern lag im Inhalt der beförderten Pakete. Erinnerungen an Massaker und Plünderungen in Südostasien, Gangster und Geheimpolizei, an Kriegsgefangene, die lebendig begraben worden waren, um Tresorräume mit Goldbarren zu bewachen, an Prinzen und Politiker, die nie bestraft worden waren, lösten eine Welle der Empörung aus. Am 27. August 1992 trat Kanemaru als Ministerpräsident und als Chef der Tanaka-Fraktion innerhalb der LDP zurück. Er wurde zu der nichtigen Geldbuße von 1820 Dollar verurteilt, ohne daß ihn die Staatsanwaltschaft jemals vernommen hätte.[29] Im November 1992 begab er sich in ein Krankenhaus und hoffte, mit diesem bewährten Manöver einer weiteren Strafverfolgung zu entgehen. Drei Monate später wurde er unter Anklage der Steuerhinterziehung verhaftet. Mit Hilfe von Spionagesatelliten waren seine Funktelefongespräche von Gegnern der LDP abgehört und minutiös aufgezeichnet worden. Bei einer Razzia in seinem Haus fanden die japanischen Steuerbehörden einen Hort im Wert von einundfünfzig Millionen Dollar.[30] Er bestand aus hundert Kilogramm Gold in kleinen Barren im Geschenkformat, Bargeld und Verrechnungsschecks. Noch vor dem Ende des gegen ihn eingeleiteten Gerichtsverfahrens starb Kanemaru 1996, und alle Anklagen gegen ihn wurden fallengelassen.

Ein weiterer Akteur in diesem Schauspiel war Ozawa Ichirô, ein Schützling von Kanemaru und Takeshita, dessen zukünftige Entwicklung so vielversprechend war, daß selbst Washington einen geheimen Kontakt zu ihm unterhielt. Kurz vor der Krise in der LDP, die den Sturz Kanemarus zur Folge hatte, trat Ozawa plötzlich aus der LDP aus; er schützte Herzprobleme vor. Journalisten stellten später Mutmaßungen an, daß Ozawa mit diesem Schritt vorsorglich auf Distanz gegangen war. Bald darauf kam es zu den Skandalen, die den Sturz Kanemarus, fast den Sturz Takeshitas und die Razzia im Haus Kanemarus zur Folge hatten. Dabei wurde offensichtlich modernste Überwachungstechnik eingesetzt, die nur den nationalen Sicherheitsbehörden der USA verfügbar war. Es sah aus wie ein Palastputsch mit dem Ziel, die Macht der LDP zu entziehen und die japanische Politik zu öffnen. Bald darauf erholte sich Ozawa wie durch ein Wunder von seiner Krankheit und wurde der Führer der »Opposition«. Er gründete eine eigene Liberale Partei (die noch weniger liberal war als die LDP) und fand ein überaus freundliches Echo in der amerikanischen Presse. Es spricht für ihn, daß auf ihn kein Schatten des Verdachts der Korruption fiel, auch wenn er ein geschickter Finanzier und ein Intrigant war.

Der Zusammenbruch der LDP weckte Hoffnungen auf eine Änderung, doch sie waren nicht von langer Dauer. Tragischerweise waren weder Ozawa noch ein anderer Oppositionsführer in der Lage, diese Gelegenheit zu nutzen. Neue Parteien wurden gebildet, und neue Führer spielten die »Reise nach Jerusalem«. Doch niemand verfügte über den Apparat oder die Verbindungen, um den Platz der LDP einzunehmen. Nach jahrzehntelanger Gewöhnung an die Bonbons der LDP hatten die meisten Oppositionspolitiker ihre Zähne verloren. Selbst die Sozialisten waren von den Almosen der LDP abhängig. Es dauerte nur wenige Monate, bis die LDP wieder fest im Sattel saß und Takeshita wieder die Zügel in der Hand hatte.

Gibt es irgendein Mittel, um diesem eklatanten Machtmißbrauch ein Ende zu setzen? Nur eine radikale Änderung des politischen Systems und der Erlaß neuer Gesetze könnte dieses Korruptionsgeflecht auflösen. Das wird jedoch nicht geschehen, solange die Oligarchen nicht aus eigenem Interesse hinter einem solchen Programm stehen.

Heute gehören die weitesten Taschen der Tsutsumi-Familie, die von Anfang an eine der Hauptstützen der LDP war.[31] Seit den zwanziger Jahren hat sie der kaiserlichen Familie bedeutende Gefälligkeiten erwiesen. In den achtziger Jahren wurde das Privatvermögen des Familienoberhaupts, Tsutsumi Yoshiaki, auf zweiundzwanzig Milliarden Dollar geschätzt, das größte Privatvermögen der Welt, bis Bill Gates in den neunziger Jahren auch diesen Rekord brach. (Wenn man jedoch bedenkt, wie das Privatvermögen in den USA deklariert und wie es in Japan verschleiert wird, dann spricht vieles dafür, daß Bill Gates noch einen weiten Weg vor sich hat, bis er Tsutsumi wirklich überrundet hat.)

Die Tsutsumis, auf deren Namen in den ersten Jahren der Besatzungszeit ein Großteil des kaiserlichen Besitzes an Palästen und Grundstücken überschrieben wurde, besitzen angeblich ein Sechstel des gesamten Grundes Japans.

Ihr wirtschaftlicher Aufstieg begann mit dem Wiederaufbau nach dem großen Kantô-Erdbeben von 1923. Der Familienpatriarch Tsutsumi Yasujirô hatte versucht, während des Ersten Weltkriegs reich zu werden, als japanische Firmen in Asien viel Geld verdienten, während die Großmächte in Europa beschäftigt waren. Doch die Schiffe, die

Tsutsumi gekauft hatte, wurden versenkt. Das Kantô-Erdbeben hatte so große Zerstörungen angerichtet, daß ihm ein Bauboom folgte, finanziert durch Auslandskredite unter anderem der Morgan-Bank. Tsutsumi Yasujirô machte sein erstes Vermögen mit Spekulationen nach dem Erdbeben, erwarb durch seine Kontakte zur Machtclique heruntergekommenen Grundbesitz für fast nichts und baute ihn auf. Er wurde 1924 als Anhänger des extremistischen Hatoyama ins Parlament gewählt.[32] Ende der zwanziger Jahre vermittelte er kaiserlichen Prinzen wie Asaka, Higashikuni und anderen besonders attraktive Grundstücke, worauf er ihnen neue Anwesen baute, und verpflichtete sie auf diese Weise dem Tsutsumi-Clan. Während des Aufstiegs der Militaristen in den dreißiger Jahren dehnte Tsutsumi seinen Tätigkeitsbereich aus, investierte in Läden, Supermärkte und Eisenbahnprojekte. Er gehörte zu denen, die von den zwielichtigen Geschäften des jungen Kishi profitierten.

Ende des Zweiten Weltkriegs befand sich Tsutsumi auf der von den Alliierten erstellten Liste der Kriegsprofiteure, die bestraft und deren Konzerne entflochten werden sollten. Wie es ihm gelang, jeglicher Strafverfolgung und einer Zerschlagung seines Wirtschaftsimperiums zu entgehen, bleibt ein Rätsel. Doch zu Beginn des Kriegs hatte er die richtigen Beziehungen und am Ende scheinbar grenzenlose finanzielle Mittel; mit der Zeit erwarb er einen riesigen Immobilienbesitz, während die meisten Japaner Not litten.

In diesen Tagen, als Kaiser Hirohito und die Kaiserfamilie sich bemühten, einen verarmten Eindruck zu machen, verkaufte Prinz Asaka sein verschwenderisch eingerichtetes neoklassizistisches Landhaus der Tsutsumi-Familie. Diese gliederte es in ihre Hotelkette ein und benannte es in Sengataki Prince Hotel um, reservierte es jedoch als inoffiziellen Sommerpalast für den Kaiser. Prinz Asaka verkaufte den Tsutsumis außerdem seinen Hauptpalast, ohne jedoch in ein anderes Gebäude umzuziehen.

Auch andere kaiserliche Prinzen verkauften ihre Paläste an die Tsutsumis. Sie waren reiche Männer, die ihr Leben lang reich gewesen waren, doch jetzt machte das SCAP ihren lebenslangen Zuwendungen ein Ende. Jeder kaiserliche Prinz erhielt eine Abfindung (Prinz Asaka, der Schlächter von Nanking, achthunderttausend Dollar).[33] Gleichzeitig kam jedoch auf jeden Prinzen im Oktober 1947 eine hohe Steuerzahlung zu. Tsutsumi kam ihnen zu Hilfe, indem er ihre Paläste und Landhäuser kaufte und sie damit von der Steuerschuld befreite. Es gab keine öffentliche Versteigerung. Tsutsumi kaufte die in Tokyo stehenden Paläste und herrschaftlichen Häuser aller elf kaiserlichen Familien, die 1947 mit der Abschaffung des Adels durch das SCAP ihren Adelstitel verloren. Auch andere reiche Japaner kauften während dieser Übergangsperiode kaiserlichen Grundbesitz, doch keiner erreichte das Ausmaß desjenigen Tsutsumis.

Das war nur der Anfang. Ein Großteil des Grundbesitzes, der von den Tokugawa-Shogunen im Lauf von acht Jahrhunderten erworben oder sich annektierten und der 1868 konfisziert und der kaiserlichen Familie übertragen worden war, gelangte nach dem Zweiten Weltkrieg in den Besitz Tsutsumis.

So reich die Tsutsumis waren, so mächtig waren sie auch politisch. Tsutsumi Yasujirô war einer der wichtigsten Hintermänner Hatoyamas, als das schwarze Geld des Paten Kodama und der Kopf Kishis benötigt wurden, um die Demokratische und die Liberale Partei zur LDP zu vereinigen. Nach seiner zwölften Wiederwahl ins Unterhaus wurde Tsutsumi 1953 zum Parlamentspräsidenten ernannt und wirkte dabei mit, im Jahr darauf Hatoyama zum Ministerpräsidenten zu machen. Als Tsutsumi Yasujirô starb, nahm sein Sohn Yoshiaki seinen Platz ein. Die Tsutsumis waren weiterhin einer der größten Geldgeber der LDP und profitierten bei der Vergabe der staatlichen Bauvorhaben, die von Kishi, Tanaka und Kanemaru eingefädelt wurden. Tsutsumis schnell wachsendes Seibu-*zaibatsu* umfaßte schließlich über hundert Firmen in Japan mit sechs Tochtergesellschaften im Ausland und fünfundvierzig ausländischen Zweiggesellschaften.[34]

Da die Tsutsumis einen so großen Teil des ehemaligen Eigentums der Kaiserfamilie besitzen oder kontrollieren, nehmen sie im Hinblick auf ihre Einflußmöglichkeiten gegenüber der Dynastie eine einzigartige Stellung ein. Die historischen Vorläufer reichen anderthalb Jahrtausende zu den Sogas und Fujiwaras zurück, wodurch die Geschichte zu ihren Anfängen zurückgekehrt scheint. Im Unterschied zu den Sogas und Fujiwaras hat es bislang allerdings keine Heiratsverbindungen zwischen den Tsutsumis und der Dynastie gegeben. Das könnte sich jedoch ändern. Der junge Erbe des riesigen Familienvermögens, Tsutsumi Masatoshi, galt als der wahrscheinlichste zukünftige Ehemann für die einzige Tochter Kronprinz Akihitos, Nori no Miya.[35] Geboren 1969, besuchte sie ausschließlich japanische Schulen. Als einzige kaiserliche Prinzessin ihrer Generation war sie eine gute Partie. Sie lernte Tsutsumi Masatoshi während eines Urlaubs im Feriendomizil Karuizawa der Tsutsumis kennen. Doch er schien wenig interessiert und verbrachte die meiste Zeit mit Skateboardfahren. Einige Japaner bezeichnen ihn als »ungezogen«, »zu nichts zu gebrauchen« und »ohne jeden Anstand«. Doch beim Sohn des reichsten Mannes der Welt und des mächtigsten Mannes in Japan könnte man über derlei hinweggehen. Über die Tsutsumi-Familie erschienen in der japanischen Presse immer wieder Skandalgeschichten. Die Männer der Tsutsumi-Familie sind bekannt dafür, sich mit ihren Geliebten in der Öffentlichkeit zu zeigen. Tsutsumi Masatoshis Vater, selbst der Sohn einer Geliebten, unterhielt Beziehungen zu den schönsten Filmstars Japans, was von der Regenbogenpresse weidlich ausgeschlachtet wurde.

Unter dem Aspekt ihres Ansehens in der Öffentlichkeit lag die Schwierigkeit für die Kaiserfamilie nicht in den Affären, sondern in der Tatsache, daß die Tsutsumis zu den größten Geldgebern der LDP gehörten[36] und die LDP wegen der Korruptheit ihrer Führer und ihrer Verbindungen zur Unterwelt und zu Personen, die während des Zweiten Weltkriegs in Asien Kriegsverbrechen begangen hatten, immer wieder in die Schlagzeilen kam. In Japan sagte man, Tsutsumi Yoshiaki halte die gesamte LDP in einer Hand. Da er in der anderen einen Großteil des ehemaligen kaiserlichen Grundbesitzes hält, drängen sich gewisse Schlußfolgerungen über mögliche wechselseitige Verpflichtungen auf, in die auch der Thron verwickelt ist.

Obwohl Tsutsumi der reichste Mann der Welt ist, weiß man über den Tsutsumi-Clan praktisch nichts. Niemand spricht von ihm, außerhalb Japans findet man den Namen kaum gedruckt und fast nur in Verbindung mit Sport. Man sollte meinen, daß der Name des mächtigsten Oligarchen Japans in der ausgezeichneten neunbändigen, 1983 erschienenen *Kodansa Encyclopedia of Japan* zu finden wäre, doch dort wird er an keiner Stelle namentlich genannt, lediglich seine Seibu-Gruppe und seine Eisenbahngesellschaft sind kurz aufgeführt.

Die »Unsichtbaren« in Japan sind in der Regel bemüht, unsichtbar zu bleiben. Als Kishi, Tanaka und Kanemaru vor den Vorhang traten, wurden sie bestraft. Dasselbe könnte den Tsutsumis wegen eines Bestechungsskandals anderer Art im Vorfeld der Olympischen Spiele widerfahren. 1988 beschloß Tsutsumi Yoshiaki, daß Japan der Gastgeber der Winterolympiade 1998 und Nagano die Olympische Stadt sein sollten (in der Nähe des riesigen unterirdischen Bunkers unter Matsuhiro, wo wahrscheinlich ein Großteil der im Krieg geraubten Beute gelagert wurde). Er gehörte dem japanischen Olympischen Komitee an und war die einflußreichste Persönlichkeit im japanischen Sportmanagement.

Ende der achtziger Jahre war Nagano noch eine unscheinbare Stadt, von Tokyo aus mit einem Bummelzug in drei Stunden zu erreichen. Grundstücke in der Umgebung waren spottbillig. Die einzigen Touristen in der Stadt waren buddhistische Pilger, die hier den Zenkôji-Tempel besuchten, und ein paar Koreaner, die ihre Verwandten betrauerten, die beim Bau der kaiserlichen Bunkers als Sklavenarbeiter eingesetzt worden waren und an den Strapazen gestorben sind. Tsutsumi kaufte Grundstücke im benachbarten Shiga-Kôgen auf, einer ausgedehnten Hochebene, die mit Stechginster bewachsen war und aus der einzelne pinienbestandene Berge aufragten. Nachdem er den größten Teil des Landes in seinen Besitz gebracht hatte, begann Tsutsumi mit dem Bau von großen modernen Hotels und Golfplätzen in den Tälern und ließ die Berge für Skiabfahrten abholzen. Inzwischen hatte er sich zum Vorsitzenden des Olympischen Komitees Japans ernennen lassen. Er umwarb den Vorsitzenden des Internationalen Olympischen Komitees IOC, den aus Barcelona stammenden Bankier Juan Antonio Samaranch, und lud ihn in sein New Takanawa Prince Hotel ein, das auf einem ehemals Prinz Higashikuni gehörenden Gelände errichtet worden war. Die beiden Männer kamen sich schnell näher, nachdem Tsutsumi dreizehn Millionen Dollar für Samaranchs Lieblingsprojekt, das Olympische Museum in Lausanne, gespendet hatte. Die japanische Presse gelangte zu dem Schluß: »Wenn die Regierung eine [...] Schnellzugstrecke und Autobahnen für die Olympischen Wettkämpfe in Nagano baut, wird der Wert der Golfplätze, Skigebiete und der Hotels [Tsutsumis], die überall in der

Präfektur Nagano verstreut liegen, in die Höhe gehen, [und] seine Gesellschaft [wird] von den Olympischen Winterspielen in Nagano am meisten profitieren.«[37]

Im Juni 1991 wurde Nagano als Austragungsort für die Winterolympiade 1998 dem Mitbewerber Salt Lake City vorgezogen. Heute wissen wir, daß es sich um einen Kuhhandel mit Bestechung im großen Stil handelte. Während der drei Jahre, die der Entscheidung vorausgingen, gab das japanische Olympische Komitee unter Tsutsumi mehr als sechzehn Millionen Dollar aus, um die richtigen Leute für Nagano zu gewinnen. Doch das waren noch Peanuts im Vergleich zu den zehneinhalb Milliarden an staatlichen Geldern, die für den Bau der Sportanlagen, der Unterkünfte für Sportler und Besucher und sonstiger Infrastruktur aufgewendet wurden. Die Ortsverwaltungen in der Präfektur Nagano mußten tief in die Tasche greifen, während Tsutsumi und andere Investoren riesige Kredite aufnahmen und keine Kosten scheuten, um eine ausreichende Zahl von Hotels im westlichen Stil in die Landschaft zu setzen. Eine Trasse für eine Schnellstraße wurde unter hohen Kosten durch die Berge gesprengt, und ein Schnellzug verkürzte die Zugfahrt von Tokyo nach Nagano um die Hälfte.[38] Wie üblich wanderten dicke Geldbündel von den Bauunternehmern zur LDP, und hohe Regierungsbeamte erhielten saftige Schmiergelder, damit sie die eingereichten Bauanträge beschleunigt und wohlwollend bearbeiteten. Und wie üblich wurde bei den Ausschreibungen der öffentlichen Bauprojekte zwischen den Bauunternehmen alles vorher abgesprochen.

Jeder, der am Bau der Infrastruktur zu den Olympischen Winterspielen in Nagano beteiligt war, verdiente sich eine goldene Nase. Die Winterspiele selbst galten als ein großer Erfolg. Doch etliche Monate später wurde das IOC von einem Skandal erschüttert, in den mehrere Städte – auch Nagano – verwickelt waren. Samaranch wurde aufgefordert zurückzutreten. Tsutsumis Olympisches Komitee gab bekannt, daß es alle finanziellen Unterlagen zu Nagano verbrannt habe.[39] Im Februar 1999 veranstalteten die Tsutsumis eine Party zur Feier des ersten Jahrestages der Olympischen Winterspiele von Nagano; die größte Berühmtheit unter den geladenen Gästen war Prinzessin Nori, mit dreißig Jahren immer noch unverheiratet.

Nachdem Japan sich in einem äußerst kritischen Zustand befand, einen wirtschaftlichen Kollaps befürchten mußte, und seine Politiker nicht bereit waren, sich zu zügeln, schienen nur noch die Oligarchen die Lage retten zu können. Japans Oligarchen – unvorstellbar reiche und mächtige Männer wie Tsutsumi Yoshiaki – benötigen ein Wirtschaftssystem, das zu ihrem Vorteil arbeitet. Man kann ein Land nicht endlos lange ausplündern. Wenn die Wirtschaft Japans zusammenbricht, werden diese Männer mit Sicherheit enorme Verluste erleiden. Aus reinem Eigeninteresse könnten sie sich schließlich genötigt sehen, wirksame Reformen durchzusetzen. Sie können nicht länger auf ihre treuen Diener in der LDP rechnen, die sich vor der ganzen Welt lächerlich gemacht haben. Japans Beamtenschaft ist durch das völlige Fehlen jedes Verantwortungsbewußtseins verdorben. Kaiser Hirohito mußte durch seine enge Verbindung zu und Abhängigkeit von Tsutsumi genauestens darüber informiert gewesen sein, was in den fünfziger, sechziger, siebziger und achtziger Jahren in der LDP und in der Regierung vor sich ging. Doch nichts spricht dafür, daß er jemals etwas gegen die Ausbreitung der Korruption unternommen hätte. Er hätte zweifellos die Möglichkeit gehabt, sein Mißfallen kundzutun, denn einer der größten Drahtzieher im Land war Tsutsumi Yoshiaki, der enge Freund der Kaiserfamilie.

Wie verhält es sich mit Hirohitos Sohn Akihito? Gibt es eine Hoffnung, daß Japans kaiserliche Familie am Ende der Herausforderung gewachsen sein und den Weg zu einer echten Reform beschreiten wird?

13
Sonnenfinsternis

Im Jahr 1986 kam Japans neuester kaiserlich-kastanienbrauner Rolls-Royce mit Kronprinz Akihito am Steuer vor einer roten Ampel im Zentrum Tokyos zum Stehen und fuhr erst wieder an, als die Ampel auf Grün umsprang. Wie es heißt, hielt Kaiser Hirohitos Rolls-Royce während seiner ganzen Regierungszeit nur ein einziges Mal vor einer roten Ampel – auf der im Prolog erwähnten Fahrt zu der schicksalhaften Begegnung mit General MacArthur im Jahr 1945. Akihito war der erste japanische Kaiser beziehungsweise Kronprinz, der sich an diese einfache Verkehrsregel hielt. In den folgenden Wochen wurde dieses Ereignis allgemein diskutiert. Gemäßigte zitierten es als erfrischendes Beispiel für Akihitos heiteren Egalitarismus. Konservative bemäkelten es als den Versuch, das Kaisertum herabzusetzen. Und Zyniker witzelten, Akihito habe damit eine Botschaft übermitteln wollen, man müsse die Politik des großen Geldes »stoppen«.

Was der Vorfall wirklich demonstriert ist die Tatsache, daß die kaiserliche Familie in ihrer Position als Geiseln nur indirekt einen Einfluß ausüben kann. Ob ein derart abgemilderter Einfluß sich überhaupt bemerkbar macht, ist eine andere Frage. Seit Prinz Chichibu 1936 und Prinz Takamatsu 1945 hat kein Mitglied dieser Familie gegen den Status quo aufbegehrt, und beide wurden sehr schnell in ihre Schranken gewiesen.

Westlern fällt es relativ leicht, für eine soziale Revolution einzutreten, während es für die meisten Japaner schon einer Zumutung gleichkommt, auch nur darüber nachzudenken. In einem Land, in dem Demokratie und Liberalismus lange Zeit als Formen des Kommunismus verurteilt wurden, gibt es eine traurige Geschichte von eingeschlagenen Schädeln und erstickten Hoffnungen. Änderungen müssen von oben nach unten eingeführt werden, das heißt für Japan, daß die Initiative von den Oligarchen und nicht vom Kaiser ausgehen muß. Das politische System in Japan ist nicht nur eine Einparteiendiktatur. Es ist eine Einklassendiktatur einer Finanzelite, die aus den Lehnsherren und Clanoberhäupten früherer Jahrhunderte hervorgegangen ist. Sie regieren durch Manipulation, Einschüchterung und Korruption in einer Weise, die ebenso umfassend ist, wie es in Rußland und den osteuropäischen Ländern die Herrschaft der Stalinisten war (die ihrerseits eine Form der Oligarchie darstellte). Oligarchen sind nur dann zu Änderungen bereit, wenn sie dadurch an der Macht bleiben. Japan könnte aus der jüngsten Geschichte Osteuropas lernen. Sogar die Stalinisten haben sich am Ende selbst das Wasser abgegraben.

Japans kaiserliche Familie war weder mutig noch aufrichtig. Als Hirohito 1989 starb, hatte er achtundsechzig Jahre lang regiert, so lang wie kein japanischer Kaiser in der Geschichte vor ihm. In den letzten vierzig Jahren seines Lebens stand er zerstreut, höflich und geistesabwesend einer atemberaubenden wirtschaftlichen Umgestaltung vor, die Japan zur zweitstärksten Industriemacht der Erde aufsteigen ließ. Doch wie wir gesehen haben, war das auch eine Zeit der vollständigen Entartung des politischen und administrativen Systems durch Habgier, die am Ende des Jahrhunderts in eine demütigende Sackgasse führte.

Wir können nur hoffen, daß Hirohitos Tod den Anfang vom Ende einer erbarmungslosen, gewinnsüchtigen Ära markiert hat, doch vielleicht ist das zu optimistisch. Die Reaktionen auf seinen Tod und sein Begräbnis waren – wie Hirohito selbst – ein weiteres Beispiel für Täuschung und Widersprüche. US-Präsident Ronald Reagan wahrte die Form und rühmte den Verstorbenen wegen seiner »wahrhaft heroischen Rolle«, als er den Zweiten Weltkrieg beendete, während Neuseelands Verteidigungsminister sagte, Hirohito »hätte am Ende des Krieges erschossen oder öffentlich in Stücke gehauen werden müssen«. Der Vorsitzende einer australischen Liga von Kriegsveteranen sagte: »An seinem Begräbnis teilzunehmen wäre so, als würde man zum Begräbnis des Teufels gehen.« Südkoreanische Studenten warfen Brandsätze auf das japanische Kulturzentrum in Seoul, um gegen Behauptungen zu protestieren, daß der Krieg »entgegen den Wünschen Hirohitos« ausgebrochen sei.[1]

Ministerpräsident Takeshita (der bereits bis über beide Ohren in Bestechungsskandalen steckte) sprach mit getragener Stimme: »Hirohito war ein Pazifist, der entschlossen dem Kriege, der entgegen seinen Wünschen ausgebrochen war, ein Ende machte, weil er seinem Volk weitere Leiden ersparen wollte, ohne an die Folgen für seine Person zu denken.« Die japanischen Medien wiederholten wie ein antiker Chor diese Suada vom »selbstlosen Souverän«, der für sein Volk Entbehrungen und tiefe Demütigungen hingenommen habe.

Viele Japaner waren da anderer Meinung. Tominaga Shôzô, der fünf Jahre als Soldat in China gedient hatte, protestierte dagegen, daß man immer den einfachen Leuten die Schuld zuschob. »Die wahren Kriegsverbrecher«, sagte er, »waren der Kaiser, die Kabinettsminister und die Militärkommandeure. Kleine Fische wie wir waren keine Kriegsverbrecher.«[2] Ein anderer Veteran, Azuma Shirô, sagte, er sei empört über das Verhalten Hirohitos. »Wir sind für ihn in den Krieg gegangen, meine Freunde sind für ihn gestorben, und er hat sich später nicht einmal entschuldigt.« Dann setzte er hinzu: »Sie haben den Kaiser zu einer lebenden Gottheit gemacht, zu einem falschen Götzen [...] Weil wir an den Gottkaiser geglaubt haben, waren wir bereit, alles zu tun, wirklich alles, zu töten, zu vergewaltigen, alles. [...] Aber natürlich können wir das in Japan nicht sagen, nicht einmal heute. Es ist unmöglich, in diesem Lande die Wahrheit zu sagen.«[3]

Selbst bei den Begräbnisfeierlichkeiten auf dem Palastgelände wurde ein doppeltes Spiel getrieben. Während die Nachkriegsverfassung den Shintoismus als Staatskult verbot, blieb Hirohito Oberpriester der Religion, der noch immer hundertacht Millionen Japaner anhingen. Es gab zwei Beerdigungen, eine private Shintozeremonie zur Begeisterung der Chauvinisten und eine nüchterne, »moderne« Staatszeremonie ohne Shintopriester für die übrigen Japaner und die Außenwelt. Um Kritiker zufriedenzustellen, wurde, nachdem die Shintofeier beendet war, ein Vorhang herabgelassen. Viele Menschen sahen darin ein Zeichen für die Art und Weise, wie die Regierung den alten Betrug fortsetzte und einfach einen Vorhang darüber fallen ließ, damit niemand etwas sehen könne. In einer bemerkenswerten Abweichung vom Protokoll hatte der neue Kaiser Akihito als Ehrengast zu dem Begräbnis den Bürgermeister von Nagasaki eingeladen, der öffentlich gesagt hatte, auch Hirohito trage einen Teil der Verantwortung für den Krieg.

In einem Sarg mit einem Gewicht von einer Tonne wurde der Leichnam Hirohitos durch das triste Gewerbegebiet Tokyos, an den glitzernden Schaufenstern von Honda vorbei, zu einem gewaltigen kuppelförmigen Mausoleum auf dem Kaiserlichen Friedhof in Musashi überführt. In früheren Zeiten wurden Mitglieder des kaiserlichen Gefolges mit dem Tennô in das Grab eingemauert, die sich im Jenseits um sein Wohlbefinden kümmern sollten. Hirohito erhielt als Grabbeigabe lediglich ein Mikroskop, das er fünfzig Jahre lang benutzt hatte, ein Verzeichnis mit den berühmtesten Sumô-Ringern aller Zeiten, mehrere von ihm selbst verfaßte wissenschaftliche Artikel sowie einige weitere persönliche Gegenstände, auf die wir noch zurückkommen werden.

Ganz auf der Linie der bisherigen Lügen wurde bekanntgegeben, daß Hirohito ein Vermögen im Wert von etwas über dreizehn Millionen Dollar hinterlassen habe. Kritiker meinten, das sei lediglich das, was übriggeblieben sei, nachdem die weltweiten Unternehmen des Kaisers unter seine Erben und die Oligarchen verteilt worden waren. Die Kosten des Begräbnisses wurden offiziell mit über vierundsiebzig Millionen Dollar angegeben.[4]

Als Akihito den Thron bestieg, fanden ebenfalls Shintozeremonien statt. Als Kaiser versuchte Akihito Japan sanft in eine positive Richtung zu dirigieren. Sein Auftreten in der Öffentlichkeit war erfrischend ungezwungen. Er und Kaiserin Michiko taten manches wie selbstverständlich, das Hirohito und Nagako nie gewagt hätten. Sie wurden fotografiert, wie sie zusammen einen flotten Foxtrott tanzten. Bei einem Besuch behinderter Kinder ließen sie sich auf die Knie nieder, um sich mit ihnen zu unterhalten. Akihito lehnte es ab, sich des alten Hofjapanisch zu bedienen und sprach in der Öffentlichkeit das normale Umgangsjapanisch, was Hirohito nie getan hätte. Seine Stimme war hoch wie die seines Vaters, mit einem leichten Lispeln, aber sein Auftreten war offen und bescheiden. Er reduzierte die Zahl seiner Sicherheitsleute, seiner Vorkoster und der Beamten, deren Pflicht es war, ihn an Bahnhöfen und auf Flugplätzen zu verabschieden. Er durchtrennte die Nabelschnur zum Himmel und kam von den Wolken auf die Erde herunter. »Ich finde es natürlich«, sagte er, »daß die kaiserliche Familie kein von der Bevölkerung distanziertes Leben führt.«[5]

Vater und Sohn waren grundverschieden. Hirohito entwickelte sich von einem liebenswürdigen Kind zu einem unaufrichtigen und häufig bösartigen Erwachsenen. In den dreißiger Jahren, als er des japanischen Sieges sicher war, trat er für skrupellose militärische und finanzielle Verschwörungen auf dem asiatischen Festland ein und vereitelte alle politischen Reformversuche im eigenen Land. Er begünstigte Männer, die zutiefst korrupt waren, und geriet in Verzückung, wenn seine Armeen die gegnerischen Truppen »wie Unkraut« niedermähten. Das war zwar auch dem Einfluß der Chauvinisten in seiner Umgebung zu verdanken, doch als er 1936 und 1945 eine Möglichkeit gehabt hätte, sie aus ihren Ämtern zu entfernen, nahm er sie nicht wahr. Sein starker Egoismus – die Blockierung aller Entwicklungen, die seine Stellung hätten gefährden können – ist nicht zu übersehen, ebenso wie seine Eifersucht auf Chichibu und seine Weigerung, trotz der dringenden Bitten seiner nächsten Verwandten, während des Zweiten Weltkriegs oder danach abzudanken. Hinzu kommen seine wiederholten Verlängerungen des Krieges (auf Kosten des Lebens von Hunderttausenden seiner Untertanen) in der Hoffnung, doch noch einen Sieg oder zumindest einen Verhandlungsfrieden ohne Gesichtsverlust zu erringen, und seine Weigerung nach dem Krieg, sich zu entschuldigen. In seinem Denken bestand kein Zusammenhang zwischen den von ihm verfolgten Interessen und den Leiden, die dadurch der übrigen Menschheit zugefügt wurden. Das Bild eines gebeugten, kauzigen alten Gnoms mit einem Zucken der Augen, das er in späteren Jahrzehnten von sich vermittelte, ist irreführend. Er entschied über den Krieg mit China, den Pazifischen Krieg, die Ausraubung von einem Dutzend Ländern und nach dem Krieg über die Wiedereinsetzung derselben korrupten Politiker und selbstsüchtigen Oligarchen, die Japan unterdrückt und in die Katastrophe geführt hatten. Bei alledem zeigte er die kaiserliche Maske, die seine wahren Intentionen verbarg, nicht so sehr vor der Außenwelt, sondern vor der eigenen Bevölkerung. Das ist der Kern ihrer Beschwerden über Hirohito: Er hat sie getäuscht.

Um auch nach dem Krieg an der Macht zu bleiben, kungelte er mit MacArthur, Hoover und anderen in einem Ausmaß, das noch lange verborgen bleiben wird. In den achtziger Jahren, als er sich nur noch selten der Öffentlichkeit zeigte, sorgte er dafür, daß die Geldmaschine der LDP unbehelligt und unentdeckt weiterlaufen konnte.

Im Gegensatz zu seinem Vater ist Akihito aufrichtig. Dieser Wesenszug macht ihn zwar zu einer entschieden sympathischeren Person, trägt jedoch weder zu seiner politischen Macht bei, noch befähigt er ihn, für eine energische Reform einzutreten. Im Gegenteil, seine Aufrichtigkeit schwächt seine Position innerhalb der Machtelite. Es gehört zu den Lehren aus der japanischen Geschichte, daß der Kaiser immer nur so stark ist wie die starken Männer, die hinter ihm stehen. In einer solchen Situation gibt man sich mit Ehrlichkeit eine Blöße, und Akihito gerät ins Hintertreffen. Er ist ein besserer konstitutioneller Monarch und ein besserer Mensch, aber er hat im Vergleich zu seinem Vater an Einfluß verloren. Wie sein Anhalten vor der roten Verkehrsampel zeigt, kann er allein durch sein moralisches Beispiel etwas bewirken, und in Japan bedeutet das moralische Beispiel nicht sehr viel.

Amerika hat zur mißlichen Lage Japans beigetragen und zugleich für sich in Anspruch genommen, das Land vor dem Kommunismus zu bewahren. Aufgrund der heimlichen Entlastung Hirohitos durch die Leute MacArthurs und der revidierten Besatzungspolitik des SCAP seit 1947 wurde der Pazifische Krieg bagatellisiert und die Besatzungspolitik der Sieger in eine trügerische Richtung gelenkt. Ein halbes Jahrhundert später hat sich Japan noch immer nicht den Gespenstern des Zweiten Weltkriegs gestellt und sich von ihnen befreit. Sie werden nicht von alleine gehen. Im Jahr 1990 entschuldigten sich sowohl Akihito als auch Ministerpräsident Kaifu bei Südkorea für die lange Besatzung durch Japan. 1993 entschuldigte sich Ministerpräsident Hosokawa bei ganz Asien. Und nachdem sie fünfzig Jahre lang geschwiegen hatten, forderten die Frauen in China und Südostasien, die während des Krieges von der japanischen Armee als »Trostfrauen« zur Prostitution gezwungen wurden, nunmehr eine Entschädigung.[6]

Im Mai 1998, als Kaiser Akihito und Kaiserin Michiko vier Tage auf Staatsbesuch in England verbrachten, wurden sie mit allem Glanz begrüßt, den das Haus Windsor aufzubieten hat, und Akihito nahm den höchsten britischen Orden, den Hosenbandorden, entgegen.

Doch ihr Besuch weckte im ganzen Land Proteste von ehemaligen britischen Kriegsgefangenen und internierten Zivilisten, die »Gäste« der japanischen Armee gewesen waren. Die Protestierenden forderten vom Kaiser eine uneingeschränkte offizielle Entschuldigung für den Krieg und außerdem von der japanischen Regierung eine Entschädigung.

Wo immer Akihito und Michiko in England und Wales hinkamen, sammelten sich Demonstranten, verbrannten die japanische Fahne und kehrten dem Kaiserpaar das Hinterteil zu, die beide zur Zeit des Krieges noch Kinder waren. Veteranen streckten ihre in roten Handschuhen steckenden Hände hoch, um schweigend an die »blutige Hand« der japanischen Eroberung zu erinnern. Zwar räumten die Protestierenden ein, daß Akihito bei Kriegsende erst elf Jahre alt war, doch die Anwesenheit des japanischen Kaisers in England war ihnen ein Ärgernis. Einer von ihnen meinte: »Es würde ja auch niemandem in den Sinn kommen, einen Sohn Adolf Hitlers hierher einzuladen, oder?«[7] Ein ehemaliger japanischer Botschafter in London machte die Sache nicht besser, als er vor der Presse sagte: »Menschen, die über eine gute Bildung verfügen und einen weiten Horizont haben, richten ihren Blick auf die Zukunft und nicht auf die Vergangenheit. Aber natürlich gibt es Menschen, die demonstrieren. Sie nehmen ihre Rechte wahr, aber zur Elite der Gesellschaft zählen sie nicht.« Er fügte hinzu, die meisten Japaner ständen diesen Protesten gleichgültig gegenüber, weil sie sich nur für die bevorstehende Fußballweltmeisterschaft interessierten.

In seiner Rede bei einem Staatsbankett im Buckingham-Palast sagte Kaiser Akihito: »Die Kaiserin und ich können niemals die Leiden unterschiedlichster Art vergessen, die so viele Menschen in diesem Krieg ertragen mußten [...] Unsere Herzen sind von tiefem Kummer und Schmerz erfüllt.« Kriegsveteranen wandten ein, dies sei lediglich eine Äußerung persönlichen Bedauerns und keine »offizielle« Entschuldigung gewesen. Premierminister Tony Blair hielt dem entgegen, eine solche Entschuldigung sei von Ministerpräsident Hashimoto bei seinem offiziellen Besuch in England früher im selben Jahr abgegeben worden. Königin Elisabeth hatte sich bei einem Besuch in Indien 1997 einem ähnlichen Problem gegenübergesehen, als indische Demonstranten von ihr eine offizielle Entschuldigung für den britischen Imperialismus und das blutige Massaker von Amritsar verlangten, das sich sieben Jahre vor der Geburt der britischen Königin ereignet hatte. Sie war nicht in der Lage, dieser Forderung zu entsprechen, weil dies nicht zu den verfassungsmäßigen Rechten der britischen Königsfamilie zählt. Ebenso kann Kaiser Akihito sich nicht für den Zweiten Weltkrieg entschuldigen. In beiden Fällen kann eine Entschuldigung nur von einem Vertreter der jeweiligen Regierung ausgesprochen werden. Bislang weigert sich die japanische Regierung, sich im Namen Japans zu entschuldigen. Akihito hat nicht die Macht, seine Regierung zu einer solchen Entschuldigung zu zwingen oder die Proteste der LDP zum Schweigen zu bringen.

Die zweite Forderung der Demonstranten lautete, Japan solle jedem noch lebenden britischen Kriegsinternierten vierzehntausend Pfund zusätzliche Entschädigung auszahlen. Sie argumentierten, daß ein großes Unrecht geschehen sei, als die britische Regierung sich 1951 damit einverstanden erklärt hatte, daß jeder britische Soldat in japanischer Kriegsgefangenschaft von Japan achtundvierzig und jeder internierte Zivilist achtundsiebzig Pfund als Wiedergutmachung erhalten sollte. Viele dieser Männer hatten mehr als vier Jahre in Konzentrationslagern verbracht und Zwangsarbeit verrichtet.[8] Premierminister Tony Blair, um Schadensbegrenzung bemüht, blieb fest und sagte, die Entschädigungsfrage sei »vertraglich vor fünfzig Jahren geregelt worden«.[9] Simon Jenkins, Leitartikler der *Times*, stellte sich auf die Seite Blairs und fügte hinzu, das sei alles, was Japan damals überhaupt habe bezahlen können, da es »bankrott« gewesen sei.[10] Wenigstens sollten die Leser das glauben.

Als Singapur fiel, nahmen die Japaner fünfzigtausend britische Soldaten gefangen. Von ihnen starb jeder Dritte in der Gefangenschaft, häufig unter grausamsten Umständen der Unterernährung, durch Mißhandlung oder Enthauptung. Von den Soldaten der Alliierten, die in deutsche Kriegsgefangenschaft gerieten, starb »nur« jeder Fünfundzwanzigste. Während die Bundesrepublik Deutschland im Lauf der Jahrzehnte etwa dreißig Milliarden Pfund an Entschädigung und Wiedergutmachung bezahlt, hat und noch immer bezahlt, haben die Japaner nur zwei Milliarden bezahlt, und auch das widerwillig.[11] 1993 gelangten internationale Richter in der Schweiz zu dem Ergebnis, daß den Frauen, die während des Zweiten Weltkriegs von den Japanern zur Prostitution in Militärbordellen gezwungen wurden, für ihren »extremen Schmerz und ihr Leiden« mindestens jeweils vierzigtausend Dollar Entschädigung zuständen.[12]

Insgesamt gab es knapp hundertvierzigtausend »Trostfrauen« – Frauen aus Australien, Holland, Eurasien, Weißrußland, Korea, China, Burma, Indonesien, Malaya, den Philippinen, Formosa, Vietnam, Kambodscha, Laos und sogar aus Japan selbst –, die meisten von ihnen Minderjährige zwischen vierzehn und achtzehn Jahren, von denen heute noch etwa vierzig Prozent am Leben sind.[13] Die von den britischen Internierten geforderten vierzehntausend Pfund sind etwa die Hälfte dieser Summe pro Person. Manche glaubten vielleicht, Japan sollte froh sein, seine seit einem halben Jahrhundert überfällige Schuld so billig loszuwerden. Doch die Summe betrifft nur die britischen Internierten. Es gibt Hunderttausende weiterer alliierter Häftlinge, ganz zu schweigen von den Millionen asiatischer Kriegsgefangener, die auch eine Entschädigung fordern könnten. Wenn es so weit kommen sollte, müßte Japan hundert Milliarden Dollar oder noch mehr bezahlen. Was immer Japan am Ende bezahlen müßte, es wäre letztlich immer noch ein Almosen für eine Nation, die sich erstaunlich rasch von ihrem angeblichen Bankrott erholt hat und inzwischen mit ihrer Wirtschaftskraft den zweiten Platz in der Weltrangliste einnimmt. Das halbe Jahrhundert seit dem Zweiten Weltkrieg war sehr großzügig gegenüber Japan und sehr kleinlich gegenüber dessen Opfern. Der Wertzuwachs der durch die Operation »Goldene Lilie« verschleppten Kriegsbeute seit 1945 würde mehr als ausreichen, um die Rechnung zu begleichen.

Im November 1998 wies ein Gericht in Tokyo die Berufung von zwanzigtausend ehemaligen Kriegsinternierten aus England, Neuseeland, Australien und den Vereinigten Staaten ab, die für jeden von ihnen eine Entschädigung von zweiundzwanzigtausend Dollar gefordert hatten. Arthur Therington, der Vorsitzende einer der britischen Kriegsgefangenenvereinigungen, war nach der Verkündung des Urteilsspruchs außer sich: »Die Schweine lügen wie gedruckt«, lautete sein Kommentar. »Es gibt keine Gerechtigkeit in diesem Land.«[14] Die kanadische Regierung war so entsetzt von dem Urteil, daß sie ankündigte, die kanadischen Opfer würden aus der Staatskasse entschädigt.

Viele japanische Politiker, vor allem in der LDP, behaupten noch immer kategorisch, Japan habe den Krieg nicht verloren. Ein japanischer Wissenschaftler faßte das Problem in die Form eines Zenrätsels oder Kôan: »Wenn ein Räuber hundert Milliarden stiehlt und das Geld unauffindbar versteckt, bevor er gefaßt und ins Gefängnis gesteckt und nach sieben Jahren wegen guter Führung entlassen wird, war das dann für ihn ein Erfolg oder ein Mißerfolg?« Nach dieser fernöstlichen Logik verlor das japanische Militär zwar die Schlachten, doch die japanische Finanzelite gewann letztlich den Krieg. Wenn Hirohito sich bei dem eigenen Volk nicht entschuldigen wollte, tat er dies möglicherweise, weil er wußte, daß der Krieg in Wirklichkeit gar nicht verloren war?

Die von den Nationalsozialisten im Zweiten Weltkrieg geraubten Kunstschätze und andere Wertgegenstände, die zum Teil nach dem Krieg aufgespürt und zurückgegeben wurden, sind bis auf den heutigen Tag Gegenstand von Rechtsstreitigkeiten mit Schweizer Banken, die damals die Beute für das Dritte Reich aufbewahrten. Doch bislang wurde noch kein ernsthafter Versuch unternommen, den von den Japanern geraubten Schätzen in zwölf asiatischen Ländern nachzuforschen und sie ihren rechtmäßigen Eigentümern zurückzuerstatten. Das ist merkwürdig. Neben China waren die größten Opfer der japanischen Beutezüge die Bewohner der ehemaligen Kolonien Großbritanniens, Frankreichs, der Niederlande und der amerikanischen Philippinen. Nach dem Krieg befand sich ganz Asien in Aufruhr und war in Unabhängigkeitskämpfe verwickelt. Schließlich wurden Burma (heute Birma), Malaya (heute Malaysia), Singapur, Laos, Kambodscha, Vietnam, Indonesien und die Philippinen unabhängige Staaten. Ihre neuen Regierungen mußten alle Kräfte zusammennehmen, um zu überleben.

Während im Westen allgemein angenommen wird, daß sich nur rund hundertdreißigtausend Tonnen Gold im Umlauf befinden und ein Großteil davon zu Schmuck verarbeitet wurde, hüllt sich der Goldmarkt weitgehend in Schweigen darüber, wieviel Gold tatsächlich im Handel ist, zu Schmuck verarbeitet wurde oder in Form von

Goldbarren in Tresoren liegt. Niemand kann etwas Genaueres darüber sagen, wieviel Gold sich in Privatbesitz befand, als die japanische Eroberung begann. Die Asiaten haben noch nie den Regierungen oder Banken vertraut und ihr verborgenes Vermögen seit Tausenden von Jahren in kleinen Goldbarren gehortet. Die japanische Armee war darüber genauestens im Bilde und hatte keine Skrupel, den besetzten Völkern ihre Ersparnisse abzupressen. Sie setzten auf die verschiedenste Weise Terror als Mittel dazu ein und zogen gelegentlich Erpressung der unmittelbaren Gewaltanwendung vor. Als die Japaner Hongkong eroberten, wurden die Einwohner gezwungen, ihr gesamtes Vermögen, vor allem Geld und Schmuck, gegen japanisches Besatzungsgeld einzutauschen.[15] Heute fordern dreitausendfünfhundert der damals betroffenen Familien von der japanischen Regierung, das Besatzungsgeld einzulösen, das heute zehn Milliarden Dollar wert ist. Nach heutigem Geldwert bedeutet dies etwas weniger als drei Millionen Dollar pro Familie. Bisher wurde dieser Fall fünfzehnmal vor Gerichten in Tokyo verhandelt, allerdings ohne Ergebnis.

Es wird noch einige Zeit vergehen, bis wir Antwort auf diese Fragen bekommen und neue Untersuchungen über die Raubzüge während des Krieges und den Verbleib des geraubten Gutes die Geheimnisse enthüllen. Chinas Ministerpräsident Zhu Rong-ji hat einmal in einem anderen Kontext gesagt: »Historische Tatsachen können von niemandem vertuscht werden. Die Wahrheit wird immer ans Licht kommen.«[16]

Interessanterweise wird in dem 1951 geschlossenen Abkommen zwischen Großbritannien und Japan die Möglichkeit einer Verhandlung über die Entschädigung von Kriegsinternierten ausdrücklich eingeräumt. Danach ist die britische Regierung berechtigt, über eine Entschädigung erneut zu verhandeln, wenn ein Drittland für seine Bürger eine größere Entschädigung mit Japan ausgehandelt hat. Das war beispielsweise bei Birma und der Schweiz (die gar nicht am Krieg teilgenommen hatte) der Fall, wo die von Japan bewilligten Entschädigungen pro Kopf das Fünfzigfache dessen betrugen, was die Engländer erhalten haben.[17] Als die britischen Kriegsinternierten ihre Regierung auf diesen Punkt aufmerksam machten, beschlossen die Tories, wegen der »gefährdeten« wirtschaftlichen Lage Japans keine neuen

Verhandlungen zu fordern.[18] Die Entschädigungen, die damals birmanischen und Schweizer Bürgern bezahlt wurden, entsprachen nach heutigem Wert einer Summe von vierzigtausend Pfund – beträchtlich mehr als die Opfer heute fordern und mehr als der Betrag, den die internationalen Richter als Entschädigung für die »Trostfrauen« empfohlen haben. Für diese verpaßte Chance war damals die konservative Regierung in London verantwortlich, die den Japanern glaubte, das Land sei »bankrott«.

Die Frage der japanischen Kriegsentschädigungen ist in Amerika bis heute virulent. Einen Monat vor Kaiser Akihitos Besuch in England 1998 verabschiedete der US-Kongreß eine Resolution, veranlaßt durch das Erscheinen der bahnbrechenden Untersuchung von Iris Chang über das Massaker von Nanking:

> In Ansehung der Tatsache, daß die deutsche Regierung sich formell bei den Opfern des Holocausts entschuldigt und sich nach Kräften bemüht hat, die Opfer finanziell zu entschädigen, ihrer Notlage Rechnung und für ihre Gesundung Sorge getragen hat, und daß demgegenüber die Regierung Japans es abgelehnt hat, die von ihr während des Zweiten Weltkriegs begangenen Verbrechen einzuräumen und den Opfern Wiedergutmachung zu bezahlen, möge das Repräsentantenhaus (und gleichzeitig der Senat) beschließen, daß die japanische Regierung nach Überzeugung des Kongresses folgende Schritte unternehmen müßte:
> 1. Offiziell eine klare und unmißverständliche Entschuldigung für die grausamen Kriegsverbrechen, die während des Zweiten Weltkriegs von der japanischen Armee begangen wurden, auszusprechen und
> 2. unverzüglich den Opfern dieser Verbrechen eine Wiedergutmachung zu bezahlen. Hierzu gehören unter anderem militärische und zivile amerikanische Kriegsgefangene, Einwohner von Guam, die Gewalttaten und Einkerkerungen ausgesetzt waren, Überlebende des ›Massakers von Nanking‹ vom Dezember 1937 bis Februar 1938 und die Frauen, die zur Prostitution gezwungen und vom japanischen Militär als ›Trostfrauen‹ bezeichnet wurden.

Der Kongreß erfaßte nicht, daß die Handhabung der Reparationen und Entschädigungen der Opfer des Zweiten Weltkriegs durch die japanische Regierung auf ein schlaues Taktieren der Japaner während der amerikanischen Besatzung zurückging. Ende 1945, als Ermittler des SCAP in die geleerten Tresore japanischer Banken blickten, entsandte Präsident Truman Edwin S. Pauley, einen reichen Ölmagnaten und einen der konservativen Oligarchen der Demokratischen Partei, nach Japan, der sich dort einen Überblick über die Fähigkeit des Landes zur Zahlung von Reparationen verschaffen sollte. Als Pauley 1944 Vorsitzender des Nationalen Ausschusses der Demokraten war, hatte er den konservativen Truman auf Kosten des fortschrittlichen Henry Wallace als Roosevelts Mitkandidaten unterstützt.[19] Truman schätzte Pauley deshalb sehr und bezeichnete ihn als einen gerissenen Verhandlungsführer, der »ein rechtes Schlitzohr« sein könne.[20] Vielleicht hatte er ja recht, doch die japanischen Finanzcliquen zogen ihn mühelos über den Tisch.

In einer Hinsicht muß Pauley Wunder gewirkt haben. Er benötigte nicht einmal zwei Tage, um die wirtschaftliche Lage Japans einzuschätzen. Er stellte fest, daß das SCAP tatsächlich hinter einige japanische Vermögenswerte gekommen war, die in Schweden, der Schweiz und in Argentinien versteckt waren, zog daraus jedoch den Schluß, »diese gehören in der Hauptsache den *zaibatsu* oder Familien, die große Finanzkerne kontrollieren. Sie belaufen sich auf keine große Summe, und soweit bekannt ist, gehört nichts davon der kaiserlichen Familie«.[21] Wenn Pauley kein Trottel war – bislang hat ihm das noch niemand unterstellt –, wie kam er dann zu dieser erstaunlichen Feststellung? Wieso interessierte er sich nur für Vermögen, das zweifelsfrei der kaiserlichen Familie gehörte? Warum legte er keinen Wert auf Vermögen von *zaibatsu* oder Familien, »die große Finanzkerne kontrollieren«, als hätten die japanischen Oligarchen nichts mit dem Krieg zu tun gehabt? Was bewog ihn zu der Überzeugung, daß das Vermögen der kaiserlichen Familie offen herumlag und nur darauf wartete, von den Alliierten konfisziert zu werden? Glaubte er wirklich, daß der in zweitausend Jahren angehäufte außerordentliche Reichtum Japans sich einfach in Luft aufgelöst hatte? Wußte er nichts von den Raubzügen des japanischen Militärs in Asien? War er wirklich nicht informiert über Agenten des Overseas Strategic Service (OSS) und Offiziere der US-Armee, die gerade zu dieser Zeit einen Teil des von den Japanern auf den Philippinen versteckten Raubgoldes bargen?

Wir sprechen hier von der Bergung eines Großteils des japanischen Beuteschatzes, die zwischen 1945 und 1948 auf Luzon durchgeführt wurde. Severino Garcia Santa Romana, ein filippino-amerikanischer OSS-Offizier und späterer CIA-Mitarbeiter unter der unmittelbaren Feldaufsicht General Edward G. Lansdales von der CIA, war verantwortlich für die Bergung.[22] Es gibt Dokumente, aus denen hervorgeht, daß diese umfangreichen Bergungsarbeiten dem obersten OSS-General William Donovan, General MacArthur, Brigadegeneral Fellers, Herbert Hoover und später auch dem CIA-Direktor Allen Dulles und seinen Stellvertretern bekannt waren, also muß auch Präsident Truman Kenntnis davon gehabt haben. Wir dürfen also davon ausgehen, daß auch Pauley zumindest über die Anfänge der Bergung informiert war, als er in Japan eintraf.

Die Geschichte dieser Bergung unter Santa Romana – die erste ihrer Art – hat sich wie folgt abgespielt. In den letzten Monaten des Krieges beobachteten amerikanische OSS-Offiziere, die an der Seite philippinischer Guerillas kämpften, ein schwerbeladenes japanisches Lazarettschiff, aus dem in der Subic-Bucht Bronzekisten entladen wurden (Abb. auf Seite 226).[23] Ein Konvoi aus Armeelastwagen beförderte die Fracht anschließend in die Berge, wo Guerillas beobachteten, wie die sichtlich schweren Kisten von den Japanern in eine Höhle gebracht wurden. Nachdem die Japaner die Höhle zugemauert und den Eingang getarnt hatten und abgezogen waren, öffneten die Guerillas und ein OSS-Major den Eingang wieder und stellten fest, daß die Kisten Goldbarren enthielten. Anschließend verschlossen sie den Eingang wieder.

Nach dem Krieg wurde Santa Romana von den Generälen Donovan und Lansdale beauftragt, die Kisten heimlich aus der Höhle zu bergen. Aus Dokumenten geht hervor, daß kein Versuch unternommen wurde, dieses Gold seinen rechtmäßigen Eigentümern zurückzuerstatten oder auch nur einen Fonds einzurichten, aus dem Kriegsopfer bedacht werden konnten. Statt dessen wurde das Gold von Santa

Romana in 176 Bankfilialen in zweiundvierzig Ländern deponiert und Grundstock des schwarzen Fonds der CIA während der ersten Nachkriegsjahre, der dazu diente, den Aufbau eines weltweiten antikommunistischen Netzes zu finanzieren. Das geschah durch die Vergabe von Goldanrechtsscheinen an einflußreiche Personen, die dadurch an die CIA gebunden wurden. Ein einziges Konto auf General Lansdales Namen in der Genfer Filiale der Union Banque Suisse wies Dokumenten zufolge einen Bestand von zwanzigtausend Tonnen Gold auf. Und das war nur eines von vielen Depots. Hier haben wir einen Präzedenzfall für die geheimen Konten, die von Oberst Oliver North während der Iran-Contra-Verschwörung in den achtziger Jahren eingerichtet wurden und von ihrem Umfang her im Vergleich dazu fast bedeutungslos waren.

Ein Teil der Goldkonten, die von Santa Romana angelegt wurden, dienten seinem Privatgebrauch; dabei handelte es sich um Gold, das er im Verlauf der Bergungsoperation für sich persönlich abgezweigt hatte. Diese Konten existieren noch immer in New York und anderswo und sind Gegenstand zahlreicher juristischer Auseinandersetzungen zwischen Personen, die behaupten, die rechtmäßigen Erben Santa Romanas zu sein. Aber auf den Philippinen liegt noch mancher ungehobene Goldschatz aus dem Zweiten Weltkrieg.

Dokumente zeigen ferner, daß eines der von Santa Romana eingerichteten Goldkonten auf den Namen MacArthur lautete. Nach anderen Dokumenten wurde Gold im Wert von hundert Millionen Dollar im Namen Herbert Hoovers bei einer Bank deponiert. Beide Männer hatten einen beträchtlichen Anteil an der Entlastung Kaiser Hirohitos und an der Beeinflussung von Zeugen während des Kriegsverbrecherprozesses in Tokyo.

Wir können daraus den Schluß ziehen, daß die Erklärungen Washingtons über ein bankrottes Japan Ende 1945 irreführend waren – um es vorsichtig auszudrücken –, ein Punkt, den die Abgeordneten des US-Kongresses oder die vielen tausend Opfer des Krieges in China und im Pazifik, die noch immer eine Entschädigung oder Wiedergutmachung fordern, nicht aus dem Auge verlieren sollten.

Wir wissen, daß Pauley einige Wochen nach seiner Ankunft in Japan über den in der Bucht von Tokyo versenkten Goldschatz im Wert von zwei Milliarden Dollar informiert wurde. Ihm konnte auch kaum entgangen sein, daß die Paläste der kaiserlichen Prinzen und andere Immobilien der Familie Hirohitos an die Tsutsumi-Familie verkauft wurden, um eine Konfiszierung zu vermeiden.

Und dennoch blieb Pauley bei der Erkenntnis, daß Japan ein »am Boden liegendes Reich« sei, das noch nicht einmal einen gerechten Anteil an den amerikanischen Besatzungskosten übernehmen, geschweige denn zu einem Wiederaufbau Asiens beitragen könne.[23] Pauley sagte, wenn Japan gezwungen werde, hohe Reparationen zu bezahlen, so wie man Deutschland nach dem Ersten Weltkrieg im Vertrag von Versailles dazu gezwungen hatte, werde ihm nichts mehr übrigbleiben, um die eigene zerrüttete Wirtschaft wieder auf die Beine zu stellen – und die Kommunisten würden ihm die Butter vom Brot essen. In erster Linie aufgrund der Einschätzung Pauleys wurde die vom Kongreß verabschiedete Forderung der USA auf Reparationen, die Japan übermittelt wurde, auf eine Milliarde Dollar festgesetzt.[24]

In der Auseinandersetzung um Reparationen unmittelbar nach dem Krieg trugen die *zaibatsu* einschließlich der reichen Familien, für die Pauley soviel Verständnis gezeigt hatte und die (wie beispielsweise Ministerpräsident Tanaka nach dem Krieg) durch den Krieg enorme Gewinne gemacht und ins Ausland verschoben hatten, ihrerseits Forderungen nach Entschädigung für »kriegsbedingte Schäden an ihren Rüstungsfabriken« vor. Diese beliefen sich auf über fünf Milliarden Dollar und wurden zu einem Großteil erfüllt. Man vergleiche das mit der einen Milliarde, die für die Opfer des Krieges verlangt wurde.[25]

Statt die geforderten Reparationen bar zu bezahlen, sollte Japan an die von ihm besetzten Länder Industrieausrüstungen liefern. Doch selbst diese symbolischen Reparationen wurden von Washington unterbunden, als amerikanische Bankhäuser und Gesellschaften wie Morgan und Dillon Read behaupteten, die Anlagen dienten als Nebensicherung für Anleihen, die sie vor dem Krieg ausgegeben hatten, um Kredite der japanischen Regierung zu finanzieren.[26] Es gab noch zahlreiche weitere US-Unternehmen, die sich vor dem Krieg mit hohen Investitionen in Japan engagiert hatten. Anfang der fünfziger Jahre befand sich Japan gegenüber dem Bankhaus Morgan mit knapp sechshundert Millionen Dollar an Zins- und Tilgungszahlungen allein für die Kredite nach dem Kantô-Erdbeben im Verzug. Daneben hatte die Morgan-Bank und etliche ihrer Tochterunternehmen vor 1940 noch weitere Kredite an Japan vergeben.

Im Jahr 1951 traf ein Vertreter des japanischen Finanzministeriums in der Zentrale der Bank in der Wall Street 23 ein und erklärte: »Ich bin gekommen, um meine Verpflichtung zu erfüllen.«[27] Zu diesem Zeitpunkt hatte kein japanischer Regierungsbeamter die Befugnis, eine solche Erklärung abzugeben. Japan war noch immer ein besetztes Land, und derartige Äußerungen bedurften ausnahmslos der ausdrücklichen Zustimmung General MacArthurs. Wie der Japaner weiter sagte, habe Japan in den letzten zweitausend Jahren noch nie seine Schulden nicht bezahlt. Die Refinanzierung und Abwicklung erfolgte über die Bankhäuser Smith Barney und Guaranty Trust. Smith Barney war bereits in das Bankhaus Morgan eingestiegen, als dieses durch die Weltwirtschaftskrise Verluste hinnehmen mußte, und Guaranty Trust war seit den zwanziger Jahren ein »Schützling« der Morgan-Bank. Die Morgan-Bank profitierte davon nicht nur, weil ihre Kredite wieder bedient wurden, sondern auch, weil ihre Töchter für die Umstrukturierung der alten Kredite eine Provision erhielten. Am Ende war die Art und Weise, wie die (deklarierten) finanziellen Mittel Japans nach dem Krieg verwendet wurden, alles andere als gerecht. Menschen, die physisch unter der Brutalität der Japaner gelitten hatten, wurden von Großunternehmen abgedrängt, die alle verfügbaren flüssigen Mittel abschöpften.

Kurzum, die japanische Regierung und die kaiserliche Familie haben weder die Wahrheit gesagt, noch haben die Amerikaner sie dazu aufgefordert, im Gegenteil. Das ist der Kern des Problems für die Japaner, die nach dem Krieg geboren wurden. Sie wissen, daß man sie angelogen hat, aber sie wurden dazu erzogen, keine Fragen zu stellen.

Einige Japaner kennen die Geschichte der Operation »Goldene Lilie«, weil sie selbst, ihre Väter oder ihre Onkel an den Raubzügen und am Verstecken der Beute beteiligt waren. In den letzten Jahrzehnten ist von Japanern Gold aus Verstecken auf den Philippinen und in Indonesien geborgen worden. Doch die meisten Japaner wissen überhaupt nicht, wie sie die Nachrichten über »schmutzige Taten« beurteilen sollen. Ein Geschäftsmann in Tokyo hat uns gesagt: »Wir können nicht davon ausgehen, daß solche Dinge nie passiert sind. Das Massaker von Nanking hat stattgefunden. Und wie hätte es ohne Plünderungen vor sich gehen sollen. Wir müssen jetzt fragen, was mit dem geraubten Gut geschehen ist.«

Die bis heute heikelste Frage – die verbrecherische Rolle Hirohitos – tritt mehr und mehr in den Hintergrund und verliert für die jüngeren Generationen zunehmend an Bedeutung. Die meisten von ihnen haben persönlich keinen Krieg miterlebt und kennen von ihren Eltern nur vage düstere Erinnerungen. Unser Gesprächspartner sagte dazu: »Wenn wir heute versuchen sollten, mit unseren Eltern über die bestürzenden Beweise zu diskutieren, dürften wir nie mehr über ihre Schwelle treten. Warum lehnen die älteren Generationen [Gespräche über] diese Dinge ab? Sie wollen den Alptraum vergessen, der sie jahrzehntelang heimgesucht hat. Sie wollen an ihrer Interpretation der Geschichte nichts geändert wissen. Sie waren im Krieg, doch es wäre hart, sie zu zwingen, sich für die barbarischen Untaten zu verantworten, die von der eigenen Armee begangen wurden. Sie lehnen einfach die Vorstellung ab, daß sie Mittäter waren. Ihre Haltung zum Kaiser hat nichts mit Ehrfurcht oder Unterwürfigkeit zu tun, sie ist reine Selbstverteidigung.«

Die Japaner seien seit dem Krieg einer manipulierten Berichterstattung in den von Oligarchen und Politikern finanzierten Medien ausgesetzt gewesen. Die Lehrpläne an den Schulen und Hochschulen seien so ausgerichtet, daß diese Mißstände nicht thematisiert würden. »Wir da unten merken das alle«, sagte er, »aber wer kümmert sich darum? Die Generation, die in den fünfziger und den frühen sechziger Jahren geboren wurde, hat in der Schule nichts anderes gelernt, als daß Kriege etwas Unmögliches und Sinnloses sind. Die Schulbücher schilderten den Krieg als einen Feldzug nach Eurasien, der ein enttäuschendes Ergebnis nach sich zog, nur weil der Plan sorglos ausgeführt wurde. Wir haben nie eingesehen, daß die Taten des Militärs Verbrechen gegen die Menschlichkeit waren oder daß ihr schändliches Tun vielen Nationen Leid zugefügt hat, woraus wir zumindest moralische Schlüsse ziehen müßten. Man hat uns nie beigebracht wahrzunehmen, wie die Dinge sich entwickelt, wie sie funktioniert haben und was der Kern des Problems war. Ich glaube, das war der Grund, warum wir nie das ganze Ausmaß des Verbrechens erkannt haben. Irgend etwas in der Vergangenheit ist falsch gemacht worden. Es war die Tat von ein paar Verrückten. Doch jetzt ist wieder alles in Ordnung, und es hat nichts mit uns zu tun. Jetzt, da wir die friedlichste Verfassung der Welt haben, brauchen wir nicht mehr über der Vergangenheit zu brüten. Ein schlechtes Gewissen? Warum sollten wir ein schlechtes Gewissen haben?«

Ja, warum? In Westdeutschland war die Übernahme der moralischen Verantwortung für den Massenmord an den Juden ausschlaggebend für die Entwicklung einer rationalen Demokratie. Filme über die grauenhaftesten Seiten der Judenverfolgung können bei den Berliner Filmfestspielen einem Publikum vorgeführt werden, das die Verantwortung für die Vergangenheit als eine wesentliche Voraussetzung für die Meisterung der Zukunft akzeptiert. Japan dagegen hat mit der Leugnung der Vergangenheit auch die Zukunft verleugnet. Indem sie es abgelehnt hat, eine Schuld oder die Pflicht zu einer Wiedergutmachung an den Opfern anzuerkennen, hat die japanische Regierung eine Lüge institutionalisiert, die stets aufs neue wiederholt wird. Deshalb hat Tokyo keine moralische Autorität, und das japanische Kabinett besteht aus lauter Witzfiguren. Damit hat die Regierung das eigene Volk in eine Zwangslage gebracht, denn – wie Santayana gesagt hat – wer sich seiner Vergangenheit nicht erinnert, ist dazu verurteilt, sie zu wiederholen.

Doch die japanische Bevölkerung steht mit ihrem Ausweichen vor der Verantwortung für die Plünderungen und Verbrechen an Menschenleben im Krieg nicht alleine da. Die Vereinigten Staaten haben nach 1945 im Hinblick auf die japanischen Kriegsverbrechen und Reparationen ein falsches Spiel getrieben. In den letzten Jahren hat Washington zwar seine Empörung über die Schweizer Banken geäußert, in deren Depots Beutegut der Nazis aus dem Zweiten Weltkrieg lagert, doch über seine Rolle als Komplize der japanischen Nachkriegsregierung und über japanische Kriegsbeute in den Tresoren von US-Banken will die US-Regierung nichts wissen. Die beiden Komplexe sollten miteinander verknüpft werden, andernfalls macht man sich einer grotesken politischen Lüge schuldig. Das Vertrackte daran ist, daß

Tokyo weiß, daß solche Eingeständnisse Washington in Verlegenheit bringen würden, und deshalb geht die Kumpanei weiter, und der eine schützt den anderen.

Welches weitere Schicksal ist nach alledem der Dynastie beschieden? Obwohl Kaiser Akihito sich bemüht, ein menschlicheres Antlitz zu zeigen, hat er damit wenig erreicht. Wenn der Kaiser nicht länger das Werkzeug der Oligarchen sein will, wozu ist er dann noch nütze? Kann er in Zukunft in Japan noch eine Aufgabe erfüllen? Er will das Volk repräsentieren, aber liegt den Japanern etwas daran? Während fünfundsiebzig Prozent der japanischen Bevölkerung für ihre Politiker nur Verachtung hegen, sind Umfragen zufolge achtzig Prozent mit dem gegenwärtigen Kaiser und seiner Kaiserin zumindest als symbolische Monarchen zufrieden. Doch niemand erwartet vom Kaiserpaar ernsthaft, daß es eine führende Rolle in der Politik übernimmt. Je mehr sich Kaiser Akihito und Kaiserin Michiko mit dem Wandel identifizieren, desto mehr werden ihre Hüter, die jede Änderung fürchten, sie vom Volk abschirmen.[28]

Veränderungen erfolgen in Japan im Schneckentempo. Noch in den späten sechziger Jahren, als Kaiser Hirohito die Provinzen bereiste und da und dort ein Bad nahm, stellte sich der ehemalige Adel der ansässigen Bevölkerung in offiziellen Gewändern auf, um in demselben Wasser zu baden. Ältere Japaner glauben noch immer, daß sie erblinden, falls sie dem Tennô in die Augen sähen. Shintorituale bekräftigen solche Vorstellungen einer übernatürlichen Macht. Der Spiegel der Sonnengöttin ist nach wie vor in Gebrauch. Ein Teil der Elite glaubt noch an solchen Zauber, während andere sich der brillanten Bühnenkunst Hirobumis aus dem neunzehnten Jahrhundert in rein zynischer Weise bedienen.

Der neue Kronprinz Naruhito fühlt sich möglicherweise in seiner maßgeschneiderten Zwangsjacke nicht besonders wohl, aber daß er ein Vorkämpfer sozialer Reformen wäre, kann man von ihm nicht gerade behaupten.

Naruhito begann zugegebenermaßen mit einer weißen Weste. Er wuchs in nächster Nähe seiner Eltern im Tôgû-Gosho-Palast auf, der speziell für sie errichtet wurde. Doch das Leben in einer Fünfundvierzig-Zimmer-Residenz mit Dutzenden von Bediensteten ist etwas anderes als das in den kleinen Wohnungen von Tokyoter Angestellten, in deren engen Räumen mit einem Minimum an sanitärer Einrichtung drei Generationen zusammenleben. Dennoch bedeutete die Kindheit von Kronprinz Naruhito eine deutliche Abkehr von der Tradition.

Im Unterschied zu dem groben Zerrbild, das Sir Harry Parkes von Kaiser Mutsuhito, Sir Claude MacDonald von Yoshihito und Thomas Lamont von Hirohito gezeichnet haben, ist Naruhito ein kräftiger junger Mann mit ebenmäßigen Gesichtszügen. Er ging ebenso wie sein Bruder Akishino no Miya nach Oxford; sie waren die ersten Nachkommen eines japanischen Kaisers, die eine Hochschule im Ausland besucht haben, seit Prinz Chichibu 1925 ein Studienjahr in Oxford verbrachte. In seiner Vorliebe für Sport, Wein, Musik, Literatur und die englische Sprache zeigte Naruhito eine gewisse Ähnlichkeit mit seinem Großonkel. Doch die modernen Japaner in der Großstadt Tokyo erwarten von Naruhito Weltoffenheit und Weltgewandtheit, die ihm in ihren Augen fehlen.

Naruhito führte ein selbständiges Leben am Merton College in Oxford, wo er seine Fenster gegen das feuchtkalte englische Klima eigenhändig abdichtete und sich selbst um seine schmutzige Wäsche kümmerte. Dennoch glauben seine Kritiker, daß er nicht richtig lernte, die Waschmaschine zu bedienen.[29]

Als er nach Tokyo zurückgekehrt war und in seiner Rolle als Kronprinz auftrat, verurteilte er den Mord an Motoshima, dem Bürgermeister von Nagasaki. Ältere Generationen mochten darin eine mutige Tat sehen, doch für jüngere Japaner war das abgestandener grüner Tee von gestern, den man nicht mehr genießen konnte.

Im Jahr 1990 kam ihm sein vierundzwanzigjähriger Bruder, Prinz Akishino, mit seiner Heirat mit der dreiundzwanzigjährigen Kawashima Kiko, einer Studentin der Sozialpsychologie, zuvor. Prinzessin Kiko sprach fließend Deutsch und Englisch und hatte sechs Jahre in Philadelphia verbracht, während ihr Vater einen Lehrstuhl für Ökonomie an der Universität von Pennsylvania bekleidete. Außerdem hatte sie eine Zeitlang mit ihren Eltern in Österreich gelebt.[30] Die Jungvermählten zogen in ein zweistöckiges Haus westlicher Bauweise (wo sie ihre Schuhe nicht mehr am Eingang auszogen), das für sie auf dem

Palastgelände errichtet worden war. Sie bekamen zwei Töchter, die ihnen nicht vom Palastamt weggenommen wurden. Die relative Lockerung der Aufsicht hatte ihren Preis. Das Privatleben der kaiserlichen Familie wurde von Klatschkolumnisten gestört, die gegen Gerüchte anschrieben, Prinz Akishino, von Beruf Meeresbiologe, habe sich in eine Expertin für Katzenfische aus Thailand verliebt.[31] Auf einer Pressekonferenz, zu der er in Begleitung von Prinzessin Kiko erschien, sagte er über die Berichte über diese Affäre, sie entbehrten jeder Grundlage.

Es ist ungewöhnlich, daß der jüngere Bruder der kaiserlichen Söhne als erster heiratet und Kinder hat, doch Kronprinz Naruhitos erste Wahl für die Rolle einer zukünftigen Kaiserin, Ôwada Masako, brauchte sehr lange für ihre Entscheidung. In jeder Hinsicht eine Schönheit, war sie ehrgeizig und klug, mit einem starken Hang zum Individualismus. Masako war eine »Bürgerliche«, die Tochter eines wohlhabenden, hohen Beamten im japanischen Außenministerium. Sie war als Kind in der Sowjetunion und in den Vereinigten Staaten aufgewachsen, wohin ihr Vater versetzt worden war. Nach einem Prädikatsexamen an der Harvard-Universität im Jahr 1985 besuchte sie die Universität Tokyo. Sie beabsichtigte, in den auswärtigen Dienst zu gehen, wo ihr aufgrund der hohen Position ihres Vaters eine Karriere sicher war. Das Ministerium schickte sie nach England, um sie auf eine Rolle als Verhandlungsführerin bei Handelsgesprächen vorzubereiten.

So hartnäckig der Kronprinz seine Werbung um sie betrieb, so hartnäckig zögerte Masako ihre Entscheidung hinaus. Kronprinzessin zu werden bedeutete den Verzicht auf eine eigene Karriere. Es war dasselbe Problem, vor dem Matsudaira Setsuko in Washington Ende der zwanziger Jahre gestanden hatte, als Prinz Chichibu um ihre Hand anhielt. Siebzig Jahre später wurde die Entscheidung allerdings durch den Umstand erschwert, daß inzwischen viele Japanerinnen die Chance bekommen hatten, beruflich aufzusteigen.

Manche Japaner sind der Meinung, daß der Verzicht auf eine eigene Karriere und ein Leben unter der Aufsicht der Palastbeamten für Masako nicht die einzigen Gründe waren, sich mit ihrer endgültigen Antwort Zeit zu lassen. In ihren Augen war ein Teil des Problems

Naruhito selber. »Kräftig mag er ja sein«, erläuterte ein leitender Angestellter aus Tokyo, »aber er sieht alles andere als gut aus, und bislang hat auch noch niemand behauptet, er sei intelligent. Sein Englisch ist nicht besonders, obwohl er in Oxford studiert hat, und Bratsche spielt er auch nicht gut. Er ist ein langweiliger, banaler, durchschnittlicher Mann, dem jede Kultiviertheit abgeht. Als die bevorstehende Hochzeit bekanntgegeben wurde, zeigte die Öffentlichkeit Mitgefühl für die Braut, denn jedermann wußte, daß sie die Werbung nicht zurückweisen konnte, selbst wenn sie gewollt hätte. Wir sind der Meinung, daß er sie nicht verdient hat, und sie hat die Einschränkungen im kaiserlichen Palast nicht verdient.«

Ausländer, die den Kronprinzen und die Kronprinzessin im Fernsehen oder leibhaftig zu sehen bekommen, mögen sie vielleicht im Vergleich zu dem, was von den westlichen bunt zusammengewürfelten königlichen Familien noch übriggeblieben ist, bewundernswert finden, doch weltstädtische Japaner betrachten sie als »einen schlechten Witz«. Sie sind ihren Regenten über den Kopf gewachsen.

Keine junge Japanerin könnte sich dem Antrag widersetzen, Kaiserin zu werden. Masako hätte bestenfalls von Naruhito das Versprechen verlangen können, sie vor dem Palastamt zu »beschützen«, was ein bißchen viel verlangt gewesen wäre.[32] Ebenso wie Kaiserin Michiko, die das Ziel ständiger Sticheleien von seiten des alten Adels war, wurde Masako von Anfang an kritisiert, weil sie einen eigenen Willen hatte und individualistisch war. Von ihr sagte man, sie besitze die »Dreistigkeit, mehr zu reden als Seine Kaiserliche Hoheit« und sei »wahrscheinlich nicht anders als diese Mädchen, die keine Klasse und keine Manieren haben – von der Sorte, die im Ausland aufgewachsen ist«.[33] Von einer solchen Person sagt der Volksmund, sie habe »vergessen, wie man einen Kimono trägt«.

Im Juni 1993 war die Hochzeit. Sie haben immer noch keine Kinder. In der japanischen Presse wurden erste Stimmen laut, daß die Regeln der Thronfolge in der Weise geändert werden sollten, daß auch eine Frau den Thron besteigen könne, falls nur die Töchter von Prinz Akishino als Thronerben in Frage kommen sollten.[34] Das Palastamt hielt die Kronprinzessin unter einer Glasglocke. Sie war unfähig, frei zu handeln oder zu sprechen. Die internationale Presse brachte erste

Berichte, in denen Masako als »die schweigend leidende Prinzessin« bezeichnet wurde, die von den »Alttraditionalisten« in Isolation gehalten werde.[35] Journalisten, die früher von ihrem lebhaften Temperament fasziniert waren, begannen jetzt Betrachtungen darüber anzustellen, ob die zukünftige Kaiserin von Japan möglicherweise nicht doch eine weitere angemalte Puppe im Seidenkostüm sei, »schlicht gestrickt« und »eindimensional«.

In der Befürchtung, daß dieses negative Bild im Ausland haften bleiben könnte, stimmte das Palastamt widerwillig einer eigenen Pressekonferenz zu, auf der Masako »sich ungehindert äußern« könne. Ihre Antworten waren wohlüberlegt, beherrscht und unpersönlich: »Nach meinem Dafürhalten ist diese ganze Berichterstattung in den Auslandsmedien ein Zeichen des regen Interesses, das Europäer und Amerikaner heute der japanischen Gesellschaft entgegenbringen, was nur normal ist in Anbetracht des wachsenden Ranges Japans in der Welt und der Veränderungen, die sich gegenwärtig in dieser Gesellschaft vollziehen.«[36] Alles war zuvor vom Palastamt durchgearbeitet und mehrfach wiedergekäut worden. Dennoch war mit dieser Pressekonferenz ein Präzedenzfall geschaffen worden, das erste Zeichen der Veränderung in dem am Protokoll klebenden Kaiserpalast. Mit etwas Glück würde Masako beweisen, daß sie über dieselbe Kraft verfügte, die schon Kaiserinwitwe Sadako in den Stand gesetzt hatte, sich gegen alle Bevormundung zu behaupten und selbst eine gewisse Herrschaft auszuüben.

Die Kaiserfamilie stand nicht ganz oben auf der Tagesordnung. Im Jahr 1999 fand sich eine der reichsten und betrügerischsten Regierungen der Welt, die sich in ihren schlechten Gewohnheiten abgesichert hatte, indem sie einen großen Fonds von persönlichen Ersparnissen ausplünderte, in einer Sackgasse wieder.

Bis vor kurzem stand Japan wegen seiner wirtschaftlichen Macht in hohem Ansehen. Heute wird es wegen seiner wirtschaftlichen Schwäche gefürchtet. Der Unterschied liegt in der zunehmenden allgemeinen Erkenntnis über den Schwindel. Japans industrielle Überlegenheit beruhte ebenso wie seine Politik auf einer personellen Verflechtung zwischen Banken, Unternehmen, hohen Beamten und der Unterwelt. Solche Verbindungen mögen zweckdienlich sein, doch sie sind mit einer finanziellen Inzucht verbunden, die am Ende den Organismus schädigt. Dieser Inzest ist nichts Neues. Die Bankenkrise von heute hat exakt dieselben Ursachen wie die Bankenkrise der zwanziger Jahre. Damals wurde nichts getan, um das System zu reformieren, und auch diesmal wurden keine ernsthaften Anstrengungen in dieser Richtung unternommen.

Der Internationale Währungsfonds und die Nationalökonomen überall auf der Welt warten darauf, daß die Regierung in Tokyo »etwas dagegen tut«, weil die japanische Krise die gesamte Weltwirtschaft in eine tiefe Rezession reißen könnte. Doch die Sanierung des Systems hätte die Änderung der Regeln zur Voraussetzung, nach denen japanische Banken arbeiten, und das würde den Mauscheleien und damit auch der Korruption in Japan ein Ende bereiten. Jeder Politiker oder Staatsminister, der das versuchte, könnte ebensogut Selbstmord begehen. Außerdem ist von der Wirtschaftskrise Japans zum gegenwärtigen Zeitpunkt am stärksten die relativ neue Mittelschicht betroffen, die Neureichen. Das Großkapital ist überzeugt, daß es mit heiler Haut davonkommen wird. Die Oligarchen *wissen*, daß sie es überstehen können. Ein knallharter Kapitalist aus den USA sagte etwa: »In einer Rezession kehrt das Geld zu seinen rechtmäßigen Eigentümern zurück.«[37]

Doch die Situation ist heute in wesentlichen Aspekten eine andere. Das japanische Volk hat das Stadium der Unwissenheit hinter sich gelassen. Informationen, die früher allein Insidern vorbehalten waren, sind heute über Satelliten und Web Sites allen im Übermaß zugänglich. Die Japaner haben Geschmack an geistiger und persönlicher Freiheit gefunden. Und die gerufenen Geister wird Japan nicht mehr los.

Eine gewisse Restrukturierung ist unvermeidlich, weil die Krise nicht von allein vergehen wird. Die Arbeitslosigkeit der Männer in Japan liegt inzwischen höher als in den Vereinigten Staaten.[38] Würde die Arbeitslosenquote in Japan auf dieselbe Weise ermittelt wie in England oder den USA, dann wäre sie fast doppelt so hoch. Bis zum April 1998 mußten in Japan 17 500 Firmen schließen, eine Rekordziffer, die über der Zahl der im selben Zeitraum erfolgten Firmenneugründungen lag.[39] Die äußerst wichtigen Rentenkassen Japans waren in Gefahr. Eine Untersuchung in sechsundzwanzig japanischen Spitzenunternehmen ergab, daß die Guthaben der betrieblichen Rentenfonds die geplanten Leistungen nur zu sechzig Prozent abdeckten. Zu den Firmen, bei denen dies der Fall war, gehörten Mitsubishi, Mitsui, Toshiba und Sony.[40] Aufgrund der kritischen Gesamtentwicklung der Wirtschaft kürzten die japanischen Verbraucher ihre Ausgaben noch stärker. Viele zahlten ihre Ersparnisse nicht mehr auf Postgirokonten ein, nachdem bekanntgeworden war, welchen Mißbrauch die LDP mit den Einlagen der Postsparer getrieben hatte. Sie versteckten ihr Geld oder legten es im Ausland an, was jetzt mühelos möglich war. Niemand in Japan wollte, daß ein Tanaka, ein Kishi, ein Kanemaru oder ein Takeshita sich bei den Ersparnissen der kleinen Leute bediente, um die schwarze Kasse der LDP aufzubessern oder Banken zu stützen, die kurz vor dem Bankrott standen, weil sie den Yakuza, den tätowierten organisierten Gangstern, zuviel Geld geliehen hatten.

Die Banken Japans hatten in den achtziger Jahren bedenkenlos Kredite vergeben, als die Bodenspekulation die Grundstückspreise in die Höhe schießen ließ. Als die überhitzte Spekulation Anfang der neunziger Jahre in sich zusammenbrach, fielen die Aktienkurse um knapp sechzig und die Grundstückspreise um achtzig Prozent (woran sich die starke Überbewertung der Immobilien ablesen läßt). Die Schuldner konnten die Kredite nicht mehr bedienen, und die Banken sahen sich um ihre Bürgschaften und Sicherheiten betrogen, die plötzlich keine mehr waren.

Ende 1998 ergab eine vorsichtige Schätzung des Finanzministeriums eine Gesamtsumme von 548 Milliarden Dollar solcher Kredite.[41] Es wurde bestätigt, daß mindestens 235 Milliarden Dollar davon an die Yakuza oder an mit ihr liierte Organisationen vergeben worden waren.[42] Doch die Yakuza stellen nur einen kleinen Teil der Kriminellen Japans dar. Viele Männer in der Politik, im Beamtenapparat und in der Wirtschaft stehen *über* dem Gesetz, auch wenn sie keine Tätowierungen oder abgehackten Finger aufweisen.

Das Problem ist viel gravierender als das Finanzministerium wahrhaben möchte, weil es sich bei den veröffentlichten Zahlen um die *ungeprüften Selbstauskünfte* der insolventen Banken handelt.[43] Das Ministerium verlangte keine unabhängigen Prüfungsberichte. Manche Analysten sind überzeugt, daß die faulen Kredite bis zu einer Billion betragen, ohne daß darin die nicht bedienten Kredite im übrigen Asien berücksichtigt wären.[44]

Wegen der Insolvenz der Banken können japanische Unternehmen nicht mehr wie bisher fast zinslose Kredite ohne Sicherheiten bekommen. Sie müssen das benötigte Geld auf den Kapitalmärkten beschaffen, auf denen japanische und ausländische Anleger höhere Zinsen und substantiellere Sicherheiten verlangen, etwas, das den traditionellen Usancen der japanischen Banken völlig fremd ist. Viele Unternehmen sind nicht mehr in der Lage, die üblichen Kapitalmarktzinsen zu bezahlen, und werden bankrott gehen. Die Firmenschließungen werden anhalten, die Arbeitslosenzahlen weiter zunehmen. Um ihre Existenz zu sichern, waren einige japanische Firmen bereits gezwungen, sich mit ausländische Gesellschaften zusammenzuschließen. Bei den großen Autoherstellern wurde die Führung von Mazda von Ford übernommen, während Nissan mit Renault verschmolz.[45] Diese Möglichkeit steht kleineren Unternehmen nicht offen.

Letzten Endes wird alles davon abhängen, ob die Oligarchen Japans bereit sind abzuspecken. Bislang wurde erst eine einzige Großbank, Hokkaidô Takushoku, geschlossen, zusammen mit einigen kleineren Banken. Sowohl das Finanzministerium als auch die japanische Zentralbank Nihon Ginkô behaupten unerschütterlich, weitere große Bankhäuser seien nicht von Insolvenzen betroffen. Beobachtern aus dem Ausland erscheint diese Behauptung absurd. Die Regierungen der westlichen Industrieländer sind der Meinung, Japan müsse die insolventen Bankhäuser bankrott gehen lassen und den Rest reformieren. Statt dessen legt die LDP immer neue Pläne vor, um alle Banken, die solventen wie die insolventen, zu retten – ohne Reformen, Aufsicht oder Auflagen. Es ist genau die Art, wie Drogensüchtige mit ihrer Sucht umgehen. Das Nachschießen von weiterem Rettungskapital belohnt schlechte Gewohnheiten, schlechte Firmeneigentümer, schlechte Aufsichtsratsvorsitzende und die Gangster, deren faule Kredite zu hundert Prozent abgeschrieben werden müssen.[46] Auslandsinvestoren schrecken davor zurück, japanische Kreditforderungen anzukaufen, selbst wenn sie zu lächerlichen zehn Prozent ihres Nennwertes angeboten werden, weil sie in rund vierzig Prozent der Fälle das Geld von den Yakuza eintreiben müßten. Und die Yakuza schicken den Vertretern ausländischer Gesellschaften gern einen leeren Sarg zum »Einstand«.[47]

Die Vereinigten Staaten benötigten nur drei Jahre, um sich aus der Nachfrage- und Kreditkrise der achtziger Jahre herauszuwursteln. Japans LDP versucht, diesem Beispiel zu folgen. Rund fünfundsiebzig Billionen Yen wurden zwischen 1992 und 1995 in »dringende« öffentliche Arbeiten gesteckt, wovon hauptsächlich die von der LDP gehätschelten Bauunternehmen profitierten. Das geschah mit der vorgeschobenen Begründung, daß das Beispiel der Regierung die japanischen Verbraucher beruhigen und sie veranlassen würde, ihr Geld wieder auszugeben, statt zu sparen. Doch die japanischen Verbraucher lassen sich nicht mehr so leicht hinters Licht führen wie früher. Mit mehr als der Hälfte des zur Ankurbelung der Nachfrage ausgegebenen Geldes wurden sinnlose Projekte finanziert.[48] In Japan sind bereits so viele Flächen versiegelt, daß es kaum noch ein Fleckchen Erde gibt, das man zubetonieren könnte. Gleich einem Supertanker mit Maschinenschaden kommt die Wirtschaft Japans ganz allmählich zum Stillstand.

Nachdem sie die Bevölkerung nicht länger täuschen kann, ist die LDP zu einem Drehkreuz geworden. Finanzminister und Ministerpräsidenten kommen und gehen immer schneller. Als Ministerpräsident Hashimoto im Juli 1998 von Obuchi Keizô abgelöst wurde, erfuhr die Weltöffentlichkeit, daß Obuchi »vom Parteichef Takeshita Noboru ausgesucht worden war, der seit Obuchis Eintritt ins Parlament 1963 dessen Mentor war«. Das war nicht sehr beruhigend, da Takeshita – der Königsmacher der LDP – ein Teil des japanischen Problems war. Die öffentliche Meinung über Ministerpräsident Obuchi war so schlecht, daß die japanischen Medien ihn als Takeshitas »Goldfischkot« bezeichneten.[49]

War das nur eine Sonnenfinsternis, die vorüberginge? Konnte die japanische Bevölkerung, die ihre Meinung in der Weise zum Ausdruck brachte, daß sie ihre Ersparnisse zusammenhielt, statt sie auszugeben, den bisherigen Gang der Dinge ändern und die seit langem überfälligen Reformen erzwingen? War schließlich doch noch eine soziale Revolution im Gange? Viele gut informierte Japaner glauben, daß es dafür zu spät ist.[50] Der Wissenschaftler Sakaiya Taichi sieht das Problem darin, daß »die Interessen der einflußreichsten Cliquen zu den Interessen der Nation ingesamt werden«.[51] Seiner Meinung nach seien Reformen nicht möglich in einem Staat, in dem es nur »vertikale« Gleichheit gebe – in der jeweils alle innerhalb einer gesellschaftlichen Schicht unter sich gleich sind. In Japan besteht das einzige Ziel darin, so hoch wie möglich aufzusteigen und sich dort bis zum Schluß zu behaupten.

Für den Fall, daß ernsthafte Reformen sich erneut als unmöglich erweisen sollten, setzt die LDP zweifellos darauf, daß die westlichen Regierungen und der IWF etwas unternehmen und das korrupte japanische System in derselben Weise abstützen, wie sie es in Indonesien getan haben.

Kann die kaiserliche Familie mit ihrem neuen menschlichen Antlitz auf eine Reform und größere Transparenz des politischen Prozesses hinwirken? Kaiser Akihito hat sich in der Öffentlichkeit durch Beweise seiner Aufrichtigkeit ein gewisses Vertrauen erworben und immer wieder durch kleine, aber bedeutsame Gesten mit der Tradition gebrochen. Doch andererseits glaubt in Japan auch niemand, daß Akihito seine Wächter provozieren wird, indem er sich für umfassende Reformen ausspricht.

In einem Zeitalter, in dem wir alle von den Mitgliedern einer königlichen oder kaiserlichen Familie nur noch erwarten, daß sie in der Öffentlichkeit keinen Unsinn reden, erwarten die Japaner auch von Kronprinz Naruhito keine besonderen Mutbeweise.

> Die Amerikaner hatten recht, als sie davon ausgingen, eine Bewahrung der Monarchie sei der einzige Ausweg aus der nationalen Not nach dem Krieg. Wenn man die Monarchie abgeschafft hätte, hätten unsere Eltern und Großeltern sich umbringen müssen. Wer hätte dann das Land wiederaufbauen sollen? Doch was nach dem Kriege richtig war, das gilt heute nicht mehr. Wir haben inzwischen diese Not weit hinter uns gelassen und sind nicht verpflichtet, die Monarchie zu verehren. Uns kann es gleich sein, wenn sie

eines Tages beschließen sollten, einzupacken und sich davonzumachen.

Manche Leute sagen, die Existenz des Kaisers sei als Symbol der japanischen Nation von unschätzbarem Wert gewesen; er repräsentiere die nationale Identität und erzeuge ein Gefühl der Liebe zu unserem Land. So ein Unfug. Was wissen wir denn schon darüber, was sie von morgens bis abends tun? Wissen wir über sie etwa soviel, wie wir über Lady Di und Prinz Charles wissen? Sie sind unsichtbar. Die Kaiserfamilie bedeutet uns einfach nichts. Im Lauf unseres Lebens sind sie uns immer gleichgültiger geworden. Für uns ist es keine Frage, daß wir für eine Republik wesentlich bessere Politiker brauchen, als wir sie bisher hatten, doch die Monarchie ist nicht der Grund, warum wir noch keine Republik geworden sind.

Wir halten sehr wenig vom Kaiser. Wir empfinden ihn nicht als eine Notwendigkeit. Trotzdem ist keine Rede davon, der kaiserlichen Familie den Abschied zu geben. Und warum? Weil uns eine klare Richtung fehlt. Wir als Nation denken nicht darüber nach, wohin wir eigentlich gehen sollen und wie. Aus Trägheit und mangelnder Willenskraft überlassen wir solche Fragen zukünftigen Generationen. Wir reden kaum über solche Dinge. Ausländer fragen uns nicht danach, weil sie annehmen, daß wir zutiefst patriotisch sind und sie uns damit vor den Kopf stießen. Keineswegs.

Wir befinden uns gegenwärtig in Aufruhr und haben ein politisch und wirtschaftlich morsches System. Unsere Gesellschaft befindet sich im Wandel, aber nicht etwa deshalb, weil wir diesen Wandel nach langem Nachdenken so geplant hätten. Wir müssen den langen Weg betrachten, den wir seit der Meiji-Restauration zurückgelegt haben, und ein neues Programm entwickeln, in dem wir unseren zukünftigen Weg in der internationalen Gemeinschaft strategisch überprüfen.[52]

•

Wenn das japanische Volk in einem Plebiszit darüber entscheiden könnte, den Tennô dem Volk statt den Oligarchen gegenüber verantwortlich zu machen, könnten Kaiser und Kronprinz im Themenpark der Zukunft möglicherweise mehr als nur eine zeremonielle Rolle spielen. Doch das ist höchst unwahrscheinlich. Inzwischen haben sich auch die Japaner unter sechzig Jahren mit der Kaiserfamilie abgefunden und zeigen ein gewisses Interesse an deren Privatleben, doch sie bedeutet ihnen ebensoviel oder -sowenig wie Fußballstars oder die Helden von Comicserien. Die Monarchie von heute beschäftigt sie nicht mehr als in den acht Jahrhunderten vor der Meiji-Restauration. Das Kaiserhaus ist wieder bei seiner anfänglichen Bedeutungslosigkeit angelangt.

Vielleicht ist das der Grund, warum so viele frühere Kaiser dem Thron entsagt und ein glücklicheres Leben in einem Kloster geführt haben. Im Jahr 1999 lebt Kaiserinwitwe Nagako in völliger Abgeschiedenheit, leidet offenbar an der Alzheimerschen Krankheit und hat kaum noch Erinnerungen an das vergangene Jahrhundert, in gewisser Hinsicht ein Segen. Hirohito ist in seiner Gruft im Musashi-Mausoleum umgeben von seinen liebsten Besitztümern. Darunter ist auch die Mickymaus-Armbanduhr, die er erstand, als er damals den Pazifik überquerte, um diesem anderen Disneyland einen Besuch abzustatten.

Anhang

Anmerkungen

Man könnte den Eindruck haben, das japanische Volk sei an seiner jüngsten politischen und sozialen Geschichte, vor allem während der dreißiger und vierziger Jahre, völlig desinteressiert. Doch in Wirklichkeit dürsten sie nach Informationen über ihre Vergangenheit. Da die Elite die Forschung und Lehre sowie die Veröffentlichungen auf dem Gebiet der Zeitgeschichte kontrolliert, ist es nicht ungewöhnlich, wenn heutige Hochschulstudenten in Japan die Frage stellen: »Haben wir den Krieg gewonnen?«

Japanische Historiker und Journalisten sind mit allen Mitteln davon abgehalten worden, sich mit der eigenen neueren Geschichte eingehend zu beschäftigen. Wie manche sagen, hört das Studium der Geschichte in Japan mit der Meiji-Restauration auf. Um die Mitte der zwanziger Jahre wurden vom Parlament Gesetze erlassen, die jede Kritik an der Regierung zu einem strafwürdigen Verbrechen machten. Während der Kriegsjahre brachte die Regierung so gut wie jede Kritik am Regime zum Verstummen. In den ersten Monaten der Besatzungszeit nach Kriegsende wurde die Zensur gelockert, doch danach wurde Schweigen wieder zur Regel, so daß die Japaner der letzten drei Generationen kaum Möglichkeiten hatten, etwas über ihre jüngste Geschichte, ihre Kaiser oder ihre unsichtbaren Oligarchen in Erfahrung zu bringen (oder auch nur darüber nachzudenken).

Das Bedürfnis der Japaner, mehr über ihre Vergangenheit zu wissen, zeigte sich niemals deutlicher als 1990, als die geheimen Erinnerungen Kaiser Hirohitos an den Zweiten Weltkrieg unter den Papieren seines Adjutanten Terasaki Hidenari entdeckt wurden. Diese Papiere wurden unter der Herausgeberschaft seiner Tochter Mariko Terasaki Miller von Bungei Shunjû sha unter dem Titel *Shôwa Tennô dokuhakuroku* (»Die Monologe des Shôwa-Kaisers«) veröffentlicht. Innerhalb der ersten Monate nach Erscheinen wurden über 140 000 Exemplare dieses Buchs verkauft.

Der Historiker Herbert Bix interessierte sich besonders für diese Dokumente und veröffentlichte zwei Aufsätze. »Emperor Hirohito's War« und »The Shôwa Emperor's ›Monologues‹ and the Problem of War Responsibility« in den Zeitschriften *History Today* und *Journal of Japanese Studies*. Dort finden sich englische Übersetzungen einzelner Passagen der Monologe. Weitere Passagen hatte Terasaki Ende der vierziger Jahre selbst ins Amerikanische übersetzt und an Brigadegeneral Bonner Fellers übergeben. Wir fanden diese Auszüge unter den Fellers Papers in der MacArthur Library. Weitere Auszüge aus den Monologen wurden im Rahmen einer Dokumentarsendung von Nihon Hôsô Kiôkai (NHK) am 15. Juni 1997 in Tokyo in japanischer Sprache unter dem Titel »Die beiden Monologe des Shôwa-Kaisers« veröffentlicht.

In den folgenden Anmerkungen führen wir wiederholt diese Monologe Hirohitos an. Da keine der genannten Quellen vollständig ist, beziehen wir uns der Einfachheit halber jeweils auf alle drei Quellen. Tatsachen seiner Geschichte, die das japanische Volk brennend interessierten, sind in kleinen Häppchen überall verstreut. Für dieses Buch haben wir unverdrossen nach den einzelnen Bruchstücken gesucht und sie zu einem Gesamtbild zusammengefügt.

Bei Quellenangaben nennen wir nur den Autor oder die Autoren und den Kurztitel der Veröffentlichung: zu weiteren bibliographischen Angaben vgl. die Bibliographie.

Prolog: Der Kaiser und der Shogun

1 Nähere Einzelheiten der ersten Begegnung Hirohitos mit MacArthur finden sich in verschiedenen Quellen, die inhaltlich nicht immer miteinander übereinstimmen. Hierzu gehören Kawahara, *Hirohito and His Times*, Kanroji, *Hirohito: An Intimate Portrait*, Crump, *The Death of an Emperor*, Manchester, *American Caesar*; Toland, *The Rising Sun*, Large, *Emperor Hirohito*, Irokawa, *The Age of Hirohito*; die in der Bibliographie aufgeführten Aufsätze von Bix, der schriftliche Nachlaß von Bonner Fellers sowie die Darstellungen von Dr. Egeberg und Faubion Bowers.

2 Nach Herbert Bix war der beim ersten Zusammentreffen Hirohitos mit MacArthur anwesende Dolmetscher Ôkumura Katsuzo. Wie Mariko Terasaki Miller uns sagte, war auch ihr Vater bei dem Treffen zugegen. Nach Faubion Bowers stand dieser ebenfalls als Dolmetscher zur Verfügung, doch der General hatte Hirohito die Wahl eines Dolmetschers überlassen.

3 Für den Wortlaut der Auseinandersetzung zwischen Hirohito und Sugiyama vgl. Toland, *The Rising Sun*.

4 Zur Lage Japans unmittelbar nach Kriegsende vgl. Shaplen, *A Turning Wheel*, und Irokawa, *The Age of Hirohito*.

5 Unsere Informationen über Fellers stammen aus Primärquellen und Interviews: einer Korrespondenz und telefonischen Interviews mit seiner Tochter Nancy Fellers Gillespie, die Ende 1998 verstorben ist, und seinem schriftlichen Nachlaß in der MacArthur Library und im Hoover Institute. Unterstützt wurden wir ferner von Fellers' Sekretär Bruce Merkle. Weitere Einzelheiten erfuhren wir während eines einwöchigen Besuchs von Mariko Terasaki Miller in unserem Haus: Ihr Vater Terasaki Hidenari war der Verbindungsmann des Palastamts zwischen dem Supreme Command Allied Powers (SCAP) und Hirohito.

6 Mitschriften dieser ersten Zusammenkunft unterliegen bis heute in Tokyo und in Washington höchster Geheimhaltung. Ein Brief, den Fellers damals an seine Frau geschrieben hat, befindet sich in der MacArthur Library, allerdings nur die erste Seite. Anscheinend hat Fellers darin mehr enthüllt, als der US-Regierung lieb war.

7 Am 22. September 1945 schrieb Fellers an seine Frau, MacArthur habe zu ihm gesagt: »[Der Kaiser] kann Englisch und hat sofort alles verstanden, was ich gesagt habe.« Fellers Papers, MacArthur Library. MacArthurs Irrtum wurde auch von Egeberg, »How Hirohito Kept His Throne«, erwähnt. Wir vermuten, daß er Hirohito mit Prinz Chichibu verwechselt hat.

8 Zu den Fotos vgl. Bowers, »The Day the General Blinked«.

9 Im Artikel von Bowers heißt es: »Am Morgen der Zusammenkunft [...] fragte mich der General, ob der Kaiser rauche, was ich bejahte. Als Student in Japan vor dem Kriege hatte ich einmal ein Etui mit Zigaretten erhalten, auf dem in Gold das kaiserliche Chrysanthemenzeichen mit sechzehn Blütenblättern eingeprägt war – als Souvenir bei einer kaiserlichen Gartenparty. MacArthur nahm meine Lucky Strikes und mein Zippo-Feuerzeug und steckte beides in seine Tasche.« Da der Palast Geschenkpäckchen mit Zigaretten verteilte, hatte Bowers offenbar angenommen, daß der Kaiser rauche.

10 MacArthur, *Reminiscences*. In den Notizen des Dolmetschers findet sich kein Hinweis darauf, daß Hirohito die Verantwortung für den Krieg auf sich genommen hätte. Zu den unterschiedlichen Versionen von Hirohitos Äußerung zu diesem Punkt vgl. Toland, *The Rising Sun*, Large, *Emperor Hirohito*, Manning, *Hirohito*, Buruma, *Wages of Guilt*, Irokawa, *The Age of Hirohito*, sowie Cook und Cook, *Japan at War*. Die Behauptung, Hirohito habe sich zu seiner Schuld am Kriege bekannt, steht im Widerspruch zu seinen Monologen.

11 Zu Hirohito als Opfer Tôjôs und der Militaristen vgl. Toland, *The Rising Sun*, die Memoiren Joseph Grews, die Aufsätze von Bix, Dower, *Empire and Aftermath*, Nakamura, *The Japanese Monarchy*, Buruma, *Wages of Guilt*, sowie Presseberichte, die nach Hirohitos Tod und bei der Thronbesteigung seines Sohnes erschienen. Unveröffentlichte persönliche Aufzeichnungen von Beteiligten wie die Joseph Grews im East Asia Institute der Harvard-Universität, die Fellers Papers und der schriftliche Nachlaß von Herbert Hoover werfen ein Licht auf die gewundene Argumentation, mit deren Hilfe dieser Mythos gestützt werden sollte.

12 Wie Fellers festhielt, war es ein Zug in der Persönlichkeit Hirohitos, der es »ihm unmöglich machte nachzugeben«. Vgl. »Bonner Fellers: Japan Background«, Fellers Papers, MacArthur Library.

13 Chang, *The Rape of Nanking*, Montgomery, *Imperialist Japan*, Toland, *The Rising Sun*. Vgl. hierzu später in diesem Buch.

14 Zu der Kontroverse um die Veröffentlichung der Aufnahme vgl. Bix sowie Nakamura, *The Japanese Monarchy*.

15 Mariko Terasaki Miller verdanken wir viele Einzelheiten aus dem Leben ihres Vaters und aus der schwierigen Zeit in Tokyo, die sie als junges Mädchen selbst miterlebt hat. Ihre Mutter schrieb ihre Memoiren, *Bridge to the Sun*, die von MGM verfilmt wurden. Einige Briefe von Terasaki befinden sich unter den Fellers Papers in der MacArthur Library. Weitere Details zu Tera-

saki stammen aus einer Tonbandaufzeichnung der Sendung des NHK über die Monologe des Shôwa-Kaisers, die Bruce Merkle für uns besorgte.

16 Zu Watanabe Yuri und Kawaii Michiko vgl. Liebenthal, »A Bond War Could Not Break«.

17 Der Großvater Alice Perry Grews war Matthews Bruder Oliver Hazard Perry, der amerikanische Kriegsheld der Schlachten am Eriesee im Krieg von 1812. Zu ihrer Jugend in Japan und ihren Beziehungen zu japanischen Adligen vgl. Robinson, *Selections From the Letters of Thomas Sergeant Perry*.

18 Zu den Verbindungen zwischen Grew und Morgan vgl. Heinrichs, *American Ambassador*, sowie das ausgezeichnete Buch von Chernow, *The House of Morgan*.

19 Die Vorstellungen Grews von der japanischen Elite sind seinen Erinnerungen, seiner persönlichen Korrespondenz und unveröffentlichten Tagebüchern im East Asia Institute der Harvard-Universität entnommen. Vgl. u. a. Nakamura, *The Japanese Monarchy*, und Dower, *Empire and Aftermath*. Grew entging das, was von Chalmers Johnson und Karel van Wolferen als Japans »strukturelle Korruption« bezeichnet wird.

20 Verstreute Informationen zu Sadako finden sich in den Veröffentlichungen von Ponsonby-Fane, Stephen Large und Elizabeth Vining. Weitere Einzelheiten über ihren Familienstammbaum stammen von Hamish Todd.

21 Zur Geschichte Japans und dem Kaiserhaus vor 1868 empfehlen wir das dreibändige Werk *A History of Japan* von Sansom. [Den deutschsprachigen Lesern sei die *Geschichte Japans* von Inoue Kiyoshi genannt.] Als Finanzberater der britischen Botschaft in Tokyo kannte Sansom sich besonders gut in Finanzpolitik aus.

22 Japanische Wissenschaftler wie Irokawa verweisen darauf, daß die Meiji-Restauration keine Revolution war und daß »es so aussehen sollte, als ob der Kaiser regierte«. Vgl. u. a. Gluck, *Japan's Modern Myths*, und die ausgezeichnete, bahnbrechende Untersuchung von Ramseyer und Rosenbluth, *The Politics of Oligarchy*.

23 Zum künstlich geschaffenen Image des Meiji-Kaisers vgl. Gluck, *Japan's Modern Myths*. Beobachtungen über den wahren Charakter Mutsuhitos finden sich in den Tagebüchern seiner Ratgeber, vor allem den drei Bänden von Kido Takayoshi.

24 Einzelheiten zum Palastamt bei Titus, *Palace and Politics*. Wenige Institutionen in Japan unterliegen einer vergleichbaren Geheimhaltung.

25 Das Image Yoshihitos als Hampelmann war eine Schöpfung von Yamagata Aritomo. Zu denen, die auf dieses falsche Klischee hereinfielen, zählte auch Leonard Mosley. Jahrzehntelang wurde es ungeprüft weitergegeben.

26 Zu Japan als modernem Polizeistaat vgl. Tipton, *Japanese Police State*.

27 Einzelheiten zur Kindheit und Jugend Hirohitos bei Kanroji, *Hirohito*, Irie, »My 50 Years with the Emperor«, und Taguchi, »His Majesty the Present Emperor in His Early Age«.

28 Irokawa Daikichi schildert in *The Age of Hirohito* in bitteren Worten die Hungersnot und die Versklavung junger Mädchen und Frauen.

29 Zur Operation »Goldene Lilie«: In allgemeinen Darstellungen der Geschichte Japans während der Jahre 1931 bis 1945 finden sich kaum konkrete Hinweise auf die Plünderungen in Asien durch die japanische Armee. Iris Chang geht auf diesen Punkt lediglich kurz im Zusammenhang mit dem Massaker von Nanking ein, wo schätzungsweise an die sechstausend Tonnen Gold von den Japanern geraubt wurden. Wir haben unsere Informationen im Lauf von über zwanzig Jahren gesammelt; diese stammen von zuverlässigen japanischen und westlichen Gewährsleuten, die um ihr Leben fürchten müssen, falls ihre Namen genannt werden. Einen der Gründe, warum die Beweise für eine Verwicklung der kaiserlichen Familie in diese räuberischen Aktivitäten der Armee erst jetzt entdeckt werden, nennt Bix: »Anders als in Deutschland, wo die Alliierten enorme Mengen an streng geheimen Regierungsdokumenten konfisziert und ihre Kriegsverbrecherprozesse auf der Grundlage dieses Materials geführt haben, wurden die meisten der streng geheimen Kriegsakten der Führer in Japan entweder in den Wochen bis zum Eintreffen MacArthurs gezielt vernichtet, gefälscht oder versteckt«. Darstellungen über die Rolle Japans im Krieg beruhen hauptsächlich auf Memoiren aus der Kriegszeit und Aussagen von Zeitzeugen. Das Verbrennen sämtlicher belastender Unterlagen wird von Journalisten und japanischen Beamten bissig als »der japanische Weg« bezeichnet. Da Japan seine Akten aus den Kriegsjahren noch zu Lebzeiten Hirohitos vernichtete, beginnt die Fassade erst seit dessen Tod 1989 allmählich zu bröckeln. Vgl. Brackman, *The Other Nuremberg*, und Bix, »The Shôwa Emperor's Monologues«.

30 Nach Angaben mehrerer Gewährsleute hat Prinz Chichibu von 1941 bis 1945 die Operation »Goldene Lilie« geleitet, und auch andere Prinzen waren an diesem Unternehmen beteiligt. Bei den Informanten handelt es sich um Japaner und Filipinos, die während des Krieges den Auftrag hatten, von den Japanern geraubtes Gut an den verschiedensten ausgesuchten Stellen auf den Filippinen und im Meer vor der Küste zu verstecken und zu versenken. Andere waren an der Erstellung von Verzeichnissen der Beute oder an deren späterer Bergung beteiligt. Mehrere dieser Gewährsleute haben sich freiwillig Wahrheitstests und Tests durch Hypnose unterzogen. Wir sind davon überzeugt, daß diese Männer die Wahrheit gesagt haben, doch unsere Ermittlungen werden fortgesetzt und sollen detailliert in einem späteren Buch dargelegt werden. Trotz dieser Erkenntnisse ist bislang schwer einzuschätzen, in welchem Umfang genau die kaiserlichen Prinzen an der Verschleppung und Unterbringung des Raubguts beteiligt waren.

31 Wie ein hohes Schweizer Gericht festgestellt hat, befindet sich eine solche geraubte Buddhafigur aus Massivgold heute im Tresor einer Schweizer Bank. Von einer zweiten, die in Birma gestohlen wurde, ist bekannt, daß sie sich in einem Tresor auf den Philippinen befindet. Im Lauf des Krieges wur-

den mindestens dreizehn solcher massiv goldenen Buddhafiguren gestohlen, von denen einige mehrere Tonnen schwer waren. Vgl. Bruppacher, »Swiss Court Gives Nod to New Claim on Marcos Fortune«, Guyot, »The Uses of Buddhism in Wartime Burma«, und Lucas, »On the Trail of a Billion-Dollar Buddha«.

32 Dingman, *Ghost of War*, behandelt das Schicksal eines dieser Lazarettschiffe und erwähnt Berichte über Kriegsbeute, die sich angeblich an Bord befunden hatte, ohne jedoch den »Gerüchten« näher nachzugehen.

33 Zu Raubgold, das in der Bucht von Tokyo versenkt wurde, vgl. Manning, *Hirohito: The War Years*.

34 Die Plünderungen der japanische Armee sind nie offiziell untersucht worden. Die Vereinigten Staaten waren nach dem Zweiten Weltkrieg auf die Verhinderung des Kommunismus in Japan fixiert; Washington blockte die Forderungen anderer alliierter Staaten nach einer Untersuchung ab, weil deren Ergebnisse dem Land möglicherweise abträglich gewesen wären. Wir gehen auf diesen Punkt in den Kapiteln über Japan nach dem Krieg näher ein.

1 Der Kaiser wird neu erfunden

1 Mutsuhito wurde am 3. November 1852 geboren, und Perrys Flotte lief am 8. Juli 1853 ein.

2 Einzelheiten zu dem Besuch Perrys bei Dudden, *The American Pacific*.

3 Zu Mutsuhito, dem späteren Meiji-Kaiser, vgl. u. a. die Aufsätze von Yonekura, die Tagebücher von Kido sowie Yoshitake, *Five Political Leaders*, Large, *Emperors of the Rising Sun*, Griffis, *The Mikado*, Gluck, *Japan's Modern Myths* sowie die leicht zugängliche *Kodansha Encyclopedia of Japan*.

4 Zum japanischen Kaiser als Gott und Geisel vgl. Gluck, *Japan's Modern Myths*, Ramseyer und Rosenbluth, *The Politics of Oligarchy*, und Sansom, *A History of Japan*.

5 Sansom, *A History of Japan*, Bd. 3, S. 235.

6 Die Genealogie der kaiserlichen Familie verdanken wir Hamish Todd, Kurator der British Library, Oriental and India Office Collections. Dieser sorgfältig erstellte Stammbaum ist bislang unveröffentlicht.

7 Über die Nachkommen von Kaiser Kômei sind wenig Einzelheiten bekannt. Einige genealogische Details sowie seltene Porträts und Fotos bei Ponsonby-Fane, *The Imperial House of Japan*.

8 Zu Nakayama vgl. Yonekura, »The History of the Imperial Family«, S. 16.

9 Zu den Wutanfällen und Launen Mutsuhitos noch im Erwachsenenalter vgl. Large, *Emperors of the Rising Sun*, S. 20.

10 Der Meiji-Kaiser hatte eine Sammlung von über dreihundert Meisterwerken japanischer Schwertschmiedekunst, unter denen sich einige Geschenke von Saigô befanden. Vgl. Griffis, *The Mikado*, S. 309 f.

11 Ebd. S. 90.
12 Zur Rolle der Frauen im Palast vgl. Titus, *Palace and Politics*. Zum boshaften Charakter der Hofdamen vgl. Thomas, *Modern Japan*.
13 Zu den Hygienevorschriften vgl. Griffis; weitere Einzelheiten verdanken wir Hamish Todd.
14 Morris, *The World of the Shining Prince*, und Dunn, *Everyday Life in Imperial Japan*.
15 Griffis, S. 95.
16 Sansom, *A History of Japan*.
17 Katsu Awa, zit. nach Sansom, *A History of Japan*, Bd. 3, S. 237 f.
18 Ebd., S. 208. Ienari starb 1841 im Alter von neunundsechzig Jahren. Ihm folgten noch zwei Shogune, bis das Shogunat abgeschafft wurde.
19 Näheres hierzu bei Sansom.
20 Ramseyer und Rosenbluth, *The Politics of Oligarchy*, S. 17 und Anm.
21 Ponsonby-Fane, *The Imperial House*, S. 123.
22 Vgl. Sansom, *A History of Japan*.
23 Näheres zu Ii Naosuke in der *Encyclopedia Britannica*, der *Kodansha Encyclopedia* und in den angeführten Aufsätzen von Yonekura.
24 Der Frieden der Tokugawa-Zeit war ständig durch die »Gewaltpolitiker« bedroht. Griffis, *The Mikado*, S. 285 f., gebraucht den Begriff zur Kennzeichnung einer Politik der Ermordung unliebsamer Gegner in den Jahren nach 1880. Doch rohe Gewalt kennzeichnete die gesamte Politik in Japan von 1850 bis 1945.
25 Eine Darstellung des Überfalls auf den Palast in der Absicht, Kômei zu entführen, bei Griffis, *The Mikado*, S. 113–115. Der US-Amerikaner Griffis, in den Jahren nach 1870 von der Restaurationsregierung als Pädagoge eingestellt, hatte »die Geschichte dieses Kampfes aus dem Mund von [...] Männern gehört, die an der Verteidigung des Palastes beteiligt waren«. Der Zwischenfall wird erwähnt in *Fortune*, Juli 1933. Vier Vertreter des Chôshû-Clans wurden zum Tode verurteilt, drei seiner Feldkommandeure wurden gezwungen, Selbstmord zu begehen: Hackett, *Yamagata Aritomo*, S. 34.
26 *Kodansha Encyclopedia*, Bd. 5, S. 153.
27 Der Brief vom 5. April 1865 an den Geschäftsträger der britischen Botschaft, Winchester, wurde vermutlich von Hirobumi verfaßt; Accounts and Papers, LXXVI (1866) British Diplomatic Records, S. 457. Das Bild »Frösche in einem Brunnen« ist aus dem alten chinesischen Sprichwort übernommen: »Für den Frosch im Brunnen ist der Himmel rund.«
28 Yonekura, »The Later Days of the Tokugawa Shogunate«, S. 24.
29 Griffis, *The Mikado*, S. 122. Nach Thomas bezeichneten zeitgenössische Quellen die tödliche Krankheit als »Melancholiefieber« und »Bergamini [ging] so weit, Selbstmord oder gar Mord zu vermuten, und [nannte] den berühmten Staatsmann Iwakura den ›Mörder‹ Kômeis«; *Modern Japan*, S. 50. Überall im Palast verbreitete sich das Gerücht, der Kaiser sei vergiftet

worden. Diese Gerüchte werden sogar in der ansonsten sehr zurückhaltenden *Kodansha Encyclopedia* wiedergegeben.

30 Iwakura stand den politischen Drahtziehern des Hauses Satsuma nahe. Hierzu v. a. Irokawa, *The Culture of the Meiji Period*, S. 252.

31 Yonekura, »The Emperor Meiji«, S. 17. Nach Yonekura litt der Meiji-Kaiser in den Monaten nach dem Tode seines Vaters unter nervösen Störungen.

32 Ebd.

33 Einzelheiten dazu bei Brown, »Kido Takayoshi and the Young Emperor Meiji«, S. 3; vgl. des weiteren Mitford, *Tales of Old Japan*, Lane-Poole, *The Life of Sir Harry Parkes*, Satow, *A Diplomat in Japan*, und Griffis, *The Mikado*.

34 Satow, *A Diplomat in Japan*, S. 358.

35 Ebd.

36 Die Schilderung des Anblicks des Meiji-Kaisers stammt von Mitford, zit. nach Fujitani, *Splendid Monarchy*.

37 Zu den geschwärzten Zähnen des Meiji-Kaisers vgl. *Fortune*, Juli 1933. Das Schwärzen der Zähne durch den Genuß von Tee oder Sake, in dem Eisenfeilspäne gezogen hatten, war eine Gepflogenheit des japanischen Adels. Anscheinend hemmte diese Prozedur den Zahnverfall, wie einige Forscher anhand von Zahnüberresten festgestellt haben.

38 Gluck erklärt in *Modern Myths*, daß die Vorstellung, die imperialen Traditionen Japans reichten bis ins fünfte vorchristliche Jahrhundert zurück, eine Fälschung sei. Wie Ramseyer sieht er im Kaiser eine Ikone.

39 Gluck, *Modern Myths*, S. 74.

40 Vgl. Griffis, *The Mikado*, S. 138.

41 Hierzu Gluck, *Modern Myths*, S. 74.

42 Einer der Ratgeber des Meiji-Kaisers behauptete, dieser selbst habe die endgültige Entscheidung getroffen. Nach Thomas, *Modern Japan*, S. 45, bezeichnete Kido die Wahl Tokyos zur neuen Hauptstadt als das Ergebnis einer »kaiserlichen Entscheidung«.

43 Gluck, *Modern Myths*, S. 74. Vgl. Gibney, *The Pacific Century*, S. 80, Brown, »Kido Takayoshi«, Kido, *The Diary*, und Addis, »Travelling the Tokaido with Hiroshige«.

44 Der volle Name lautete Ichijô Haruko (1850–1914). Einige wenige Angaben über ihr Leben fanden wir in der *Kodansha Encyclopedia* und der *Japanese Biographical Encyclopedia*. Augenzeugenberichte bei Whitney, *Clara's Diary*, Nish, *Britain and Japan* und Ponsonby-Fane, *The Imperial House of Japan*. Zu ihrem Stammbaum vgl. Anm. 21.

45 Vgl. Thomas, *Modern Japan*, S. 45.

46 Die Einzelheiten des Besuchs von Prinz Alfred sind den Erinnerungen Mitfords entnommen, des Sekretärs der britischen Botschaft und späteren Lords Redesdale; vgl. Nish, *Britain and Japan*, Bd. 2. Die Anerkennung durch eine ausländische Macht, vor allem durch die Führungsmacht, war damals für das neue Regime Japans besonders wichtig.

47 Griffis, *The Mikado*, S. 159.
48 Vgl. ebd.
49 Die Vorliebe des Meiji-Kaisers für ein *dolce far niente* war eine der Hauptsorgen von Männern wie Kido; vgl. hierzu seine Tagebücher.
50 Als die Häuser Satsuma, Chôshû und ihre Verbündeten den Entschluß faßten, den Shogun abzusetzen und den Kaiser zum einzigen Staatsoberhaupt zu machen, wurden viele führende Samurai erschlagen oder gerieten in Not, doch diese drei überlebten, um den Plan auszuführen. Vgl. Hall, »A Monarch for Modern Japan«, S. 270.
51 Die Familie Kidos führte ein äußerst angenehmes Leben in einem Herrenhaus. Es gab zwei Eingänge zum Sprechzimmer des Arztes – einen für Samurai und einen für gewöhnliche Patienten. Kidos Vater verwendete eine Mischung aus Elementen der traditionellen japanischen Heilkunde und der westlichen Medizin und sorgte dafür, daß sein Sohn sich mit westlichen Denk- und Lebensweisen vertraut machte. Einzelheiten über Kidos Jugendjahre und den Beruf seines Vaters bei Brown, »Kido Takayoshi and the Young Emperor Meiji«. Vgl. den Essay von Morris in seinem *The Nobility of Failure*. Weitere Informationen in den Anmerkungen zu den Tagebüchern Kidos.
52 Zu Ôkubo vgl. Oka, *Five Political Leaders*, Hackett, *Yamagata Aritomo*, Nakamura, *Prince Ito*, und Thomas, *Modern Japan*.
53 Vgl. Hall, *Japan from Prehistory*, S. 269.
54 An der Spitze des neuen Staatsrats standen zwei Hofadlige – Sanjo Sanetomi, im Bündnis mit Chôshû, und Iwakura Tomomi, auf seiten Satsumas. Vgl. Hall, »A Monarch for Modern Japan«, S. 271.
55 Der Vorschlag an Itô, die kaiserliche Familie für alle Bestechungsangebote unempfänglich zu machen, stammte von Reichskanzler Otto von Bismarck.
56 In seinem Buch *The World of the Shining Prince* schildert Morris Trinkgelage im japanischen Kaiserpalast im zehnten Jahrhundert, die aber auch noch im neunzehnten Jahrhundert üblich waren. Auch heute noch veranstalten japanische Geschäftsleute und leitende Angestellte solche Gelage.
57 Die Neuorganisation des Parlaments in eine »Innere« und eine »Äußere erhabene Kammer« in Titus, *Palace and Politics*.
58 Zu den musterhaften Samurai, die im Palast eingestellt wurden, gehörten Takashima Tomonosuke, Shima Yoshitake und Tamaoka Tesshu; vgl. *Kodansha Encyclopedia*.
59 Es war nicht das erste Mal, daß japanische Missionen in den Westen geschickt wurden. »Der Prozeß der Verwestlichung begann frühzeitig. Das Shogunat hatte 1860 eine Mission aus achtzig Samurai-Beamten in die Vereinigten Staaten geschickt, um den Handelsvertrag zu ratifizieren. Eine zweite Gesandtschaft des Shoguns reiste 1862 nach England, Holland und Frankreich. Ein Jahr später schickte Chôshû heimlich fünf seiner jungen Samurai nach England, 1865 entstandte Satsuma 19 Männer ins Ausland.« Hall, *Japan: From Prehistory to Modern Times*, S. 267f.

60 Vgl. den Eintrag »Saigo« in der *Encyclopedia Britannica.*
61 Nähere Einzelheiten bei Hackett, *Yamagata Aritomo*; vgl. weiterhin Hunter, *The Emergence of Modern Japan.*
62 In der *Kodansha Encyclopedia* wird Kido als das »Gewissen des Kabinetts« bezeichnet. Obgleich es keine handfesten Beweise dafür gibt, daß Ôkubo hinter dem Tod Kidos steckte, läßt es sich auch nicht ausschließen. Kidos Tod wird in den Anmerkungen zu seinen Tagebüchern geschildert.
63 Hackett, *Yamagata Aritomo*, S. 80f.
64 Gibney, *The Pacific Century*, erwähnt das Adelspatent für die Familie Saigôs. Letztlich sieht es so aus, als sei der Meiji-Kaiser über den Tod seines großen Generals tief betrübt gewesen. »Bald nach dem Aufstand, als der Kaiser die Hofdamen versammelte, damit sie zur Erinnerung an Saigô *waka*-Gedichte verfaßten, sagte er ihnen: ›Schmähen Sie Saigô nicht wegen seines Vergehens. Setzen Sie nicht die großen Verdienste herab, die er sich während der Restauration erworben hat, indem Sie ausschließlich auf seine jüngsten übereilten und leichtfertigen Taten eingehen.‹« Yonekura, »The Emperor Meiji«, S. 23f.
65 Morris, *The Nobility of Failure*, S. 231.
66 Vgl. Griffis, *The Mikado*, S. 277f.

2 *Bismarcks Schnurrbart*

1 Zitat nach *Fortune*, Juli 1933. Dieser Artikel enthält zahlreiche Anekdoten über den Meiji-Kaiser Mutsuhito.
2 Ramseyer und Rosenbluth haben in *The Politics of Oligarchy* festgestellt: »Nach unserer Meinung sind einige der ›Fakten‹ der japanischen Geschichte, wie sie von Fachhistorikern traditionell verstanden wurden, in Wirklichkeit gar keine Fakten. Allzu oft in der japanischen Historiographie haben Historiker unplausible Hypothesen vorgetragen, um Phänomene zu erklären, die es nie gegeben hat.« Sie gelangen zu dem Schluß, »als Symbol war das Kaiserhaus äußerst manipulierbar und praktisch in keiner Weise festgelegt«. Sie beschäftigen sich eingehend mit der Machtpolitik Japans zu Beginn des zwanzigsten Jahrhunderts und der skrupellosen Rivalität zwischen Oligarchen wie Itô und Yamagata. Ein Kaiser ist eine nützliche Ikone in den Händen von Oligarchen, die in ihrer modernen Gestalt Finanzleute, politische Schieber wie Kishi und Takeshita und Paten der Unterwelt wie Kodama sind.
3 Unsere Porträts von Itô und Yamagata stützen sich auf mehrere Quellen. Zu Itô vgl. vor allem Oka, *Five Political Leaders*, außerdem Nakamura, *Prince Ito.* Ramseyer und Rosenbluth stellen die bisherigen historischen Interpretationen in Frage. Einige Details zu Itô, Yamagata und ihren Zeitgenossen finden sich auch in den Veröffentlichungen Beasleys. Darüber hinaus von Wert sind Griffis, *The Mikado*, Satow, *A Diplomat in Japan*, Fujitani, *Splendid*

Monarchy, Gluck, *Japan's Modern Myths*, und die Arbeiten von Titus. Die maßgebliche Biographie Yamagatas ist das Buch von Hackett, der vor allem japanische Quellen herangezogen hat.

4 *Fortune*, Juli 1933.

5 Oka, *Five Political Leaders*, S. 24.

6 In den von Furuki Yoshiko herausgegebenen Briefen von Tsuda Ume findet sich näheres zu Itôs Hochzeit und seinen Geliebten.

7 Oka, *Five Political Leaders*, S. 36–39.

8 Nach Ramseyer und Rosenbluth reisten Itô und seine Gefährten auf Einladung eines Agenten von Jardine-Matheson nach England.

9 Zur Rolle Itôs vgl. Oka, *Five Political Leaders*, und Hackett, *Yamagata Aritomo*. Wie Hackett schreibt, fand Yamagata heraus, daß »hinter den Kulissen die Mitsubishis Ôkuma monatliche Zahlungen zukommen ließen« (S. 100).

10 Oka, *Five Political Leaders*.

11 Nish, *Britain and Japan*, Bd. 1, S. 144.

12 Vgl. Ramseyer und Rosenbluth, *The Politics of Oligarchy*.

13 Vgl. Oka, *Five Political Leaders*.

14 Vgl. Oka, *Five Political Leaders*, S. 8 f.

15 »Es steht wohl außer Frage, daß die Deutschen Itô in der Überzeugung bestärkten, mit der er bereits zu ihnen gekommen war – daß nämlich in der Verfassung die Befugnisse einer gewählten Versammlung von einer Exekutive stark kontrolliert und beschränkt werden sollten, die nicht der Versammlung, sondern dem obersten Herrscher des Landes verantwortlich ist.« Storry, *Modern Japan*, S. 116. Bei der Formulierung von Itôs Verfassung wirkte Hermann Roessler mit, ein deutscher Berater des japanischen Außenministeriums.

16 Die verbreitete Vorstellung, Mutsuhito sei ein »Liberaler« gewesen, ist ein Beispiel für die von Itô aufgebaute Fassade.

17 Professor Irokawa Daikichi von der Universität Tokyo verweist darauf, daß die Mehrzahl der knapp dreißig Verfassungsentwürfe, die von bekannten Rechtswissenschaftlern außerhalb der Regierung vorbereitet wurden, durchweg in der Präambel auf die »seit ewigen Zeiten ununterbrochene« kaiserliche Linie Bezug nahmen. Das läßt deutlich erkennen, daß die Bemühungen des Regimes, sich durch den Kaiser eine göttliche Legitimität zu verschaffen, erfolgreich waren. Vgl. Irokawa, *The Culture of the Meiji Period*, S. 256.

18 Hackett, *Yamagata Aritomo*, S. 133, sowie Gluck, *Modern Myths*. »Jede Schule bewahrte ein Exemplar des Dekrets zusammen mit Bildnissen des Kaisers und seiner Gemahlin an einem sicheren Ort auf, häufig in einem kleinen Schrein, und holte es an nationalen Feiertagen hervor, damit es allen Schülern vorgelesen würde. Es stand bei allen Japanern in hohem Ansehen und wirkte wie eine Versicherungspolice, die von der Oligarchie vorgezeigt wurde, um sich gegen alle Wogen des Liberalismus zu schützen, die in der Zukunft über Japan hinweggehen würden.« (Storry, *Modern Japan*, S. 119 f.)

19 Zu den Mängeln der japanischen Verfassung und der Art und Weise, wie die Idee einer Regierung unter Beteiligung des Volkes von den Oligarchen umgebogen und eine kritische Opposition von vornherein mundtot gemacht wurde, vgl. Ramseyer und Rosenbluth, *The Politics of Oligarchy*.
20 Vgl. van Wolferen, *The Enigma of Japanese Power*.
21 Oka, *Five Political Leaders*, S. 19.
22 »Zur Unterweisung in Moral- und politischer Philosophie wurde [Mutsuhito] in die Obhut des gelehrten Nagazane Motoda gegeben.« *Kodansha Encyclopedia*. Vgl. Griffis, *The Mikado*, sowie Kido, *The Diary*.
23 Diese Eisenbahnverbindung war eine Versuchsstrecke, um die ausländische Gemeinde zufriedenzustellen, die eine schnelle Verbindung von Tokyo zum Vertragshafen wünschte. Die Einweihung erfolgte durch den Meiji-Kaiser am 14. Oktober 1972. Zu den Feierlichkeiten Checkland, *Britain's Encounter with Meiji Japan*, S. 48 f. »In der Volksikonographie der Meiji-Zeit entstanden allmählich zwei ubiquitäre Bilder als Symbole der Zivilisation: der Monarch und die Lokomotive.« Gluck, *Modern Myths*, S. 101.
24 Vgl. Pyle, *Modern Japan*, S. 86.
25 Yonekura, »The Emperor Meiji«, S. 27. Vgl. Griffis, *The Mikado*, S. 93, 164, 301 und 303, sowie *Kodansha Encyclopedia*.
26 Vgl. Kido, *The Diary*.
27 Ebd.
28 Whitney, *Clara's Diary*, S. 85 f.
29 Vgl. Kido, *The Diary*, v. a. Bd. 3.
30 Ebd.
31 Ebd., Bd. 3, S. 468. Weitere Einzelheiten zu den persönlichen Angewohnheiten Mutsuhitos bei Griffis, *The Mikado*, S. 300 ff.
32 Oka, *Five Political Leaders*, S. 22.
33 Vgl. ebd. und *Kodansha Encyclopedia*.
34 Oka, *Five Political Leaders*, S. 16 ff., auch weitere Beispiele für Itôs Eigenliebe.
35 Dieser Sachverhalt hängt mit *kokutai*, Japans »nationalem Wesen«, zusammen. Es stammte aus der mythischen Vergangenheit und beruhte nicht auf einem Gesellschaftsvertrag, sondern auf einem uralten und unwandelbaren Band zwischen dem Kaiser und dem Volk. Vgl. Irokawa, *The Culture of the Meiji Period*, S. 256 f.
36 Hackett ist der erste Autor, der einräumt, daß Yamagata eine Politik der Bestechung betrieb; er besteht jedoch gleichzeitig darauf, Yamagata hätte selbst nie Bestechungsgelder angenommen. Wir wissen von anderen Historikern, daß Yamagata mehrere Einkommensquellen hatte. Aufgrund seiner verschiedenen Regierungsämter und militärischen Positionen bezog er mehrere Gehälter.
37 Das Zitat stammt von dem Parlamentsabgeordneten Ozaki Yukio, kurz nach dem Tod des Meiji-Kaisers; zit. nach Mosley, *Hirohito*, S. 24 f.
38 Die Darstellungen zum Leben Kaiserin Harukos sind fragmentarisch. Ihre

dreißigtausend *waka*-Gedichte bei Ponsonby-Fane, *The Imperial House of Japan*. Weitere Details bei Griffis, *The Mikado*, sowie Furiko u. a. (Hrsg.), *The Attic Letters*.

39 Vgl. Rose, *Tsuda Umeko*, sowie Furiko u. a. (Hrsg.), *The Attic Letters*.

40 Whitney, *Clara's Diary*.

41 Nish, *Britain and Japan*, Bd. 2, S. 85.

42 Furiko u. a. (Hrsg.), *The Attic Letters*, S. 274.

43 Fraser, *A Diplomat's Wife in Japan*, S. 17.

44 Ishimoto, *Facing Two Ways*, S. 63.

45 Vgl. Reischauer, *Samurai and Silk*, S. 100.

46 Whitney, *Clara's Diary*, S. 201.

47 Reischauer, *Samurai and Silk*, S. 102. Haru Reischauer war die Frau des amerikanischen Botschafters in Tokyo, Edwin Reischauer, und entstammte der alten japanischen Elite. Ihr Großvater war Matsukata Masayoshi (1835 bis 1924), der dem Ältestenrat angehörte und jahrelang den Posten des Finanzministers bekleidete.

48 Rose, *Tsuda Umeko*, S. 69. Tsuda Ume schrieb in einem ihrer Briefe dazu: »Alle Zeitungen im ganzen Land sind vollkommen gegen ihn [Itô] wegen seiner verständnisvollen Politik gegenüber dem Christentum, und in dieser Sache hat er viele Feinde gegen sich. Er wird gut daran tun – denn so verständnisvoll, wie sie glauben, ist er nicht –, keine junge Christin in seinem Haus wohnen zu lassen.« Furiko u. a. (Hrsg.), *The Attic Letters*, S. 69.

49 Montgomery, *Imperialist Japan*, S. 222.

50 Die näheren Informationen zu den Konkubinen des Meiji-Kaisers und ihrer Nachkommen verdanken wir Hamish Todd und *Meiji-Tennô-ki*.

51 Large, *Emperors of the Rising Sun*, S. 20.

52 *Fortune*, Juli 1933. In diesem Artikel finden sich mehrere Beispiele für das Unbehagen Mutsuhitos in der Gegenwart Yamagatas.

53 Hackett sieht im Geiz Yamagatas eine Tugend.

54 Yamagatas Fähigkeit, sich jeder Kritik zu entziehen, wird von Hackett erwähnt: »Er achtete sorgfältig darauf, sich nicht zu weit vorzuwagen, wenn die Aussichten dafür nicht günstig waren [...] Er besaß das Geschick, stets zur rechten Zeit zu erscheinen und notfalls auch wieder zu verschwinden.« Ramseyer und Rosenbluth, *The Politics of Oligarchy*, beschreiben Yamagatas Versagen als Mann der Tat. Seine besonderen Fähigkeiten entfaltete er hinter den Kulissen.

55 Nach Hackett, *Yamagata Aritomo*, führte Yamagata ebenso wie viele andere seine Herkunft auf einen der Zweige des Minamoto-Clans aus dem neunten Jahrhundert zurück.

56 Vgl. Hackett, *Yamagata Aritomo*.

57 Hackett zitiert den Abschiedsbrief von Yamagatas Großmutter vor ihrem Selbstmord: »Wenn eine alte Frau wie ich sich auf Dich stützt, wird Deine Entschlußkraft geschwächt. Deshalb bin ich in die jenseitige Welt gegangen, damit Du Dein ganzes Denken zusammennehmen und Dein Leben in

den Dienst des Clans stellen kannst.« Andere behaupten, der Brief sei nicht verbürgt.

58 Vgl. Hackett, *Yamagata Aritomo*.

59 Vgl. ebd.

60 Hackett zitiert Yamagata: »Die exekutive Gewalt ist die der kaiserlichen Prärogative, und diejenigen, denen aufgetragen wurde, sie auszuüben, sollten über den politischen Parteien stehen und sich allein von Erwägungen des Gemeinwohls leiten lassen.« (*Yamagata Aritomo*, S. 112) Vgl. Tipton, *Japanese Police State*, zur Entwicklung des japanischen Polizeistaats.

61 Zu Tôyama Mitsuru und seiner Geheimgesellschaft vgl. Montgomery, *Imperialist Japan*, Axelbrook, *Black Star Over Japan*, sowie Kaplan und Dubro, *Yakuza*.

62 Vgl. Hackett, *Yamagata Aritomo*, van Wolferen, *The Enigma of Japanese Power*, und Ramseyer und Rosenbluth, *The Politics of Oligarchy*.

63 Hackett, *Yamagata Aritomo*, S. 93.

64 Vgl. Seidensticker, *Tokio Rising*.

65 Zu Major Klemens Wilhelm Jakob Meckel vgl. Presseisen, *Before Aggression*, und Harries und Harries, *Soldiers of the Sun*.

66 Pyle, *The Making of Modern Japan*, S. 98.

67 Nach seiner Abreise aus Japan verblieb Meckel noch weitere acht Jahre im deutschen Heer, stieg zum Generalquartiermeister auf und zog sich mit vierundfünfzig Jahren aus dem Militärdienst zurück, um sich der Hundezucht zu widmen und eine Oper zu schreiben. Vgl. Presseisen, *Before Aggression*, S. 126 f.

68 Vgl. Iwasaki, »The Working Forces in Japan«.

69 »Wenn wir die Unabhängigkeit der Nation unter den Weltmächten bewahren wollen, […] genügt es nicht, die Grenze der Souveränität zu bewachen, wir müssen auch die Grenze unseres Vorteils verteidigen.« Yamagata zit. nach Hackett, *Yamagata Aritomo*, S. 138. Zur Bedeutung von Korea und der Mandschurei für Japan vgl. Pyle, *The Making of Modern Japan*, S. 137.

70 Japans Dilemma einer modernen Nation ohne Bündnispartner in einer Zeit imperialer Machtpolitik wurde bis zum Zweiten Weltkrieg zu einem Dauerthema seiner Außenpolitik; vgl. Pyle, *The Making of Modern Japan*, S. 138.

71 Vgl. Harries und Harries, *Soldiers of the Sun*, sowie Cowley, *Experience of War*, S. 238. Unter Tausenden von japanischen Soldaten, die in diesen Schlachten geopfert wurden, waren zwei Söhne von General Nogi Maresuke, später einer der Lehrer Hirohitos und seines Bruders, Prinz Chichibu. Als Mutsuhito starb, begingen Nogi und seine Frau rituellen Selbstmord, um sich ihrem Kaiser anzuschließen. Manche sind allerdings überzeugt, daß Nogi und seine Frau auf Anstiftung Yamagatas ermordet wurden. Vgl. hierzu Gluck, *Japan's Modern Myths*.

72 Vgl. Oka, *Five Political Leaders*.

73 Montgomery, *Imperialist Japan*, S. 187.

74 Vgl. Oka, *Five Political Leaders.*

75 Montgomery, *Imperialist Japan*, S. 210, und Harries und Harries, *Soldiers of the Sun*, S. 99.

76 Der Attentäter kam im Februar 1910 vor das Kriegsgericht in Lushun, wurde zum Tode verurteilt und hingerichtet. Oka ist davon überzeugt, daß Itô von einem koreanischen Dissidenten ermordet wurde, eine Ansicht, die wir nicht teilen. Montgomery behauptet, Uchida habe den Mord durch ein koreanisches Mitglied des Schwarzen Drachens ausführen lassen (*Imperialist Japan*, S. 210); ähnlich Axelbrook, *Black Star Over Japan.*

77 Vgl. Montgomery, *Imperialist Japan*, S. 210, sowie Harries und Harries, *Soldiers of the Sun*, S. 99. Uchida bediente sich der Verbindungen zwischen der Organisation Schwarzer Drachen und einer koreanischen Organisation namens Ichinhoe. Auf seine Veranlassung legte Ichinhoe im Dezember 1909 koreanischen und japanischen Behörden eine Petition vor, in der eine Vereinigung beider Länder als die einzige Möglichkeit dargestellt wurde, Korea vor den räuberischen westlichen Mächten zu schützen. Beasley, *Japanese Imperialism*, S. 90.

78 Nach Itôs Tod »alterte der Kaiser zusehends«; Oka, *Five Political Leaders*, S. 25. Zu seinem sich verschlechternden Gesundheitszustand u. a. *Fortune*, Juli 1933. Nach Large, *Emperors of the Rising Sun*, litt der Meiji-Kaiser seit 1904 an Diabetes, hatte chronische Nierenentzündung und verließ nach 1906 kaum noch den Palast. Die Erwähnung von Krebs in *Japan Biographical Encyclopedia*. Vgl. Griffis, *The Mikado*, S. 308, und Yonekura, »*The Emperor Meiji*«, S. 16–28.

79 *Fortune*, 1933.

80 Yonekura, »*The Emperor Meiji*«, S. 27.

3 Der tragische Prinz

1 Kawahara, *Hirohito and His Times*, S. 44. Unser Porträt von Yoshihito, dem späteren Taishô-Kaiser, ist insofern nicht »revisionistisch«, als das von uns benutzte Material seit langem allgemein zugänglich ist, jedoch zugunsten des bösartigen Zerrbildes übergangen wurde, das seine Rufmörder in die Welt gesetzt hatten.

2 »Wenn von [Yoshihito] die Rede ist, dann zumeist in wenig schmeichelhaften Worten.« »Die Tatsache, daß zu der Zeit, als der Meiji-Kaiser starb, das starke Interesse an der Monarchie das Amt des Kaisers zu einem ›öffentlichen Eigentum‹ gemacht hatte, bedeutete, daß [Yoshihito] den zunehmend kritischen Blicken der Öffentlichkeit ausgesetzt war und seine Schwächen früher oder später, vielleicht sogar schon zu Beginn seiner Regierung, zutage traten.« Large, *Emperors of the Rising Sun*, S. 77 und 118. Unabhängig davon hatte Yamagata aber auch ein Interesse daran, den Kaiser in der Öffentlichkeit in ein möglichst schlechtes Licht zu stellen.

3 Furiko, *The Attic Letters*, S. 265. Yoshihito muß damals bereits acht Jahre alt gewesen sein; sechs Wochen zuvor hatte er seinen Geburtstag gefeiert.

4 Yanagiwara Naruko war die Tochter des Hofadligen Yanagiwara Mitsunaru. Nach Hamish Todd lebte sie von 1855 bis 1943. Der Name der Gemahlin des Kômei-Tennôs bei Ponsonby-Fane, *The Imperial House of Japan*.

5 *Meiji-Tennô-ki*.

6 Narukos Zustand wurde in einem Buch der Hofdame Yamakawa Michiko beschrieben. Ihr zufolge hatte man zunächst angenommen, das Kind werde eine Totgeburt. Vgl. Hosaka, *Chichibu no Miya to Showa Tenno*.

7 Hamish Todd, Brief an die Autoren, 16. November 1997, und Large, *Emperors of the Rising Sun*. Nach Kawahara zog sich Yoshihito die Meningitis direkt nach seiner Geburt zu; *Hirohito and His Times*, S. 44.

8 Von Kanroji Osanaga, dem späteren Kämmerer Kaiser Hirohitos, stammen zahlreiche Details über die frühen Jahre Yoshihitos. Weitere Einzelheiten verdanken wir Hamish Todd sowie Large, *Emperors of the Rising Sun*. Vgl. das Tagebuch von Dr. Erwin Baelz.

9 Kanroji sowie Dr. Baelz weisen auf die Rastlosigkeit Yoshihitos hin. Eine Hyperaktivität kann auf eine geringfügige Störung der Gehirnfunktionen zurückgehen, die in Tests nicht nachweisbar ist und unter anderem durch eine Meningitis verursacht sein kann.

Erwin Baelz wurde 1849 in Schwaben geboren. Ein Vertreter der japanischen Regierung befand sich 1876 auf Reisen in Deutschland und wurde von Baelz behandelt. Damals kamen viele Westeuropäer und Nordamerikaner als Berater nach Japan. Baelz wurde für zwei Jahre als Professor für Medizin an die Kaiserliche Medizinische Akademie in Tokyo berufen. Er war von Japan begeistert, heiratete eine Japanerin und blieb fast ununterbrochen dreißig Jahre lang im Lande. Sein Tagebuch wurde auf Initiative seines Sohnes veröffentlicht. Unter seinen japanischen Patienten waren berühmte Männer wie Iwakura Tomomi, Yamagata Aritomo und Inoue Kaoru. Als 1889 Ôkuma durch einen Sprengkörper ein Bein verlor, stand Baelz den japanischen Ärzten als Berater bei.

10 Large, *Emperors of the Rising Sun*, S. 88; vgl. Kawahara, *Hirohito and His Times*, S. 44.

11 Fraser, *A Diplomat's Wife in Japan*, S. 108.

12 Vgl. Packard, *Sons of Heaven*. Als der letzte chinesische Kaiser Pu Yi am Ende des Zweiten Weltkriegs in Gefangenschaft geriet, war er unfähig, seine Schuhe zu schnüren oder sein Hemd zuzuknöpfen.

13 Fraser, *A Diplomat's Wife in Japan*, S. 41.

14 Vgl. Large, *Emperors of the Rising Sun*.

15 Baelz schreibt in seinem Tagebuch wiederholt von Yoshihitos Problemen mit der Lunge. Einmal bestand sogar der Verdacht auf Tuberkulose.

16 Yoshihitos Diener Bôjô Toshinaga beurteilte seine Gedichte als mittelmäßig; Large, *Emperors of the Rising Sun*, S. 85.

17 Nish, *Britain and Japan*, Bd. 1, S. 142.

18 Kanroji, *Hirohito*, S. 21.
19 Koyama, *Nagako: Empress of Japan*, S. 70. Die betreffende Prinzessin war vermutlich Mutsuhitos zehntes Kind.
20 Koyama, *Nagako*, S. 46.
21 Kanroji, *Hirohito*, S. 30, und Large, *Emperors of the Rising Sun*, S. 85.
22 Vgl. Kanroji, *Hirohito*, S. 30 ff. Während Kanroji behauptet, Yoshihito habe zeitlebens eine schwache Konstitution gehabt, beschreiben andere Autoren ihn als untersetzt und kräftig.
23 Kawahara, *Hirohito and His Times*, S. 44.
24 Furiko, *The Attic Letters*, S. 386.
25 Vgl. Large, *Emperors of the Rising Sun*.
26 Baelz, *Awakening Japan*.
27 Large, *Emperors of the Rising Sun*, S. 89.
28 Ebd., S. 87.
29 Im Jahr 1891 wurde der Oberkämmerer des Palasts beauftragt, eine Braut für Yoshihito zu finden. Jeden Monat lud er geeignete Kandidatinnen ein, die mit den Töchtern des Kaisers spielen und ihm die Möglichkeit geben sollten, sie dabei zu beobachten. Aus diesem Prüfungsverfahren ging Prinzessin Sachiko, die einzige Tochter von Prinz Sadanaru, als Favoritin hervor. Der Kaiser und die Kaiserin statteten ihrem Vater einen Besuch ab und trafen eine Vereinbarung. Doch im Jahr 1898 erkrankte Prinzessin Sachiko an einer Blinddarmentzündung, von der sie sich jedoch wieder vollständig erholte. Die Hofbeamten aber erhielten einen medizinischen Bericht, in dem von »Wassergeräuschen« im rechten Lungenflügel die Rede war. Das konnte sich auf die kaiserliche Linie nachteilig auswirken. Die Kandidatinnenliste wurde noch einmal überprüft und die zukünftige Kaiserin Sadako ausersehen. Vgl. *Meiji-Tennô-ki.*
30 Hamish Todd, Brief an die Autoren, 18. November 1997. Vgl. Ponsonby-Fane, *The Imperial House of Japan*; dort finden sich Fotos von Kaiserin Eishô, die 1897 starb.
31 In den Jahren um 1875 waren in der Präfektur Gumma »Seide« und »Christentum« Synonyme, wie Haru Reischauer schreibt.
32 Chichibu, *The Silver Drum*, S. 74 f.
33 Vining, *Return to Japan*, S. 32.
34 Der Gesundheitszustand Yoshihitos wurde vor seinem Vater häufig geheimgehalten; vgl. Large, *Emperors of the Rising Sun*.
35 Mosley, *Hirohito*, S. 1 f.
36 Baelz, *Awakening Japan*, S. 144.
37 Vgl. Large, *Emperors of the Rising Sun*.
38 Die Daten zu den Kindern Yoshihitos sind der von Hamish Todd erstellten Genealogie entnommen.
39 Baelz, *Awakening Japan*, S. 248.
40 Ebd., S. 240.
41 Kanroji, *Hirohito*, S. 16.

42 Baelz, *Awakening Japan*.
43 Honjo, *The Honjo Diary*, S. 185.
44 *The Economist*, 7. Dezember 1996. Möglicherweise hat Kawahara die Reihenfolge durcheinandergebracht. Im Dezember 1904 schrieb Baelz, daß »Sadako mit einem weiteren Kind [Takamatsu] schwanger [war], dem vierten innerhalb von fünf Jahren«. Das würde bedeuten, daß es 1903/1904 zwischen Prinz Chichibu und Prinz Takamatsu zu einer Schwangerschaft kam, die zu einer Fehlgeburt führte; Baelz, S. 329. Hamish Todd hat in keiner der ihm zugänglichen Unterlagen einen Hinweis auf die Geburt von Zwillingen gefunden.
45 Baelz schreibt mehrfach über die Verschlechterung des Gesundheitszustandes von Yoshihito während dieser Zeit.
46 Viele dieser Gerüchte vom schlechten Gesundheitszustand des Kaisers und seinem eigenartigen Gebaren wurden von Yamagata an die Presse lanciert. Die Szene mit dem zusammengerollten Redetext als »Fernrohr« ließ sich nicht bestätigen.
47 Nach einer persönlichen Mitteilung von Dr. Charles Fattal, einem französischen Experten für Schädigungen des Gehirns.
48 Large, *Emperors of the Rising Sun*, S. 89.
49 Ebd. Hackett erwähnt keine solchen Details.
50 Kawahara, *Hirohito and His Times*, S. 44. Vgl. Large, *Emperors of the Rising Sun*, Kap. 2. Yoshihito trank wesentlich weniger als sein Vater Mutsuhito oder Itô.
51 Vgl. Young, *Japan under Taishô*, S. 176; außerdem Large, *Emperors of the Rising Sun*, S. 96–100.
52 Kawahara, *Hirohito and His Times*, S. 42.
53 Als Lehrerin von Itôs Frau und seiner Tochter hielt Tsuda Ume ihre Erfahrungen schriftlich fest: Furiko u. a. (Hrsg.), *The Attic Letters*.
54 Reischauer, *Samurai and Silk*, S. 231.
55 Vgl. Wittner, »MacArthur and the Missionaries«.
56 Vgl. Rose, *Tsuda Umeko*, S. 70, und Ishimoto, *Facing Two Ways*.
57 Von Elizabeth Vining wissen wir, daß Sadako fast täglich im Neuen Testament las, doch sie setzte sogleich hinzu, »Sadako war keine Christin«. Als wir General Fellers' Tochter Nancy Gillespie dazu befragten, mußte sie laut lachen. Wie sie sagte, war ihr Vater davon überzeugt, daß Sadako eine Christin war.
58 Vgl. Reischauer, *Samurai and Silk*.
59 Vgl. Wittner, »MacArthur and the Missionaries«.

1 Über Hirohitos »Buckel« schreibt Kanroji, »der Kaiser wirkt krumm wegen ungewöhnlich zahlreicher Muskeln auf seinen Schultern«; Kanroji, *Hirohito.* Besuchern fiel auf, daß Hirohitos Halswirbel knackten, wenn er den Kopf drehte.
2 Vgl. Taguchi, »His Majesty the Present Emperor in His Early Age«, und Kawahara, *Hirohito and His Times*, S. 16.
3 Einzelheiten zu Hirohitos Geburt und Unterbringung als Kleinkind bei Taguchi, Kanroji und Kawahara. Nach Kanroji wurde Hirohito am 7. Juli 1901 in die Obhut des Admirals gegeben; *Hirohito*, S. 151.
4 Vgl. Taguchi, »His Majesty the Present Emperor in His Early Age«.
5 Einzelheiten zu Ethel Howard stammen von Hamish Todd aus der Einleitung zu einer japanischen Übersetzung von Howards Buch »Japanische Erinnerungen«.
6 Kanroji, *Hirohito.*
7 Taguchi, »His Majesty the Present Emperor in His Early Age«.
8 Kanroji, *Hirohito*, S. 19.
9 Taguchi, »His Majesty the Present Emperor in His Early Age«.
10 Vgl. Kanroji, *Hirohito.*
11 Ebd., S. 16.
12 Abgedruckt bei Kanroji, *Hirohito.*
13 Taguchi, »His Majesty the Present Emperor in His Early Age«.
14 Vgl. Kawahara, *Hirohito and His Times*, S. 15.
15 Kanroji, *Hirohito*, S. 24.
16 Ebd., S. 44 f.
17 Kawahara, *Hirohito and His Times*, S. 16.
18 Kanroji, *Hirohito*, S. 27.
19 Ebd.
20 Vgl. Haru Reischauer, *Samurai and Silk.*
21 Vgl. ebd., S. 301 und 305, sowie die Erinnerungen von Prinzessin Chichibu, *The Silver Drum*, S. 121.
22 Kanroji schildert Hirohitos Faszination von Sumô-Ringkämpfen; bei ihm ist auch ein Foto des jungen Prinzen beim Ringen abgedruckt. Zu den Dingen, die Hirohito sich als Grabbeigaben wünschte, gehörte auch eine Liste mit den Namen großer Sumô-Ringer. Chichibu machte sich nichts aus Sumô-Ringen; vgl. Chichibu, *The Silver Drum.*
23 Kanroji, *Hirohito*, S. 23.
24 Ebd., S. 42.
25 Die Persönlichkeitsunterschiede zwischen den beiden Brüdern werden mehrfach thematisiert. Nogi war beunruhigt durch Sadakos Vorliebe für Chichibu. Bestätigt wird dies durch Chichibu, *The Silver Drum*, S. 180. Vgl. ferner Koyama, *Nagako*, S. 87, und Kawahara, *Hirohito and His Times*, S. 16.
26 Vgl. Taguchi, »His Majesty the Present Emperor in His Early Age«.

27 Kanroji, *Hirohito*, S. 41. Auch der Meiji-Kaiser hatte Tagebuch geführt, das Kennzeichen eines gebildeten Mannes.

28 Kawahara, *Hirohito and His Times*, S. 16.

29 Kanroji, *Hirohito*, S. 27.

30 Chichibu wurde am 25. Juni 1902 geboren und starb am 3. Januar 1953; Hirohito wurde am 29. April 1901 geboren und starb am 7. Januar 1989.

31 Vgl. Taguchi »His Majesty the Present Emperor in His Early Age«, und Kanroji, *Hirohito*, S. 41.

32 Vgl. Kawahara, *Hirohito and His Times*, S. 9 und 26, sowie Hamish Todd, Brief an die Autoren, 15. Dezember 1997.

33 Ichijô Tokiko stammte aus einer der Fünf Großen Familien. Hamish Todd, Brief an die Autoren, 18. November 1997: »Der Name von Fräulein Ichiko wird von mehreren (britischen und japanischen) Autoren fälschlich als Ichijô Asako angegeben, doch das ist eine unkorrekte Schreibweise für das Begriffszeichen ihres Namens. Sie wurde mit einem anderen kaiserlichen Prinzen verheiratet, Fushima no Miya Hiroyoshi, der Ende der dreißiger Jahre an Verwundungen starb, die er im Krieg gegen China erlitten hatte.«

34 Masakos Vater war sogar ein Halbbruder von Nagakos Vater und ein Halbbruder der Prinzen Asaka und Higashikuni. Masako und Nagako waren also Cousinen ersten Grades väterlicherseits.

35 Vgl. Chichibu, *The Silver Drum*. General Ôyamas Frau, Prinzessin Ôyama, die das Vassar College besucht hatte, stammte ebenfalls aus dem Geschlecht Aizu. Zum starken Einfluß von Aizu in den inneren Palastkreisen vgl. Kuno, *Unexpected Destinations*.

36 Näheres zur Wahl Nagakos in der *Japan Biographical Encyclopedia*, in der der 17. Januar 1918 als Tag der endgültigen Wahl genannt wird. Nagakos Mutter war die siebte Tochter von Fürst Shimazu Tadayoshi von Satsuma. Zu den Verwandtschaftsbeziehungen vgl. Mosley, *Hirohito*.

37 Koyama, *Nagako*, S. 11–14, und mündliche Mitteilung Hamish Todds.

38 Als »Frösche im Brunnen« hatte Itô die ignoranten Fremdenhasser bezeichnet. Diese haßten Kaiserin Sadako und ihren weltläufigen Kreis und betrachteten sie als illoyal gegenüber Japan, weil sich unter ihnen so viele »westliche Teufel« befanden. Einer dieser »Teufel« war der Leibarzt der reichen Shimazu-Familie, Baron Dr. Takaki Kenkan, der am St. Thomas Hospital in London studiert hatte, einem Zentrum für Quäkerärzte, die wegen ihrer religiösen Überzeugungen von anderen Institutionen ferngehalten wurden. Als der russische Kronprinz Nikolaus 1891 in Kyoto verwundet wurde, ordnete der Meiji-Kaiser an, daß Dr. Takaki ihn behandeln sollte. Seine Schwiegertochter war eine englische Dolmetscherin für Kaiserin Sadako. Ein weiterer »Teufel« war General Ôyamas Witwe Satematsu, die in jungen Jahren zusammen mit vier anderen Japanerinnen um 1872 mit Kaiserin Harukos Segen zum Studium in die Vereinigten Staaten geschickt worden war. Vgl. Kuno, *Unexpected Destinations*, S. 81, Vining, *Return to Japan*, und Reischauer, *Samurai and Silk*.

39 Dr. Koizumi in Vining, *Return to Japan*, S. 33 f., vgl. auch *Windows*, S. 157 ff. Zu weiteren positiven Urteilen über Sadako von japanischer Seite vgl. Nakamura, *The Japanese Monarchy*, S. 123. Während Shideharas Zeit als Botschafter Japans in Washington in den zwanziger Jahren besuchten seine Kinder die von Quäkern geleitete Sidwell Friends School, eine Brutstätte für weltoffene Japaner; vgl. Chichibu, *The Silver Drum*, S. 30.

40 Kawahara, *Hirohito and his Times*, S. 35. Ministerpräsident Hara hatte für eine von Itô gegründete Zeitung gearbeitet, war Konsul in Tientsin (Tianjin) und wurde von Itô sehr geschätzt; Oka, *Five Political Leaders*, S. 88 f.

41 Koyama, *Nagako*, S. 20.

42 Hamish Todd, Brief an die Autoren, 18. November 1997. Masako und Prinz Chichibu waren Cousin und Cousine ersten Grades mütterlicherseits. Masakos Heirat mit dem Kronprinzen von Korea wurde verspottet, weil in Japan extreme Vorurteile gegenüber allem, was aus Korea kam, herrschten. Prinzessin Chichibu erwähnt Masako und ihren Mann voller Sympathie in ihren Memoiren. Sie besaßen Grundstücke in der Innenstadt Tokyos, die früher der Kitashirakawa-Familie gehört hatten, und wohnten in einer eleganten Residenz in gotischem Stil, die mit kostbaren Antiquitäten angefüllt war. Nach dem Zweiten Weltkrieg verkauften sie diese an den Bauinvestor Tsutsumi Yasujirô, der sie zum Akasaka Prince Hotel umbaute. Vgl. Havens, *Architects of Affluence*. Nach dem Tod Yamagatas war Sadako imstande, die Hochzeit ihres zweiten Sohnes mit Masakos Cousine ersten Grades, Setsuko, zu arrangieren.

43 Hackett, *Yamagata Aritomo*, S. 335, Anm. 122.

44 Koyama, *Nagako*, S. 32.

45 Koyama geht ausführlich auf diese Zeit intensiven Privatunterrichts ein.

46 Large, *Emperors of the Rising Sun*, S. 99. Nach Young bestand »eine Zeitlang Hoffnung« auf eine Genesung Yoshihitos; *Japan Under Taisho Tenno*, S. 176.

47 Hara, Tagebuch, 22. September 1920, zit. nach Hackett, *Yamagata Aritomo*, S. 333.

48 Hara, Tagebuch, 13. Oktober 1920, ebd.

49 Ebd., S. 335.

50 Young, *Japan Under Taisho Tenno*, S. 277.

51 Vgl. Crump, *The Death of an Emperor*.

52 Vgl. ebd., Hackett, *Yamagata Aritomo*, und Koyama, *Nagako*.

53 Der Plan, Prinz Kuni zu bestechen, bei Crump, *The Death of an Emperor*, S. 87.

54 Koyama, *Nagako*, S. 30 f.

55 Hackett räumt ein, daß Yamagata einen Fehler gemacht hatte. »Prinz Kuni wurde in seiner Stellung gestärkt, als die Hofärzte darauf hinwiesen, daß der exakte Terminus nicht ›Farbenblindheit‹, sondern ›Farbenfehlsichtigkeit‹ war.« *Yamagata Aritomo*, S. 336 f., Anm. 130.

56 Kawahara, *Hirohito and His Times*, S. 27, und Koyama, *Nagako*, S. 24.

57 Kawahara, *Hirohito and His Times*, S. 27.

58 Hackett, *Yamagata Aritomo*, S. 337, und Crump, *The Death of an Emperor*, S. 87. Hackett zeichnet in seiner Biographie ein weitgehend positives Bild Yamagatas. Dessen dunkle Seiten will er nicht wahrhaben.
59 Young, S. 227.
60 Young, *Japan Under Taisho Tenno*, S. 227.
61 Koyama, *Nagako*, S. 32.
62 Hackett, *Yamagata Aritomo*, S. 339. Der Biograph Ôkumas, Smimasa Idditti, schildert Ôkuma als einen Staatsmann, der eine Zeitung herausgab, einen Diskussionsklub leitete und ein populärer Redner war. Ôkuma war Tsutsumi behilflich, in der Politik und im Geschäftsleben Fuß zu fassen. Tsutsumi war dankbar für diese Unterstützung, hielt Ôkuma jedoch für einen schlechten Ratgeber als Insider an der Börse. Ausführlicher hierzu Havens, *Architects of Affluence*.
63 Ijichi, *The Life of Marquis Ôkuma Shigenobu*, S. 414.
64 Vgl. Hackett, *Yamagata Aritomo*. Nach Kawahara fiel die Entscheidung für Nagako im Jahr 1918, doch Hirohito erfuhr erst zwei Jahre später davon. Im Hinblick auf diese Verlobung weichen sämtliche Quellen in ihren Aussagen voneinander ab.
65 Hackett, *Yamagata Aritomo*, S. 340. Hackett entgeht die Ironie in dieser Äußerung.
66 Ebd.
67 Yamagata starb am 1. Februar 1922.

5 Aus dem Käfig heraus

1 Vgl. Nish, *Britain and Japan*, Bd. 2.
2 Vgl. *Kodansha Encyclopedia*, *Encyclopedia Britannica*, Beasley, *Japanese Imperialism*, Elphrick, *Far Eastern File*, Kennedy, *The Rise and Fall of the Great Powers*, Buckley, *Occupation Diplomacy*, sowie Coox und Conroy, *China and Japan*.
3 Unter den beteiligten Finanziers waren der Engländer Sir Ernest Cassell und der in die USA ausgewanderte russische Jude Jacob Schiff.
4 Large, *Emperors of the Rising Sun*, S. 27.
5 Baelz wurde aus Deutschland zurückgerufen, um sein Urteil über den Gesundheitszustand des Prinzen abzugeben; vgl. sein Tagebuch.
6 Vgl. v. a. Nish, *Britain and Japan*, Bd. 2.
7 Vgl. Large, *Emperor Hirohito and Showa Japan*.
8 Vgl. Montgomery, *Imperialist Japan*, und Shillony, *Revolt in Japan*, S. 43 f. Okamura Yasuji war einer drei Militärattachés, die 1921 heimlich in Baden-Baden zusammenkamen und beschlossen, gegen die Beherrschung der japanischen Armee durch Vertreter des Chôshû-Clans zu kämpfen, und eine Clique von »Supermännern« bildeten. Die beiden anderen waren Nagata Tetsuzan und Obata Binshiro.

9 Vgl. Kawahara, *Hirohito and His Times*, Kanroji, *Hirohito*, Nish, *Britain and Japan*, Bd. 2, und Gunther, *Inside Asia*.
10 Dower, *Empire and Aftermath*, S. 50 f., und Nish, *Britain and Japan*.
11 Nish, *Britain and Japan*, Bd. 2, S. 209.
12 Kanroji, *Hirohito*, S. 85 ff.
13 Dower, *Empire*, S. 52.
14 Mosley, *Hirohito*, S. 57.
15 Crump, *The Death of an Emperor*, S. 89.
16 Vgl. John, *Chiaroscuro*.
17 *Time*, 3. März 1921, vgl. Nish, *Britain and Japan*.
18 *Time*, 3. März 1921.
19 Kanroji, *Hirohito*, S. 85.
20 Large, *Emperors of the Rising Sun*, S. 109.
21 Mosley, *Hirohito*, S. 61.
22 Edwards Image als Don Juan hält einer näheren Prüfung nicht stand. Zwischen 1919 und 1924 wurde er viermal auf Reisen in insgesamt fünfundfünfzig Länder geschickt. Als Hirohito in England eintraf, war Edward erschöpft und machte zwar keinen Hehl aus seinem Überdruß, griff aber lediglich zur Flasche. An Frauen gab es in seiner Umgebung keinen Mangel, doch suchte er bei ihnen Trost und keine sexuellen Abenteuer; vgl. Spoto, *The Decline and the Fall*.
23 Vgl. Downer, *Die Brüder Tsutsumi*. Weitere Einzelheiten bei Havens, *Architects of Affluence*. Die Details ihres Highlifes stammen von französischen Journalisten. Wir sind allerdings die ersten, die den besonderen Charakter dieses Quartetts hervorheben, seinen außerordentlichen Einfluß auf das Japan des zwanzigsten Jahrhunderts, von Paris bis Nanking (Nanjing), die Operation »Goldene Lilie« und die Olympischen Winterspiele in Nagano.
24 Mosley spricht von einem »Essen zu viert«. Es dürfte sich um Hirohito und seine drei Onkel gehandelt haben. Vgl. Kanroji, *Hirohito*.
25 Hara in Large, *Emperors of the Rising Sun*, S. 110.
26 Thomas, *Modern Japan*.
27 Kanroji, *Hirohito*.
28 Die Bemerkungen Hirohitos zu Honjô finden sich in dessen Tagebuch, *The Honjo Diary*.
29 Gordon, »Hirohito's Brother Denounced War«.
30 Dieses und die folgenden Zitate in: *Takamatsu no Miya Nikki* (»Tagebücher des Prinzen Takamatsu«). Wir danken Hamish Todd für die Übersetzung einzelner Passagen.
31 Gordon, »Hirohito's Brother Denounced War«.
32 Ebd.
33 Kanroji, *Hirohito*, S. 91.
34 Vgl. Kawahara, *Hirohito and His Times*, und Large, *Emperors of the Rising Sun*. Es hätte Hirohito getröstet, wenn er gewußt hätte, daß er mit seinem

königlichen Kummer nicht allein war. Als die englische Königin Maria beschloß, einige Schritte des neuen Jazztanzes zu lernen, platzte König Georg in eine ihrer Tanzstunden und hielt ihr eine solche Standpauke, daß sie nie wieder versuchte, Tanzunterricht zu nehmen. Vgl. Spoto, *The Decline and the Fall.* Fürst Saionji selbst hatte es in seiner Jugend wild getrieben.

35 Large, *Emperor Hirohito*, S. 25.

36 Kawahara, *Hirohito and His Times*, S. 38.

37 Details zu dem Unfall der japanischen Prinzen in *Le Matin*, 2. April 1923, *Japan Weekly Chronicle*, 5. April 1923, *New York Times* und *Time*.

6 Der Geist Yamagatas

1 Hirohitos erster Hochzeitstermin war für den November 1923 angesetzt worden; Kawahara, *Hirohito and His Times*, S. 40.

2 Vgl. Walker, *Earthquake.*

3 Chernow, *The House of Morgan*, S. 234.

4 Kanroji, *Hirohito*, S. 102 f. Young, *Japan Under Taisho Tenno*, S. 310, schreibt, daß einige Gebäude auf dem Palastgelände im Verlauf des Bebens zerstört wurden, sagt jedoch nichts darüber, ob sie den Erdstößen oder der anschließenden Feuersbrunst zum Opfer fielen.

5 Vgl. Thomas, *Modern Japan.* Es gab seit langem böses Blut gegenüber Korea, das inzwischen von Japan versklavt war. 1919 erklärten Studenten in Korea die Unabhängigkeit ihres Landes von Japan. Demonstrationen auf der ganzen Halbinsel trafen die japanischen Besatzer unvorbereitet. Um sich die Überrumpelung nicht anmerken zu lassen, reagierte die Armee mit äußerster Brutalität, tötete etwa achttausend Demonstranten und verletzte sechsundvierzigtausend weitere. Die koreanischen Gemeinden in Japan kochten vor Wut. Vgl. Cheong, *The Politics of Anti-Japanese Sentiments in Korea.*

6 Vgl. Young, *Japan Under Taisho Tenno*, Irokawa, *The Age of Hirohito*, Montgomery, *Imperialist Japan*, und Thomas, *Modern Japan*, S. 139 f.

7 Vgl. Montgomery, *Imperialist Japan*, und Young, *Japan Under Taisho Tenno* und Thomas, *Modern Japan.*

8 Chichibu, *The Silver Drum.*

9 Reischauer, *Samurai and Silk.*

10 Reischauer spricht von einem Kredit in Höhe von zweihundert Millionen Yen, Chernow von einem Kreditabkommen in Höhe von hundertfünfzig Millionen Dollar, das im Februar 1924 abgeschlossen wurde. Die globale Strategie der Morgan-Bank bei Chernow, *The House of Morgan*, v. a. Kap. 10.

11 Vgl. Chernow, *The House of Morgan*, Lamont, *Ambassador From Wall Street*, mehrere Artikel in der *New York Times* und die Memoiren Thomas Lamonts.

12 Vgl. Chernow, *The House of Morgan*, S. 230 f.

13 Lamont, *Across World Frontiers*, S. 241 und 262.
14 Lamonts erster Besuch in Japan in seinen Memoiren und bei Lamont, *The Ambassador.*
15 Van Wolferen, *The Enigma of Japanese Power*, »Strukturelle Korruption« ist ein Begriff, der von van Wolferen und Johnson, *Japan: Who Governs?*, S. 184, gebraucht wird.
16 Unter den Männern, die Lamont in Japan am meisten beeindruckten, war Yamagata, der schlaue Polizeischnüffler, der aus ärmlichen Verhältnissen zu großem Reichtum und großer Macht aufgestiegen war. »Mr. Lamont«, sagte der General, »meine beiden Grundsätze lauten: mit China Frieden und Handel; mit Amerika Freundschaft, unverbrüchliche Freundschaft und außerdem Geschäfte.« Für einen »einfachen Soldaten« hatte die alte Spinne ein erstaunlich sicheres Gespür dafür, wie wichtig für Amerikaner ein herzliches Lächeln und Jovialität sind. Vgl. Lamont, *Across World Frontiers*, S. 259. Van Wolferen ist einer der wenigen modernen Japankenner, die einen Blick für den schädlichen Einfluß von Männern wie Yamagata auf die Entwicklung Japans bis heute haben.
17 Vgl. Lamont, *The Ambassador From Wall Street*, S. 196.
18 Nach Montgomery, *Imperialist Japan*, gehörte der Attentäter zum Hause Chôshû. Vgl. Irokawa, *Age of Hirohito*, sowie die beiden Biographien von Large.
19 Irokawa, *Age of Hirohito*, S. 9.
20 Vgl. Kowahara, *Hirohito and His Times*, Irokawa, *Age of Hirohito*, und Young, *Japan Under Taisho Tenno.*
21 Montgomery, *Imperialist Japan*, S. 274.
22 Benedict, *The Chrysanthemum and the Sword*, S. 283.
23 Takamatsus Tagebuch, 10. September 1927, Übersetzung Hamish Todd.
24 *New York Times*, 25. Dezember 1926. Vgl. Chichibu, *The Silver Drum*, den Nachruf auf Chichibu in *The Daily Telegraph*, 1. September 1995, und Kanroji, *Hirohito.*
25 Shillony, *Politics and Culture in Pre-war Japan.*
26 General Nogi, der die Jungen unterrichtete, äußerte seine Besorgnis über diese Bevorzugung; Honjo, *The Honjo Diary*, S. 51.
27 Vgl. v. a. *New York Times*, 25. Dezember 1926, und Chichibu, *The Silver Drum.*
28 Vgl. Chichibu, *The Silver Drum*, und Terasaki, *Bridge to the Sun*; der Ehemann der letzteren, Terasaki Hidenari, war einer der Günstlinge Matsudairas. Zu Matsudaira vgl. ferner Nish (Hrsg.), *Britain and Japan*, Bd. 1. Zu den Jahren in Washington sind die Memoiren von Prinzessin Chichibu die beste Quelle.
29 Grew, *Ten Years*, S. 10.
30 Chichibu, *The Silver Drum*, S. 23.
31 Seine Frau war die Tochter von Admiral Kawamura, dem ersten Ziehvater von Hirohito und Chichibu; ebd., S. 57f.

32 Vgl. v. a Nish, *Britain and Japan*, Bd. 1, sowie Chichibu, *The Silver Drum*, passim.
33 Vgl. Chichibu, *The Silver Drum*.
34 Ebd.
35 Details der Hochzeit ebd., S. 77 und 100.
36 Zu den Freizeitbeschäftigungen ebd., passim.
37 Vgl. ebd. und Kanroji, *Hirohito*.
38 Chichibu, *The Silver Drum*, S. 104 f.
39 Kanroji, *Hirohito*, S. 107. Zu den Freizeitaktivitäten des Kaiserpaars vgl. ebd., S. 106 f., und Kawahara, *Age of Hirohito*, S. 141.
40 Kanroji, *Hirohito*, S. 105 f. und 141, sowie Koyama, *Nagako*, S. 57.
41 Kawahara, *Hirohito and His Times*, S. 42, und Kanroji, *Hirohito*, S. 107.
42 Vgl. ebd.
43 Koyama, *Nagako*, S. 70.
44 Hamish Todd nennt als Todesdatum von Prinzessin Sachiko den 8. März, andere Quellen geben den 7. März an.
45 Vgl. Koyama, *Nagako*.
46 Nach Hamish Todd war Hirohito seit Kaiser Momozono 1758 der erste männliche Erbe, der von einer Kaiserin geboren wurde.
47 Koyama, *Nagako*, S. 80–87.
48 Vgl. u. a. Dudden, *The American Pacific*.
49 Elphrick, *Far Eatern File*, S. 16 f.
50 Vgl. Thomas, *Modern Japan*, S. 153 f.
51 Thomas, *Modern Japan*, S. 155.
52 Das Gesetz wurde vom Kabinett Kato Kômeis verabschiedet.
53 Bix, »The Showa Emperor's Monologues«; vgl. auch Tipton, *Japanese Police State*.
54 Vgl. Tipton, *Japanese Police State*, Thomas *Modern Japan*, und Bix, »The Showa Emperor's Monologues«.
55 Dower, *Empire and Aftermath*, S. 250 f.
56 Ebd., S. 249 ff.; vgl. auch Bix »The Showa Emperor's Monologues«, und Kataoka, *Creating Single-Party Democracy*.
57 Storry, *History of Modern Japan*, S. 167.
58 Die Familie Matsukata (später durch Heirat mit der Familie des US-Botschafters Edwin Reischauer verschwägert), eine der einflußreichsten Familien des Landes, erhielt beispielsweise riesige Kredite für ihre persönlichen Geschäfte. Ihr wurden allein dreißig Prozent der gesamten von den fünfzehn Banken vergebenen Kreditsumme zugesprochen. Vgl. Nish, *Britain and Japan*, Bd. 1, S. 120–132.
59 Tamaki, *Japanese Banking*, S. 158.
60 Vgl. Irokawa, *Age of Hirohito*, und Beasley, *Japanese Imperialism*.
61 Thomas, *Modern Japan*.
62 Irokawa, *Age of Hirohito*, S. 8, und Gibney, *Pacific Century*, S. 100.
63 Lamont schilderte die Audienz mit folgenden Worten: »Der Kaiser [...] in

militärischer Kleidung [...] [war] ein junger Mann von mittlerer japanischer Größe mit dichten Augenbrauen und stark vorstehenden Lippen. Sein Gesichtsausdruck war liebenswürdig und herzlich [...] Er drückte mir warm die Hand.« Lamont, *The Ambassador*, S. 233f.

64 Vgl. ebd., und S. 414. Thomas Lamont spann überall seine Fäden, wo er eine Möglichkeit dazu hatte. Er hielt engen Kontakt zu Joseph Grew und arrangierte ein Essen für Morgan und Fürst Konoe auf seiner Jacht, von wo aus die Ruderwettkämpfe zwischen der Harvard- und der Yale-Universität beobachtet werden konnten. Lamont organisierte auch eine Zusammenkunft von Fürst Konoe mit Herbert Hoover in Kalifornien. Ebenso wie andere Finanziers in West und Ost ging auch Lamont davon aus, daß »die Gemäßigten« sich gegen »die Extremisten« durchsetzen würden, so daß Japans Aggression auf dem asiatischen Festland gestoppt würde.

65 Irokawa, *Age of Hirohito*, S. 12 ff.; vgl. auch Beasley, *Japanese Imperialism*.

66 Vgl. Dower, *Empire and Aftermath*.

7 Der Schattenkaiser

1 Einzelheiten der frühen Jahre Takamatsus verdanken wir seinen Tagebüchern und denjenigen von Honjô, Zeitungsartikeln und Hamish Todd.

2 Buruma, *Behind the Mask*, S. 129.

3 Spoto, *The Decline and the Fall of the House of Windsor*, S. 194f.

4 Hane in: Honjo, *The Honjo Diary*, S. 29.

5 Todd, mündliche Mitteilung an die Autoren.

6 Todd, Brief an die Autoren, 18. November 1997. Die vier Fürstenhäuser sind Arisugawa, Fushimi, Katsura und Kanin.

7 *New York Times*, 11. Juli 1930.

8 Ebd.

9 Vgl. *New York Times*, 27./28. Juni 1930.

10 Hane in: Honjo, *The Honjo Diary*, S. 51f., und *New York Times*, 27./28. Juni 1930. Takamatsu war einer der ersten, die Hirohito drängten, den Krieg gegen die Vereinigten Staaten so schnell wie möglich zu beenden.

11 *New York Times*, 18. November 1930, 18. Januar 1931, 11. und 15. April 1931.

12 Ebd., 11., 12., 16. und 17. April 1931.

13 Ebd., 19. April 1931.

14 Ebd., 24. April 1931. Zu diesem Zeitpunkt befand sich Terasaki Hidenari in der japanischen Botschaft in Washington. Nach Aussagen seiner Tochter Mariko Terasaki Miller herrschte bei dem Festessen lähmendes Schweigen. Die Takamatsus konnten sich ebensowenig zwanglos geben wie ihre Gastgeber. »Es war eine echte Quäkerzusammenkunft«, meinte Mariko.

15 Die Grews trafen am 6. Juni 1932 in Japan ein. Grew, *Turbulent Era and Ten Years in Japan*. Seine unveröffentlichten Briefe und Tagebücher befinden

sich im East Asia Institute der Harvard-Universität. Sein Biograph ist Waldo Heinrichs.

16 Vgl. *Kodansha Encyclopedia.* Ihr Urgroßvater war Matthews Bruder Oliver Hazard Perry, Held der Schlachten am Eriesee im Krieg von 1812.

17 Dower bezeichnet in seinem ausgezeichneten Buch *Empire and Aftermath* die Keiô-Universität als eine »Zitadelle künftiger Kapitalisten«, wo der Gründer Fukuzawa »die patriotischen Tugenden des Homo oeconomicus pries«.

18 Vgl. Heinrichs, *American Ambassador.*

19 Grew, *Ten Years*, S. 26.

20 Vgl. Heinrichs, *American Ambassador*, S. 14.

21 Ebd., S. 20 f.

22 So Hoovers Biograph Nash. Im Jahr 1914 wurde sein Vermögen vorsichtig auf einen Betrag zwischen einer und zehn Millionen Dollar geschätzt. Eine kritische Darstellung von Herbert Hoovers Amtszeit und seiner Rolle als Drahtzieher hinter den Kulissen der Republikanischen Partei von 1932 bis 1964 steht noch aus.

23 Heinrichs, *American Ambassador*, S. 33.

24 Grew, *Ten Years*, S. 26.

25 Vgl. Heinrichs, *American Ambassador*, S. 4.

26 Die verworrene Lage in Japan, die zur Krise von 1936 führte, wird bei Shillony, *Revolt*, abgehandelt. Zu anderen Interpretationen vgl. Maruyama, *Thought and Behavior in Modern Japanese Politics*; ferner Connors, *The Emperor's Adviser*, und Large, »Imperial Prices ...«. Grews Tagebücher und Aufzeichnungen enthalten keinerlei Aufschlüsse. Die Hintergründe des Aufstandes sind bis heute kaum aufgedeckt. Viele Probleme, deren sich die Jungoffiziere 1936 annehmen wollten, bestehen bis heute fort und werden noch immer ignoriert.

27 Das Attentat wurde von Oberst Kômoto Daisaku geplant. Hirohitos Heeresminister Shirakawa Yoshinori stand vor dem Dilemma, ob er den Oberst bestrafen sollte oder nicht. In einem geheimen Memorandum, das erst Jahrzehnte später ans Licht kam, erklärte Hirohito: »Soweit ich gehört habe, hatte Komoto angedroht, falls er vor ein Kriegsgericht gestellt werde und aussagen müsse, werde er alles über Japans Komplott sagen. Ich kann also verstehen, daß der Prozeß vor dem Kriegsgericht abgesagt wurde.« Bix, »Showa Emperor's Monologues«.

28 Chimoto Hideki, zit. nach Bix, »Showa Emperor's Monologues«. Bix und andere, auch die australische Regierung, gelangten zu dem Schluß, Hirohito habe den Mandschurei-Zwischenfall »ratifiziert« und auf diese Weise das Militär zu weiteren verbrecherischen Aktionen ermutigt.

29 Nara Tajeki, zit. nach Bix, »Showa Emperor's Monologues«, S. 243 f.

30 Harries und Harries, *Soldiers in the Sun.*

31 Bix, »Showa Emperor's Monologue«, S. 344.

32 Als Japan 1932 Shanghai eroberte, wurde die neue japanische »Konzession«

durch ein Organ verwaltet, das sich Shanghai Northern District Citizen's Municipal Maintenance Association nannte, vom japanischen Militär eingesetzt war und von der chinesischen Triade »Grüne Bande« geführt wurde. »Diese Regierung war faktisch nichts anderes als eine bessere Erpressungsbehörde, deren hauptsächliche Verwaltungsfunktion darin bestand, Spielkeller, Opiumhöhlen und Bordelle zu betreiben.« Martin, *The Shanghai Green Gang*, S. 151.

33 Vgl. Oka, *Five Political Leaders*, und Shillony, *Revolt in Japan*.

34 Vgl. Gunther, *Inside Asia*.

35 Chichibu, *The Silver Drum*.

36 Diese jungen Männer waren Rechts- und nicht Linksradikale. Sie bewunderten den religiösen Mystiker Kita Ikki, der dafür eintrat, die Meiji-Verfassung außer Kraft zu setzen und den »übermäßigen« Reichtum zu verstaatlichen. Sie wurden von ihren Gegnern als »Marxisten« bezeichnet, um sie für das Establishment gefährlich erscheinen zu lassen.

37 Vgl. Shillony, *Revolt in Japan*, S. 24, und Toland, *The Rising Sun*.

38 Shillony, *Revolt in Japan*, S. 217.

39 Der Name »Fraktion des kaiserlichen Weges« war aufgekommen, weil Araki in seinen Erklärungen bei jeder Gelegenheit das Adjektiv »kaiserlich« einstreute und er und seine Anhänger für eine Zentralisierung der Macht in der Person des Kaisers eintraten. Die meisten von ihnen stammten aus Südjapan, aus den beiden ehemaligen Fürstentümern Hizen und Tosa, die zusammen mit Chôshû und Satsuma die Meiji-Restauration durchgeführt hatten. Sie fühlten sich dazu bestimmt, eine neue Restauration in die Wege zu leiten. Sie waren davon überzeugt, »böse Menschen« in der Umgebung des Thrones hätten die Macht des Kaisers an sich gerissen, und man brauche sie nur zu töten, um die Probleme Japans zu lösen. Einer von ihnen war der Schwiegersohn General Honjôs, der Kommandeur der Kwantung-Armee in der Mandschurei und nach 1933 Hirohitos Militäradjutant. Solche Verbindungen schützten sie vor der Geheimpolizei. Vgl. Shillony, *Revolt in Japan*.

40 Vgl. Chichibu, *The Silver Drum*, Irokawa, *The Age of Hirohito*, und Shillony, *Revolt in Japan*. Thomas, *Modern Japan*, schildert die Not großer Bevölkerungsteile in Japan zur damaligen Zeit. Nach Shillony und Irokawa war das Regime nicht daran interessiert, den Armen zu helfen, und ließ sie lieber verhungern.

41 Shillony, *Revolt in Japan*, S. 15.

42 Vgl. Sansom, *A History of Japan*, der überragende britische Historiker Japans, der als jahrelanger Finanzberater der britischen Botschaft in Tokyo ein eigenständiges Urteil entwickelt hatte. Unwissenheit und Armut waren die Werkzeuge der Unterdrückung.

43 Die Armee gebrauchte für Hirohito das Wort *bonyô*, mittelmäßig. Vgl. Shillony, *Revolt in Japan*, S. 103.

44 Ebd.

45 Nishida Mitsugi war zusammen mit Prinz Chichibu im selben Akademiejahrgang und konnte ihn unbemerkt in den Gärten ansprechen, als dieser sich gerade einmal nicht in Begleitung seiner Wächter befand. In sein Tagebuch schrieb Nishida: »Mir ging es nicht einfach um die Unterstützung eines kaiserlichen Prinzen, sondern um eine Möglichkeit, über Prinz Chichibu die höchste Person in Japan, den Kaiser zu erreichen.« Shillony, *Revolt in Japan*, S. 241 f.

46 Chichibu, zit. ebd., S. 99.

47 Ebd., S. 98, ferner vgl. ebd. S. 99 f., Kanroji, *Hirohito*, Chichibu, *The Silver Drum*.

48 Es handelt sich um die Shimpeitai-Affäre von 1933. Hirohitos und Chichibus Onkel, Prinz Higashikuni, sollte Ministerpräsident des Reformkabinetts werden. Die Verschwörer hielten Chichibu für »entschlossener« und Hirohito für zu »geistesabwesend«. Shillony, *Revolt in Japan*, S. 108.

49 Ebd., S. 100.

50 Ebd., S. 107; vgl. auch Large, »Imperial Princes and Court Politics«.

51 Vor seiner Ermordung hatte Inukai einen neuen Lincoln bestellt, der nach seinem Tod eintraf. Die Regierung stellte Grew den Wagen so lange zur Verfügung, bis dessen Cadillac mit dem Schiff ankam. Grew, *Ten Years*, S. 17.

52 Heinrichs, *American Ambassador*.

53 Grew, *Ten Years*.

54 Ebd.

55 Ebd., S. 122.

56 Ebd.

57 Vgl. Nakamura, *The Japanese Monarchy*.

58 Grew, zit. ebd., S. 43.

59 Vgl. Dower, *Empire and Aftermath*, S. 231 ff.

60 Nakamura, *The Japanese Monarchy*, sowie Dower, *Empire and Aftermath*.

61 Vgl. Dower, *Empire and Aftermath*.

62 Yoshida, *Whispering Leaves*, S. 28.

63 Vgl. Nakamura, *The Japanese Monarchy*.

64 Die beiden anderen waren Obata Binshiro und Okamura Yasuji. Vgl. Kap. 5, Anm. 8.

65 Shillony, *Revolt in Japan*, S. 39.

66 Ebd., S. 45. Zur außergewöhnlichen Karriere Tsujis während des Pazifischen Krieges vgl. Seagrave, *Die Herren des Pazifik*.

67 Shillony, *Revolt in Japan*, S. 53.

68 Shillony weist darauf hin, daß es ungewöhnlich war, einen kaiserlichen Prinzen in eine Region außerhalb Tokyos zu versetzen. Es steht außer Zweifel, daß Hirohito diese Entscheidung persönlich gebilligt hat.

69 Large, »Imperial Princes and Court Politics in Early Showa Japan«.

70 Shillony, *Revolt in Japan*.

71 Ebd.

72 Ebd., S. 92f.
73 Grew, *Ten Years*, S. 162.
74 Irie, »My 50 Years with the Emperor«.
75 Shillony, *Revolt in Japan*, S. 147.
76 Kanroji, *Hirohito*, S. 125.
77 Shillony, *Revolt in Japan*, S. 173.
78 Connors, *The Emperor's Adviser*, S. 169.
79 Large, »Imperial Princes and Court Politics in Early Showa Japan«, S. 261.
80 Vgl. die Einleitung von Hane zu den Tagebüchern Honjôs, S. 50 und 52. Eine religiöse Gruppierung behauptete, Takamatsu sei der Nachfolger des südlichen Hofs der Ashikaga-Periode, in dem sie die wahre dynastische Linie sahen.
81 Vgl. u. a. Connors, *The Emperor's Adviser*.
82 Vgl. ebd., S. 171. Wir haben diesen Punkt bereits früher im Zusammenhang mit Yoshihitos und Sadakos Feindseligkeit gegenüber Yamagata angesprochen. Daß die Söhne Yoshihitos von einem Satsuma-Admiral erzogen wurden, macht den Sachverhalt noch deutlicher.
83 Shillony, *Revolt in Japan*, S. 100.
84 Large, »Imperial Princes and Court Politics in Early Showa Japan«, S. 262.
85 Im März 1936, einen Monat nach dem Aufstand, ersuchte Marquis Kido Chichibu, seine Kritik an Hirohito einzustellen. Ein Jahr später, im Frühjahr 1937, beklagte sich Kriegsminister General Comte Terauchi über geheime Zusammenkünfte zwischen Chichibu und jungen Offizieren. Im Jahr 1941 hatte Terauchi den Oberbefehl über die Invasion in Südostasien. Nach Ansicht vieler Historiker war er nur das Aushängeschild der Kontrollfraktion.
86 Shillony, *Revolt in Japan*, S. 203.

8 Mit den Prinzen im Krieg

1 Dower, *Empire and Aftermath*.
2 Für diese Kombination der Kandidaten sprach sich auch Bonner Fellers in Briefen an Herbert Hoover aus; vgl. Fellers Papers, MacArthur Library.
3 Vgl. Dower, *Empire and Aftermath*. Fürst Konoe griff Yoshidas These in seiner berühmten Denkschrift an Hirohito vom Februar 1944 wieder auf.
4 Chichibu, *The Silver Drum*, S. 122.
5 Vgl. ebd., Honjo, *The Honjo Diary*, und Pu Yi, *Ich war Kaiser von China*.
6 Kurzman, *Kishi and Japan*, S. 126.
7 Vgl. zu Kishi Kurzman, *Kishi and Japan*; viele Details mündlich an Sterling Seagrave von Mitarbeitern der *Washington Post*.
8 Über die Verwicklung der japanischen Bürokratie, des Militärs und des *zaibatsu* in den Drogenhandel in der Mandschurei, China und Südostasien ist immer wieder berichtet worden. Vgl. Harries und Harries, *Soldiers of the Sun*,

Marshall, »Opium and the Politics of Gangsterism«, und Martin, *The Shanghai Green Gang*.

9 Vgl. Cook und Cook, *Japan at War*.

10 Toland, *The Rising Sun*, S. 51f.

11 Chichibu, *The Silver Drum*.

12 Toland, *The Rising Sun*, S. 53.

13 Vgl. Oka, *Konoe Fumimaro*.

14 Ebd., S. 36; vgl. Large, »Imperial Princes and Court Politics«.

15 »Die Monologe des Shôwa-Kaisers«.

16 Vgl. Downer, *Die Brüder Tsutsumi*, S. 106f., sowie Havens, *Architects of Affluence*.

17 Hamish Todd zu den Tagebüchern von Prinz Takamatsu.

18 Stephen Large behauptet in »Imperial Princes and Court Politics«, Asaka sei wegen seiner mehr oder weniger indirekten Beteiligung an Komplotten gegen Hirohito zu Beginn der dreißiger Jahre in Ungnade gefallen. Auch bei Iris Chang, *The Rape of Nanking* – ein hervorragendes Buch –, Spekulationen über die Gründe von Asakas Versetzung.

19 Chang, *Rape of Nanking*.

20 Ebd. Chang mutmaßt, daß der Befehl nicht unbedingt von Asaka persönlich erteilt wurde, sondern von einem Adjutanten. Das ist jedoch nicht triftig, da kein Adjutant eine solche Anordnung ohne Anweisung seines Vorgesetzten gäbe. Die Armee handelte nach der Devise: »Alles plündern, alles töten, alles verbrennen!«

21 Harries und Harries, *Soldiers of the Sun*, S. 222. Einzelheiten in Chang, *The Rape of Nanking*; kurze Zusammenfassungen bei Zich, *The Rising Sun*, Toland, *The Rising Sun*, sowie in dem anregenden Werk von Cook und Cook, *Japan At War*. In japanischen Geschichtsbüchern wird man vergeblich nach solchen Darstellungen suchen. Selbst in den neunziger Jahren noch weigert sich die japanische Regierung, die in Nanking begangenen Greuel umfassend anzuerkennen, und japanische Politiker haben mehrfach behauptet, es habe schon früher Massaker in Nanking gegeben, unter anderem durch Chinas Mandschu-Herrscher während des Taiping-Aufstands um die Mitte des achtzehnten Jahrhunderts. Der japanische Botschafter in den Vereinigten Staaten, Saitô, behauptete, das Buch von Iris Chang »entbehre jeder Grundlage«.

22 Grew, *Ten Years*, S. 239.

23 Einige Autoren haben sich mit dem Umstand, daß Matsui zum Sündenbock für die Verbrechen Asakas gemacht wurde, beschäftigt: Montgomery, *Imperialist Japan*, S. 394ff., Harries und Harries, *Soldiers of the Sun* und *Sheathing the Sword*, Toland, *The Rising Sun*, S. 56f., und Chang, *Rape of Nanking*. Ein weiterer Mann, der gehängt wurde, um Asaka zu schützen, war Hirota Kôki, der japanische Außenminister zum Zeitpunkt der Massaker in Nanking. Kein kaiserlicher Prinz oder Fürst wurde wegen Kriegsverbrechen bestraft; nur einer mußte wegen anderer Vergehen für kurze Zeit hinter Gitter. Prinz

Asaka trat in den fünfziger Jahren in die katholische Kirche ein. Zur Doppelzüngigkeit Hoovers und MacArthurs in der Angelegenheit vgl. die beiden folgenden Kapitel.

24 Calvocoressi u. a., *The Causes and Course of the Second World War*, S. 809.

25 Ebd.

26 Gunther, *Inside Asia*, S. 16.

27 Vgl. Seagrave, *Die Konkubine auf dem Drachenthron.*

28 Sterngold, »South Korea Wants Japan to Return Art«.

29 Vgl. Bix, »Japanese Imperialism and the Manchurian Economy 1900–1931«, ferner Beasley, *The Rise of Modern Japan*, Harries und Harries, *Soldiers of the Sun*, Chang, *The Rape of Nanking*, Kaplan und Dubro, *Yakuza*, Marshall, »Opium and the Politics of Gangsterism«, Martin, *The Shanghai Green Gang*, Booth, *The Triads*, Seagrave, *Die Herren des Pazifik* und *The Marcos Dynasty.*

30 Harris, *Factories of Death.*

31 Japaner, die am Verstecken der Beute beteiligt waren, bezeugen, daß der Sohn Asakas zu den Prinzen gehörte, die an der Operation »Goldene Lilie« auf den Philippinen mitwirkten; die Namen dieser Informanten müssen ungenannt bleiben.

32 Ein Filipino, der dreieinhalb Jahre lang den Prinzen Takeda und Chichibu gedient hatte, sagte aus, daß die beiden oft unter Alpträumen gelitten hätten. Sie hätten diese den Greueln zugeschrieben, die sie in Nanking mitangesehen hatten.

33 Gut unterrichtete Goldhändler sowie Männer, die an der erfolgreichen Bergung japanischer Kriegsbeute beteiligt waren, stimmen darin überein, daß die Japaner in Nanking rund sechstausend Tonnen Gold erbeuteten (Interviews der Autoren). Chang schreibt in *The Rape of Nanking*, S. 161: »Den Soldaten wurde erlaubt, einen Teil ihrer Beute mit der Post nach Japan zu schicken, doch die meisten Gegenstände wurden konfisziert und als staatliches Eigentum in zentrale Sammellager gebracht. Lagerhäuser füllten sich schnell mit seltenen Kunstgegenständen [...], Teppichen und Gemälden, Gold- und Silberschätzen. Ende Dezember begannen die Japaner das gestohlene Gut für den Heimtransport nach Japan auf den Kais zu stapeln. Die Japaner benutzten Schneidbrenner, Pistolen und Handgranaten, um die Banktresore zu öffnen.«

34 Prinzessin Chichibus Erinnerungen enthalten erstaunlich wenig nähere Angaben über die Aktivitäten ihres Mannes in den dreißiger Jahren. »Prinz Chichibu verließ Japan im Zusammenhang mit dem Angriff auf Kanton.« Wenn sich Prinz Chichibu, wie sie sagt, im Januar 1939 im Südchinesischen Meer befand, dann können es nur die Angriffe auf Hainan und die Spratly-Inseln gewesen sein. Kanton war ein Jahr zuvor gefallen. Wie sie schrieb, lebte er »einige Zeit an Bord eines Kriegsschiffes«. *The Silver Drum*, S. 141.

35 Vgl. Coox, *Nomonhan*, 1939.

36 Coox, *Nomonhan*, S. 255; vgl. auch Chichibu, *The Silver Drum.*

37 »Wir wissen heute, daß japanische Flieger Flöhe als Überträger von Seuchenkeimen über Großstädten wie Shanghai, Ningpo und Changte absetzten und daß Fläschchen, die krankheitserregende Mikroben enthielten – Cholera, Dysenterie, Typhus, Pest, Milzbrand und Paratyphus –, in Flüsse, Brunnen, Wasserreservoire und Häuser geworfen wurden. Die Japaner mischten außerdem tödliche Keime in Nahrungsmittel, um die chinesische Zivil- und Militärbevölkerung zu infizieren. Mit Typhusbakterien versetzte Kekse wurden über Militärunterkünften abgeworfen, damit hungrige Bauern sie aßen; mit Typhus- und Paratyphusbakterien versetzte Brötchen wurden an Tausende von chinesischen Kriegsgefangene ausgegeben, bevor man sie freiließ.« Chang, *The Rape of Nanking*, S. 216.

38 Gold, *Unit 731 Testimony*, S. 66.

39 Ebd., S. 64ff.

40 Vgl. ebd. und Harris, *Factories of Death*; ferner Harries und Harries, *Soldiers of the Sun*, sowie Gomer u. a., »Japan's Biological Weapons: 1930–1945«.

41 »[Takeda] war der oberste Finanzoffizier der Kwantung-Armee und traf als solcher Verfügungen über das Geld, das sämtlichen Stellen der biologischen Kriegführung in der Mandschurei zugeteilt wurde. Er kam häufig nach Ping Fan. [...] Wenn der Oberkommandierende der Kwantung-Armee oder seine unmittelbaren Untergebenen die Laboratorien der Einheit 731 besuchten, begleitete Takeda sie persönlich bei ihren Rundgängen.« Harris, *Factories of Death*, S. 143. Prinz Takeda war damals dem Stab von General Graf Terauchi zugeteilt, dem Oberbefehlshaber aller japanischer Armeen, die Südostasien überrannten, und wird in jedem dieser Länder in einem Atemzug mit Terauchi genannt. Als General Terauchi später sein Hauptquartier auf die Philippinen verlegte, wurde auch Takeda dorthin versetzt.

42 Vgl. »Higashikuni, 102, Dies«, *The New York Times*, 23. Januar 1990; ferner *Japan Biographical Encyclopedia*, Shillony, *Politics and Culture in the Pre-war Japan*, Downer, *Die Brüder Tsutsumi*, sowie mündl. Mitteilung Hamish Todds an die Autoren.

43 Harris, *Factories of Death*, S. 144.

44 Vgl. Roling und Cassese, *The Tokio Trial and Beyond*; ferner Brackman, *The Other Nuremberg*, Gomer u. a., »Japan's Biological Weapons«, und Harris, *Factories of Death*.

45 Chichibu, *The Silver Drum*, S. 150. Fotografien von Mikasa in Uniform an der Front finden sich in mehreren von ihm verfaßten Büchern, die nur auf japanisch erschienen sind. Es besteht allgemein Einigkeit, daß Mikasa dem Standort Nanking zugeteilt war, doch angeblich unternahm er auch mehrere Reisen zu den Philippinen. Allerdings hat bisher niemand behauptet, er sei mit der Operation »Goldene Lilie« befaßt gewesen.

46 Zur militärischen Laufbahn Mikasas vgl. Hane in: Honjo, *The Honjo Diary*, Chichibu, *The Silver Drum*.

47 Robinson in: *London Times*, 7. Juli 1994. Der Artikel bezieht sich auf das wiederaufgefundene Dokument. Wir stießen aber auch auf einen Artikel in der

New York Times vom November 1951, in dem Mikasa seine Bestürzung über das Verhalten der japanischen Armee zum Ausdruck brachte.

48 Hirohito bemerkte später: »Die Marine war schon immer gegen den Krieg mit der Sowjetunion, und auch die Armee war dagegen, allerdings aus dem Grund, weil sie noch nicht darauf vorbereitet war.« »Die Monologe des Shôwa-Kaisers«.

49 Vgl. Elphrick, *Far Eastern File.*

50 Nach Hirohito »gelang es der kaiserlichen Konferenz, den Krieg gegen die Sowjetunion abzubrechen, doch sie beschloß [statt dessen], in den Süden von Französisch-Indochina vorzudringen«. »Die Monologe des Shôwa-Kaisers«.

51 Ebd.

52 Prinzessin Chichibu schreibt in *The Silver Drum*, ihr Mann habe sich aus gesundheitlichen Gründen aus dem Militärdienst zurückgezogen. Bei Kriegsende trug er jedoch noch Uniform und wurde vom Oberst zum General befördert – ein merkwürdiger Vorgang für einen bettlägerigen Kranken.

53 Honjo, *The Honjo Diary*, S. 52.

54 Grew, *Ten Years*, S. 368.

55 Vgl. Toland, *The Rising Sun*, der erstmals darüber schrieb, ferner u. a. Elphrick, *Far Eastern File.*

56 Vgl. Terasaki, *Bridge to the Sun.* Weitere Details von Terasakis Tochter Mariko Terasaki Miller, mündliche Mitteilung an die Autoren.

57 Terasaki, *Bridge to the Sun.* Unter den Fellers Papers in der MacArthur Library befindet sich ein Exemplar eines Teils der Erinnerungen von Terasaki, die dieser Bonner Fellers übergab, der damals in Tokyo als MacArthurs Militärsekretär diente.

58 Vgl. Toland, *The Rising Sun*, und Elphrick, *Far Eastern File.*

59 Vgl. die Tagebücher von Kido. Diese Tagebücher wurden als Beweismittel für die Kriegsverbrecherprozesse in Tokyo übersetzt. Kopien einzelner Seiten dieser Übersetzungen in den Fellers Papers, MacArthur Library. Vgl. ferner Schaller, *Douglas MacArthur*, S. 55. Nach Toland, *The Rising Sun*, war die dem Gericht ausgehändigte Fassung unvollständig und ungenau.

60 Tagebuch, Fellers Papers, MacArthur Library.

61 Aus einem Briefwechsel zwischen Fellers und Terasaki, MacArthur Library. Vgl. Terasaki, *Bridge to the Sun.*

62 Dower, *Empire and Aftermath*, S. 223.

63 Ebd.

64 Elphrick, *Far Eastern File*, S. 182.

65 Ebd., S. 435.

66 Toland hat als erster die Vermutung ausgesprochen, daß Roosevelt von dem bevorstehenden Angriff Kenntnis hatte: »Ich bin überzeugt, daß [Roosevelt] gewußt hat, daß die Japaner kommen würden, und den Angriff zugelassen hat […] Er war wohl der Meinung, er könne die Japaner ruhig den ersten Schuß abfeuern lassen und damit die Isolationisten im Mittleren We-

sten mobilisieren, zudem ohne großen Aufwand. Er hätte sich nie träumen lassen, daß es zu einer solchen Katastrophe kommen würde [...] Es war ein kalkuliertes Risiko, das von einem Mann eingegangen wurde, der so skrupellos war, wie alle Präsidenten es sein müssen. Sein eigentliches Unrecht kam später, als er die Vertuschung arrangierte.« Toland, *Infamy*.

Nach Brigadegeneral Carter W. Clarke, stellvertretender Chef des militärischen Geheimdienstes im Pentagon, wußte auch General George Marshall, der Generalstabschef der Armee, von dem Angriff. Nach Cordell Hulls Ultimatum an Japan vom 26. November wurden verschlüsselte Funksprüche aus Tokyo »besonders sorgfältig überwacht«. Wie Clarke sagte, rechnete man damit, daß Japan in Bälde Niederländisch-Indien angreifen würde und daß es – trotz Roosevelts Unterzeichnung eines Geheimabkommens, in diesem Fall in den Krieg einzutreten – schwierig gewesen wäre, im Kongreß die nötige Unterstützung dafür zu bekommen, wenn die Japaner keinen Angriff gegen Amerika geführt hätten.

(Im folgenden geben wir Ausführungen Clarkes wieder, die Kopien von Dokumenten entnommen sind, die uns von Bonner Fellers' Nachkriegssekretär Bruce Merkle zur Verfügung gestellt wurden. Die Originale befinden sich unter den Fellers Papers in der MacArthur Library.)

Am 19. November instruierte Tokyo seine Botschaften, ein fingierter Wetterbericht »Ostwindregen« sei das Signal für den Beginn eines Angriffs gegen Amerika. Die Nachricht wurde am 4. Dezember von einer Station der US-Marine in Cheltenham, Maryland, abgefangen. Nachdem die Amerikaner sie entschlüsselt hatten, wurde sie von Konteradmiral Noyes, dem Leiter des Marinegeheimdienstes, ins Weiße Haus gebracht.

Am nächsten Tag, dem 5. Dezember, stellte Clarke zu seiner Überraschung fest, daß hohe Armee- und Marineoffiziere im Pentagon einen unbeteiligten Eindruck machten. Am 6. Dezember trafen neue entschlüsselte Funksprüche ein, außerdem Tokyos Antwort auf Hulls Ultimatum. (Erst jetzt wurde Roosevelts persönliche Botschaft an den Tennô über den langsamen regulären Telegrafen abgeschickt.) Noch vor acht Uhr am 7. Dezember wurden die letzten Sätze der japanischen Antwort entschlüsselt, doch Admiral Stark konnte General Marshall nicht erreichen, der (angesichts der Umstände unverständlicherweise) beschlossen hatte, auszureiten. Clarke schrieb: »Meine Mitarbeiter im Generalstab und ich selbst waren schon verblüfft darüber, daß Marshall sich aus seinem Amtszimmer entfernen konnte, obwohl der Krieg unmittelbar vor der Tür stand. Als er um 11.20 Uhr zurückkehrte, berief er eine Dringlichkeitssitzung mit seinem Stab ein und gelangte zu dem Schluß, daß ›um ein Uhr etwas passieren‹ werde. Er entwarf eine unbestimmte und kurze Instruktion für General Short [in Honolulu] und rief – um die Dinge noch etwas in die Länge zu ziehen – anschließend Admiral Stark an und besprach sich mit ihm, ob man eine ähnliche Instruktion an Admiral Kimmel abschicken sollte [...] Marshall hatte ein Telefon mit einem Zerhacker auf dem Schreibtisch, mit dem er Honolulu innerhalb von sieben Minuten erreichen konnte.« Statt dessen erteilte Marshall Anweisung, die Warnungen an Short und Kommel über den kommerziellen Telegrafendienst von RCA abzuschicken. Natürlich kamen sie zu spät in Hawaii an.

Clarke schrieb weiter: »Aus diesem Grund bestellte Marshall uns zu sich in ein abgesperrtes Zimmer und forderte von jedem von uns das Versprechen, daß wir niemals die Wahrheit über die näheren Umstände von Pearl Harbor sagen würden. Sie sollte mit uns ›ins Grab gehen‹.« Alle belastenden Aufzeichnungen wurden vernichtet.

67 Churchill zit. nach Elphrick, *Far Eastern File*, S. 446.

68 Schaller, *Douglas MacArthur*, Spector, *Eagle Against the Sun*, und Manchester, *American Caesar*. Da Washington unbedingt einen öffentlichen Helden im Pazifik benötigte, präsentierte es MacArthurs aufgedonnertes Image der Presse.

69 Vgl. Seagrave, *Die Herren des Pazifik*.

70 Vgl. ebd., ders., *The Marcos Dynasty*, Guyot, »The Uses of Buddhism«, McCoy, *Southeast Asia Under Japanese Occupation*, und Chang, *The Rape of Nanking*.

71 Japaner, die damals in unterschiedlichen Funktionen an der Operation »Goldene Lilie« beteiligt waren, haben uns die wesentlichen Informationen über Einzelheiten des damaligen Vorgehens mitgeteilt, wie wir es hier geschildert haben. In *The Marcos Dynasty* wird ein Großteil dieser Informationen ausführlicher dargelegt. Dort werden jedoch die Plünderungen fälschlicherweise japanischen Gangsterbanden zugeschrieben, die mit dem Militär im Bunde waren. Inzwischen haben wir von anderer Seite Informationen über die Beteiligung der japanischen Prinzen bei dieser Operation erhalten. Die Aussagen unserer Gewährsleute sowie den Inhalt neuer schriftlicher Quellen werden wir in einer späteren Veröffentlichung angeben.

72 Der Tunnel existiert noch heute und kann besichtigt werden. In den letzten Jahren wurden einige seiner Eingänge erneut zugemauert. Die wenigsten Filipinos wissen von seiner Existenz.

73 Wir sind im Besitz zahlreicher Aussagen von Augenzeugen, die Prinz Chichibu und andere japanische Prinzen auf den Philippinen gesehen haben. Viele Details in ihrer Schilderung der Kleidung und Ikonographie (Anstecknadeln, Auszeichnungen), zeitgenössische Fotografien und so weiter wurden von Experten überprüft und von anderen japanischen Beteiligten bestätigt.

74 Nach dem Zweiten Weltkrieg erfuhr Ferdinando Marcos von den geplanten Unternehmungen zur Bergung des geraubten Goldes auf Luzon und ließ die Fundstellen absperren. Danach traf er mit Japanern Vereinbarungen zur gemeinsamen Bergung. 1975 beauftragte er den Bergbauingenieur Robert Curtis aus Nevada mit der Freilegung eines größeren Verstecks von Raubgold in der Nähe von Los Banos, der Fundstätte »777«. (Nach dem damals von den Japanern angelegten Verzeichnis betrug der Wert der dort ver-

steckten Goldbarren und Brillanten 777 Milliarden Yen. 1945 wurde der Wert des Yens gegenüber dem Dollar mit eins zu vier festgelegt, so daß dieser Schatz 1945 einen Wert von rund 190 Milliarden Dollar hatte.) Curtis legte einen Teil der Fundstätte frei, und Marcos ließ die Hälfte des Schatzes wegschaffen. Curtis konstruierte für Marcos eine Schmelzgießerei, wo das Gold umgegossen werden sollte, um seine Herkunft zu verschleiern und es unauffällig auf den Weltmarkt bringen zu können. Marcos ließ außerdem nach Plänen von Curtis hinter der Urlaubsresidenz des Präsidenten auf der Bataan-Halbinsel ein unterirdisches Gewölbe bauen. Das Gewölbe hatte eine Grundfläche von der Größe eines Fußballplatzes und sollte als Aufbewahrungsort für das geborgene Beutegold dienen; vgl. Seagrave, *The Marcos Dynasty*. Die von den Mitarbeitern der Operation »Goldene Lilie« erstellte Originalkarte mit eingezeichneter Fundstelle 777 ebd. Seitdem sind von japanischen und anderen Schatzsuchern zahlreiche weitere Verstecke aufgespürt worden. Marcos entsandte Oberst Vilacrusis nach Tokyo, um über Joint-Ventures zur Bergung von weiterem versteckten Raubgold zu verhandeln.

75 Booth, *The Triads*.

76 Vermesser fertigten mehrere kodierte Kartensätze von 172 »kaiserlichen« Schatzverstecken an; einer davon war in Luzon versteckt und wurde später von Marcos konfisziert. Als er sein Leben bedroht sah, fertigte Curtis zu seinem eigenen Schutz Fotokopien der Karten an, verbrannte die Originale und reiste in die USA zurück. Wir sind im Besitz von Kopien einiger dieser Karten.

77 Vgl. Anderson, »Japanese ›Treasure‹«, Bruppacher, »Swiss Court Gives Nod to New Claim on Marcos Fortune«, Lucas, »On the Trail of a Billion-Dollar Buddha«, McCabe, »The Hunt for Japanese Loot in the Philippines«, und Dingman, *Ghost of War*.

78 Wir sind im Besitz eines Videos des dabei entstandenen Dokumentarfilms. Vgl. »General Yamashita's Treasure Found«, der auf die Sendung Bezug nimmt. Wie wir von den Mitarbeitern des Senders erfuhren, wollten sie zwar umfassende Recherchen anstellen, befürchteten jedoch Repressalien.

79 Wie Oberst Vilacrusis an Marcos schrieb, hatte Mikasa ihm gesagt, überall auf den Philippinen sei Kriegsbeute in einem Gesamtwert von über hundert Milliarden Dollar versteckt. Das war möglicherweise nur eine allgemeine Bemerkung, denn allein schon die Fundstätte 777, die Marcos 1975 zur Hälfte ausräumen ließ, barg einen Gesamtwert von 190 Milliarden Dollar. Und es gibt mehrere solcher Schatzverstecke.
Möglicherweise hat Vilacrusis die Summe falsch notiert, und es waren in Wirklichkeit sogar hundert Billionen. Wir haben unmittelbare Erkenntnisse, daß diese Verstecke tatsächlich existieren, und viele von ihnen sind inzwischen leer.
Der Marcos-Clan strengte zahlreiche Prozesse an, nachdem Marcos sich nicht mehr an der Macht befand. Einer davon, der vor einem Gericht in Ho-

nolulu geführt wurde und bei dem es um Vermögen im Wert von mehreren Milliarden Dollar ging, endete mit einem Urteil gegen den Clan. Bei einem Prozeß in der Schweiz wurde enthüllt, daß sich eine der geraubten Buddhastatuen aus Massivgold in einem Banktresor unter dem Zürcher Flughafen befand und auf ein Depotkonto von Marcos lautete.

80 Aus Dokumenten geht hervor, daß Vilacrusis Unterredungen mit mehreren Prinzen, auch mit Prinz Mikasa, geführt hat. Vilacrusis hielt unter anderem schriftlich fest, daß Prinz Mikasa die Anwesenheit seines Bruders während des Krieges auf den Philippinen und dessen Flucht nach Japan bestätigt habe.

81 Kodama Yoshio schöpfte große Mengen der Beute für seinen Privatgebrauch ab, überwiegend Brillanten, die sich besonders leicht verstecken und mit dem Flugzeug transportieren ließen. Das war den Mitarbeitern des US-Geheimdienstes im Nachkriegsjapan bekannt. (Vgl. hierzu die folgenden Kapitel.) Kodama arbeitete nicht für die Operation »Goldene Lilie«, bekleidete jedoch den Rang eines Vizeadmirals in der Marine unter dem Befehl Admiral Yonais. Die CIA nahm Kodama in ihre Dienste auf und führte ihn jahrzehntelang auf ihrer Honorarliste, ein Umstand, der während der Lockheed-Affäre enthüllt wurde. Vgl. Kaplan und Dubro, *Yakuza*.

82 Vgl. Seagrave, *The Marcos Dynasty*.

83 *Time*, 31. Juli 1995. Vgl. ferner Davis und Roberts, *An Occupation without Troops*.

84 Large, *Emperors of the Rising Sun*, S. 172 f. Die ursprüngliche Information stammt aus den Tagebüchern Kidos.

85 »Die Monologe des Shôwa-Kaisers«.

86 Kurz nach der japanischen Niederlage bei den Midway-Inseln im Juni 1942 unterbreitete Yoshida Fürst Konoe diesen Vorschlag; Dower, *Empire and Aftermath*, S. 229. Vgl. Davis und Roberts, *An Occupation without Troops*.

87 Zur Friedensgruppe gehörten Ikeda Seihin, ein später von der alliierten Besatzungsmacht verhafteter Geschäftsmann und in den fünfziger Jahren einer der Geldgeber der LDP, Kabayama Aisuke, Absolvent des Amherst Colleges und Streichholzfabrikant, Makino Nobuaki, General Mazaki Jinzaburô, Mitglied der Kaiserwegfraktion, der im Ruhestand lebende Admiral Suzuki Kantarô und General Ugaki von der Kaiserwegfraktion. Sie waren »ein Mikrokosmos der Eliten [...] Hofkreise, Heer, Marine, Geschäfts- und Finanzwelt, Bürokratie, Polizei, Kolonialverwaltung, diplomatisches Corps und hoher Adel«. Dower, *Empire and Aftermath*, S. 231.

88 Vgl. »Die Monologe des Shôwa-Kaisers«.

89 Large, *Emperors of the Rising Sun*, S. 175.

90 Oka, *Konoe*, S. 197. Vgl. Davis und Roberts, *An Occupation without Troops*, S. 153. Eingehender hierzu Nakamura, *The Japanese Monarchy*.

91 Honjo, *The Honjo Diary*, S. 53.

92 Ebd., S. 54.

93 Ebd.

94 *Tennôzan* bezieht sich auf eine Schlacht im Jahr 1584, in der ein feudaler Fürst sein Überleben vom Ausgang eines einzigen kleinen Scharmützels abhängig machte.

95 »Die Monologe des Shôwa-Kaisers«.

96 Time-Life-Serie, *Japan at War*, S. 183.

97 Ebd.

98 Dower, *Empire and Aftermath*, S. 256, Large, *Emperors of the Rising Sun*.

99 Dower, *Empire and Aftermath*.

100 Oka, *Konoe*, S. 207 f. Okas Fassung des Memorandums unterscheidet sich in der Übersetzung von der Version bei Dower.

101 Ein Sturz der Kontrollfraktion konnte nur aus dem Militär selbst heraus erfolgen. »Die einzige Fraktion im Militär, die in der Lage gewesen wäre, die Kontrollfraktion zu stürzen und über die Loyalität der Truppen zu gebieten, war in ihren Augen die Kaiserwegfraktion [...] Ihr Plan bestand darin, Hirohito dazu zu bringen, Tôjô als Ministerpräsident und Kriegsminister durch General Ugaki oder General Mazaki zu ersetzen, eine geachtete militärische Persönlichkeit aus der alten Kaiserwegfraktion [...], der einen starken Rückhalt im Heer und in der Marine haben würde. Sobald ihre Leute die Macht hatten, würden sie als erstes die Mitglieder der Kontrollfraktion im Oberkommando absetzen. Dann wollten sie um Frieden bitten [...] Sie stellten sich eine revolutionäre Erhebung vor, wenn der Krieg nicht bald beendet würde.« Dower, *Empire and Aftermath*, S. 236.

102 Herbert Bix schreibt: »Statt eine Initiative für den Frieden zu ergreifen, als der Krieg unzweifelhaft verloren war, machte Hirohito starrsinnig weiter. Er war das Haupthindernis bei allen Bemühungen, das Kabinett Tôjô abzusetzen.« »The Showa Emperor's ›Monologues‹«. Fellers glaubte, Hirohitos Charakter habe ihn daran gehindert, die ausschlaggebende Entscheidung zu treffen; vgl. »Bonner Fellers: Japan Background«, MacArthur Library. Vgl. ferner »Die Monologe des Shôwa-Kaisers«.

103 Dower, *Empire and Aftermath*, S. 270. Vgl. Nakamura, *The Japanese Monarchy*.

104 Large, *Emperors of the Rising Sun*, S. 173.

105 Oka, *Konoe*, S. 209.

106 Dower, *Empire and Aftermath*, S. 238.

107 Time-Life-Serie, *Japan at War*, S. 164.

108 »Die Monologe des Shôwa-Kaisers«.

109 Ebd.

110 Time-Life-Serie, *Japan at War*, S. 168.

111 Nakamura, *The Japanese Monarchy*, S. 71.

112 Dower, *Empire and Aftermath*, S. 247. Vgl. Nakamura, *The Japanese Monarchy*.

113 Hervorhebung der Autoren. Nakamura, *The Japanese Monarchy*, sowie unveröffentlichte Papiere von Joseph Grew.

114 Europa-Archiv, 15 (1945), S. 366.

115 Vgl. Kidos Tagebuch und Nakamura, *The Japanese Monarchy*. Die Flugblattaktion war Fellers Idee gewesen. Er war stolz auf diesen Schachzug der psychologischen Kriegführung, beklagte sich jedoch darüber, daß er keine besondere Anerkennung fand. Hirohito pflegte den Kontakt zu Fellers, indem er diesem durch Terasaki schmeichelhafte Botschaften überbringen ließ. Am 10. März 1946 schrieb Fellers an seine Frau: »Gestern eine Äußerung des Kaisers erhalten, die er mir persönlich überbringen ließ [...] daß [meine] Flugblätter und Nachrichtenbögen zur psychologischen Kriegführung sehr effektiv waren – vielleicht zu effektiv. Daß [meine Kampagne] ihn gezwungen hat, das Ende des Krieges zu beschleunigen, weil er fürchtete, daß die Soldaten, wenn sie die Flugblätter in die Finger bekamen, zu drastischen Maßnahmen, etwa einem Staatsstreich, greifen könnten.« Fellers Papers, MacArthur Library.

116 Kindermann, *Der Ferne Osten*, S. 474.

117 Europa-Archiv, 1945, S. 372.

118 Bix, »The Showa Emperor's Monologues«.

119 Gradisher, »The Voice of The Crane«, S. 97.

9 *Die Reinwaschung*

1 Zu einer hervorragenden Untersuchung über die unterschiedliche Art und Weise, wie Deutschland und Japan sich ihrer Verantwortung für den Zweiten Weltkrieg gestellt haben, vgl. Buruma, *Wages of Guilt*; ferner Brackman, *The Other Nuremberg*. Wie George Kennan in seinen Memoiren schreibt, hatte der Umstand, daß die Besetzung Japans wie die Regierung eines feudalen Königtums betrieben wurde, zur Folge, daß MacArthur sein eigenes Programm durchzog, beeinflußt durch Männer, die ihn persönlich unterstützten, wie Hoover.

2 Fotos des Bunkers in Matsuhiro in Time-Life-Serie, *Japan at War*. Erinnerungen von koreanischen Sklavenarbeitern, die am Bau des Tunnels beteiligt waren, in: Cook und Cook, *Japan At War*.

3 *New York Times*, 31. Oktober 1945.

4 Aus Gründen der Vereinfachung wird im folgenden die Abkürzung SCAP nicht für den Oberkommandierenden MacArthur, sondern für das Oberkommando der Alliierten Mächte, das hießt für die Exekutive der Besatzungsmacht, verwendet. (Anm. des Übers.)

5 Viele unserer Entdeckungen stammen aus unveröffentlichten Dokumenten von Fellers und Hoover in der MacArthur Library und im Hoover Institute. Vgl. ferner Livingston u. a., *Postwar Japan*, Nakamura, *The Japanese Monarchy*, Fearey, *The Occupation of Japan*, und Kennan, *Memoiren eines Diplomaten*. Unveröffentlichte Dokumente von Joseph Grew im East Asia Institute der Harvard-Universität ermöglichen Einblicke in die Versuche von außen, Einfluß zu nehmen. Zu den Kritikern der Amerikaner gehören Bis-

son, *Zaibatsu Dissolution in Japan*, Gayn, *Japan Diary*, Maki, »The Role of the Bureaucracy in Japan«, und Hadley, *Antitrust in Japan*.

6 Vgl. Maki, »The Role of the Bureaucracy in Japan«. Das Büro wurde eine Woche vor der Unterzeichnung der Kapitulation ins Leben gerufen. Es unterstand rechtlich dem Außenministerium, ohne ihm direkt anzugehören.

7 Zu Kase Toshikazu vgl. Toland, *Rising Sun*, Davis und Roberts, *An Occupation without Troops*, und Kases Memoiren. Kase war nicht verwandt mit Kase Shunichi, dem japanischen Botschafter in der Schweiz während des Krieges, der mit Grew zusammenkam; persönliche Mitteilung Hamish Todds an die Autoren. Nach Robert Guillain, einem französischen Journalisten, der sich während des gesamten Krieges in Tokyo aufhielt, versuchte Kase mit Konoe zusammen seit 1943 Hirohito zu einem Friedensschluß zu bewegen.

8 Protokoll eines Interviews von D. Clayton James, dem Biographen MacArthurs, mit Fellers, MacArthur Library, Record Group 49, 26. Juni 1971.

9 Vgl. Grew, *Turbulent Era*, und Chichibu, *The Silver Drum*.

10 Maki, »The Role of the Bureaucracy in Japan«.

11 Fellers im Interview von James.

12 Vgl. Nakamura, *The Japanese Monarchy*. Grews eigene Korrespondenz an der Harvard-Universität enthält zahlreiche Hinweise auf sein Bemühen, Hirohito und das Tennô-System zu schützen.

13 Vgl. Fellers im Interview von James. In den Fellers Papers befindet sich ein langes Dokument mit dem Titel »Bonner Fellers: Japan Background«. Auf den Seiten 10 bis 11 schildert Fellers das Essen mit Yoshida, der ihm bei dieser Gelegenheit nahelegte, das SCAP könne sicherlich einen Verbindungsoffizier gebrauchen, und ihm außerdem mitteilte, Kronprinz Akihito benötige eine amerikanische Lehrerin.

14 Das erste Interview zwischen Terasaki und Fellers in den Fellers Papers und Terasaki, *Bridge to the Sun*. Vgl. ferner »Bonner Fellers: Japan Background«, MacArthur Library. Dort erinnert sich Fellers: »Ich war von Terasaki Hidenari sofort beeindruckt. In seinem Gesicht spiegelten sich Aufklärung und Charakter. Seine Augen waren dunkel, tiefe Wasser des Mitgefühls und Verstehens. [...] Als Verbindungsmann zwischen japanischem und amerikanischem Personal leistete Terasaki, der ebenfalls Zutritt zum Kaiser hatte, einen wesentlichen Beitrag zum frühzeitigen Erfolg der amerikanischen Besatzung.« Wie seine Tochter uns sagte, hatte Terasaki »keine vorgefaßte Meinung über die Verantwortung des Kaisers für den Krieg«, als er den Posten angeboten bekam.

15 Mariko Terasaki, persönliche Mitteilung an die Autoren, 1998. Obwohl Terasakis Witwe Gwen und seine Tochter Mariko seit 1950 in den Vereinigten Staaten lebten, hatten sie mit Fellers kaum Kontakt. Als MGM die Filmrechte an Gwen Terasakis Memoiren *Bridge to the Sun* erworben hatte, protestierte Fellers gegen das Bild, das sie von ihm gezeichnet hatte: »Es ist

absolut unmöglich, daß ich mich so grob hätte verhalten können [...] Mir wird hier die Rolle einer seelenlosen, hochtrabenden Person zugeschrieben, der jedes Verständnis abgeht [...] Ich verwahre mich gegen eine derart einseitige, grundlose Darstellung.« Fellers an Gwen Terasaki, 10. September 1958, Fellers Papers, MacArthur Library.

16 Vgl. Terasaki, *Bridge to the Sun*, und Briefwechsel zwischen Fellers und Terasaki, MacArthur Library.

17 Terasakis Frau Gwen schreibt in ihren Memoiren, daß ihr Mann im japanischen Auswärtigen Dienst in den dreißiger und vierziger Jahren häufig mit seinem Gewissen in Konflikt geriet. Die Belastung habe zu seinem vorzeitigen Tod durch Krebs geführt.

18 Mariko Terasaki, mündliche Mitteilung an die Autoren.

19 Ebenso.

20 Vgl. Chichibu, *The Silver Drum*.

21 Bix, »Inventing the ›Symbol Monarchy‹ in Japan«; vgl. Dower, *Empire and Aftermath*, und Large, *Emperors of the Rising Sun*.

22 Daß Hirohito mit einem Prozeß und der Möglichkeit seiner Hinrichtung rechnete, schrieb Fellers in einem Brief an seine Frau vom 27. September 1945, von dem sich nur die erste Seite in der MacArthur Library befindet. An anderer Stelle steht: »Unter einigen wenigen einflußreichen Mitarbeitern im Stab von MacArthur machten sich düstere Überzeugungen bemerkbar, die allerdings mit größter Vorsicht zum Ausdruck gebracht wurden, daß der Kaiser als Kriegsverbrecher unter Anklage gestellt werden müsse. Für mich war das nicht nur ungerecht, es war [geradezu] erschreckend. Der Erfolg der gesamten Besetzung stand und fiel mit der Verwirklichung des Programms mit Rückendeckung durch den Kaiser.« »Bonner Fellers: Japan Background«.

23 Vgl. Buruma, *Wages of Guilt*.

24 Hervorhebung der Autoren, Fellers Papiers, MacArthur Library; Fellers' Tochter Nancy Gillespie hat uns eine Kopie davon zukommen lassen. In einem Brief an seine Frau vom 15. Juli 1945, einen Monat vor der japanischen Kapitulation, hatte Fellers geschrieben. »Wenn wir erst einmal Frieden haben, ist es mir völlig egal, was mit ihm passiert.« Er hatte Michi Kawaii – sie hatten zusammen am Earlham College studiert – einen Entwurf des Memorandums mit der Bitte um Korrekturen gegeben. »Sie hat mir sehr geholfen, möglichst präzise herauszuarbeiten, wie die Japaner wahrscheinlich reagieren würden, [wenn der] Kaiser verurteilt [werden sollte].« »Bonner Fellers: Japan Background«.
Fellers übersandte eine Abschrift seines Memorandums an Hoover mit der zusätzlichen Notiz: »Die Sowjets wollen Blutvergießen und Revolution in Japan; deshalb sind für sie alle stabilisierenden Einflüsse tabu.« Fellers Papers, MacArthur Library.

25 Liebenthal, »A Bond War could Not Break«. Viele Briefe und Memoranden aus der Besatzungszeit in den Fellers Papers beziehen sich auf seinen Kon-

takt zu zwei ehemaligen japanischen Kommilitoninnen an dem von Quäkern geführten Earlham College in Indiana.

26 Exemplare in der MacArthur Library und im Hoover Institute.

27 MacArthur Library.

28 »Notes from a conversation with Mr. Hoover, June 26, 1943«, Fellers Papers, MacArthur Library.

29 Vgl. »General Bonner Fellers Dies at 77«, *New York Times*, und Rosenfeld in der *Washington Post*, beide vom 10. Oktober 1973, sowie die Kurzfassungen seines Lebenslaufs, die seinen Papieren in der MacArthur Library und im Hoover Institute vorangestellt sind. Bei seiner Rückkehr aus Ägypten meldete er sich entgegen den militärischen Vorschriften zuerst bei Roosevelt zurück und erst danach bei General Marshall, dem Chef der Vereinigten Stabschefs. Marshall verzieh ihm diesen Fauxpas nie. Daß Fellers befohlen worden war, sich direkt beim US-Präsidenten zu melden, wissen wir aus Interviews mit seiner Tochter Nancy Gillespie.

30 Vgl. Nash (Hrsg.), *Understanding Herbert Hoover*.

31 Hoovers Ansichten über Kommunisten wurden von Fellers geteilt. Vgl. Briefe Anfang 1946 an seine Frau, Fellers Papers, MacArthur Library.

32 Vgl. Nakamura, *The Japanese Monarchy*.

33 Hervorhebung der Autoren. Grews unveröffentlichte Papiere, Harvard-Universität; vgl. auch McCullough, *Truman*.

34 Max Bishop war ein ehemaliger Sprachenoffizier an der US-Botschaft in Tokyo und persönlich mit General MacArthur befreundet. Später wurde er CIA-Offizier. Davis und Roberts, *An Occupation without Troops*.

35 Fellers machte Aufzeichnungen von Gesprächen über das Zustandekommen der Kapitulation mit dem ehemaligen Ministerpräsidenten Suzuki, dem ehemaligen Marineminister Yonai, dem Großsiegelbewahrer Kido und anderen, die bei den entsprechenden Sitzungen des Thronrats anwesend waren. Es läßt sich nicht klären, wo diese Aufzeichnungen Fellers' sich heute befinden. Die Ermittlungen und Gespräche, die von Bishop geführt wurden, sind enthalten im Memorandum of Conversations of November 6, 7 und 9, 1945. Fellers Papers, MacArthur Library.

36 Harries und Harries, *Sheathing the Sword*. Obwohl die Autoren den Namen Fellers als Urheber dieser Äußerung nicht nennen, wissen wir, daß Fellers und MacArthur ihre Einstellung zu Konoe sofort änderten, als sie merkten, daß dieser ihre Bemühungen um einen Verfassungsentwurf behinderte. Zudem verweist die Sprache eindeutig auf Fellers.

37 Vgl. Harries und Harries, *Sheathing the Sword*.

38 Vgl. Chang, *The Rape of Nanking*.

39 Im Oktober 1945 erhielt MacArthur die Anweisung, die Ermittlungen gegen Hirohito aufzunehmen.

40 Daß MacArthur den Kaiser vollständig abschirmte, wird gut belegt von Bix, »Inventing the ›Symbol Monarchy‹ in Japan«. Vgl. Kennan, *Memoiren*, und Buruma, *Wages of Guilt*.

41 Kennan, *Memoiren*, S. 372.

42 *Foreign Relations of the U. S. 1946*, Bd. 8, *The Far East*, S. 395–397. Es gibt widersprüchliche Aussagen über die Wirkung von MacArthurs Botschaft und den Zeitpunkt, zu dem die Entscheidung fiel, den Kaiser aus der Schußlinie zu nehmen. Nach Minear, *Victors' Justice*, kam die Anordnung aus Washington, gegen Hirohito keine weiteren juristischen Schritte zu unternehmen, erst im Januar 1946. Dagegen behaupten Harries und Harries, die Untersuchungen seien noch »mindestens bis März 1946« weitergeführt worden.

43 Harries und Harries, *Sheathing the Sword*.

44 Chichibu, *The Silver Drum*, S. 157 f.

45 Vgl. etwa damalige Artikel der *New York Times*; ferner Gayn, *Japan Diary*, S. 137.

46 Die Zitate aus dem Gespräch zwischen Yonai und Fellers sind einer Akte des japanischen Marineministeriums mit dem Titel »General Fellers' Gespräche mit Admiral Yonai« entnommen und wurden in der Sendung von NHK angeführt. Am 6. September 1945 schrieb Fellers an seine Frau: »So oder so, es war richtig, den Kaiser zu benutzen, auch wenn er später nicht in das Bild passen sollte.« Fellers Papers, MacArthur Library.

47 NHK-Dokumentarsendung.

48 Zit. nach der NHK-Dokumentarsendung.

49 Unter den Offizieren Admiral Yonais, die sich an den Plünderungen in Asien beteiligt hatten, war auch der Pate der Unterwelt, Konteradmiral Kodama (der spätere Gründer der LDP). Das allein hätte Yonai in Schwierigkeiten bringen müssen. Doch amerikanische Konservative und die neu ins Leben gerufene CIA trieben ihre Kuhhändel und griffen auf ihre schwarzen Kassen zurück. »Auch das Versprechen einer Immunität – oder umgekehrt die Drohung mit einer Verhaftung – wurde als Mittel benutzt, um die Japaner den Wünschen des SCAP gefügig zu machen.« Harries und Harries, *Sheathing the Sword*, S. 100.

50 Ebd. Die britische Regierung liegt bis heute im Streit mit rund zwanzigtausend ehemaligen Zivil- und Militärinternierten, die eine Entschädigung für ihre Zeit als Gefangene der Japaner fordern. Vgl. Kap. 13.

51 Antonio Cassese, der holländische Richter beim Kriegsverbrechertribunal in Tokyo, äußerte, die Vereinigten Staaten würden Beweise gegen die Einheit 731 »bewußt und aus höchst fragwürdigen Gründen« zurückhalten. Roling und Cassese, *The Tokio Trial and Beyond*, S. 49. Eingehender zur Einheit 731 Gold, *Unit 731 Testimony*, Gomer u. a., »Japan's Biological Weapons: 1930–1945«, und Harris, *Factories of Death*.

52 Fellers, zit. nach der Dokumentarsendung des NHK.

53 Terasaki, ebenso.

54 Die fünf Männer, die Hirohitos Ausführungen zuhörten, waren Terasaki Hidenari, Matsudaira Yoshitami, der Palastamtsminister, Matsudaira Yasumasa, Chefsekretär des Großsiegelbewahrers, Kinoshita Michio, Vize-

großkämmerer, und Ineda Tsuichi, ein Stenograph des Palastamts. Es gab fünf Sitzungen von insgesamt acht Stunden Dauer. Dokumentarfilm der NHK.

55 Vgl. Bix, »Hirohito's War« und »The Showa Emperor's Monologues«.

56 Vgl. Buruma, *Wages of Guilt*.

57 NHK-Dokumentarsendung.

58 Fellers Papers, MacArthur Library.

59 Hoover an Fellers, 15. Oktober 1945, ebd.

60 Ebd.

61 Aus einem Dokument vom 7. Mai 1946 in der Korrespondenz zwischen Fellers und Hoover, MacArthur Library.

62 Hoover erzählte Fellers von einem Gespräch, das er im Mai 1945, noch vor der japanischen Kapitulation, mit Truman geführt hatte. »Hoover schnitt das Thema des Friedens mit Japan an. Er erklärte Truman, seiner Meinung nach sei die Ernennung von Suzuki zum Ministerpräsidenten im April 1945 das Signal des Kaisers an die Vereinigten Staaten, daß er Frieden wolle. Seiner Meinung nach lag damals ein Hindernis für den Frieden in der Definition einer bedingungslosen Kapitulation […] Truman stimmte ihm zu, machte sich Notizen, während Mr. Hoover sprach, und sagte, er werde das Außenministerium bitten, eine Rede in diesem Sinne aufzusetzen. Doch diese Rede wurde nie gehalten. Mr. Hoover vermittelte eindeutig den Eindruck, daß es seiner Meinung nach möglicherweise einen sowjetischen Einfluß im State Department gegeben habe, der darauf bestand, den Krieg so lange fortzusetzen, bis die UdSSR ebenfalls daran teilnahm und [Moskau] bei den Friedensvereinbarungen und den Nachkriegsregelungen ein Mitspracherecht haben würde. Angesichts der Sitzung von Mr. Hoover im Mai [1946] in Washington hält er es für besonders wichtig, die [damalige] japanische Haltung zum Frieden genau zu kennen, vor allem zum Zeitpunkt des Gesprächs mit Truman im Mai 1945.« Hoover wollte, daß Fellers dafür sorgte, daß Hirohito solche Aussagen in sein Diktat mit aufnahm. Fellers Papers, Memorandum vom 7. Mai 1946, MacArthur Library.

63 Vgl. »Fellers, Nancy ›Quaker General‹«, MacArthur Library.

64 Fellers verließ Tokyo Ende Juli 1946. Er schrieb an Terasaki: »Wenn Sie Ihren trefflichen Häuptling – und Ihre Majestät – sehen, erklären Sie ihm bitte, daß ich Japan zu diesem Zeitpunkt nicht verlassen würde, wäre ich nicht davon überzeugt, daß ich unter den gegebenen Umständen in Amerika mehr als hier zu einer gegenseitigen Verständigung zwischen unseren beiden Völkern beitragen kann.« Fellers Papers, MacArthur Library. Terasaki antwortete am 19. Dezember 1947: »Dem Kaiser lag sehr viel daran, Sie zu sehen, und ich hätte es arrangieren können, wenn ich nicht so krank wäre […] doch der Kaiser […] möchte Sie gern hier in Japan sehen, er hofft, daß sie wieder einmal in unsere Nähe kommen.« Fellers Papers, MacArthur Library.
Fellers und Hirohito haben sich nicht mehr gesehen, doch 1971 erhielt Fellers den Orden vom Heiligen Schatz Zweiter Klasse »in Anerkennung Ihrer

langjährigen Verdienste um die Freundschaft zwischen Japan und den Vereinigten Staaten«. Bruce Merkle, Fellers' Sekretär in Washington, sagte in einem Interview für den Sender NHK am 26. März 1997: »Ich habe ihn gefragt: ›War er [der Orden] für Ihr Memorandum [vom 2. Oktober 1945]?‹ Fellers: ›Sie haben nichts dazu gesagt, sie haben ihn mir einfach überreicht.‹« Merkle sagte in diesem Interview, »[Fellers] war ungeheuer stolz, erfreut und fühlte sich geehrt, aber er hat gesagt, die Zeremonie sei geheimgehalten worden.« Die Ordensverleihung wurde erst nach seinem Tod 1973 bekannt. Merkle übersandte den Autoren freundlicherweise eine Kopie des Interviews.

65 Vgl. Harries und Harries, *Sheathing the Sword.*

66 Viele Forscher haben später die Aussagen Matsuis und die Art und Weise, wie er zum Sündenbock für die Verbrechen Prinz Akasas gemacht wurde, kritisch untersucht. Vgl. u. a. Chang, *The Rape of Nanking.*

67 Fellers Papers, MacArthur Library.

68 Hervorhebung der Autoren. Brief vom 8. Juli 1948, Fellers Papers, MacArthur Library. Zu Hirohitos Entscheidung, nicht abzudanken, vgl. »Die Monologe des Shôwa-Kaisers«. Eine Kopie dieser Monologe, die Terasaki an Fellers schickte, befindet sich in der Abteilung »Terasaki: Terry und Gwen«.

69 Hane, *Eastern Phoenix*, S. 15f. und 20; vgl. Downer, *Die Brüder Tsutsumi.*

70 Ebenso wie Konoe vertrat auch Kido die Überzeugung, der Kaiser sei mitverantwortlich für den Krieg. Konoe starb, wahrscheinlich eines unnatürlichen Todes, und Kido verbrachte seine Zeit als Kriegsverbrecher im Gefängnis. Er war empört über diese Behandlung, weil er der Meinung war, er habe mit dem SCAP zusammengearbeitet und deshalb Besseres verdient. MacArthur wollte den Eindruck erwecken, daß alle anderen schuld waren, nur nicht Hirohito. Wer die Tagebücher Kidos liest, wird feststellen, daß alle irgendwie in die Kriegsverbrechen verstrickt waren.

10 Schmutzige Hände

1 Vgl. Pyle, *The Making of Modern Japan*, Gayn, *Japan Diary*, Bisson, *Prospects for Democracy in Japan*, Bix, »Inventing the ›Symbol Monarchy‹ in Japan, 1945–1952«, Hadley, *Antitrust in Japan*, und Maki, »The Role of the Bureaucracy in Japan«.

2 Brief Grews an Houston-Boswall vom 20. März 1944, zit. nach Nakamura, *The Japanese Monarchy.*

3 Ebd., S. 112.

4 Kennan, *Memoiren*, S. 372.

5 Livingston u. a. (Hrsg.), *Postwar Japan.*

6 Vgl. Gayn, *Japan Diary*, Bisson, *Zaibatsu Dissolution*, und Hadley, *Antitrust in Japan.*

7 *New York Times*, 31. Oktober 1945. Vgl. Manning, *Hirohito: The War Years.*

8 Vgl. Bix, »Inventing the ›Symbol Monarchy‹ in Japan«, S. 326, Anm. 15.
9 Manning, *Hirohito*, S. 175. Listen mit den Vermögenswerten Hirohitos wurden in der *New York Times* vom 31. Oktober 1945 veröffentlicht.
10 Nach Large, *Emperor Hirohito and Showa Japan*, betrug das Vermögen Hirohitos in den frühen dreißiger Jahren rund dreihundert Millionen Yen oder achtzehn Millionen Dollar.
11 Vgl. Gunther, *Inside Asia*. Das System wurde auch während des Krieges beibehalten, so daß die Bankguthaben des Kaisers durch die Rüstungsindustrie anschwollen.
12 Bei der Gründung der Yokohama-Shôkin-Bank flossen fünfzig Prozent der Aktien dem Meiji-Kaiser zu. Sampson, *The Moneylenders*, S. 232.
13 Gunther, *Inside Asia*, S. 15.
14 Es spricht sehr vieles dafür, daß nach persönlichen Gesprächen Thomas Lamonts mit Hirohito in den zwanziger Jahren, in deren Folge die Morgan-Bank zu einem der größten Kreditgeber Japans wurde, die Morgan-Bank – wie auch Schweizer Banken – in den folgenden Jahrzehnten für den Kaiser einen Kontenführungsservice einrichteten. Damit stellen sich interessante Fragen im Hinblick auf das kaiserliche Vermögen während des Krieges und im Verlauf der Entlastung Hirohitos in den ersten Nachkriegsjahren.
15 Manning, *Hirohito: The War Years*, S. 169 und 175. Vgl. *Sunday Telegraph*, 30. November 1997.
16 Die Beteiligung von Auslandschinesen beim Ankauf von Edelmetallen und der Gutschrift dieser Summen auf Schweizer Konten kann von den Autoren persönlich bezeugt werden.
17 Manning, *Hirohito*, S. 179.
18 *New York Times*, 21. November 1945.
19 Manning, *Hirohito*, S. 174 f.
20 Ebd., S. 179. Manning konnte sich nur so lange in Japan aufhalten, wie MacArthur ihn dort duldete. Vielen Journalisten, darunter auch Gayn, wurde die Aufenthaltserlaubnis entzogen, weil sie über die Geschichte nicht so berichteten, wie es MacArthur genehm war. Mannings Buch und seine Betrugsvorwürfe wurden erst 1989, kurz nach Hirohitos Tod, veröffentlicht.
21 Vgl. *New York Times*, 29. Oktober und 15. November 1945.
22 Vgl. Downer, *Die Brüder Tsutsumi*, Havens, *Architects of Affluence*, und Presseberichte. Insgesamt erwarb Tsutsumi Yasujirô elf Paläste und baute die meisten von ihnen zu Hotels um – die inzwischen berühmte Prinzen-Hotelkette. Tsutsumi wurde vom SCAP auf die schwarze Liste der Kriegsverbrecher gesetzt, konnte jedoch erreichen, daß sein Name wieder gestrichen wurde.
23 *New York Times*, 12. Juli 1946.
24 Harries und Harries, *Soldiers of the Sun*, Marshall, »Opium and the Politics of Gangsterism …«, und Martin, *The Shanghai Green Gang*.
25 Livingston u. a., *Postwar Japan*, S. 77.
26 Vgl. Kap. 13, ferner Hunziker und Kamimura, *Kakuei Tanaka*.

27 David E. Kaplan und Alec Dubro, *Yakuza*, Seagrave, *The Marcos Dynasty*, und Sampson, *The Arms Bazaar*.

28 Japaner, von denen wir wissen, daß sie in den vergangenen Jahrzehnten Gold aus Schatzverstecken auf Luzon geborgen haben, erzählten uns, daß ein Großteil des Goldes, das während des Krieges in Japan selbst angehäuft worden war, in versenkten Schiffen vor der Küste oder in aufgegebenen Bergwerksstollen und in Tunnels wie dem kaiserlichen Bunker in Matsuhiro versteckt wurde. Bei letzterem trieb man zunächst Seitenstollen in das Gestein, in denen dann das Raubgold versteckt wurde, und anschließend mauerte man die Stollen so wieder zu, daß sie nicht mehr als solche zu erkennen waren. Die Tunnels in Matsuhiro sind alle mit Beton ausgekleidet, so daß solche Seitenstollen relativ leicht zu tarnen waren. Dieselbe Methode war in Stollen und Katakomben unter dem Fort Bonifacio und dem Fort Santiago in Manila angewendet worden, die für Präsident Marcos vom Bergbauingenieur Robert Curtis geöffnet wurden.

29 Der erste, der über die Beteiligung der John Birch Society an der Bergung von verstecktem Raubgold berichtete, war Jack Anderson, *San Francisco Chronicle*, 21. November 1986. Vgl. ferner Seagrave, *The Marcos Dynasty*, S. 306 ff.

30 Livingston u. a., *Postwar Japan*, S. 90.

31 Vgl. *New York Times*, 2. Januar 1951.

32 Manning, *Hirohito*, S. 193. Vgl. ferner einen Brief von Fellers an seine Frau, 22. April 1946, Fellers Papers, MacArthur Library. Möglicherweise sollte Fellers Informationen über die versteckten Goldbarren privat an MacArthur übermitteln.

33 Manning, *Hirohito*, S. 193.

34 Ebd.

35 Kaplan und Dubro, *Yakuza*, Seagrave, *The Marcos Dynasty*, ders., *Die Soong-Dynastie*, sowie Harries und Harries, *Sheathing the Sword*; vgl. ferner Kataoka (Hrsg.), *Creating Single-Party Democracy*, zur Vorgeschichte der LDP.

36 Ausführlich hierzu Hadley, *Antitrust in Japan*, und Bisson, *Zaibatsu Dissolution in Japan*.

37 Vgl. Davis und Roberts, *An Occupation without Troops*, Chernow, *The House of Morgan*, und Lamont, *The Ambassador From Wall Street*.

38 Vgl. Bisson, *Zaibatsu Dissolution*.

39 *New York Times*, 21. Dezember 1946.

40 Die »Japanclique« beeinflußte Washington auf den höchsten Ebenen. Es gab zahlreiche Verbindungen zwischen ihr und konservativen US-amerikanischen Geschäftsleuten. An der Spitze der Morgan-Bank stand von 1948 bis 1950 Russell Leffingwell. Handelsminister Averell Harriman war der Direktor des Investmentunternehmens Brown Brothers, Harriman, und Miteigentümer der Zeitschrift *Newsweek*. Vgl. McCullough, *Truman*, S. 370. Verteidigungsminister James Forrestal bekleidete eine Spitzenposition in der Investmentbank Dillon Read. Vgl. Choate, *Agents of Influence*, S. 65 f. Dillon

Read mit dem späteren Finanzminister C. Douglas Dillon an der Spitze gehörte zu einer Gruppe von Investmentbanken, dem sogenannten Siebzehnerklub, über den siebzig Prozent der Emissionsgeschäfte an der Wall Street abgewickelt wurden. Chernow, *The House of Morgan*, S. 502. Der ehemalige Kriegsminister Henry L. Stimson unterhielt durch seine Anwaltskanzlei Beziehungen zur Morgan-Bank und zu Dillon Read. In ihren Vorstellungen von Japan waren sie alle von Lamont, Hoover und Grew beeinflußt.

41 Vgl. Hadley, *Antitrust in Japan.*

42 Schonberger, »The Japan Lobby in American Diplomacy«, Davis und Roberts, *An Occupation without Troops*, Harries und Harries, *Sheathing the Sword*, und Livingston u. a., *Postwar Japan.*

43 Harries und Harries, *Sheathing the Sword*, S. 206.

44 Von Hirohito erhielt Kern den Orden vom Heiligen Schatz und Kauffman den Orden der Aufgehenden Sonne. Davis und Roberts, *An Occupation without Troops*, S. 31.

45 Ebd., S. 36, und Heinrichs, *American Ambassador*, S. 104.

46 Vgl. Harries und Harries, *Sheathing the Sword*, Nakamura, *The Japanese Monarchy*, und Heinrichs, *American Ambassador*, S. 239.

47 Nakamura, *The Japanese Monarchy.*

48 Davis und Roberts, *An Occupation without Troops*, ferner Tamaki, *Japanese Banking.*

49 »Lawyer's Report on Japan Attacks Plan to Run Occupation«, 1. Dezember 1947; vgl. Harries und Harries, *Sheathing the Sword*, S. 206.

50 Livingston u. a., *Postwar Japan*, S. 113 ff. Knowland wurde nicht in den Senat gewählt, sondern sollte lediglich ernannt werden, falls ein Senator während seiner Amtszeit ausfiel. Vgl. auch McCullough, *Truman*, S. 550 und 774.

52 Hoovers politische Ambitionen waren enttäuscht worden. Nach dem Tod Roosevelts hatte er gehofft, dessen Nachfolger Truman werde ihn zum Kriegsminister ernennen. Er wurde übergangen, und Knowland erhielt den vakant gewordenen Senatssitz. Nun mußte er sich damit begnügen, seinen politischen Einfluß hinter den Kulissen geltend zu machen.

52 Livingston u. a. *Postwar Japan*, S. 106, und Hadley, *Antitrust in Japan*. Ausführlicher zu Draper Schonberger, »The Japan Lobby in American Diplomacy«, und Davis und Roberts, *An Occupation without Troops.*

53 Davis und Roberts, *An Occupation without Troops.*

54 Hadley, *Antitrust in Japan.*

55 In dieser Hinsicht waren MacArthur und Yoshida einer Meinung. Dower, *Empire and Aftermath*, S. 37.

56 Pyle, *The Making of Modern Japan*, S. 224.

57 Die Tatsache, daß die Bürokratie Japans weitgehend erhalten blieb, wurde von vielen als eine Gefahr angesehen; vgl. u. a. Maki, »The Role of the Bureaucracy in Japan«. Die Auswirkungen in späteren Jahrzehnten werden untersucht von van Wolferen, *The Enigma of Japanese Power*, und Johnson, *Japan: Who Governs?*

58 Whitney, zit. nach Gayn, *Japan Diary.*
59 Manchester, *American Caesar*, S. 500.
60 Gayn, *Japan Diary.*
61 Pyle, *The Making of Modern Japan*, S. 219.
62 Tsutsumi Yasujirô war einer der Männer, die vom SCAP auf die schwarze Liste gesetzt worden waren und 1952 ins Unterhaus einzogen. Er wurde dreizehnmal gewählt. Vgl. Havens, *Architects of Affluence.*
63 Beasley, *The Rise of Modern Japan.*
64 Kennan, *Memoiren*, S. 371.
65 Ein Beispiel für eine folgende Verhaftung wurde in einem Brief von Woodall Greene an Fellers mitgeteilt. Greene an Fellers, 26. März 1947, Fellers Papers, MacArthur Library.
66 Terasakis Reaktion wird in *Bridge to the Sun* beschrieben und wurde uns von seiner Tochter Mariko bestätigt. Als Atcheson tödlich verunglückte, war Terasaki schwer krank. Ende 1951 starb Terasaki an einer Erkrankung der Herzgefäße und an Erschöpfung.

11 Japans mächtige Türhüter

1 Ein Großteil von dem, was wir über Akihitos Jugend wissen, stammt aus drei Berichten, die Elizabeth Vining, seine Lehrerin nach dem Krieg, verfaßt hat. Sie war bekümmert darüber, daß er von seinen Leibwächtern und Lehrern auf Schritt und Tritt kontrolliert wurde. Vining, *Windows for the Crown Prince*, S. 309.
2 Vining, *Quiet Pilgrimage*, S. 237.
3 Reingold, *Chrysanthemums and Thorns*, S. 29.
4 *New York Times*, 5. August 1989.
5 Vining, *Pilgrimage*, S. 191. Nish (Hrsg.), *Britain and Japan*, enthält einen biographischen Essay zu Blyth.
6 Vgl. Woodward, *The Allied Occupation of Japan.*
7 Fellers hatte Elizabeth Vining vorgeschlagen. »Da ich selbst Quäker bin und den hervorragenden Ruf Mrs. Vinings und ihre Qualitäten kannte, erwiderte ich: ›Nehmen Sie Mrs. Vining.‹« »Bonner Fellers: Japan Background«, Fellers Papers, MacArthur Library.
8 Vining, *Pilgrimage*, S. 191.
9 Bix, »Inventing the ›Symbol Monarchy‹ in Japan«, S. 319.
10 Vining, *Pilgrimage*, S. 192.
11 Vgl. ebd., S. 190–200, ferner Woodward, *The Allied Occupation of Japan.*
12 Vining, *Pilgrimage*, S. 200.
13 Vgl. Gunther, »A Quaker and the Prince of Japan«.
14 Vining, *Pilgrimage*, S. 200.
15 Gunther, »A Quaker and the Prince of Japan«.
16 Vinings japanische Sekretärin und Dolmetscherin, ebenfalls Quäkerin und

neunundzwanzig Jahre alt, war Takahashi Tane. Vor ihrem Studium in den Vereinigten Staaten hatte sie Kawaii Michikos Keisen-Schule besucht. 1942 wurde sie gemeinsam mit Terasaki repatriiert. Vgl. die Bücher von Vining.

17 Vgl. Korrespondenz zwischen Fellers und Woodall Greene, Fellers Papers, MacArthur Library.

18 Vining, *Return to Japan*.

19 Guillain, *I Saw Tokyo Burning*, S. 218.

20 Vining, *Windows*, S. 286.

21 Gunther, »A Quaker and the Prince of Japan«.

22 Vgl. ebd. und die Bücher von Vining.

23 Vining, *Pilgrimage*, S. 220.

24 Dies., *Windows*, S. 271.

25 Ebd., S. 46.

26 Dies., *Pilgrimage*, S. 219.

27 Ebd., S. 243 f.

28 Dies., *Windows*, S. 121.

29 Ebd., S. 26 und 147, sowie dies., *Pilgrimage*, S. 220.

30 Tajima war ein Intimus von Ikeda Seihin in der Mitsui-Bank, ein Mitglied von Yoshidas »Friedensgruppe«, der nach 1945 als mutmaßlicher Kriegsverbrecher im Sugamo-Gefängnis einsaß. *New York Times*, 2. Juni 1948.

31 Vining, *Return*, S. 157 und 280.

32 Dies., *Windows*, S. 147.

33 Dies., *Pilgrimage*, S. 220 und 283, *Return to Japan*, S. 115.

34 *Saturday Evening Post*, 11. April 1959.

35 Brief an Vining, zit. nach *Return to Japan*, S. 226.

36 Itô, zit. nach Fujitani, *Splendid Monarchy*, S. 119.

37 In seiner Abneigung gegenüber den Hofdamen erinnerte Koizumi an General Saigô.

38 Interview von D. Clayton James mit Fellers, MacArthur Library, Record Group 49, 26. Juni 1971.

39 Vgl. Wittner, »MacArthur and the Missionaries«.

40 Ebd.

41 Ebd.

42 Vgl. ebd.

43 Ebd.

44 Woodward, *The Allied Occupation of Japan*, S. 272 f.

45 Brief vom 1. Mai 1946. Fellers Papers, MacArthur Library.

46 Fellers Papers, MacArthur Library.

47 Woodward, *The Allied Occupation of Japan*, S. 272.

48 Ebd., *The Allied Accupation of Japan*.

49 *New York Times*, 18. Dezember 1951.

50 Vining, *Windows*, S. 218 f.

51 Manchester, *American Caesar*, S. 516.

52 Weisman, »Japan's Imperial Present«.

53 Gunther, »A Quaker and the Prince of Japan«.
54 »Girl from Outside«, *Time*, 23. März 1959.
55 Fujitani, *Splendid Monarchy*.
56 Weisman, »Japan's Imperial Present«.
57 Fujitani, *Splendid Monarchy*, S. 245.
58 Vining, *Pilgrimage*. Zu diesem Zeitpunkt war sie wieder in den USA.
59 Vgl. »Japanese Crown Prince to Have His Say on Bride«, *New York Times*, 30. Juli 1951.
60 Downer, *Die Brüder Tsutsumi*.
61 Zu Michikos Kindheit, ihrem familiären Hintergrund und den ersten frühen Begegnungen mit Akihito vgl. die Bücher von Vining, Ishii, »The Crown Prince Takes a Bride«, und »Girl from Outside«, *Time*, 23. März 1959.
62 Downer, *Die Brüder Tsutsumi*, S. 117. Der Palast, den Tsutsumi 1947 erwarb und in Karuizawa Prince Hotel umbenannte, blieb bis 1950 für hohe Vertreter der Besatzungsmacht reserviert. Danach wurde er in Sengataki Prince Hotel umbenannt und für die kaiserliche Familie reserviert. Vgl. Havens, *Architects of Affluence*.
63 »Girl from Outside«, *Time*, 23. März 1959.
64 *Saturday Evening Post*, 11. April 1959.
65 »Girl from Outside«, *Time*, 23. März 1959. Zur Opposition von Frau Matsudaira Hamish Todd, mündliche Mitteilung an die Autoren.
66 Kawahara, *Hirohito and His Times*.
67 Vining, *Return to Japan*, S. 215.
68 »Girl from Outside«, *Time*, 23. März 1959.
69 Vgl. Äußerungen bei Vining, *Return to Japan*.
70 »Girl from Outside«, *Time*, 23. März 1959.
71 Irokawa, *Age of Hirohito*, S. 111.
72 Vgl. Reingold, *Chrysanthemums and Thorns*.
73 Irokawa, *Age of Hirohito*, S. 110.
74 Ishii, »The Crown Prince Takes a Bride«.
75 Vgl. Weisman, »Japan's Imperial Present«.
76 Weisman, »Japan's Imperial Present«.
77 Jameson, »He Still Feels Suffering of WWII«.
78 »Modern Mikado held Prisoner by the Past: A Profile of Emperor Akihito«, *Sunday Times*, 17. Mai 1998.
79 Zit. nach *New York Times*, 5. August 1989.
80 *New York Times*, 28. November 1951. Während des Krieges hatte Mikasa das Vorgehen des japanischen Militärs in scharfen Worten verurteilt. Das Dokument wurde unterdrückt, doch eine Abschrift blieb erhalten und tauchte 1994 wieder auf. Vgl. Kap. 8, Anm. 47.
81 *New York Times*, 13. Januar 1953.
82 Chichibu, *The Silver Drum*.
83 *Time*, 31. Januar 1966, und *New York Times*, 29., 30. und 31. Januar 1966. Wei-

tere Einzelheiten von Hamish Todd, briefliche Mitteilung an die Autoren, 30. April 1998.

84 Vgl. u. a. *New York Times*, 22. Mai, 10. Oktober und 14. Oktober 1952.

85 Vgl. Kawahara, *Nagako Kôtaigô*.

86 Kawahara, *Hirohito and His Times*, S. 199, und *New York Times*, 7. Januar 1989.

87 Vgl. Downer, *Die Brüder Tsutsumi*, und Havens, *Architects of Affluence*.

88 Vgl. ebd.

89 Die Jahre Higashikunis nach 1945 in »Higashikuni, 102, Dies«, *New York Times*, 23. Januar 1990.

90 Haberman, »Prince Takamatsu of Japan Dies«.

91 Reingold, *Chrysanthemums and Thorns*, S. 4.

92 Ebd.

93 Vgl. die Artikel von Berger, Hiatt und Sullivan.

12 Unsichtbare Männer

1 So wie sich die Oligarchen im Japan des neunzehnten Jahrhunderts hinter dem Thron versteckten, so taten es nach dem Zweiten Weltkrieg auch die Oligarchen und die Geldpolitiker. Vgl. Fujitani, *Splendid Monarchy*, und Irokawa, *The Age of Hirohito*.

2 Tsutsumi zit. nach Havens, *Architects of Affluence*, S. 91 ff. Tsutsumi Yasujirô war der erste, der die LDP durch großzügige Spenden an sich band. Sein Sohn Tsutsumi Yoshiaki bewarb sich nie um ein öffentliches Amt, aber »er hatte keine Hemmungen, sich die Führer aller großen Fraktionen sowie der Oppositionsparteien zu verpflichten, um auf diese Weise Informationen zu erhalten, die sich für seine geschäftlichen Unternehmungen vorteilhaft auswirken konnten. [...] Im Lauf der Zeit hatte er so gute Beziehungen, daß er ehemalige und gegenwärtige Ministerpräsidenten, kaiserliche Verwandte und ausländische Botschafter für sich einspannen konnte.« Ebd.

3 Gunther, *Inside Asia*.

4 Vgl. Kataoka (Hrsg.), *Creating Single-Party Democracy*.

5 »Unter einer Herrschaft *durch* das Gesetz besteht zwar eine formelle Verpflichtung zu einer Regierung nach dem Gesetz, aber es fehlen rechtliche Schranken für die Ausgestaltung der Politik. Unter einer Herrschaft *des* Gesetzes sind sowohl die staatliche Machtbefugnis als auch die Formulierung politischer Programme im Interesse fundamentaler Menschen- und Bürgerrechte und der Wahl als Grundprinzip eingeschränkt.« Tipton, *Japanese Police State*, S. 53 f. In Japan verblieb die Bürokratie *außerhalb* der Herrschaft des Gesetzes und schlichtete Streitigkeiten durch informelle Kompromisse, womit sie für Korruption anfällig wurde.

6 Van Wolferen, *The Enigma of Japanese Power*, spricht von der »kathartischen Funktion« von Skandalen in Japan.

7 Vgl. Hane, *Eastern Phoenix*.

8 Ein weiterer prominenter Politiker sollte kurz erwähnt werden: Nakasone Yasuhiro war von 1982 bis 1987 Ministerpräsident und stand an der Spitze eines der stabileren Kabinette nach dem Krieg; außerdem war er Chef der LDP. Er vertrat die Meinung, Japan habe sich vom Krieg wieder völlig erholt und keinen Grund mehr, sich über die Vergangenheit Gedanken zu machen. Er ist ein machtbewußter Stratege, der auch heute noch hinter den Kulissen seinen Einfluß spielen läßt. Auch er hatte mit Bestechungen zu tun und stand in enger Verbindung mit den Oligarchen.

9 Vgl. van Wolferen *The Enigma of Japanese Power*, und Johnson, *Japan: Who Governs?*

10 Vgl. ebd., sowie Downer, *Die Brüder Tsutsumi*, und Kataoka (Hrsg.), *Creating Singel-Party Democracy.*

11 Bisson, *Prospects for Democracy in Japan*, warnte bereits Ende der vierziger Jahre vor dieser Entwicklung. Vgl. van Wolferen *The Enigma of Japanese Power*, und Johnson, *Japan: Who Governs?*.

12 Miyamoto, *Straitjacket Society*, S. 14.

13 Vgl. Kurzman, *Kishi and Japan*. Kishi und Aikawa gehörten zum Chôshû-Clan; ihre Familien waren seit Generationen miteinander bekannt; ebd., S. 134.

14 Montgomery, *Imperialist Japan*, S. 381.

15 Vgl. ebd., S. 381 f.

16 Kurzman, *Kishi and Japan*, S. 221.

17 Vgl. van Wolferen, *The Enigma of Japanese Power*, Johnson, *Japan: Who Governs?*, Davis und Roberts, *An Occupation without Troops*, Kaplan und Dubro, *Yakuza*, und Seagrave, *The Marcos Dynasty*. Tsutsumi Yasijurô unterhielt enge Beziehungen zu Kishi. Sein Sohn Yoshiaki stand in einer »beruflichen« Beziehung zu Tanaka und machte gemeinsame Sache mit weiteren LDP-Führern wie Abe Shintarô, Miyazawa Kiichi und Takeshita Noboru. Havens, *Architects of Affluence*, S. 92 f.

18 Zu Tanaka vgl. Johnson, *Japan: Who Governs?*, van Wolferen, *The Enigma of Japanese Power*, Hunziker und Kamimura, *Kakuei Tanaka*, und in der *Kodansha Encyclopedia.*

19 Vgl. *Kodansha Encyclopedia.*

20 Eingehender hierzu Hunziker und Kamimura, *Kakuei Tanaka*. Wahrscheinlich reiste Tanaka nach Seoul und tauschte dort einen japanischen Kriegsberechtigungsschein (eine Art Zahlungsanweisung) gegen Gold ein, bevor an Ort und Stelle klar war, daß mit Japans Kapitulation die Bezugsscheine völlig wertlos waren. Diese Art von Korruption hat das japanische Bankensystem paralysiert.

21 Vgl. Johnson, *Japan: Who Governs?*, van Wolferen, *The Enigma of Japanese Power*, S. 391, sowie Hunziker und Kamimura, *Kakuei Tanaka.*

22 Van Wolferen, *The Enigma of Japanese Power*, S. 391.

23 Ebd. und Johnson, *Japan: Who Governs?.*

24 Van Wolferen, *The Enigma of Japanese Power*, S. 118.

25 Ebd.
26 Ebd., Kaplan und Dubro, *Yakuza*, Sampson, *Arms Bazaar*, Johnson, *Japan: Who Governs?*, Hunziker und Kamimura, *Kakuei Tanaka*, sowie Presseartikel.
27 Vgl. Johnson, *Japan: Who Gouverns?*, Desmond, »Japan: Shin Kanemaru«, Parry, »Obituary: Shin Kanemaru«.
28 *The Economist*, 26. September 1992.
29 Desmond, »Japan: Shin Kanemaru«.
30 *The Wall Street Journal*, 11. März 1993.
31 Downer, *Die Brüder Tsutsumi*, und Havens, *Architects of Affluence.*
32 Havens *Architects of Affluence.*
33 Downer, *Die Brüder Tsutsumi.* Havens schreibt hierzu nichts.
34 Downer, *Die Brüder Tsutsumi*, S. 412, und Havens, *Architects of Affluence.*
35 Weder Downer noch Havens haben die Verbindung zwischen Tsutsumi Yasujirô und Hatoyama erkannt.
36 Die Seibu-Gruppe wird zwar in der *Kodansha Encyclopedia* erwähnt, doch über die Familie Tsutsumi findet man dort nichts. Während seiner Zeit als Forschungsstipendiat an der Waseda-Universität konnten Havens nichts Genaueres über die Herkunft des Reichtums dieser Familie in Erfahrung bringen. Ähnlich erging es ihm bei dem Versuch herauszufinden, wie es Tsutsumi Yasujirô gelingen konnte, nach dem Krieg einer Anklage zu entgehen und seinen Konzern zu erhalten.
37 *Asahi*, 12. Januar 1992. Das Interesse Tsutsumis an den Olympischen Spielen geht auf Tsutsumi Yasujirô zurück, der an der organisatorischen und finanziellen Planung der Olympischen Spiele von 1940 in Tokyo, die nie abgehalten wurden, und der Olympischen Spiele in Tokyo von 1964, die kurz nach seinem Tod stattfanden, beteiligt war. Vgl. Havens, *Architects of Affluence.*
38 Downer, *Die Brüder Tsutsumi*, und *The Economist*, 7. Februar 1999.
39 Als das Internationale Olympische Komitee im Januar 1999 einräumte, daß es bei der Bewerbung um die Olympischen Spiele offenbar massive Bestechungen gegeben habe, wurde auch gegen die Stadtväter von Nagano ermittelt. Leider waren sämtliche Unterlagen des japanischen Olympischen Komitees verbrannt. Trotzdem gibt es viele Japaner, die sich keinen Sand in die Augen streuen lassen. Kauoro Iwata, der zur Zeit ein Buch über die Tsutsumis schreibt, sagt: »[Tsutsumi Yoshiaki] ist ein Meister darin, alles, was er will, auf Kosten der Steuerzahler zu erreichen. Er ist unersättlich.« 21. Februar 1998.

1 Reaktionen in *Time*, 23. Januar 1989.
2 Cook und Cook, *Japan At War*, S. 464.
3 Buruma, *Wages of Guilt*, S. 130–134. Azuma Shirô gehört zu einer kleinen, aber lautstarken Gruppe japanischer Veteranen, die sich vorgenommen haben, die Menschen über die Greuel Japans während des Krieges aufzuklären. Er ist viel gereist und hat zahlreiche internationale Konferenzen zu diesem Thema besucht. Im Juni 1998 wurde einer seiner Kollegen von der Global Alliance for Preserving the History of World War II in Asia, einer Organisation von in den Vereinigten Staaten und Kanada lebenden Chinesen, zu einer Vorlesungsreihe eingeladen. Ihm wurde die Einreise in die USA mit der vom Justizminister gelieferten Begründung verweigert, sein Name stehe »auf einer Suchliste mutmaßlicher Kriegsverbrecher«.
4 *Time*, 23. Januar 1989.
5 *New York Times Magazine*, 26. August 1990.
6 Vgl. Hicks, *The Comfort Women* und »Ghosts Gathering Comfort Women Issue Haunts Tokyo«, außerdem die Aufsätze von Hoon Shim Jae und Sakamaki Sachiko.
7 *The Evening Standard*, 26. Mai 1998. Weitere Details zur Aufnahme Akihitos in England haben wir Artikeln in der britischen Presse während seines Besuchs entnommen.
8 *Time*, 26. Mai 1998.
9 Ebd., 27. Mai 1998.
10 Ebd.
11 *Time*, 26. Mai 1998.
12 *Evening Standard*, 14. Mai 1998.
13 Hicks, *The Comfort Women*.
14 *Daily Telegraph*, 26. November 1998. Vgl. den Bericht von David Lunggren »Britons interned by Japan to Press UK over Money«, und »War Prisoners' New Demand for Compensation«.
15 *Hongkong Standard*, 25. Dezember 1998, und Dominic Laus Bericht für Reuters vom 28. August 1996.
16 *New Statesman*, 13. März 1998.
17 *London Times*, 26. Mai 1998. Die Tatsache, daß die Schweizer Regierung und Schweizer Banken während des Zweiten Weltkriegs Japan zahlreiche fragwürdige Vergünstigungen gewährten, hat zweifellos zu der großzügigen Regelung mit der Schweiz nach dem Krieg beigetragen. Vgl. Kapitel 10.
18 *Evening Standard*, 29. April 1998.
19 Vgl. McCullough, *Truman*, S. 300.
20 Ebd., S. 483 f. Nachdem Pauley aus Tokyo zurückgekehrt war, schlug Truman ihn als Staatssekretär im Marineministerium vor, um ihn später zum Verteidigungsminister machen zu können. Doch der Vorschlag löste einen politischen Kleinkrieg aus, in dessen Verlauf Pauley darum bat, bei der

Besetzung des vorgesehenen Postens nicht weiter berücksichtigt zu werden.

21 Parrott, »Pauley Says Japan Can Pay Little in Reparations«. Vgl. seine offiziellen Berichte an das US-Außenministerium.

22 Santa Romana, geboren 1901, wurde als Student in den zwanziger Jahren vom militärischen Geheimdienst der USA angeworben. Er heiratete eine Amerikanerin, Evangeline Compton, die bald nach der Hochzeit starb und ihm ein großes Vermögen hinterließ. Er wurde einer der wichtigsten Agenten Washingtons auf den Philippinen und in Südostasien in der MacArthur-Ära und war mit Bonner Fellers und Herbert Hoover gut bekannt. Nach dem Zweiten Weltkrieg stand Santa Romana an der Spitze mehrerer Tarnfirmen, die er unter verschiedenen Pseudonymen besaß, und war bis zu seinem Tod 1974 ein Vertrauter von Lansdale, Donovan und anderen CIA-Vertretern und amerikanischen Politikern.

23 *New York Times*, 16. November 1945.

24 Hane, *Eastern Phoenix*, S. 25.

25 Livingston u. a., *Postwar Japan*, S. 77 und 96.

26 Davis und Roberts, *An Occupation without Troops*, S. 62.

27 Chernow, *The House of Morgan*.

28 Nakamoto »The God Who Fell to Earth«.

29 Hamish Todd, Mitteilung an die Autoren.

30 Vgl. Sanger, »In Palace Woods, a Japanese Wedding«.

31 Kyodo News Service, 30. November 1996, und *The Economist*, 7. Dezember 1996.

32 *Wall Street Journal*, 20. Januar 1993.

33 Asahi News Service, 13. Dezember 1996.

34 Zur Thronfolge: Nach Kaiser Akihito geht der Thron an: 1. Kronprinz Naruhito, 2. Prinz Akishino, 3. Prinz Hitachi, 4. Prinz Mikasa, 5. Prinz Mikasa Tomohito (Prinz Mikasas ältesten Sohn), 6. Prinz Katsura (seinen zweiten Sohn), 7. Prinz Takamado (seinen dritten Sohn). Von den sieben genannten Prinzen haben 1., 3. und 6. keine Nachkommen und 2., 5. und 6. nur Töchter. Falls das Thronfolgegesetz dahingehend geändert würde, auch Frauen zuzulassen, kämen Prinz Akishinos Töchter an dritter und vierter Stelle, gefolgt von Prinzessin Nori. Die Japaner könnten allerdings auch die britische Regelung wählen, bei der Söhne vor Töchter rangieren, oder die schwedische, die keinen Unterschied zwischen den Geschlechtern macht, sondern nach dem Alter entscheidet.

35 Kyodo News Service, 7. Juli 1996.

36 Asahi News Service, 13. Dezember 1996.

37 *The Economist*, 20. Juni 1998, S. 23.

38 Im *Economist* vom 6. Juni 1998 wird behauptet, die japanischen Zahlen seien manipuliert und vermutlich doppelt so hoch.

39 *The Economist*, 18. April 1998, S. 59.

40 Ebd., 11. April 1998, S. 17.

41 Ebd., 27. Juni 1998, S. 85.
42 *San Francisco Daily Journal*, 22. Juni 1998.
43 *The Economist*, 27. Juni 1998, S. 86.
44 Ebd., S. 85.
45 *The Economist*, 11. April 1998, S. 17.
46 Ebd., 20. und 27. Juni 1998.
47 Ebd., 27. Juni 1998.
48 *The Economist*, 21. März 1998.
49 Ebd., 1. August 1998, S. 52f.
50 Vgl. Neary (Hrsg.), *War, Revolution and Japan*: Der Politikwissenschaftler Kato Tetsuro entwirft für die Zukunft ein hoffnungsvolles Szenario: »Es besteht die Möglichkeit [...], daß [...] in einer Situation, in der weder die Politiker noch die Bürokraten eine nationale Zukunftsvision vorgeben, das japanische Volk sich veranlaßt sieht [...] eine Reihe von (revolutionären?) Änderungen in die Wege zu leiten.« Seiner Meinung nach kann dies erreicht werden durch »eine Kette friedlicher Revolutionen im Zeitalter des Fernsehens und der raschen Verbreitung von Informationen [sowie] Revolutionen durch Bürgerforen und Gespräche am Runden Tisch«. Das erneute Nachdenken über die zukünftige Form der Regierung in Japan ist zum Großteil durch die tiefgreifenden Veränderungen in Osteuropa seit dem Zerfall des Sowjetblocks angeregt worden. Makino Noboru, der Präsident des Mitsubishi-Forschungsinstituts, erklärte gegenüber dem Fernsehsender Asahi: »Wir müssen die Ereignisse [in Osteuropa] gründlich analysieren und die Frage beantworten, ob sie letzten Endes durch [einen wirtschaftlichen Zusammenbruch] oder durch die Abnutzung des Systems einer Einparteiendiktatur herbeigeführt wurden.«
Inamori Kauzuo, Präsident des Unternehmens Kyocera, bezeichnete die Ereignisse in Osteuropa als »eine erneute Bestätigung der Macht des Volkes«. Seiner Überzeugung nach zeigen die Veränderungen in Osteuropa, daß eine Regierung und ihr Wirtschaftssystem nicht überdauern können, wenn sie ihre »Legitimität« verlieren. Für ihn sind die Hauptschuldigen an der japanischen Krise der Beamtenapparat mit seiner übermäßigen Lenkung der Wirtschaft und die gigantischen Konzerne, »die den Markt monopolisieren und Informationen zurückhalten«. Er befürchtet, daß das japanische Volk sich gegen die Bürokraten und die Großkonzerne erheben könnte, weil diese nicht mehr seine Interessen vertreten.
Ob Japan sich ändern kann und ob eine Änderung von unten oder von der Spitze ausgehen wird, läßt sich schwer vorhersagen. Für die Soziologin Isono Fujiko hat das Problem vielschichtige Ursachen: »Als jemand, der die [Besatzungs]Zeit der großen Erwartung eines demokratischen Japans mitgemacht hat, muß ich zugeben, daß sie zum Teil eine Illusion war. Zwar trifft es zu, daß eine unmittelbare Herrschaft des Staates über das Denken nicht mehr möglich ist, und die Anerkennung des Prinzips einer Gleichstellung der Frau läßt sich nicht mehr rückgängig machen. Dennoch will

mir die stolze Behauptung, die Demokratisierung Japans sei erfolgreich abgeschlossen, nicht so recht über die Lippen. Der Wandel in [den Zielen] der Besatzungspolitik von der Demokratisierung zum Antikommunismus [...] erleichterte die Rückkehr vieler früherer Führer, von denen einige sogar aktiv mit dem militärischen Regime zusammengearbeitet haben [...] Demokratie und Liberalismus [sind] Begriffe, die vom früheren Regime als [...] Formen des Kommunismus mit aller Macht bekämpft wurden.« Sie kritisiert die japanische Nachkriegspolitik, weil diese zwar die technischen Errungenschaften des Westens, aber nicht auch die Menschenrechte übernommen habe: »Wenn man die Industrialisierung betreibt und nicht zugleich die politischen und wirtschaftlichen Regeln und die Moral einer industriellen Gesellschaft übernimmt, zum Beispiel die fundamentale Gleichheit der Individuen, das Recht auf eine abweichende Meinung und demokratische Systeme [mit Institutionen] zur Verhinderung von Machtmißbrauch, dann wird der schwächere Teil der Gesellschaft dem stärkeren auf Gedeih und Verderb ausgeliefert sein.« Gegenüber den Verfechtern der traditionellen paternalistischen japanischen Bürokratie, Politik und Geschäftswelt macht sie geltend, daß Paternalismus zwar »die Schwachen schützen kann, daß eine solche Mildtätigkeit jedoch in das Belieben der Oberen gestellt ist und von den Unteren nicht [juristisch] eingefordert werden kann.

51 Sakaiya, *What is Japan?*, S. 140.

52 Schriftliche Mitteilung eines japanischen Gelehrten an die Autoren.

HOKKAIDÔ
Japanisches Meer
HONSHÛ
Nagano
Kantô-Ebene
Oki-Inseln
Tokyo
Yokohama
Kyoto
Tsushima
Nara
Ôsaka
Hagi
Hiroshima
CHÔSHÛ
YAMATO
Ise
Kochi
Nabeshima
SHIKOKU
Nagasaki
Pazifik
SATSUMA
Kagoshima
KYÛSHÛ

Stammbaum der

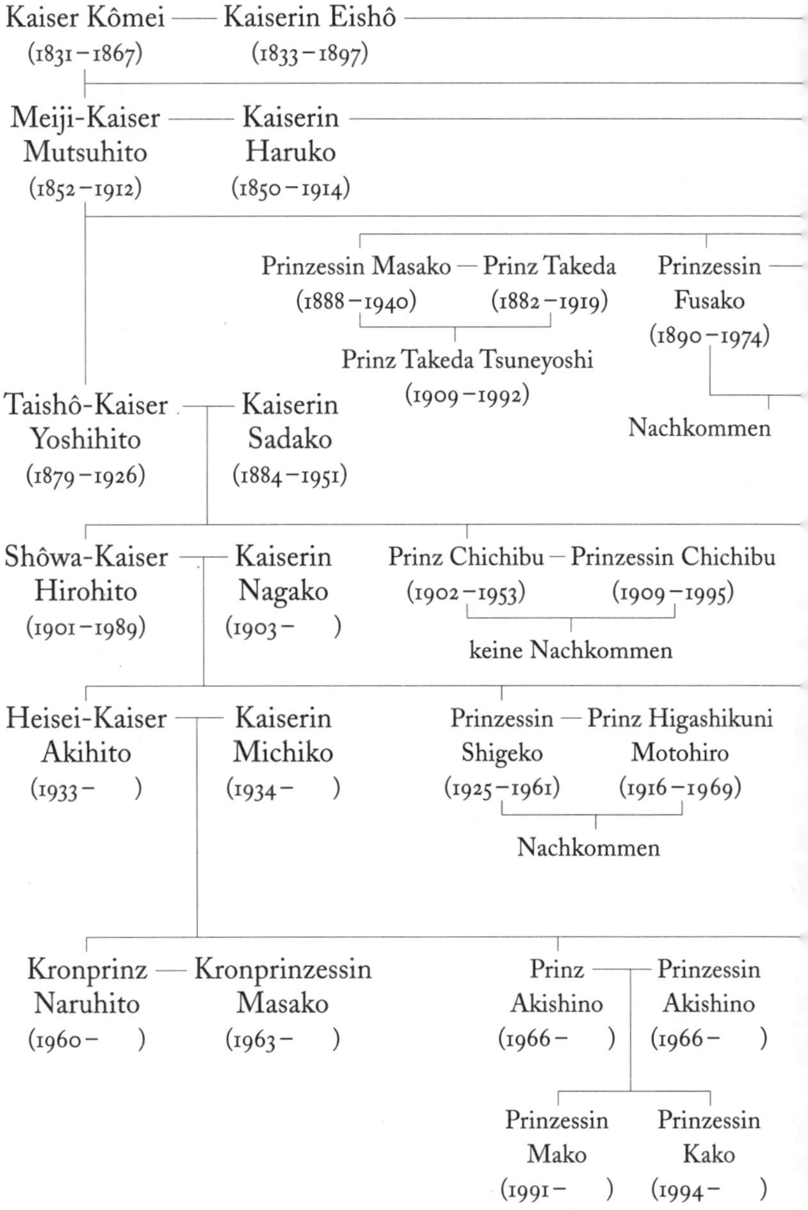

Kaiserfamilie

Hofdame Nakayama Yoshiko
Offizielle Konkubine

Hofdame Yanagiwara Naruko — Hofdame Sono Sachiko
Offizielle Konkubine *Offizielle Konkubine*
(1855–1944) (1867–1947)

Prinz Kitashirakawa Naruhisa (1887–1923)

Prinzessin Nobuko (1891–1933) — Prinz Asaka Yasuhiko (1887–1981)
Prinz Asaka Takahito (1912–1994)

Prinzessin Toshiko (1896–1978) — Prinz Higashikuni Naruhiko (1887–1990)
Prinz Higashikuni Motohiro (1916–1969)

Prinz Takamatsu (1905–1987) — Prinzessin Takamatsu (1911–)
keine Nachkommen

Prinz Mikasa (1915–) — Prinzessin Mikasa (1923–)
Nachkommen

Prinzessin Sachiko (1927–1928)

Prinzessin Kazuko (1929–1989) — Takatsukasa Toshimichi (1923–1966)
keine Nachkommen

Prinzessin Atsuko (1931–) — Ikeda Takamasa (1926–)
keine Nachkommen

Prinz Hitachi (1935–) — Prinzessin Hitachi (1940–)
keine Nachkommen

Prinzessin Nori (1969–)

Prinzessin Takako (1939–) — Shimazu Hisanaga (1934–)
Nachkommen

Das japanische Reich im Zweiten Weltkrieg

Das japanische Reich 1931

Seine größte Ausdehnung in den Kriegsjahren 1942 und 1943

Der japanische Staat nach 1945

Lageplan und Karte eines Verstecks japanischer Kriegsbeute

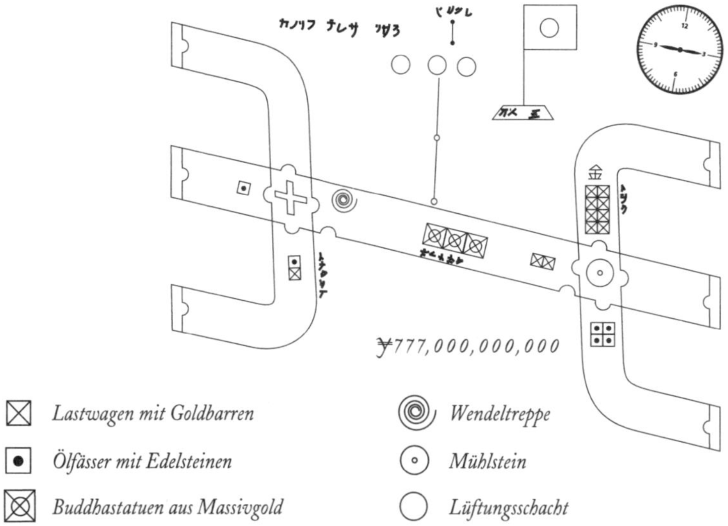

Prinz Chichibus Karte eines Verstecks von Kriegsbeute auf den Philippinen erinnert auf den ersten Blick an ein von Kindern gezeichnetes Strichmännchen. Der Stollen wurde unter einem Militärstützpunkt bei Teresa in Rizal, südöstlich von Manila, von Kriegsgefangenen angelegt. Es ist eines von 172 Verstecken, in denen gestohlene Gold- und Platinbarren, Brillanten und Buddhastatuen aus Massivgold im Wert von mehreren Milliarden Dollar gelagert wurden, nachdem die Seeblockade der Alliierten es den Japanern unmöglich gemacht hatte, ihre Kriegsbeute zu den Mutterinseln zu verschiffen. Die Japaner fuhren mit Beute beladenen Lastwagen in die Stollen, in denen sich noch die für den Bau eingesetzten Kriegsgefangenen befanden, und mauerten anschließend die Eingänge zu, damit keine Mitwisser überleben und die Verstecke verraten konnten. Ein Exemplar der mit Paraffin imprägnierten Schatzkarten wurde auf den Inseln in der Obhut von Prinz Chichibus Diener zurückgelassen, der sie bis 1974 verwahrte. Dann brachte Präsident Marcos die Karten an sich und machte sich daran, unter Beteiligung japanischer Partner die versteckte Kriegsbeute zu bergen. Er warb den Bergbauingenieur Robert Curtis aus Nevada an, der die Karten mit japanischer Hilfe entschlüsselte.

Die Orientierung des Standers – nach links oder nach rechts – gibt an, ob der Lageplan um hundertachtzig Grad gedreht werden muß oder nicht. Die drei Kreise links vom Stander bezeichnen Lüftungsschächte. Um die Entschlüsselung zu erschweren, wurden japanische Schriftzeichen unterschiedlichen Stils zur Kennzeichnung verwendet. Die Zeichen ganz oben auf der Karte geben die Lage bei Teresa an. Die Zeichen am Fuß des Standers kennzeichnen das Versteck als Projekt Nummer fünf. Rechts unterhalb des Kreuzes sind die Silbenzeichen für »Traktor« (to-ra-ku-taa). Die Zeichen neben den mit Kreuzen gefüllten Quadraten unterhalb der Uhr stehen für »Lastwagen« (to-ra-'ku). Darunter sind ungefaßte Edelsteine in Ölfässern als mit Punkten ausgefüllte Quadrate angegeben. Die Zeichen im mittleren Stollen stehen für massivgoldene Buddhastatuen auf Lastwagen. Die links davon eingetragene Spirale kennzeichnet eine Wendeltreppe. Der Kreis mit einem Punkt im Zentrum in der rechten Stollenkreuzung markiert einen riesigen Mühlstein, den Curtis fand, als er 1975 die Anlage freilegte. Unter dem Plan hatte Chichibu den Wert der hier versteckten Beute mit 777 Milliarden Yen (Wert 1944) angegeben. Nach Curtis' Angabe wurde von ihm und seinem Team aus der Anlage die Hälfte des gesamten Goldes im Wert von acht Milliarden Dollar (Wert 1975) für Marcos geborgen, wobei der Wert der Buddhastatuen und der Brillanten nicht eingerechnet war. Die zweite Hälfte des Beuteguts von Projekt Nummer fünf blieb bis heute unangetastet.

Marcos richtete sein Interesse danach auf andere Verstecke von japanischer Kriegsbeute. Er befahl seinen Leuten, Curtis umzubringen, doch dieser hatte rechtzeitig alle 172 Schatzkarten fotokopiert, die Kopien an seine Frau in Nevada geschickt und die Originale versteckt; im Fall seines Todes wären die Karten für Marcos verloren gewesen. Am selben Abend verbrannte Curtis die Originale auf dem Balkon eines Hotelzimmers und verließ am nächsten Tag die Philippinen mit dem Flugzeug.

Die Suche nach den verborgenen Schätzen war häufig erfolglos. Der Hauptgrund für das vergebliche Bemühen der meisten Schatzsucher lag darin, daß sie die Uhren auf den Karten, aus denen Kompaßpeilungen, die Tiefe der angelegten Verstecke und andere Angaben zur Lage hervorgehen, nicht entschlüsseln konnten. Mittlerweile sind jedoch viele der Verstecke leergeräumt. (Abdruck der Karte mit freundlicher Genehmigung von Robert Curtis)

Bibliographie

Adams, Andrew, »When Giants Collide: Japan's Violent Ritual, Sumo«. *GEO*, Juli 1979.

Addis, Stephen, »Traveling the Tokaido with Hiroshige«, *Orientations*, April 1981.

Agarwal, Bina (Hrsg.), *Structures of Patriarchy: The State, the Community and the Household*, London 1988.

Akimoto Shunkichi, *The Lure of Japan*, Tokyo 1934.

Alcock, Rutherford, *The Capital of the Tycoon: A Narrative of Three Years' Residence in Japan*, New York 1969 (Reprint).

Allen, G. C., *A Short Economic History of Modern Japan: 1867–1937*, London 1945.

Alletzhauser, Albert J., *The House of Nomura: The Inside Story of the Legendary Japanese Financial Dynasty*, New York 1990.

»Allies Sent Millions to Ease. Plight of Japanese Pow's. But [Swiss Banks Intervened]«, *Sunday Telegraph*, 30. November 1997.

Anderson, Jack, »Japanese ›Treasure‹«, *San Francisco Chronicle*, 21. November 1986.

Andô Hiroshi-Angel, »Japan's New ›Reform‹ Government«, *Asian Affairs*, 1. April 1994.

Armour, Andres J. L., *Asia and Japan: The Search for Modernization and Identity*, London 1985.

Axelbrook, Albert, *Black Star Over Japan: Rising Forces of Militarism*, London 1972.

Barclay, George W., *Colonial Development and Population in Taiwan*, Princeton 1954.

Baelz Toku (Hrsg.), *Awakening Japan: the Diary of a German Doctor*, Bloomington, Indiana, 1974.

Baerwald, Hans H., *The Purge of Japanese Leaders Under the Occupation*, Berkeley 1959.

Barber, Noel, *Sinister Twilight. The Fall of Singapore*, London 1970.

Barthes, Roland, *Das Reich des Zeichen*, Frankfurt a. M. 1981.

Bartu, Friedemann, *The Ugly Japanese: Nippon's Economic Empire in Asia*, Tokyo 1993.

Beasley, W. G., *Japanese Imperialism 1894–1945*, Oxford 1987.

Beasley, W. G., *The Meiji Restoration*, Stanford 1972.

Beasley, W. G., *The Rise of Modern Japan*, New York 1990.

Behr, Edward, *Hirohito: Behind the Myth*, New York 1989.

Behr, Edward, *The Last Emperor*, New York 1987.

Benda, Harry J. u. a., *Japanese Military Administration in Indonesia: Selected Documents*, New Haven 1965.
Benedict, Ruth, *The Chrysanthemum and the Sword*, Tokyo 1954.
Benson, Stella, *The Little World*, New York 1925.
Bentley, Jerry H., *Old World Encounters: Cross-Cultural Contacts and Exchanges in Pre-Modem Times*, Oxford 1993.
Bergamini, David, *Japans Imperial Conspiracy*, London 1971.
Berger, Michael, »Outspoken Mayor of Nagasaki Shot«, *San Francisco Chronicle*, 19. Januar 1990.
Bernard, Condon, »At the Crossroads: Asia«, *Forbes*, 28. Juli 1997.
Bingman, Charles F., *Japanese Govemment: Leadership and Management*, London 1989.
Bisson, T. A., *Prospects for Democracy in Japan*, New York 1949.
Bisson, T. A., *Zaibatsu Dissolution in Japan*, Berkeley 1954.
Bix, Herbert, »Inventing the ›Symbol Monarchy‹ in Japan, 1945–1952«, *Journal of Japanese Studies*, 21 (1995), S. 319–363.
Bix, Herbert, »The Showa Emperor's Monologues' and the Problem of War Responsibility«, *Journal of Japanese Studies*, 18 (1992), S. 295–363.
Bix, Herbert, »Emperor Hirohito's War«, *History Today*, Dezember 1991, S. 12–19.
Bix, Herbert, »Japanese Imperialism and the Manchurian Economy 1900–1931«, *China Quarterly*, 51 (1972), S. 425–443.
Blight, Richard, »Images of Nineteenth-Century Japan«, *Orientations*, Februar 1981, S. 23–33.
Booth, Martin, *Opium*, New York 1996.
Booth, Martin, *The Triads*, London 1991.
Bowers, Faubion, »The Day the General Blinked«, *New York Times*, 30. September 1988.
Brackman, Arnold, *The Other Nuremberg: The Untold Story of the Tokyo War Crimes Trials*, New York 1987.
Breuer, William B., *MacArthur's Undercover War*, New York 1995.
Brown, Sidney DeVere, »Kido Takayoshi and the Young Emperor Meiji«, *Transactions of the Asiatic Society of Japan*, 4 (1986), H. 1, S. 1–21.
Brown, Sidney DeVere, »Kido Takayoshi (1833–1877): Meiji Japan's Cautious Revolutionary«, *Pacific Historical Review*, 25 (1958), S. 151–162.
Brunton, Richard Henry, *Building Japan: 1868–1876*, Folkestone, Kent, 1991.
Bruppacher, Balz, »Swiss Court Gives Nod to New Claim on Marcos Fortune«, *The San Francisco Examiner*, 25. März 1996.
Buckley, Roger, *Occupation Diplomacy. Britain, the United States, and Japan 1945–1952*, Cambridge, Mass., 1982.
Burgess, John, »Emperor Hirohito as Demigod«, *Washington Post*, 27. April 1986.
Burnell, Elaine H. (Hrsg.), *Asian Dilemma: United States, Japan and China*, Santa Barbara 1969.

Burns, Richard D. und Edward M. Bennett (Hrsg.), *Diplomats in Crisis*, New York 1974.
Burstein, Daniel, *Turning the Tables: A Machiavellian Strategy for Dealing with Japan*, New York 1993.
Buruma, Ian, *Behind the Mask. On Sexual Demons, Sacred Mothers, Transvestites, Gangsters, Drifters and Other Japanese cultural Heroes*, New York 1984.
Buruma, Ian, *The Missionary and the Libertine: Love and War in East and West*, London 1996.
Buruma, Ian, »The Redemption of Hirohito«. *Spectator*, 1. Oktober 1988.
Buruma, Ian, *Wages of Guilt: Memories of War in Germany and Japan*, London 1995 (dt.: *Erbschaft der Schuld. Vergangenheitsbewältigung in Deutschland und Japan*, Reinbek 1996).
Buruma, Ian, »Why Japan's Emperor Shouldn't Apologise«, *Times*, 3. Mai 1998.
Calvocoressi, Peter, Guy Wint und John Pritchard, *The Causes and Course of the Second World War*, Harmondsworth 1995.
Cambridge History of Japan, 6 Bde., Cambridge 1988–1993.
Cameron, Rondo (Hrsg.), *Banking and Economic Development: Some Lessons of History*, London 1971.
Campbell, Joseph, *The Mask of God: Oriental Mythology*, Harmondsworth 1976.
Caruthers, Sandra T., »Anodyne for Expansion: Meiji Japan, the Mormons, and Charles LeGendre«, *Pacific Historical Review*, 38 (1971), S. 129–139.
Central Intelligence Agency, *Japan: Emperor Akihito's Family*, Washington, D. C., 1990.
Chamberlin, William Henry, *Japan Over Asia*, Boston 1937.
Chang, Iris, *The Rape of Nanking: The Forgotten Holocaust of World War II*, New York 1997 (dt.: *Die Vergewaltigung von Nanking*, München 1999).
Chang, Yvon, »History of Resignations of Japanese ministers«, *Reuters*, 1. Januar 1997.
Chapman, F. Spencer, *The Jungle is Neutral*, London 1957.
Chapman, William, »Emperor Hirohito: Inheritor of Divine Power«, *Washington Post*, 7. Januar 1989.
Checkland, Oliver, *Britain's Encounter with Meiji Japan, 1868–1912*, London 1989.
Cheong Sung-hwa, *The Politics of Anti-Japanese Sentiments in Korea*, Westport, Conn., 1991.
Chernow, Ron, *The House of Morgan*, New York 1990.
Chichibu, Princess Setsuko, *The Silver Drum: A Japanese Imperial Memoir*, Folkestone, Kent, 1996.
Chira, Susan, »With Pomp … on a Global Stage«, *New York Times*, 24. Februar 1989.
Chira, Susan, »Hirohito, 124th Emperor of Japan, is Dead«, *New York Times*, 7. Januar 1989.
Choate, Pat, *Agents of Influence: How Japan Manipulates America's Political and Economic System*, New York 1990.

Chow Jen Hwa, *China and Japan: The History of Chinese Diplomatic Missions in Japan 1877–1911*, Singapur 1975.
Cleary, Thomas, *The Japanese Art of War*, Boston 1991.
Colegrove, Kenneth W., »The Japanese Emperor«, *American Political Science Review*, 26 (1932), S. 642–659.
Comfort, William W., *Quakers in the Modern World*, New York 1949.
Conan, Neal, »Empress of Japan Mum About Inability to Speak«, *National Public Radio Morning Edition*, 2. November 1993.
Congressional Record, House of Representatives, 5. November 1973: »General Bonner Fellers in Memoriam«.
Connors, Lesley, *The Emperor's Adviser. Saionji Kinmochi and Pre-war Japanese Politics*, Kent 1987.
Cook, Haruko Taya und Theodore F., *Japan At War. An Oral History*, New York 1992.
Coox, Alvin D., *Nomonhan: Japan Against Russia, 1939*, Stanford 1985.
Coox, Alvin D. und Hilary Conroy (Hrsg.), *China and Japan: A Search for Balance since World War II*, Oxford 1978.
Corbett, P. Scott, *Quiet Passages: The Exchange of Civilians between the United States and Japan During the Second World War*, Kent 1987.
Cowley, Robert (Hrsg.), *Experience of War*, New York 1992.
Craig, Albert M., John K. Fairbank und Edwin O. Reischauer, *East Asia: The Modern Transformation*, Boston 1965.
Craig Albert M. und Donald H. Shively, *Personality in Japanese History*, Berkeley 1970.
Craig, Gordon und Felix Greene (Hrsg.), *The Diplomats, 1919–1939*, Princeton 1953.
Crane, Burton, »Educating a Prince«, *New York Times Magazine*, 1. Dezember 1946.
Crump, Thomas, *The Death of an Emperor: Japan at the Crossroads*, London 1989.
Daniels, Gordon (Hrsg.), *Europe Interprets Japan*, Kent 1984.
Davis, Glenn und John G. Roberts, *An Occupation without Troops*, Tokyo 1996.
Daws, Gavan, *Prisoners of the Japanese: POWs of World War II in the Pacific*, New York 1994.
Deacon, Richard, *Kempei Tai. A History of the Japanese Secret Service*, New York 1985.
Dear, I. C. B. (Hrsg.), *The Oxford Companion to the Second World War*, Oxford 1995.
Desmond, Edward W., »Japan: Shin Kanemaru«, *Time*, 10. Mai 1992.
Dingman, Roger, *Ghost of War: The Sinking of the Awa Maru*, Annapolis 1997.
Dixon, Karl Hale, »The Extreme Right Wing in Contemporary Japan«, Dissertation, Florida State University College of Social Sciences 1975.
Doerner, William R., »A Delicate Burial«, *Time*, 23. Januar 1989.
»Dowager Empress Dies in Tokyo at 66«, *New York Times*, 18. Mai 1951.

Dower, John W., *Japan in War and Peace*, London 1995.
Dower, John W., *Empire and Aftermath: Yoshida Shigeru and the Japanese Experience, 1878–1954*, Cambridge, Mass., 1988.
Dower, John W. und Timothy S. George, *Japanese History and Culture from Ancient to Modern Times: Seven Basic Bibliographies*, Princeton 1995 (2. Aufl.).
Downer, Lesley, *Die Brüder Tsutsumi. Die Geschichte der reichsten Familie Japans*, München 1997.
Dudden, Arthur Power, *The American Pacific*, New York 1992.
Duffy, Martha, »The 21st Century Princess«, *Time*, 7. Juni 1993.
Duke, Benjamin, »Charles Lanman and the Japanese in America (1872)«, *Japanese Quarterly*, Januar–März 1996, S. 55–65.
Dunn, Charles, *Everyday Life in Imperial Japan*, New York 1969.
Dunn, Richard S. und Mary Maples Dunn (Hrsg.), *The World of William Penn*, Philadelphia 1986.
Duus, Peter, *Party Rivalry and Political Chance in Taisho Japan*, Cambridge, Mass., 1968.
Duus, Peter, Ramon H. Myers und Mark R. Peattie (Hrsg.), *The Japanese Informal Empire in China, 1895–1937*, Princeton 1989.
Egeberg, Roger O., »How Hirohito Kept His Throne«, *Washington Post*, 19. Februar 1989.
Elphrick, Peter, *Far Eastern File: The Intelligence War in the Far East, 1930–1945*, London 1997.
Emden, Paul H., *Quakers in Commerce*, London o. J.
»Emperor May Sell Art Objects«, *New York Times*, 15. November 1945.
»Emperor Yoshihito Dies«, *New York Times*, 25. Dezember 1926.
Fairbank, John K. und Edwin O. Reischauer, *East Asia: The Great Tradition*, Boston 1960.
Fallows, James, *Looking at the Sun: The Rise of the New East Asian Economic and Political System*, New York 1994.
Fearey, Robert A., *The Occupation of Japan: Second Phase, 1948–1950*, New York 1950.
Fellers, Bonner, »Answer to Japan«, General Headquarters South West Pacific Area, 1. Juli 1944.
Fellers, Bonner, »Hirohito's Struggle to Surrender«, *The Reader's Digest*, Juli 1947.
Fellers, Bonner, »Our New Friends, the Japanese«, *Nation's Business*, Februar 1948.
Field, Norma, *In the Realm of a Dying Emperor. Japan at Century's End*, New York 1993.
Fithian, Floyd J., »Dollars without the Flag: The Case of Sinclair and Sakhalin Oil«, *Pacific Historical Review*, 39 (1972), S. 205–222.
»Forbes Billionaire List«, *Dow-Jones News Service*, 21. Juni 1998.
Foreign Relations of the United States 1946: The Far East, Bd. 8, Washington (Government Printing Office) 1971.
Frank, Richard B., *Guadalcanal*, New York 1990.

Fraser, Mary Crawford, *A Diplomat's Wife in Japan: Sketches at the Turn of the Century* (Hrsg. Hugh Cortazzi), Tokyo 1982.
Friday, Karl F., *Hired Swords: The Rise of Private Warrior Power in Early Japan*, Stanford 1992.
Friedman, George und Meredith Lebard, *The Coming War with Japan*, New York 1991.
Friman, H. Richard, »Awaiting the Tsunami? Japan and the International Drug Trade«, *Pacific Review*, 6 (1993), H. 1, S. 41–50.
Fu Poshek, *Passivity, Resistance, and Collaboration: Intellectual Choices in Occupied Shanghai, 1937–1945*, Stanford 1993.
Fujimura Fanselow, Kumiko und Atsuko Kameda (Hrsg.), *Japanese Women: New Feminist Perspective on the Past, Present and Future*, New York 1995.
Fujita, Neil S., *Japan's Encounter with Christianity*, New York 1991.
Fujitani Takashi, *Splendid Monarchy, Power and Pageantry in Modern Japan*, Berkeley 1996.
Fukushima, Mutsuo, »MacArthur Aide May have Saved Emperor from Trial«, *Daily Yomiuri*, 4. Januar 1993.
Fukomoto, Hideko, *Femmes à l'Aube du Japon Moderne*, Paris 1997.
Furiko, Yoshiko, *The White Plum: A Biography of Ume Tsuda*, New York 1991.
Furiko, Yoshiko u. a. (Hrsg.), *The Attic Letters: Ume Tsuda's Correspondence to her American Mother*, New York 1991.
Garrett, Laurie, *The Coming Plague*, New York 1994.
Gayn, Mark, *Japan Diary*, New York 1948.
»General Bonner Fellers Dies at 77«, *New York Times*, 10. Oktober 1973.
»General Yamashita's Treasure Found«, *Weekly Post*, 1.–7. April 1996. Internet: www.weeklypost.com
Gibney, Frank, *The Pacific Century, America and Asia in a Changing World*, New York 1992.
Gibney, Frank, *Japan: The Fragile Superpower*, New York 1985 (2. Aufl.).
»Girl from Outside«, *Time*, 23. März 1959.
Gluck, Carol, *Japan's Modern Myths: Ideology in the Late Meiji Period*, Princeton 1985.
Gluck, Carol und Stephen R. Graubard (Hrsg.), *Showa: The Japan of Hirohito*, New York 1992.
Gold, Hal, *Unit 731 Testimony*, Tokyo 1996.
»The Golden Boat«, *Discover*, 1. Januar 1996.
Goldsmith, Raymond, *Financial Development of Japan, 1868–1977*, New Haven 1983.
Gomer, Robert, John W. Powell und B. V. A. Roling, »Japan's Biological Weapons: 1930–1945«, *Bulletin of the Atomic Scientists*, Oktober 1981, S. 43–53.
Gordon, Hugo, »Hirohito's Brother Denounced War«, *Daily Telegraph*, 13. Oktober 1994.
Gowens, Robert J., »Canada and the Myth of the Japan Market, 1896–1911«, *Pacific Historical Review*, 39 (1972), S. 63–83.

Gradisher, Thomas D., »The Voice of The Crane: A Situational Analysis of Hirohito's August Rescript Using Mythical Elements«, Dissertation an der Graduate Faculty der Universität Akron, Ohio, Mai 1982.
Grew, Joseph, *Ten Years in Japan: A Contemporary Record Drawn from the Diaries and Private and Official Papers of Joseph C. Grew*, Westport, Conn., 1973 (erstmals New York 1944).
Grew, Joseph, *Turbulent Era. A Diplomatic Record of Forty Years*, 2 Bde., Boston 1952.
Griffis, William Elliot, *The Mikado: Institution and Person: A Study of the Internal Political Forces of Japan*, Princeton 1915.
Grunebaum, Dan, »Japan Criticizes Nanjing War Crimes Book«, *UPI*, 22. April 1998.
Guillain, Robert, *I Saw Tokyo Burning: An Eyewitness Narrative from Pearl Harbor to Hiroshima*, New York 1981.
Gunther, John, *Inside Asia*, New York 1942.
Gunther, John, »A Quaker and the Prince of Japan«, *New York Times Book Review*, 11. Mai 1952.
Guyot, Dorothy, »The Uses of Buddhism in Wartime Burma [Looting]«, *Asian Studies*, April 1969.
Haas, Margaret P., *The Emperor of Japan: A Selected Bibliography*, New York 1975.
Haberman, Clyde, »Prince Takamatsu of Japan Dies«, *New York Times*, 4. Februar 1987.
Hackett, Roger F., *Yamagata Aritomo in the Rise of Modern Japan, 1838–1922*, Cambridge, Mass., 1971.
Hadley, Eleanor M., *Antitrust in Japan*, Princeton 1970.
Hale, John R., *Age of Exploration*, Amsterdam 1966.
Hall, Ivan P., *Cartels of the Mind*, New York 1998.
Hall, John Withney, *Japan: From Prehistory to Modern Times*, Tokyo 1971.
Hall, John Whitney, »A Monarch for Modern Japan«, in: Robert E. Ward (Hrsg.), *Political Development in Modern Japan*, Princeton 1968.
Hall, John Whitney und Jeffrey P. Mass (Hrsg.), *Medieval Japan: Essays in Institutional History*, Stanford 1988.
Hamada Kengi, *Prince Ito*, London 1936.
Hamilton, Alan, »Audience with the Emperor«, *Time*, 27. Mai 1998.
Hamilton, Alan, »A Day of Protest and Reconciliation«, *Time*, 27. Mai 1998.
Hamm, Thomas D., *The Transformation of American Quakerism: Orthodox Friends, 1800–1907*, Bloomington 1988.
Hane Mikiso, *Eastern Phoenix: Japan Since 1945*, Boulder 1996.
Harries, Meirion, und Susan Harries, *Sheathing the Sword: The Demilitarisation of Japan*, London 1987.
Harries, Meirion, und Susan Harries, *Soldiers of the Sun: The Rise and Fall of the Imperial Japanese Army*, New York 1991.
Harris, Robert und Jeremy Paxman, *A Higher Form of Killing: The Secret Story of Chemical and Biological Warfare*, New York 1982.

Harris, Sheldon H., *Factories of Death: Japanese Biological Warfare, 1932–45, and the American Cover-up*, London 1994.
Harris, Townsend, *The Complete Journal of Townsend Harris: First American Consul and Minister to Japan*, Rutland 1959 (2. Aufl.).
Harvey, Robert, *The Undefeated: The Rise, Fall and Rise of Greater Japan*, London 1994.
Hasegawa Keitaro, *Japanese-Style Management. An Insider's Analysis*, Tokyo 1986.
Havens, Thomas R. H., *Architects of Affluence: The Tsutsumi Family and the Seibu-Saison Enterprises in Twentieth Century Japan*, Harvard East Asian Monographs 1996.
Hearn, Lafcadio, *Wiffings from Japan: An Anthology*, Harmondsworth 1984.
Heinrichs, Waldo H. Jr., *American Ambassador, Joseph C. Grew and the Development of the United States Diplomatic Tradition*, Boston 1966.
Henle, Raymond, »Oral History Interview with Bonner Fellers, June 23, 1967«, Herbert Hoover President Library, Washington, D.C.
Hersh, Philip, »Japan Asks: What Price Olympics?«, *Chicago Tribune*, 3. März 1997.
Hiatt, Fred, »Mayor who Criticized Hirohito«, *Washington Post*, 19. Januar 1990.
Hiatt, Fred, »Public Debate on Japan's Emperor System«, *Washington Post*, 19. Januar 1989.
Hicks, George, *The Comfort Women*, Tokyo 1995.
Hicks, George, »Ghosts Gathering Comfort Women Issue Haunts Tokyo«, *Far Eastern Economic Review*, 18. Februar 1993.
»Higashikuni, 102, Dies«, *New York Times*, 23. Januar 1990.
»High Tech Hunters Close in on Lost Sub«, *Baltimore Sun*, 5. Oktober 1998.
Hillenbrand, Barry, »Coming to Terms with History«, *Time*, 7. Oktober 1991.
»Hirohito's Brother Hailed by Throngs«, *New York Tomes*, 11. April 1931.
»Hirohito's Income«, *New York Times*, 29. Oktober 1945.
»Hirohito Outlay Curbed by Allies«, *New York Times*, 21. November 1945.
»Hirohito's Son-in-law and Bar Owner Die in Her Tokyo Home«, *Time*, 29. Januar 1966.
»Hirohito Thanks Hoover«, *New York Times*, 19. April 1931.
»Hirohito Will Evade Capital Levy«, *New York Times*, 7. Februar 1946.
»Hirohito's Worth Listed«, *New York Times*, 5. März 1946.
»History: Striking Gold at Sea. Treasure Hunters Locate a Submarine Sunk during World War II«, *Time*, 31. Juli 1995.
Hoehling, A. A., *December 7, 1941: The Day the Admirals Slept Late*, New York 1991.
Hoffer, Peter C., »American Businessmen in the Japan Trade, 1931–1941: A Case Study of Attitude Formation«, *Pacific Historical Review*, 41 (1974), S. 189–205.
Holroyd, Michael, *Augustus John: A Biography*, New York 1974.
Honjo Shigeru, *Emperor Hirohito and His Chief Aide-de-Camp: The Honjo Diary, 1933–1936*, (Übers. Mikiso Hane), Tokyo 1967.

Hoon Shim Jae, »Clamour for sex-slaves' compensation«, *Far Eastern Economic Review*, 6. Februar 1993.
Hoon Shim Jae, »Slave Wages, Government Offers Money to Help Comfort Women«, *Far Eastern Economic Review*, 25. Februar 1993.
»Hoover Welcomes Royal Bridal Pair«, *New York Times*, 16. April 1931.
Hosaka Masayasu, *Chichibu no Miya to Shôwa-Tennô* (»Prinz Chichibu und der Shôwa-Kaiser«), Tokyo 1989 (Orig. jap.).
Hosoya Chihiro u. a. (Hrsg.), *The Tokio War Crimes Trial*, Tokyo 1986.
Howard, Ethel, *Japanese Memories*, London 1918.
Howard, Ethel, *Potsdam Princes*, London 1916.
Hoyt, Edwin P., *Hirohito: The Emperor and the Man*, New York 1991.
Hoyt, Edwin P., *Three Military Leaders: Tojo, Yamamoto, Yamashita*, Tokyo 1993.
Hunt, Frazier, *The Untold Story of Douglas MacArthur*, New York 1954.
Hunter, Janet E., *The Emergence of Modern Japan: An Introductory History since 1853*, London 1989.
Hunziker, Steven und Ikuro Kamimura, *Kakuei Tanaka: A Political Biography of Modern Japan*, Singapur 1996.
Ijichi Sumimasa, *The Life of Marquis Ôkuma Shigenobu: A Maker of New Japan*, Tokyo 1940.
Ikegami, Eiko, *The Taming of the Samurai: Honorific Individualism and the Making of Modern Japan*, Cambridge, Mass. 1995.
»Imperial Japanese Diary Blasts Military«, *Boston Globe*, 6. Oktober 1994.
Inoue Kiyoshi, *Geschichte Japans*, Frankfurt a. M. 1993.
Insight Guides, *Japan*, Hongkong 1995.
Institutional Investor (Redaktion), *The Way it Was: An Oral History of Finance*, New York 1988.
Irie Sukemasa, »My 50 Years with the Emperor«, *Japan Quarterly*, 30 (1983), H. 1, S. 39–43.
Iriye Akira, »The Ideology of Japanese Imperialism: Imperial Japan and China«, in: Grant K. Goodman (Hrsg.), *Imperial Japan and Asia: A Reassessment*, New York 1967.
Iriye Akira, *Japan and China in the Global Setting*, Cambridge, Mass., 1982.
Iriye Akira, *The Origins of the Second World War in Asia and the Pacific*, London 1987.
Irokawa Daikichi, *The Age of Hirohito: In Search of Modern Japan*, New York 1995.
Irokawa Daikichi, *The Culture of the Meiji Period*, Princeton 1985.
Isaacs, Harold R., *Idols of the Tribe: Group Identity and Political Change*, New York 1975.
Isaacson, Walter und Evan Thomas, *The Wise Men: Six Friends and the World They Knew*, New York 1986.
Ishida Takeshi, »Pressure Groups in Japan«, *Journal of Social and Political Ideas in Japan*, Dezember 1964, S. 108–111.
Ishihara Shintarô, *The Japan That Can Say No*, New York 1992 (dt.: *Wir sind die Weltmacht. Warum Japan die Zukunft gehört*, Bergisch Gladbach 1992).

Ishii, Kenneth, »The Crown Prince Takes a Bride«, *Saturday Evening Post*, 11. April 1959.
Ishimoto Baroness Shidzue, *Facing Two Ways: The Story of My Life*, New York 1935.
Iwasaki Uichi, »The Working forces in Japanese Politics: A Brief Account of Political Conflicts, 1867–1920«, *Studies in History, Economics and Public Law*, 97 (1921), H. 1.
Iyer, Pico, »The Longest Reign«, *Time*, 16. Januar 1989.
Jackson, Tim, *The Next Battleground. Japan, America and the New European Market*, Boston 1993.
James, D. Clayton, *The Years of MacArthur*, Bd. 2: *1941–1945*, Boston 1975.
Jameson, Sam, »He Still Feels Suffering of WWII«, *Los Angeles Times*, 4. Juni 1994.
Jameson, Sam, »Hirohito Death Reopens World War II Wounds«, *Los Angeles Times*, 18. Februar 1989.
Jansen, Marius B., *Japan and China: From War to Peace 1894–1972*, Chicago 1975.
Jansen, Marius B. (Hrsg.), *Warrior Rule in Japan*, Cambridge, Mass., 1995.
Japan Biographical Encyclopedia and Who's Who, Tokyo 1958.
»Japan Court Rules in Favor of ›Comfort Women‹«, Reuters, 27. April 1998.
»Japan Emperor to feel Wrath of UK POWs«, Reuters, 21. April 1998.
»Japan: Takeshita's shadow Looms over Obuchi«, *Asahi Shimbun / Asahi Evening News*, 25. Juli 1998.
»Japanese«, *Fortune*, Februar 1942.
»Japanese Crown Prince to Have His Say on Bride«, *New York Times*, 30. Juli 1951.
»Japanese Emperor's Brother-in-law Killed«, *New York Times*, 2. April 1923.
»Japanese Prince's Death«, *Time*, 3. April 1923.
»Japanese Princes Sell Belongings«, *New York Times*, 12. Juli 1946.
»Japanese Princess Expected to Recover«, *New York Times*, 3. April 1923.
»Japanese Resent Executive Purge«, *New York Times*, 21. Dezember 1946.
»Japanese: Their God-Emperor Medievalism Must be Destroyed«, *Fortune*, Februar 1942.
»Japan's Flourishing Emperor System«, *Japan Quarterly*, Januar/März 1983.
»Japan's Policy Paralysis«, *Asian Wall Street Journal*, 2. Februar 1998.
»Jewish Group Raps Japan over Nanjing Massacre«, *Japan Economic Newswire, Kyodo News Service*, 23. April 1998.
John, Augustus, *Chiaroscuro: Fragments of an Autobiography*, London 1954.
Johnson, Chalmers, *Japan: Who Governs?*, New York 1995.
Johnson, Chalmers, *MITI and the Japanese Miracle*, Stanford 1982.
Jones, George E., »Hirohito: The Man and the Emperor«, *New York Times Magazine*, 23. September 1945.
Kanroji Osanaga, *Hirohito: An Intimate Portrait of the Japanese Emperor*, Los Angeles 1975.
Kaplan, David E. und Andrew Marshall, *AUM. Eine Sekte greift nach der Welt*, Düsseldorf und München 1996.

Kaplan, David E. und Alec Dubro, *Yakuza: The Explosive Account of Japan's Criminal Underworld*, Reading, Mass. 1986.
Karlen, Arno, *Plague's Progress: A Social History of Man and Disease*, London 1995.
Kase Toshikazu, *Journey to the Missouri*, New Haven 1950.
Kataoka Tetsuya (Hrsg.), *Creating Single-Party Democracy, Japan's Postwar Political System*, Stanford 1992.
Katsura Tarô, *The Japan Biographical Encyclopedia and Who's Who*, Tokyo 1958.
Kawahara Toshiaki, *Hirohito and His Times: A Japanese Perspective*, Tokyo 1990.
Kawahara Toshiaki, *Nagako Kôtaigô* (»Kaiserin Nagako«), Tokyo 1993 (Orig. jap.).
Kawai Kazuo, *Japan's American Interlude*, Chicago 1960.
Kawasaki Ichirô, *Japan Unmasked*, Tokyo 1969.
Kearns, Robert L., *Zaibatsu America: How Japanese Firms are Colonizing Vital U. S. Industries*, New York 1992.
Keene, Donald, *Living Japan: The People and Their Changing World*, New York o. J.
Keene, Donald, *Travelers of a Hundred Ages: The Japanese as Revealed through 1000 Years of Diaries*, New York 1989.
Keith, Agnes, *Three Came Home: A Woman's Ordeal in a Japanese Prison Camp*, London 1985 (erstmals 1948).
Kennan, George F., *Memoiren eines Diplomaten*, 2 Bde., München 1967.
Kennedy, Malcolm, *A History of Japan*, London 1963.
Kennedy, Paul, *The Rise and Fall of the Great Powers*, New York 1987 (dt.: *Aufstieg und Fall der großen Mächte. Ökonomischer Wandel und militärischer Konflikt von 1500 bis 2000*, Frankfurt a. M. 1991).
Kenzo Takayanagi, »The New Emperor System«, *Japan Quarterly*, 1962, H. 3, S. 265–274.
Kerr, Alex, *Lost Japan*, Melbourne 1996.
Kester, W. Carl, *Japanese Takeovers: The Global Contest for Corporate Control*, Boston 1991.
Kido Takayoshi, *The Diary of Kido Takayoshi*, 3 Bde., Tokyo 1983.
Kindermann, Gottfried Karl, *Der Ferne Osten*, München 1970.
Kitagawa, Joseph M., *Religion in Japanese History*, New York 1990.
Kodansha Encyclopedia of Japan, 9 Bde., Tokyo 1983.
Kojima Noboru, »Militarism and the Emperor System«, *The Japan Interpreter*, Frühjahr 1973.
Koyama Itoko, *Nagako: Empress of Japan*, New York 1958.
Kuno Akiko, *Unexpected Destinations: The Poignant Story of Japan's First Vassar Graduate*, New York 1993.
Kurzman, Dan, *Kishi and Japan: The Search for the Sun*, New York 1960.
Lamont, Edward M., *The Ambassador From Wall Street*, Lanham 1994.
Lamont, Thomas, *Across World Frontiers*, New York 1951.
Lanciaux, Bernadette, »The Influence of Economic Thought on the Political Economy of Modern Japan«, *Journal of Economic Issues*, Juni 1996, S. 475–482.
Lane-Poole, Stanley, *The Life of Sir Harry Parkes*, London 1894.

Large, Stephen S., *Emperor Hirohito and Showa Japan: A Political Biography*, London 1992.
Large, Stephen S., *Emperors of the Rising Sun: Three Biographies*, Tokyo 1997.
Large, Stephen S., »Imperial Princes and Court Politics in Early Showa Japan«, *Japan Forum*, Oktober 1989, S. 257–264.
Lasserre, Philippe und Helmut Schutte, *Strategies for Asia Pacific*, London 1995.
»Laurence Bunker Was Aide to MacArthur and Charter Member of John Birch Society«, *New York Times*, 11. Oktober 1977.
»Lawyer's Report on Japan Attacks Plan to Run Occupation«, *Newsweek*, 1. Dezember 1947.
Lebra, Joyce C. (Hrsg.), *Japan's Great East Asia Co-prosperity Sphere in World War II*, Oxford 1975.
Lebra, Joyce C., *Okuma Shigenobu: Statesman of Meiji Japan*, Canberra 1973.
Leonard, Jonathan N., *Early Japan*, Amsterdam 1969.
Liebenthal, Coppelia, »A Bond War Could Not Break«, *Earlhamite*, Frühjahr 1996.
Link, Howard A., »Neglected Masters of Rimpa«, *Orientations*, Dezember 1980, S. 25–34.
Livingston, Jon, Joe Moore und Felicia Oldfather (Hrsg.), *Postwar Japan: 1945 to the Present*, New York 1973.
Lomax, David, *The Money Makers*, London 1986.
Lord Russell of Liverpool, *The Knights of Bushido: A Short History of Japanese War Crimes*, London 1958.
Lucas, Michael, »On the Trail of a Billion-Dollar Buddha«, *Los Angeles Times*, 3. Dezember 1996.
Lunggren, David, »Britons intervened by Japan to Press UK over Money«, Reuters, 12. Januar 1999.
Lyons, Eugene, *Herbert Hoover. A Biography*, New York 1964.
Ma, Karen, *The Modern Madame Butterfly*, Tokyo 1996.
MacArthur, Douglas, *Reminiscences*, New York 1964.
MacDougall, Terry Edward (Hrsg.), *Political Leadership in Contemporary Japan*, Ann Arbor 1982.
MacKenzie, Donald A., *China and Japan*, London 1994.
Maki, John M., »The Role of the Bureaucracy in Japan«, *Pacific Affairs*, Dezember 1947.
Manchester, William, *American Caesar, Douglas MacArthur, 1880–1964*, Boston 1978.
Manchester, William, *Goodbye, Darkness: A Memoir of the Pacific War*, New York 1979.
Manning, Paul, *Hirohito: The War Years*, New York 1989.
»Many Fetes Planned for Japanese Prince«, *New York Times*, 5. April 1931.
Maraini, Fosco, *Tokyo*, Amsterdam 1976.
March, Robert M., *The Japanese Negotiator: Subtlety and Strategy Beyond Western Logic*, Tokyo 1990.

Marshall, Jonathan, »Opium and the Politics of Gangsterism in Nationalist China, 1927/1945«, *Bulletin of Concerned Asian Scholars*, Juli/September 1976, S. 19–48.
Martin, Brian G., *The Shanghai Green Gang: Politics and Organized Crime, 1919–1937*, Berkeley 1996.
Martin, John H. und Phyllis G. Martin, *Kyoto, A Cultural Guide to Japan's Ancient Imperial City*, Tokyo 1994.
Maruyama Masao, *Thought and Behaviour in Modern Japanese Politics*, London 1969 (erw. Aufl.).
Masland, John W., »Commercial Influence Upon American Far Eastern Policy, 1937–1941«, *Pacific Historical Review*, 11 (1945), H. 3, S. 281–299.
Masland, John W., »Missionary Influence Upon American Far Eastern Policy«, *Pacific Historical Review*, 10 (1944), H. 3, S. 279–296.
Mason, Mark, *American Mulitnationals and Japan: The Political Economy of Japanese Capital Controls, 1899–1980*, Cambridge, Mass., 1992.
Mass, Jeffrey P. (Hrsg.), *Court and Bakufu in Japan: Essays in Kamakura History*, Stanford 1982.
Matsubara Hisako, »This Good World of Shinto«, *GEO*, März 1981 S. 122–153.
Mayers, David, *The Ambassadors and America's Soviet Policy*, New York 1995.
McCabe, Michael, »The Hunt for Japanese Loot in the Philippines«, *San Francisco Chronicle*, 4. November 1987.
McClellan, Edwin, *Woman in the Crested Kimono*, New Haven 1985.
McCoy, Alfred W. (Hrsg.), *Southeast Asia Under Japanese Occupation*, New Haven 1985.
McCullough, David, *Truman*, New York 1992.
McLean, Hulda Hoover, *Genealogy of the Herbert Hoover Family*, Stanford 1967.
Mears, Helen, »The Japanese Emperor«, *Yale Review*, Dezember 1943, S. 238–257.
Mears, Helen, *Mirror for Americans: Japan*, Boston 1948.
Mee, Charles L. Jr., *The End of Order: Versailles 1919*, New York 1980.
Mee, Charles L. Jr., *Meeting at Potsdam*, New York 1975.
Meiji-Tennô-ki (»Berichte des Meiji-Kaisers«), zusammengestellt von der kaiserlichen Haushaltsagentur, Tokyo 1968.
Menkes, Suzy, »Kuniko Tsutsumi Tribute«, *International Herald Tribune*, 24. Juni 1997.
Micheletti, Mary, »Gang Land: Real Estate Investment in Japan is Tainted by Organized Crime«, *San Francisco Daily Journal*, 22. Juni 1998.
Miller, Merle, *Plain Speaking: An Oral Biography of Harry S. Truman*, New York 1973.
Miller, Roy Andrew, *Japan's Modern Myth: The Language and Beyond*, Tokyo 1982.
Minear, Richard H., *Victors' Justice: The Tokyo War Crimes Trial*, Princeton 1971.
Mishima Akio, *Bitter Sea: The Human Cost of Minamata Disease*, Tokyo 1992.
Mitford, A. B., *Tales of Old Japan*, Rutland 1966.
Miyamoto Masao, *Straitjacket Society*, Tokyo 1993.

»Modern Mikado held Prisoner by the Past: A Profile of Emperor Akihito«, *Sunday Times*, 17. Mai 1998.
Montgomery, Michael, *Imperialist Japan: The Yen to Dominate*, London 1987.
Morikawa Hidemasa, *Zaibatsu: The Rise and Fall of Family Enterprise Groups in Japan*, Tokyo 1992.
Morison, Samuel Eliot, *The Two-Ocean War*, Boston 1963.
Morley, James (Hrsg.), *Japan's Foreign Policy 1868–1941*, New York 1984.
Morley, John David, *Picture from the Water Trade: an Englishman in Japan*, London 1985.
Morris, Ivan, *The Nobility of Failure: Tragic Heroes in the History of Japan*, New York 1975.
Morris, Ivan, *The World of the Shining Prince: Court Life in Ancient Japan*, Harmondsworth 1979.
Mosley, Leonard, *Hirohito: Emperor of Japan*, London 1966.
Myers, Ramon und Mark Peattie (Hrsg.), *The Japanese Colonial Empire*, Princeton 1984.
Nahm, Andrew C., *Korea Under Japanese Colonial Rule*, Western Michigan University Press 1973.
Nakamoto Michiyo, »The God Who Fell to Earth«, *Financial Times*, 23. Mai 1998.
Nakamura Kaju, *Prince Ito, The Man and Statesman: A Brief History of His Life*, New York 1910.
Nakamura Masanori, *The Japanese Monarchy: Ambassador Joseph Grew and the Making of the »Symbol Emperor System«, 1931–1991*, New York 1992.
Nakane Chie, *Japanese Society*, Harmondsworth 1973.
Nash, George H., *The Life of Herbert Hoover: The Engineer, 1874–1914*, New York 1983.
Nash, George H., *The Life of Herbert Hoover: The Humanitarian, 1914–1917*, New York 1988.
Nash, George H., *The Life of Herbert Hoover: Master of Emergencies, 1917–1918*, New York 1996.
Nash, George H. (Hrsg.), *Understanding Herbert Hoover: Ten Perspectives*, Stanford 1987.
Neary, Ian (Hrsg.), *War, Revolution and Japan*, Folkestone, Kent, 1993.
Neumann, William L., »Franklin D. Roosevelt and Japan, 1913–1933«, *Pacific Historical Review*, 22 (1957), S. 143–153.
Neumann, William L., »Religion, Morality, and Freedom: The Ideological Background of the Perry Expedition«, *Pacific Historical Review*, 23 (1958), S. 247–257.
Nihon Hôsô Kyôkai (Japan Rundfunkgesellschaft), »Die beiden Monologe des Shôwa-Kaisers«, Radiosendung in Japan, 15. Juni 1997.
Nish, Ian (Hrsg.), *Britain and Japan: Biographical Portraits*, Bd. 1, Folkestone 1994; Bd. 2, Surrey 1997.
Nitobe Inazô, *Bushidô: The Soul of Japan*, Tokyo 1991 (erstmals 1905).

Nivison, David S. und Arthur F. Wright (Hrsg.), *Confucianism in Action*, Stanford 1959.
Norman, E. Herbert, »The Genyosha: A Study in the Origins of Japanese Imperialism«, *Pacific Affairs*, 1944, S. 261–284.
Notehelfer, F. G., *American Samurai: Captain L. L. Janes and Japan*, Princeton 1985.
Ogata Sadako, *Defiance in Manchuria: The Making of Japanese Foreign Policy 1931–1932*, Berkeley 1964.
Ohmae Kenichi, *The Borderless World: Power and Strategy in the Global Marketplace*, London 1994.
Ohmae Kenichi, *The End of the Nation State: The Rise of Regional Economies*, London 1995 (dt.: *Der neue Weltmarkt. Das Ende des Nationalstaates und der Aufstieg der regionalen Wirtschaftszonen*, Hamburg 1996).
Oka Takashi, »The Emperor Who Meets the President Today«, *New York Times Magazine*, 26. September 1971.
Oka Yoshitake, *Five Political Leaders of Modern Japan*, Tokyo 1986.
Oka Yoshitake, *Konoe Fumimaro: A Political Biography*, Lanham, Maryland, 1992.
Okazaki Hisahiko, *A Grand Strategy for Japanese Defense*, Lanham, Maryland, 1986.
Omura Bunji, *The Last Genro: Prince Saionji*, Philadelphia 1938.
Ono Yumiko, »Dear Empress-to-Be«, *Wall Street Journal*, 20. Januar 1993.
Pacific War Research Society, *Japan's Longest Day*, Tokyo 1980.
Packard, Jerrold M., *Sons of Heaven: A Portrait of Japanese Monarchy*, New York 1987.
Papinot, E., *Historical and Geographical Dictionary of Japan*, Tokyo 1972.
Parillo, Mark, *The Japanese Merchant Marine in World War II*, Annapolis 1993.
Parrott, Lindesay, »Hirohito is Still the Sun God«, *New York Times Magazine*, 12. Mai 1945.
Parrott, Lindesay, »Hirohito Shared Zaibatsu Profits«, *New York Times*, 31. Oktober 1945.
Parrott, Lindesay, »Pauley Says Japan Can Pay Little in Reparations«, *New York Times*, 16. November 1945.
Parry, Richard L., »Obituary: Shin Kanemaru«, *Independent*, 29. März 1996.
Pastan, Rachel, »Graduate Becomes Princess«, *Horizon*, 16. Februar 1982.
Ponsonby-Fane, Richard A. B., *The Fortunes of the Emperors: Studies in Revolution, Exile, Abdication, Usurpation and Deposition in Ancient Japan*, Washington, D. C., 1979.
Ponsonby-Fane, Richard A. B., *The Imperial House of Japan*, Kyoto 1959.
Powles, Cyril H., »The Myth of the Two Emperors: A Study in Misunderstanding«, *Pacific Historical Review*, 37 (1970), S. 35–50.
Presseisen, Ernst L., *Before Aggression: Europeans Prepare the Japanese Army*, Tucson 1965.
Price, Willard, *The Son of Heaven: The Problem of the Mikado*, London 1945.
»Prince and Princess Greeted by Walker«, *New York Times*, 12. April 1931.
»Prince Kitashirakawa Killed«, *Japan Weekly Chronicle*, 5. April 1923.

»Prince Nashimoto of Japan, 76, Dies. Only Member of the Imperial Family Arrested as a War Criminal«, *New York Times*, 2. Januar 1951.
»Prince Tires Aides on Capital Tour«, *New York Times*, 17. April 1931.
»Prince to Remain Six Days at Capital«, *New York Times*, 11. April 1931.
»Princess Chichibu: Obituary«, *Daily Telegraph*, 15. September 1995.
Pritchard, R. John und Sonia Pritchard (Hrsg.), *The Tokio War Crimes Trial. The Complete Transcripts of the Proceedings of the International Military Tribunal for the Far East in Twenty-two Volumes*, New York 1981.
»Problem of Comfort Women«, *Economist*, 31. Oktober 1992.
Pu Yi, *Ich war Kaiser von China. Vom Himmelssohn zum Neuen Menschen. Die Autobiographie des letzten chinesischen Kaisers*, München 1973.
Pye, Lucian W., *Asian Power and Politics: The Cultural Dimensions of Authority*, Cambridge, Mass., 1985.
Pyle, Kenneth B., *The Japanese Question: Power and Purpose in a New Era*, Washington, D. C., 1992.
Pyle, Kenneth B., *The Making of Modern Japan*, Lexington 1996 (2. Aufl.).
Pyle, Kenneth B., *The New Generation in Meiji Japan: Problems in Cultural Identity, 1885–1895*, Stanford 1969.
»Quest Renewed for Legendary Japanese War Booty«, *Japan Economic Newswire*; Internet: www.treasure.com.
Raistrick, Arthur, *Quakers in Science and Industry during the 17th and 18th Centuries*, Newton Abbey 1968.
Ramseyer, J. Mark und Frances M. Rosenbluth, *The Politics of Oligarchy: Institutional Choice in Imperial Japan*, Cambridge, Mass., 1995.
»Ranking of the World's Richest People«, *AP Online*, 21. Juni 1998.
Record of the Proceedings of the International Military Tribunal for the Far East, Washington, D. C., Library of Congress, Mikrofilm.
Reid, T. R., »A Damper on Japan's Royal Wedding«, *Washington Post*, 15. März 1993.
»Reign of Meiji«, *Fortune*, Juli 1933.
Reingold, Edwin M., *Chrysanthemums and Thorns: The Untold Story of Modern Japan*, New York 1992.
Reischauer, Edwin O., *The Emperor of Japan: A Profile on the Occasion of the Visit by the Emperor and Empress to the United States, September 30th to October 13th, 1975*, New York 1975.
Reischauer, Edwin O., *The Japanese Today: Change and Continuity*, Tokyo 1988.
Reischauer, Haru Matsukata, *Samurai and Silk: A Japanese and American Heritage*, Princeton 1986.
»Reluctant Prince«, *Time*, 17. Oktober 1994.
Richie, Donald, *Geisha, Gangster, Neighbor, Nun*, New York 1987.
Richie, Donald, *The Honorable Visitors*, Rutland 1994.
Roberts, J. G., *Mitsui: Three Centuries of Japanese Business*, New York 1973.
Robertson, Eric, *The Japanese File: Pre-War Japanese Penetration in Southeast Asia*, Hongkong 1979.

Robinson, Edwin A., *Selections From the Letters of Thomas Sergeant Perry*, New York 1929.
Robinson, Gwen, »Hirohito's Brother Tells of War Crimes by Army«, *The Times and The Sunday Times Compact Disc Edition*, 7. Juli 1994.
Roling, B. V. A. und Antonio Cassese, *The Tokio Trial and Beyond*, Cambridge 1993.
Rose, Barbara, *Tsuda Umeko and Women's Education in Japan*, New Haven 1992.
Rosenfeld, Megan, »Brig. Gen. Bonner Fellers, Ret., Dies«, *Washington Post*, 10. Oktober 1973.
Rowland, Laura Joh, *Shinju*, New York 1994.
»Royal Couple Due Tomorrow«, *New York Times*, 9. April 1931.
»Royal Flush«, *Economist*, 7. Dezember 1996.
Rusbridger, James und Eric Nave, *Betrayal at Pearl Harbor*, London 1991.
Russell, Oland D., *Das Haus Mitsui*, Zürich 1940.
Russell, Oland D., »Japan's War Machine«, *American Mercury*, April 1935.
Sakaiya Taichi, »Hirohito and the Imperial Tradition«, *Php Intersect*, Dezember 1985.
Sakaiya Taichi, *What is Japan?: Contradictions and Transformations*, Tokyo 1993.
Sakamaki Sachiko, »Cold Comfort: Wartime Sex Slaves Offered Meagre Redress«, *Far Eastern Economic Review*, 29. Juni 1995.
Sampson, Anthony, *The Money Lenders: Bankers in a Dangerous World*, London 1982.
Sampson, Anthony, *The Arms Bazaar*, London 1977.
Sanford, Donald S., *Midway*, New York 1976.
Sanger, David E., »In Palace Woods, a Japanese Wedding«, *New York Times*, 30. Juni 1990.
Sanger, David E., »She's Shy«, *New York Times*, 26. Juni 1990.
Sansom, George, *A History of Japan*, 3 Bde., Tokyo 1974.
Sasaki Takeshi, »Maruyama Masao and the Spirit of Politics«, *Japan Quarterly*, Januar–März 1997, S. 59–63.
Satow, Ernest, *A Diplomat in Japan*, Tokyo 1968.
Schaller, Michael, *Douglas MacArthur, The Far Eastern General*, Oxford 1989.
Scherer, James A. B., *Three Meiji Leaders: Ito, Togo, Nogi*, Tokyo 1936.
Schlesinger, Jacob M., »Japan's Bid for World Leadership Haunted by War Past«, *Wall Street Journal*, 25. Mai 1993.
Schonberger, Howard, »The Japan Lobby in American Diplomacy«, *Pacific Historical Review*, 44 (1977), H. 3, S. 327–359.
Schreiber, Mark, *Shocking Crimes of Postwar Japan*, Tokyo 1996.
Scott-Stokes, Henry, »A Reassessment of the Emperor: Behind Closed Doors«, *Php Intersect*, Dezember 1985.
Seagrave, Sterling, *Gelber Regen. Der Terror chemischer Kriegsführung*, München 1983.
Seagrave, Sterling, *Die Herren des Pazifik. Das unsichtbare Wirtschaftsimperium der Auslandschinesen*, München 1996.

Seagrave, Sterling, *The Marcos Dynasty*, New York 1988.
Seagrave, Sterling, *Die Soong-Dynasty. Eine Familie beherrscht China*, München 1986.
Seagrave, Sterling, *Soldiers of Fortune*, Alexandria 1981.
Seagrave, Sterling und Peggy Seagrave, *Die Konkubine auf dem Drachenthron. Leben und Legende der letzten Kaiserin von China 1835–1908*, München 1993.
Seidensticker, Edward, *Low City, High City*, New York 1983.
Seidensticker, Edward, *Tokio Rising: The City Since the Great Earthquake*, Cambridge, Mass., 1991.
Sewell, Brian, »The Shaming of the Garter«, *Evening Standard*, 10. Mai 1998.
Shapiro, Margaret, »Hirohito, Emperor of Japan, Dies«, *Washington Post*, 7. Januar 1989.
Shapiro, Margaret, »Japan Gives Powers to Crown Prince«, *Washington Post*, 22. September 1989.
Shaplen, Robert, *A Turning Wheel. Three Decades of the Asian Revolution as Witnessed by a Correspondent of »The New Yorker«*, New York 1973 (dt.: *Drehscheibe Ostasien. Völker und Staaten im Umbruch*, München 1980).
Sheldon, Charles D., »Japanese Aggression and the Emperor, 1931–1941, from Contemporary Diaries«, *Modern Asian Studies*, Vol. 10 (1976), H. 1, S. 1–40.
Shillony, Ben-Ami, *Politics and Culture in Pre-war Japan*, Oxford 1982.
Shillony, Ben-Ami, *Revolt in Japan: The Young Officers and the February 26, 1936 Incident*, Princeton 1973.
Shiroyama Saburô, *War Criminal: The Life and Death of Hirota Koki*, Tokyo 1977.
Silverman, Bernard S. und H. D. Harootunian, *Modern Japanese Leadership: Transition and Change*, Tucson 1963.
Sokolsky, George E., »Again the Emperor Decides for Japan«, *New York Times Magazine*, 6. Dezember 1931.
»Son of Heaven«, *Time*, 6. September 1954.
»Sorry«, *Economist*, 17. August 1993.
Spector, Ronald H., *Eagle Against the Sun: The American War with Japan*, Harmondsworth 1984.
Spoto, Donald, *The Decline and the Fall of the House of Windsor*, New York 1995.
Statler, Oliver, *Japanese Inn: A Reconstruction of the Past*, New York 1961.
Steinberg, Rafael, *Island Fighting*, Alexandria 1978.
Steinberg, Rafael, *Return to the Philippines*, Alexandria 1979.
Sterngold, James, »South Korea Wants Japan to Return Art«, *New York Times*, 11. Juli 1991.
Storry, Richard, *The Double Patriots: A Study of Japanese Nationalism*, Westport 1973 (erstmals 1957).
Storry, Richard, *A History of Modern Japan*, Harmondsworth 1990.
Storry, Richard, *Japan and the Decline of the West in Asia 1894–1943*, London 1979.
Sugimoto Etsu Inagaki, *A Daughter of the Samurai*, Tokyo 1966.
Sullivan, Kevin, »Anti-Hirohito Mayor Shot«, *Guardian*, 19. Januar 1990.
Sun Fo, »The Mikado Must Go«, *Foreign Affairs*, Oktober 1944, S. 17–25.

Sunderland, Riley, »The Secret Embargo«, *Pacific Historical Review*, 29 (1962), S. 75–80.
Supreme Commander for the Allied Powers Historical Monographs 1945–1951, Washington, D. C., National Archives and Records Service, Mikrofilm.
Swinson, Arthur, *Four Samurai: A Quartet of Japanese Army Commanders in the Second World War*, London 1968.
Taguchi Shota, »His Majesty the Present Emperor in His Early Age«, *Cultural Nippon*, Juni 1940.
Takamatsu no Miya nikki (»Die Tagebücher von Prinz Takamatsu«), 8 Bde., Tokyo 1995–1997. (Übersetzungen für die Autoren von Hamish Todd.)
»Takeo Fukada: Obituary«, *Economist*, 15. Juli 1995.
Takekoshi Yosaburô, *Prince Saionji*, Kyoto 1933.
Takeyama Michio, »The Emperor System«, *Journal of Social and Political Ideas in Japan*, August 1964, S. 21–26.
Takeyama Michio, *Harp of Burma*, Rutland 1966.
Tamaki Norio, *Japanese Banking: A History, 1859–1959*, Cambridge, Mass., 1995.
Tanizaki Junichiro, *In Praise of Shadows*, New Haven 1977 (geschrieben 1933).
Tasker, Peter, *The Japanese*, New York 1989.
Tate, D. J. M. (Hrsg.), *The Mikado's Japan … as Seen and Reported by the Illustrated London News*, Hongkong 1990.
Taylor, Robert T., »›The Most Essential Work I Know‹«, *Bible Society Record*, Mai 1950.
Terasaki, Gwen, *Bridge to the Sun*, Chapel Hill 1957.
Terasaki Hidenari und Mariko Terasaki Miller, *Shôwa Tennô Dokuhakuroku* (»Handschriftlicher Bericht der Erinnerungen Terasakis an die zwei Monologe des Kaisers«), Tokyo 1991 (Orig. jap.).
Teters, Barbara, »The Genro In and the National Essence Movement«, *Pacific Historical Review*,. 31 (1964), S. 359–378.
Thomas, J. E., *Modern Japan: A Social History since 1868*, London 1996.
Thompson, Robert Smith, *A Time for War*, New York 1991.
Thomson, James C., Peter Stanley und John Perry, *Sentimental Imperialists*, New York 1982.
Thurow, Lester, *Head to Head: The Coming Economic Battle Among Japan, Europe, and America*, New York 1992.
Time-Life Books, *Japan At War*, New York 1980.
Tipton, Elise, *Japanese Police State: Tokyo in Interwar Japan*, London 1991.
Titus, David A., »Emperor and Public Consciousness in Postwar Japan«, *The Japan Interpreter*, 6 (1970), H. 2, S. 182–195.
Titus, David A., »The Making of the ›Symbol Emperor System‹ in Postwar Japan«, *Modern Asian Studies*, 14 (1980), S. 529–578.
Titus, David A., *Palace and Politics in Prewar Japan*, New York 1974.
Toland, John, *Infamy. Pearl Harbor and Its Aftermath*, New York 1983.
Toland, John, *The Rising Sun: The Decline and Fall of the Japanese Empire*, New York 1970.

Tolischus, Otto, »God, Emperor, High Priest«, *New York Times Magazine*, 23. November 1941.
Totman, Conrad, *Japan before Perry: A Short History*, Berkeley 1981.
Trager, Frank (Hrsg.), *Burma: Japanese Military Administration, Selected Documents, 1941–1945*, Philadelphia 1971.
Trumbull, Robert, »A Leader Who Took Japan to War«, *New York Times*, 7. Januar 1989.
Trumbull, Robert, »A New Role of the Son of Heaven«, *New York Times Magazine*, 14. September 1958.
United States Army, Office of the Chief of Military History, *War in Asia and the Pacific, 1937–1949*, New York 1980.
United States Department of State, *Report on Japanese Assets in Manchuria to the President of the United States*, Washington, D. C., 1946.
United States Department of State, *Report on Japanese Reparations to the President of the United States, November 1945 to April 1946*, Washington, D. C., Department of States Publication 3174, Far Eastern Series 25.
»Veteran's Turn Their Backs«, *Evening Standard*, 26. Mai 1998.
Vining, Elizabeth, *Quiet Pilgrimage*, Philadelphia 1970.
Vining, Elizabeth, *Return to Japan*, London 1961.
Vining, Elizabeth, *Windows for the Crown Prince: Akihito of Japan*, New York 1952.
Vogel, Ezra F., *Japan's New Middle Class*, Berkeley 1963.
Volkman, Ernest, *Spies*, New York 1994.
Walker, Bryce, *Earthquake, Alexandria*, Virginia 1982.
Walsh, Michael, »The Son Also Rises«, *Time*, 16. Januar 1989.
Walvin, James, *The Quakers: Money and Morals*, London 1997.
Ward, Robert E. und Sakamoto Yoshikazu (Hrsg.), *Democratizing Japan: The Allied Occupation*, Honolulu 1987.
Ward, Robert E., *Political Development in Modern Japan*, Princeton 1968.
»War Prisoners' New Demand for Compensation«, *PA Information for the Nation*, 13. Januar 1999.
Watts, Anthony J., *Japanese Warships of World War II*, New York 1967.
Waycroft, Angus, *Sado: Japan's Island in Exile*, Berkeley 1996.
Weisman, Steven R., »Japan's Imperial Present«, *New York Times Magazine*, 26. August 1990.
Wetzler, Peter, *Hirohito and War*, Honolulu 1998.
Wheeler, Keith, *The Road to Tokio*, Alexandria 1979.
Whitney, Clara, *Clara's Diary: An American Girl in Meiji Japan*, Tokyo 1981.
Whymant, Robert, »POWs Attack Emperor's Speech«, *Time*, 28. Mai 1998.
Wildes, Harry Emerson, *Aliens in the East: A New History of Japan's Foreign Intercourse*, Philadelphia 1937.
Wilkinson, Endymion, *Japan Versus Europe: A History of Misunderstanding*, Harmondsworth 1983.
Willoughby, Charles A. und John Chamberlain, *MacArthur: 1941–1951*, New York 1954.

Wittner, Lawrence S., »MacArthur and the Missionaries: God and Man in Occupied Japan«, *Pacific Historical Review*, 40 (1973), S. 77–98.
Wolferen, Karel van, *The Enigma of Japanese Power: People and Politics in a Stateless Nation*, London 1989 (dt.: *Vom Mythos der Unbesiegbaren. Anmerkungen zur Weltmacht Japan*, München 1989).
»Women Had High Status in Old Japan«, *East*, 12 (1976), H. 6, S. 11–12.
Woodward, William P., *The Allied Occupation of Japan, 1945–1952 and Japanese Religions*, Leiden 1972.
Worswick, Clark, »The Last Days of the Shogun«, *GEO*, März 1982, S. 20–29.
WuDunn, Sheryl, »Japan's King of the Mountain: The Man Who Made Nagano«, *New York Times*, 6. Februar 1998.
Yamamura Kozo und Yasukichi Yasuba (Hrsg.), *The Political Economy of Japan*, Bd. 1: *The Domestic Transformation*, Stanford 1987.
Yanaga Chitoshi, *Big Business in Japanese Politics*, New Haven 1968.
Yanaga Chitoshi, *Japan Since Perry*, New York 1949.
Yates, Ronald, »Hirohito War Role Debated«, *Chicago Tribune*, 23. Februar 1989.
Yonekura Isamu, »The History of the Imperial Family: From the End of the Heian Period to the Muromachi Period. Part Two«, *East*, 11 (1975), H. 7. S. 14–25.
Yonekura Isamu, »The History of the Imperial Family: From the Muromachi Period to the Dawn of the Restoration. Part Three«, *East*, 11 (1975), H. 9, S. 14–25.
Yonekura Isamu, »The History of the Imperial Family. Part One«, *East*, 11 (1975), H. 6, S. 33–43.
Yonekura, Isamu, »The History of the Imperial Family: The Emperor Meiji«, *East*, 12 (1976), H. 1, S. 16–28.
Yonekura Isamu, »The History of the Imperial Family: The Later Days of the Tokugawa Shogunate«, *East*, 11 (1975), H. 10, S. 15–24.
Yonekura Isamu, »Kanmu ... The Emperor Afflicted With Ghosts«, *East*, 9 (1973), H. 8, S. 44–55.
Yoshida Shigeru, *The Yoshida Memoirs: The Story of Japan in Crisis*, Boston 1962.
Yoshida Yuki, *Whispering Leaves in Grosvenor Square 1936–7*, Folkestone, Kent, 1997 (erstmals 1938).
Young, A. Morgan, *Japan Under Taisho Tenno: 1912–1926*, London 1928.
Zich, Arthur, *The Rising Sun*, Alexandria 1977.

Register

Danksagung

Über vierzig Jahre lang haben wir das verborgene Antlitz Japans studiert; deshalb ist es kaum möglich, allen zu danken, die uns im Verlauf dieser Arbeit geholfen haben. Viele unserer japanischen Quellen ziehen es verständlicherweise vor, ungenannt zu bleiben. Was den bibliographischen Teil dieses Buches betrifft, sind wir Jim Raper, Robert Curtis, Dr. Joan Pengilly, Laurie Saurborn, Elizabeth Murray, Deborah Marquardt, Hamish Todd und Norman Maynes besonders zu Dank verpflichtet. Für die Zusammenstellung, die Präsentation und die Schlüsse, die daraus gezogen wurden, sind wir jedoch allein verantwortlich.

Mariko Terasaki Miller war außerordentlich großzügig, wenn es darum ging, uns die Rolle, die ihr Vater im Verhältnis zwischen Kaiser Hirohito und General MacArthur spielte, verständlich zu machen; sie verbrachte mit uns eine Woche in Europa. Die verstorbene Nancy Gillespie aus Washington, D. C., half uns bei der Durchsicht der persönlichen Akten ihres Vaters General Bonner Fellers. Bruce Merkle aus Vienna, Virginia, der General Fellers Sekretär und Vertrauter war, verschaffte uns wertvolle Einblicke sowie Dokumente und Tonbandaufzeichnungen.

John Easterbrook grub für uns in der Hoover Library in Kalifornien viele unveröffentlichte Dokumente aus, während Jim Raper in der MacArthur Library in Norfolk, Virginia, grundlegende Entdeckungen machte, die dazu beitrugen, viele Stücke des Mosaiks zusammenzufügen. Laurie Saurborn verbrachte Monate in Harvard mit der Durchsicht der Akten Joseph Grews.

Dr. Joan Pengilly jonglierte mit einem guten Dutzend archivarischer Forschungsprojekte in den Vereinigten Staaten. Dies ist das vierte Buch, bei dem uns Elizabeth Murray half; ihr und ihrem Gatten ist der Band gewidmet. Im Oriental und India Office der British Library half uns der Kurator der Sammlungen, Hamish Todd, bei den japanischen Identifizierungen und führte uns sicher durch das Labyrinth der Genealogien. Seine computerisierte Datenbank zur Genealogie der kaiserlichen Familie ist hervorragend.

Sam Garchik half uns in Fragen der japanischen Lazarettschiffe und Details zum japanischen Flottenwesen.

Hilfe in Fragen über Meningitis und Hirnverletzungen wurde uns von Dr. David Alleva aus San Diego, Kalifornien, und dem brillanten Dr. Charles Fattal in Frankreich zuteil. Dr. Lionel Gania ermöglichte uns, die Kluft in der medizinischen Sprache zwischen dem Französischen und dem Englischen zu überbrücken.

In den französischen Archiven sind wir Luis Amigues, Direktor der Archive des Außenministeriums, Oberst Pierre Jacob, stellvertretender Generalsekretär, Saint Cyr, Jean-Pierre Defrance, Konservator, Vorsteher der Mission der Archives Nationales im Innenministerium, Paris, Paul René-Bazin, generalbevollmächtigter Konservator der Sektion des zwanzigsten Jahrhunderts, Archives Nationales, und Oberst André Bach, Vorsteher des Service historique de l'armée de terre, zu großem Dank verpflichtet. Ein besonderer Dank für viele Klarstellungen geht an Joël Legendre.

Zu danken haben wir ferner Thomas D. Hamm, Archivar und außerordentlicher Professor am Earlham College, sowie den Archivaren der Hoover Presidential Library, der MacArthur Library, dem East Asia Institute, Harvard, dem Sidwell Friends Alumni Office, der British Library, dem Imperial War Museum, der London Library, der London University Library und der School of African and Oriental Studies.

Unser größter Dank gehört in gewisser Weise unserem Agenten Marcy Posner von der William Morris Agentur in New York, der dieses Projekt von Anfang an nach Kräften unterstützt hat. In diesem Sinne danken wir auch Michelle Lapautre, Peter Fritz, Stephanie Cabot, Eugenie Furniss, Gerald Trageiser, Christiane Schmidt, Simon Thorogood und Ursula Mackenzie, unserer Verlegerin, deren grundlegende Kenntnisse Ostasiens ausschlaggebend waren.

Bildquellen

Meiji-Kaiser Mutsuhito (Popperfoto/Bilderberg)
Kaiserin Haruko (Popperfoto/Bilderberg)
Itô Hirobumi (International Society for Educational Information, Tokyo)
General Yamagata Aritomo neben Kaiser Mutsuhito (Illustrated London News Picture Library)
Die kaiserliche Familie des Meiji-Kaisers (Popperfoto/Bilderberg)
Taishô-Kaiser Yoshihito (Underwood and Underwood/Sygma)
Kaiserin Sadako (Underwood and Underwood/Sygma)
Die kaiserlichen Prinzen Hirohito, Takamatsu und Chichibu (Popperfoto/Bilderberg)
Shôwa-Kaiser Hirohito mit Prinz Edward (Hulton Getty)
Prinz Kitashirakawa (Harlingue-Viollett)
Kaiser Hirohito im Gewand des Obersten Shintopriesters (Hulton Getty)
Kaiserin Nagako (Hulton Getty)
Prinz und Prinzessin Takamatsu (Popperfoto/Bilderberg)
Prinz Chichibu in Uniform (Hulton Getty)
Prinzessin Chichibu (Popperfoto/Bilderberg)
Prinz Chichibu (Hulton Getty)
Japanische Truppen in der Mandschurei (Hulton Getty)
Prinz Asaka mit General Matsui (Picture Press/Corbis/Bettmann)
Massaker von Nanking (Keystone/Sygma)
Überfall auf Pearl Harbor (Hulton Getty)
Die »Huzi Maru« (mit freundlicher Genehmigung von Gene Ballinger)
Massivgoldene Buddhastatue (mit freundlicher Genehmigung von Gene Ballinger)
Rogelio Roxas (mit freundlicher Genehmigung von Gene Ballinger)
General Douglas MacArthur und Kaiser Hirohito (Popperfoto/Bilderberg)
General Bonner Fellers (Picture Press/Corbis/Bettmann)
Kaiser Hirohito beim Reispflanzen (Hulton Getty)
General Tôjô (Popperfoto/Bilderberg)
Fürst Konoe (Keystone/Sygma)
US-Präsident Herbert Hoover (Picture Press/Corbis/Bettmann)
Thomas Lamont (Picture Press/Corbis)
Joseph und Alice Grew (Picture Press/Corbis/Bettmann)
Kishi Nobosuke (Associated Press)
Hatoyama Ichirô (Popperfoto/Bilderberg)
Tanaka Kakuei (Picture Press/Camera Press)
Takeshita Noboru (Associated Press)

Die kaiserliche Familie Kaiser Hirohitos 1947 (Hulton Getty)
Die kaiserliche Familie 1972 (Hulton Getty)
Kronprinz Akihito (Hulton Getty)
Kronprinz Akihito mit seinen Mitschülern (Hulton Getty)
Elisabeth Gray Vining (Picture Press/Corbis)
Kaiser Hirohito, Kaiserin Nagako und Königin Elisabeth (Hulton Getty)
Kaiser Akihito und Kaiserin Michiko mit Tony Blair und seiner Frau (PA Photo)
Kronprinz Naruhito und Prinzessin Masako mit Lady Diana (PA Photo)
Kaiser Hirohito und Mickymaus (Popperfoto/Bilderberg)